LA RECHERCHE DE L'ÉQUILIBRE CONTRACTUEL DANS LE CAUTIONNEMENT

Le droit aujourd'hui

La collection « Le droit aujourd'hui » regroupe des études juridiques concernant des problèmes d'actualité nationale et internationale, dans divers domaines (éthique, politique, questions de société…).

Déjà parus

David Defrance, *Le retour à meilleure fortune, Étude en droit des difficultés économiques*, 2017.

Mariem Aydi Ghozzi, *Les principes généraux dans la jurisprudence de l'organe de règlement des différends de l'OMC, 2017.*

Boris Barraud, *Le droit postmoderne. Une introduction*, 2017.

Boris Barraud, *La jurisprudence et la doctrine*, 2017.

Geneviève Iacono, *Voyages au cœur des propriétés publiques*, 2016.

Nitish Monebhurrun, *La fonction du développement dans le droit international des investissements,* 2016.

Djiby Sow, *La légalité de l'intervention militaire française au Mali. Contribution à l'étude du cadre juridique de la lutte armée contre le terrorisme international*, 2016.

Emmanuel Tessier, *Le stade en droit public. Recherche sur le régime juridique des enceintes sportives*, 2015.

Sophie Huvé, *La Russie et l'ONU. L'Organisation des Nations unies, cadre et instrument de la politique extérieure russe (1999-2015)*, 2015.

Claudine Pérez-Diaz, Marie-Sylvie Huré, *Violence conjugale, missions et finalités concrètes de l'intervention pénale*, 2015

Guy Dibangue

La recherche de l'équilibre contractuel dans le cautionnement

Regards croisés entre le droit français et le droit OHADA

PRÉFACE DE PASCAL RUBELLIN

L'HARMATTAN

5-7, rue de l'École-Polytechnique ; 75005 Paris

http://www.editions-harmattan.fr/

ISBN : 978-2-343-13159-7
EAN : 9782343131597

Cet ouvrage est issu d'une thèse soutenue, le 6 décembre 2016, pour l'obtention du grade de docteur en droit de l'université de Poitiers (France), devant un jury composé de messieurs Pascal Rubellin (directeur de thèse, maître de conférences HDR à l'université de Poitiers), Lionel Andreu (professeur à l'université de Poitiers), Philippe Roussel-Galle (professeur à l'université Paris 5 René Descartes) et madame Garance Cattalano-Cloarec (professeur à l'université d'Orléans).

Le présent ouvrage reproduit quasi intégralement le texte de la thèse établi à la date de soutenance.

À ma grand-mère.

Où que tu sois, j'espère que tu es fière de moi.

À mes parents sans qui…

À ma famille pour son soutien.

Mes sincères remerciements vont d'abord à mon directeur de thèse M. Pascal RUBELLIN pour ses précieux conseils, sa grande disponibilité et sa confiance.

Ils vont ensuite au directeur de l'équipe de recherche de droit privé de l'université de Poitiers, le professeur Éric SAVAUX pour sa bienveillance et ses encouragements.

Ils vont, bien entendu, aux professeurs Philippe ROUSSEL-GALLE, Garance CATTALANO-CLOAREC et Lionel ANDREU qui ont eu la bienveillance d'accepter de participer au jury de soutenance de cette thèse et de nourrir mes réflexions par leurs observations.

Je tiens à exprimer aussi ma gratitude au personnel de Juriscope pour son apport documentaire en droit OHADA.

Je remercie également madame Emmanuelle CHEVRIER et monsieur Rémy LÉRIGNIER pour leur disponibilité et leur bienveillance, tout au long de la thèse. Mes pensées vont enfin à toutes les personnes qui m'ont accompagné et soutenu pendant ces années de thèse, ainsi que durant mon cursus universitaire.

Je ne saurais oublier mon ami Edmond pour ses innombrables relectures et nos discussions interminables.

Que toutes les personnes qui ont contribué, de près ou de loin, à la réalisation de ce travail, veuillent bien trouver en ces quelques lignes l'expression de ma profonde et sincère gratitude.

Sommaire

Préface

Monsieur Guy Dibangue a eu le courage, voire l'audace, d'entreprendre une étude générale sur *La recherche d'un équilibre contractuel dans le cautionnement (Regards croisés entre le droit français et le droit de l'OHADA).* Courage, puisque la recherche de l'équilibre dans le contrat a toujours été et l'est encore plus aujourd'hui sous les feux de l'actualité et, notamment dernièrement, lors de la réforme du droit des obligations, réforme qu'il intègre avec bonheur dans sa recherche. Or, le contrat de cautionnement n'est pas un simple contrat unilatéral, mais une « *opération tripartite* », ce qui rend la recherche d'autant plus ardue.

Pour agrémenter sa démonstration, monsieur Guy Dibangue a eu l'excellente idée d'ajouter un ingrédient : une comparaison avec le droit de l'OHADA. La pertinence de ce travail saute aux yeux, puisque, selon les termes même du professeur Legeais, « *l'acte uniforme portant organisation des sûretés (AUS) de 2010 rappelle sur certains aspects le projet initial du groupe Grimaldi et pourrait servir aujourd'hui sur bien des points de modèle au droit français* ». L'utilité du travail qui suit devient indéniable pour les futurs réformateurs du droit des sûretés personnelles en France, voire du droit OHADA.

La lecture d'un sujet aussi technique est singulièrement facilitée par un style très efficace et par le choix d'une présentation — a priori basique — mais le seul opportun : l'équilibre est étudié tout d'abord dans la formation, puis dans l'exécution du contrat, le tout sans omettre le droit des entreprises en difficulté, si dérogatoire — que ce soit en droit de l'OHADA ou en droit français — et le droit de surendettement.

Le cautionnement est un contrat très dangereux pour la caution, qui appelée en paiement, se rendra souvent compte à cet instant des conséquences de son engagement initial qu'il regrettera avoir pris. Mais d'un autre côté, cette garantie personnelle conserve une utilité économique, puisqu'elle facilite l'octroi des crédits dans le monde des affaires, mais aussi sociale en favorisant la possibilité de se loger (achat ou location). Le mérite de l'auteur est alors, semble-t-il, de n'être parti avec aucun a priori, sans privilégier, ab initio, une de ces considérations idéologiques, en étudiant toutes les règles de la plupart des cautionnements avec une rigueur scientifique louable.

S'appuyant sur les normes et françaises et africaines, générales ou spéciales, et, quoi qu'il en soit, très nombreuses, et sur une jurisprudence foisonnante qu'il cite avec rigueur et bonheur, monsieur Guy Dibangué n'hésite pas à proposer des modifications, réalistes et mesurées, tendant à simplifier cette garantie personnelle et à restaurer un certain équilibre entre des préoccupations en apparence contradictoires, ou plutôt à moduler l'intensité de ces déséquilibres. Pour n'en citer qu'une, on lira avec bonheur les suggestions énoncées sur le toilettage des articles du code de la consommation, que la re-numérotation de la réforme de 2016 ne pouvait modifier, tout en s'arrêtant avec curiosité et plaisir sur le passage relatif à « *l'illettrisme et la mention manuscrite* », tant le problème est criant sur le continent africain.

En somme, ce travail, équilibré, doit être cautionné. Il nous semble être d'une importance majeure autant pour les universitaires, qui y trouveront une vraie étude doctrinale, que pour ceux qui travailleront sur une prochaine réforme des droits des sûretés personnelles, que pour les praticiens. En effet, transparaît aussi, ici et là, l'expérience pratique que possède l'auteur. La citation de cette thèse dans de nombreuses revues, avant publication, témoigne de l'intérêt qu'elle a déjà suscité.

Pascal Rubellin
Maître de conférences HDR à l'université de Poitiers

Introduction

1. **La conception traditionnellement libérale du contrat.** « *Qui dit contractuel dit juste*[1] ». Cette célèbre formule d'Alfred Fouillée, reprenant la thèse soutenue par Kant au XVIIIe siècle, tend à consacrer l'idée, selon laquelle à partir du moment où les parties s'engagent librement par le contrat, leur relation est présumée équilibrée. Ainsi, selon cette thèse, l'accord de volonté garantit le caractère juste, équilibré, d'une relation contractuelle. En effet, le Code civil de 1804, tel qu'envisagé par ses rédacteurs, repose sur un postulat libéral en vertu duquel chaque contractant est présumé en mesure d'assurer la défense de ses intérêts[2]. C'est le « *principe [...]de la commutativité subjective*[3] ». Les parties au contrat sont en quelque sorte placées sur un pied d'égalité, et, mieux que quiconque, elles sont à même de fixer le contenu du contrat devant déboucher sur des prestations équilibrées. Elles sont les gardiennes de leurs intérêts. Une fois la rencontre de la volonté réalisée, le contrat est par principe intangible. Il n'appartient ni au législateur ni au juge de contrôler l'équilibre contractuel. La mission du juge se limite à un simple contrôle de la formation et de l'exécution du contrat. « *L'équilibre subjectif et concret du contrat prévaut sur un équilibre objectif et abstrait*[4] ».

2. **La pénétration de la notion d'équilibre contractuel en droit privé des contrats.** Malgré la conception traditionnellement libérale du contrat, « *le droit a évolué [...] et l'idée selon laquelle un déséquilibre et une injustice contractuelle valent mieux qu'un désordre social n'est plus vraiment de*

---

1 A. FOUILLÉE, *La science sociale contemporaine*, Paris, Hachette, 1880, p. 410 ; *adde*, J.-F. SPITZ, « "Qui dit contractuel dit juste" : quelques remarques sur la formule d'Alfred Fouillée », *RTD civ.*, 2007, p. 281.

2 V. LASBORDES, *Les contrats déséquilibrés*, préf. C. SAINT-HALARY HOUIN, PUAM, 2000, p. 17, spéc. n° 1.

3 F. CHÉNÉDÉ, « L'équilibre contractuel dans le projet de réforme », *RDC*, n° 3, p. 655, spéc. n° 3.

4 V. LASBORDES, *Les contrats déséquilibrés*, préf. C. SAINT-HALARY HOUIN, PUAM, 2000, p. 17, spéc. n° 2.

saison[5] ». Comme avaient pu justement le souligner certains auteurs, « *loin de faire régner l'ordre et la justice dans le commerce juridique, [l'autonomie de la volonté] permettait l'écrasement du faible par le plus fort et qu'il en résultait des désordres graves portant atteinte au groupe entier* »[6]. Au xxe siècle, la notion d'équilibre contractuel fait son apparition[7]. Elle tire ses origines de l'expression du doyen Geny[8]. Ce dernier prônait l'intervention du législateur et du juge afin de combler les insuffisances du droit[9]. En effet, la pratique contractuelle avait déjà rapidement montré que le rapport d'inégalité entre les parties pouvait aboutir à des contrats déséquilibrés[10]. La prolifération des contrats d'adhésion à la fin du XIXe siècle, suivie de l'essor des « *contrats de dépendance* » au cours des années 1960-1970[11], avait révélé que les contrats sont souvent conclus entre des parties de puissances inégales[12]. Sur le plan socio-économique, la situation des contractants n'est pas équivalente entre les professionnels et les consommateurs, et même entre les seuls professionnels, lorsque ceux-ci n'interviennent pas dans la même sphère d'activité. Ce déséquilibre en faveur de l'une ou l'autre partie au contrat peut s'observer également au niveau des connaissances juridiques ou techniques. Face à cette réalité, le législateur français est progressivement intervenu afin de prévenir et de remédier aux déséquilibres contractuels. Il a créé des droits spéciaux comme le droit de la consommation ou le droit de la concurrence ou encore le droit du travail en vue de protéger la partie faible[13]. Le juge n'a, quant à lui, pas hésité à s'émanciper de l'autorisation législative, afin de s'immiscer dans le contrat pour lutter contre les déséquilibres contractuels[14].

---

5 D. MAZEAUD, « La réduction des obligations contractuelles » *in Que reste-il de l'intangibilité du contrat ?*, Colloque organisé, le 28 novembre 1997, par le Centre du droit de la consommation et des contrats de l'Université de Chambéry, *Dr.et patr.*, mars 1998, p. 65, spéc. n° 58.

6 H. et L. et J. MAZEAUD, *Leçons de droit civil*, t. II, vol. 1, *Obligations, Théorie générale*, 8e éd., par F. CHABAS, Montchrestien, 1991, p. 24, spéc. n° 28.

7 L. FIN-LANGER, *L'équilibre contractuel*, préf. Ch. THIBIERGE, LGDJ, 2005, (Bibliothèque de droit privé, t. 366), spéc. n° 12.

8 L. FIN-LANGER, *L'équilibre contractuel*, préf. Ch. THIBIERGE, LGDJ, 2005, (Bibliothèque de droit privé, t. 366), spéc. n° 12.

9 *Ibidem*.

10 P. SIRINELLI, « L'équilibre dans le contenu du contrat », *D.*, 2016, p. 240.

11 F. CHENÉDÉ, « L'équilibre contractuel dans le projet de réforme », *RDC*, n° 3, 1er septembre 2015, p. 655.

12 P. SIRINELLI, « L'équilibre dans le contenu du contrat », *D.*, 2016, p. 240.

13 F. CHENÉDÉ, « L'équilibre contractuel dans le projet de réforme », *RDC*, n° 3, 1er septembre 2015, p. 655.

14 V. LABORDES, *Les contrats déséquilibrés*, t. 1, PUAM, 2000, p. 32.

Il a fait appel à certains concepts du droit commun des contrats, tels que la théorie des vices du consentement[15], la notion de bonne foi et surtout celle de la cause en vérifiant son existence[16].

3. Aujourd'hui, devant les nouvelles évolutions des relations contractuelles, le législateur français a réagi, par l'ordonnance de 2016, en adoptant différents textes en vue de la défense du contractant en situation de faiblesse et en renforçant le contrôle de l'équilibre du contrat[17]. Les nouveaux textes reconnaissent de nouvelles prérogatives aux juges. Ces derniers disposent désormais du pouvoir de contrôler les abus de fixation du prix (articles 1164 et 1165), de réviser un contrat déséquilibré en cas d'imprévision[18]. Sans s'arrêter là, le législateur français condamne expressément les atteintes à

---

15 Voir notamment, Cass. civ. 1re, 19 décembre 1990, pourvoi n° 88-12.863 ; Cass. civ. 1re, 19 décembre 1990, pourvoi n° 88-12.863 ; Cass. com., 22 octobre 1996, pourvoi n° 93-18.632, *Bull. civ. IV*, 1996, n° 261 ; *JCP G*, I, 1997, 4025, obs. G. VINEY ; Cass. com., 13 février 2007, pourvoi n° 05-17.407, Oracle c/ Faurecia, *Bull. civ. IV*, n° 43 ; *JCP G*, II, 2007,10063, note Y.-M. SERINET ; *RLDC*, mai 2007, p. 6, note G. LOISEAU ; Cass. com., 14 décembre 2010, pourvois n° 08-21.606 et n° 10-10.738 ; Cass. civ. 3e, 26 novembre 2015, pourvoi n° 14-25761, *D.*, 2016, 458, obs. R. BOFFA.

16 Cf. M. FABRE-MAGNAN, *Droit des obligations. 1-Contrat et engagement unilatéral*, 4e éd., PUF, 2016, p. 459, spéc. n° 419.

17 S. LE GAC-PECH, « Les nouveaux remèdes au déséquilibre contractuel dans la réforme du Code civil », *LPA*, 16 août 2016, n° 162-163, p. 7.

18 L'article 1195 du Code civil énonce que : « *Si un changement de circonstances imprévisible lors de la conclusion du contrat rend l'exécution excessivement onéreuse pour une partie qui n'avait pas accepté d'en assumer le risque, celle-ci peut demander une renégociation du contrat à son cocontractant. Elle continue à exécuter ses obligations durant la renégociation. En cas de refus ou d'échec de la renégociation, les parties peuvent convenir de la résolution du contrat, à la date et aux conditions qu'elles déterminent, ou demander d'un commun accord au juge de procéder à son adaptation. À défaut d'accord dans un délai raisonnable, le juge peut, à la demande d'une partie, réviser le contrat ou y mettre fin, à la date et aux conditions qu'il fixe.* » Jusqu'à l'ordonnance de 2016, le droit commun des contrats n'admettait pas la révision du contrat en cas d'imprévision. Ce principe était consacré par le célèbre arrêt du Canal de Craponne, du 6 mars 1876, où il avait été jugé : « *Aucune considération de temps ou d'équité ne peut permettre au juge de modifier la convention licite et librement acceptée par les parties.* » Cf. Cass. civ. 1re, 6 mars 1876, *D.*, 1976, 1, p. 193, note GIBOULOT.

l'obligation essentielle[19], les clauses générant un déséquilibre significatif[20], ou le défaut réel de contrepartie[21]. Ainsi, la réforme actuelle donne évidemment l'occasion de s'intéresser à un contrat en particulier : le cautionnement. De par sa nature, le cautionnement semble structurellement déséquilibré. La question de l'équilibre contractuel dans ce contrat tend à prendre tout son sens.

4. **Définition du cautionnement**. Comme le relève monsieur Pierre Sargos, il existe peu de termes dans le domaine juridique qui, à l'instar du cautionnement, « *justifient leur étymologie et la crainte venue du fond des âges, qu'il inspire*[22] ». Étymologiquement, le terme cautionnement dérive des mots latins *cautio* (« *une précaution* »), et du verbe *cavere* (« *prendre garde*[23] »). Mais ce vocable prête souvent à confusion auprès des profanes et est utilisé dans le vocabulaire courant pour désigner un « *dépôt destiné à servir de garantie à des créances éventuelles*[24] ». On l'assimile donc couramment à un dépôt de garantie. Pourtant, en droit, le cautionnement *stricto sensu* revêt une acception plus précise. *De lege lata*, bien qu'il n'existe pas au sein du Code civil français une définition du mot cautionnement[25], il suffit de se référer à l'article 2288 du même Code pour en avoir une description. En effet, selon ce texte : « *celui qui se rend caution d'une obligation se soumet envers le créancier à satisfaire à cette obligation si le débiteur n'y satisfait pas lui-même.* » C'est donc la doctrine française qui s'est employée à définir le

---

19 L'article 1170 du Code civil dispose que : « *Toute clause qui prive de sa substance l'obligation essentielle du débiteur est réputée non écrite.* » Le nouveau texte donne plus de pouvoir au juge. Rappelons que, dans le fameux arrêt Chronopost du 22 octobre 1996, il avait été décidé que : « *Doit être réputée non écrite la clause limitative de responsabilité insérée dans un contrat de transport fixant l'indemnisation du retard au montant du prix du transport, dès lors que le transporteur, spécialiste du transport rapide garantissant la fiabilité et la célérité de son service, qui s'était engagé à livrer le pli de l'expéditeur dans un délai déterminé, avait, en ne livrant pas dans ce délai, manqué à cette obligation essentielle dont la clause contredit la portée.* » Cf. Cass. com., 22 octobre 1996, pourvoi n° 93-18.632, *Bull. civ. IV*, 1996, n° 261, p. 223.

20 Selon l'article 1171 du Code civil : « *Dans un contrat d'adhésion, toute clause qui crée un déséquilibre significatif entre les droits et obligations des parties au contrat est réputée non écrite…* »

21 Consacrant une jurisprudence bien établie, le législateur dispose dans son nouvel article 1169 qu'« *un contrat à titre onéreux est nul lorsque, au moment de sa formation, la contrepartie convenue au profit de celui qui s'engage est illusoire ou dérisoire* ».

22 P. SARGOS, « Le cautionnement, dangers, évolution et perspectives de réformes », *in Rapport de la Cour de cassation 1986*, La Documentation Française, 1987, p. 34.

23 Dictionnaire, *Le nouveau Petit Robert de la langue française*, 2009, p. 370.

24 *Ibidem.*

25 J.-B. SEUBE, *Les sûretés personnelles*, 8e éd., Dalloz, 2016, p. 13, spéc. n° 25.

cautionnement[26]. D'après les professeurs Michel Cabrillac, Christian Mouly, Séverine Cabrillac et Philippe Pétel, « *le cautionnement est une sûreté personnelle accessoire créée par un contrat unilatéral qui oblige la caution à exécuter la dette du débiteur principal et lui donne un recours en remboursement contre ce dernier*[27] ». Sur le plan du droit comparé, l'Acte uniforme OHADA[28] portant l'organisation des sûretés issues de la réforme du 15 décembre 2010, définit, à son article 13 alinéa 1, le cautionnement comme étant « *un contrat par lequel la caution s'engage, envers le créancier qui accepte, à exécuter une obligation présente ou future contractée par le débiteur, si celui-ci n'y satisfait pas lui-même*[29] ».

---

26 *Ibidem.*

27 M. CABRILLAC, C. MOULY, S. CABRILLAC, et Ph. PETEL, *Droit des sûretés*, 10e éd., 2015, p. 35, spéc. n° 38. Voir aussi, POTHIER, *Traité des obligations*, Bruxelles, Tome I, 1835, p. 245, spéc. n° 339 : qui, avant eux, définissait le cautionnement comme « *un contrat par lequel quelqu'un s'oblige pour un débiteur envers le créancier, à lui payer en tout ou en partie ce que ce débiteur lui doit, ou accédant à son obligation. On appelle caution ou fidéjusseur, celui qui contracte une telle obligation* ».

28 L'Organisation pour l'Harmonisation en Afrique du droit des Affaires a été créée par le Traité de Port Louis (Ile Maurice) du 17 octobre 1993, puis révisée par le Traité du 17 octobre 2008, à Québec (Canada). Elle s'est donnée pour ambition « *la facilitation des échanges et des investissements, la garantie de la sécurité juridique et judiciaire des activités des entreprises* ». Cette organisation regroupe aujourd'hui 17 pays : Bénin, Burkina Faso, Cameroun, Comores, Congo, Côte d'Ivoire, Gabon, Guinée Bissau, Guinée, Guinée équatoriale, Mali, Niger, République Centrafricaine, République démocratique du Congo, Sénégal, Tchad, Togo. Ces 17 pays ont choisi d'unifier leur droit des affaires dans différents domaines. Cette unification juridique repose sur des Actes uniformes portant sur plusieurs domaines. « *C'est le même droit commercial, le même droit des sociétés, le même droit des sûretés, le même droit des voies d'exécution, le même droit des procédures collectives, le même droit de l'arbitrage, [le même droit des sociétés coopératives, le même droit relatif au contrat de transport de marchandises par route, le même droit de la comptabilité des entreprises], qui est applicable dans ces dix-sept États* ». Cf. notamment, Ph. ROUSSEL GALLE, « L'OHADA : l'Organisation pour l'Harmonisation en Afrique du Droit des Affaires », *Rev. proc. coll.*, n° 6, novembre 2013, dossier 50 ; *adde*, F. CHIFFLOT BOURGEOIS, *RD bancaire et fin.*, n° 1, janvier 2011, étude 2 ; K. KOUADIO, « Les atouts et les faiblesses de la règlementation uniforme de l'OHADA », *Actualités Juridiques*, Edition économique, n° 4/2012, p. 89 ; www.ohada.com, [Vu le 25 juillet 2016], Ohadata J-13-36.

29 Cf. L'article 13 de l'AUS à son alinéa 2 précise que « *cet engagement peut être contracté sans ordre du débiteur* ». Cette nouvelle définition du cautionnement tranche avec celle de l'ancien article 3 de l'AUS de 1998 qui définissait simplement le cautionnement comme « *un contrat par lequel la caution s'engage, envers le créancier qui accepte, à exécuter l'obligation du débiteur si celui-ci n'y satisfait pas lui-même. Cet engagement peut être contracté sans ordre du débiteur et même à son insu* ». Cette ancienne définition n'admettait pas que le cautionnement puisse porter sur des dettes futures.

5. **Le cautionnement : un contrat structurellement déséquilibré**. Ainsi défini, le cautionnement se révèle donc particulièrement dangereux pour la caution, étant donné que celle-ci s'engage, généralement au titre de service d'ami ou par solidarité familiale, à répondre de la défaillance du débiteur principal avec l'espoir de n'être jamais appelée en paiement. En pratique, les cautionnements apparaissent comme de véritables contrats d'adhésion. Alors que ces contrats aux termes complexes sont pour la plupart préparés par des établissements de crédits, les cautions (« *souvent sous stress* ») ne se donnent pas suffisamment de temps pour comprendre la teneur de leurs engagements avant d'apposer leurs signatures[30]. Or, leurs engagements sont lourds de conséquences en raison de l'engagement unilatéral de la caution et de l'engagement de la totalité de son patrimoine. Dans un tel contexte, la caution devient une « *proie bien facile à piéger* » pour les créanciers[31]. Il a donc fallu remédier à ce déséquilibre contractuel inhérent au cautionnement. Seulement, comme le souligne le professeur Dominique Legeais, pour ce type de contrat, équilibrer les intérêts s'avère délicat[32]. « *D'un côté, il apparaît nécessaire que soit assurée la protection des cautions car le cautionnement est particulièrement dangereux. D'un autre côté, il est donc tout aussi évident qu'un excès de protection des garants conduit les créanciers à se détourner de cette garantie*[33] », « *le principe d'équilibre par le droit de la volonté*[34] ». Le doyen Geny relevait, quant à lui, que la méthode pour obtenir l'équilibre consistait à « *reconnaître les intérêts en présence, à évaluer leur force respective, à les peser, en quelque sorte, avec la balance de la justice, en vue d'assurer la prépondérance des plus importants, d'après un critérium social, et finalement d'établir entre eux l'équilibre éminemment désirable*[35] ». Ainsi appliqué au cautionnement, l'équilibre contractuel implique donc la garantie de l'efficacité de la sûreté au profit du créancier, tout en assurant la sauvegarde des intérêts de la caution. La conciliation entre ces intérêts contradictoires est une entreprise périlleuse. Un bref retour sur l'évolution historique de cette sûreté en témoigne.

---

30 A. BÉLANGER et Gh. TABI TABI, « Vers un repli de l'individualisme contractuel ? L'exemple du cautionnement », *Les cahiers de droit*, vol. 47, n° 3, 2006, p. 438.

31 *Ibidem*, p. 441.

32 D. LEGEAIS, *Droit des sûretés et garanties de crédit*, 10e éd., LGDJ-Lextenso-éditions, p. 43, spéc. n° 39.

33 *Ibidem*.

34 *Ibidem*.

35 F. GENY, *Méthode d'interprétation et sources en droit privé positif*, t. 2, LGDJ, 1954, n° 173.

6. **Évolution historique du cautionnement**. En effet, l'histoire du cautionnement se révèle, à l'instar de certaines autres institutions, comme étant « *cyclique, balançant entre le renforcement des obligations de la caution qu'appellent l'efficacité et l'allégement de ses obligations qu'exige un souci de justice* »[36].

7. Qualifié de « *reine mère des sûretés* »[37], le cautionnement, est la sûreté personnelle la plus ancienne. Dater de manière exacte son apparition est une entreprise périlleuse. Il est tentant d'en déceler l'existence chez les Sumériens, au IVe millénaire avant J.-C, car l'usage des garanties morales était très courant[38]. Toutefois, il ne s'agissait pas exactement de cautionnements dans la mesure où les engagements étaient passés avec des divinités[39]. C'est apparemment à l'époque de la Grèce antique, que le cautionnement aurait émergé. L'exemple le plus célèbre est celui de l'histoire d'amitié exemplaire entre Damon et Pythias[40]. Condamné à mort pour tentative d'assassinat, Pythias avait réclamé un délai supplémentaire afin de pouvoir régler certaines affaires. Il a vu sa demande accordée sous la condition que son ami Damon se porte caution. Ce dernier s'était de surcroît engagé à subir le même sort que son ami, si celui-ci ne revenait pas à temps pour s'exécuter. Finalement, Pythias s'est présenté au dernier moment, alors que son ami allait être exécuté. Sensible à son retour, le tyran l'a gracié. Ainsi, à cette époque, la situation de la caution était peu enviable. Celle-ci ressemblait à celle d'un véritable « *otage* ».

8. Au cours de la période romaine, des correctifs circonstanciels ont été apportés ; la situation de la caution s'est légèrement améliorée. Dans la Rome archaïque, le cautionnement ne s'apparente plus à une simple solidarité familiale ou « *gentilice*[41] » mais « *atteint l'individu à travers deux contrats*

---

36 Ph. SIMLER et Ph. DELEBECQUE, *Droit civil, Les sûretés, La publicité foncière*, 6e éd., Dalloz, 2012, spéc. n° 103.

37 R. TENDLER, « Le cautionnement, reine éphémère des sûretés ? », *D.*, 1981, chron., p. 129.

38 B. ROMAN, *Droit du cautionnement*, Ellipses, 2005, p. 5.

39 B. ROMAN, *Droit du cautionnement*, Ellipses, 2005, p. 5. Pour une étude approfondie, Voir : J. BASTIN, *Le paiement de la dette d'autrui. La caution, la garantie, les fonds de garantie, etc.*, LGDJ, 1999, p. 18-27.

40 Ph. SIMLER, *Cautionnement : garanties autonomes, garanties indemnitaires*, 5e éd., LexisNexis, 2015, p. 1, spéc. n° 1.

41 Ce terme est « *relatif au nom de gens que les Romains plaçaient entre le prénom et le nom de famille* » dans l'antiquité.

solennels[42] » à savoir la *sponsio* (ouverte aux citoyens de Rome) et la *fidepromissio* (ouverte entre pérégrins). Il s'agit de contrats très utilisés entre personnes proches, qui se connaissent et se font confiance[43]. Le cautionnement se distinguait mal de la solidarité et le créancier avait alors la latitude pour ce type de contrat, de poursuivre le débiteur principal ou la caution pour le paiement de l'intégralité de la dette[44]. Quoiqu'en pratique, les créanciers préféraient en général poursuivre d'abord le débiteur principal avant de se retourner vers la caution, afin de s'éviter un déshonneur public[45]. C'est ainsi que ces types de cautionnement ont été délaissés au fil du temps. Signe d'assouplissement, le législateur romain publie, vers 250 avant notre ère, plusieurs lois favorisant le recours de la caution *solvens* à l'égard du débiteur principal et éventuellement à l'égard des cofidéjusseurs : la loi *publilia* (pour les citoyens romains), et la loi *appuleia* (de portée générale)[46]. Ensuite s'est ajoutée la loi *furia*. Applicable à tous ceux s'étant engagés en Italie, elle est particulièrement défavorable aux créanciers. Celle-ci prévoit l'extinction du cautionnement dans un délai de deux ans, à partir de la date à laquelle il a été conclu ou de la date de l'échéance de la dette[47]. « *Le premier cycle est alors achevé : d'un engagement rigoureux, satisfaisant le créancier, le cautionnement est devenu un engagement laxiste, confortable pour la caution. Le terrain est prêt pour que commence la deuxième période*[48] ».

9. Plus tard, en raison de nombreux abus des cautions poussant les créanciers à ne plus octroyer des crédits, il est créé un nouveau type de contrat formaliste verbal : la *fidejussio*. Apparu, vers 50 avant notre ère, ce procédé met l'accent sur la responsabilité de la caution garantissant l'exécution par le débiteur principal[49]. Avec cette nouvelle forme de cautionnement, le fidéjusseur

---

42 A. CERLES avec la collaboration de M. SEJEAN, « Le cautionnement : du Code civil au Code de la consommation ou les illusions de la protection », *in Études offertes au Doyen Philippe Simler*, LexisNexis, Litec-Dalloz, p. 278.

43 C. JALLAMION et C. LISANTI, « Le cautionnement : perspectives historiques et contemporaines », *Dr. et Patr.*, n° 172, juillet-août 2008, p. 47.

44 C. JALLAMION et C. LISANTI, « Le cautionnement : perspectives historiques et contemporaines », *Dr. et patr.*, n° 172, juillet-août 2008, p. 47.

45 P. OURLIAC et J. DE MAFOSSE, *Histoire du droit privé*, 2e éd., PUF, collection Thémis, 1968, tome 1, p. 339.

46 *Ibidem*, p. 340.

47 *Ibidem*.

48 C. MOULY, *Les causes d'extinction du cautionnement*, préf. M. CABRILLAC, Thèse, Montpellier, 1979, spéc. n° 8.

49 P. OURLIAC et J. DE MALAFOSSE, *Histoire du droit privé*, 2e éd., PUF, 1968, (Thémis), tome 1, p. 341.

s'engage à payer le créancier à la place du débiteur principal, au cas où ce dernier serait défaillant. Par ce mécanisme, la caution perd ainsi ses recours contre le débiteur et contre les autres cautions. Ainsi, le cautionnement est retombé dans les travers qui lui étaient reprochés, à savoir un engagement trop exigeant à l'égard des cautions[50].

10. Bien plus tard, dans l'Ancien droit, la tendance est restée très favorable au créancier. La notion de cautionnement a disparu au profit de la notion de « *plègerie* » qui était très différente du cautionnement pratiqué à l'époque romaine[51]. En effet, il existait deux catégories de plèges (cautions). D'un côté, les plèges influents qui devaient convaincre le débiteur de payer. De l'autre, les plèges otages qui se constituaient prisonniers en cas de non-paiement du débiteur. Le plège (la caution) se retrouvait dans une situation si inconfortable qu'au fil du temps, la notion de « *plègerie* » a fini par disparaître à partir de la fin du XIIIe siècle au profit d'une résurgence des conceptions romaines. C'est seulement au XVIe siècle que le terme « *caution* » a réapparu et que la structure romaine du cautionnement fit son grand retour. On assista donc à la réapparition du caractère accessoire du cautionnement, de son bénéfice de discussion et de division[52].

11. **Le constat de rapports déséquilibrés et la mise en place de dispositif protecteur**. À partir du Code de Napoléon, la tendance va progressivement s'inverser. Allant dans le sens plus protecteur des intérêts de la caution, les rédacteurs du Code civil de 1804 ont repris les bénéfices issus du droit romain[53]. À partir du milieu des années 1960, la tendance va littéralement s'inverser. Le déséquilibre contractuel en faveur des cautions va connaître un renforcement. Comme l'explique le professeur Christian Mouly, « *les plaintes des cautions adoucirent l'âme des jurisconsultes, des juges et du législateur qui, les prenant en pitié, ont multiplié les mesures de protection*[54] ».

12. **Le renforcement du déséquilibre contractuel : la multiplication désordonnée d'interventions législatives**. Depuis, à la recherche d'un plus

---

50 C. JALLAMION et C. LISANTI, « Le cautionnement : perspectives historiques et contemporaines », *Dr. et patr.*, n° 172, juillet-août 2008, p. 47.

51 B. ROMAN, *Droit du cautionnement*, Ellipses, juin 2005, p. 5.

52 J.-B. SEUBE, *Droit des sûretés*, Dalloz, 2016, p. 14, spéc. n° 27.

53 C. JALLAMION et C. LISANTI, « Le cautionnement : perspectives historiques et contemporaines », *Dr. et patr.*, n° 172, juillet-août 2008, p. 49.

54 C. MOULY, « Les sûretés personnelles traditionnelles en France », *in Les sûretés. Colloque de Bruxelles des 20 et 21 octobre 1983*, A. BRUYNEEL et A.-M. STARNART (dir.), Feduci, 1984, n° 2, p. 132.

grand équilibre en la matière, le législateur français n'a eu de cesse de multiplier les interventions, pas toujours cohérentes en faveur de différentes catégories de cautions, au point de sacrifier les intérêts des créanciers[55]. Ainsi, une kyrielle de lois se sont succédé, année après année. Il y a eu notamment :

— *la loi n° 84-148 du 1er mars 1984*, instaurant une obligation d'information à la charge des fournisseurs de crédit[56] et proscrivant la renonciation au bénéfice de subrogation ;

— *la loi n° 89-421 du 23 juin 1989*, étendant les dispositions protectrices de la loi du 10 janvier 1978 en matière de crédit au cautionnement[57] ;

— *la loi n° 89-1010 du 31 décembre 1989*, relative à la prévention et au règlement des difficultés liées au surendettement des particuliers et des familles, insérant plusieurs articles aux lois du 10 janvier 1978 et du 13 juillet 1979, en vue de mieux protéger les cautions garantissant des opérations de crédit à la consommation et de crédit immobilier[58] ;

— *la loi n° 94-624 du 11 février 1994*, dite loi Madelin, étendant à l'entrepreneur individuel l'obligation d'information instaurée par la loi du 1er mars 1984 ;

— *la loi n° 94-624 du 21 juillet 1994*, relative à l'habitat, a ajouté à celle du 6 juillet 1989, régissant le bail d'habitation, un article 22-1 visant à imposer un formalisme pointilleux sous peine de nullité[59] ;

— *la loi n° 98-657 du 29 juillet 1998*, relative à la lutte contre les exclusions, renforçant le droit à l'information des cautions personnes physiques[60] et élargissant à ces dernières le bénéfice du « *reste à vivre* », dévolu initialement aux consommateurs surendettés[61] ;

---

55 Ph. SIMLER, *Cautionnement : garanties autonomes, garanties indemnitaires*, 5e éd., LexisNexis, 2015, p. 6, spéc. n° 5.

56 Cf. Article 313-22 du Code monétaire et financier. Voir *infra* 2e partie, titre 1, chapitre 1, section 1, § 1, spéc. n° 324 et suiv.

57 Cf. Ancien article L. 311-2 du Code de la consommation devenu l'article L. 312-1 du Code de la consommation depuis l'ordonnance de 2016.

58 Ph. SIMLER, *Cautionnement : garanties autonomes, garanties indemnitaires*, 5e éd., LexisNexis, 2015, p. 6, spéc. n° 5.

59 V. *Infra*, 1re partie, titre 1, chapitre 1, section 1, § 1, spéc. n° 59 et s ; V. également, G. LOISEAU et J. DJOUDI, « De la fonction de la mention manuscrite », *RD bancaire et fin.* n° 4, juillet 2003, dossier 100046.

60 Cf. article 2293 alinéa 2 du Code civil relatif à l'obligation d'information annuelle des cautions. V. *infra*, nos développements, 2e partie, titre 1, chapitre 1, section 1, § 1, spéc. n° 325 et s.

61 Cf. article 2301 alinéa 2 du Code civil : « *En toute hypothèse, le montant des dettes résultant du cautionnement ne peut avoir pour effet de priver la personne physique qui s'est portée caution d'un minimum de ressources fixé à l'article L. 331-2 du code de la*

— *la loi n° 99-532 du 25 juin 1999*, procédant au renforcement de l'obligation d'information annuelle des cautions[62] ;
— *la loi n° 2003-721 du 1er août 2003*, dite loi Dutreil, a introduit dans le Code de la consommation des dispositions protectrices des intérêts de la caution applicable à des cautionnements donnés par une personne physique au profit d'un créancier professionnel[63].

13. À cela, il faut ajouter, en matière de procédures collectives, les lois du 25 janvier 1985 et du 26 juillet 2005, sans oublier l'ordonnance du 18 décembre 2008 de modernisation de l'économie, qui consacrent de nombreux textes favorables aux cautions[64].

14. **Les occasions manquées en vue d'un véritable rééquilibrage du cautionnement : Les ordonnances du 23 mars 2006 et du 14 mars 2016.** Jusqu'ici, les initiatives du législateur pour parvenir à l'équilibre contractuel du cautionnement semblent insuffisantes, voire maladroites. Tout d'abord, par l'ordonnance n° 2006 du 23 mars 2006 relative aux sûretés, le législateur s'est limité à déplacer dans un nouveau livre IV du Code civil, « *sous les articles 228 à 2320, les dispositions inchangées des anciens articles 2011 à 2043 du Code civil*[65] ». Ensuite, on peut déplorer avec certains auteurs que l'apport de l'ordonnance du 14 mars 2016, dans sa partie relative au cautionnement dans le Code de la consommation, est négatif[66]. Le législateur

---

consommation. » V. *infra*, nos développements, 2e partie, titre 1, chapitre 1, section 2, § 2, spéc. n° 376 et s.

62 Cf. article L. 313-22 du Code monétaire et financier. V. *infra* 2e partie, titre 1, chapitre 1, section 1, § 1, spéc. n° 325 et s.

63 D. Houtcieff, « Les dispositions applicables au cautionnement issu de la loi pour l'initiative économique », *JCP G*, I, 2003, 161 ; V. Avéna-Robardet, « Réforme inopinée du cautionnement », *D.*, 2003, p. 2083 ; L. Aynès, « La réforme du cautionnement par la loi Dutreil », *Dr. et* patr., 11/2003, p. 28 ; D. Legeais, « Le Code de la consommation siège d'un nouveau droit commun du cautionnement. Commentaire des dispositions relatives au cautionnement introduites par les lois du 1er août 2003 relatives à l'initiative économique et sur la ville », *JCP E*, 2003, 1433 ; S. Piédelièvre, « La réforme de certains cautionnements par la loi du 1er août 2003 », *Defrénois*, 2003, p. 2083 ; B. Roman, « La loi pour l'initiative économique et l'exigence de mention manuscrite dans le cautionnement : une réforme malvenue », *Gaz. Pal.*, 19-20 novembre 2003, p. 2.

64 Ph. Simler, *Cautionnement : garanties autonomes, garanties indemnitaires*, 5e éd., LexisNexis, 2015, p. 7, spéc. n° 5.

65 *Ibidem*, p. 7, spéc. n° 6.

66 F. Macorig-Venier, « Refonte du code de la consommation par l'ordonnance du 14 mars 2016 : incidence sur le cautionnement », *RJC*. n° 3, 1er mai 2016, p. 261 ; G. Piette, « Le cautionnement dans le nouveau Code de la consommation », *Lexbase-La lettre juridique*, n° 651, 14 avril 2013, p. 3.

s'est essentiellement contenté d'une « *renumérotation des dispositions légales ainsi qu'à leur amputation de la partie relative aux sanctions et à l'apparition corrélative de nouvelles dispositions uniquement relatives aux sanctions, l'ensemble étant désormais éclaté*[67] ».

15. **Les atermoiements de la jurisprudence française**. Pourtant en pratique, cette multiplication désordonnée de textes en faveur des cautions, n'a eu de cesse de générer un contentieux volumineux, contre lequel, pour se prémunir, les créanciers ont eu recours à des parades telles que l'insertion dans l'acte des clauses limitant significativement les droits des cautions[68]. La jurisprudence française essaye tant bien que mal de trouver le juste équilibre entre la satisfaction du créancier et la sauvegarde des intérêts de la caution[69]. Elle « *doit se coltiner [des textes] truffés d'incohérences et de pièges*[70] ». Il en résulte que malgré les efforts indéniables de certains juges pour rééquilibrer le cautionnement, on assiste à de « *fortes turbulences [jurisprudentielles], avec alternance de périodes de protection excessive des cautions ou, inversement, de grande rigueur envers elles*[71] » ; si bien que ces décisions sont souvent imprévisibles. Ce manque de lisibilité du droit nuit à l'équilibre des relations contractuelles et à l'attractivité du droit français.

16. **Les métamorphoses du cautionnement dans la zone OHADA**. S'inscrivant dans une dynamique inverse à celle retenue par son homologue français, le législateur OHADA s'est traditionnellement montré moins soucieux des intérêts des cautions en privilégiant l'efficacité de la garantie. « *Les États signataires, le 17 octobre 1993, du Traité relatif à l'OHADA, entré en vigueur en 1995, ont notamment pour objectif la création d'un droit [uniforme], simple, moderne et adapté*[72] », favorisant la sécurité juridique ainsi que le rétablissement de la confiance des investisseurs régionaux et étrangers opérant

---

67 Cf. F. MACORIG-VENIER, « Refonte du code de la consommation par l'ordonnance du 14 mars 2016 : incidence sur le cautionnement », *RJC*. n° 3, 1er mai 2016, p. 261.

68 P. ANCEL, *Droit des sûretés*, 7e éd., LexisNexis, août 2014, p. 36, spéc. n° 72.

69 *Ibidem*.

70 *Ibidem*. Ph. SIMLER, « 2006, une occasion manquée pour le cautionnement », *JCP N*. n° 12, 25 mars 2016, 1109, spéc n° 1.

71 Ph. SIMLER, « Les sûretés personnelles » *in* Rapport « Grimaldi » : pour une réforme globale des sûretés, *Dr. et patr.*, n° 140, septembre 2005, p. 56.

72 L. YONDO BLACK, « Les enjeux de la réforme : une volonté de favoriser la création d'entreprises, les échanges commerciaux et la confiance dans la zone OHADA », *Dr. et patr.*, n° 201, 2011, p. 42.

dans l'espace OHADA[73]. Seulement, ce droit OHADA, fortement inspiré du modèle français, n'a pu atteindre ses objectifs. Il est apparu fort éloigné de la réalité du monde des affaires en Afrique[74]. Il avait été constaté un faible taux de pénétration bancaire dans les pays de l'espace OHADA[75]. Selon un rapport de la Banque mondiale de 2006, le total des prêts au secteur privé ne dépassait pas la barre des 18 %[76]. En effet, la majorité des investisseurs rechignaient à octroyer du crédit estimant que les textes relatifs à la constitution des sûretés s'avéraient trop rigides. Dans le droit du cautionnement, il avait par exemple été reproché un « *manque de souplesse et un excès de formalisme*[77] » qui permettaient aux cautions (souvent dirigeantes d'entreprises) de se défaire trop facilement de leurs engagements[78].

17. Face à ces critiques, le législateur africain s'est donc employé, en 2010, à mettre en place une commission, en vue de la révision de son droit des sûretés dans l'optique de répondre aux besoins des investisseurs[79]. Le diagnostic des experts de l'OHADA et de la Banque mondiale en vue de la réforme préconisait l'instauration « *d'un équilibre entre la protection*

---

73 M. GRIMALDI, « L'Acte uniforme portant organisation des sûretés », *LPA* n° 205, 13 octobre 2004, p. 30, spéc. n° 1 ; F. CHIFFLOT BOURGEOIS, « Les garanties de paiement : l'apport des sûretés dans l'espace OHADA », *RD Bancaire et fin.* janvier-février 2011, p. 17, spéc. n° 4 ; K. MBAYE, « L'histoire et les objectifs de l'OHADA », *LPA* n° 205, 13 octobre 2004, p. 6.

74 M. BRIZOUA-BI, « Le nouveau visage des sûretés personnelles dans l'espace OHADA », *Dr. et patr.*, n° 197, novembre 2010, p. 61.

75 L. BLACK YONDO, M. BRIZOUA-BI, O. FILLE LAMBIE, L.-J. LAISNEY, et A. MARCEAU-COTTE, *Le nouvel acte uniforme portant organisation des sûretés : la réforme du droit des sûretés de l'OHADA*, sous la direction de P. CROCQ, Lamy, octobre 2012, p. 27, spéc. n° 12.

76 *Ibidem*, p. 27.

77 *Ibidem*, p. 22.

78 P. CROCQ, « Les grandes orientations du projet de réforme de l'Acte uniforme portant organisation des sûretés », *Dr. et patr.* n° 197, novembre 2010, p. 57. V. en ce sens, CCJA, 19 octobre 2003, n° 18/2003, Sté AFROCOM c/ CSSPPA, *Le Juris-Ohada*, n° 4/2003, p. 10, note M. Brou Kouakou ; *Recueil de jurisprudence OHADA*, n° 2, juillet-décembre 2003, p. 30 ; *www.ohada.com* [Vu le 23 juillet 2016], Ohadata J-04-119, où les juges ont déclaré que le défaut de mention de la somme maximale garantie et l'absence de signature de l'acte de cautionnement par les deux parties avaient pour conséquence la nullité du cautionnement.

79 Cf. en ce sens : L. BLACK YONDO, M. BRIZOUA-BI, O. FILLE LAMBIE, L.-J. LAISNEY, et A. MARCEAU-COTTE, *Le nouvel acte uniforme portant organisation des sûretés : la réforme du droit des sûretés de l'OHADA*, sous la direction de P. CROCQ, Lamy, octobre 2012, p. 25, spéc. n° 12. V. aussi, P. CROCQ, « Le nouvel acte uniforme portant droit des sûretés », *D.*, 2011, p. 432.

raisonnable de la caution et une indispensable prise en compte de l'efficacité de cette garantie, tout en assurant des mesures spécifiques pour les personnes physiques (profanes)[80] ». Si l'on se montre trop bienveillant à l'égard des cautions, cela entraîne une diminution de l'octroi des crédits par les banques et favorise le développement d'autres sûretés personnelles plus exigeantes[81]. En somme, il fallait arriver à concilier les intérêts des cautions (notamment personnes physiques) avec ceux du créancier pour parvenir à un cautionnement équilibré.

18. En ce sens, il a donc été donné pour mission aux rédacteurs de l'AUS, lors de la réforme du 15 décembre 2010, la construction d'un régime du cautionnement plus attractif. Il est alors apparu nécessaire pour les rédacteurs de l'Acte uniforme OHADA, lors de la réforme 2010, de construire un régime du cautionnement plus équilibré. Ainsi, on a assisté à une sorte de tentative de rééquilibrage, quoique l'AUS puisse encore apparaître aux yeux de certains auteurs comme un système trop généraliste[82].

19. Le législateur OHADA a fait preuve d'une certaine souplesse (abandon d'un formalisme *ad validatem* et l'exigence de la signature des parties, l'effort de précision quant au caractère supplétif de la règle de l'étendue du cautionnement, l'obligation d'information semestrielle de la caution…) et a conservé une certaine originalité (la présence de témoins certificateurs auprès de la caution illettrée). Comme le souligne le professeur Dominique Legeais, cet Acte uniforme portant organisation des sûretés (AUS) de 2010 rappelle, sur certains aspects, le projet initial du groupe Grimaldi et pourrait probablement, aujourd'hui, servir sur bien des points de modèle au droit français[83].

20. Plus révélatrice de la volonté de rééquilibrer les relations contractuelles du cautionnement du législateur africain, est la réforme du 10 septembre 2015 de l'Acte uniforme portant organisation des procédures collectives d'apurement de passif. En vue de favoriser le sauvetage de l'entreprise en difficulté, il a consacré, à l'image du droit français (à quelques exceptions près) plusieurs

---

80 *Ibidem*, spéc. p. 25.

81 L. AYNÈS et P. CROCQ, *droit des sûretés*, 10e éd., LGDJ, septembre 2016, p. 37, spéc. n° 102.

82 M. ZIO, *Le cautionnement en droit de la consommation : perspective d'évolution du cautionnement en droit OHADA*, Connaissances et savoirs, février 2016, p. 45, spéc. n° 13.

83 D. LEGEAIS, « Acte uniforme portant organisation des sûretés », *RD bancaire et fin.* n° 2, mars 2011, comm. 55.

dispositions en faveur des cautions du débiteur en difficulté[84]. En effet, il était question de concilier deux exigences : d'une part, la mise en place de règles favorisant le sauvetage de l'entreprise viable, et d'autre part rassurer au maximum les créanciers en assurant leur paiement substantiel, afin qu'ils continuent de soutenir l'entreprise en difficulté[85]. On a procédé à une véritable instrumentalisation des sûretés marquée par un renforcement de la protection des garants personnes physiques qui a largement été saluée par la doctrine[86]. Toujours est-il qu'en dépit des nombreuses améliorations du régime juridique du cautionnement OHADA dans son ensemble, des imperfections subsistent si bien qu'on n'a pas atteint le point d'équilibre : la conciliation entre une protection raisonnable de la caution et la préservation de l'efficacité de la sûreté. « *Si le droit OHADA doit être un outil au service de la performance des entreprises et de l'émergence d'un vaste marché, il doit composer avec l'impératif de justice au cœur et au centre du droit* »[87]. Un rééquilibrage contractuel du cautionnement apparaît donc clairement nécessaire tant en droit OHADA qu'en droit français.

21. **Problématique**. Cette thèse a donc pour objectif de trouver le juste équilibre entre la préservation des intérêts de la caution et la satisfaction des créanciers en droit français et en droit OHADA. De cette interrogation principale découlent d'autres interrogations. Il s'agit également de voir si des mécanismes de la législation OHADA sont susceptibles d'être introduits en droit français pour redonner tout son intérêt à cette sûreté qui semble en déclin aujourd'hui, en France. D'autre part, existe-t-il des mécanismes intéressants, susceptibles d'être importés du droit français pour rétablir un juste équilibre dans le cautionnement en droit OHADA ? Au regard des déséquilibres constatés, relativement en opposition d'approche dans les deux systèmes, quels sont les réajustements nécessaires pour que, les droits OHADA et français, retrouvent l'équilibre contractuel dans leur règlementation du cautionnement. Au-delà de la question des apports réciproques, l'étude s'intéresse également aux sphères de déséquilibre contractuel du

84 R. Akono Adam, « Le sort des sûretés personnelles dans l'Avant-projet de réforme de l'acte uniforme portant organisation des procédures collectives du 10 avril 1998, *RD bancaire et fin.* n° 5, septembre 2015, étude 17, spéc. n° 3.

85 A.-S. Algadi, *Contrats et droit OHADA des procédures collectives : étude à la lumière du droit français*, préf. M.-H. Monserie-Bon, L'Harmattan, juillet 2009, p. 23, spéc. n° 9 ; F.-M. Sawadogo, « Les procédures de prévention dans l'AUPC révisé : la conciliation et le règlement préventif », *Dr. et patr.*, n° 253, décembre 2015, p. 32.

86 V. notamment, P. Crocq, « Des créanciers et des contractants mieux protégés », *Dr. et patr.*, n° 253, décembre 2015, p. 63.

87 M. Zio, *Le cautionnement en droit de la consommation : perspective d'évolution du cautionnement en droit OHADA*, Connaissances et savoirs, février 2016, p. 51, spéc. n° 16.

cautionnement que comporte chacun de ces systèmes juridiques et aux remèdes à leur apporter de manière générale. Dans l'attente d'une évolution législative, cette thèse propose des outils, auxquels les parties contractantes peuvent, en pratique, avoir recours pour un rééquilibrage conventionnel du cautionnement. Finalement, le travail accompli ambitionne de proposer une modeste contribution à la modernisation et à la rationalisation des règles régissant le cautionnement, en France, comme dans l'espace OHADA. Il s'agira d'une ébauche de propositions, parce que vouloir épuiser le sujet constituerait une prétention déraisonnable.

22. **Intérêts du sujet et délimitation.** L'équilibre contractuel est un sujet qui passionne. Depuis quelques années, « *tel un phénix qui indéfiniment renaît de ses cendres, la question de l'équilibre du contrat, à jamais classique, revient constamment sur le devant de la scène juridique*[88] ». Nombreux sont les travaux qui se sont intéressés à cette notion sous diverses formes[89]. Ils ne s'attachent cependant pas à la question spécifique de la recherche de l'équilibre contractuel dans le cautionnement et encore moins à une démarche comparée entre le droit français et le droit OHADA. À notre connaissance, un seul auteur a tenté d'aborder la question de l'équilibre contractuel dans le cautionnement OHADA, mais en s'intéressant spécifiquement à l'influence du droit de la consommation[90]. Or, l'approche se veut plus globale, prenant en compte les différentes matières qui influent sur le régime juridique de cette sûreté. En revanche, l'étude s'intéresse essentiellement aux règles propres au droit du cautionnement ; mais également à la confrontation avec les procédures collectives.

23. Par ailleurs, l'actualité juridique encourage la présente recherche. L'étude menée prend en considération les récentes évolutions législatives en matière de cautionnement en droit français et en droit OHADA. Elle offre également un décryptage, en relevant aussi bien la pertinence que les insuffisances des deux droits, afin de relever leurs similitudes et leurs spécificités dans le but

---

88 En ce sens, G. LARDEUX, « Rapport introductif », *in L'équilibre du contrat*, PUAM, 2012, p. 9.

89 V. notamment en tenant compte exclusivement de thèses : D. BAKOUCHE, *L'excès en droit civil*, préf. M. GOBERT, LGDJ, 2004 ; L. FIN-LANGER, *L'équilibre contractuel*, préf. C. THIBIERGE, LGDJ, 2002 ; G. CHANTEPIE, *La lésion*, préf. G. VINEY, LGDJ, 2006 ; V. LASBORDES, *Les contrats déséquilibrés*, préf. C. SAINT-HALARY HOUIN, PUAM, 2000 ; S. Le GAC-PECH, *La proportionalité en droit privé des contrats*, Préf. H. MUIR WATT, LGDJ, 2000 ; G. PIETTE, *La correction du contrat*, préf. M. MENJUCQ, PUAM, 2004.

90 M. ZIO, *Le cautionnement en droit de la consommation : perspective d'évolution du cautionnement en droit OHADA*, Connaissances et savoirs, février 2016.

d'offrir des pistes de réflexions, en vue d'une réforme à venir plus équilibrée du régime du cautionnement. Toutefois, cette démarche comparative et analytique de ces législations ne se fera pas de manière linéaire.

24. D'un point de vue pratique, le cautionnement est aujourd'hui « *une sûreté réflexe du banquier* »[91], mais continue de faire l'objet d'un abondant contentieux en jurisprudence. L'ambiguïté de certaines règles, les contradictions de certains textes, sans oublier l'éclatement du droit du cautionnement dans divers codes et actes uniformes, ne permettent pas toujours aux parties contractantes de mieux défendre leurs intérêts. De surcroît, il faut ajouter une jurisprudence (notamment en France) encore trop souvent hésitante entre souplesse et rigueur envers la caution[92]. Ainsi, les légitimes prévisions contractuelles des parties s'en trouvent menacées[93]. C'est pourquoi, cette thèse a également pour objectif de permettre à ces dernières de mieux se prémunir des dangers du cautionnement.

25. **Plan**. Dans cette perspective, en vue d'une quête de l'équilibre contractuel dans le cautionnement, il convient de procéder par ordre chronologique. En effet, un rééquilibrage s'impose du début à la fin de la vie du contrat. Ainsi, il sera donc traité successivement de la recherche de l'équilibre contractuel du cautionnement au stade de sa formation (Première partie) et au stade de son exécution (Deuxième partie).

Première partie. La recherche de l'équilibre contractuel au stade de la formation du cautionnement

Deuxième partie. La recherche de l'équilibre contractuel au stade l'exécution du cautionnement

---

91 R. TENDLER, « Le cautionnement, reine éphémère des sûretés ? », *D.*, 1981, chron., p. 129.

92 F. BUY, « Recodifier le droit du cautionnement (à propos du Rapport sur la réforme des sûretés) », *RLDC*, 2005, p. 18.

93 *Ibidem.*

TITRE I

La recherche de l'équilibre contractuel par le formalisme

27. **Plan**. « *Le cautionnement, nul n'en disconvient, est un acte périlleux*[97] ». Celui qui s'engage doit être convenablement informé, afin de prendre la pleine mesure de ce à quoi il s'oblige. Cette prise de conscience de l'étendue de son engagement est d'autant plus essentielle que le cautionnement est une sûreté très prisée des fournisseurs de crédit[98]. Bien souvent, en pratique, la caution (généralement personne physique), lors de la conclusion de l'acte, s'engage souvent sans prendre le temps de mesurer les risques liés à ses obligations. Ces données n'ayant pas échappé aux législateurs français et OHADA, ils ont alors développé un formalisme de protection à l'égard des cautions ayant contracté avec des créanciers professionnels. Aujourd'hui, cette quête d'équilibre contractuel les a conduits à une protection excessive de la caution par l'exigence de la mention manuscrite (Chapitre I) et à la mise en place d'une protection spéciale de la caution, lorsque celle-ci souhaite en être dispensée (Chapitre II).

---

97 Ph. SIMLER, « 2006, une occasion manquée pour le cautionnement », *JCP N.* n° 12, mars 2016, 1109.

98 A. CERLES, « La mention manuscrite du Code de la consommation : une protection de la caution source de contentieux », *RD bancaire et fin.* n° 5, septembre 2012, dossier 39, p.68, spéc. n° 2.

CHAPITRE I

La protection excessive de la caution par l'exigence de la mention manuscrite

28. Le paradoxe : la perte de vigueur du consensualisme. Traditionnellement, l'on s'accorde à dire que le cautionnement est un contrat consensuel[99] et non formaliste ; la rencontre de volonté des parties était suffisante pour que le contrat soit formé[100]. Auparavant, la forme importait peu. Cependant, cette affirmation d'hier semble aujourd'hui dépassée. C'est pourquoi certains auteurs français en sont venus à dire que cette assertion classique est de nos jours « *à peu près vide de sens*[101] ». Compte tenu du danger que représente en pratique l'engagement de la caution notamment à travers son caractère hypothétique, ainsi que l'importance des sommes en jeu, les législateurs français[102] et OHADA en sont venus au fil du temps à édicter une série d'exigences formelles. Toutefois, malgré ces intentions louables, il s'avère que cela a abouti à une surprotection de la caution faussant ainsi l'équilibre de ce contrat. De nos jours, tant en droit français qu'en droit de l'OHADA, l'on impose dorénavant la mention manuscrite, afin de faire prendre conscience le plus possible à la caution, de la pleine mesure de son engagement. Ce souci « *exacerbé* » de protection de la caution se matérialise tant dans le domaine de la mention manuscrite (Section I) que dans son étendue (Section II).

---

99 D. LEGEAIS, *Sûretés et garanties de crédit*, 11e éd., LGDJ, septembre 2016, spéc. n° 47.

100 P. SARGOS, « Le cautionnement, dangers, évolution et perspective de réforme », *in Documentation Française*, 1987, p. 33 ; G. MARTY, P. RAYNAUD et Ph. JESTAZ, *Les sûretés. La publicité foncière*, 2e éd., Sirey, 1987, n° 584.

101 A.-S. BARTHEZ et D. HOUTCIEFF, *Traité de droit civil. Les sûretés personnelles*, (dir.) J. GHESTIN, LGDJ, 2010, n° 498.

102 A. CERLES avec la collaboration de M. SEJEAN, « Le cautionnement : du Code civil au Code de la consommation ou les illusions de la protection », *in Études offertes au doyen Philippe Simler*, LexisNexis, Litec-Dalloz, p. 273.

SECTION I

Le domaine d'application de la mention manuscrite

29. **Un domaine à « géométrie variable ».** Le domaine d'application de la mention manuscrite ne se décline pas de la même manière en droit français et OHADA. Chacun d'entre eux abonde en de nombreuses particularités. Dans l'optique de protéger différemment les types de cautions engagées, le législateur français a procédé à une délimitation de l'exigence de la mention manuscrite (§ 1). Ce dernier a voulu tenir compte de l'état de faiblesse[103] de certaines cautions aux fins d'équilibrer ce contrat. En revanche, le législateur africain ne s'est pas engagé dans cette voie. Il ne s'est pas préoccupé de la qualité de la caution pour moduler l'exigence de la mention manuscrite dans les cautionnements. Il a plutôt opté pour une généralisation[104] de cette mention (§ 2) ; ce qui pousse à s'interroger sur la finalité véritable d'une telle exigence pourtant à vocation protectrice.

§ 1. Délimitation de l'exigence de la mention manuscrite en droit français

30. **Hétérogénéité du formalisme protecteur**. En droit français, la délimitation de la mention manuscrite s'est faite par l'action concomitante de la jurisprudence et du législateur. S'agissant du formalisme jurisprudentiel, il faut relever que bien qu'il soit un peu en recul, il a connu son summum dans les années 1987-1989 et connaît, aujourd'hui, un champ d'application fort réduit du fait de l'action du législateur[105]. Ainsi, en vue d'une protection plus poussée du consentement de la caution, l'on a assisté à un renforcement du formalisme légal (B) par la mise en place d'une série de règles spéciales pour les cautionnements les plus courants. Toutefois, malgré les multiples interventions législatives, l'on note une certaine subsistance d'un formalisme jurisprudentiel exigeant (A).

---

103 D. LEGEAIS, *Sûretés et garanties de crédit*, 11e éd., LGDJ, 2016, spéc. n° 157.

104 Y.-R. KALIEU, « La mention manuscrite dans le cautionnement OHADA », *Juridis Périodique*, n° 55, juillet-août-septembre 2003, p. 109.

105 P. ANCEL, *Droit des sûretés*, 7e éd., LexisNexis, août 2014, p. 44, spéc. n° 95.

A. La subsistance d'un formalisme jurisprudentiel exigeant

31. **Les atermoiements jurisprudentiels.** Pendant longtemps, les règles relatives au formalisme du cautionnement ont été interprétées comme des dispositions ayant une fonction probatoire. Mais, depuis le milieu du xixe siècle, dans le but de préserver la portée de l'engagement[106] de la caution et de prévenir l'altération du contenu de l'acte dont celle-ci sera tenue, la jurisprudence française a modifié le sens de ces textes. Elle décida d'imposer à la caution d'apposer de sa main la mention manuscrite dans l'acte de cautionnement. Malgré ce souci de protection commun de la caution par les chambres de la Cour de cassation (notamment la chambre civile et la Chambre commerciale), celles-ci ont été longtemps divisées sur la question de la sanction à infliger en cas d'irrégularité ou d'absence de la mention manuscrite.

32. **La déception : la position « rigoriste » de la chambre civile de la Cour de cassation.** En fondant sa décision sur la juxtaposition de l'article 1326 (devenu article 1376 depuis l'ordonnance de 2016, relatif à l'exigence d'une mention manuscrite) et de l'article 2015 (devenu article 2292 depuis 2006, relatif à la consécration du caractère exprès) du Code civil, la première Chambre civile de la Cour de cassation a estimé, dans le célèbre arrêt du 22 février 1984, « *que les exigences relatives à la mention manuscrite ne constituent pas de simples règles de preuve, mais ont pour finalité la protection de la caution*[107] ». Dans le cas d'espèce, une dame s'était portée caution pour les engagements d'un locataire. Cette dame avait cependant oublié de faire apparaître, dans la mention manuscrite le montant chiffré pour lequel elle s'engageait. Celle-ci fut assignée en paiement, et la cour d'appel confirma la décision des juges du fond aux motifs que « *Mlle Bouazzat ne pouvait, lors de la signature de l'acte de caution, mentionner en toutes lettres la somme pour laquelle elle s'engageait lors de la signature de l'acte* » et « *que son engagement parfaitement explicite et non indéterminé* » pouvait être considéré comme valable. Mais, les hauts magistrats, ayant opté pour un raisonnement *a contrario*, ont cassé cette décision en invoquant deux arguments : premièrement, pour ces derniers, l'article 1326 (devenu 1376) du Code civil exigeait que la somme maximale garantie apparaisse dans la mention manuscrite que le cautionnement soit déterminé ou indéterminé. Deuxièmement, l'ancien article 2015 du Code civil soulignait bien le caractère

---

106 Ph. Simler, *Le cautionnement*, Litec, 1982, n° 264 ; Comme l'indique R. Von Jhering, « *la main est la plus importante des parties du corps. Elle est [...] l'organe de la volonté* » : cité par M. Mignot, *Cours. Droit des sûretés*, Montchrestien, 2010, p. 86, n° 207.

107 Cass. civ. 1re., 22 février 1984, pourvoi n° 82-17.077, *Bull. civ. I*, n° 1 ; Cass. civ. 1re., 30 juin 1987, pourvoi n° 85-15.760, *Bull. civ. I*, 1987, n° 210 p. 155.

exprès du cautionnement. Par cette interprétation audacieuse des textes, les juges de la première Chambre civile de la Cour de cassation transformaient les règles de preuve en de véritables règles de validité[108]. Ainsi, dans l'optique de prémunir la caution d'un engagement irréfléchi, la mention manuscrite était requise *ad validatem*. Tout cautionnement contenant une mention manuscrite non conforme était frappé de nullité. À la suite de ce célèbre arrêt, de nombreuses décisions de la même chambre de la Cour de cassation[109] sont allées dans le même sens.

33. **Une position controversée.** Cette jurisprudence a été source de nombreuses controverses. Pour Pierre Sargos, cette solution de la première Chambre civile de la Cour de cassation ,aboutissant à une rigueur accrue dans la protection des cautions, était légalement justifiée. Pour ce dernier, elle marquait « *un retour à l'orthodoxie juridique*[110] ». Il n'hésita pas à ajouter qu'elle « *se situ[ait] aussi dans une perspective plus générale qui est celle de l'importance fondamentale de la bonne foi et de la loyauté en matière conventionnelle*[111] ». Pour notre part, vanter les mérites de cette solution est surprenant à bien des égards. L'on peut se demander s'il faut donc sacrifier la sécurité juridique sur l'autel de la « *bonne foi* », malgré les effets pervers qui peuvent en résulter. Cette solution ne vient-elle pas, par la même occasion, briser le fragile équilibre qui existait jusqu'alors en matière de formalisme du cautionnement ? C'est donc, à juste titre, qu'elle a été critiquée par la majorité de la doctrine française. Comme plusieurs auteurs[112] ont pu le relever avec raison, la première Chambre civile de la Cour de cassation faisait « *l'amalgame de deux*

---

108 C. ALBIGES, M.-P. DUMONT-LEFRAND, *Droit des sûretés*, 3e éd., Dalloz, septembre 2015, p. 88, spéc. n° 120.

109 Cass. civ. 1re., 3 mai 1983, pourvoi n° 82-13.858, *Gaz. Pal.* octobre 1984, 259, note A. PIÉDELIÈVRE ; Cass. civ. 1re., 30 juin 1987, pourvoi n° 85-15.760, *Bull. civ. I*, n° 210 ; *D.*, 1987, Somm., p. 442, obs. L. AYNÈS. Commentant cet arrêt, L. AYNÈS souligne que la cause semble entendue : « *Si l'acte de cautionnement ne comportait pas une mention manuscrite satisfaisant aux exigences de ces textes, il ne serait pas seulement atteint dans sa valeur probante, il serait nul* ».

110 P. SARGOS, « L'opération "Glasnost" de la Cour de cassation en matière de cautionnement ou cinq brèves observations sur la jurisprudence », *Gaz. Pal.*, 1988, I, p. 209-210.

111 P. SARGOS, « Le cautionnement : dangers, évolution, et perspectives de réformes », *in Rapport de la Cour de cassation*, La Documentation française, p. 63.

112 D. LEGEAIS, *Sûretés et garanties de crédit*, 11e éd., LGDJ, 2016, spéc. n° 149 ; Y. PICOD, « Le formalisme de la mention manuscrite », in *Mélanges F. Chabas*, Bruylant, 2011, p. 776 ; H. MAZEAUD, L. MAZEAUD, J. MAZEAUD et Fr. CHABAS, *Leçons de droit civil*, t. III, vol. 1, *Sûretés, Publicité foncière*, Montchrestien, 7e éd., par Y. PICOD, 1999, p. 56, spéc. n° 31-1.

règles de preuve donnant ainsi naissance à une règle nouvelle[113] ». S'il ne fait pas de doute que la mention manuscrite est un moyen de protection du consentement de la caution, il n'en demeure pas moins que lui donner une autre valeur que sa fonction probatoire traditionnelle est contraire à l'esprit et à la lettre de l'article 1326 (devenu article 1376) du Code civil. Cette jurisprudence était d'autant plus critiquable qu'un tel formalisme pouvait être perçu comme un « *excès d'indulgence* » à l'égard des cautions ; les cautions de bonne comme de mauvaise foi pouvaient se libérer trop facilement de leurs engagements[114]. On a enfin souligné que la non-conformité du formalisme aurait servi de prétexte idoine à la caution appelée en paiement par le créancier dans des cas de défaillance du débiteur principal[115]. En effet, du fait du caractère rétroactif de la jurisprudence, « *un grand nombre de cautions purent se prévaloir de cette solution pour obtenir l'annulation de leur engagement*[116] ». Par voie de conséquence, cela provoquait une certaine frilosité du cautionnement à l'égard des créanciers qui le considèraient désormais comme « *sûreté-piège*[117] ».

34. La résistance appréciable de la Chambre commerciale de la Cour de cassation. Parallèlement, dans les rares affaires[118] où elle avait été sollicitée, la Chambre commerciale de la Cour de cassation restait fort heureusement fidèle à la finalité traditionnelle de la mention manuscrite, à savoir sa fonction probatoire. Plus sensible à la position doctrinale majoritaire, elle n'était pas convaincue de l'étonnante formule utilisée par la première Chambre civile de la Cour de cassation. En effet, elle a réaffirmé, à plusieurs reprises, que : conformément aux dispositions de l'article 1326 (devenu article 1376) du Code civil, une mention manuscrite irrégulière vaut commencement de preuve

---

113 Cass. civ. 1re., 22 février 1984, pourvoi n° 82-17.077, *JCP G*, II, 1985, 20442, note M. STORCK. Dans la même veine : Cass. civ 1re, 31 mai 1988, pourvoi n° 86-17495, *Bull. civ. I*, 1988, n° 163 p. 113 ; *JCP G*. II, 1989, 2118, obs. Ph. SIMLER. Analysant cet arrêt, le doyen Philippe SIMLER s'est demandé : « *Par quel prodige l'addition d'une règle d'interprétation (l'article 2015 du Code civil) et d'une règle de preuve peut-elle avoir pour résultat une règle de fond sanctionnée par la nullité de l'engagement ?* ».

114 F. CHAMOUX, *La preuve dans les affaires*, Litec, 1979, p. 86 ; A.-S. BARTHEZ et D. HOUTCIEFF, *Traité de droit civil. Les sûretés personnelles*, (dir.) de J. GHESTIN, LGDJ, 2010, n° 574-1.

115 J. TERRAY, « Le cautionnement une institution en danger », *JCP G*. I, 1987, 3295 ; Ch. MOULY, « Pour la liberté des garanties personnelles », *Banque*, 1987, 1166 ; Ph. SIMLER, « Les solutions de substitution au cautionnement », *JCP G*, 1990, I, 3427.

116 D. LEGEAIS, *Sûretés et garanties du crédit*, 8e éd., LGDJ, 2011, p. 140.

117 Y. PICOD, « Le formalisme de la mention manuscrite », *in Mélanges F. Chabas*, Bruylant, 2011, p. 777.

118 Cass. com., 6 juin 1986, pourvoi n° 83-15.356, *Bull. civ. IV*, n° 212 ; *Defrénois*, 1985, 33636, p. 1454, obs. J. L AUBERT.

par écrit. Concrètement, le créancier est autorisé à apporter des preuves supplémentaires (témoignages, commencement d'exécution…), afin de démontrer que la caution a été consciente de l'engagement souscrit. On peut se souvenir d'une affaire marquante, en date du 21 juin 1988, qui illustre bien sa position. En l'espèce, un gérant majoritaire en parts d'une SARL, s'était porté caution du paiement par cette société de cotisations sociales. Son engagement était signé de sa main et il avait porté la seule mention manuscrite « *lu et approuvé, bon pour caution* ». Appelé en paiement par l'URSSAF, il avait contesté la validité du cautionnement. La Chambre commerciale de la Cour de cassation avait décidé de casser la décision de la cour d'appel qui avait retenu que l'acte était probant au visa de l'article 1326 du Code civil (devenu 1376 depuis le 10 février 2016) et de l'article 109 du Code de commerce, en déclarant que :

> « Attendu que le contrat de cautionnement doit être constaté dans un titre qui comporte, outre la signature de celui qui souscrit cet engagement, la mention écrite de sa main, de la somme en toutes lettres et en chiffres et que, sauf à ce que cet acte serve de commencement de preuve par écrit, preuve dont le complément doit alors résulter d'éléments extérieurs à l'acte lui-même, ce n'est qu'à l'égard des commerçants que l'obligation ainsi contractée peut se prouver par tous autres moyens. »[119]

35. Ainsi, la Chambre commerciale restait sourde aux « *sirènes de protection de la caution*[120] » par un formalisme validant. Pour elle, la mention manuscrite doit conserver sa fonction orthodoxe, à savoir *ad probationem ;* en ce sens que, son absence ou sa non-conformité à l'article 1326, devenu article 1376 du Code civil, peut valoir simplement commencement de preuve par écrit. Elle précise également que si un élément de preuve supplémentaire est rapporté, le cautionnement pourra être valablement établi[121].

36. **L'amorce de revirement de la première Chambre civile.** Peu à peu et par touches successives, la première Chambre civile de la Cour de cassation commença à infléchir sa position rigoureuse qui aboutissait à un formalisme trop protecteur des cautions. À partir de 1989, elle commença à amorcer un revirement. Dans un premier temps, dans une affaire en date du 15 décembre

---

119 Cass. com., 21 juin 1988, pourvoi n° 87-10.926, *Bull. civ. IV*, n° 182 ; Cass. com., 15 novembre 1988, pourvoi n° 87-11.626, *Bull. civ. IV*, n° 310 ; *D.* 1990, p. 3, note P. ANCEL.

120 J.-B. SEUBE, *Droit des sûretés*, Dalloz, mai 2016, p. 32, spéc. n° 56.

121 Cass. com., 22 juin 1988, pourvoi n° 86-10.128, *JCP E.* I, 1989, 15519, obs. Ph. DELEBECQUE ; D. MAJDANSKI, *Signatures et mentions manuscrites*, préface G. ROUZET, Thèse, Université de Bordeaux, 2000, p. 206.

1989, elle déclara en se fondant sur l'article 1326 (aujourd'hui article 1376) et sur l'article 2015 (aujourd'hui 2292) du Code civil, « *que l'engagement souscrit par la caution doit comporter sa signature ainsi que la mention écrite de sa main de la somme en toutes lettres et en chiffres de toute obligation déterminable au jour de l'engagement ; que ces règles de preuve ont pour finalité la protection de la caution*[122] ». Par cette décision, elle admettait ainsi le caractère probatoire de la mention manuscrite. Cependant, cette décision manquait quelque peu de clarté, dans la mesure où la première Chambre civile ajouta que lorsque l'*instrumentum* ne comporte pas de mention manuscrite complète, celui-ci « *ne constitue pas un acte de cautionnement régulier* ». Or, pour dissiper toute ambiguïté, il aurait fallu affirmer que l'absence ou l'irrégularité de la mention manuscrite prévue par l'article 1326, devenu article 1376 du Code civil, valait un commencement de preuve par écrit[123]. Malheureusement, malgré cette formulation ambiguë, la première Chambre civile continuait, dans d'autres affaires[124], de prendre des décisions très obscures, ce qui faisait prospérer le doute sur la sanction, en cas de mention manuscrite litigieuse. Elle retenait dans une affaire du 15 janvier 1991 qu'un gérant de société, qui s'est porté caution des dettes de son entreprise, ne pouvait se prévaloir de l'absence de la mention manuscrite pour arguer de la méconnaissance de la portée de son engagement. Dans cette affaire, elle souligna que l'insuffisance de la mention manuscrite, prévue par l'article 1326 (aujourd'hui article 1376) du Code civil, à elle seule ne constitue pas *ipso facto* l'atteinte à la sauvegarde des droits de la caution[125].

37. **La satisfaction : le retour à la fonction probatoire traditionnelle.** Dans un second temps, dans une « *formule aussi limpide qu'irréprochable*[126] », la première Chambre civile de la Cour de cassation décida que la cour d'appel

---

122 Cass. civ. 1re, 15 novembre 1989, pourvoi n° 87-18.003, *Bull. civ. I*, n° 348 ; *JCP G*. II, 1989, 21317, note D. LEGEAIS ; *JCP G*. 1989, Somm. 290, obs. L. AYNÈS ; *D*. 1990, Jur. 177, note CH. MOULY.

123 H. CAPITANT, FR. TERRÉ, et Y. LEQUETTE, *Les grands arrêts de la jurisprudence civile. Obligations, contrats spéciaux, sûretés*, Tome 2, Dalloz, 2008, p. 844.

124 Cass. civ. 1re., 17 juillet 1990, pourvoi n° 89-12.609, *Bull.civ*. I, n° 200 ; Cass. civ. 1re., 27 novembre 1990, pourvoi n° 88-17.148, *Bull. civ. I*, n° 267.

125 Cass. civ. 1re., 15 janvier 1991, pourvoi n° 89-10.636, *D.*,1991, Somm. 382, obs. L. AYNÈS (elle réaffirma que « les règles de l'art. 1326 du C. civ. sont des règles de preuve qui ont pour finalité la protection de la caution »).

126 Cass. civ. 1re, 15 octobre 1991, pourvoi n° 89-21.936, *JCP E*. II, 1992, p. 266, obs. Ph. SIMLER. Comme l'indiquait monsieur le doyen Philippe Simler, avant l'on n'aboutissait pas au « *raisonnement logique qui s'imposait* » malgré ces réaffirmations de la fonction a*d probationem* de la mention manuscrite qui prospéraient au sein de cette chambre.

« *a[vait] exactement énoncé que, si l'absence de mention manuscrite exigée par l'article 1326 [devenu 1376] du Code civil [...] rendait le cautionnement irrégulier, ledit acte constituait néanmoins un commencement de preuve par écrit pouvant être complété par d'autres éléments* ». Elle a estimé que la décision de la cour d'appel était parfaitement légale, dans la mesure où d'autres éléments extrinsèques[127] à l'acte de cautionnement permettaient d'établir que la caution avait une connaissance suffisante de la nature et de l'étendue de son engagement. L'article 1326 devenu l'article 1376 ne constitue donc qu'une règle purement probatoire ayant pour finalité la protection de la caution. Depuis, la solution a été constamment reconduite. Ainsi, suite à l'unification de la position des deux chambres[128], la Cour de

---

127 Cet élément extrinsèque est soumis à l'appréciation souveraine des juges. La jurisprudence a admis que les juges ont un pouvoir souverain pour trouver l'élément extrinsèque à l'intérieur ou à l'extérieur de l'acte irrégulier. En ce sens notamment : Cass. com., 16 janvier 2001, pourvoi n° 98-18.114 : dans cette affaire, la mention manuscrite avait été apposée au verso de l'acte consenti à l'époux de la caution. La cassation est intervenue au motif que le moyen soulevé « *ne tend qu'à remettre en cause les appréciations souveraines de l'arrêt attaqué quant à l'absence de complément de preuve d'un engagement de caution dont les mentions manuscrites n'exprimaient pas de façon explicite et non équivoque la connaissance par la caution de la portée dudit engagement* ». Dans d'autres affaires, la Cour de cassation a rappelé que l'élément extrinsèque peut se trouver à l'intérieur de l'acte lui-même. V. Cass. civ. 1re., 10 juillet 2002, pourvoi n° 99-13.739 (en l'espèce, alors que l'acte de cautionnement était irrégulier, elle a débouté une caution aux motifs que « *la profession de directrice d'école de la caution dénotait un niveau de culture lui permettant d'avoir conscience des obligations qu'elle contractait* » ; V. aussi, Cass. civ. 1re., 4 juin 2002, pourvoi n° 00-12.324. Il faut saluer, ici, la démarche des juges qui permet de décourager les cautions de mauvaise foi de se défaire de leurs engagements. En ce sens également, A. MEDINA, « Formalisme et consentement dans le contrat de cautionnement : évolution de la jurisprudence », *D.*, 2002, chron., p. 2791.

128 Ph. THÉRY, *Sûretés et publicité foncière*, PUF, 1998, p. 53. Une série de décisions ont marqué « l'unité retrouvée » entre la première Chambre civile et la Chambre commerciale de la Cour de cassation. Cass. civ. 1re,7 octobre 1992, pourvoi n° 91-10.242, *Contrats, conc. consom.*, 1993, n° 5, obs. L. LEVENEUR ; *JCP G.* I,1993, 3680, n° 3, obs. Ph. SIMLER (il a été jugé que les mentions de l'article 1326(devenu 1376) du Code civil sont des règles de preuve et qu'il n'y avait pas d'éléments complémentaires permettant d'établir l'engagement de la caution). V. Dans le même sens : Cass. civ. 1re, 12 mai 1993, pourvoi n° 91-14.943, *D.* 1994, Somm. 10, obs. L AYNÈS ; rappr. Cass. com., 1er juin 1993, pourvoi n° 88-19.223, *Defrénois*, 1993, p. 55, obs. L. AYNÈS (dans cette affaire, la Chambre commerciale de la Cour de cassation a cassé la décision des juges d'appel aux motifs que les fonctions de dirigeant de la caution ne constituent pas à elles seules des preuves complémentaires suffisantes en cas de cautionnement indéterminé pour pallier l'irrégularité de la mention manuscrite).V. aussi : Cass. com., 18 mai 1999, pourvoi n° 96-13.796, *Bull. civ. IV*, n° 103 ; *JCP G.* I, 1999, 156, n° 3, obs. Ph. SIMLER ; selon la Haute juridiction, n'a pas violé l'article 2015, l'arrêt qui, « *après avoir relevé que M. F... a assigné l'acte à la fois en qualité de représentant de la société I. et en qualité de caution,[...]retient que cette signature constitue un commencement de preuve par écrit,*

cassation a fait preuve d'une certaine souplesse dans la protection du consentement de la caution. La non-conformité de la mention manuscrite à l'article 1326, devenu l'article 1376 du Code civil, est donc sanctionnée par l'inefficacité de l'*instrumentum*.

38. **Vers l'essor d'un « nouveau formalisme protecteur » ?** Toutefois, au regard de certaines décisions de la Cour de cassation rendues sous le fondement de l'article 1326 (aujourd'hui 1376) du Code civil, l'on a semblé assister au développement d'un nouveau formalisme protecteur. Au moyen de l'exigence de la mention manuscrite, la Cour de cassation entend veiller à la prise de conscience complète des cautions de leur engagement. Ainsi, par un arrêt du 27 juin 2002, la première Chambre civile de la Cour de cassation a décidé : qu'en « *l'absence totale de la mention de la somme écrite en chiffres, l'acte sous seing privé contenant l'engagement de la caution est irrégulier et ne peut constituer qu'un commencement de preuve par écrit susceptible d'être complété par des éléments extrinsèques*[129] ». Apparemment, la Cour fait application de l'adage : « *Deux précautions valent mieux qu'une* .» L'unique mention de la somme en lettres est insuffisante pour établir la validité de la mention manuscrite. Cette dernière doit également contenir la somme en chiffres faute de quoi sa force probante est entachée. Cette solution est confortée par d'autres décisions rendues dans le même sens[130].

39. **Appréciation critique**. Cette exigence d'une double mention peut sembler superfétatoire[131]. L'on comprendrait éventuellement qu'une telle exigence s'appliquât uniquement à des cautions profanes. Mais de là, à l'appliquer

---

complété par l'élément extrinsèque que constitue sa qualité de gérant, rendant parfaite la preuve de l'acte de cautionnement ».

129 Cass. civ. 1re., 27 juin 2002, pourvoi n° 99-14.709, *Bull. civ. II*, n° 147.

130 V. Déjà en ce sens : Cass. civ. 1re, 13 novembre 1996, pourvoi n° 94-16.091, *Bull. civ. I*, n° 393 ; V. aussi : Cass. civ. 1re, 15 novembre 1989, pourvoi n° 87-18.003, *Bull. civ. I*, n° 467 ; V. aussi : Cass. civ. 1re, 6 juillet 2004, pourvoi n° 02-14.450 ; Cass. civ. 1re., 25 mai 2005, pourvoi n° 04-11862, *D.*, 2005, AJ. 1548, obs. V. AVENA-ROBARDET. Dans cette affaire, une dame se porte caution solidaire du crédit contracté par un particulier auprès d'un établissement de crédit. L'acte de cautionnement sous seing privé mentionne uniquement la somme en lettres. Constatant la défaillance du débiteur principal, la banque assigne la dame, en sa qualité de caution, en paiement. Cette dernière conteste cette demande en arguant de l'invalidité de son engagement conformément à l'article 1326 (devenu 1376) du Code civil. Pourtant, la Cour d'appel, rejette sa demande au motif que la mention en lettres suffisait et n'entachait pas la force probante de la mention manuscrite. Cette décision est finalement censurée par la Cour de cassation, qui juge que l'absence de mention chiffrée faisait perdre à la mention manuscrite sa force probante.

131 L'on comprendrait éventuellement qu'une telle exigence s'applique uniquement à des cautions profanes.

indistinctement à la caution profane et à celle avertie conduit à fausser l'équilibre des intérêts entre les parties dans le cautionnement[132]. De plus, on ne peut que critiquer la première Chambre civile de la Cour de cassation, avec certains auteurs[133], dans la mesure où elle n'est pas conforme à la lettre de l'article 1376 du Code civil qui, *in fine*, donne la primeur à la mention en lettres[134]. À l'analyse de ces arrêts, l'on peut raisonnablement se demander jusqu'où ira la jurisprudence dans sa quête effrénée de prémunir la caution contre sa propre crédulité, du fait de la dangerosité du cautionnement. N'en fait-elle pas déjà assez ?

40. L'heureuse clarification apportée par l'ordonnance de 2016. Heureusement, il y a lieu de croire, avec l'ordonnance de 2016, qu'il n'y a plus de place à des hésitations jurisprudentielles quant à la simple portée probatoire de la mention écrite. Contrairement à l'ancien texte (article 1326 du Code civil), le nouvel article 1376 du Code civil précise clairement que « *[l'acte sous signature privée] ne fait preuve que s'il comporte la signature de celui qui souscrit cet engagement ainsi que la mention, écrite par lui-même, de la somme ou de la quantité en toutes lettres et chiffres. En cas de différence, l'acte sous signature privée vaut preuve pour la somme écrite en toutes lettres* ». En d'autres termes, il semble clair désormais que la mention écrite par le débiteur ou sa caution ne concerne que la régularité de l'acte, au titre de preuve uniquement et n'a pas trait à la validité de l'acte proprement dit[135].

41. L'introduction maladroite d'un formalisme ad validatem par le législateur. Par ailleurs, alors qu'on avait pu se réjouir d'une certaine « *unité retrouvée* » de la jurisprudence dans un sens plus conforme au Code civil[136], le législateur a opéré « *un revirement aussi brutal qu'inattendu*[137] ». Force est de constater qu'il s'est attelé à accentuer le formalisme jurisprudentiel. Il a

---

132 Plus expérimentées, les cautions averties gèrent mieux le risque.

133 M. Bourassin, V. Brémond et M-N. Jobard-Bachelier, *Droit des sûretés*, 5e éd., Dalloz, novembre 2015, p. 110, n° 219.

134 Pour d'autres auteurs, il ne faudrait pas condamner la décision de la Première chambre civil de la Cour de cassation. D'après ceux-ci, l'article 1326 (aujourd'hui 1376) du Code civil, *in fine* fait allusion à des cas de discordances entre la somme en chiffres et celle en lettres, en vue de la protection des cautions ; Cf. Y. Dagorne-Labbe, note. sous Cass. civ. 1re., 25 mai 2005, pourvoi n° 04-11.862, *Defrénois*, 2005, 1489 ; L. Leveneur, obs. sur Cass. civ. 1re, 19 décembre 1995, *Contrats. Cons. Consom.* 1995, comm. 37.

135 G. Chantepie et M. Latina, *La réforme du droit des obligations. Commentaire théorique et pratique dans l'ordre du Code civil*, Dalloz, juin 2016, p. 1032.

136 A. Cerles, « La mention manuscrite du Code de la consommation : une protection source de contentieux », *RD bancaire et fin.* septembre 2012, p. 69.

137 D. Legeais, *Droit des sûretés et garanties de crédit*, LGDJ, 8e éd., 2011, spéc. n° 148.

mis en place une multiplication de régimes spéciaux en matière de cautionnement, dans lesquels le formalisme est requis à peine de nullité. Par cet acte, il entend nécessairement protéger la caution par un renforcement du formalisme légal (B).

B. Le renforcement du formalisme légal

42. **Multiplication désordonnée de textes protecteurs**. Soucieux de s'assurer de la parfaite connaissance par les cautions de leurs engagements, le législateur français impose le respect d'une mention manuscrite spécifique devant figurer dans l'*instrumentum*. Cela l'a amené à multiplier les exigences formelles, de façon quelque peu désordonnée, dans des domaines où, selon lui, la caution serait plus vulnérable. Deux types de formalisme protecteur doivent être distingués :
— Les mentions manuscrites du droit de la consommation (1) d'une part.
— Les mentions manuscrites spécifiques au bail d'habitation (2) d'autre part.

1. Les mentions manuscrites du droit de la consommation

43. **Le but recherché du législateur**. Historiquement réputée faible, la caution bénéficie d'un traitement de faveur du législateur français par rapport au créancier. En effet, comme le souligne dans sa thèse madame Delphine Majdanski, le droit de la consommation vise à remédier au déséquilibre originel, qui existe entre les professionnels et non professionnels qui sont généralement les consommateurs[138]. Avant elle, le professeur Jacques Mestre considérait que « *nous sommes tous des consommateurs*[139] ».

44. **Le caractère contraignant de la « loi Neiertz »**. Depuis la loi n° 89-10101, du 31 décembre 1989, encore appelée « *loi Neiertz* », relative au surendettement des particuliers et des familles, certains cautionnements[140] sont soumis à l'exigence de mentions manuscrites particulières, sous peine d'être frappés de nullité. Procédant d'un même souci de protection du consentement des cautions, le législateur a inséré ces mesures dans le Code de la consommation aux articles L. 313-7 (devenu L. 314-15) et L. 313-8

138 D. MAJDANSKI, *Signatures et mentions manuscrites*, préface G. ROUZET, thèse, Université de Bordeaux, 2000, p. 217.

139 J. MESTRE, « Des notions de consommateurs », *Revue trimestrielle de droit civil*, 1989, p. 62.

140 Cette loi ne visait que le cautionnement d'un crédit à la consommation ou d'un crédit immobilier.

(devenu L. 314-16) du Code de la consommation. Deux conditions de forme étaient ainsi exigées *ad validatem*. Premièrement, le créancier devait, à peine de nullité, notifier à la caution l'offre préalable de prêt, ce qui a pour conséquence d'offrir à celle-ci un délai préalable de réflexion de 10 jours au cours duquel le contrat ne pouvait être conclu[141]. Deuxièmement, les cautions personnes physiques dans ces opérations devaient recopier de façon scrupuleuse, au sein de l'acte sous seing privé, le contenu de la mention manuscrite suivant le type de cautionnement. Lorsque le cautionnement était dit simple, les cautions personnes physiques se devaient, à peine de nullité, faire précéder leur signature de la mention suivante : « *En me portant caution de X... dans la limite de la somme de...couvrant le paiement du principal, des intérêts et, le cas échéant, des pénalités ou intérêts de retard et pour la durée de..., je m'engage à rembourser au prêteur les sommes dues sur mes revenus et mes biens si X...n'y satisfait pas lui-même*[142] ». Lorsque le cautionnement était dit solidaire, la caution devait, en outre, sous peine de nullité, adjoindre la mention suivante : « *En renonçant au bénéfice de discussion défini à l'article 2298 du Code civil et en m'obligeant solidairement avec X..., je m'engage à rembourser le créancier sans pouvoir exiger qu'il poursuive préalablement X*[143] ».

45. Les lacunes de la loi « Neiertz ». Loin d'être des formules claires, ces mentions avaient, à juste titre, subi la critique d'une bonne frange de la doctrine. Le législateur, au travers de l'article L. 313-7 (aujourd'hui article L. 314-15) du Code de la consommation, procédait, en quelque sorte, à une limitation du montant et de la durée des engagements susceptibles d'être pris par la caution. Cette formulation légale constituait un sérieux désavantage pour le créancier à plusieurs égards. D'une part, on a déploré, à juste titre, qu'elle conduisait à exclure les cautionnements *omnibus* dans la mesure où cette disposition exige que la caution ne puisse s'engager que pour une somme maximale déterminée comprenant les intérêts et autres accessoires. Or, comme le relève le doyen Yves Picod, le cautionnement indéfini permet de « *percer l'écran de la personne morale en exigeant d'un dirigeant un tel engagement*[144] ». En effet, de nombreux établissements de crédit ont très souvent eu recours à cette pratique. Une telle possibilité est donc aujourd'hui inenvisageable. À l'inverse, cette disposition visait à encourager les cautions à prendre des engagements réduits. D'autre part, la précision de la durée dans

---

141 J.-B. SEUBE, *Droit des sûretés*, Dalloz, mai 2016, n° 84, p. 46.

142 Article L. 313-7 *in fine* du Code de la consommation.

143 Ancien article L. 313-8 *in fine* du Code de la consommation.

144 Y. PICOD, *Droit des sûretés*, 3e éd., PUF, septembre 2016, p. 134, spéc. n° 77.

la mention manuscrite s'avérait très curieuse, dans la mesure où elle vient « *éteindre l'obligation de couverture de la caution*[145] ». Quant à la seconde formulation légale relative à la mention obligatoire dans les cautionnements solidaires, l'on notera qu'elle paraissait ambiguë du fait qu'elle n'apportait aucune précision quant à son application au cautionnement authentique. Face au mutisme du législateur, il a fallu attendre les clarifications apportées par la jurisprudence[146]. Cette dernière a donc pu préciser avec raison[147] qu'elle écartait les actes authentiques des mentions formelles exigées par l'article L. 313-8 (aujourd'hui article L. 314-16) du Code de la consommation, dans la mesure où le notaire a un devoir de conseil qui protège en soi la caution[148]. L'on peut également regretter de façon globale, à l'analyse de tous ces textes, que la généralisation de ces exigences formelles ne tienne pas compte de la qualité de la caution[149]. Selon nous, une caution avertie[150] (à l'instar de la caution dirigeante de société par exemple), sauf circonstances exceptionnelles ne nécessite pas la même protection qu'une caution non avertie, et ce, d'autant

145 *Ibidem.*

146 Voir Cass. civ. 1re, 24 février 2004, pourvoi n° 01-13.930, *JCP G.* I, 2004, p. 143, n° 3, obs. Ph. SIMLER ; *LPA*17 mai 2004, p. 4, note D. HOUTCIEFF. Cette position est depuis confirmée par l'article 1317-1 du Code civil. Dans le même ordre d'idées, l'acte d'avocat ne saurait être soumis à une telle exigence (Cf. article 1374 du Code civil. Selon ce texte : « *L'acte sous signature privée contresigné par les avocats de chacune des parties ou par l'avocat de toutes les parties [...] est dispensé de toute mention manuscrite exigée par la loi* .» V. *infra*, nos développements : 1re partie, titre 1, chapitre 2, section 1, § 2, spéc. n° 141 et s ; voir aussi C. JAMIN, « L'acte d'avocat », *D.*, 2011, p. 960.

147 La possibilité pour la caution d'invoquer la responsabilité civile notariale de l'officier public constituait déjà une protection de plus. Une position contraire de la Cour n'aurait qu'accentué le caractère contraignant du formalisme exigé par le droit de la consommation. V. également en ce sens : CH. ALBIGES, « Responsabilité notariale et cautionnement », *Dr.et patr.*, juillet-août 2008, p. 68.

148 Cette solution est aujourd'hui confirmée par l'article 1369 du Code civil. Ce texte dispose *in fine* : « *L'acte authentique [...] Lorsqu'il est reçu par un notaire, il est dispensé de toute mention manuscrite exigée par la loi.* » V. *infra* nos développements relatifs au cautionnement authentique : 1re partie, titre 1, chapitre 2, section 1, § 2, spéc. n° 136 et s.

149 Cass. civ. 2e, 14 septembre 2006, pourvoi n° 05-11230, *Bull. civ. II*, n° 226. Il ressort de cette affaire, qu'une caution dirigeante peut invoquer, par voie d'exception, la nullité de la mention manuscrite pour l'irrégularité de cette dernière, tant que l'engagement n'a point été exécuté.

150 Par caution non avertie, nous faisons allusion à la caution qui raisonnablement n'a pas « *de connaissances particulières, ni en matière de crédit et de garantie, ni sur la situation financière du débiteur principal, et qui n'ont pas les moyens juridiques de contrôler l'endettement du débiteur* ». Cf. M. BOURASSIN, « La rationalisation du droit du cautionnement », *RD bancaire et fin.* janvier-février 2016, p. 91, spéc. n° 23.

plus que l'une et l'autre n'auront pas la même aptitude à prendre conscience de la gravité de leur engagement[151].

46. Élargissement malheureux du champ d'application de la mention manuscrite. Par la suite, le législateur français de 2003 a malheureusement consolidé les règles déjà préexistantes. Par cette loi, le législateur a généralisé les règles prescrites par la loi Neiertz à tous les cautionnements sous seing privé entre personnes physiques et créanciers professionnels[152]. Pourtant, avant 2003, ces règles étaient cantonnées au cautionnement en matière de crédit à la consommation et de crédit immobilier. Il a inséré l'article L. 341-2 (devenu l'article L. 331-1 à l'issue de la réforme de 2016) du Code de la consommation[153], en vertu duquel toute caution personne physique, s'engageant dans un acte sous seing privé envers un professionnel, doit, à peine de nullité[154], recopier une mention analogue à celle prévue à l'ancien article L. 313-7 de la loi Neiertz (devenu l'article L. 314-15 depuis la recodification de 2016) du Code de la consommation, reprenant par voie de conséquence ses lacunes et incohérences. À titre d'exemple, force est de remarquer que, tout comme l'ancien article L. 341-7 du Code de la consommation (tel qu'issu de la loi Neiertz), l'ancien article L. 341-2 (tel qu'issu de la loi de 2003) tendait à interdire tout cautionnement illimité. Pourtant, l'examen des anciens articles L. 341-5 (devenu L. 331-3) et L. 341-6 (devenu L. 333-2) du Code de la consommation semblait ouvrir la possibilité à l'admission des cautionnements illimités[155]. Cela a abouti à une protection maladroite de la caution et une source indéniable de contentieux.

---

151 V. dans le même ordre d'idées : D. LEGEAIS, « La caution dirigeante », *in Les droits et le droit : mélanges dédiés à Bernard Bouloc*, Dalloz, 2007, p. 603.

152 L. AYNÈS et P. CROCQ, *Les sûretés : la publicité foncière*, Defrénois, 10e éd., septembre 2016, spéc. n° 210.

153 L'article L. 341-2 du Code de la consommation s'applique à tous les cautionnements souscrits après le 25 février 2004.

154 Cf. par exemple CA Paris, 5 mars 2009, *JurisData* n° 2009 – 001119 ; *JCP G*.I. 2009, 150, n° 4, obs. PH.SIMLER ; V. également en ce sens : Cass. com., 28 avril 2009, pourvoi° 08-11.616, *Bull. civ.*, IV, 2009, n° 56 ; *D.* 2009, 1351, obs. V. AVENA. ROBARDET ; *JCP E*, 2009, 1701, obs. S. PIEDELIÈVRE, espèce où le recopiage de la mention manuscrite par la caution n'était pas conforme à celui prévu à l'article L. 341-2 du Code de la consommation et la Cour de cassation avait déclaré la nullité du cautionnement ; *adde*, Cass. civ 1re, 16 mai 2012, pourvoi n° 11-17411, *JCP G.* 2012, 1291, n° 2, obs. Ph. SIMLER ; V. aussi : Cass. com., 13 mars 2012, pourvoi n° 10-27814, selon lequel il est fondamental que la mention manuscrite soit reproduite personnellement par la caution et non par un tiers (sa secrétaire dans le cas d'espèce) même si c'est sous l'ordre de celle-ci.

155 En effet, selon l'article L. 341-5 du Code de la consommation issue de la loi de 2003 : « *Les stipulations de solidarité et de renonciation au bénéfice de discussion [...] sont réputées non écrites si l'engagement n'est pas limité à un montant global [...]* », ce qui

47. **La nécessité de correctifs pour un rééquilibrage contractuel**. C'est pourquoi, pour lever ces ambiguïtés généralement interprétées au profit des cautions, il aurait été judicieux de corriger ces mentions *a priori* contradictoires. À défaut de son abrogation, il aurait été au moins judicieux de réécrire cet article L. 341-2 (devenu L. 331-1) du Code de la consommation en ouvrant la possibilité à la caution de s'engager pour une somme identique à celle due par le débiteur ou pour « *une durée indéterminée*[156] ». Malheureusement, cette solution n'a pas séduit le réformateur de 2016, lors de la création d'un nouvel article L. 331-1[157] du Code de la consommation, reprenant, presque à l'identique les termes employés dans l'article L. 341-2 ancien (issu de la loi de 2003). De la même manière, on peut regretter la disposition de l'article L. 331-1 du Code de la consommation énonçant « *et uniquement de celle-ci*[158] ». Comment comprendre que ce texte exige une mention bien précise, alors que le texte qui le suit (article L. 331-2 du Code de la consommation) impose une mention autre en cas de cautionnement solidaire[159] ? N'est-ce pas paradoxal ? À défaut de son abrogation pure et simple[160], il aurait été judicieux de préciser que la sanction nouvelle serait la nullité relative, avec possibilité de confirmation[161].

implique qu'il suffit que le cautionnement soit simple, afin d'être illimité. Plus loin, l'article L. 341-6 du Code de la consommation issu de la loi de 2003 disposait que le créancier professionnel est tenu en cas de cautionnement indéterminé de rappeler à la caution sa faculté de révocation.

156 En ce sens, D. HOUTCIEFF, « Propos sur un formalisme moderne : les articles L. 341-2 et L. 341-3 du Code de la consommation », *RDC*, n° 2, avril 2004, p. 411.

157 Conformément au nouvel article L. 331-1 du Code de la consommation : « *Toute personne physique qui s'engage par acte sous seing privé en qualité de caution envers un créancier professionnel fait précéder sa signature de la mention manuscrite suivante et uniquement de celle-ci : 'En me portant caution de X ……………, dans la limite de la somme de …………… couvrant le paiement du principal, des intérêts et, le cas échéant, des pénalités ou intérêts de retard et pour la durée de ……………, je m'engage à rembourser au prêteur les sommes dues sur mes revenus et mes biens si X …………… n'y satisfait pas lui-même'.* » Il est précisé à l'article L343-1 du Code de la consommation : « *Les formalités définies à l'article L. 333-1 sont prévues à peine de nullité.* »

158 G. PIETTE, « Le cautionnement dans le nouveau Code de la consommation », *Lexbase. La lettre juridique*, n° 651, 14 avril 2016, p. 3. Aussi, l'auteur relève à juste titre le caractère paradoxal du nouvel l'article L. 331-1 du Code de la consommation rentre en contradiction avec l'article L. 331-2 dudit Code.

159 G. PIETTE, « Le cautionnement dans le nouveau Code de la consommation », *Lexbase. La lettre juridique*, n° 651, 14 avril 2016, p. 3

160 *Ibidem*.

161 D. LEGEAIS, « Sûretés-2006, une occasion manquée pour le cautionnement », *JCP N*, n° 12, 25 mars 2016, 1109.

48. Pour une définition nouvelle de la notion de créancier professionnel. En outre, l'on peut déplorer le fait qu'aucune définition de la notion de professionnel n'ait été donnée par la loi de 2003. Par un célèbre arrêt du 9 juillet 2009, la première Chambre civile de la Cour de cassation a tenté de remédier à cette insuffisance[162]. Il a été jugé qu'il faut entendre par créancier professionnel, « *celui dont la créance est née dans l'exercice de sa profession ou se trouve en rapport direct avec l'une de ses activités professionnelles, même si celle-ci n'est pas principale* ». Depuis, d'autres décisions jurisprudentielles sont venues semer le trouble[163]. Tranchant avec les solutions jurisprudentielles, le législateur français, dans l'article préliminaire du Code de la consommation modifié par la réforme de 2016, définit le professionnel comme : « *toute personne physique ou morale, publique ou privée, qui agit à des fins entrant dans le cadre de son activité commerciale, industrielle, artisanale, libérale ou agricole, y compris lorsqu'elle agit au nom ou pour le compte d'un autre professionnel.* » Néanmoins, cette nouvelle définition, faisant un listing d'activités ne paraît pas pour autant satisfaisante. Comme l'avait fort bien suggéré un auteur, le législateur aurait pu choisir une formulation à la fois simple et plus adéquate : « *les activités n'entrant pas dans le cadre d'une activité professionnelle quelconque*[164]*.* »

49. Appréciation critique de la généralisation de la solennité de la clause de solidarité. Par ailleurs, s'agissant de la clause de solidarité résultant initialement de l'article L. 313-8 ancien du Code de la consommation et issue de la loi Neiertz, notons que l'article L. 341-3 issu de la loi de 2003 en était quasiment la copie, à la seule différence que la mention manuscrite est exigée

---

162 Cass. civ. 1re., 9 juillet 2009, pourvoi n° 08-15.910, *Bull.civ. I*, n° 173 ; V. également en ce sens : Cass. civ. 1re., 10 janvier 2012, *Bull. civ. IV*, 2012, n° 2 ; V. O. GOUT, « La notion de créancier professionnel dans le droit du cautionnement », *RLDC*, 2009/66, n° 3646. Cet auteur relève à juste titre que cette définition du créancier professionnel donnée par la jurisprudence n'est pas complètement satisfaisante ; elle pèche par son imprécision et son caractère trop large. Celle-ci tend à traiter de la même manière l'établissement de crédit et l'artisan.

163 V. notamment, Cass. civ. 1re., 10 septembre 2014, pourvoi n° 13-19-426, inédit ; Cass. civ. 1re., 15 octobre 2014, pourvoi n° 13.20.919, *Defrénois*, 2015, p. 488, obs. S. CABRILLAC ; *JCP G*, 2015, 604, spéc. n° 3, obs. Ph. SIMLER : « *Qu'en se déterminant ainsi, sans mieux préciser en quoi la créance litigieuse serait née de la profession de la Sebli ou serait en rapport direct avec l'une de ses activités professionnelles dont il était soutenu qu'elles se limitaient à l'aménagement, la rénovation urbaine et la restauration immobilière de construction, la cour d'appel a privé sa décision de base légale au regard des textes susvisés.* »

164 Y. PICOD, Droit de la consommation, 3e éd., Paris, Sirey, Dalloz 2015, spéc. n° 35. Dans le même sens, G. PIETTE, « Le cautionnement dans le nouveau Code de la consommation », *Lexbase. La lettre juridique*, n° 651, 14 avril 2016, p. 2.

désormais *ad validatem*. Aussi, les articles L. 341-2[165] et L. 341-3[166] anciens du Code de la consommation tels qu'issus de la loi de 2003, n'attachent aucune importance à la qualité de la caution. Ainsi, selon ces textes, une caution professionnelle ou non, voire commerçante, peut invoquer ce texte, en cas d'oubli pour demander l'annulation de son engagement. L'on peut regretter que cette analyse ait été confortée par la jurisprudence, qui a pu considérer à plusieurs reprises que la mention manuscrite de ces articles (L. 341-2 et L. 341-3 du Code de la consommation) est également exigée pour les cautionnements consentis par des dirigeants sociaux, même s'ils sont en principe des personnes averties[167].

50. Quoi qu'il en soit, au lieu de procéder à un vrai toilettage de « *la loi Neiertz* », le législateur français semble avoir été sourd aux critiques jusque-là évoquées par la doctrine. Il a plutôt opté pour plus de rigueur en imposant une sanction plus lourde : la nullité du cautionnement, à partir du moment où la mention manuscrite n'est pas en tout point conforme à la formule légale requise[168]. Alors que de la recodification du Code civil de 2016 lui donnait pourtant une nouvelle occasion d'y remédier, le nouvel article L. 343-2 du Code de la consommation dispose : « *Les formalités définies à l'article L. 333-2 [ancien article L. 341-3 du Code de la consommation] sont prévues à peine de nullité*[169] ». L'on peut dès lors raisonnablement se demander si cela ne conduit pas à une forme de déresponsabilisation de la caution. Plus fondamentalement, faut-il percevoir dans une telle attitude du législateur français de voir la nullité

---

165 Devenu article L. 331-1 du Code de la consommation depuis la recodification de 2016.

166 Devenu article L. 332-2 du Code de la consommation depuis la recodification de 2016.

167 Cass. com., 10 janvier 2012, pourvoi n° 10-26.630 et Cass. civ. 1re, 8 mars 2012, pourvoi n° 09-12.246, *D.* 2012, p. 1102, note L. Thibierge ; *JCP G*, 2012, 517, obs. S. Piedelièvre ; *RLDA*, 2012, n° 3952, note Ildo D. Mpindi, n° 3967, note V. Mauries, et n° 3982, note C. Mathonnière ; *RLDC*, 2012, n° 4653, note E. Pouliquen, et n° 4663, note G. Marraud des Grottes.

168 C. Albiges, M.-P. Dumont-Lefrand, *Droit des sûretés*, Dalloz, 5e éd., septembre 2015, n° 130, p. 91.

169 Aux termes de l'article L. 331-2 du Code de la consommation : « *Lorsque le créancier professionnel demande un cautionnement solidaire, la personne physique qui se porte caution fait précéder sa signature de la mention manuscrite suivante : "En renonçant au bénéfice de discussion défini à l'article 2298 du code civil et en m'obligeant solidairement avec X je m'engage à rembourser le créancier sans pouvoir exiger qu'il poursuive préalablement X". À la lecture de ce texte, on peut même se demander s'il n'entre pas en contradiction avec le nouvel article L. 331-1 du Code de la consommation qui semble interdire l'apposition d'une autre mention écrite par l'expression « et uniquement celle-ci.* »

du cautionnement dans sa totalité[170] ? La Cour de cassation parviendra-t-elle à maintenir sa jurisprudence avec la formulation de ce nouvel article[171] ? Le doute est permis.

51. **La sagesse de la Cour de cassation : les tempéraments jurisprudentiels**. Jusqu'ici, la Cour de cassation est venue tempérer quelque peu la position rigoureuse, voire injuste du législateur. Elle se refuse à une application strictement littérale des dispositions régissant le formalisme dans le droit de la consommation. Elle fait preuve, dans bien des cas, d'une certaine souplesse, en privilégiant une interprétation subjective des textes. Dans un premier temps elle va admettre des assouplissements à l'exigence de la mention manuscrite, notamment en cas d'erreurs matérielles.

52. **En cas d'erreurs matérielles**. Tout d'abord, il a pu être jugé à bon droit que l'omission de la conjonction « *et* », entre l'indication du montant dû et celle de la durée de l'engagement, ne constitue pas une cause de nullité du cautionnement, dans la mesure où elle « *n'affecte ni le sens, ni la portée de la mention manuscrite*[172] » exigée par l'article L. 313-7 (aujourd'hui article L. 314-15) du Code de la consommation. Puis, ce fut au tour de la Chambre commerciale de la Cour de cassation en date du 5 avril 2011[173], de déclarer valable un acte de cautionnement qui contenait une virgule entre la mention de l'article L. 341-2 (aujourd'hui L. 331-1) et celle de l'article L. 341-3 (aujourd'hui L. 331-2) du Code de la consommation, étant donné que cette ponctuation n'affectait pas véritablement la portée légale de ces textes. De

---

170 G. PIETTE, « Le cautionnement dans le nouveau Code de la consommation », *Lexbase. La lettre juridique*, n° 651, 14 avril 2016, p. 3.

171 *Ibidem.*

172 Cass. com., 9 novembre 2004, pourvoi° 02-17.028, *Bull. civ. I*, n° 254, p. 212 ; *JCP G*, I, 2005, 135, n° 4, obs. Ph. SIMLER ; *JCP E*, 2005, n° 5, obs. D. LEGEAIS. Dans cette affaire, la jurisprudence a estimé de façon logique que la moindre différence entre la mention reproduite par la caution et la formule légale ne doit pas donner lieu automatiquement à la nullité du cautionnement dès lors qu'elle ne modifie pas le sens de cette dernière.

173 Cass. com., 5 avril 2011, pourvoi° 09-14.358, *Bull. civ.*, IV, n° 55, p. 65 ; *JCP G.*, I, 2011, 770, n° 2, obs. Ph. SIMLER ; *LPA* 9 novembre 2011, n° 225, p. 15, obs. M. MIGNOT ; *RLDA*, 2011, n° 61, p. 27, note Ch. ALBIGES ; V. dans le même ordre d'idées : Cass. com., 5 avril 2011, pourvoi n° 10-16.426, *D.*, 2011, p. 1132, obs. V. AVENA ROBARDET. Dans cette seconde affaire, les hauts magistrats ont censuré l'arrêt d'appel qui invalidait un cautionnement au motif que les exigences formelles imposées par les articles L. 341-2 et L. 341-3 du Code de la consommation « *avaient été jointes pour aboutir à une phrase incertaine [...] rendant plus difficile de mesurer la portée de ses deux engagements* ». Pour les hauts magistrats, « *l'apposition d'une virgule entre la formule caractérisant l'engagement de la caution et celle relative à la solidarité n'affecte pas la portée des mentions manuscrites conformes aux dispositions légales* ».

plus, sans surprise, elle a pu affirmer à propos de la mention de solidarité requise par l'article L. 313-8 (aujourd'hui L. 314-16[174]) du Code de la consommation, que son inobservation n'emporte pas la nullité du cautionnement. Elle précise que dans la mesure où cette formule légale n'est qu'une modalité de cautionnement, sa non-conformité n'anéantit pas le cautionnement, mais n'entraîne que la perte du bénéfice de solidarité[175]. Il faut relever que cette solution avait déjà été retenue par la première Chambre civile, un an plus tôt[176]. Sans surprise encore, en menant une interprétation libérale mais raisonnable des articles L. 341-2 (aujourd'hui L. 331-1) et L. 341-3 (aujourd'hui L. 331-2) du Code de la consommation, la Cour de cassation a affirmé dans un arrêt du 27 mars 2012 : « *ne contrevient pas aux dispositions d'ordre public du premier de ces textes l'acte de cautionnement solidaire qui, à la suite de la mention prescrite par ce texte, comporte celle prévue par le second, suivie de la signature de la caution*[177] ».

53. **En cas d'irrégularité de la mention manuscrite de l'ancien article L. 341.2 du Code de la consommation**. On peut également se réjouir, avec une bonne

174 Aux termes du nouvel article L. 314-16 du Code de la consommation : « *Lorsque le créancier demande un cautionnement solidaire pour l'une des opérations relevant des chapitres II ou III du présent titre, la personne physique qui se porte caution fait précéder sa signature de la mention manuscrite suivante : "En renonçant au bénéfice de discussion défini à l'article 2298 du code civil et en m'obligeant solidairement avec X..., je m'engage à rembourser le créancier sans pouvoir exiger qu'il poursuive préalablement X..." »*

175 Cass. com., 5 avril 2012, pourvoi n° 11-12515, *Bull. civ. I*, 2012, n° 84.

176 Cass. civ. 1re, 8 mars 2011, pourvoi n° 10-10699, *RDC*, 2011, p. 910, obs. D. Houtcieff ; *RTD civ.*, 2011, p. 375, obs. P. Crocq. Dans le même sens : Cass. com., 10 mai 2012, pourvoi n° 11-17.671.

177 Cass. com., 27 mars 2012, pourvoi n° 10-16426, *Gaz. Pal.* 15 novembre 2012, p. 10, obs. L. Le Mesle ; V. également en ce sens : Cass. com., 2 octobre 2012, pourvoi n° 11-24.460, *JurisData*, n° 2012-022229 ; Cass. com., 22 janvier 2013, pourvoi n° 11-25.887. Dans cette dernière affaire, la Chambre commerciale de la Cour de cassation avait censuré l'arrêt de la Cour d'appel de Poitiers au motif que l'article L. 341-2 du Code de la consommation n'exige pas que la mention manuscrite précède immédiatement la signature de la caution. Elle précise à cet effet : « *le fait qu'une autre mention manuscrite se soit interposée entre la première et la signature n'invalide pas l'acte de cautionnement* ». Selon elle, la caution avait pleinement conscience de son engagement. V. aussi, Cass. com., 1er octobre 2013, pourvoi n° 12-20278, *D.*, 11 octobre 2013,n° 35, p. 2333, obs. V. Avena Robardet, dont il ressort en substance que l'omission conduisant à l'allègement de l'engagement de la caution n'est pas de nature à invalider le cautionnement.

partie de la doctrine[178], de l'arrêt du 5 février 2013[179] qui se prononçait sur la faculté de renonciation par la caution de la nullité relative des (anciens) articles L. 341-2 et L. 341-3 du Code de la consommation. À cette question, la Cour de cassation a répondu par l'affirmative. En l'espèce, une caution dirigeante, qui avait pris des engagements auprès d'une banque, avait requis la nullité de son cautionnement pour mauvais recopiage des mentions des (anciens) articles L. 341-2 et L. 341-3 du Code de la consommation, après l'avoir toutefois exécuté et en dépit des conseils de son avocat. La Cour de cassation n'a pas hésité à confirmer la décision de la cour d'appel qui avait estimé que l'exécution par la caution de son engagement (de plus sans avoir fait l'objet d'une mise en demeure) était synonyme de renonciation à son droit d'invoquer la nullité du cautionnement. En d'autres termes, pour les hauts magistrats, la violation du formalisme exigé *ad validatem* est sanctionnée par une nullité de protection (relative) qui, elle, peut faire l'objet de confirmation. Selon l'heureuse formule des professeurs Christophe Albiges et Marie-Pierre Dumont-Lefrand, « *tel est pris qui croyait prendre*[180] ».

54. Si cette décision n'a pas été unanimement saluée par la doctrine[181], cette solution de la Cour de cassation nous semble parfaitement cohérente et arrive à point nommé. Premièrement, la loi « Dutreil » n'avait pas, jusque-là, précisé la nature de la nullité encourue en cas de violation de la mention manuscrite[182]. Deuxièmement, les conditions requises par le droit commun pour la

---

178 Cass. com., 5 février 2013, pourvoi n° 12-11720, *D.*, 11 juillet 2013, n° 25, p. 1706, obs. P. CROCQ ; *RDLA*, mai 2013. 12, note D. GIBIRILA ; *Gaz. Pal.*, 21 mars 2013, p. 16, n° 79, obs. C. ALBIGES et M-P. DUMONT LEFRAND. Solution confirmée par Cass. civ. 1re., pourvoi n° 14-10.975, JCP G. n° 21, 25 mai 2015, doctr. 604, spéc. n° 4, obs. Ph. SIMLER et Ph. DELEBECQUE : « le moyen, non soutenu dans les conclusions d'appel, tiré de ce que le cautionnement est nul en application des articles L. 313-7 [et L. 313-8 : même remarque] du Code de la consommation (qui prescrivent un formalisme identique à celui des dispositions précitées) [...], fût-il d'ordre public, est nouveau et mélangé de fait et de droit, partant irrecevable ».

179 Cass. com., 5 février 2013, pourvoi n° 12-11720.

180 Cass. com., 5 février 2013, pourvoi n° 12-11720, *Gaz. Pal.*, 21 mars 2013, p. 16, n° 79, obs. C. ALBIGES et M-P. DUMONT LEFRAND.

181 Monsieur M. A. GUERRIERO, a par exemple soutenu dans sa thèse que la nullité pour vice de forme doit toujours être absolue. Cf. M. A. GUERRIERO, *L'acte juridique solennel*, préface J. VIDAL, Thèse, Université de Toulouse, LGDJ, 1975.

182 A. LEPAGE, « Les paradoxes du formalisme informatif », *in Etudes de droit de la consommation, Liber amicorum J. Calay Auloy*, Dalloz, 2004, p. 597 et s. Notons qu'avant cet important arrêt du 5 février 2013, les juges avaient pu décider que : quelles que soient les circonstances, la nullité était « *automatiquement* » encourue en cas de défaut de mention manuscrite ; Cf. Cass.com. 28 avril 2009, pourvoi n° 08-11616, *Bull.civ. IV*, n° 56 ; *RTD com.*, 2009, p. 796, obs. D. LEGEAIS.

confirmation de l'acte frappé d'une nullité relative sont ici remplies : la connaissance du vice par la personne protégée, l'intention non équivoque de le réparer, ainsi que la disparition du vice[183]. Troisièmement, conformément à l'article 1182 (article 1338 ancien) du Code civil, la ratification de l'acte nul par la caution ne fait guère de doute. En l'espèce, la caution a exécuté volontairement son engagement en connaissance du vice, ce qui emporte l'effacement de l'irrégularité affectant l'acte.

55. **En cas d'ajouts**. Plus tard, un nouveau pas est franchi par la Cour de cassation dans ses dernières décisions. Progressivement, elle a admis que des différences, entre la mention recopiée et le modèle légal, qui ne portent pas atteinte à la compréhension par la caution du sens et de la compréhension de son engagement, puissent être considérées comme étant valables. Ainsis par un arrêt du 27 janvier 2015, la Cour de cassation a retenu « *qu'un ajout, portant exclusivement sur la personne du prêteur, ne dénature pas l'acte de la caution et ne rend pas plus difficile la compréhension [...] cet ajout n'avait pas altéré la compréhension par les cautions du sens et de la portée de leurs engagements*[184] ». Autant dire que la Cour de cassation ne se cantonne plus à valider des ajouts minimes insérés dans la mention manuscrite[185].

56. **La persistance d'un excès de rigueur au sein de la jurisprudence : le reflux ?** Par ailleurs, si l'on a pu se réjouir d'une certaine sagesse des hauts magistrats par leur affranchissement de la lettre du formalisme rigide exigé par le Code de la consommation, on observe cependant que certains juges ont continué de faire preuve de fermeté à travers une interprétation « *maximaliste* » des textes. Fait très révélateur de cette dernière attitude, la Chambre commerciale de la Cour de cassation, en date du 22 janvier 2013, a annulé un cautionnement parce que la signature précédait la mention manuscrite[186].Dans cette affaire, une gérante de société s'était portée caution,

---

183 J. FLOUR, J.-L. AUBERT, et E. SAVAUX, *Les obligations*, Sirey, 15e édition, Tome 1, septembre 2012, n° 339 et n° 342 ; V. aussi : P. RUBELLIN, « Les nullités relatives », *in Études offertes à Philippe Simler*, Litec, 2006, p. 679.

184 Cass. com., 27 janvier 2015, pourvoi n° 13-24.778, *Lexbase Hebdo édition affaires*, n° 414, 5 mars 2015, (n° Lexbase : N6171BU4).

185 Pour des cas de différences minimes : Cass. com., 16 octobre 2012, 2012, pourvoi n° 11-23.623, *D.*, 2012, p. 2509, V. AVENA-ROBARDET ; Cass. civ. 1re., pourvoi n° 12-18.544, *D.* 2013, p. 1460, note J. LASSERRE-CAPDEVILLE et G. PIETTE. Adde, pour des cas de différences non négligeables, V. notamment : Cass.civ., 16 mai 2012, pourvoi n° 11-17.411, *Gaz. Pal.*, 20 septembre 2012, p. 17, obs. Ch. ALBIGÈS.

186 Cass. com., 22 janvier 2013, pourvoi n° 11-25.831, *Dalloz*, 11 juillet 2013, n° 25, Panorama, p. 1708, obs. P. CROCQ ; *adde*, Cass. com., 17 septembre 2013, pourvoi n° 12-13.577, *JurisData* n° 2013-019876 ; *JCP E*, 1573, p. 51, note D. LEGEAIS, où elle rappelle

le 29 décembre 2006, du compte courant de son entreprise. Du fait de la liquidation de cette dernière, la banque créancière avait poursuivi la caution. Mais, cette dernière plaida la nullité de son engagement pour défaut de la mention manuscrite. Elle n'a pas eu gain de cause auprès des juges du fond. Ils ont estimé que « *la circonstance que la signature précède et ne suive pas la mention manuscrite était sans effet sur la validité de l'acte de cautionnement, dès lors qu'il énonçait précisément le débiteur garanti et le montant de l'obligation cautionnée* ». Mais, la Cour de cassation cassa sans difficulté la décision de ces derniers au motif que l'article L. 341-2 (aujourd'hui L. 331-1) du Code de la consommation avait été violé par « *défaut d'application* ». En effet, il ressort clairement de ce texte qu'à peine de nullité la mention manuscrite doit précéder la signature de la caution.

57. Ainsi, la Cour de cassation, et particulièrement la chambre commerciale, continue de faire preuve d'un certain rigorisme quant au bon emplacement de la signature. Cette dernière devra toujours être apposée après et non avant la mention manuscrite, sous peine d'entraîner l'anéantissement du cautionnement. Pourtant, on avait pu se réjouir du fait que la même juridiction avait sauvé des cautionnements dans des affaires où une seule signature avait été apposée directement après le bon recopiage par la caution des mentions manuscrites des articles L. 341-2 (aujourd'hui L. 331-1) et L. 341-3 (aujourd'hui L. 331-2) du Code de la consommation[187]. Il semble donc que si pour la chambre commerciale de la Cour de cassation « *une signature peut valoir deux* », elle s'attache au correct emplacement de la signature. Ce qui traduirait son intransigeance quant à l'emplacement de la signature. On ne peut s'empêcher de se demander si l'on n'assiste pas à une sorte de « *hiérarchisation des formes*[188] ». À travers ce contentieux de la signature, il ressort, une fois de plus, que des cautions très habiles peuvent se défaire de leur engagement en profitant des lacunes législatives et de juges trop

---

que l'apposition de la signature doit se faire avant la signature de la mention manuscrite et non après. Par cette solution, elle approuvait ainsi la décision de la Cour d'appel de Poitiers (CA Poitiers, 15 novembre 2011, pourvoi n° 11-00.841).

[187] V. en ce sens, Cass. com., 16 octobre 2012, pourvoi n° 11-23.263 ; Cass. com., 4 juin 2013, pourvoi n° 12-16611 ; Cass. com., 22 janvier 2013, pourvoi n° 11-25.887, où elle énonce que « *l'interposition, entre la mention manuscrite requise par ce texte et la signature de la caution, d'une autre mention manuscrite de cette même caution, à l'exclusion d'une quelconque adjonction ou clause pré-imprimée émanant du créancier [ne contrevient pas aux exigences de l'article l'article L. 341-2 du code de la consommation]* ».

[188] Cf. en ce sens, G. PIETTE, obs sur Cass. civ 1re., 11 septembre 2013, pourvoi n° 12-19.094 et Cass. civ 1re., 17 septembre 2013, pourvoi n° 12-13.577, *Lexbase Hebdo-Edition Affaires*, 10 octobre 2013, n° 354.

rigoureux se limitant à une « *lecture servile de la loi*[189] ». Ce même sentiment se confirme quand on voit certains juges scrupuleux qui semblent considérer que « *la mention manuscrite doit en quelque sorte se suffire à elle-même [et refusent] ainsi [l']énoncé d'une détermination de la durée de l'engagement par renvoi au corps*[190] ».

58. On peut donc conclure qu'on est encore loin de l'harmonie jurisprudentielle quand on regarde les récentes décisions de la Cour de cassation. Le contentieux de la mention manuscrite, imposé par le droit de la consommation, n'est pas prêt de tarir. D'autant plus qu'en dehors de ces lourdes exigences formelles, figurant dans le Code de la consommation protectrice de la caution, le législateur français ne s'est pas arrêté là. Il a imposé également les mentions manuscrites spécifiques au bail d'habitation.

2. Les mentions manuscrites spécifiques au bail d'habitation

59. **L'exigence d'un double formalisme**. Toujours guidé par son élan protecteur des cautions, le législateur français a imposé, par la loi du 21 juillet 1994 modifiant l'article 22-1[191] de la loi du 6 juillet 1989, un double formalisme. D'une part, les cautions ont l'obligation, à peine de nullité, conformément à l'alinéa 2 de la disposition précitée, de recopier la mention suivante : « *Lorsque le cautionnement d'obligations résultant d'un contrat de location conclu en application du présent titre ne comporte aucune indication de durée ou lorsque la durée du cautionnement est stipulée indéterminée, la caution peut le résilier unilatéralement. La résiliation prend effet au terme du contrat*

189 Formule de P. BOUTEILLER à propos d'une affaire. Cf. P. BOUTEILLER, obs. sur CA Bourges 1er juillet 2010, n° 10-00.126, *JCP E.* 2010, n° 48, 2042.

190 Cass. civ. 1re., 9 juillet 2015, pourvoi n° 14-24.287, *D.* 2015, p. 2231, note H. KASSOUL ; *JCP G.* 2015, 1069 note J.-D. PELLIER ; *RTD civ.* octobre-décembre 2015, p. 916, P. CROCQ ; *adde*, Cass. com. 26 janvier 2016, pourvoi n° 14-20.202, *JurisData* n° 2016-001199 ; *RD bancaire et fin.* n° 2, Mars 2016, comm. 65, note A. CERLES, où il a été décidé qu'« *est nul le cautionnement dont l'indication de la durée dans la mention manuscrite est exprimée en mensualités et non en mois, cette formulation modifiant le sens et la portée de la mention prévue par la loi* ». Pour d'autres exemples de rigueur des juges, V. notamment, CA Paris, pôle 5, Chambre 6, 5 novembre 2015, n° 14-06.285 où la cour d'appel fidèle à son élan protecteur des cautions juge que l'oubli du mot caution « *affecte en soi le sens et la portée de l'engagement ainsi privé de sa mention essentielle sur sa substance, que même si la partie dactylographiée de l'acte mentionne qu'il s'agit d'un cautionnement, elle n'est pas de nature à suppléer la carence de la mention manuscrite qui prime et qui est, à elle seule, sanctionnée à peine de nullité* » ; Cass. civ. 1re., 16 mai 2012, pourvoi n° 11-17.411, inédit ; Cass. com., 11 juin 2014, pourvoi n° 13-18.118, inédit.

191 Notons que ce texte s'applique ici indistinctement aux cautions physiques et morales.

de location, qu'il s'agisse du contrat initial ou d'un contrat reconduit ou renouvelé, au cours duquel le bailleur reçoit notification de la résiliation ». Dans une analyse à l'extrême du texte, l'on pourrait déduire que les cautionnements déterminés sont exempts de cette mention obligatoire. D'autre part, sous la même sanction, la caution se doit de reproduire une mention manuscrite « *exprimant de façon explicite et non équivoque la connaissance qu'elle a de la nature et de l'étendue de l'obligation qu'elle contracte*[192] ». Cette longue[193] mention devra être précédée de la signature de la caution. Il faut relever qu'ici les parties peuvent librement libeller la mention manuscrite, tout en y précisant les informations de fond requises par la loi. Autrement dit, pour cette stipulation, ceux-ci n'ont pas à reproduire une formule légale préétablie.

60. **Analyse critique**. À l'évidence cette loi paraît mal rédigée. Comme a pu le souligner une partie de la doctrine[194], cette disposition manque quelque peu de cohérence. Par ses lacunes, elle conduit même à favoriser maladroitement les cautions.

61. **Pour un rééquilibrage du sort des cautionnements déterminés**. C'est à ce titre que d'éminents auteurs[195] ont pu dire justement qu'il est difficile de comprendre pourquoi ce texte (notamment l'article 22-1 alinéa 3) ne semble viser que les cautionnements omnibus. Qu'est-ce qui justifierait que les cautionnements indéterminés soient soumis à un formalisme très protecteur (*ad validatem*) et que les cautionnements déterminés soient soumis à un formalisme moindre (*ad probationem*) ? Ne serait-il pas plus raisonnable de préciser que le texte s'applique à la fois à ces deux types de cautionnement ? Dans la pratique, les cautionnements à durée déterminée ne sont-ils pas les plus récurrents ? Pour le professeur Pierre Crocq, dans un tel silence du texte,

---

192 Cf. alinéa 3 de l'article 22-1 de la loi du 6 juillet 1989.

193 F. MAGNIN, « Une page d'écriture pour la caution », *LPA* 5 et 10 octobre 1994, n° 119 et 121. L'auteur fustige fort logiquement la complexité et la longueur de la mention manuscrite ; il évoque son caractère excessif en soulignant qu'il s'agit d'une « *bonne trentaine de lignes à recopier trois fois [...] pas loin d'une heure d'écriture* ».

194 M. BOURASSIN, V. BRÉMOND et M-N. JOBARD-BACHELIER, *Droit des sûretés*, 5e éd., Dalloz, novembre 2015, p. 120, spéc. n° 230 ;A.-S. BARTHEZ et D. HOUTCIEFF, *Traité de droit civil. Les sûretés personnelles*, (dir.) J. GHESTIN, LGDJ, 2010, spéc. n° 560.

195 J-B. SEUBE, *Droit des sûretés*, Dalloz, mai 2016, p. 46, spéc. n° 85 ; Ph. SIMLER, « Prévention et dispositif de protection de la caution », *LPA* 10 avril 2003, p. 20, spéc. n° 72.

il va de soi que l'adage « *ubi lex non distinguit nec nos distinguere debemus*[196] » s'applique[197].

62. L'extension inopportune du domaine d'application de l'alinéa 3 de l'article 22-1. C'est d'ailleurs la solution qu'a décidé d'adopter la Haute Cour, le 27 septembre 2005. Elle a affirmé que l'alinéa 3 de l'article 22-1 s'applique indistinctement au cautionnement à durée indéterminée et déterminée. Ainsi, elle a censuré la décision d'une cour d'appel qui avait jugé que, « *à la simple lecture, il est évident que l'alinéa précédent est la suite logique de l'alinéa 2 qui ne se réfère qu'au cautionnement à durée indéterminée*[198] ». Étrangement, la première Chambre civile emboîte le pas à la 3e chambre civile dans un arrêt du 14 septembre 2010[199]. Cette solution est néanmoins saluée par une partie de la doctrine[200]. Cependant, à bien y réfléchir, il semble assez curieux de faire recopier à la caution, qui a souscrit un engagement à durée déterminée, un texte qui ne lui sera pas applicable en cas de résiliation[201]. Pourquoi exiger la reproduction d'une mention dans l'acte

---

196 Autrement dit, « où la loi ne distingue pas, nous ne devons pas distinguer ».

197 P. CROCQ, obs.sur Cass. civ. 3e, 27 septembre 2006, pourvoi n° 05-17.804, *RTD civ.*, 2006, p. 797 ; aussi en ce sens, Y. PICOD, *Droit des sûretés*, 3e éd., PUF, septembre 2016, p. 130, spéc. n° 74. V. récemment, Cass. civ. 3e, 7 juillet 2016, pourvoi n° 15.18194, où la Cour de cassation semble admettre que la mention manuscrite de l'article 22-1 de la loi de 1989 s'applique au cautionnement à durée déterminée.

198 Cass. civ. 3e, 27 septembre 2006, pourvoi n° ° 05-17.804, *Bull. civ. III*, n° 187 ; *JCP G*, 2006, II, 10197, note E. BAZIN ; *JCP G*, 2006, 195, n° 1, obs. Ph. SIMLER ; *Loyers et Copropriété*, n° 1, janvier 2007, comm. 8, note B. VIAL-PEDROLETTI. Dans le cas d'espèce, une dame s'était porté caution en matière de bail pour une durée de cinq ans. Du fait de la défaillance du locataire, la bailleresse a assigné la caution en paiement des loyers et des charges impayées. Cette dernière souleva la nullité de son engagement pour non-respect de l'ensemble des formalités prescrites par l'article 22-1 de la loi du 6 juillet 1989. Elle soutenait plus précisément que ne figurait pas dans l'acte de cautionnement le montant du loyer et les conditions de sa révision. Cass. civ. 3e, 7 juillet 2016, pourvoi n° 15.18194, où la Cour de cassation semble admettre que la mention manuscrite de l'article 22-1 de la loi de 1989 s'applique au cautionnement à durée déterminée.

199 Cass. civ. 1re, 14 septembre 2010, pourvoi n° ° 09-14.001, *RD bancaire et fin.* 2010, n° 211, obs. D. LEGEAIS ; *JCP G*, 2011, I, 226, n° 4, obs. Ph. SIMLER.

200 V. en ce sens : B. VIAL-PEDROLETTI, note sous Cass. civ. 3e, 27 septembre 2006, *précitée*. Pour cet auteur, la solution de la Cour de cassation favorise une simplification des textes en soumettant le cautionnement déterminé et indéterminé à un seul régime (celui de l'article 22-1) sans aucune distinction. Cela permettrait par voie de conséquence de réduire le nombre de contentieux.

201 En ce sens, cf. M. BOURASSIN, V. BRÉMOND et M-N. JOBARD-BACHELIER, *Droit des sûretés*, 5e éd., Dalloz, novembre 2015, p. 121, spéc. n° 231. Ces auteurs dénoncent également qu'une telle solution peut laisser croire à tort aux cautions engagées pour une durée déterminée qu'elles pourront à tout moment résoudre unilatéralement leur contrat.

d'un cautionnement à durée déterminée qui n'a pas vocation à s'appliquer en cas de litige ? Comme le soulignent avec pertinence des auteurs, « *on ne fait pas boire un âne qui n'a pas soif* »[202]. Là encore, la jurisprudence fait preuve d'un excès de rigueur. À notre sens, la rigueur pour la rigueur est contre-productive ; au lieu de s'assurer de la prise de conscience effective des cautions de leur engagement, les juges offrent malencontreusement une échappatoire à celles-ci. Certes, les hauts magistrats semblent avoir fondé leur décision sur la généralité des termes de l'alinéa 3 de l'article 22-1 ; toutefois cette interprétation ne résiste pas à la critique. À la vérité, il aurait mieux valu confirmer la décision des juges d'appel dans un souci de cohérence et de logique. Dorénavant, sauf à redoubler d'attention, les créanciers verront leur sûreté facilement anéantie par des cautions habiles[203].

63. **Les précisions souhaitables**. Par ailleurs, même si l'on peut tirer raisonnablement à boulets rouges sur la Cour de cassation pour avoir procédé à une application « *mécanique* » de la loi, il faut reconnaître que ce problème prend sa source dans les maladresses législatives. Il paraît judicieux, pour un juste équilibre des intérêts des parties, de préciser qu'il importe peu que la mention légale soit reproduite dans son intégralité ; nous faisons, ici, référence particulièrement à l'article 22-1 alinéa 3 qui, sauf à désinformer la caution, n'a pas à être inscrit par celle-ci dans l'acte, lorsqu'elle prend un engagement à durée déterminée. Cette précision du législateur serait souhaitable. En principe, cet exercice de l'écriture ne vise ni plus ni moins qu'à informer la caution de la nature et de l'étendue de son engagement. Le plus important est que la caution, par le recopiage de la mention manuscrite légale, puisse pleinement prendre conscience de ce à quoi elle s'engage réellement. Par ricochet, cela apportera une certaine sécurité aux créanciers, qui donc auront moins peur de voir leur garantie « *voler en éclats* ».

64. **La détermination du cautionnement indéterminé en matière de bail d'habitation**. Au surplus, l'on s'est posé la question de savoir dans quelle mesure le cautionnement d'un bail d'habitation relevant de la loi du 6 juillet 1989, pouvait être considéré comme à durée indéterminée. Le problème s'est posé notamment pour le cautionnement d'un bail d'habitation souscrit pour

---

202 M. BOURASSIN, V. BRÉMOND et M-N. JOBARD-BACHELIER, *Droit des sûretés*, 5e éd., Dalloz, novembre 2015, p. 129, spéc. n° 240.

203 En ce sens, cf. X. LAGARDE, « Observations critiques sur la renaissance du formalisme », *JCP G.* I, 1999, 170, spéc. n° 2 : « La multiplication et la diversification des formalités placent les opérateurs économiques sous la constante menace de la dénonciation illicite et, de fait, la moindre erreur matérielle justifie l'anéantissement d'opérations formellement incorrectes alors même que le préjudice subi par la partie faible n'est pas avéré ».

un nombre déterminé de renouvellements et celui dont aucune indication de durée n'est précisée. Dans le premier cas de figure, la résiliation est exclue. En effet, cette position reflète celle de la jurisprudence. Comme a pu l'écrire le doyen Philippe Simler, à l'évidence, l'on « *tomberait sous le coup des engagements perpétuels*[204] ». En ce qui concerne le second cas de figure (la non-indication de la durée), compte tenu des lacunes du texte, il a fallu attendre la position de la Troisième chambre civile de la Cour de cassation pour un éclairage sur la question. Écartant la solution traditionnelle[205], elle a retenu, dans un célèbre arrêt du 13 juillet 2005[206], que « *le bail d'habitation s'étend, en l'absence de résiliation, aux renouvellements de ce bail*[207] ». Il était question d'une caution qui s'était obligée de payer le loyer, les charges, frais, taxes, et à exécuter les conditions d'un bail intervenu en 1995, d'une durée de 3 ans. Or, six ans plus tard, le bailleur a assigné le débiteur et la caution, en paiement d'arriérés de loyers et de charges relatifs à des sommes dues lors de l'exécution du bail renouvelé en 1998. La caution objecta, d'une part qu'elle n'était pas tenue par le renouvellement du bail, car en vertu de l'article 2015 du Code civil, le cautionnement ne peut s'étendre au-delà des limites dans lesquels il a été contracté. D'autre part, elle soulevait que l'article 2015 avait vocation à s'appliquer comme l'avait décidé la formation ayant statué en référé. Or, la Haute Juridiction a balayé d'un revers de la main les arguments de cette dernière, en estimant que l'article 22-1 de la loi du 6 juillet 1989, en tant que règle impérative, devait l'emporter sur l'article 2015 du Code civil. Par cette approbation de la décision des juges du fond, les hauts magistrats ont tenu à préciser les effets de l'absence de résiliation du bail par la caution lorsque celui-ci est à durée indéterminée.

---

204 Ph. SIMLER, « Un peu de formalisme protège, trop de formalisme opprime et spolie : l'exemple de l'article 22-1 de la loi du 6 juillet 1989 », *in Mélanges G. Wiederkehr*, Dalloz, 2009, p. 753.

205 Cf. Cass. civ. 1ère, 4 octobre 2000,pourvoi n° 97-21.356, *JurisData* n° 2000-006107 ; *Bull. civ. I*, 2000, n° 234 ; *Revue de droit bancaire et financier*, novembre-décembre, 2000, n° 219, obs. D. LEGEAIS : ayant énoncé qu'en : « *Étendant les obligations de la caution au-delà du contrat initial en l'absence de toute mention à l'acte précisant l'extension du cautionnement dans une telle éventualité, la cour d'appel a violé l'article 2015 du Code civil » ; V. dans le même sens : CA Metz, 30 mars 2000, pourvoi n° 98/02129,* JurisData *n° 2000-133476 ;* JCP N, *2001, p. 1135, où la Cour de cassation a jugé que « ne vaut pas engagement exprès de s'engager au-delà du terme du bail, la clause aux termes de laquelle le cautionnement est donné pour l'exécution du bail et ses suites.* »

206 Cass. civ. 3e., 13 juillet 2005, pourvoi n° 04-15.064, *Bull. civ. III*, 2005, n° 157 ; *JCP G*. I, 2005, 185, n° 4, obs. Ph. SIMLER ; *D*. 2005, p. 2103, obs. Y. ROUQUET.

207 M. et S. CABRILLAC, Ch. MOULY, Ph. PÉTEL, *Droit des sûretés*, Litec, 2010, p. 124, n° 166.

65. Ainsi, selon ces derniers, lorsqu'un cautionnement est initialement un contrat à durée déterminée, il peut devenir un contrat à durée indéterminée en cas de renouvellement ou de reconduction de la suite du même bail. Commentant cette décision, un auteur a pu souligner à juste titre que « *tout se passe ainsi comme si le législateur souhaitait régler les effets du cautionnement par un raisonnement économique, davantage que juridique : dès lors que la garantie a été donnée pour l'exécution d'un bail, peu importe que ce soit le même contrat qui produise ses effets ou un autre qui en est le double économique, puisque portant sur le même bien loué par les mêmes parties*[208] ». Il faut également remarquer que si la solution est certes sévère, voire contraire à la jurisprudence traditionnelle, elle est conforme à la lettre du texte et contribue à une certaine justice contractuelle. Il appartient également aux cautions (déjà très largement protégées par le législateur) d'être moins négligentes. Elles devront donc prendre le soin de résilier leur bail au terme du bail initial ou, comme le suggère un auteur, prévoir de façon expresse « *un nombre limité de renouvellements successifs pour lequel le cautionnement est donné*[209] ».

66. **L'impérative clarification du sort des accessoires**. Par ailleurs, cette loi souffre d'autres insuffisances. Comme le relève bien le professeur Marc Mignot[210], l'article L. 22-1 se limite à évoquer le principal de la dette, sans faire la moindre allusion aux accessoires. Cependant, en pratique, ces derniers représentent des montants généralement élevés. Cela génère une difficulté d'interprétation, notamment quant à la prise en compte ou non des accessoires, comme ils ne sont pas précisés par la caution dans la mention manuscrite. En effet, il paraît assez logique de considérer qu'il n'est nullement besoin que les accessoires apparaissent dans cette mention manuscrite pour qu'ils soient comptabilisés. Ce dernier ajoute que : « *Eu égard au consensualisme [...], la mention manuscrite est une exception [...] et doit donc pour cette raison être restreinte dans son étendue et sa portée*[211]. » Il importe néanmoins de remédier à ces obscurités dans un sens favorable au créancier et de participer au rétablissement d'un juste équilibre dans le cautionnement.

---

[208] R. LIBCHABER, obs. sur Cass. civ. 3e, 13 juillet 2005, pourvoi n° 04-15.064, *Defrénois*, 2005, art. 38301, p. 1994.

[209] J. RÉMY, obs. sur Cass. civ. 3e, 13 juillet 2005, pourvoi n° 04-15.064, *Revue des loyers*, novembre 2005, p. 490.

[210] M. MIGNOT, *Cours. Droit des sûretés*, Montchrestien, 2010, p. 95, n° 225.

[211] *Ibidem*.

67. **Le caractère automatique de la nullité**. En outre, pour l'ensemble des exigences formelles, imposées par la loi du 6 juillet 1989, la caution n'a pas besoin de démontrer de grief pour réclamer l'anéantissement du cautionnement. Dans un célèbre arrêt du 8 mars 2006[212], la troisième chambre civile de la Cour de cassation a réaffirmé que les formalités édictées par l'article 22-1 de la loi du 6 juillet 2006 sont impérieuses et prescrites à peine de nullité, sans qu'il faille, pour la caution, établir nécessairement un quelconque grief. En d'autres termes, la Cour de cassation consacre le caractère automatique de la nullité du cautionnement, en cas de non-conformité de la mention manuscrite à la loi précitée. C'est dire que les juges seraient privés de pouvoir d'interprétation dans l'optique de savoir si la caution a bien conscience de la nature et de l'étendue de son engagement. Par cet important arrêt, la Cour de cassation venait, ainsi, mettre un terme à la question de savoir si l'application de la sanction de la mention manuscrite est aussi radicale qu'en droit de la consommation. Cette question avait longtemps été sujette à des controverses juridictionnelles[213] et doctrinales. Aujourd'hui, la décision de l'arrêt du 8 mars 2006 est réaffirmée par certaines juridictions d'appel[214]. En effet, il est regrettable que les juges adhèrent à ce raisonnement et continuent d'appliquer aussi strictement les textes.

---

212 Cass. civ 3e, 8 mars 2006, pourvoi n° 05-11.042, *JurisData* n° 2006-032572 ; *JCP G.* 2006, I, 195, n° 3, obs. Ph. SIMLER ; *JCP G.* 2006, II, 10131, note E. BAZIN ; *Bull. civ. III*, 2006, n° 59 ; *D.*, 2006, p. 808, obs. ROUQUET ; *RTD civ.* 2006, p. 797, obs. P. CROCQ. En l'espèce, une bailleresse avait assigné deux époux et leur caution en paiement des loyers et d'une indemnité d'occupation impayés. Elle avait eu gain de cause auprès des juridictions du fond. Par ailleurs, la caution avait assez habilement plaidé la nullité de son engagement au motif qu'il y avait une irrégularité des formalités prescrites par l'article L. 22-1 notamment la non remise d'un exemplaire du contrat de bail ; tout en soulignant qu'il importait peu qu'elle apporte la preuve d'un grief conformément à la loi du 6 juillet 1989.

213 Pour certaines juridictions l'irrégularité de la mention manuscrite, imposée à peine de nullité par l'article 22-1, ne suffisait pas pour annuler le cautionnement : CA Paris, 5 février 1998, n° 96-83.504, *JurisData* n° 1998-020387 ; *Loyers et copropriété*, 1998, commentaire 120, note B. VIAL-PEDROLETTI ; CA Versailles 22 décembre 2000, pourvoi n° 99-02.660, *D.*, 2002, somm. p. 1724, n° 10, obs. Centre de recherche de droit privé de Nancy II ; CA Rouen, 25 mars 2003, pourvoi n° 01-04.184, *JurisData* n° 2003-210090. *A contrario*, d'autres juridictions retenaient que la nullité prévue à l'article 22-1 était de plein droit : CA Rouen, 25 mars 2003, n° 01-04.184, *JurisData* n° 2003-210090 ; *Loyers et copropriété*, 2003, commentaire 170, obs. B. VIAL-PEDROLETTI (la cour d'appel n'a pas hésité à déclarer comme nul un cautionnement dans un cas où la caution n'avait reproduit que partiellement une clause contractuelle relative à la résiliation du bail) ; aussi en ce sens : CA Orléans, 7 janvier 2002, n° 00-03.268, *JurisData* n° 2002-186746.

214 V. en ce sens : CA Paris, 29 janvier 2008, n° 06-02.259, *JurisData* n° 2008-367478 ; « Le cautionnement souscrit en application de l'article 22 de la loi du 6 juillet 1989 ne contient pas toutes les mentions manuscrites légales, notamment celles relatives à la faculté de

68. Pour un assouplissement… À notre sens, un assouplissement du formalisme se justifierait pleinement. Les arguments, avancés par les auteurs favorables à « *l'automaticité de la nullité* » en cas d'irrégularité de la mention manuscrite dans le cautionnement des dettes locatives, apparaissent très discutables. Certains auteurs[215] estiment que l'article 114 du Code de procédure civile a vocation à s'appliquer aux règles de forme et pas aux règles de fond pour justifier la position adoptée par la Cour de cassation. Autrement dit, pour ceux-ci, l'acte de cautionnement ne devrait pas être assimilé à un acte de procédure. Or, comme l'a si bien rappelé madame Stéphanie Laporte-Leconte[216], l'article 114 alinéa 2 du Code de procédure civile dispose que la personne qui soulève la nullité doit apporter la preuve du « *grief que lui cause l'irrégularité, même lorsqu'il s'agit d'une formalité substantielle ou d'ordre public* ». D'autres ont pu vanter les mérites de cette solution, en invoquant le fait que cela permet de réduire le contentieux en la matière et procède de la nécessaire protection de la caution, compte tenu de la nature dangereuse de son engagement[217]. Si la simplification du texte peut être louable, elle ne saurait prendre le pas sur l'importance de fermer la porte à des abus. L'on ne doit pas occulter que le formalisme est légitimé par la protection du consentement de la caution, ainsi que par une pleine prise de conscience de ses engagements. En outre, il faut également souligner que l'une des missions de la Cour de cassation est la quête d'un équilibre entre la protection de la caution et l'efficacité de la sûreté. Évidemment, on ne peut que regretter que la fermeté l'emporte sur la finalité originelle du formalisme. Aux bailleurs, l'on ne peut

---

résiliation. Ces formalités sont prescrites sans qu'il soit nécessaire d'établir l'existence d'un grief » : CA Paris, 14 octobre 2009, n° 09-07.368, *JurisData* n° 2009-015603 ; CA Chambéry, 18 octobre 2012, n° 10-02.013, *JurisData* n° 2012-026540, qui a décidé d'annuler un cautionnement au motif que la caution n'avait pas reproduit de façon manuscrite le montant du loyer conformément à l'article L. 22-1. Les juges d'appel ont également rappelé que « les formalités de l'article 22-1 précité sont prescrites à peine de nullité de l'acte de caution sans qu'il soit nécessaire d'établir l'existence d'un grief ».

215 En ce sens, cf. Cass. civ 3e., 8 mars 2006, pourvoi n° 05-11.042, *JCP G.* II, 2006, 10131, note E. BAZIN ; *Dr. et proc*, 2006, p. 36, obs. Y. PICOD ; P. CROCQ, « Sûretés et publicité foncière », *RTD civ.* octobre/décembre 2006, chron., p. 797 ; Centre de recherche de droit privé de Nancy II obs. sur CA Versailles 22 décembre 2000, *préc.* p. 1725 ; G. COUTURIER, « Les finalités et sanctions du formalisme », *in Le formalisme,* Journées Jacques FLOUR, Association Henri Capitant, *Defrénois*, 2000, p. 880 : Pour cet auteur, « faire resurgir au niveau de la sanction la finalité protectrice et le contrôle de la volonté serait une dénaturation de la règle de forme ».

216 Cf. S. LAPORTE LECONTE, obs. sur Cass. civ 3e., 8 mars 2006, pourvoi n° 05-11.042, *AJDI*, septembre 2006, p. 643.

217 V. Cass. civ 3e., 8 mars 2006, pourvoi n° 05-11.042, *JCP G.* II, 2006, 10131, note E. BAZIN : « Le recours à la forme est ainsi gage de simplicité en faisant l'économie de tout contentieux »).

que conseiller une fois de plus une extrême vigilance lors de la conclusion du cautionnement au risque de perdre leur sûreté, étant donné que la caution personne physique est plus protégée en matière de bail. Gageons que la Cour de cassation fera « *marche arrière* » pour un rétablissement de l'équilibre contractuel dans le cautionnement…

69. **Le flou quant à la nullité applicable en matière de bail d'habitation : un avantage pour la caution.** Enfin, la question s'est posée de savoir si c'est la nullité absolue ou la nullité relative qui doit prévaloir en cas d'irrégularité de la mention manuscrite en matière de bail d'habitation. En effet, si certaines juridictions d'appel[218]ont soutenu que la nullité pouvait être soulevée d'office par le juge, d'autres[219] ont opéré un revirement en optant plus récemment pour la solution inverse. Pour ces dernières, il s'agit d'une nullité relative. Cette position semble justifiée par le fait que l'exigence de la mention manuscrite est « *une disposition d'ordre public de protection*[220] ». Cette décision paraît également être confortée par la décision rendue, le 5 février 2013[221], en matière de mention manuscrite, en droit de la consommation qui va dans le même sens. En tout état de cause, nous estimons que la nullité, même seulement relative, peut sembler disproportionnée, dans la mesure où il existe une forte possibilité pour des cautions habiles de se désengager, en prétextant ne pas avoir su à quoi elles s'engageaient, et ce, au grand dam des créanciers.

70. **Pour l'assouplissement de l'exigence de mentions manuscrites**. Par ailleurs, il faut relever que les mentions (pour la prise de conscience de la caution de son engagement) visées et, par les droits spéciaux devront généralement revêtir la forme manuscrite et par voie de conséquence, nécessiteront un support papier. Depuis la loi du 21 juin 2004, relative au commerce électronique, l'engagement de la caution peut prendre la forme électronique dans certains cas spécifiques[222]. Conformément à l'article 1174

---

218 Cf. CA Poitiers, 17 octobre 2000, n° 98/01.628, *JurisData*, n° 2000-161135 ; *Loyers et copropriété*, 2002, comm. 111 ; V. dans le même sens : CA Nîmes, 24 juin 2008, pourvoi n° 07/01590, *JurisData*, n° 2008-368542 ; *Loyers et copropriété*, 2008, comm. 238.

219 CA Paris, 19 mars 1999, n° 1998/20.580, *JurisData*, n° 1999-022776 ; *Loyers et copropriété*, 2000, comm. 160, qui déclare que lorsqu'il y a violation de la mention manuscrite, prévue à l'article 22-1 de la loi du 6 juillet 1989, il s'agit d'un nullité relative et que cette dernière ne saurait être invoquée par une personne autre que la caution ; V. dans le même sens : CA Versailles, 7 février 2012, n° 10/07.602, *JurisData*, n° 2012-002162 ; *Loyers et copropriété*, 2012, comm. 162, obs. B. VIAL-PEDROLETTI.

220 V. *JCl. Civil Code*, art. 2288 à 2320, fasc. 10, n° 69.

221 Cass. com., 5 février 2013, pourvoi n° 12-11.720.

222 Au titre du droit comparé, on soulignera que la réforme de l'Acte uniforme OHADA de 2010 n'a pas pris de disposition en ce sens, qui aurait pu favoriser le commerce

(ancien article 1108-1) du Code civil, l'acte électronique n'est possible qu'en cas de cautionnement authentique, ou d'un cautionnement entre commerçants, ou d'un mandataire social pour les besoins professionnels[223]. Au bout du compte, faut-il purement et simplement supprimer les mentions manuscrites imposées par le droit de la consommation pour corriger le déséquilibre contractuel ? Un certain nombre d'auteurs[224] abondent en ce sens. Pour le professeur Gaël Piette et monsieur Jérôme Laserre-Capdeville en l'occurrence, cette exigence de mentions manuscrites est dépassée au vu du développement croissant de la dématérialisation du crédit, ainsi que des nombreux moyens protecteurs légaux et jurisprudentiels dont dispose la caution[225]. Par contre, à notre sens, si l'on peut comprendre les raisons avancées, une telle solution paraît radicale. On peut, ainsi, se demander si, avec une telle position, on ne passe pas d'un extrême à l'autre. Rappelons que la mention manuscrite a pour fonction principale d'attirer l'attention de la caution sur l'étendue et la portée de son engagement. Il suffit pour le législateur français, d'assouplir le formalisme actuel tel que prescrit en droit spécial, et en réduisant les incohérences entachant la lisibilité des textes. En attendant, pour essayer de diminuer l'impact négatif des textes sur l'équilibre contractuel du cautionnement, la jurisprudence française gagnerait donc à faire preuve d'une certaine tolérance, chaque fois que le non-respect des mentions obligatoires n'est pas suffisamment caractérisé et surtout lorsque leur sens n'en sort pas travesti.

71. Au demeurant, s'il apparaît clairement qu'en droit français l'on s'est attelé à mettre en place des mesures spéciales et de façon très souvent maladroite pour renforcer la protection du consentement de certaines catégories de caution, le législateur OHADA n'a pas poursuivi une telle démarche. Il a consacré la généralisation de la mention manuscrite en droit OHADA.

électronique. Cependant, il serait, aujourd'hui, prématuré pour le législateur africain d'emprunter la même voie que le législateur français, au regard de certaines réalités africaines. En effet, la plupart des pays membres de l'OHADA accusent encore un gros retard technologique (la pratique et l'usage de l'outil informatique ne sont pas très répandus) et font face à un important taux d'analphabètes.

223 Y. PICOD, *Droit des sûretés*, 3e éd., PUF, septembre 2016, p. 131, spéc. n° 75 ; D. LEGEAIS, *Sûretés et garanties de crédit*, 11e éd., LGDJ, septembre 2016, spéc. n° 157.

224 V. Ph. SIMLER, « une réforme à venir : la réforme du cautionnement », in *Le droit des sûretés à l'épreuve des réformes*, dir. Y. PICOD et P. CROCQ, Collection Droit et procédures, 2006, p. 50 ; en ce sens, V. M. GRIMALDI, « Orientations générales de la réforme » *in* Rapport 'Grimaldi': pour une réforme globale des sûretés, *Dr. et patr.*, septembre 2005, n° 140, p. 57 ; M. MIGNOT, note sous Cass. civ 1re., 11 septembre 2013, pourvoi n° 12-19094, *Gaz. Pal.*, 16 octobre 2013, n° 289-290, p. 10-12.

225 J. LASSERRE CAPDEVILLE et G. PIETTE, obs sur Cass. civ 1re., 10 avril 2013,pourvoi n° 12-18544, *D.*, 13 juin 2013, n° 21, p. 1462.

§ 2. La généralisation de la mention manuscrite en droit OHADA

72. **Plan**. Animé sans doute de la volonté de se démarquer du droit français, le législateur africain a choisi d'étendre l'exigence de la mention manuscrite à tous les cautionnements. Il paraît ainsi nécessaire d'en étudier sa nature (A) et ses effets (B) relativement à l'équilibre contractuel du cautionnement.

A. Nature de la mention manuscrite

73. **L'affirmation du principe de l'exigence de la mention manuscrite**. Contrairement au Code civil français (article 1376 du Code civil), le droit OHADA fait de la mention manuscrite une règle spécifique du cautionnement. Ceci a pu être justifié par la place 'importante qu'elle a toujours occupée au sein de l'Acte uniforme OHADA. Aussi, dans l'ancien AUS de 1997, l'article 4 exige que le cautionnement, en plus de la signature des deux parties et de sa constatation par un écrit, soit convenu de façon expresse à peine de nullité[226]. Comme a pu le relever justement le professeur Yvette-Rachel. Kalieu, à l'analyse de cette disposition, la mention manuscrite qui découle « *en principe de la théorie générale de la preuve des engagements unilatéraux, devient une exigence autonome du cautionnement*[227] ». Aujourd'hui, avec la réforme de 2010, l'exigence de la mention manuscrite est posée par l'ancien article 4, qui a été transposé à l'article 14 du nouvel AUS. Ce texte dispose que le cautionnement « *se prouve par un acte comportant la signature de la caution et du créancier, ainsi que [par] la mention écrite de la main de la caution, en toutes lettres et en chiffres, de la somme maximale garantie couvrant le principal, les intérêts et autres accessoires*[228] ». Il semble donc s'agir, ici, d'une spécificité du droit du cautionnement OHADA ; alors qu'en droit commun français, on combine l'article 1376 et l'article 2292 du Code civil, en droit OHADA, on se réfère directement à l'article 14 de l'AUS. Avec cette exigence, le législateur

226 Cette position du législateur communautaire semblait guidée en partie par la volonté manifeste d'éviter les contentieux d'interprétation ayant fait l'objet de multiples controverses tant jurisprudentielles que doctrinales en France.

227 Y-R. Kalieu, « la mention manuscrite dans le cautionnement OHADA », *Juridis Périodique*, n° 55, juillet-août-septembre 2003, p. 113.

228 En outre, le nouvel article 14 précise, tout comme l'ancien article 4 de l'AUS et à l'image de l'article 1326 (aujourd'hui 1376) du Code civil français, qu'en cas de différence entre la somme chiffrée et en lettres, le cautionnement vaut pour celle exprimée en lettres. Par cette disposition, le législateur OHADA à l'instar de son homologue français, fait preuve de clarté, en réduisant les possibles contentieux y relatifs. Une telle exigence est appréciable étant donné qu'elle préserve les intérêts des deux parties.

communautaire vise, comme la jurisprudence française, à s'assurer que les cautions prennent toute la mesure des risques de leurs engagements.

74. **L'abandon de l'exigence ad validatem de la mention manuscrite.** Par ailleurs, à la lecture de l'article 14 de l'AUS, précité, il apparaît que les rédacteurs de l'AUS ont supprimé la formulation contenue dans l'ancien article 4 de l'AUS de 1997, selon laquelle « *à peine de nullité, il [le cautionnement] doit être convenu de façon expresse entre la caution et le créancier* ». Par cette démarche, tout porte à croire que ces derniers ont voulu conférer à la mention manuscrite une fonction probatoire. Il faut relever que de nombreux auteurs français avaient pu critiquer le caractère excessivement protecteur pour la caution d'une mention manuscrite, exigée *ad validatem*. Ainsi, depuis la refonte du droit OHADA en 2010, la transposition des dispositions de l'article 4 à l'article 14 a conduit à conférer dorénavant à la mention manuscrite une force seulement probatoire. À ce propos, l'on peut raisonnablement penser que l'expérience française semble avoir servi de leçon au législateur africain. Les propositions qui avaient pu être énoncées en France par le rapport Grimaldi semblent avoir été entendues[229].

75. **La mention manuscrite dans l'AUS : une source de profondes hésitations passées.** En outre, l'usage dans l'article 14 de l'expression « *se prouve* » à la place de « *doit être constaté par écrit* » peut être un bon indicateur de la volonté du législateur OHADA de se prononcer en faveur du caractère consensuel du cautionnement[230]. Cette clarification vient à point nommé. En effet, l'ancien article 4[231] de l'AUS avait fait l'objet de vives controverses doctrinales[232], en Afrique, notamment sur le caractère consensuel ou

---

229 V. Ph. SIMLER, « Les sûretés personnelles » *in* Rapport 'Grimaldi': pour une réforme globale des sûretés, *Dr. et patr.* septembre 2005, n° 140, p. 57. Rappelons que la commission dirigée par le professeur M. Grimaldi a proposé un article 2300 visant à restaurer la fonction probatoire de l'article 1326(devenu 1376) du code civil ; tout en précisant qu'il appartiendra au créancier de prouver que la caution avait conscience de son engagement.

230 M. BRIZOUA-BI, « Le nouveau visage des sûretés personnelles dans l'espace OHADA », *Dr. et patr.*, n° 197, novembre 2010, p. 62.

231 L'article 4 en question dispose *in fine* dans son premier alinéa que : « Le cautionnement ne se présume pas, quelle que soit la nature de l'obligation garantie. À peine de nullité, il doit être convenu de façon expresse entre la caution et le créancier ». Supplétivement, son alinéa 2 énonce que : « Le cautionnement doit être constaté dans un acte comportant la signature des deux parties et la mention écrite de la main de la caution et de la somme maximale garantie ».

232 F. ANOUKAHA, A. CISSE-NIANG, M. FOLI, J. ISSA-SAYEGH et autres, *OHADA Sûretés*, Bruylant-Bruxelles, Juriscope, 2002, n° 28 à 30. Ces auteurs ont estimé que la nullité ne pouvait être appliquée à l'ensemble du texte. Selon eux la nullité prévue par l'ancien

formaliste du cautionnement. À ce propos, un auteur a pu affirmer que c'est à partir de cette disposition que de nombreuses interprétations erronées ont pu être développées[233].

'6. **Les tenants de la thèse formaliste**. Au lendemain de sa publication, certains commentateurs[234] de l'AUS de 1997, soutenus par une partie de la jurisprudence, ont allégué que le formalisme exigé par l'article 4 était requis à peine de nullité. Autrement dit, ceux-ci interprétaient l'ancien article 4 de l'AUS comme une exigence *ad validatem*[235]. Se fondant sur le caractère exprès du cautionnement exigé à peine de nullité, ils concluaient que la validation du cautionnement passe par la constatation d'un écrit, excluant ainsi toute possibilité de validité d'un cautionnement verbal. Cette position a été confortée par des décisions de la jurisprudence constante qui n'a pas hésité à déclarer nuls des cautionnements, lorsqu'ils constataient un défaut quant au contenu de la mention manuscrite. La Cour commune de justice de l'arbitrage de l'OHADA[236] avait ainsi pu annuler un cautionnement dans une affaire où n'apparaissaient pas, notamment dans l'acte de cautionnement, la signature du bénéficiaire et la mention manuscrite. Cette disposition pouvait paraître fort logiquement très rigide, dans la mesure où elle semblait favoriser énormément les cautions. Si les bienfaits du formalisme ne sont plus à démontrer[237], l'on peut regretter le fort risque que le contrat soit annulé sur le fondement de la simple irrégularité. Comme a pu le faire remarquer le professeur

---

article 4 de l'AUS visait uniquement que « le caractère exprès de la convention de cautionnement » ; la position contraire a été soutenue par d'autres : cf. A. SACKHO et I. NDIAYE, « Pratique et garanties du crédit », *Revue africaine de banque*, 1998, p. 17.

233 I. YANKHOBA N'DIAYE, « Le cautionnement dans l'Acte uniforme : un contrat défiguré ou revigoré ? », *Revue sénégalaise de droit des affaires*, n° 1, janvier-février 2003, p. 5 et s.

234 A. SAKHO, I. N'DIAYE, « Pratique des garanties du crédit », *Revue africaine de banque*, 1998, p. 17.

235 Ce qui renforçait l'idée d'une protection excessive de la caution au détriment du créancier par le droit OHADA.

236 Cf. CCJA, 19 octobre 2003, n° 18/2003, Sté AFROCOM c/ CSSPPA, *Le Juris-Ohada*, n° 4/2003, p. 10, note M. Brou Kouakou ; *Recueil de jurisprudence OHADA*, n° 2, juillet-décembre 2003, p. 30 ; www.ohada.com [Vu le 23 juillet 2016], Ohadata J-04-119 ; V. aussi dans le même sens : TPI Yaoundé, 8 juillet 2004, ordonnance n° 794/C, TIOMA Hélène, KAMCHE Sarl c/ Mme CHEMBOU Annie, SOBZE Emilienne Madeleine et autres, www.ohada.com [Vu le 23 juillet 2016], Ohadata J-04-418, où les juges ont déclaré que le défaut de mention de la somme maximale garantie et l'absence de signature de l'acte de cautionnement par les deux parties avaient pour conséquence la nullité du cautionnement. Cette position rejoignait la position ancienne de la Cour de cassation française qui retenait la fonction *ad validatem* de la mention manuscrite.

237 Ici, on fait allusion notamment à la prévisibilité du contrat pour les parties ainsi, que son efficacité.

Isaac Yankhoba Ndiaye, « *le formalisme n'est un mode adapté à sa fin que s'il ne crée pas pour l'un des contractants tout aussi digne de protection, un danger ou un inconvénient supérieur à celui qu'il a précisément pour but d'éviter à l'autre*[238] ».

77. **Les tenants de la thèse consensualiste**. Cependant, d'autres auteurs[239] ont fait valoir, au contraire, qu'une telle approche procédait d'une lecture maladroite dudit texte. Selon ces derniers, il était difficile d'affirmer le caractère formaliste du cautionnement. Pour ceux-ci, le cautionnement est un contrat consensuel[240]. Ils appuient leur position sur un raisonnement des plus logiques et des plus clairs, qui repose essentiellement sur des arguments textuels que l'on ne peut que reprendre tant ils sont pertinents. Tout d'abord, ils justifient leur position, en avançant que si le rôle de la mention manuscrite est la « *protection des cautions et la préservation des droits du créancier [...], l'affirmation du caractère exprès du cautionnement par l'article 4 signifie que la volonté contractuelle des parties au cautionnement doit être clairement établie*[241] ». Par voie de conséquence, le cautionnement tacite est donc exclu. Ensuite, l'autre argument avancé est que l'Acte uniforme de 1997 est muet quant à la nature absolue ou relative de la nullité en cas de cautionnement tacite. Ils renforcent leur argumentation en soulignant que l'on peut raisonnablement croire que la nullité relative a vocation à s'appliquer, car les dispositions de l'ancien article 4 de l'AUS ont pour finalité principale la protection des parties. Enfin, d'aucuns ont même estimé que l'on pouvait voir en l'article 4 de l'AUS en quelque sorte un « *condensé* »[242] des articles 1326 (aujourd'hui 1376) et 2015 (aujourd'hui 2292) du Code civil français, qui pose l'exigence de la mention manuscrite comme étant *ad probationem*. Ce rapprochement, à notre sens, est pertinent au regard de la lettre desdits articles, quand on sait que le législateur africain s'est beaucoup inspiré du droit français[243]. C'est pourquoi, pour notre part, cette position sans réserve qui est

238 I. YANKHOBA N'DIAYE, « Réflexions sur le droit du cautionnement OHADA », *Revue sénégalaise de droit des affaires*, n° 5, 2007, p. 71.

239 F. ANOUKAHA, A. CISSE-NIANG, M. FOLI, J. ISSA-SAYEGH et autres, *OHADA Sûretés*, Bruylant-Bruxelles, Juriscope, 2002, n° 28 à 30.

240 C'est-à-dire un acte qui ne nécessite pour sa formation aucune formalité.

241 L. BLACK YONDO, M. BRIZOUA-BI, O. FILLE LAMBIE, L-J. LAISNEY, et A. MARCEAU-COTTE, *Le nouvel acte uniforme portant organisation des sûretés : la réforme du droit des sûretés de l'OHADA*, (dir.) P. CROCQ, Lamy, octobre 2012, p. 79, n° 85.

242 F. ANOUKAHA, A. CISSE-NIANG, M. FOLI, J. ISSA-SAYEGH et autres, *OHADA Sûretés*, Bruylant-Bruxelles, Juriscope, 2002, p. 15, n° 28.

243 M. GRIMALDI, « L'acte uniforme portant organisation des sûretés », *LPA* 13 octobre 2004, n° 205, p. 61.

retenue par les tenants de la thèse du caractère solennel du cautionnement ne résiste pas à la critique. La recrudescence du formalisme ne saurait éluder le caractère essentiellement consensuel du cautionnement.

78. **Vers la fin de la controverse doctrinale autour du caractère consensuel du cautionnement ?** Le législateur OHADA semble avoir pris désormais position sur ce débat pour consacrer le caractère consensuel du cautionnement, prenant de ce fait le contre-pied de la jurisprudence constante[244]. En vérité, à l'analyse du nouvel article 14 de l'AUS, le fait qu'il utilise ainsi la formulation « *se prouve* » à la place de la formulation « *doit être constaté* » démontre bien cela. Cette analyse peut être confortée par le fait qu'il a supprimé la formule contenue dans l'ancien article 4 de l'AUS, suivant laquelle le cautionnement doit « *à peine de nullité [...] être convenu de façon expresse entre la caution et le créancier* ». C'est donc clair : en droit OHADA on est passé de l'imposition légale d'un formalisme validant à l'imposition légale d'un formalisme probatoire[245] : autant dire que le cautionnement est parfait par le seul échange des consentements. L'Acte uniforme semble, aujourd'hui, nettement aller en ce sens[246]. L'on assiste donc à un assouplissement non négligeable du formalisme qui participe à un rééquilibrage appréciable du cautionnement. C'est fort de ce constat que nous devons nous interroger sur la portée à donner à la nouvelle exigence de la mention manuscrite par l'Acte uniforme OHADA révisé portant organisation de sûretés.

B. Effets de la généralisation de la mention manuscrite

79. **Une double incertitude**. La portée des effets de la généralisation de la mention manuscrite est plus ou moins importante lorsque l'on s'interroge sur l'équilibre des rapports entre la caution et le créancier. Celle-ci génère deux types d'incertitudes juridiques.

---

244 Cf. dans ce sens : CCJA, arrêt n° 18, 19 décembre 2003, *Juris OHADA*, n° 4/2003, p. 10 ; TPI de Gagnoa, jugement n° 79, 4 juin 2003, *Juris OHADA*, n° 3/04, TPI de Yaoundé Centre Administratif, ordonnance n° 794/C, 8 juillet 2004, affaire Tioma Hélène, Kamche Sarl c/ Mme Chembou Annie, Sobze Emilienne Madeleine et autres, www.ohada.com[Vu le 23 juillet 2016], Ohadata J-04-418.

245 V. en ce sens : L. BLACK YONDO, M. BRIZOUA-BI, O. FILLE LAMBIE, L-J. LAISNEY, et A. MARCEAU-COTTE, *Le nouvel acte uniforme portant organisation des sûretés : la réforme du droit des sûretés de l'OHADA*, sous la direction de P. CROCQ, Lamy, octobre 2012, p. 80, n° 86.

246 Nous osons croire que ce débat est enfin clos.

80. **L'impérativité de la mention manuscrite en dépit du caractère civil ou commercial du cautionnement ?** D'une part, le nouvel article 14 de l'AUS, même s'il ne corrige pas toutes les lacunes de l'ancien article 4, a pour mérite de se prononcer implicitement sur la question de l'exigence de la mention manuscrite en matière commerciale. Il a été fait remarquer[247] que la réponse à cette question dépendait largement de la portée attribuée à la mention manuscrite ; selon qu'elle soit perçue comme étant une exigence purement probatoire ou comme une exigence *ad validatem*. Dans le premier cas de figure, elle viserait uniquement les cautionnements civils donnés par des profanes[248] comme il existe une liberté de preuve pour les commerçants. Dans le second cas, le caractère commercial du cautionnement importerait peu ; elle s'imposerait à tous les cautionnements. En admettant un tel raisonnement, il apparaît que le législateur a consacré implicitement, avec la réforme de 2010 de l'AUS, la fonction probatoire de celle-ci. Pour cela, il a substitué à l'article 14 de l'AUS la formulation « *doit être constaté* » par « *se prouve* », et semble affirmer le caractère consensuel du cautionnement. L'on peut donc clairement déduire que cette règle est d'application générale ; la mention manuscrite sert d'élément de preuve permettant de déterminer la prise de conscience effective de la caution, tant profane que commerçante. Manifestement, le législateur n'opère aucune distinction suivant la qualité des personnes.

81. **Une controverse ancienne**. Or, à l'origine, comme le relève un auteur[249], l'on s'accordait à considérer la mention manuscrite comme un mécanisme contribuant à la protection des cautions civiles ou profanes. C'est pourquoi, jadis, on imposait spécifiquement à ces dernières la mention manuscrite[250]. Rappelons néanmoins que la question des effets de la généralisation de la mention manuscrite, notamment à propos de l'ancien 4 de l'AUS de 1997[251], avait suscité de vifs débats au sein de la doctrine africaine. À ce propos, l'AUS de 1997 était aussi ambigu qu'imprécis. Il ne fixait aucune limitation du domaine de la mention manuscrite ; ainsi, l'on pouvait donc raisonnablement se demander si la mention manuscrite était applicable à tous les cautionnements. En effet, comme a pu justement écrire le professeur

---

247 Y-R. KALIEU, « la mention manuscrite dans le cautionnement OHADA », *Juridis Périodique*, n° 55, juillet-août-septembre 2003, p. 113.

248 *Ibidem*.

249 J-Cl. NGNINTEDEM, « Les mutations du cautionnement en droit OHADA/ du droit civil au droit des affaires », *Revue de droit des affaires internationales*, décembre 2012, n° 6, p. 683.

250 PH. MALAURIE et L. AYNÈS, *Les sûretés, publicité foncière*, 9e éd., 1998, p. 64, n° 205.

251 Ce texte était encore moins précis que le nouvel article 14 de l'AUS.

Yvette-Rachel Kalieu, commentant l'ancien article 4 AUS de 1997, il semblait que l'on pouvait difficilement dégager de l'AUS une absence totale de délimitation du domaine de la mention manuscrite dans le droit OHADA. En effet, le cautionnement est traditionnellement considéré comme contrat civil[252], eu égard à la place qu'il occupe dans le Code civil. Cependant pour monsieur Isaac Yankhoba N'diaye, cette analyse ne semblait pas très convaincante, étant donné qu'on ne pouvait occulter le fait que l'AUS est intégré à une somme de dispositifs relatifs à l'harmonisation du droit des affaires en Afrique ; ensuite, pour cet auteur, le réel danger d'une telle analyse était le risque « *d'introduire une casuistique susceptible de remettre en cause d'autres dispositions de l'Acte Uniforme*[253] ». Du reste, nous semble-t-il, compte tenu de la finalité protectrice de la mention manuscrite, elle ne visait que les cautions profanes.

82. **Vers une modulation des éléments de preuve**. En affinant l'analyse, un auteur a pu justement dire qu'aujourd'hui : « *La protection inspirée par l'art. 14 de l'AUS, reste fondée sur une modulation distributive des éléments de preuves de connaissance par la caution de la portée de son engagement pour tenir compte de la liberté des preuves, dès lors que le cautionnement a un caractère commercial, tout en préservant la constance de protection des faibles au cœur des institutions civiles*[254]. » Par conséquent, le cautionnement ne sera pas soumis à l'exigence de preuve par la mention manuscrite, dès lors qu'il constitue un acte de commerce consenti par un commerçant pour les besoins de son activité[255]. Conformément à l'article 5 de l'Acte uniforme portant droit commercial général (AUDCG), la caution commerçante aura la possibilité d'apporter la preuve par tout moyen ; la mention manuscrite vaudrait commencement de preuve par écrit. Dans le même ordre d'idées, le professeur Pierre Crocq souligne fort bien qu'avec cette réforme, le juge bénéficiera d'un pouvoir souverain dans l'appréciation des éléments de preuves extrinsèques (témoignages, qualité ou comportement de la caution, liens familiaux de celle-ci, ou autres indices) qui pourront compléter le commencement de preuve par écrit que représente la mention irrégulière[256]. Au final, le nouvel article 14 de l'AUS, en posant la fonction probatoire de la

---

252 S. PIEDELIÈVRE, *Les sûretés*, Paris, Armand Colin, 1996, n° 34.

253 I. YANKHOBA N'DIAYE, « Réflexions sur le droit du cautionnement OHADA », *Revue sénégalaise de droit des affaires*, n° 5, 2007, p. 70.

254 J-Cl. NGNINTEDEM, « Les mutations du cautionnement en droit OHADA/ du droit civil au droit des affaires », *Revue de droit des affaires internationales*, décembre 2012, n° 6, p. 684.

255 *Ibidem*, p. 683.

256 P. CROCQ, « Les grandes orientations du projet de réforme de l'acte uniforme portant organisation des sûretés », *Dr. et patr.*, n° 197, novembre 2010, p. 57.

mention manuscrite, présente l'avantage de conférer à la preuve un caractère objectif. Il ne lèse aucune des parties. On a très souvent reproché aux règles spéciales de protéger abusivement les cautions, au point de pousser certains créanciers à se retourner vers d'autres sûretés. Aujourd'hui, le législateur africain tient compte de la protection des plus faibles tout en préservant la finalité de la garantie. Au demeurant, en adoptant ainsi un texte uniforme pour des institutions civiles et commerciales, il se singularise.

83. L'impérativité de la mention manuscrite dans le cautionnement authentique ? On s'est également intéressé à l'utilité de la mention manuscrite dans le cautionnement authentique. Il faut dire que cette question a fait couler de l'encre au sein de la doctrine française et africaine. Cette dernière était divisée à propos de l'ancien article 4 de l'AUS de 1997. Rejoignant une bonne partie de la doctrine française[257], certains auteurs retenaient que l'inutilité de la mention manuscrite ne faisait pas de doute, dans la mesure où l'acte notarié « *fait pleine foi de ce qu'il renferme*[258] ». Toutefois, pour le professeur Yvette-Rachel Kalieu, on ne peut avoir une position aussi tranchée. D'après elle, si l'on admet que la mention manuscrite est une exigence autonome du cautionnement, alors on peut douter d'une telle position[259]. À notre sens, cette thèse n'est pas entièrement à l'abri de la critique. Certes, l'AUS manque de clarté sur la question, mais notre opinion est que la protection de la caution par un professionnel (le notaire) suffit pour lui apporter des éclairages sur son engagement à travers le devoir de conseil de celui-ci ; cela ne remet aucunement en cause l'efficacité de la garantie et, par voie de conséquence, la préservation des droits du créancier. Au surplus, même si avec la récente refonte de l'AUS de 2010 l'on est passé d'une finalité *ad validatem* à une finalité *ad probationem* de la mention manuscrite, l'on ne devrait pas remettre en cause le fait que les actes notariés en soient dispensés.

---

257 N. DUTOUR et F. VIGNAL, « La mention manuscrite et l'acte authentique », *Defrénois*, I, 1998, p. 218-222.

258 La formule est de monsieur I. YANKHOBA N'DIAYE ; Cf. I. YANKHOBA N'DIAYE, « Réflexions sur le droit du cautionnement OHADA », *Revue sénégalaise de droit des affaires*, n° 5, 2007, p. 70 ; V. Dans le même sens : A. MINKOA SHE, *Droit des sûretés et des garanties du crédit dans l'espace OHADA, Les garanties personnelles*, t. 1, PUF, p. 68. Pour le Professeur Adophe Minkoa She, en vertu du principe de l'équipollence des normes, la mention manuscrite est appelée à disparaître au sein des actes authentiques. À titre d'illustration, il évoque le cas du droit camerounais, et son article 33 du décret n° 95/034 du 24 février 1995, portant statut et organisation de la profession de notaire qui fixe dans chaque cas, les attributions du notaire. Ce dernier exige notamment la présence d'un interprète ou d'un témoin additionnel lorsque l'illettré est partie à un acte.

259 Y-R. KALIEU, « la mention manuscrite dans le cautionnement OHADA », *Juridis Périodique*, n° 55, juillet-août-septembre 2003, p. 113.

Sauf à la transformer en une « *monstruosité juridique* »[260], le cautionnement notarié devrait y échapper.

Conclusion de la section I

84. À propos du domaine de la mention manuscrite, il ressort que les règles ne sont pas les mêmes en droit français et OHADA. En droit français, si la mention manuscrite a, d'une part, une force probatoire, elle peut, d'autre part, revêtir une force « *validante* », aux fins de protéger davantage des cautions personnes physiques. Le droit OHADA quant à lui, avec la réforme de 2010, semble s'être inspiré du droit commun français en consacrant la force probatoire de la mention manuscrite. Mais, à la différence de son homologue français, il n'a pas délimité le domaine d'application de celle-ci. Au final, à ce niveau de notre analyse, s'il apparaît que le droit français soit plus protecteur des cautions que le droit OHADA, force est de reconnaître que dans les deux systèmes, les règles régissant le cautionnement semblent déséquilibrées.

85. Il convient désormais de se pencher sur un autre problème : l'appréciation de l'étendue de la mention manuscrite en droit français et OHADA.

SECTION II

L'étendue de la mention manuscrite

86. **Plan**. Quelle que soit la fonction qui lui est conférée, la mention manuscrite est intimement liée à l'étendue du cautionnement[261]. Elle permet de dégager à quelle hauteur s'engage la caution. C'est ce qui ressort du droit français et du droit OHADA qui n'ont pas dérogé à cela. Toutefois, l'étendue de la mention manuscrite pose un problème double, susceptible d'affecter l'équilibre contractuel du cautionnement :
— le premier concerne la détermination de l'étendue de la mention manuscrite dans le cautionnement omnibus (§ 1) ;
— le second concerne l'indication dans la mention manuscrite des accessoires et des intérêts (§ 2).

---

260 N. DUTOUR et F. VIGNAL, « La mention manuscrite et l'acte authentique », *Defrénois*. I, 1998, p. 222. Cet auteur souligne bien que « *l'authenticité a été inventée parce qu'il s'est avéré nécessaire que l'État confère à des conventions la garantie et la sécurité d'un jugement en dernier ressort* ».

261 D. COM, *L'étendue du cautionnement*, préf. J. MESTRE, PUAM, 1999, p. 24, n° 5.

§ 1. La mention manuscrite et le cautionnement omnibus

87. Intérêt du problème. Lorsqu'il s'agit d'un cautionnement souscrit pour un montant déterminé, le problème de l'étendue de la mention manuscrite ne pose pas de réelle difficulté. Mais, en présence d'un cautionnement indéterminé, ce problème se révèle avec acuité. Le cautionnement indéterminé, dit encore illimité ou *omnibus*, est celui dans lequel « *la caution s'est engagée à garantir un ensemble de dettes du débiteur voire toutes les dettes*[262] ». On a pu, ainsi se demander si, pour ces derniers, la mention manuscrite devait aussi être apposée par la caution au moment de la formation du contrat.

88. Plan. À cette question, des réponses différentes ont été apportées par le droit français et l'Acte uniforme OHADA, tout en favorisant les cautions, compte tenu du caractère extrêmement dangereux de ce type d'engagement. Tandis que le premier a opté pour une certaine souplesse (A) dans sa démarche, le second semble faire preuve d'une relative rigueur (B).

A. La souplesse du droit français : l'exigence de la mention de l'obligation contractée

89. Construction jurisprudentielle d'un formalisme protecteur des cautions. Au départ, tel que prévu par le législateur français, l'article 1326, devenu 1376 du Code civil, relatif à l'exigence de la mention manuscrite, ne vise *expressis verbis* que les engagements dont le montant est déterminé. Le droit commun est muet quant à l'application de l'article 1376 du Code civil aux cautionnements indéterminés ; il est pratiquement difficile, voire impossible, de respecter une telle exigence, surtout lorsqu'on sait qu'à la formation du contrat le montant de l'engagement de la caution n'est pas connu[263]. Ainsi, il a fallu attendre l'intervention de la jurisprudence pour qu'une réponse soit apportée à cette incertitude juridique. Par une valse d'arrêts, et dans son élan perpétuel de « *compassion* » à l'égard des cautions, la Cour de cassation a tenu, au cours du xixe siècle, à faire bénéficier celles-ci d'une protection semblable à l'exigence formelle, posée par l'article 1326 (aujourd'hui 1376) du Code civil[264]. C'est ainsi qu'elle estime que la caution se doit d'« *exprimer sous une forme quelconque, mais de façon explicite et non équivoque, la connaissance de la nature et de l'étendue de l'obligation qu'elle*

---

262 A. MEDINA, « Formalisme et consentement dans le contrat de cautionnement : évolution de la jurisprudence », *D.*, 2002, chron., p. 2793.

263 M. et S. CABRILLAC, Ch. MOULY, Ph. PÉTEL, *Droit des sûretés*, Litec, 2010, p. 94.

264 *Ibidem.*

contracte[265] ». En effet, cette formule protectrice du consentement des cautions s'est construite progressivement. L'histoire tumultueuse de la mention manuscrite dans les cautionnements non chiffrés en donne l'illustration.

90. **Une évolution jurisprudentielle tumultueuse**. Tout d'abord, c'est la chambre des requêtes de la Cour de cassation qui a eu à connaître, en 1853 une affaire relative au cautionnement indéterminé. Elle approuve la cour d'appel de Dijon d'avoir prononcé la nullité du cautionnement général, conclu dans un acte sous seing privé, en l'espèce, par la représentante d'une société civile immobilière envers une banque. La Haute Juridiction déclare, notamment, que « *l'indétermination actuelle de la dette ne crée pas une impossibilité de satisfaire aux exigences de l'article 1326 [aujourd'hui 1376] du Code civil puisqu'il est toujours possible à la partie qui s'engage soit d'écrire l'acte en entier, soit tout au moins d'exprimer par un bon ou un approuvé la nature de l'engagement qu'elle contracte*[266] ». Pour fonder sa décision, elle ajoute à bon droit que l'on peut adapter l'article 1326 (aujourd'hui 1376) du Code civil, étant donné que « *si les obligations futures ou actuellement indéterminées étaient exceptées de l'application de l'article 1326, les engagements les plus menaçants pour la fortune des débiteurs seraient soustraits aux garanties que la sagesse du législateur a instituées pour prévenir l'effet des erreurs et des surprises auxquelles les débiteurs pourraient être exposés* ». En revanche, dans le cas d'espèce, la banque-créancière n'apportait pas la preuve que la caution avait inscrit de sa main dans l'*instrumentum* querellé la mention manuscrite.

91. **Suite.** Par la suite, cette solution de principe a été suivie par de nombreuses juridictions[267]. Cependant, certaines décisions ont semé la confusion dans la mesure où elles pouvaient paraître très sévères à l'égard des créanciers. Ainsi, à une certaine période, les hauts magistrats ont jugé pas suffisamment claires les mentions manuscrites, telles que « *bon pour cautionnement solidaire à concurrence de la somme de tous les engagements en principal, plus intérêts,*

---

265 Cass. civ. 1re., 3 mars 1970, pourvoi n° 68-11.240, *Bull. civ. I*, 1970, n° 80 ; *D.*, 1970, p. 403, note ETESSE. Dans le même sens : Cass. civ. 1re., 20 juin 1978, pourvoi n° 76-15.551, *Bull. civ. I*, 1978, n° 234 ; Cass. com., 22 novembre 1982, pourvoi n° 81-11.061, *Bull. civ. IV*, 1982, n° 358.

266 Cass. req. 1er., mars 1853, *D.* 1854, I, p. 342.

267 Cf Cass. civ. 1re., 3 mars 1970, pourvoi n° 68-11.240, *Bull. civ. I*, 1970, n° 80 ; *D.*, 1970, p. 403, note ETESSE. Dans le même sens : Cass. civ. 1re., 20 juin 1978, pourvoi n° 76-15.551, *Bull. civ. I*, 1978, n° 234 ; Cass. com., 22 novembre 1982, pourvoi n° 81-11.061, *Bull. civ. IV*, 1982, n° 358.

commissions et accessoires[268] ». Dans ces affaires précitées, la Cour de cassation reprochait le fait qu'aucune précision n'était apportée sur le montant garanti. Or, c'est précisément la particularité des cautionnements non chiffrés et ne pas reconnaître leur validité ne peut être que condamnable[269]. Toutefois, force est de reconnaître que les décisions de la Cour de cassation se sont au fil du temps affinées, concernant la forme à prendre par la mention manuscrite au corps de l'acte dans les cautionnements indéterminés. La première Chambre civile de la Cour de cassation a pu se prononcer plus clairement sur ce sujet dans un célèbre arrêt du 22 février 1984. À l'appui de sa démonstration, la Cour de cassation, sur le fondement des articles 1326 (actuel article 1376) et 2015 (actuel article 2292 du Code civil), juge que, lorsqu'au sein de l'acte n'apparaît pas le montant auquel la caution s'est engagée, il s'agit d'un cautionnement indéterminé ; par voie de conséquence, conformément auxdits textes, la caution se doit de porter de sa main « *sous une forme quelconque, mais de façon explicite et non équivoque, la connaissance qu'elle a de la nature et de l'étendue de l'obligation contractée*[270] ». Cette solution est constamment réaffirmée par de nombreuses juridictions[271].

92. Limites du formalisme instauré. Toutefois, après analyse, l'on se rend compte qu'une telle solution jurisprudentielle n'est pas irréprochable. Une telle formule peut sembler très avantageuse pour la caution à plusieurs égards. Tout d'abord, s'agissant du principe d'interprétation de ces mentions manuscrites, force est de reconnaître qu'elles sont source d'insécurité juridique, du fait du caractère subjectif du critère d'appréciation (tenant compte des qualités, des fonctions, etc.). Certaines décisions sont loin d'être rassurantes quant à l'efficacité d'une telle méthode d'analyse. Ont été facilement considérés comme explicites et non équivoques, les engagements pris par des cautions dirigeantes ; quelques hauts magistrats ont été parfois enclins à considérer que la qualité de dirigeant permettait de comprendre

---

268 Cf. Cass. civ. 1re., 6 février 1980, pourvoi n° 78-13.068, *JCP N.* II, 1982, 269, note M. Rèmond-Gouilloud ;V. également Cass. civ. 1re., 19 avril 1983, pourvoi n° 82-11.080, *Bull. civ. I*, 1983, n° 122 ; *JCP N.* II, 1983, 257, notes Ch. Mouly et Ph. Delebecque ; Cass. civ. 1re., 4 mars 1986, pourvoi n° 84-16.818, *Bull. civ. I*, 1986, n° 49 ; *D.*, 1987, p. 342, 2e espèce, note L. Aynès.

269 En effet, ce sont des cautionnements très utilisés dans la pratique.

270 Cass. civ. 1re., 22 février 1984, pourvoi n° 82-17.077, *Bull. civ. I*, 1984, n° 71 ;*JCP N.* II, 1985. 20.442, note M. Storck.

271 V. notamment Cass. civ. 1re., 31 octobre 1989, pourvoi n° 88-15.132, *Bull. civ. I*, 1989, n° 335, p. 224 ; Cass. civ. 1re., 28 octobre 1991, pourvoi n° 90-13.274, *JCP N.* II, 1992, jurisprudence, p. 139, note D. Legeais.

suffisamment la portée de son engagement alors que cela ne représente qu'un simple élément probatoire[272]. Ce qui ouvrait la voie à un certain arbitraire. Ensuite, la situation des créanciers peut paraître très délicate du fait de la difficile application concrète de la formule jurisprudentielle proposée. Apporter la preuve de la prise de conscience effective par les cautions de la nature et de l'étendue de leur engagement n'est pas toujours évident. Ces craintes ont pu être ravivées par certaines affaires. L'on peut citer en l'occurrence une décision de la Cour de cassation, en date du 6 février 1980, où elle a considéré une mention manuscrite insuffisante ; pourtant, la formule utilisée par la caution démontrait une connaissance non équivoque de son engagement[273]. Ensuite, comme le soulignait un auteur, il peut paraître naïf de penser que la caution, qui se réduit à inscrire une mention manuscrite reflétant la nature et l'étendue de son engagement, renoncera quand elle aura intérêt à invoquer la moindre irrégularité pour l'invalider[274]. Dans le même ordre d'idées, monsieur le doyen Philippe Simler relevait que l'on voit mal comment « *la caution eût pu préciser davantage la nature et l'étendue de son obligation, sauf à assigner à son engagement une limite chiffrée*[275] ». Enfin, l'on peut aussi déplorer que cette exigence spéciale semble alourdir quelque peu le formalisme du cautionnement ; en ce sens qu'elle s'ajoute aux dispositions légales largement protectrices des cautions[276].

93. **Avantages du formalisme instauré.** On doit tout de même noter que cette construction jurisprudentielle d'une mention de substitution dans les cautionnements indéterminés présente un certain attrait. Les critères d'appréciation du caractère explicite et non équivoque du consentement de la

---

272 Cass. com., 12 mai 1992, pourvoi n° 90-14.546, *Bull. civ. IV*, n° 173 ; Cass. com., 1er juin 1993, pourvoi n° 88-19.223, *JCP G.* IV, 1993, 232 ; Cass. com., 4 juin 1996, pourvoi n° 93-13.870, *JCP E*, 1996, panorama, 928 : « *Est dépourvue d'équivoque, la mention manuscrite portée au bas de l'acte dès lors que par ses fonctions, la caution avait connaissance de la situation présente et à venir de la société débitrice, la preuve du caractère purement nominal de ces fonctions, n'étant pas rapportée* » ; *adde* les critiques de Ch. MOULY, « La grand-mère et le cautionnement omnibus », *RJDA*, 1993, p. 679. De la même veine : P. ANCEL, *Droit des sûretés*, 7e éd., LexisNexis, août 2014, spéc. n° 98.

273 Cass. civ. 1re., 6 février 1980, pourvoi n° 78-13.068. Dans cette affaire, la mention manuscrite reproduite par la caution était : « *bon pour cautionnement solidaire et individuel (sic), à concurrence de la somme de tous engagements en principal, plus intérêts, commissions et accessoires* ».

274 Cass. civ. 1re, 22 février 1984, pourvoi n° 82-17.077, *JCP N.* II, 1985. 20 442, note M. STORCK.

275 Ph. SIMLER, *Le cautionnement*, Litec, 1983, n° 265.

276 D. MADJANSKI, *Signatures et mentions manuscrites*, préface G. ROUZET, Thèse, Université de Bordeaux, 2000, p. 195.

caution, mis en place par la jurisprudence, sont dans une certaine mesure appréciables. La Cour de cassation a pu préciser, à maintes reprises et avec raison que, pour évaluer la prise de conscience par la caution de son engagement, doivent être pris en compte, « *non seulement [l]es termes employés mais également [...] la qualité, [l]es fonctions, [l]es connaissances de la caution, [...] ses relations avec le créancier et le débiteur, ainsi que [...] la nature des caractéristiques de l'obligation principale* »[277]. Celle-ci semblait facile à adapter pour les juges, suivant les circonstances de chaque affaire[278]. Tel est le cas, par exemple, lorsqu'ils ont validé la simple mention « *bon pour cautionnement solidaire* » dans une affaire où une caution mariée s'était engagée pour le compte de la société de son mari et était largement intéressée dans l'affaire[279].

94. En outre, s'il a pu être reproché, à un moment donné, que le revers de cette formule fût que l'on aboutissait à une certaine subjectivisation du critère d'appréciation de la prise de conscience de la caution, il faut relever que par des arrêts postérieurs, la Cour de cassation semble, aujourd'hui, avoir éteint les incendies qu'« *elle a elle-même allumés*[280] ». La référence à des critères subjectifs tend à disparaître au sein des juridictions[281]. Ainsi, la première Chambre civile de la Cour de cassation a rendu deux importants arrêts, en date du 7 mars 1989, qui sont assez révélateurs du revirement opéré par la jurisprudence. Dans le premier, elle approuve une cour d'appel pour avoir condamné une épouse d'un commerçant, conformément aux stipulations du cautionnement *omnibus* qu'elle a souscrit[282]. Dans le second, pour une affaire

---

277 Cass. civ. 1re., 4 février 1986, pourvoi n° 84-15.263, *Bull. civ. I*, 1986, n° 5, p. 4 ; Cass. civ. 1re, 4 mars 1986, pourvoi n° 84-16.818, *Bull. civ. I*, 1986, n° 49, p. 46 ; *D.* 1987, Somm., p. 290, obs. L. AYNÈS ; Cass. civ. 1re., 16 juin 1987, pourvoi n° 85-16.550, *D.*, 1987, Somm., p. 442, obs. L. AYNÈS.

278 A.-S. BARTHEZ et D. HOUTCIEFF, *Traité de droit civil. Les sûretés personnelles,* (dir.) J. GHESTIN, LGDJ, 2010, n° 585. Toutefois, il a pu être relevé que l'inconvénient de cette solution est de favoriser une insécurité juridique dans la mesure où elle est subjective ; en ce sens notamment : Ph. SIMLER, obs. sur Cass. civ. 1re., 9 mai 1994, pourvoi n° 92-19965, *JCP G.* I, 1994, 3807, n° 6.

279 Cass. civ.1re., 13 octobre 1987, pourvoi n° 86-16.094, *Defrénois,* 1988, 34223, p. 477, obs. L. AYNÈS.

280 Pour reprendre la formule de monsieur BOUTEILLER *in* « De l'incertitude juridique quant à la mention manuscrite devant précéder la signature de la caution non commerçante », *LPA* 21 juillet 1989, p. 25.

281 Ph. SIMLER, *Cautionnement : garanties autonomes, garanties indemnitaires*, 5e éd., LexisNexis, 2015, p. 413, spéc. n° 406.

282 Cass. civ.1re., 7 mars 1989, pourvoi n° 87-14.060, *Bull. civ. I*, 1989, n° 109, p. 71 ; *JCP G.* 21317, note D. LEGEAIS.

similaire, la Cour de cassation rejeta le pourvoi formé contre l'arrêt d'appel, ayant validé le cautionnement d'une épouse d'un dirigeant de société considérant que la mention « *bon pour cautionnement solidaire de tous les engagements pris ou à prendre par la société Frangal* », apposée par celle-ci, était suffisamment précise. Toute recherche d'analyse d'éléments extrinsèques avait été écartée[283]. Dorénavant, elle opte pour une analyse intrinsèque de l'acte de cautionnement, et, par là même, résorbe les conséquences regrettables liées à l'analyse des éléments extrinsèques. Cela a permis de réduire le nombre de contentieux. C'est pourquoi, une telle solution en vue d'un équilibre contractuel ne peut être qu'approuvée. Comme a pu l'écrire le doyen Philippe Simler[284], s'il est vrai que l'application littérale de l'article 1376 du Code civil ne permet pas son extension au cautionnement indéterminé, rien ne réfute une telle interprétation extensive ; elle accroît à bon escient la protection des cautions au regard de la finalité dudit texte. À cela, on peut ajouter que le degré élevé de dangerosité d'un tel engagement le justifie pleinement.

95. **Renforcement inopiné du formalisme en droit de la consommation**. Mais, alors que l'on aurait pu se satisfaire du revirement jurisprudentiel intervenu, le législateur français, par la loi du 1er août 2003[285], a renforcé maladroitement[286] la protection des cautions en imposant une « *formule sacramentelle* »[287] que se doit de copier la caution personne physique. Autrement dit, de façon détournée, il en est venu à interdire les cautionnements illimités pour cette catégorie de cautions[288]. Tel ne semble pas être la voie empruntée par le législateur OHADA. À la différence du droit français, le législateur OHADA n'a jamais voulu mettre en place des mécanismes visant une meilleure protection préventive du consommateur en sa qualité de caution-personne physique. Il s'en démarque nettement.

---

283 Cass. civ.1re, 7 mars 1989, pourvoi n° 86-19.609, *Bull. civ. I*, 1989, p. 70, spéc. n° 108.

284 Ph. SIMLER, *Cautionnement : garanties autonomes, garanties indemnitaires*, 5e éd., LexisNexis, 2015, p. 413, spéc. n° 405-406.

285 V. article 342-2 du Code de consommation.

286 V. *supra*, n° 42 et s, relatif au renforcement du formalisme légal.

287 P. ANCEL, *Droit des sûretés*, 3e éd., Litec, 2004, p. 37, n° 88.

288 L'on peut relever toutefois que cette disposition a mis un terme à l'incertitude juridique autour de la mention manuscrite à propos des engagements pris par les cautions personnes physiques.

B. La relative rigueur du droit OHADA : l'obligation de plafonnement du cautionnement

96. Limitations légales de l'étendue du cautionnement omnibus. Le législateur OHADA fait preuve de plus de rigueur à l'égard du créancier que son homologue français, à travers une série de restrictions légales de l'étendue du cautionnement omnibus, allant même jusqu'à exiger un plafonnement de l'engagement de la caution. Tout d'abord, s'agissant des limitations légales au cautionnement omnibus, l'article 19 alinéa 1, *in fine* de l'AUS, pose le principe selon lequel « *le cautionnement général des dettes du débiteur principal sous forme d'un cautionnement de tous engagements, du solde débiteur d'un compte courant ou sous une autre forme, ne s'entend, sauf clause contraire expresse, que de la garantie des dettes contractuelles directes* ». Dans sa volonté de prémunir la caution des dangers des engagements illimités, le législateur OHADA a entendu réduire significativement leur portée en absence de dispositions contractuelles contraires. Concernant la première limitation, la caution n'aura pas à répondre des dettes délictuelles ou résultantes de toute nouvelle activité du débiteur. Elle se trouve, par la même occasion, à l'abri de toutes les dettes « *folles* » d'un débiteur qui risquerait de la mettre en difficulté et ce, même si son engagement est illimité. Concernant la seconde, il faut préciser que la caution n'aura pas à couvrir les dettes indirectes du débiteur, à savoir celles nées inopportunément. Manifestement, par cette série d'exclusions de certaines dettes, en cas de silence des parties, le législateur tient à protéger la partie la plus faible du contrat (la caution). Néanmoins, ces limitations auront une importance plus ou moins réduite en pratique, car, comme d'aucuns ont pu le souligner, « *l'acte de cautionnement sera souvent rédigé de manière à couvrir toutes les dettes du débiteur, quelle qu'en soit la source (contractuelle ou non) et la date de naissance*[289] ».

97. Ensuite, il est important de souligner que le législateur africain fait la part belle à la caution, tout en abordant de façon voilée la question de la mention manuscrite dans le cautionnement général[290]. Conformément à l'article 19 alinéa 1, l'engagement de cette dernière « *doit être conclu, sous peine de nullité, pour une somme maximale librement déterminée par les parties, incluant le principal, les intérêts et les accessoires* »[291]. Cette disposition

---

289 B. MATOR, N. PILKINGTON, D. SELLERS, S. THOUVENOT, *Le droit uniforme africain des affaires issu de l'OHADA*, 2e éd., Litec, mars 2008, p. 239, n° 1068.

290 Y.-R. KALIEU, « la mention manuscrite dans le cautionnement OHADA », *Juridis Périodique*, n° 55, juillet-août-septembre 2003, p. 115.

291 En effet, le texte ne fait pas allusion directement à la mention manuscrite.

semble se situer dans le prolongement de l'article 14 de l'AUS aux termes duquel le législateur africain exige qu'apparaisse au sein de la mention manuscrite « *la somme maximale garantie* ». Cette exigence de précision du montant de l'engagement de la caution dans l'*instrumentum* est d'une portée générale. Cette règle étant posée à peine de nullité, si la mention du montant à hauteur duquel le débiteur est cautionné, n'apparaît pas dans le corps de l'acte, le cautionnement sera frappé de nullité[292].

98. **Exemples jurisprudentiels**. Cette position est confirmée après l'analyse de certains arrêts de juridictions africaines de pays membres de l'OHADA. La Cour suprême ivoirienne, dans un célèbre arrêt du 15 mars 2001, avait ainsi pu invalider le cautionnement qui ne précisait pas le montant exact des sommes cautionnées, tout en se contentant d'indiquer seulement que celui-ci était donné « *à hauteur de tous les engagements visés par le présent acte* »[293]. Le 8 juillet 2004, c'est au tour du tribunal de première instance de Yaoundé de décider : « *Le défaut d'indication par la caution dans l'acte de cautionnement de la somme maximale garantie constitue une cause de nullité conformément à l'article 4 de l'AUS. Par conséquent, l'ordonnance doit être rétractée et la main levée de la saisie ordonnée*[294] ». Tout porte donc à croire que le nouvel article 14 ne déroge pas à l'AUS de 1997 et à la jurisprudence antérieure, en ce qui concerne la nécessité d'indiquer le montant de l'engagement de la caution dans l'*instrumentum*.

99. **Appréciation critique**. L'on peut se réjouir que le nouvel article 19 alinéa 1 ait le mérite d'introduire l'expression « *les intérêts* » entre « *incluant le principal* » et « *les autres accessoires* »[295]. On observe ainsi qu'il fait preuve de plus de précision que l'ancien texte (article 9, alinéa 1, de l'AUS de 1997) quant aux éléments rentrant en ligne de compte dans l'évaluation de la somme maximale garantie, relative à un cautionnement général[296]. Néanmoins, il est étonnant qu'une sanction comme la nullité soit appliquée indistinctement en

---

292 Le caractère draconien de la sanction traduit une fois de plus, la poursuite par le législateur africain de sa logique de fermeté à l'endroit des créanciers les moins vigilants.

293 Cour suprême de Côte d'Ivoire, Chambre judiciaire, arrêt n° 137/2001, 15 mars 2001, Socgiex-ci et Premoto c/ Bicici, Actualités juridiques, n° 40, p. 28 ; www.ohada.com/ Ohadata J-04-67.

294 TPI de Yaoundé Centre Administratif, Ordonnance n° 794/C, 8 juillet 2004, ordonnance n° 794/C, TIOMA Hélène, KAMCHE Sarl c/ Mme CHEMBOU Annie, SOBZE Emilienne Madeleine et autres, www.ohada.com [Vu le 23 juillet 2016], Ohadata J-04-418.

295 L'article 9, alinéa 3, de l'AUS de 1997 ne faisait aucune allusion expresse des intérêts.

296 M. Brizoua-Bi, « Le nouveau visage des sûretés personnelles dans l'espace OHADA », *Dr.et patr.* n° 197, novembre 2010, p. 62.

cas de défaut d'indication de la somme maximale garantie, sans prise en compte de la qualité de la caution (personne physique ou personne morale), malgré le vœu qui avait pu être émis, à juste titre, par certains auteurs qui souhaitaient que la refonte de l'Acte uniforme de 2010 puisse apporter plus de précision en ce sens[297]. En effet, il paraît assez curieux qu'une caution personne morale (généralement plus avertie) puisse bénéficier de la même protection que celle d'une caution physique, sauf à encourager la négligence ou la mauvaise foi. À ce propos, un auteur avait pu justement suggérer, en vue d'un meilleur équilibre contractuel, de moduler la sanction de la mention manuscrite, suivant le degré de professionnalisme des cautions[298].

100. Toutefois, l'attitude adoptée par le législateur OHADA n'est pas anodine. Il y a des raisons légitimes à cela. D'une part, il souhaitait remédier à l'important contentieux, suscité en France par la vérification de la prise de conscience de la caution ayant pris un engagement illimité. Une distinction entre caution « avertie » et caution « profane » compromettrait l'essor du crédit dans le contexte de crise économique actuel[299]. À l'heure où l'Acte uniforme OHADA vise plus que jamais à renforcer la qualité des sûretés susceptibles d'être offertes aux établissements de crédit, l'introduction d'une telle notion de « *caution avertie* » aura des effets pervers, tel que la multiplication de contentieux. D'autre part, comme a pu le relever monsieur Djimasna N'doningar dans sa thèse[300], bon nombre de banques africaines pratiquent une sorte « *d'alliance objective* » avec certains de leurs débiteurs, en leur facilitant l'accès au crédit tout en étant laxiste dans le recouvrement de leurs créances. Ceci grossissait considérablement les engagements de la caution. Au final, cette absence de discrimination entre les cautions en droit OHADA peut se comprendre.

101. Par contre, l'exigence de l'inscription de la somme maximale garantie dans le cautionnement général pose un problème plus profond : celui de la remise en cause de leur existence.

---

297 B. MATOR, N. PILKINGTON, D. SELLERS, S. THOUVENOT, *Le droit uniforme africain des affaires issu de l'OHADA*, *Le droit uniforme africain des affaires issu de l'OHADA*, Litec, 2e éd., mars 2008, p. 237, n° 1058.

298 V. également en ce sens : Y-R. KALIEU, *Les garanties conventionnelles du fournisseur de crédit en droit camerounais*, thèse dactylographiée, Université de Montpellier I, 1995, p. 121, n° 165.

299 Il s'agit d'une position critiquée par E. PALVADEAU, « Réflexions sur la caution avertie », *in Dr. et patr.* n° 218, octobre 2012, p. 37.

300 D. N'DONINGAR, *Réflexions sur les sûretés personnelles dans le traité issu de l'OHADA*, thèse dactylographiée, Université d'Orléans, 2004, p. 75.

102. Vers la disparition des cautionnements *omnibus* ? On peut se demander légitimement avec une partie de la doctrine, si le législateur africain ne tend pas à interdire insidieusement tout cautionnement non chiffré ou illimité. Certains auteurs[301] estiment que l'on ne peut affirmer de façon absolue l'intention du législateur de proscrire ce type d'engagement de la caution en s'appuyant sur le fait que ce type de cautionnement est caractérisé par son indétermination en ce qui concerne les dettes couvertes et la durée de la couverture. Pour ce courant, il y a certes un plafonnement du montant de la dette au-delà duquel le cautionnement ne sera pas valable, mais cela ne veut pas dire qu'il s'agit d'un cautionnement chiffré (le montant exact de la dette étant toujours inconnu). Ces auteurs ajoutent que la faculté de résiliation unilatérale ne vient que confirmer cette idée. Cependant, une telle analyse ne résiste pas à la critique. La non-fixation d'un maximum garanti pour ce type de cautionnement ne lui enlève-t-il pas l'essentiel de son « *charme* » pour les créanciers ? Les banques ne risquent-elles pas de préférer des cautionnements déterminés qui n'offrent pas tous ces nombreux avantages aux cautions ?

103. Les tempéraments apportés par le législateur africain. Heureusement, à l'article 19 alinéa 2 de l'AUS, il tempère quelque peu sa position en offrant la possibilité aux parties de procéder autant de fois que nécessaire au renouvellement du cautionnement, lorsque le montant maximum déterminé est atteint. Il est précisé, à l'alinéa 3 du même article, que ce renouvellement doit être exprès et toute clause contraire étant réputée non écrite. Il va sans dire que, par cette disposition, le législateur communautaire entend raisonnablement protéger la caution. Par ailleurs, vu que ce texte vise directement les engagements non chiffrés de la caution, l'on s'est posé la question de savoir, si dans le cadre des cautionnements chiffrés ou ceux dont la durée est déterminée, l'on pouvait insérer des clauses de reconduction tacite. À ce sujet, nous pensons, avec le professeur Joseph Issa-Sayegh, que, pour les raisons identiques justifiant les articles 19 alinéa 3 et relatives à l'article 14 alinéa 1, l'on ne doit pas faire d'interprétation extensive du texte qui serait contraire à l'esprit des rédacteurs de l'AUS, en ce sens que l'exigence du caractère exprès de l'engagement des parties procède notamment d'une volonté de protection de la caution[302].

104. La faculté de résiliation unilatérale de la caution. Encore plus avantageux pour la caution, le nouvel article 19 à son alinéa 3 pose *in fine* le principe selon lequel dans ce type d'engagement, la caution peut procéder à une résiliation

[301] V. R. MAFFO DIFFO, *La protection de la caution en droit OHADA*, Éditions européennes universitaires, 2012, p. 31.

[302] J. ISSA SAYEGH, « La liberté contractuelle dans le droit des sûretés OHADA », *Revue Penant*, n° 851, Avril-juin 2005, p. 165.

unilatérale, même si la somme maximale garantie n'a pas été atteinte. Cette formule peut paraître très avantageuse pour la caution, dans la mesure où elle peut mettre un terme à son engagement quand bon lui semble. Bien entendu, l'obligation de règlement survivra à l'extinction de l'obligation de couverture. Ceci revient à dire que la caution devra verser les montants dus à la date de sa résiliation. Il est clair qu'une telle disposition est amplement justifiée, sauf à transformer les cautionnements généraux en engagements perpétuels[303] ; ce qui est proscrit par les principes généraux du droit. Mais, cette faculté n'est pas une règle d'ordre public et les parties pourront prévoir des clauses de style pour contourner cette disposition. Donc le créancier pourra prévoir une clause suivant laquelle la caution ne serait pas en mesure de résilier sous réserve d'un seuil (montant minimum) ou tant qu'une date n'est pas atteinte ou encore sous réserve d'un préavis[304].

105. Par ailleurs, un autre problème se pose en droit français et OHADA en matière de cautionnement : celui de la compatibilité de la mention manuscrite avec la question des intérêts et des accessoires de la dette.

§ 2. La mention manuscrite : la question des intérêts et des accessoires de la dette

106. **Intérêt du problème**. Il s'agit de savoir si les intérêts et accessoires, dus par la caution, doivent forcément apparaître dans la mention manuscrite pour être réclamés par le créancier. En d'autres termes, la caution doit-elle être tenue des accessoires de la dette du débiteur, tels que les intérêts, frais de justice et autres indemnités dus à l'inexécution du débiteur, si elle n'a pas pris soin de préciser cela dans la mention manuscrite figurant dans l'acte de cautionnement. La difficulté première, ici, pour le créancier serait de démontrer que le montant réclamé à la caution rentre dans l'objet de la garantie. Une telle tâche s'avère délicate.

107. **Plan**. À cet épineux problème, les droits français et OHADA ont apporté des solutions diamétralement opposées. Tandis que le premier n'exige pas que les accessoires et les intérêts transparaissent dans la mention manuscrite (A) pour être demandés à la caution, le second adopte la position inverse (B) qui apparaît alors plus formaliste.

---

[303] A. Minkoa She, *Droit des sûretés et des garanties du crédit dans l'espace OHADA, Les garanties personnelles*, Tome 1, PUF, 2010, p. 91.

[304] J. Issa Sayegh, « La liberté contractuelle dans le droit des sûretés de l'OHADA », *www.ohada.com* [23 juillet 2016], Ohadata D-05-06, p. 17.

A. L'absence d'exigence de l'inclusion des intérêts et des accessoires en droit français

108. **Les dispositions légales.** En vertu de l'article 2293 (ex-article 2016) du Code civil, le cautionnement indéfini couvre non seulement le principal, mais également les accessoires de la dette. Parallèlement, l'article 1376 (ex-article 1326) du Code civil exige que la caution inscrive de sa main (en chiffres et en lettres) la somme maximale pour laquelle elle entend s'engager au profit du débiteur. L'interprétation de ces deux textes a engendré de nombreuses polémiques autour de l'exigence d'indication des accessoires de la dette dans la mention manuscrite. Fallait-il déduire que l'article 2293 (ex-article 2016) du Code civil ne vise que le cautionnement indéfini ? Conformément à l'article 1376 du Code civil, la mention manuscrite doit-elle comporter tous les accessoires de la dette ? En pratique, certaines cautions invoquaient le défaut d'indication de la somme maximale garantie pour fonder l'irrégularité de leur engagement. Si, *a priori*, le législateur était suffisamment clair (surtout à travers l'ex-article 2016 du Code civil), la jurisprudence en est venue malgré tout à se prononcer sur cette question. L'analyse de son évolution s'avère toutefois fort indispensable pour apprécier le droit positif relativement à l'équilibre contractuel du cautionnement.

109. **Tribulations jurisprudentielles**. Dans un premier temps, la jurisprudence était marquée, à une certaine période, par des contradictions nettes entre la première Chambre civile et la Chambre commerciale de la Cour de cassation. Si la première adoptait une position très formaliste, la seconde l'était beaucoup moins.

110. **Position fâcheuse de la jurisprudence civile**. En effet, au milieu des années 1980, la jurisprudence civile, s'adonnant à une interprétation combinée des articles 1326 (aujourd'hui 1376) et 2015 (actuel article 2292 du Code civil) du Code civil au point de les « *défigurer* », déclarait que la caution est seulement tenue des sommes expressément prévues dans la mention manuscrite. Un célèbre arrêt de la première Chambre civile de la Cour de cassation donne une parfaite illustration du renforcement de ce formalisme. Par une décision, en date du 22 juin 1983, elle affirme que « *lorsque l'engagement d'une caution est exprimé dans un acte comportant la mention écrite de sa main, de la somme qu'elle s'est engagée à payer, le cautionnement ne peut excéder cette somme*[305] ». Ainsi, elle assigne à la mention manuscrite

---

305 Cass. civ. 1re., 22 juin 1983, pourvoi n° 82-13.166, *Bull. civ. I*, n° 182 ; *Defrénois*, 1984, art. 33251, p. 367, obs. J.-L. AUBERT. Dans cette affaire, la caution appose sur un acte de cautionnement conclu au profit d'une banque la mention manuscrite suivante : « *La*

une fonction protectrice des cautions. Paradoxalement, cette décision a été soutenue par Pierre Sargos qui y voyait un bon moyen de vérifier la prise de conscience effective par la caution de son engagement[306]. Cette solution a été régulièrement réitérée par la suite[307] et maintenue, de façon constante, au sein de cette juridiction. Plus tard, la Haute Juridiction est allée jusqu'à exiger de façon surprenante que dans la mention manuscrite figure le taux d'intérêts ou son montant[308]. Une telle décision ne pouvait être justifiée que par une certaine volonté des hauts magistrats de minimiser, pour la caution, le montant souvent exorbitant des intérêts[309]. À cela, on peut même voir la volonté d'une information *ab initio* de la caution par le créancier pour que celle-ci puisse mieux prendre conscience de la portée de son engagement.

111. Limites de la position de la jurisprudence civile. Cette position a été vertement critiquée par la doctrine[310]. Une telle solution offrait une protection démesurée aux cautions tout en dénaturant les textes. Comment comprendre que l'article 2293 du Code civil reste lettre morte au sein de la jurisprudence et qu'il soit impératif pour la caution d'indiquer, précisément dans la mention manuscrite, qu'elle s'est engagée à garantir le remboursement d'une somme pour que celui-ci soit garanti ? Cela procédait manifestement d'un élan maladroit des juges de s'assurer que la caution a été intégralement informée

---

caution agissant en son nom personnel déclare garantir solidairement sans division ni discussion vis-à-vis de PROCREDIT, le remboursement et le paiement de toutes les sommes qui seraient dues, en principal, intérêts, commissions, frais et accessoires à raison du prêt susvisé ».

306 P. SARGOS, « Le cautionnement, dangers, évolution et perspectives de réformes », *in Documentation Française*, 1987, p. 49 et s. Du même auteur : « L'opération "Glasnost" de la Cour de cassation en matière de cautionnement ou cinq brèves observations sur la jurisprudence », *Gaz. Pal.* I, 1988, p. 209. À contrario, V. P. ANCEL, *Le cautionnement des dettes de l'entreprise*, Dalloz, 1989, n° 129 ; M. STORCK, « Les accessoires de la dette principale cautionnée », *LPA*4 septembre 1987, p. 4.

307 Cass. civ. 1re., 16 décembre 1986, pourvoi n° 84-13.089, *Bull. civ. I*, p. 283, n° 298, (la Cour de cassation décide « *que lorsque l'engagement de la caution est exprimé dans un acte comportant la mention, écrite de sa main, de la somme qu'elle s'est engagée à payer, le cautionnement ne peut excéder cette somme* ») ; V. également, Cass. civ. 1re., 3 mars 1987, pourvoi n° 85-13.230, *Bull. civ. I*, p. 58, n° 77.

308 Cass. civ. 1re., 10 mai 1988, pourvoi n° 86-15.749, Bulletin n° 133, *Rapport de la Cour de cassation*, 1988, p. 208 ; Cass. civ. 1re., 27 mars 1990, pourvoi n° 88-16.060, *Bull. civ. I*, n° 73 ; Cass. civ. 1re., 27 juin 1995, *Bull. civ. I*, n° 283 ; Cass. civ. 1re, 13 octobre 1999, *JCP G.* II, 2000, 10307, note J. CASEY.

309 D. COM, *L'étendue du cautionnement*, préf. J. MESTRE, PUAM, 1999, n° 75, p. 79.

310 V. notamment : P. ANCEL, *Le cautionnement des dettes de l'entreprise*, Dalloz, 1989, n° 129 ; M. STORCK, « Les accessoires de la dette principale cautionnée », *LPA* 4 septembre 1987, p. 4.

de l'étendue de son obligation, notamment l'extension de son engagement aux accessoires. Heureusement, cette position de la première chambre n'a pas prospéré au sein de la Chambre commerciale.

112. Le rééquilibrage opéré par la Chambre commerciale de la Cour de cassation. La Chambre commerciale de la Cour de cassation a, au départ, quelque peu suivi cette position (sauf en ce qui concerne l'indication des taux d'intérêts) en réaffirmant que la caution doit garantir les accessoires de la créance en se reportant au corps de l'acte[311]. Mais, très vite, elle est revenue à une position plus fidèle aux textes. On peut citer un important arrêt du 16 mars 1999, où elle opéra un revirement marquant sa nette opposition à la chambre civile. En l'espèce, une banque consent un prêt de 200 000 francs à la société Ready air services, ainsi qu'une ouverture de compte courant à hauteur de 150 000 francs, garantis par monsieur Baudry qui s'est porté caution solidaire. Suite à la mise en liquidation judiciaire de la société Ready air services, monsieur Baudry est assigné par la banque en paiement de la somme de garantie. En appel, gain de cause est donné à la banque et monsieur Baudry forme alors un pourvoi en cassation contre cette décision en invoquant, entre autres, le fait « *que la banque avait commis une première faute en n'exigeant pas de la société le remboursement du découvert en compte au terme prévu par le contrat rédigé par l'établissement bancaire lui-même, soit le 31 août 1987, et avait commis une seconde faute en n'informant pas les cautions de cette situation anormale au regard du contrat d'ouverture de crédit*[312] » ; ce qui selon lui empêchait celle-ci (la banque)de se prévaloir de la sûreté. Il conclut donc à une violation par la cour d'appel de l'article 1134 du Code civil. Cependant, tout cela est balayé d'un revers de la main par la Haute Juridiction. Cette dernière estime que ces fautes ne privaient pas la banque du droit d'invoquer sa garantie. En outre, elle déclare, par un puissant motif, qu'il importe peu que les accessoires soient expressément mentionnés de la main des cautions pour être couverts par le cautionnement[313]. Autrement dit, pour

---

311 Cass. com., 26 juin 1990, pourvoi n° 89-11.555, *Bull. civ. IV*, n° 189 ; Cass. com., 7 juillet 1992, pourvoi n° 90-21003, *Bull. civ. IV*, n° 260 ; Cass. com., 24 octobre 1995, pourvoi n° 92-16616, *Bull. civ. IV*, n° 249.

312 V. Cass. com., 16 mars 1999, pourvoi n° 96-12.653, *Bull. civ. IV*, n° 59 ; *LPA* 13 décembre 1999, p. 16, note M. Keita ; V. également, A. Medina, « Formalisme et consentement dans le contrat de cautionnement : évolution de la jurisprudence », *D.*, 2002, chron., p. 2787 et s.

313 Elle a précisément affirmé qu « *aux termes de l'article 2016 du Code civil, le cautionnement indéfini d'une obligation principale s'étend à tous les accessoires de la dette ; [...] que l'article 1326 [devenu 1376] du Code civil limite l'exigence de la mention manuscrite à la somme ou à la quantité due, sans l'étendre à la nature de la dette, à ses accessoires ou à ses composantes* ».

la Chambre commerciale de la Cour de cassation, les accessoires sont pris en compte, alors qu'ils ne figurent pas dans la mention manuscrite. Ce faisant, elle se prononce pour un assouplissement du formalisme, réduisant ainsi l'effet trop protecteur du formalisme instauré par la jurisprudence civile. Cette solution a eu un écho favorable tant au sein de la doctrine[314] qu'au sein de cette juridiction où elle ne cessait d'être régulièrement réaffirmée par les hauts magistrats[315].

113. Le ralliement graduel de la première Chambre civile à la Chambre commerciale. Heureusement ces divisions n'ont pas duré longtemps. Dans un second temps, la première Chambre civile opéra des revirements et s'aligna progressivement sur la position de la Chambre commerciale. Par deux décisions marquantes, le 22 mai 2002[316], elle a tout d'abord successivement affirmé que lorsque la mention manuscrite est imprécise ou silencieuse, en ce qui concerne l'étendue des intérêts ou de pénalités de retard, « *"les circonstances de l'acte" ou "les données de l'espèce"* », peuvent servir dans la détermination de la prise de conscience de la caution de ses engagements[317]. Il ressort de ces décisions que les magistrats ne doivent plus simplement se

---

314 V. Cass. com., 16 mars 1999, pourvoi n° 96-12.653, *JCP G.* II, 1999, 10184, note J. CASEY ; *JCP G.* I, 1999, 156, n° 1, obs. Ph. SIMLER ; *JCP E,* 1999, p. 1055, note D. LEGEAIS.

315 Cass. com., 17 juillet 2001, pourvoi 97-17.579, *Bull. civ. IV*, n° 141, p. 135 ; Cass. com., 22 mai 2002, pourvoi n° 97-20.326, inédit.

316 Cf. Respectivement : Cass. civ. 1re., 22 mai 2002, pourvoi n° 99-17.245, *JurisData* n° 2002-014427 et Cass. civ. 1re., 22 mai 2002, pourvoi n° 00-18.822, *JurisData* n° 2002-014424. Dans la première espèce, une caution s'était engagée à hauteur de 900 000 F. La mention manuscrite visait les accessoires et les intérêts. La cour d'appel décide que la caution est tenue au paiement des intérêts. Celle-ci s'est pourvue en cassation. Cependant, la Haute juridiction a décidé de rejeter le pourvoi. Elle souligne que la cour d'appel, à bon droit, « *déduit des circonstances de l'acte que les cautions avaient eu connaissance du taux convenu* ». Dans la seconde espèce, une caution s'est engagée à garantir le paiement de vente d'un immeuble à la hauteur d'un montant de 2 375 000 F. Au sein de l'acte ne figurait que le montant principal de la dette cautionnée. La cour d'appel conclut que la caution s'était donc uniquement engagée pour le montant principal de la dette et ne devait pas être tenue des accessoires. Malgré le pourvoi interjeté par le créancier, la Cour de cassation approuve la décision des juges d'appel, au motif qu'il « *résultait de l'absence de mentions spécifiques relatives aux accessoires, que la caution ne pouvait avoir eu connaissance des conditions d'intérêt et de pénalités de retard négociées entre les parties* ».

317 I. TRICOT-CHARMARD, « Les vicissitudes de la mention manuscrite dans le cautionnement », *JCP E.* I, n° 8, 18 février 2004, 112, p. 3.

limiter à une analyse de la portée de la mention manuscrite seule[318]. Les éléments, tels que les circonstances de l'acte ou les données de l'espèce, doivent être examinés pour l'établissement de la connaissance par la caution des accessoires à payer. Ceux-ci permettent de mesurer si la caution a pris conscience de la portée de son engagement à l'instar, ici, des accessoires. De plus, l'article 1376 du Code civil n'exige pas la mention manuscrite des accessoires de la dette.

114. Puis, cette solution a été confirmée par un arrêt encore plus marquant, en date du 29 octobre 2002 où elle a rallié explicitement la position de la Chambre commerciale en reprenant une formule voisine de celle de l'arrêt du 16 mars 1999 : « *Mais attendu, selon l'article 2016 du Code civil, que le cautionnement indéfini d'une obligation principale s'étend à tous les accessoires de la dette ; que l'article 1326 du même Code limite l'exigence de la mention manuscrite à la somme ou à la quantité due, sans l'étendre à la nature de la dette, à ses accessoires ou à ses composantes*[319] ». Ainsi, la première Chambre civile admet nettement aujourd'hui que les accessoires, quels qu'ils soient, n'ont pas besoin de figurer dans la mention manuscrite ; ils sont garantis de plein droit par la caution qui s'engage.

115. **L'harmonie recouvrée**. Depuis lors, la jurisprudence semble parfaitement stabilisée[320] et homogène. L'« *unité* » tant attendue a eu lieu[321]. De nos jours,

---

318 V. Sur ces mêmes arrêts précités : Cass. civ. 1re., 22 mai 2002, pourvoi n° 99-17.245 et Cass. civ. 1re., 22 mai 2002, pourvoi n° 00-18.822, *JCP E.* 2002, 1381, p. 1529, note D. LEGEAIS ; *D.*, 2002, Actualité jurisprudentielle, p. 2403, obs. V. AVENA-ROBARDET.

319 Cass. civ. 1re., 29 octobre 2002, pourvoi n° 00-15.223, *JCP G*, 2002, II, 10187, note D. LEGEAIS ; *JCP G*.I, 2003, 124, n° 1, obs. Ph. SIMLER. Les faits sont les suivants : un monsieur (M. Gendilloux) s'est porté caution solidaire du remboursement d'un prêt d'intérêt à hauteur de 350 000 francs. Il écrit de sa main dans l'acte de cautionnement sous seing privé : « *Bon pour caution solidaire dans les termes ci-dessus, à hauteur de trois cent cinquante mille francs (350 000 francs) en principal augmenté de tous les intérêts, commissions, frais et accessoires selon les énonciations du présent contrat.* » À la suite de la défaillance de la société débitrice, la banque assigne M. Gendilloux en sa qualité de caution en paiement entres autres des intérêts au taux conventionnel de 12,095% par an. Les juges du fond avaient donné gain de cause à la banque. Cette décision avait par la suite été approuvée par la Haute juridiction.

320 Cass. civ. 1re., 28 septembre 2004, pourvoi n° 03-15.464, inédit ; Cass. civ. 1re, 5 mai 2004, pourvoi n° 01-12278, inédit.

321 Il faut relever que, la première Chambre civile ne semble pas avoir abandonné sa perpétuelle volonté de protection des cautions en se fondant sur une conception restrictive de l'article 1326 (aujourd'hui article 1376) du Code civil. En revanche, à la lecture des décisions de la Chambre commerciale, se dessine une « *conception plus libérale* » du

si on essaie de faire le bilan de la jurisprudence tant civile que commerciale, le principe est donc que la caution qui s'engage dans le paiement d'une somme est également tenue de tous les accessoires et intérêts de cette dernière[322].

116. Une harmonisation globalement appréciable. Cette position peut néanmoins être critiquée. L'on peut déplorer qu'elle confère un pouvoir très large aux juges du fond dans l'appréciation de prise de conscience effective par la caution de la portée de son engagement, à savoir les accessoires, de telle sorte que, l'on peut craindre l'arbitraire de ces derniers. Cependant, à notre sens, cette solution présente plus d'avantages que d'inconvénients. Cette harmonisation doit être approuvée pour plusieurs raisons. Premièrement, elle a pour avantage de restaurer le véritable sens de l'article 2293 (ex-article 2016) en lui donnant une lecture plus conforme à l'esprit des rédacteurs du Code civil : « *le cautionnement indéfini d'une obligation principale s'étend à tous les accessoires de la dette, même aux frais de première demande, à tous ceux postérieurs à la dénonciation qui en est faite à la caution* »[323]. Par voie de conséquence, cela favorise une certaine lisibilité du droit. Même si certains auteurs ont pu penser le contraire, en estimant qu'il faut limiter à une interprétation stricte dudit texte qui vise, d'après eux, expressément, le cautionnement indéfini[324]. Comme a pu le souligner le professeur Dominique Legeais, *rien a priori* ne permet de dire avec certitude que les rédacteurs du Code civil visaient, par ce texte, le cautionnement d'un ensemble d'obligations[325]. Partant de ce postulat, on peut donc aussi l'appliquer au cautionnement chiffré. La proposition Grimaldi permettrait probablement de clarifier définitivement les choses sur ce point et faire se tarir les débats doctrinaux, ci-dessus évoqués (afin, surtout, de faire cesser la polémique soulevée par les tenants d'une conception restrictive de l'article 2293 du Code civil). Il a été judicieusement proposé par le professeur

---

cautionnement ; en se fondant sur l'article 2016 (aujourd'hui article 2293), elle s'adonne en quelque sorte à l'interprétation du contrat.

322 Cass. com., 4 février 2003, pourvoi n° 00-19.959, *Bull. civ. IV*, n° 13 ; *D*, 2003, p. 1357, note B. ROMAN ; Cass. com., 13 mai 2003, pourvoi n° Q 99-20.442, *RD bancaire et fin.* n° 5, septembre 2003, 189, note A. CERLES ; Cass. com., 8 octobre 2003, pourvoi n° 00-21.171, inédit ; Cass. com., 3 mai 2006, pourvoi n° 05-11.308, inédit.

323 I. YANKHOBA NDIAYE, « Réflexions sur le droit du cautionnement OHADA », *Revue sénégalaise de droit des affaires*, n° 5, 2007, p. 82.

324 Voir : I. TRICOT-CHARMARD, « Les vicissitudes de la mention manuscrite dans le cautionnement », *JCP E.* I, n° 8, 18 février 2004, p. 3 et 8 ; M. KEITA, note sur Cass. com., 16 mars 1999, pourvoi n° 96-12.653.

325 Cass. civ. 1re, 29 octobre 2002, pourvoi n° 00-15223, *JCP G*, 2002, II, 10187, p. 2175, note D. LEGEAIS.

Michel Grimaldi d'introduire un nouvel article 2302, alinéa 2, selon lequel le cautionnement « *s'étend de droit aux intérêts et autres accessoires ainsi qu'aux frais de poursuite postérieurs à la dénonciation qui en est faite à la caution* ».

117. **Suite**. Deuxièmement, cette conception restrictive de la mention manuscrite doit être approuvée dans la mesure où elle redonne à l'article 2292 (ex-article 2015) du Code civil son vrai sens. D'après cet article, « *le cautionnement ne se présume point ; il doit être exprès, et on ne peut pas l'étendre au-delà des limites dans lesquelles il a été contracté* » ; ce qui ne signifie pas que les accessoires de la dette soient fixés dans la stipulation manuscrite[326]. Il prévoit en revanche, le respect des stipulations contractuelles. Troisièmement, elle apporte une certaine cohérence des décisions au sein de la juridiction suprême, favorable au monde des affaires, tout en mettant un terme à l'important contentieux relatif à l'interprétation des articles 1376 (ex-article 1326), et 2293 (ex-article 2016) du Code civil par la chambre civile et la Chambre commerciale de la Cour de cassation[327]. Quatrièmement, cette position, aujourd'hui commune de ces deux chambres, constitue un allègement appréciable du lourd formalisme du cautionnement surtout lorsque l'on sait que l'actuel article 1376 du Code civil constitue souvent un outil protecteur des cautions peu scrupuleuses, qui ne souhaitent pas honorer leurs engagements. Il faut pour finir signaler que, globalement, dans sa position actuelle, la Cour de cassation rétablit un équilibre nécessaire entre la protection de la caution et sa légitime fonction de garantie pour le créancier.

118. **Précautions éventuelles à prendre par les parties.** Reste que l'article 2293 du Code civil n'étant pas une règle d'ordre public, les parties pourraient prévoir une clause excluant les accessoires de la dette. Il reviendra aux cautions de tirer profit des ressorts de la liberté contractuelle pour aménager à leur avantage le droit commun. La caution qui ne souhaitera que garantir le principal de la dette devra veiller, à cet effet, qu'une disposition soit prise en ce sens. Cette stipulation contractuelle devra être très précise et non équivoque pour éviter tout contentieux. À l'inverse, les établissements de crédit peuvent pour plus « *de sécurité* », prévoir une clause expresse, suivant laquelle la caution serait tenue de tous les accessoires de la dette découlant de son engagement. Cette clause devra alors être recopiée par la caution elle-même, afin d'éviter toute contestation.

---

326 I. TRICOT-CHARMARD, « Les vicissitudes de la mention manuscrite dans le cautionnement », *JCP E.* I, n° 8, 18 février 2004, p. 4.

327 *Ibidem.*

119. **Un équilibre brisé : l'introduction maladroite de la loi de 2003**. Cette évolution jurisprudentielle va malheureusement voir son importance amoindrie avec l'entrée en vigueur de la loi de 2003. Cette dernière a instauré un formalisme spécial pour les cautions personnes physiques, à travers l'introduction des articles L. 341-2 à L. 341-6, devenus l'objet des articles L. 331-1 à L331-3 dans le Code de la consommation. Ce qui a rétabli une protection accrue pour les cautions personnes physiques ; donnant ainsi l'impression d'un « *désaveu* » du législateur français à l'égard de la construction jurisprudentielle. En effet, il résulte de l'unification de la jurisprudence française que les intérêts et les accessoires, conformément à l'article 2293 (ex-article 2016) du Code civil, sont de plein droit garantis en cas de cautionnement indéfini. Or, le droit de la consommation réduit considérablement la portée de cette solution prévoyant notamment à l'article article L. 341-2, devenu l'article L. 331-1 du Code de la consommation, que la caution personne physique inscrive un plafonnement chiffré de son engagement, quand elle contracte avec un professionnel. C'est dire que « *le droit du cautionnement [échappera] désormais le plus souvent au droit commun de la preuve*[328] », au grand plaisir de cette dernière. Au final, c'est le créancier qui en sort désavantagé face à cette catégorie de caution, et le droit du cautionnement a perdu en clarté[329].

120. De son côté, le droit OHADA est allé à contre-courant de la position jurisprudentielle française. Il n'en reste pas moins qu'il semble avoir su néanmoins profiter de l'expérience française, relative à la question de l'exigence de la mention manuscrite quant à la garantie des accessoires de la dette, en apportant plus de précision et de lisibilité à ses dispositions impératives y afférentes.

B. L'exigence de l'inclusion des intérêts et des accessoires en droit OHADA

121. **Avant la réforme de 2010 : une protection rigoureuse de la caution**. Sous l'empire de l'AUS de 1997, l'article 8 disposait : « *Le cautionnement d'une obligation peut s'étendre, outre le principal, et dans la limite de la somme maximale garantie, aux accessoires de la dette et aux frais de recouvrement de la créance, y compris ceux postérieurs à la dénonciation qui est faite à la caution* ». Il résultait de cette disposition que les accessoires de la dette ne pouvaient être couverts par la caution que s'ils apparaissaient expressément

---

[328] Y. PICOD, « Le formalisme de la mention manuscrite », in *Mélanges F. Chabas*, Bruylant, 2011, p. 783.

[329] V. A. CERLES, note sur Cass. com., 13 mai 2003, pourvoi n° Q 99-20.442.

dans la mention manuscrite. L'article 8 était à rapprocher avec l'article 4 alinéa 2, qui interdisait que la caution soit engagée au-delà d'un montant maximum, qui devait figurer dans la mention manuscrite. Lorsque la mention manuscrite était imprécise, voire silencieuse quant à la prise en compte des accessoires de la dette, il revenait au débiteur de les payer. Dans ce cas de figure, la caution était uniquement tenue du principal[330]. Seul un engagement exprès marquait son consentement à garantir les accessoires et les intérêts de la dette du débiteur principal. Le législateur africain voulait à travers une telle démarche, renforcer la protection des cautions. Ceci dans la mesure où un contentieux abondant résultait du fait que les cautions appelées estimaient ne pas avoir suffisamment eu la mesure de leur engagement vis-à-vis de leurs créanciers[331]. La jurisprudence OHADA a eu également à préciser à cette période, que le défaut de la mention de la somme maximale garantie rend le cautionnement nul ; prenant par la même occasion une position opposée à la jurisprudence française.

122. Illustration jurisprudentielle. C'est en ce sens qu'avait statué la Cour suprême de Côte d'ivoire, dans un arrêt rendu, le 15 mars 2001[332]. En l'espèce, une banque (BICICI) a consenti un prêt à la société (SOCIVEX). Deux sociétés, à savoir SOGIEX et PREMOTO, se sont portées cautions solidaires de cette dernière. Constatant la défaillance de sa débitrice pour un montant atteignant la somme globale de 307 075 719 francs, la BICICI a assigné les sociétés SOGIEX et PREMOTO, en paiement des sommes dues, devant le tribunal d'Abidjan. Cette dernière l'a déboutée dans sa demande. La décision fut cassée par la cour d'appel qui a condamné SOGIEX et PREMOTO au paiement de la somme de 300 694 293 francs. Par la suite, ces dernières se sont pourvues en cassation. C'est ainsi qu'elles ont eu gain de cause auprès des hauts magistrats qui ont infirmé l'arrêt d'appel. Ils ont retenu que « *le cautionnement qui ne précise pas le montant précis des sommes cautionnées et se contente d'indiquer que celui-ci est donné [à] "hauteur de tous les engagements visés par le présent acte" viole l'article 1326 [devenu 1376] du Code civil et n'est donc pas régulier* ». Ils ont ajouté que la mention portée par la caution dans l'acte, « *bon pour caution solidaire à hauteur de tous engagements visés par le présent acte* », était insuffisante et rendait le cautionnement nul. Ainsi, pour la jurisprudence OHADA, avant la réforme de 2010, la prise en compte des accessoires de la dette était conditionnée par le

---

330 P-G. POUGOUÉ, (dir.), *Encyclopédie du droit OHADA*, préf. B.-A. MERCARDAL et J. DAVID, Lamy, 2012, p. 507.

331 *Ibidem*.

332 Cour suprême de Côte d'ivoire, chambre judiciaire, arrêt n° 1070 du 27 juillet 2001, affaire SOGIEX-CI et PROMOTO c/ BICICI, *Actualités juridiques*, n° 40, p. 28 ; *www.ohada.com* [Vu le 22 juillet 2016], Ohadata J-04-67.

fait que la caution les inscrive de sa main, de façon expresse dans le corps de l'acte, et que ceux-ci ne dépassent pas un montant maximum figurant aussi dans l'*instrumentum*. Après la réforme de l'AUS de 2010, quelques tempéraments et précisions ont heureusement été apportés à cette disposition qui était jusqu'alors largement à l'avantage de la caution.

123. Après la réforme de 2010 : l'assouplissement des règles de protection de la caution. Aujourd'hui, avec la refonte de l'AUS, le nouvel article 18, alinéa 1 (ancien article 8, alinéa 1) dispose : « *Sauf clause contraire, le cautionnement d'une obligation s'étend outre le principal, et dans la limite de la somme maximale garantie, aux accessoires de la dette et aux frais de recouvrement de la créance, y compris ceux postérieurs à la dénonciation qui est faite à la caution* ». En d'autres termes, la somme maximale, prévue par la caution dans le corps de l'acte au travers de la mention manuscrite, recouvre systématiquement le principal et les autres accessoires de la dette, sous réserve d'une stipulation contraire. Dans le même ordre d'idées, l'article 18 nouveau s'inscrit dans le prolongement de l'article 14, alinéa 1, relatif à l'exigence de la stipulation expresse par la caution de la somme maximale garantie. L'article 19, alinéa 1, précise aussi que « *le cautionnement général des dettes du débiteur principal [...] doit être conclu, sous peine de nullité, pour une somme maximale déterminée entre les parties incluant le principal, les intérêts et autres accessoires* ». Ainsi, que le cautionnement soit chiffré ou non, le montant chiffré maximum, inscrit en chiffres et en lettres dans l'*instrumentum*, constitue un plafond que ne saurait dépasser l'addition du principal et les autres accessoires de la dette du débiteur principal.

124. Par conséquent, le créancier ne saurait utiliser l'*instrumentum* comme preuve de l'engagement de la caution, si un montant maximum garanti n'y apparaît pas. Le législateur OHADA se montre intransigeant ici par rapport à la position actuelle de la Cour de cassation française. Comme l'illustre bien un auteur, « *si la garantie accordée est inférieure ou égale au montant de la dette principale consentie, le cautionnement ne peut couvrir les intérêts, les frais de dossiers et autres pénalités* »[333]. C'est pourquoi, cet auteur a pu conclure que le législateur africain supprimait de fait ce type d'engagement[334]. À notre sens, cette fermeté, s'inscrivant dans un souci de prévisibilité pour la caution du montant maximum auquel elle serait tenue, ne peut être qu'approuvée dans la quête d'un équilibre de ce contrat. Surtout quand l'on sait que les accessoires de la dette du débiteur peuvent parfois représenter des sommes

333 D. N'DONINGAR, « Les exigences formelles dans la formation du cautionnement en droit OHADA », CEFOD (Centre d'études et de formation pour le développement), *Revue juridique tchadienne*, 2002-2004, n° 5, p. 7.

334 *Ibidem*.

astronomiques eu égard au principal. De plus, cela permet de réduire considérablement d'éventuels contentieux, relatifs à la disproportion de l'engagement de la caution.

125. **Possibilité de déroger conventionnellement**. Néanmoins, avec la révision de 2010, le législateur OHADA, par l'ajout de l'expression « *sauf clause contraire* » à l'article 18, alinéa 1, a assoupli sa position. Ce texte est désormais une règle clairement supplétive. Dans l'ancien article 8 de l'AUS de 1997, il se contentait d'utiliser le verbe pouvoir pour y faire allusion[335]. Ce qui permet, dorénavant, aux parties (créancier et caution) de déroger conventionnellement à cette disposition en profitant des vertus de la liberté contractuelle. En vertu du caractère accessoire du cautionnement, celui-ci ne saurait être contracté à des conditions plus onéreuses que celle du débiteur principal[336]. Cela n'empêchera pas cependant des établissements financiers de réclamer souvent à la caution des garanties supplémentaires ou « *contre garanties* », à l'instar des hypothèques ou d'insérer une stipulation contractuelle interdisant à cette dernière de se porter encore caution.

126. **Quelle preuve en cas d'insuffisance ou silence de la mention manuscrite ?** La question s'est posée, par ailleurs, de savoir quelle preuve apporter lorsque la mention manuscrite est irrégulière ou incomplète. Les difficultés peuvent intervenir par exemple lorsque la mention manuscrite s'avère insuffisante en ne faisant pas allusion aux accessoires de la dette. Pour la majorité de la doctrine africaine[337], la sanction du défaut de la mention manuscrite devra trouver à s'appliquer. L'on peut déduire que le cautionnement sous seing privé est privé de sa force probante absolue ; la mention manuscrite vaudra commencement de preuve par écrit, qui devra être complétée par d'autres moyens ou indices (qualité de la caution, etc.), pour rapporter la preuve d'une intention de la caution de couvrir les accessoires de la dette en plus du principal. Il reviendra souverainement au juge d'interpréter les éléments qui lui seront fournis et de protéger les cautions qui le méritent véritablement. Une telle interprétation paraît logique. Cette position est conforme à la

---

335 M. BRIZOUA-BI, « Le nouveau visage des sûretés personnelles dans l'espace OHADA », *Dr. et patr.* n° 197, novembre 2010, p. 63.

336 B. MATOR, N. PILKINGTON, D. SELLERS, S. THOUVENOT, *Le droit uniforme africain des affaires issu de l'OHADA*, Litec, 2e éd., mars 2008, p. 235, n° 1052.

337 P.-G. POUGOUÉ, (dir.), *Encyclopédie du droit OHADA*, préf. B.-A. MERCARDAL et J. DAVID, Lamy, 2012, p. 508.

consécration implicite de la force probatoire de la mention manuscrite, exprimée par le législateur africain par le nouvel article 14, alinéa 2, précité[338].

127. **L'absence d'exigence d'insertion du taux d'intérêt dans la mention manuscrite.** À l'heure actuelle, le législateur et la jurisprudence OHADA semblent silencieux sur la nécessité d'insertion du taux d'intérêt dans la mention manuscrite. L'on devrait considérer que l'indication du taux d'intérêt dans la mention manuscrite, n'est pas nécessaire[339]. Comme a pu l'écrire justement le professeur Adolphe Minkoa She, le silence de la mention manuscrite à propos du taux d'intérêt, doit valoir simplement un commencement de preuve par écrit, pouvant être complété par tout autre élément extrinsèque à l'acte[340] (tel que la qualité de la caution), quant à la connaissance de la portée et de l'étendue de son engagement par la caution. Quoi qu'il en soit, la règle de l'interprétation stricte des obligations de la caution a vocation à s'appliquer[341]. Espérons, tout de même, que la Cour commune de justice et d'arbitrage de l'OHADA, apportera prochainement des éclairages sur cette question.

128. **Le caractère supplétif de l'annexion de la convention principale au cautionnement**. Par ailleurs, dans l'optique de s'assurer que la caution connaisse l'étendue de l'obligation garantie, la législation OHADA de 1997 imposait à l'article 8, alinéa 2, l'annexion à la convention de l'acte constitutif de l'obligation garantie. Ce qui alourdissait inutilement le formalisme du cautionnement en pratique[342]. De plus, par cette disposition, l'on peut voir dans cette attitude du législateur OHADA une consécration expresse du caractère unilatéral du cautionnement auquel, en principe, la formalité, dite du double[343], ne s'applique pas. Heureusement, depuis la réforme de 2010, c'est

---

338 V. *Supra*, spéc. n° 73 et s, relatif à l'affirmation du principe de l'exigence de la mention manuscrite.

339 V. en ce sens, J-Cl. NGNINTEDEM, « Les mutations du cautionnement en droit OHADA/ du droit civil au droit des affaires », *Revue de droit des affaires internationales*, décembre 2012, p. 689.

340 A. MINKOA SHE, *Droit des sûretés et des garanties du crédit dans l'espace OHADA, Les garanties personnelles*, Tome 1, PUF, 2010, p. 195, n° 151.

341 V. aussi en ce sens : J-Cl. NGNINTEDEM, « Les mutations du cautionnement en droit OHADA/ du droit civil au droit des affaires », *Revue de droit des affaires internationales*, décembre 2012, p. 689.

342 B. MATOR, N. PILKINGTON, D. SELLERS, S. THOUVENOT, *Le droit uniforme africain des affaires issu de l'OHADA*, Litec, 2e éd., mars 2008, n° 1058, p. 236.

343 Cf. en droit français, l'article 1325 du Code civil dispose *in fine* : « Les actes sous seing privé qui contiennent des conventions synallagmatiques ne sont valables qu'autant qu'ils ont été faits en autant d'originaux qu'il y a de parties ayant un intérêt distinct ».

uniquement à « *la demande de la caution*[344] » que cette formalité devra être remplie. Par voie de conséquence, pour pallier d'éventuelles doléances, en ce sens, des cautions, il serait judicieux pour les créanciers de stipuler dans l'acte que cette formalité a été réalisée[345]. Cependant, quelques incertitudes juridiques subsistent, quant à la sanction, en cas de violation de ce formalisme. À notre avis, la même logique qu'en cas de défaut de la mention manuscrite devrait trouver application. L'annexion de la convention principale au cautionnement devrait donc être également un formalisme probatoire, qui favoriserait, ici, un certain équilibre entre la protection des intérêts du créancier et ceux de la caution. « *L'éclaircie* » de la CCJA reste une fois de plus attendue et avec l'espoir qu'elle suivra ce raisonnement. Une position contraire ne reviendrait qu'à protéger exagérément les cautions[346], en mettant à mal, à coup sûr, l'attractivité de ce contrat aux yeux des créanciers.

Conclusion de la section II

129. En somme, en droit français et en droit OHADA, il apparaît un déséquilibre contractuel largement au profit de la caution, lorsque l'on se penche sur la question de l'étendue de la mention manuscrite. En droit français, c'est essentiellement l'œuvre jurisprudentielle qui se fonde sur deux textes, à savoir l'article 1326 (devenu 1376) et l'article 2293 du Code civil. Elle retient, d'une part, une conception large de l'article 1326 (devenu 1376) du Code civil, en affirmant que la caution doit écrire « *de sa main* » sous une forme quelconque dans l'acte la somme pour laquelle elle entend s'engager ; mais, avec internet on a modifié le texte par la loi du 13 mars 2000, et cette mention de la personne qui s'engage pourra être écrite par « *elle-même* ». Ce qui revient à admettre l'écrit électronique[347], contrairement au droit OHADA où un tel aménagement est inexistant, compte tenu de certaines réalités pratiques (retard

344 Cette expression a été ajoutée après la réécriture de l'article 8, alinéa 2. En effet, tandis que l'ancien article 8, alinéa 2, disposait : « *l'acte constitutif du rapport de base doit être annexé à la convention de cautionnement* », le nouvel article 18, alinéa 2, dispose : « À la demande de la caution, l'acte constitutif de l'obligation garantie est annexée à la convention de cautionnement ».

345 F. ANOUKAHA, A. CISSE-NIANG, M. FOLI, J. ISSA-SAYEGH et autres, *OHADA Sûretés*, Bruylant-Bruxelles, Juriscope, 2002, p. 26, n° 60.

346 V. en ce sens, Ch. MOULY, « Pour la liberté des garanties personnelles », *Revue Banque*, n° 478, 1987, p. 1166 ; V. aussi, D. N'DONINGAR, *Réflexions sur les sûretés personnelles dans le traité issu de l'OHADA,* thèse précitée, p. 68, n° 24.

347 V. aussi, l'article 1366 du Code civil issu de l'ordonnance de 2016 : « *L'écrit électronique a la même force probante que l'écrit sur support papier, sous réserve que puisse être dûment identifiée la personne dont il émane et qu'il soit établi et conservé dans des conditions de nature à en garantir l'intégrité* ».

technologique, etc.). Elle consacre, d'autre part, que la caution est automatiquement tenue des accessoires de la dette, dès lors que son engagement est valable. Le législateur africain, quant à lui, exige, que le cautionnement soit déterminé ou indéterminé, qu'une somme maximale précise doit être mentionnée au titre de cette garantie et doit constituer un plafond, faisant ainsi preuve de moins de souplesse que le droit commun français.

Conclusion du chapitre I

130. Constatation. À la lumière de ce qui précède, l'on remarque qu'en droit français comme en droit OHADA la tendance à une protection privilégiée de la caution se confirme. Toutefois, il est clair que ces deux droits comportent de profondes divergences aujourd'hui. Au fil du temps, l'Acte uniforme OHADA s'est globalement assoupli en instaurant un formalisme probatoire suivant en cela la jurisprudence française. Le nouvel Acte uniforme, portant droit des sûretés OHADA, a ainsi introduit d'importantes modifications et clarifications allant dans le sens d'une meilleure prise en compte des intérêts du créancier. De son côté, le législateur français a plutôt multiplié les interventions, souvent maladroitement, pour protéger davantage les cautions personnes physiques par des dispositions spécifiques en droit spécial. À cela s'ajoutent certaines décisions de la jurisprudence qui peuvent parfois paraître très sévères à l'égard des créanciers. Au demeurant, si, dans les deux droits, on part de bonnes intentions, force est de constater qu'une caution trop privilégiée entraîne une inefficacité et un délaissement prévisible du cautionnement.

131. Perspectives. Dès lors, il est souhaitable que les rédacteurs OHADA et les réformateurs français mettent à jour leurs différents textes, relatifs à la mention manuscrite, pour un équilibre optimal des intérêts des parties dans le cautionnement ; d'autant plus que c'est encore, aujourd'hui, l'une des principales sources de contentieux entre le créancier et la caution. Dès lors, se pose, aujourd'hui, la question de la nécessité d'un recours aux formalités de substitutions pour échapper à l'exigence de la mention manuscrite dans le cautionnement.

CHAPITRE II

La protection spéciale de la caution en cas de dispense de la mention manuscrite : des formalités de substitution

132. Plan. Comment protéger le consentement de la caution dans des situations où elle n'est pas en mesure d'apposer la mention manuscrite ou souhaite s'en affranchir ? C'est ainsi qu'animés de « *bons sentiments* »[348], les droits français et OHADA se sont attelés chacun à mettre en place des dispositifs spéciaux en ce sens. La caution s'est vue octroyer des dérogations à l'exigence de l'écrit instituée en vue de la maîtrise de la gravité de son engagement. Ces mesures protectrices dans chacun de ces systèmes, résultent, en l'occurrence, des règles procédurales de rédaction de l'acte de cautionnement. Seulement, des mécanismes différents ont été établis dans l'un et l'autre. Si le législateur français a prévu la possibilité de recourir à la protection spéciale de professionnels du droit (Section I), le législateur OHADA s'est, quant à lui, attaché à institutionnaliser une protection particulière des cautions vulnérables : la présence de « *témoins certificateurs* » (Section II).

SECTION I

La protection spéciale de la caution en droit français par le recours à une personne avisée

133. Fondements textuels. Le texte majeur de la protection de la caution par le recours à des professionnels, est l'ordonnance n° 2016-131, du 10 février 2016, abrogeant la loi n° 2011, du 28 mars 2011, de modernisation des professions judiciaires et juridiques réglementées. En vertu de ce texte, la caution est exempte de l'apposition de la mention manuscrite lorsqu'elle a recours à l'acte authentique, généralement le fruit du notaire[349] et à l'acte contresigné par l'avocat. D'une part, le nouvel article 1374, alinéa 3, (ex-

---

[348] P. CROCQ, « Les bons sentiments ne font pas les bons textes », *D.* 2005, p. 2025.

[349] À titre exceptionnel, elle peut émaner du juge. Cf. Cass. com., 6 juillet 2010, pourvoi n° 08-21.760.

article 66-3-3 de la loi de 1971[350]), prévoit que « *l'acte sous signature privé contresigné par avocat [...] est dispensé de toute mention manuscrite exigée par la loi* ». D'autre part, le nouvel article 1369 (ex-article 1317-1[351]) du Code civil dispose que « *l'acte authentique [...] lorsqu'il est reçu par un notaire,[..] est dispensé de toute mention manuscrite exigée par la loi* ». Toutefois, il faut souligner qu'avant le législateur, la jurisprudence française avait déjà nettement réduit le champ d'exigence de la mention manuscrite, en admettant que le cautionnement notarié en était dispensé[352].

134. Plan. Ainsi, lorsque le cautionnement est constaté par acte authentique ou par « *acte d'avocat* », la caution échappe au travail calligraphique imposé par le législateur. En effet, cette dernière bénéficie, par l'intervention de ces professionnels du droit, d'un large champ de protection (§ 1). C'est ce qu'il conviendra de préciser dans un premier temps, avant d'exposer dans un second temps, la portée d'une telle protection pour la caution (§ 2).

§ 1. Délimitation du champ de protection

135. Une délimitation d'origine jurisprudentielle. Contrainte par les maladresses textuelles, la jurisprudence a longtemps essayé d'assouplir les exigences légales en matière de formalisme[353]. Elle a pu ainsi admettre que, dans certains cas, la caution pouvait être dispensée du rite de recopiage de la mention manuscrite. Jusqu'à la loi de 2011 (modifiée par l'ordonnance de 2016), la dispense de la mention manuscrite tenant au rédacteur de l'acte ne concernait que l'acte authentique. Aux côtés du législateur, les tribunaux ont ainsi fortement œuvré à la délimitation du champ de protection de la caution

---

350 L'ancien article 66-3-3, de la loi n° 71-1130, 31 décembre 1971, issu de l'article 3 de la loi n° 2011-331 du 28 mars 2011, de modernisation des professions judiciaires ou juridiques et certaines professions réglementées énonçait : « *l'acte sous seing privé contresigné par avocat est, sauf disposition dérogeant expressément au présent article, dispensé de toute mention manuscrite exigée par la loi* ». Cf. M. BACACHE et A.-M. LEROYER, « Acte d'avocat : acte sous seing privé contresigné par l'avocat-Acte authentique », *RTD civ.* 2011, p. 403 ; L. LEVENEUR, « La loi du 28 mars 2011 et les mentions manuscrites », *Contrats, conc. consom.* 2011, repère n° 5.

351 L'ancien article 1317-1 du Code civil issu de la loi du 28 mars 2011 disposait « *l'acte reçu en la forme authentique par un notaire est, sauf disposition dérogeant expressément au présent article, dispensé de toute mention manuscrite exigé par la loi.* »

352 V. *infra*, n° 136 et s.

353 M. MIGNOT, « La mention manuscrite de la caution », *LPA* novembre 2012, n° 225, p. 15 ; V. aussi, J. FLOUR, « Quelques remarques sur l'évolution du formalisme », *in* le droit privé français au milieu du XXe siècle, *Etudes offertes à Georges Ripert*, Tome 1, LGDJ, 1950, p. 93-114.

par les professionnels du droit et, plus particulièrement, en cas de recours à l'acte notarié. Il a donc été consacré une série d'exclusions du formalisme en droit commun (A) et en droit spécial (B).

A. L'exclusion du formalisme en droit commun

136. L'exclusion traditionnelle du formalisme de l'article 1376 du Code civil. En tant que contrat unilatéral, le cautionnement est, en principe, soumis à l'article 1376 (ex-article 1326) du Code civil[354]. À titre de rappel, comme le prévoit ce texte, « *l'acte juridique par lequel une seule partie s'engage envers une autre à lui payer une somme d'argent ou à lui livrer un bien fongible, doit être constaté dans un titre qui comporte la signature de celui qui souscrit cet engagement ainsi que la mention, écrite de sa main, de la somme ou de la quantité en toutes lettres et chiffres* ». Historiquement, la jurisprudence a été confrontée à la question des actes concernés par l'exigence de la mention manuscrite. Depuis longtemps, la Cour de cassation[355] a affirmé clairement que l'acte authentique notarié n'était pas assujetti au formalisme de l'article 1376 (ex-article 1326) du Code civil.

137. Exemples jurisprudentiels. À maintes reprises, elle n'a eu de cesse de le rappeler depuis plus de vingt ans. Plusieurs décisions de la Haute Juridiction peuvent d'ailleurs être citées. À titre d'exemple, la Cour de cassation a rejeté le pourvoi de la caution dans cette forme : « *c'est par une exacte application de l'article 1326 [aujourd'hui 1376] du Code civil que la cour d'appel a jugé que les exigences imposées par ce texte, relatives à la mention manuscrite devant figurer sur certains actes et notamment sur un acte de cautionnement, ont le caractère de règle de preuve et ne s'appliquent pas dans le cas où ledit acte est un acte authentique*[356] ». De même, dans une autre espèce, un dirigeant de société avait donné mandat authentique à un clerc de notaire afin

---

354 S. PIEDELIÈVRE, *Les sûretés*, 2e éd., Paris : Ellipses, 2015, p. 39.

355 Cass.com., 20 mars 1990, pourvoi n° 88-14913, *D.*, somm., p. 383.

356 Cass. com., 29 janvier 1991, pourvoi n° 89-12.446, *JCP N.* II, 1991, Jurispr., p. 266 ; V. également en ce sens, CA Besançon, 1re ch. civ., 16 novembre 1993, *JCP G.* IV, 1994, 564 ; Cass. civ. 1re., 13 février 1996, pourvoi n° 93-21165, *Bull. civ. I*, n° 79, p. 51 ; *JCP G*, 1996, n° 49, commentaires G. VIRASSAMY ; Cass. civ. 1re., 4 février 1997, pourvoi n° 94-20.983, *Bull. civ. I*, n° 42, p. 27 ; *JCP N.* II, 1997, Jurisp., p. 944 ; *Contra.*, Cass. civ. 1re., 5 juin 2008, pourvoi n° 07-12.960, *RD bancaire et fin.* 2000, n° 4, p. 52, obs. D. LEGEAIS, qui déclare que la mention manuscrite de l'article 1326 (aujourd'hui 1376) du Code civil a vocation à s'appliquer en cas de procuration sous seing privé pour se porter caution devant notaire ; *adde*, Cass. civ. 1re., 12 mars 2002, pourvoi n° 99-10.278, publié au Bulletin.

qu'il se porte caution solidaire, en son nom, au profit d'une banque à hauteur de 700 000 F. Ce prêt avait été octroyé pour une durée de 5 ans moyennant un taux d'intérêt de 12,28 % par an. Face à la défaillance de la société à rembourser son prêt, la banque a mis en demeure le dirigeant de payer. Ce dernier invoqua l'invalidité de son engagement et la déchéance des intérêts, aux motifs de l'absence des mentions de l'article 1326 (aujourd'hui 1376) du Code civil dans l'acte authentique. La première chambre civile de la Cour de cassation avait logiquement confirmé la décision de la cour d'appel énonçant que « *le mandat donné de se rendre caution par acte authentique n'est pas soumis aux exigences de l'article 1326 [aujourd'hui 1376] du Code civil* »[357].

138. La jurisprudence est donc nette et constante en la matière : la formalité manuscrite, prescrite par le droit commun, est inutile lorsque le cautionnement est souscrit en la forme authentique. Cette solution est justifiée dans la mesure où l'article 1326 du Code civil est considéré comme une règle de preuve destinée à protéger la caution[358] ; ceci, dans l'optique qu'elle prenne pleinement conscience de son engagement. D'autant plus que comme l'indique justement madame Sabine Raby, « *l'article 1326[aujourd'hui 1376] du Code civil figure, dans le même code, sous un paragraphe trois qui s'intitule 'De l'acte sous seing privé'*[359] ».

139. **L'exclusion nouvelle du formalisme de l'article 1376 du Code civil dans l'acte d'avocat**. En revanche, la question de la dispense de mention manuscrite de l'article 1326 (devenu 1376) du Code civil, au sein de l'acte d'avocat, a pu un temps semer le doute. En effet, l'exclusion d'un tel formalisme était moins évidente au sein de l'acte contresigné par l'avocat. Rappelons que l'article 1326 (aujourd'hui 1376) du Code civil a vocation à s'appliquer, en principe, aux actes sous seing privés dans lesquels « *une seule partie s'engage envers une autre à lui payer une somme d'argent ou à lui livrer un bien fongible* ». Ainsi, d'aucuns pouvaient en déduire que l'acte d'avocat serait dispensé du formalisme de droit commun. D'un point de vue historique, l'objectif majeur de cette disposition était de combattre une vieille pratique consistant, pour une personne peu scrupuleuse possédant un écrit d'une autre personne, à rajouter au-dessus de la signature de celle-ci un

---

357 Cass. civ. 1re., 12 mars 2002, n° 99-10278, *Bull. civ. I*, 2002, p. 1342 ; *RTD com.* 2002, p. 718, obs. B. BOULOC.

358 V. notamment, Cass. civ. 1re, 15 novembre 1989, pourvoi n° 87-18.003.

359 S. RABY, « La mention manuscrite et le cautionnement notarié », *JCP N*, n° 52-53, 24 décembre 1994, p. 1940, n° 9.

engagement à payer une somme d'argent[360]. C'est pourquoi le professeur Laurent Leveneur remarquait, de façon incidente, que « *le contreseing d'un avocat concomitant à la signature de l'acte sous seing privé est impuissant à empêcher ce type de fraude postérieur à son établissement* », étant donné que la loi ne fait pas obligation aux avocats de centraliser les originaux des actes qu'ils contresignent comme cela est le cas pour l'acte authentique[361]. Tout compte fait, cette controverse est heureusement close aujourd'hui. Le nouvel article 1374 du Code civil, issu de la recodification de 2016 ,dispose clairement que « *l'acte sous signature privé contresigné par avocat [...] est dispensé de toute mention manuscrite exigée par la loi* ».

140. Par ailleurs, à la différence du droit commun, le problème de l'exclusion du formalisme dans le cautionnement s'est posé avec acuité en droit spécial.

B. L'exclusion du formalisme en droit spécial

141. **L'exclusion du formalisme consumériste**. Le jeu des mentions manuscrites consuméristes dans les actes authentiques est exclu, depuis longtemps, par la jurisprudence française. La Cour de cassation a posé en règle, dans un arrêt du 24 février 2004, que « *les articles L. 313-7 [devenu L. 314-15] et L. 313-8 [devenu L. 314-16] du Code de la consommation sont seulement applicables aux cautionnements consentis par acte sous seing privé*[362] ». En l'espèce, des personnes physiques cautions solidaires s'étaient acquittées des sommes réclamées par le créancier, en règlement d'un prêt immobilier impayé par le débiteur. Elles s'étaient retournées contre leur cofidéjusseur. Celui-ci invoqua la nullité du cautionnement solidaire reçu en la forme authentique, au motif que les mentions exigées à l'article L. 313-8 (aujourd'hui article L. 314-16) du Code de consommation ne figuraient pas au sein de l'acte. La Haute

---

360 L. LEVENEUR, « Loi du 28 mars 2011 et les mentions manuscrites », *Contrats, conc. consom.* mai 2011, n° 5.

361 *Ibidem.*

362 Cass. civ. 1re., 24 février 2004, pourvoi n° 01-13930, *Bull. civ. I*, n° 60 ; *Defrénois*, 2004, p. 709, art. 37944, n° 9, obs. V. AVENA-ROBARDET ; *LPA* 17 mai 2004, p. 4, obs. D. HOUTCIEFF ; *JCP E*, 2004, 1340, obs. P. SIMLER ; *RD bancaire et fin.* 2004, comm. n° 112, note D. LEGEAIS ; V. Déjà en ce sens, CA Paris, 1er février 2002, *BRDA*, 2002, n° 5, p. 14 ; *RJDA*, 2002, n° 681, où la Cour d'appel de Paris retient que « *dès lors que le cautionnement simple donné dans un acte authentique n'est pas soumis au formalisme de la mention manuscrite, l'article L. 313-8 [actuel article L. 314-16] doit être compris comme instaurant implicitement un régime similaire pour le cautionnement solidaire, le notaire ayant l'obligation d'informer et de conseiller la caution pour lui permettre d'avoir une exacte connaissance de l'étendue et de la portée de son engagement* ».

Juridiction l'avait heureusement débouté et confirmé la décision des juges d'appel considérant que cette disposition n'était pas applicable au cautionnement authentique ; la présence du notaire les rendait inutiles. Il faut noter que la question n'était pas facile à trancher. Si la solution semblait évidente, concernant l'article L. 313-7 (aujourd'hui article L. 314-15) du Code de la consommation qui visait directement les actes sous seing privé, elle l'était moins concernant l'article L. 313-8 (aujourd'hui article L. 314-16) qui était resté muet concernant son champ d'application.

142. De plus, on pouvait être tenté de faire valoir la règle « *ubi lex non distinguit, nec nos distinguere debemus* »[363]. Or, comme l'avaient si bien souligné le conseil du notariat[364] et la doctrine majoritaire[365] à cette période, il s'agissait d'une simple erreur de plume du législateur. L'article L. 341-7 du Code de la consommation limitait expressément son application aux seules cautions conclues par acte sous seing privé. La jurisprudence venait, par ses solutions, remédier aux carences législatives, quant à la détermination du champ d'application de l'article L. 313-8 (aujourd'hui article L. 314-16) du Code de la consommation.

143. **Exclusion du formalisme des articles L. 314-15 et L. 341-16 du Code de la consommation.** Par la suite, la loi « *Dutreil* » n° 2003-721, du 1er aout 2003, a édicté des mesures d'information et de protection des cautions, lorsqu'elles contractent avec des professionnels ; une mention manuscrite spéciale subordonne la validité des cautionnements consentis au profit de professionnels du droit. Le même problème s'est alors posé à propos de l'article L. 341-2 du Code de la consommation, décalque de l'article L. 313-7 (devenu l'article L. 314-15) de ce même code, et de l'article L. 341-3, décalque de l'article L. 313-8 (devenu l'article L. 314-16). Sans surprise, la Haute Juridiction a suivi la même logique. C'est ainsi que dans un avis rendu par la première chambre civile, le 8 avril 2010[366], et dans un arrêt rendu par la

---

363 Autrement dit, « où la loi ne distingue pas, nous ne devons pas distinguer ».

364 Avis du Conseil supérieur du notariat, 4 mai 1990, *JCP N*, 1990, 1471, S. Prat. Pour le Conseil supérieur du notariat, cette exclusion de la mention manuscrite de l'article L. 313-8 dans l'acte notarié est justifié dans la mesure où « *la caution reçoit alors du notaire, dont c'est la mission, les informations, les conseils et mise en garde nécessaires* ».

365 M. Vion, « information et protection des cautions et des emprunteurs en matière de crédit immobilier après la loi du 31 décembre 1989 », *Defrénois*. 1990, art. 34746, p. 321, n° 8 ; V. également, G. Paisant, « La loi du 31 décembre 1989 relative au surendettement des ménages », *JCP G*. 1990, I, 3457, n° 104.

366 Cass. civ. 1re., avis n° 9002, 8 avril 2010, 1068, note V. Avena Robardet ; V. J-J. Barbieri note sous Cass. civ. 1re., Avis, 8 avril 2010, pourvoi n° 08-21.760, *JCP N*. n° 25,

chambre commerciale de la Cour cassation, le 6 juillet 2010, elle a déclaré à propos d'un cautionnement authentique résultant d'une décision judiciaire, que « *les dispositions de l'article L. 341-3 [aujourd'hui article L. 331-2] du Code de la consommation ne s'appliquent pas aux cautionnements souscrits par acte authentique*[367] ». Cette solution ne surprend guère. Elle se situe en droite ligne de ce que la Cour de cassation a déjà affirmé à maintes reprises[368]. Le devoir de conseil d'une personne avisée à l'instar du notaire (article 1369 du Code civil) suffit *a priori* pour assurer la protection du consentement de la caution. Cette solution est confirmée, aujourd'hui, à l'article 1374 du Code civil, à propos de l'« *acte d'avocat* »[369].

144. Tempéraments à l'éviction de la mention manuscrite : L'exception posée par l'article L. 331-3 du Code de la consommation. Inversement, la Cour de cassation a également précisé dans cet arrêt que « *les dispositions de l'article L. 341-5 [aujourd'hui article L. 331-3] du Code de la consommation sont applicables à tous les cautionnements solidaires consentis par des personnes physiques au profit de créanciers professionnels, peu important qu'ils soient constatés par acte authentique* ». En d'autres termes, les stipulations de solidarité et de renonciation, au bénéfice de discussion dans un cautionnement souscrit par une personne physique au profit d'un créancier professionnel, sont réputées non écrites, lorsque l'engagement n'est pas clairement limité à un montant global déterminé et fixe[370]. Le contenu de L. 341-5, devenu L. 331-3 du Code de la consommation, atteste d'une certaine volonté des pouvoirs publics d'éviter que la caution ne se retrouve à devoir régler des montants exorbitants. Il n'est donc pas, ici, question, à proprement parler, de protection du consentement d'une caution personne physique à l'égard d'un créancier professionnel, mais plutôt de limiter les engagements de celle-ci. Toutefois, le créancier professionnel, ayant recours au notaire en vue d'un engagement *omnibus* devra se montrer extrêmement vigilant[371]. En vertu de l'article L. 331-3 du Code de la consommation, les clauses de styles, dites de renonciation au bénéfice de discussion, et la clause de solidarité sont

---

25 juin 2010, 1231 ; *adde*, J-J. BARBIERI, Cass. com., 6 juillet 2010, pourvoi n° 08-21.760, *JCP N.* n° 28, juillet 2010, act. 554.

367 Cass. com., 6 juillet 2010, pourvoi n° 08-21.760, *JurisData* n° 2010-011188.

368 Cf. notamment, Cass. civ. 1re., 24 février 2004, pourvoi n° 01-13.930, *Bull. civ. I*, n° 60 ; *Droit et procédures*, juillet 2004, obs. Y. PICOD : à propos de l'article L. 313-8 (devenu L. 314-16) du Code de la consommation.

369 Y. PICOD, *Droit des sûretés*, 3e éd., PUF, septembre 2016, p. 134, spéc. n° 77.

370 Cass. com., 6 juillet 2010, pourvoi n° 08-21.760, *RDC*, 1er janvier 2011, n° 1, p. 137, note D. FENOUILLET.

371 Y. PICOD, *Droit des sûretés*, 3e éd., PUF, septembre 2016, p. 136, spéc. n° 77.

réputées non écrites : l'acte risque donc d'être frappé de « *nullité partielle*[372] ».

145. Une exception appréciable ? Cette mesure protectrice semble de ce fait appréciable, compte tenu des rapports déséquilibrés qui existent généralement entre les cautions personnes physiques et les créanciers professionnels, quand on sait les risques liés aux engagements indéfinis. La situation n'est évidemment pas la même lorsque la caution est une personne morale ; ou, encore, lorsque la caution personne physique contracte avec un créancier non professionnel pour le compte d'un débiteur n'étant pas un entrepreneur individuel[373]. On peut néanmoins se demander s'il n'était pas judicieux pour le législateur, dans un souci de cohérence de poser la règle selon laquelle le cautionnement authentique échapperait à l'ensemble des mentions manuscrites imposées par le Code de la consommation. Comment comprendre qu'« *une personne physique pourra souscrire un acte sous seing privé [dans le cadre d']un cautionnement solidaire illimité au profit d'un créancier non professionnel, alors que le même cautionnement envers un créancier professionnel sera tributaire de la forme authentique*[374] ». On peut donc raisonnablement s'interroger. Au demeurant, le caractère authentique du cautionnement ne permet pas au créancier de contourner les mesures protectrices érigées par le législateur de 2003[375]. Les rédacteurs d'actes devront pour l'heure rester très prudents.

146. L'exclusion du formalisme en matière de bail d'habitation. Enfin, la question de l'inapplicabilité de la mention manuscrite a ressurgi en matière de bail d'habitation. L'article 22-1 de la loi de 1989 prévoyant l'exigence d'un formalisme informatif qui ne fait aucune distinction selon que le cautionnement soit authentique ou sous seing privé. De par la généralité du texte, on pouvait croire qu'il s'appliquait à tous les cautionnements[376]. Ce qui

---

[372] *Ibidem*.

[373] M. BOURASSIN, V. BRÉMOND et M-N. JOBARD-BACHELIER, *Droit des sûretés*, 5e éd., Dalloz, novembre 2015, spéc. n° 191.

[374] Ph. DELEBECQUE et Ph. SIMLER, « Droit des sûretés », *JCP G*, 21 février 2011, n° 8, p. 402.

[375] V. J.-J. ANSAULT, « La protection à géométrie variable du constituant d'un cautionnement par acte authentique », *RLDC*, 2010, p. 36.

[376] TI Grenoble, 8 janvier 2002, *JCP N*, 2003, n° 11, art. 1213, p. 420, note R. DAGOT, où il a été décidé : « *La seule mention de l'existence de l'engagement de caution dans l'acte authentique ne peut suffire à démontrer que les cautions ont été correctement informées de leurs droits et obligations, d'autant plus que ceux-ci ne sont pas rappelés dans cet acte* » ; CA Aix-en Provence, 7 février 2001, *Bull. Aix*,2001, p. 199 ; contra, CA Douai, 16 janvier 2003, *Loyers et copr.* 2003, comm. n° 232, obs. B. VIAL-PEDROLETTI ; CA Grenoble, 23 octobre 2006, *Loyers et copr.* 2007, comm. n° 50, obs. B. VIAL-

divisa un temps les juridictions de fonds. Heureusement aujourd'hui, ces hésitations jurisprudentielles ont pris fin. C'est par un célèbre arrêt, du 9 juillet 2008, que la troisième chambre civile de la Cour de cassation lève toute ambigüité sur l'application dudit texte. Forgée par les solutions, à propos de l'article 1326 (aujourd'hui 1376) du Code civil, de l'article L. 313-8 (devenu L. 314-16) du Code de la Consommation, et forgée par la déclaration du garde des sceaux[377], en 1995, relatif au texte litigieux, elle a affirmé de façon limpide que « *les formalités prescrites par l'article 22-1 de la loi du 6 juillet 1989 ne concernent que les cautionnements conclus sous seing privés et non ceux donnés en la forme authentique*[378] ». Cette solution éminemment prévisible de la jurisprudence a anticipé l'intervention législative, souhaitée par les praticiens, en vue de remédier à l'incertitude juridique, relative à l'exigence du formalisme informatif lorsque le cautionnement est authentique.

147. Consécration légale de la construction jurisprudentielle. La loi n° 2011-331, du 28 mars 2011, de modernisation des professions judiciaires et juridiques et de certaines professions juridiques, consacre, désormais, la jurisprudence. À travers l'article 1317 du Code civil (devenu l'article 1369 du Code civil), le législateur est venu mettre un terme aux doutes, en énonçant l'exclusion des mentions manuscrites au sein de l'acte authentique reçu par le notaire. L'incertitude régnait, quant à l'extension de ce raisonnement, dans le cadre de la conclusion de cautionnement sous la forme d'acte contresigné par avocat[379]. Depuis la loi précitée, du 28 mars 2011, et son article 66-3-3 (devenu l'article 1374 du Code civil), le législateur a pour les mêmes raisons[380], dispensé le cautionnement, rédigé par acte sous seing privé, des exigences formelles, lorsqu'il est contresigné par un avocat[381]. Il semble donc cohérent de supposer que les solutions de la jurisprudence appliquées aux

---

PEDROLETTI, où elle a considéré que : « *Les formalités prescrites par l'article 22-1 de la loi du 6 juillet 1989 ne concernent que les cautionnements conclus sous seings privés et non ceux donnés en la forme authentique, avec le concours d'un notaire.* »

377 Lettre du Garde des Sceaux adressée au Conseil supérieur du notariat, 26 janvier 1995, *JCP E.* 1995, n° 9, Bloc-notes.

378 Cass. civ. 3e., 9 juillet 2008, pourvoi n° 07-10.926, *D.* 2008, p. 2079, obs. Y. ROUQUET ; *JCP G.* II, n° 43, 22 octobre 2008, 10174, obs. V. PERRUCHOT-TRIBOULET ; *L'ESSENTIEL Droit de l'immobilier et de l'urbanisme*, 05 novembre 2008, n° 1, p. 3, obs. B. VIAL-PEDROLETTI ; *Defrénois*. 2008, art. 38838, p. 1989.

379 Ch. ALBIGÈS, M.-P. DUMONT-LEFRAND, *Droit des sûretés*, Dalloz, 5e éd., septembre 2015, spéc. n° 132.

380 V. *infra*, n° 149 et s.

381 M. MIGNOT, « La mention manuscrite de la caution », *LPA* 9 novembre 2012, n° 225, p. 15.

actes notariés devraient, ainsi, logiquement, recevoir application pour cette catégorie d'actes[382]. Qu'en est-il de la portée d'une telle protection pour les cautions ?

§ 2. Portée de la protection offerte

148. **Plan.** L'intérêt pour la caution, du recours à un professionnel du droit pour recopier la mention manuscrite à sa place, est double. Tout d'abord, cette démarche concourt à l'allègement des exigences formelles exigées (A) par le législateur français et lui permet de bénéficier de conseils avisés de professionnels du droit (B).

A. L'allègement des exigences formelles

149. **La possibilité de modulation de l'étendue du cautionnement**. Le recours à l'acte authentique ou à l'acte contresigné de l'avocat offre la possibilité aux cautions de souscrire des engagements illimités et à durée indéterminée[383]. En effet, le Code de la consommation exige des cautions qu'elles spécifient au sein de l'*instrumentum* la durée de leur engagement et la somme garantie par elles. Cela pouvait apparaître comme un frein à la liberté contractuelle[384], alors que l'utilité en l'occurrence d'un cautionnement indéfini, est indéniable. Force est de relever que, pour le créancier, le recours à un professionnel du droit est également fort intéressant, en cas de cautionnement illimité ; pour lui, ce mécanisme revêt un volet psychologique non négligeable à l'égard de la caution. Cette dernière pourra facilement s'engager, sans être directement heurtée par la durée relativement longue de son engagement.

150. **La présence du professionnel : un palliatif aux difficultés d'écriture de la caution**. Plus fondamentalement, on imagine aisément l'embarras de sociétés immobilières, notamment face à des personnes qui ne peuvent écrire ou qui seraient illettrées qu'elles doivent soumettre à l'apposition de la mention

---

[382] V., M. VENIER, « Cautionnement par acte d'avocat », *RJC.* mai/juin 2011, p. 326 ; Ch. JAMIN, « L'acte d'avocat », *D.*, avril 2011, n° 14, p. 961. Aussi en ce sens, D. LEGEAIS, « Dispense de formalisme pour les cautionnements par acte d'avocat », *RD bancaire et fin.*, n° 4, juillet 2011, comm. 132.

[383] S. CABRILLAC, « Droit des sûretés-Le cautionnement au centre de toutes les attentions », *Defrénois*, n° 5, 15 mars 2012, Actes courants-immobiliers, 40387, p. 235.

[384] *Ibidem*, p. 236.

manuscrite à l'acte[385]. Le recours à l'acte authentique ou contresigné par l'avocat constitue, alors, pour ces personnes, le moyen idoine pour surmonter les problèmes liés aux exigences formelles prévues aux articles 1326 du Code civil ou à ceux relevant du Code de la consommation. À première vue, on peut être tenté de croire qu'il s'agit là de situations marginales.

151. **Le problème de l'illettrisme**. Or, en réalité, il apparaît que ces situations sont bien courantes, eu égard à certaines décisions rendues par la jurisprudence[386]. Aussi, comme le souligne, fort à propos, le professeur Sévérine Cabrillac, à cause de la mondialisation, les situations de cautionnement des personnes illettrées sont une réalité courante[387]. À titre d'illustration, force est de constater que bon nombre d'acquéreurs immobiliers, en France, sont des étrangers, qui, bien qu' éduqués, sont parfois non francophones[388]. On peut également évoquer le cas des étudiants Erasmus, qui sont généralement cautionnés par leurs parents et qui, quelquefois, ne maîtrisent pas l'alphabet latin. En effet, de telles cautions se retrouvent parfois, en pratique, à recopier une « *mention stéréotypée*[389] », en ne connaissant pas véritablement la portée des risques encourus du fait de leur engagement. Mais, lorsque l'acte est rédigé par des professionnels du droit, les clauses de styles claires permettent de lever d'éventuelles ambigüités, susceptibles de générer des contestations pouvant aboutir à un procès.

152. **Vers une exigence impérative de l'acte authentique en cas de caution illettrée ?** Dans un arrêt de la chambre civile de la Cour de cassation du 9 juillet 2015, il a été jugé que « l*a personne physique qui ne se trouve pas en mesure de faire précéder sa signature des mentions manuscrites exigées par les articles L. 341-2 [devenu L. 331-1] et L. 341-3 [devenu L. 331-2] du Code de la consommation destinées à assurer sa protection et son consentement éclairé, peut valablement s'engager que par acte authentique en qualité de caution envers un professionnel* ». En d'autres termes, en cas d'illettrisme la

---

385 Ph. SIMLER, « Un peu de formalisme protège, trop de formalisme spolie : L'exemple de l'article 22-2 de la loi du 6 juillet 1989 », *in Mélanges en l'honneur du doyen Georges Wiederkehr*, Paris, Dalloz, 2009, p. 760.

386 V. À titre d'illustration, CA Colmar, 5 février 1996, *JCP N.* 1997, p. 615, note J.-F. PILLEBOUT : L'illettré peut être caution ; V. aussi, Cass. civ. 1re., 15 décembre 1999, pourvoi n° 97-18.262 ; Cass. civ. 1re., 28 novembre 2012, pourvoi n° 1028372, *Banque et droit.* 1 janvier 2013, n° 147, p. 38-40, note N. RONTCHVESKY.

387 S. CABRILLAC, « Le cautionnement notarié », *Dr. et patr.*, n° 172, juillet-août 2008, p. 58.

388 *Ibidem.*

389 Cf. M. DAGOT, « Mention manuscrite dans un acte notarié », note sous TI Grenoble, 8 janvier 2002, *JCP N*, 2003, 1213.

caution personne physique est tenue de s'engager uniquement par acte authentique[390]. Cette solution n'est pas totalement surprenante, car elle confirme certaines décisions des juridictions d'appel[391]. On se rappelle également que la Cour de cassation a déjà eu l'occasion d'affirmer qu'un tiers, y compris le secrétaire[392] d'une caution personne physique, ne saurait recopier à sa place les mentions manuscrites. Il n'en demeure pas moins que la première chambre civile de la Cour de cassation semble quelque peu faire preuve d'oublis. La jurisprudence (certaines juridictions d'appel et la chambre commerciale de la Cour de cassation) admet qu'en dépit que la mention manuscrite ne soit pas recopiée par la caution personne physique (illettrée soit-elle), son engagement puisse être valide, dans la mesure où cette dernière reconnaît expressément par la suite la dette et s'engage à rembourser les mensualités[393]. On s'étonnera surtout de ce que les hauts magistrats n'aient pas fait allusion dans leur décision à l'acte contresigné par l'avocat. L'article 66-3-3 de la loi de 2011 et repris par le nouvel article 1374 du Code civil ne prévoit-il pas pour ce type d'acte la dispense de la mention manuscrite ? On est tenté donc de croire qu'il s'agit d'un simple oubli[394] et que d'autres hauts magistrats viendront rectifier le tir à l'occasion de prochains contentieux. Assurément, la rédaction de l'acte authentique à

---

390 Cass. civ. 1re., 9 juillet 2015, pourvoi n° 14-21763, *Gaz. Pal.* n° 1, note D. HOUTCIEFF ; *Gaz. Pal.* 10 novembre 2015, p. 24, note P. PAILLER ; *Gaz. Pal.* 10 décembre 2015, p. 12, note. C. ALBIGÈS ; *RJC.* n° 5 septembre/octobre 2015, p. 515, note F. MACORIG-VENIER. *Contra*, CA Aix-en-Provence, n° 2015/215, décidant que « *la reproduction de la mention manuscrite de façon parfois phonétique [par une personne analphabète] ne permet pas, à elle seule, de conclure que la caution n'a pas eu connaissance de la portée de son engagement ou que les prescriptions relatives à la mention manuscrite ne sont pas respectées* ».

391 V. notamment CA Orléans 20 février 2014, n° 13/01505 ; CA Caen 23 nov. 2010, n° 09/01777.

392 Par exemple, Cass. com., 13 mars 2012, pourvoi n° 10-27.814, non publié au Bulletin.

393 CA Grenoble, ch. com., 12 février 2015, n° 13/03643, *JurisData* n° 2015-004143 ; *JCP G.* 2015, act. 482, obs. J.-Ch. BONNEAU ; *JCP G.* 2015, 604, n° 4, obs. Ph. SIMLER. V. dans le même sens, CA Versailles, ch. 16, 6 mai 2014, n° 13/01549, *JurisData* n° 2014-010186. V. également, Cass. com., 11 juin 2014, pourvoi n° 13-18.118, non publié au Bulletin : où la Cour de cassation admet que la nullité, résultant de la violation de l'article L. 341-2 du code de la consommation, est une nullité relative qui est donc susceptible de confirmation ; déjà en ce sens, Cass. com., 5 février 2013, pourvoi n° 12-11720, *Gaz. Pal.* 21 mars 2013, p. 16, n° 79, obs. C. ALBIGES et M-P. DUMONT LEFRAND : « *la violation du formalisme des articles L. 341-2 [...] du Code de la consommation [..] est sanctionnée par une nullité relative, à laquelle elle peut renoncer par une exécution volontaire de son engagement irrégulier, en connaissance du vice l'affectant* ».

394 Aussi en ce sens, G. PIETTE, « Panorama de droit des sûretés (juin 2015-décembre2015) », *Lexbase Hebdo édition affaires*, n° 451, 21 janvier 2016, (N°Lexbase : N0906BWH).

l'instar de l'acte contresigné par l'avocat, permet à la caution de voir son consentement éclairé par le conseil de professionnels du droit.

B. Le bénéfice d'information et de conseil de professionnels du droit

153. Un devoir d'information renforcé du notaire et de l'avocat. De façon générale, l'intervention de professionnels, à l'instar du notaire ou de l'avocat par la dispense de la mention manuscrite, permet par hypothèse de protéger sensiblement le consentement de toute caution qui le désire. Par la présence de professionnels du droit, la caution bénéficie d'informations et de conseils avisés ce qui rend inutile l'exigence de la mention écrite. D'ailleurs, c'est ce qui ressort notamment des règles du cautionnement provenant de la réglementation des professions judiciaires et juridiques[395]. Loin d'être un cadeau, il ressort pour ces professionnels, tant le notaire que l'avocat, un devoir d'information renforcé. Ces derniers sont censés permettre aux parties notamment la caution (réputée partie faible du contrat), de bien mesurer la nature et la portée de l'engagement qu'elle se propose de prendre. Il est d'ailleurs de jurisprudence constante que le notaire[396], tout comme l'avocat[397], est tenu d'alerter la caution sur les risques juridiques potentiels auxquels elle s'expose. Au-delà de l'unique obligation d'information, ces derniers sont tenus « *d'une obligation de mise en garde, voire de conseil*[398] ». S'ils ont un quelconque doute relatif à la manipulation d'une des cautions par le créancier ou le débiteur, ils doivent s'abstenir d'instrumenter[399]. Il convient également d'insister sur le fait que ce devoir de conseil est dû à toutes les parties[400], y compris au créancier.

---

395 Cf. S'agissant de l'acte authentique rédigé par le notaire (l'article 1369 nouveau du Code civil) et s'agissant de l'acte contresigné par l'avocat (l'article 66-3-1 de la loi de 1971 tel qu'issu de la loi du 28 mars 2011 et le nouvel article 1374 du Code civil)

396 CA Paris, 3 décembre 2003, n° 2002/17963, R. Hubert et autres c/SCP Jannin-Vulach et autres ; CA Douai, 9 septembre 2004, n° 01/05871, SCP Prouvost, Delemazure, Thooo, Veve c/J. Janssens.

397 Cass. civ. 1re., 14 janvier 1997, pourvoi n° °94-16.769 ; Cass. civ. 1re., 25 février 2010, pourvoi n° 09-11.591, inédit.

398 C. Le Gallou, « Mentions manuscrites de la caution : faire des lignes pour protéger ? », *RLDC*. n° 131, novembre 2015, p. 28. V. en ce sens à propos du devoir de conseil de l'avocat : Ch. Jamin, « L'acte d'avocat », *D.* avril 2011, p. 961.

399 C. Le Gallou, *Ibidem*.

400 V. À propos de l'avocat, Cass. civ. 1re., 25 février 2010,, pourvoi n° 09-11.591, décidant « *que le rédacteur d'acte, tenu de veiller à assurer l'équilibre de l'ensemble des intérêts en présence et de prendre l'initiative de conseiller les deux parties à la convention sur la portée et les incidences, notamment fiscales, des engagements souscrits de part et d'autre, peu important que son concours ait été sollicité par l'une d'elles* » et que ce dernier « *doit*

154. La mise en jeu de la responsabilité du professionnel du droit. En cas de non-respect de leurs obligations, l'une des parties à l'acte (la caution en l'occurrence) pourra donc engager la responsabilité de l'avocat ou du notaire. Leur responsabilité civile professionnelle reconnue, ils devront indemniser la caution à la hauteur de son préjudice. Il n'est pas rare de voir les cautions dénoncer la « *sincérité matérielle [ou] intellectuelle*[401] » de l'acte, lorsque l'opération n'a pas eu les résultats escomptés[402]. La Cour de cassation s'est souvent montrée bien sévère dans l'appréciation de certaines affaires à l'égard des professionnels du droit[403].

155. La délicate preuve de la délivrance du conseil donné. En ce qui concerne la charge de la preuve du conseil donné, il est bien établi en jurisprudence qu'il revient au notaire de montrer qu'il a bien rempli son devoir[404]. En revanche, concernant l'« *acte avocat* », on s'est pendant un temps posé la question de savoir si la loi de 1971 ne créait pas un nouveau régime de

---

rapporter la preuve qu'il a rempli cette obligation à leur égard, quelles que soient leurs compétences personnelles » ;V. aussi, Cass. civ. 1re., 27 novembre 2008, pourvoi n° 07-18142, *Bull. civ. I*, 267, jugeant « *qu'en qualité d'unique rédacteur d'un acte sous seing privé, l'avocat était tenu de veiller à assurer l'équilibre de l'ensemble des intérêts en présence et de prendre l'initiative de conseiller les deux parties à la convention sur la portée des engagements souscrits de part et d'autre, peu important le fait que l'acte a été signé en son absence après avoir été établi à la demande d'un seul des contractants* » ; *D.*2009, p. 706, spéc. n° 709, note Ch. JAMIN, *RTD civ.* 2009. 134, obs. P.-Y. GAUTIER ; *JCP G*, I, 2009. 120, n° 15, obs. G. PILLET. À propos du notaire, V. déjà en ce sens, Cass. civ. 1re., 12 décembre 1995, pourvoi n° 93-21076, jugeant que « *le notaire a le devoir d'éclairer les parties sur leurs droits et obligations et rechercher si les conditions requises pour l'efficacité de l'acte qu'il dresse sont réunies eu égard au but poursuivi par les parties* » ; Cass. civ. 1re., 17 décembre 1991, pourvoi n° 90-15968, affirmant que « *le notaire doit, en sa qualité de rédacteur d'acte, éclairer les parties sur sa portée et ses conséquences et prendre toutes les dispositions utiles pour en assurer l'efficacité, eu égard au but poursuivi par les parties* ».

401 Pour reprendre les termes de C. GRIMALDI, *in* « L'acte sous-seing privé, l'acte authentique et l'acte contresigné par un avocat : quelles utilités ? », *JCP E.* n° 1, 7janvier 2010, 1008, p. 24

402 Pour rappel, selon la Cour de cassation depuis 2009, l'acte notarié exécutoire n'a plus la force d'un jugement définitif. Cf. Cass. civ. 2e., 18 juin 2009, pourvoi n° 08-10.843, publié au *Bulletin.*

403 V. notamment, Cass. civ. 1re., 13 mai 2014, pourvoi n° 13-13.509, *Bull. civ. I*, 2014, n° 82. Dans cette affaire, où la Cour de cassation avait retenu la responsabilité d'un auteur pour ne pas avoir invité la caution à se faire assister par un interprète. Pour une étude plus approfondie, V. notamment, M. LATINA, « Le notaire et la sécurité juridique », *JCP N.* n° 42, 22 octobre 2010, 1325.

404 Citant une jurisprudence abondante : C. ALBIGÈS, « Responsabilité notariale et cautionnement », *Dr. et patr.* 2008, n° 6, p. 17.

responsabilité pour l'avocat. En effet, l'ancien article 66-3-1 de la loi de 1971 énonçait qu'en « *contresignant un acte sous seing privé, l'avocat atteste avoir éclairé pleinement la ou les parties qu'il conseille sur les conséquences juridiques de l'acte* »[405]. Avec la réforme du Code civil de 2016 et le nouvel article 1374 du Code civil, le législateur a mis un terme à la polémique en abrogeant ledit texte. Contrairement à ce que d'aucuns ont pu croire, la responsabilité de l'avocat ne serait donc pas modifiée avec l'instauration du contreseing[406]. Il en découle que les hauts magistrats devront mettre à la charge de l'avocat un devoir de conseil, similaire à celui pesant sur les notaires[407].

---

405 Le texte a fait l'objet de différentes interprétations et de nombreuses critiques doctrinales. Pour certains auteurs, une interprétation littérale de cette disposition donne à penser que le contreseing de l'avocat ferait naître une présomption pour celui-ci d'avoir convenablement rempli son devoir de conseil. En ce sens, Rapport Darrois, « Vers une grande profession », *Documentation française*, 2009, p. 39 ; D. MAZEAUD, « L'acte sous seing privé contresigné par avocat », *RDC*, juillet 2011, n. 3, p. 875 ;V. en ce sens, J.-J. UETTWILLER, « L'acte d'avocat-Enfin », *Journal des sociétés*, n° 91, octobre 1991, p. 37 : « *L'article 66-3-1 peut être considéré comme ayant pour effet de créer une présomption simple de consentement éclairé, renversant ainsi la charge de la preuve* » ; Contra., M. GRIMALDI, « L'acte d'avocat, première vue sur un article de l'avant-projet de loi de modernisation des professions judiciaires et juridiques réglementées », *RDC*, 2010, p. 758 ; O. DESHAYES, « L'acte contresigné par avocat né (conjugaison à l'imparfait du législatif) », *L'ESSENTIEL Droit des contrats*, 3 mai 2011, n° 5, p. 5 : pour cet auteur, il serait doublement injuste de voir le contreseing comme une attestation de bonne exécution du devoir d'information de l'avocat. Car selon le professeur Olivier Deshayes, « *au lieu de renforcer l'efficacité de l'acte à l'égard des parties, le contreseing produirait l'effet contraire [...], deuxièmement il n'appartient pas à l'avocat débiteur de l'obligation d'information et de conseil de renverser la charge de la preuve en attestant par sa signature avoir correctement rempli son obligation* ». V. aussi en ce sens, J. KLEIN, M. LATINA et R. LIBCHABER, « Régime des obligations contractuelles », *RDC*, 2013/1, janvier 2013, pp. 123-137, spéc. p. 130. Pour le professeur Mathias Latina, le seul intérêt de l'article 66-3-1 serait de rappeler l'obligation de conseil de l'avocat et de « *préciser le moment ultime auquel le conseil doit être donné* »

406 N. DISSAUX et Ch. JAMIN, *Projet de réforme du droit des contrats, du régime général et de la preuve des obligations : rendu public le 25 février 2015 : commentaire article par article*, Dalloz, août 2015, p. 248. Comme l'indique à juste titre ces auteurs, le contreseing « *n'atteste pas [en application du nouvel article 1374 du Code civil] que l'avocat a éclairé pleinement la ou les parties qu'il conseille sur les conséquences juridiques de cet acte [...] Ce qui peut paraître logique puisque l'on ne parle dans le tire IV bis que des questions probatoires* ».

407 D. LEGEAIS, « Dispense de formalisme pour les cautionnements par acte d'avocat », *RD bancaire et fin.*, n° 4, juillet 2011, comm. 132.

156. En tant que professionnel, il lui appartient de prouver par tous les moyens qu'il s'est correctement exécuté[408], y compris par les énonciations figurant dans l'acte. Puisque l'existence de l'obligation de conseil de l'avocat est indiscutable, l'avocat devra, conformément à l'article 1353 (ex-article 1315) du Code civil, établir qu'il s'est bien exécuté[409]. L'avocat, tout comme le notaire disposerait du temps pour prodiguer des conseils à son client (caution) jusqu'à ce qu'il contresigne l'acte[410].

157. **Préconisations en vue du renforcement de la preuve de l'information délivrée.** Conformément au principe général du droit « *qui peut le plus peut le moins* », il est loisible au notaire et à l'avocat de prévoir un mode de preuve, presque incontestable par le client, établissant que l'information lui a été communiquée. Rien n'interdit, par exemple, au notaire ou à l'avocat de faire exprimer verbalement au client le contenu de la mention manuscrite et d'insérer cette déclaration dans l'acte. L'existence de cette mention démontrerait l'information du client. Pour autant, on peut reprocher à cette technique une certaine lourdeur et son efficacité limitée à l'égard des cautions illettrées. Nous sommes persuadés que rien ne peut remplacer l'explication orale d'un praticien averti. En tout état de cause, pour se prémunir d'une action en responsabilité pour défaut de conseil donné intenté par leur client, ces professionnels devront être très précautionneux en se préconstituant correctement une preuve du conseil donné. Cela peut consister à vérifier la bonne compréhension des risques liés à l'opération par la caution « *en lui demandant de reformuler les choses, voire en remplissant un questionnaire permettant d'évaluer le degré de cette compréhension*[411] ».

158. **La forte efficacité probatoire de l'acte : un gage d'équilibre contractuel.** En tout état de cause, le bénéfice des conseils d'un professionnel du droit, suffisamment aguerri, permet de réduire sensiblement le champ des contestations car la force probatoire de l'acte en sort renforcée. En effet, l'acte contresigné par un avocat (en tant qu'acte sous seing privé à la base) et l'acte authentique sont deux « *modes de preuve parfaits* »[412] qui lient le juge. On ne

---

[408] V. en ce sens, Cass. civ. 1re., 7 octobre 1998, pourvoi n° 09-13-614, *Bull. civ. I*, n° 282.

[409] Ph. THÉRY, « L'acte contresigné par avocat », *Dr. et patr.* n° 203, mai 2011, p. 64.

[410] J. KLEIN, M. LATINA et R. LIBCHABER, « Régime des obligations contractuelles », *RDC*, 2013/1, janvier 2013, p. 123-137, spéc. p. 130.

[411] C. LE GALLOU, « Mentions manuscrites de la caution : faire des lignes pour protéger ? », *RLDC*. n° 131, novembre 2015, p. 28.

[412] C. GRIMALDI, « L'acte sous-seing privé, l'acte authentique et l'acte contresigné par un avocat : quelles utilités ? », *JCP E*. n° 1, 7 janvier 2010, 1008, p. 24 ; V. aussi, Cass. req., 7 mars 1932, *Sirey*, 1932, 1, p. 128 ; CA Paris, 6 décembre 1968, *Gaz. Pal*., 1969, 1, p. 161.

peut contester un écrit n'importe comment. Il faudrait pour cela absolument un autre écrit. Il sera donc difficile, pour les contractants ou leurs ayants cause, de remettre en question la signature ou l'écriture d'un tel acte, en ayant recours à la procédure de vérification d'écriture, prévue aux articles 287 à 298 du Code de procédure civile, et à la procédure de faux, prévue aux articles 299 et suivants du même Code. Évidemment, cette présomption ne jouera que si toutes les parties ont été conseillées par un même avocat ou chacune par son avocat contresignataire.

159. Quant à l'acte notarié, sa force probante est incontestablement plus énergique que l'acte d'avocat[413]. Il fait foi jusqu'à inscription de faux en écriture publique (Code de procédure civile, articles 303 à 316) et est opposable aux tiers. Ce qui le rend plus difficilement contestable que l'acte d'avocat. Il constitue un véritable titre exécutoire. Avec la réforme du droit des obligations de 2016, la copie de l'acte authentique[414] ou de l'acte sous signature privée[415] est réputée fiable[416]. C'est-à-dire qu'elle a la même force probante que l'original. En tout état de cause, il apparaît que ces deux actes sont donc dotés d'une forte efficacité probatoire. Aussi comprend-on que certains auteurs aient pu écrire que leur force probante est dans une large mesure la même[417]. Reste qu'en pratique, le contreseing tarde encore à entrer dans les mœurs

---

413 Le contreseing de l'avocat n'attestera pas du contenu de l'acte qui représente une particularité de l'acte authentique. Nous le soulignons.

414 Le nouvel article 1379 du Code civil dispose : « *La copie fiable [...] a la même force probante que l'original. La fiabilité est laissée à l'appréciation du juge. Néanmoins est réputé fiable la copie exécutoire ou authentique d'un écrit authentique.* » Ainsi, le nouveau texte confère une présomption irréfragable de fiabilité à la copie de l'acte authentique.

415 Le nouvel article 1379 du Code civil confère à la copie de l'acte sous signature privée « *une présomption simple supportant la preuve contraire* ». Cf. M. MIGNOT, « Commentaire article par article de l'ordonnance du 10 février 2016 portant réforme du droit des contrats, du régime général et de la preuve des obligations (XIII), *LPA* 31 mai 2016, n° 108, p. 4.

416 N. DISSAUX et Ch. JAMIN, *Projet de réforme du droit des contrats, du régime général et de la preuve des obligations : rendu public le 25 février 2015 : commentaire article par article*, Dalloz, août 2015, p. 247 et s.

417 Ph. THERY, « L'acte contresigné par l'avocat », *Dr. et patr.*, n° 203, 2011, p. 64 ; V. dans la même veine, C. GRIMALDI, *in* « L'acte sous-seing privé, l'acte authentique et l'acte contresigné par un avocat : quelles utilités ? », *JCP E.* n° 1, 7janvier 2010, 1008, p. 24. Pour justifier cette position ce dernier souligne : « *Que l'acte soit authentique ou sous seing privé c'est la règle de l'ex article 1341 [nouvel article 1359] du Code civil qu'il convient d'appliquer : il n'est possible de prouver outre ou contre l'écrit autrement que par un autre écrit* ».

professionnelles des avocats[418]. Nul doute que les cautions se tourneront davantage vers l'acte authentique reçu par notaire.

Conclusion de la section I

160. En somme, l'intervention des professionnels du droit, loin de diminuer la protection du consentement de la caution, l'améliore nécessairement. Ceux-ci sont suffisamment avertis pour mettre la caution à l'abri d'éventuelles fraudes du créancier en ayant un conseil adapté. À eux, lorsqu'ils sont sollicités par des cautions, de se montrer extrêmement précautionneux s'ils ne veulent pas voir leur responsabilité professionnelle engagée (quitte à aller jusqu'à réclamer à ces dernières le recopiage de la mention manuscrite). Certaines d'entre elles (en toute mauvaise foi) ne reculent devant rien, afin de se dégager de leurs engagements et de profiter de la bienveillance de certains juges s'adonnant à une interprétation parfois audacieuse des textes. Au demeurant, il y a lieu de croire que cet assouplissement du formalisme en droit français, par l'intervention de professionnels du droit n'entrave ni peu ni prou l'équilibre des intérêts en présence. En plus d'être un gage d'efficacité de la sûreté, cela participe de la préservation des intérêts des cautions vulnérables.

161. De son côté, le législateur OHADA a eu recours à un dispositif spécial, en vue de s'assurer de la réalité du consentement de ces dernières. Ainsi, il prévoit, de façon assez originale, un mécanisme inspiré du droit sénégalais[419] : la présence de témoins certificateurs auprès de la caution illettrée ou manchote.

---

[418] N. Dissaux et Ch. Jamin, *Projet de réforme du droit des contrats, du régime général et de la preuve des obligations : rendu public le 25 février 2015 : commentaire article par article*, Dalloz, août 2015, p. 248.

[419] Cf. F. Anoukaha, A. Cisse-Niang, M. Foli, J. Issa-Sayegh et autres, *OHADA Sûretés*, Bruylant-Bruxelles, Juriscope, n° 29, p. 16. Aux termes de l'article 20 du Code sénégalais des obligations civiles et commerciales, « *La partie illettrée doit se faire assister de deux témoins lettrés qui certifient dans l'écrit son identité et sa présence : ils attestent en outre que la nature et les effets de l'acte lui ont été précisés* ». Précisons que cette disposition en droit sénégalais est applicable à tous les contrats civils et commerciaux mais pas spécifique au cautionnement comme c'est le cas en droit OHADA.

SECTION II

Le particularisme de la législation OHADA : la présence de « témoins-certificateurs »

162. Le problème de l'illettrisme et la mention manuscrite. Comme nous l'avons évoqué précédemment, toutes les cautions en droit OHADA sont tenues, en principe, lorsqu'elles s'engagent, d'apposer la mention manuscrite conformément à l'article 14, alinéa 1, de l'AUS. Par une telle exigence, il s'agit, comme l'a souligné pendant longtemps la jurisprudence française, de « *s'assurer que la partie qui s'engage a eu connaissance certaine de la nature et de l'étendue de son obligation* »[420]. Toutefois, en pratique, cette exigence pouvait se voir heurter à un problème majeur : celui des cautions illettrées. En effet, il semble évident que pour cette catégorie de caution, il aurait été impossible de s'engager par écrit. Or, il s'avère que le taux d'analphabètes dans le milieu des affaires, en Afrique[421], se révèle encore très élevé, contrairement aux sociétés occidentales, où il est en net recul[422]. C'est pourquoi, tenant compte de ces réalités, le législateur OHADA a offert la possibilité aux personnes analphabètes de se porter caution. Celles-ci devront néanmoins se faire assister par deux témoins certificateurs.

163. Dès lors, il importe, tout d'abord, d'identifier les cautions soumises à ce régime particulier de dispense (§ 1) avant d'aborder la mission des personnes en charge de les assister (§ 2).

---

420 V. notamment, Cass. civ. 1re, 3 mars 1970, pourvoi n° 68-11.240, *Bull. civ. I*, 1970, n° 80, p. 66 ; *D.*1970, p. 403, note ETESSE. Dans le même sens : Cass. civ. 1re, 20 juin 1978, pourvoi n° 76-15.551, *Bull. civ. I*, 1978, n° 234, p. 186 ; Cass. com., 22 novembre 1982, pourvoi n° 81-11061, *Bull. civ. IV*, 1982, p. 302, n° 358.

421 M. FONTAINE, cité par F. ONANA ETOUNDI, « Formalisme et preuve des obligations contractuelles dans l'avant-projet d'Acte uniforme OHADA sur le droit des contrats », *Revue de droit uniforme*, 2008, p. 356.

422 Il faut néanmoins souligner que, s'agissant de la France, il existe encore une bonne fraction de la population illettrée. Selon les chiffres de l'INSEE, « *en 2011, 16 % des personnes de 18 à 65 ans résidant en France éprouvent des difficultés dans les domaines fondamentaux de l'écrit, et pour 11 %, ces difficultés sont graves ou fortes* » ; cité par N. RONTCHEVSKY, Fr. JACOB, et E. NETTER, obs sur Cass.civ. 1re., 28 novembre 2012, pourvoi n° 10-28.372, *Banque & Droit*. n° 147, Janvier-Février, 2013, p. 38.

§ 1. Identification des bénéficiaires de l'assistance de témoins certificateurs

164. Plan. Conformément à l'article 14, alinéa 3, de l'AUS, le législateur OHADA offre la possibilité à deux catégories particulières de cautions de pouvoir bénéficier de la protection de témoins certificateurs. Il distingue la caution « illettrée » (A) de celle qui ne peut écrire[423] (B).

A. La caution « illettrée »

165. Définition de la notion. Selon l'UNESCO, l'illettré ou l'analphabète s'entend d'« *une personne incapable de lire et d'écrire en comprenant un exposé simple et bref de faits en rapports avec la vie quotidienne*[424] ». En d'autres termes, l'on fait référence ici, à la personne qui ne sait ni lire ou ni écrire convenablement[425]. En revanche, selon le Larousse, qui retient une définition plus large, est considérée comme illettrée ou analphabète, une personne n'étant pas en mesure de lire et d'écrire[426]. C'est cette dernière définition qui semble avoir inspiré en partie le législateur OHADA. Ainsi, l'article 14, alinéa 3, faisant allusion à l'illettré, concerne expressément d'une part, toute personne physique qui ne « *sait écrire* ». En tout état de cause, il ne fait pas de doute que la caution, qui ne sait écrire, ne saurait en toute logique lire[427]. Autrement dit, il sera quasiment impossible pour la caution de savoir ce à quoi elle s'engage, étant donné qu'elle n'a pas l'instruction nécessaire. Celle-ci devra donc nécessairement déclarer son illettrisme pour être assistée et, par voie de conséquence, être informée de la réalité de ses éventuels engagements.

166. Quid de la charge de la preuve de l'illettrisme ? La question s'est alors posée de savoir comment s'assurer de l'état d'illettrisme de la caution ? Or, le droit OHADA reste muet. À notre sens, il reviendra logiquement à la caution elle-même de prouver son illettrisme et ce par tous moyens. Contrairement à

---

[423] Soulignons que par la protection des personnes qui ne peuvent écrire, le législateur OHADA va encore plus loin que le législateur sénégalais, dont il s'est inspiré, qui se limite à une prise en compte des seules cautions illettrées.

[424] Cité par D. MAJDANSKI, *Signatures et mentions manuscrites*, préface G. ROUZET, thèse, Université de Bordeaux, 2000, p. 176.

[425] *Ibidem.*

[426] Cf. P. NKOU MVONDO, « L'information de la caution dans le nouveau droit des sûretés des États africains », www.ohada.com [Vu le 30 août 2016], Ohadata D-06-33, p. 15.

[427] Cf. P. NKOU MVONDO, « L'information de la caution dans le nouveau droit des sûretés des États africains », www.ohada.com [Vu le 30 août 2016], Ohadata D-06-33, p. 15.

la CCJA, la jurisprudence française a, d'ailleurs, eu à trancher cette question. En constitue une illustration saisissante un arrêt de la première chambre civile de la Cour de cassation ayant conclu remarquablement qu'un artisan devait prouver son illettrisme[428]. Dans le même ordre d'idée, un auteur écrivait justement qu'« *il s'agit de prouver une proposition négative infinie* »[429] dans la mesure où il est difficile, pour celui qui l'invoque, de démontrer son illettrisme. Dans un souci d'équilibre, il appartiendra donc à celui qui soutient le contraire d'en apporter la preuve aux moyens d'indices et de présomptions[430]. Il en résulte qu'une place importante est laissée à l'appréciation souveraine des preuves par les juges.

167. Quel degré d'illettrisme ? On peut par ailleurs s'interroger sur le degré d'illettrisme que devra présenter la caution pour bénéficier de l'article 14, alinéa 3. En d'autres termes, la certification concerne-t-elle uniquement les « *illettrés complets* » ou également les « *semi illettrés*[431] » ? La réponse à une telle question n'est pas aisée étant donné que le texte n'est pas clair. Quoi qu'il en soit, le degré d'analphabétisme n'est pas important. Dès lors que la caution ne sait écrire, elle pourra se prévaloir de l'article 14, alinéa 3 et se faire assister de témoins certificateurs. Dans tous les autres cas, elle ne saurait profiter de cette mesure spéciale ; sinon, tout autre analyse, à notre sens, ouvrirait la porte à la remise en cause de nombreux actes juridiques pour des cautions qui, bien que sachant lire et écrire, argueraient ne rien comprendre aux documents qu'elles auraient signés[432].

---

428 Cass. civ. 1re., 4 avril 1979, pourvoi n° 77-15097, *JCP G*, 1979, IV, p. 204 ; déjà en ce sens : Cass. civ. 1re., 17 janvier 1979, pourvoi n° 77-14325, *Bull. civ. I*, 1979, n° 25 : il a été jugé que « *ne donne pas de base légale à sa décision la Cour d'appel qui, pour décider qu'un acte par lequel une personne s'engage à payer une somme d'argent était quoique non écrit en entier de la main du souscripteur, dispensé de la formalité de "bon" ou de "approuvé" comme émanant d'un laboureur au sens de l'article 1326 (aujourd'hui 1376) alinéa 2 du Code civil, se borne à retenir que "comme cultivateur" il "travaillait personnellement à la culture de la terre et tirait de ce travail ses moyens de subsistance", sans rechercher s'il savait écrire* ».

429 D. N'DONINGAR, *Réflexions sur les sûretés personnelles dans le traité issu de l'OHADA*, thèse dactylographiée, Université d'Orléans, 2004, p. 79 ; V. plus amplement sur la question, LARGUIER, « La preuve d'un fait négatif », *RTD civ.*, 1953, p. 1-48.

430 V. en ce sens, J. ISSA-SAYEGH, « La certification des actes des personnes qui ne savent ou ne peuvent signer », *Penant.* janvier-mai 1991, p. 118.

431 C'est-à-dire ceux qui savent lire et comprennent partiellement les mots qu'ils peuvent écrire.

432 J. ISSA SAYEGH, « La certification des actes des personnes qui ne savent ou ne peuvent signer », *Penant.* janvier-mai 1991, p. 119.

168. Quid en cas de renonciation à l'information ? Enfin, un problème pourrait se poser lorsqu'un illettré fait semblant de lire, et s'engage malgré tout comme caution en signant l'acte. En d'autres termes, une caution illettrée peut-elle sciemment renoncer à se faire informer du contenu du contrat par le tiers certificateur ? Comme l'écrivait un auteur[433], il existe de nombreuses cautions qui, complexées par leur état, adoptent une attitude qui tend à masquer leur illettrisme en invoquant qu'elles effectuent régulièrement ce type d'opération. En effet, un bon nombre de détenteurs d'entreprises, en Afrique, ne savent ni lire ni écrire. Ceux–ci ignorent, parfois, que le fait de passer le même type d'engagement n'implique pas que les obligations contractuelles soient amenées à rester figées. Admettre une possibilité de renonciation à l'information par la caution analphabète reviendrait tout simplement à reconnaître « *un cautionnement non éclairé* ». La caution peu scrupuleuse devrait voir sa responsabilité civile engagée par la partie victime du dommage résultant de l'annulation du contrat. D'autre part, à côté de la caution « *illettrée* », l'article 14, alinéa 3, de l'AUS fait allusion à une autre catégorie de bénéficiaires : la caution « *infirme* ».

B. La caution « infirme »

169. Définition de la notion. Conformément à l'article 14 alinéa 3, la présence de deux témoins certificateurs est nécessaire, lorsque la caution ne sait ou ne peut écrire. Il fait ainsi une distinction entre la caution « *illettrée* » (qui ne sait lire) et la caution « *infirme* » qui ne peut écrire sans apporter plus de précision. L'on peut néanmoins déduire de la formulation, choisie par le législateur africain, une volonté de tenir compte non seulement de la situation de la caution « *illettrée* », mais aussi de celle propre à des cautions qui ne peuvent écrire. Ces dernières en raison d'un handicap physique provisoire ou définitif sont incapables d'apposer la mention manuscrite. C'est, par exemple, le cas d'une personne ayant perdu la vue ou de celle ayant vu ses bras amputés. Il s'agit pour le législateur OHADA de protéger également les cautions « infirmes », afin qu'elles soient éclairées le plus possible quant à la teneur de leur engagement.

170. Clarification autour de l'obligation d'information de la caution « infirme ». Toutefois, la question peut alors se poser de savoir si toutes les

---

[433] P. NKOU MVONDO, « L'information de la caution dans le nouveau droit des sûretés des États africains », www.ohada.com [Vu le 30 août 2016], Ohadata D-06-33, p. 15, spéc. n° 33.

cautions « *infirmes* » ont un droit à l'information. Pour répondre à une telle question, il faut tenir compte de deux cas de figures[434].

171. **Le cas de la caution « illettrée » à la suite d'un accident**. Dans le premier cas de figure, on peut se retrouver dans une opération où une caution est lettrée, mais ne peut cependant, à une période donnée, lire ni même écrire. C'est le cas, notamment, d'une personne ayant perdu la vue à la suite d'un accident. À l'évidence, une telle caution devrait bénéficier de la même protection que la caution illettrée. L'information sur le contenu de l'acte devra donc lui être nécessairement fournie par les témoins certificateurs.

172. **Le cas de la caution qui peut lire mais incapable d'écrire**. Dans le second cas de figure, il peut s'agir d'une caution qui peut lire, mais qui est incapable d'écrire. C'est celle qui serait handicapée de ses bras. L'on peut, dès lors, se demander si une telle caution est créancière de l'obligation d'information, notamment à l'égard des témoins certificateurs. Autrement dit, l'on sera obligé d'expliquer la nature et les effets de l'acte à cette catégorie de cautions. À l'analyse de l'Acte uniforme OHADA, la réponse est affirmative. Le texte africain n'opère aucune distinction entre la caution « *illettrée* » et la « *caution infirme* », quant à l'obligation précontractuelle d'information dont elles bénéficient. Cette obligation semble avoir pour les rédacteurs de l'AUS une finalité protectrice[435]. Pourtant, il nous semble qu'une telle mesure protectrice est exagérée et ne participe pas à un équilibre contractuel du cautionnement. Il est clair qu'une caution « *infirme* », qui peut lire, est en mesure de comprendre toute seule les termes de son engagement. Son incapacité se limite à la signature et à l'écriture. Une toute autre analyse ouvrirait la voie à des abus des cautions. Toutefois, il serait envisageable que la caution en question puisse réclamer clairement des explications aux témoins certificateurs dont c'est en partie le rôle.

§ 2. Le rôle des témoins certificateurs

173. **Plan.** À la lecture de l'article 14, alinéa 3, de l'AUS, il ressort que le législateur OHADA semble assigner essentiellement aux témoins en charge d'assister la caution illettrée, une mission de certification (A). Cependant,

---

434 P. NKOU MVONDO, « L'information de la caution dans le nouveau droit des sûretés des États africains », www.ohada.com [Vu le 30 août 2016], Ohadata D-06-33, p. 15, spéc. n° 33.

435 F. ANOUKAHA, A. CISSE-NIANG, M. FOLI, J. ISSA-SAYEGH et autres, *OHADA Sûretés*, Bruylant-Bruxelles, Juriscope, n° 29, p. 16.

cette mission de certification, malgré les bonnes intentions du législateur africain, semble en pratique avoir une portée limitée (B).

A. La certification de l'acte

174. **La nécessaire clarification de la mise en œuvre de la certification**. La certification peut être définie comme le fait pour les témoins « *d'assurer l'existence et l'exactitude des faits inconnus et non établis par des documents*[436] ». Ainsi, conformément à l'Acte uniforme OHADA, la caution a l'obligation de faire appel à deux témoins certificateurs. Ce qui permet de dispenser cette catégorie de caution de l'apposition de la mention manuscrite prévue à l'article 14, alinéa 2[437]. Seulement, si la certification offre la possibilité à un grand nombre de personnes analphabètes de se porter caution, sa mise en œuvre peut poser quelques difficultés. Par exemple, comment, en pratique, une personne analphabète pourra-t-elle se rendre compte qu'une protection spéciale existe à son endroit en vue de lui permettre de se porter caution ? Selon nous, il appartiendra au débiteur, de par son intérêt à la conclusion de son contrat, d'informer la caution de se faire assister de deux témoins certificateurs[438]. Aussi, on peut se demander ce que les témoins doivent certifier exactement.

175. **La certification de l'identité et de la présence de la caution analphabète**. En vertu de l'article 14 alinéa 3, de l'AUS, les deux témoins devront certifier dans l'acte, l'identité et la présence de la caution « *illettrée* » ou qui ne peut écrire. C'est pourquoi, ces témoins doivent être impérativement des personnes majeures et lettrées pouvant jouir de leurs droits civiques[439]. Faute de quoi, on imagine mal ces certificateurs remplir leur mission en vue de l'établissement de l'acte et d'y faire figurer des mentions obligatoires.

176. **Certification de la nature et des effets de l'acte.** En outre, les témoins certificateurs ont également pour mission de s'assurer que la nature et les

---

[436] J. Issa Sayegh, « La certification des actes des personnes qui ne savent ou ne peuvent signer », *Penant.* janvier-mai 1991, p. 122, spéc. n° 35.

[437] J. Lohoues-Oble, « L'autonomie des parties : le caractère supplétif des dispositions de l'avant-projet d'Acte uniforme OHADA sur le droit des contrats », *Revue unidroit*, 2008, p. 326 ; F. Chifflot Bourgeois, « Les garanties de paiement : l'apport des sûretés dans l'espace OHADA », *RD bancaire et fin.* janvier-février 2011, p. 19.

[438] En ce sens, Y.-R. Kalieu, *Les sûretés personnelles OHADA*, (dir.) P-G. Pougoué, Presses Universitaires d'Afrique, p. 30.

[439] J. Issa Sayegh cité par R. Mafo Diffo, *La protection de la caution en droit OHADA*, Éditions européennes universitaires, 2012, p. 36.

effets de l'acte ont bien été précisés à la caution illettrée ou qui ne peut écrire. Ces précisions devront être communiquées par le créancier, les tiers ou par eux-mêmes[440]. En réalité, ces deux témoins s'apparentent quelque peu à des interprètes et des assistants[441], étant donné qu'ils doivent s'assurer uniquement que les effets de l'acte ont été précisés à la caution. De plus, comme l'a justement suggéré le professeur Joseph Issa Sayegh, en vue de la crédibilité des informations fournies, il faudrait qu'en plus de la signature des témoins choisis, figurent des mentions « *claires* » et « *circonstanciées* » provenant de ceux-ci ou de l'auteur ayant fourni les précisions[442]. Si bien qu'on peut se demander si la protection du consentement de la caution illettrée par la présence de témoins certificateurs n'est pas illusoire, comparativement au cas français où cette caution doit être assistée d'un notaire ou d'un avocat ?

177. L'exigence maladroite de témoins certificateurs, en cas de cautionnement notarié. Par ailleurs, cette exigence de la présence des témoins certificateurs soulève une autre question : celle de leur nécessité aux côtés de la caution analphabète, lorsqu'on est dans le cadre d'un cautionnement notarié. En effet, il est parfaitement compréhensible que les témoins certificateurs ont un rôle protecteur important à jouer dans le cadre d'un cautionnement sous seing privé. Par contre, dans les cautionnements authentiques, sauf à surprotéger la caution, il ne fait pas de doute que leur présence n'est pas forcément nécessaire, si l'identité de la caution illettrée apparaît sur une de ses pièces officielles[443]. De plus, les témoins certificateurs sont choisis *intuitu personae* par la caution et qu'aucune qualification particulière n'est exigée à leur égard.

178. Impérieuse qualification juridique des témoins certificateurs. En effet, les rédacteurs de l'AUS n'ont pas donné une qualification juridique aux témoins certificateurs. Il peut alors s'avérer que ces témoins soient des personnes non professionnelles et donc non averties quant à l'opération de cautionnement. Pourtant, ils sont censés jouer un rôle important pour que la caution sache le risque qu'elle encourt. C'est pourquoi, si le législateur africain souhaite véritablement optimiser la protection des personnes vulnérables telles que les

440 J. ISSA SAYEGH, « La certification des actes des personnes qui ne savent ou ne peuvent signer », *Penant*. janvier-mai 1991, p. 122, spéc. n° 37.

441 Y.-R. KALIEU ELONGO, « cautionnement », *in Encyclopédie OHADA*, (dir.) P.G. POUGOUÉ, préf. B.-A. MERCARDAL et J. DAVID, Lamy, décembre 2012, n° 25, p. 502.

442 J. ISSA SAYEGH, « La certification des actes des personnes qui ne savent ou ne peuvent signer », *Penant*. janvier-mai 1991, p. 122, spéc. n° 37.

443 *I* J. ISSA SAYEGH, « La certification des actes des personnes qui ne savent ou ne peuvent signer », *Penant*, janvier-mai 1991, p. 122, spéc. n° 36. Comme nous l'avons déjà signalé, l'on peut tout de même regretter qu'en pratique les notaires n'expliquent pas souvent aux cautions la teneur de leurs engagements.

cautions analphabètes, il gagnerait à préciser la qualification juridique des témoins certificateurs. Pour l'heure, la portée de la certification paraît limitée.

B. La portée limitée de la certification

179. Les limites relatives à la validité de l'acte certifié. Comme dans tout contrat, le consentement des personnes illettrées, en matière de cautionnement est susceptible d'être vicié. En effet, du fait de leur handicap, ces cautions courent le risque d'être trompées par les témoins certificateurs choisis. Il n'est pas exclu qu'elles soient victimes de dol, dans la mesure où elles peuvent être dupées volontairement par ces derniers[444]. Toujours est-il que la jurisprudence se montre généralement très réticente à admettre le dol comme une cause de nullité du cautionnement[445]. La méthode de choix *intuitu personae* des témoins certificateurs ne garantit pas leur totale loyauté, voire leur bonne foi. Par exemple, il peut arriver qu'ils induisent sciemment en erreur les cautions, en complicité ou non avec le créancier ou le débiteur. Au titre du droit comparé, il est traditionnellement admis en France que « *l'erreur provoquée par le dol d'un tiers au contrat peut entraîner la nullité de celui-ci lorsqu'elle porte sur la substance même de son engagement*[446] ». Il est donc important pour la caution de choisir comme certificateurs les personnes les plus dignes de confiance et à même de pouvoir l'éclairer convenablement sur la portée de son engagement. D'autant plus que les certificateurs jouent un rôle important dans la protection de son consentement.

180. L'absence de fixation du régime de responsabilité applicable aux témoins certificateurs. Le législateur africain n'a malheureusement pas fixé le régime de responsabilité applicable aux témoins certificateurs. S'agit-il d'une responsabilité contractuelle ou délictuelle ? Probablement, le législateur OHADA a pu considérer que le problème ne se posait pas. En tant que tiers au contrat, il n'était pas nécessaire de prévoir un régime de responsabilité contractuelle pour les témoins certificateurs. On peut être aussi tenté de croire que le droit interne de chaque Etat aura vocation à s'appliquer. Qu'à cela ne tienne, il était possible d'envisager d'instaurer un régime de responsabilité à

---

444 D. N'DONINGAR, *Réflexions sur les sûretés personnelles dans le traité issu de l'OHADA*, thèse dactylographiée, Université d'Orléans, 2004, p. 83, n° 41.

445 Cour suprême de Côte d'ivoire, chambre judiciaire, 14 mars 2002, arrêt n° 243/02, *Actualités Juridiques*, pourvoi n° 37/2003, p. 12 ; www.ohada.com [Vu le 29 août 2016], Ohadata J-04-62. Les hauts magistrats ont considéré : « *La caution personnelle ne peut invoquer le dol, dès lors qu'elle s'est engagée sans contrainte physique ni morale et qu'elle a délibérément signé les différents actes sous seing privé et notariés* ».

446 Cass. civ. 1re., 3 juillet 1996, pourvoi n° 94-15.729, *Bull. civ. I*, n° 288.

l'image de celui proposé par les principes Unidroit[447]. En effet, l'article 3.2.8, alinéa 2, des Principes Unidroit dispose *in fine* que « *la victime du dol, de la contrainte ou de l'avantage excessif imputables à un tiers pour les actes dont l'autre partie ne répond pas, peut annuler le contrat lorsque l'autre partie avait, ou aurait dû avoir, connaissance de ces vices ou que, au moment de l'annulation, elle n'a pas agi raisonnablement en se prévalant des dispositions du contrat*[448] ». En conséquence, dans l'hypothèse où le tiers certificateur aurait usé de manœuvres dolosives pour pousser la caution « *illettrée* » à contracter, cette dernière pourra réclamer l'annulation du contrat si le créancier avait pu raisonnablement l'empêcher de s'engager.

181. La force probante limitée de l'acte certifié. Par ailleurs, un autre problème réside dans la force probante limitée de l'acte. En tant qu'acte sous seing privé, l'acte certifié pour le compte des cautions illettrées devrait avoir la même force probante. Pour ces raisons, la date de l'acte certifié devrait être considérée comme certaine à l'égard des témoins certificateurs. Quant à l'écriture et la signature des actes sous seing privés, elles sont réputées reconnues sauf dans certains cas bien déterminés, notamment le désaveu de leur auteur. En principe, en cas de contestation d'écriture ou de signature par la caution, la vérification se fait en justice où elle est ordonnée[449]. Paradoxalement, une éventuelle vérification d'écriture ou de signature semble impossible pour un acte concernant la caution illettrée. D'autant plus que, comme l'explique bien le professeur Joseph Issa Sayegh, la certification est comparable à « *un témoignage écrit de l'identité, de la présence de la partie illettrée et de ce que la nature et les effets des actes juridiques lui ont été précisés*[450] ». Dès lors, le contenu de l'acte certifié devrait être contesté par tout moyen. Ce qui constitue en soi une certaine faiblesse de ce type d'acte à l'égard du créancier.

---

447 B. AKPOUÉ, « La protection de la caution illettrée », *Revue CAMES. Sciences juridiques et politiques*, vol. 1, n° 1, 2015, p. 110.

448 L'alinéa 1 de l'article 3. 2. 8 des Principes Unidroit précise déjà : « *La victime du dol, de la contrainte, de l'avantage excessif ou de l'erreur imputables à un tiers, ou qui sont connus ou devraient être connus d'un tiers, pour les actes dont l'autre partie répond, peut annuler le contrat au même titre que si ces vices avaient été le fait de l'autre partie elle-même* ».

449 Cf. en droit français, Cass. civ. 1re., 28 novembre 2012, pourvoi n° 10-28372 et les articles 287 et 288 du code de procédure civile.

450 J. ISSA SAYEGH, « La certification des actes des personnes qui ne savent ou ne peuvent signer », *Penant*, janvier-mai 1991, p. 127, spéc. n° 55.

182. Les problèmes liés à la préconstitution de la preuve. En outre, un autre problème peut se poser en ce qui concerne la certification : la préconstitution de la preuve écrite. Cette dernière contribue à prévenir les contestations. On a ainsi pu se demander si l'illettrisme ne constitue pas en soi une impossibilité de préconstitution de la preuve écrite. À titre de droit comparé, la jurisprudence française a répondu à cette question par l'affirmative. Dans un important arrêt du 11 décembre 1947, la Cour de cassation a estimé qu'« *il y a impossibilité morale de demander une reconnaissance écrite du dépôt d'une somme d'argent, lorsqu'il s'agit d'une femme âgée, malade et presque illettrée, qui se prépare à entrer dans une clinique et qui laisse avant son départ, une somme de 123 000 francs entre les mains de ses neveux* »[451]. Or, lorsque la caution est illettrée et même assistée de témoins certificateurs, peut-on encore raisonnablement se demander si l'on est en face d'une impossibilité de préconstitution de la preuve par le créancier ? Force est de reconnaître que l'exigence, par le législateur africain, de la présence de deux témoins certificateurs aux côtés de la caution illettrée, constitue une aubaine pour le créancier en matière de preuve. L'on ne peut qu'apprécier cette démarche qui participe à un certain équilibre contractuel. Toutefois, le créancier peut dans certaines situations se trouver démuni en termes de préconstitution de la preuve. Il s'agit notamment des cas où la caution illettrée refuse de se faire assister par des témoins certificateurs ou même de signer l'acte[452]. On peut ainsi regretter le silence du droit OHADA quant à la définition de la nature juridique de la certification[453].

183. L'encouragement à la prévision de mode de preuves complémentaires. Au demeurant, il est vrai que l'institutionnalisation des témoins certificateurs, en cas de cautions illettrées, permet de résorber, dans une certaine mesure, le problème de la préconstitution de la preuve. Mais reste que cette dernière difficulté, en vue de préserver les droits du créancier, n'est pas totalement surmontée. Le créancier pourrait songer, par exemple, pour éviter des contestations futures, à prendre des dispositions complémentaires, telles que le recours au notaire, à l'avocat, à l'enregistrement magnétique de la parole, voire le recours à tout autre témoin. D'autant plus que, dans les usages du droit

---

451 Cass. crim., 11 décembre 1947, *Bulletin criminel*, n° 250, p. 367 ; V. aussi en ce sens, Cass. civ. 1re., 13 mai 1964, *Bull. civ. I*, n° 251, p. 195 : où la Cour de cassation a confirmé la décision des juges du fond ayant admis la preuve testimoniale bien que le demandeur était « incapable d'écrire » et « *dans l'impossibilité de produire une preuve littérale* ».

452 Cf. J. ISSA SAYEGH, « La certification des actes des personnes qui ne savent ou ne peuvent signer », *Penant*, janvier-mai 1991, p. 128, spéc. n° 58.

453 En effet, le législateur africain n'a pas notamment fixé de façon claire la nature de la nullité en cas d'irrégularité de la certification de l'acte.

traditionnel africain, « *la présence de témoins traduit un certain aspect social du contrat garanti par la communauté*[454] ».

184. L'opportunité d'une transposition de la solution française en droit OHADA ? Peut-on alors aller jusqu'à regretter que l'AUS n'ait pas repris un dispositif identique à celui du droit français, en vue de préserver le consentement de la caution dispensée de mention ? Nous ne le pensons pas. En prenant en compte les spécificités africaines, la solution serait pire que le mal. L'exigence du recours à un professionnel du droit pourrait être inaccessible à de nombreuses personnes physiques qui ne seraient pas à même de s'attacher leurs services. De plus, la plupart des notaires ou des avocats sont concentrés dans les grandes métropoles. À la rigueur, on peut souhaiter que le législateur OHADA en vienne à apporter des correctifs aux insuffisances observées dans l'encadrement juridique de la caution « *illettrée* » par les témoins certificateurs et mette en place, à titre complémentaire, la possibilité de recourir à un professionnel du droit (tel que le notaire). À nos yeux, si un dispositif équilibré doit être trouvé, c'est plutôt dans cette voie qu'il convient de le chercher.

Conclusion de la section II

185. On remarque, en définitive, que le dispositif spécial, mis en place par le législateur africain pour protéger le consentement de la caution « *illettrée* » par l'assistance de témoins certificateurs s'avère déséquilibré. Bien qu'il soit susceptible d'être adapté au contexte africain, de nombreuses lacunes grèvent l'ensemble. Il s'agit notamment de l'imprécision du degré d'analphabétisme de la caution, de l'indétermination du régime de responsabilité des témoins certificateurs, des modalités de leur désignation, et des faiblesses liées à la force probante de la certification. Ainsi, la méthode choisie par le législateur africain loin de garantir un consentement éclairé de la caution, est susceptible de nuire à celle-ci, mais aussi de compromettre « *la stabilité de la convention*[455] ». En fin de compte, l'équilibre contractuel du cautionnement en sort fragilisé par cette mauvaise conciliation entre la préservation des intérêts de la caution et la finalité de la garantie.

---

454 F. ONANA ETOUNDI, « Formalisme et preuve des obligations contractuelles dans l'avant-projet d'Acte uniforme OHADA sur le droit des contrats », *R.D.U.*, 2008, p. 359.

455 K.-M. AGBÉNOTO, Le cautionnement à l'épreuve des procédures collectives, Thèse, Université du Maine, 2008, p. 247, spéc. n° °491

Conclusion du chapitre II

186. Constatations. Il résulte de ce qui précède, que dans les deux droits (français et OHADA) ont été développés des mécanismes différents pour s'assurer du consentement éclairé de la caution dispensée de mention manuscrite. Tandis que le législateur français s'attache à faire assister celle-ci d'un professionnel du droit, tel que le notaire ou l'avocat, le législateur OHADA a instauré un dispositif moins formalisé, consistant simplement à exiger de cette caution qu'elle se fasse assister de deux témoins certificateurs de son choix lors de la conclusion du contrat. Reste que, dans chacun des systèmes on constate des lacunes (plus importantes en droit OHADA) provoquant un déséquilibre contractuel du cautionnement.

187. Perspectives. Si certains correctifs législatifs doivent être apportés, il n'en demeure pas moins que le principal enjeu reste la preuve de la bonne délivrance de l'information[456]. Dès lors, il revient aux créanciers et aux professionnels du droit saisis de prendre les précautions utiles. Quant aux juges, ils devront faire preuve de sagesse dans l'appréciation de la prise de conscience par la caution dispensée de mention manuscrite de la portée de son engagement.

---

[456] C. LE GALLOU, « Mentions manuscrites de la caution : faire des lignes pour protéger ? », *RLDC*, n° 131, novembre 2015, p. 29.

Conclusion du titre I

188. Observations critiques. À ce stade de notre étude, nul ne disconviendra qu'il est nécessaire, comme l'ont souhaité les législateurs français et OHADA, de s'assurer du consentement éclairé de la caution au moment où celle-ci s'engage. Seulement, le « *formalisme informatif* », instauré en droit français comme en droit OHADA, souffre de défauts différents mettant à mal l'équilibre contractuel du cautionnement. Tandis que le premier pèche davantage par un « *excès de formalisme* » au profit des cautions ajouté à l'incohérence parfois criante des textes[457], le second souffre essentiellement d'un « *formalisme hésitant* », voire parfois inadéquat. Dès lors, il s'avère important que le formalisme de protection des cautions, tel qu'il existe aujourd'hui dans les droits français et africain, soit réformé afin de parvenir à un véritable équilibre contractuel.

189. Contributions critiques : mise en perspective avec l'ordonnance de 2016. En droit français, on peut regretter que le réformateur de 2016 n'ait pas apporté toutes les réponses attendues. Il aurait fallu procéder à une simplification, voire à un assouplissement du dispositif relatif à la mention manuscrite. Si l'intérêt du maintien de son exigence probatoire ne souffre d'aucune contestation, en revanche on peut douter de l'intérêt de la conservation d'un formalisme *ad validatem*[458]. Un rééquilibrage contractuel aurait consisté à supprimer la sanction automatique que représente la nullité absolue, en cas de violation de la mention manuscrite, au profit de la nullité relative et permettre au créancier d'apporter la preuve contraire[459]. En outre, il faut espérer que le système français en vienne à supprimer, comme c'est le cas dans les mentions manuscrites du Code de la consommation, la formule « *uniquement celle-ci* » (« chausse-trappe » au profit des cautions) en pratique difficile à respecter[460]. Enfin, à propos de l'article du formalisme instauré par l'article 22-1, alinéa 3 de la loi du 6 juillet 1989, il paraît judicieux, pour un juste équilibre des intérêts des parties, de préciser qu'il importe peu que la

---

457 M. BOURASSIN, V. BRÉMOND et M-N. JOBARD-BACHELIER, *Droit des sûretés*, 5e éd., Dalloz, novembre 2015, p. 130, spéc. n° 240.

458 Ph. SIMLER, « 2006, une occasion manquée pour le cautionnement », *JCP N.* n° 12, 25 mars 2016, 1109, spéc. n° 11.

459 M. MEKKI, « La protection de la caution : propos conclusif », *RD Bancaire et fin.* n° 43, 2012, p. 91.

460 Ph. SIMLER, « 2006, une occasion manquée pour le cautionnement », *JCP N.* n° 12, 25 mars 2016, 1109, spéc. n° 11.

mention légale soit reproduite dans son intégralité. Comme a pu l'écrire un auteur, il est clair qu'« *une intangibilité absolue du contenu des mentions manuscrites ne pourrait que servir de refuge à la mauvaise foi*[461] ».

190. Propositions en droit OHADA. Quant au droit OHADA, si ces réformateurs ont semblé tirer les enseignements des lacunes observées en France, en consacrant, lors de la réforme 2010 de l'AUS, un formalisme probatoire, il n'en reste pas moins que des améliorations peuvent encore être apportées en vue d'un meilleur équilibre contractuel du cautionnement. À notre avis, cela passe, notamment, par une révision du régime juridique applicable aux témoins certificateurs assistant la caution illettrée et par une consécration claire de l'exclusion de mention manuscrite, en cas de cautionnement authentique. Il y va de l'équilibre contractuel du cautionnement.

---

461 D. HOUTCIEFF, « Propos sur le formalisme moderne : les articles L. 341-2 et L. 341-3 du code de la consommation », *RDC,* 1er avril 2004, p. 408.

TITRE II

La recherche de l'équilibre contractuel dans les conditions de fond

191. Plan. Conformément au droit commun, un contrat, pour être valable, doit répondre à un certain nombre de conditions à savoir le constat d'un consentement éclairé, d'une capacité, de pouvoirs, du respect des critères d'objet et de la cause[462]. Il s'agit, en principe, pour le législateur, à travers ces exigences de fond, de s'assurer du respect de l'équilibre des intérêts des parties contractantes. Or, de manière plus spécifique au cautionnement, un déséquilibre contractuel en droit français et dans une moindre mesure en droit OHADA semble se manifester principalement par une protection disproportionnée de la caution (Chapitre I). Quoique, dans un souci de ne pas sacrifier complètement les intérêts du créancier, on a mis en place dans ces deux systèmes juridiques des règles de fond visant à sauvegarder de manière résiduelle les droits de ce dernier (Chapitre II).

---

462 C. ALBIGÈS, M-P. DUMONT LEFRAND, *Droit des sûretés*, Dalloz, 5eéd., septembre 2011, p. 55, spéc. n° 52.

CHAPITRE I

Les manifestations d'une protection disproportionnée de la caution

192. **Plan**. Suivi quelque peu par son homologue africain, le législateur français offre à la caution une protection qui tend à apparaître disproportionnée. Cela se vérifie notamment à travers :
— la rigueur des règles relatives au pouvoir de contracter des cautions (Section I) d'une part ;
— et l'émergence d'un devoir du créancier de contracter de bonne foi (Section II) d'autre part.

SECTION I

La rigueur des règles relatives au pouvoir de contracter des cautions

193. **Plan**. Se porter caution est un acte grave ; à plus forte raison quand il s'agit d'engager les biens d'une autre personne par ses actes. Il est donc légitime d'encadrer strictement le pouvoir d'engager des biens par un cautionnement. Cependant, le législateur français et, dans une moindre mesure, le législateur OHADA ont maladroitement fait preuve de rigueur à l'égard des cautions, notamment en ce qui concerne les règles régissant le consentement de l'époux commun en biens (§ 2) et celles relatives au cautionnement consenti pour le compte de la société (§ 1).

§ 1. La rigueur des règles relatives au cautionnement consenti pour le compte de la société

194. **Plan**. Très souvent, il arrive, en pratique, des situations où le dirigeant d'une entreprise se porte caution des dettes d'un tiers au nom de sa société. Au regard des risques liés à une telle opération pour une société, le législateur africain comme son homologue français a choisi de limiter considérablement les pouvoirs des dirigeants lorsqu'il faut engager la société pour cautionner les dettes d'un tiers. Si donc, l'idée n'est pas mauvaise à la base, on peut regretter la sévérité excessive des dispositions mises en place, qui tendent à déséquilibrer gravement les rapports contractuels au détriment du créancier.

Ainsi, force est de constater une rigueur de la réglementation des pouvoirs spécifiques à certaines sociétés, tant en droit français (A) qu'en droit OHADA (B).

A. La rigueur de la règlementation des pouvoirs spécifiques à certaines sociétés : le cas de la SA

195. L'exigence rigoureuse d'autorisation pour engager la société dans la SA en droit français. Aux termes de l'article L. 225-35 alinéa 4 du Code de commerce, « *les cautions, avals et garanties donnés par des sociétés autres que celles exploitant des établissements bancaires ou financiers font l'objet d'une autorisation* » du conseil d'administration. Des dispositions analogues sont prévues à l'article L. 225-68, alinéa 2 en ce qui concerne la société anonyme de type dualiste où des dispositions prévoient aussi de restreindre les pouvoirs des organes de direction. En d'autres termes, suivant le type de SA, les dirigeants sociaux devront requérir l'accord, soit du conseil d'administration, soit du conseil de surveillance. Cette exigence, bien que compréhensible dans son esprit, notamment du fait du caractère grave de l'acte de cautionnement du dirigeant, au nom de la société, peut laisser quelque peu perplexe. Elle alourdit significativement la prise de décision au sein de sociétés. Comment imaginer qu'il faudrait, pour chaque cas, réunir les associés pour tout acte de cautionnement engageant la société au profit d'un tiers ? Chacun sait la lourdeur des procédures en ce qui concerne la délibération d'un organe tel que le conseil d'administration.

196. Malgré cela, le législateur OHADA s'est orienté dans la même voie que le droit français. S'inspirant du modèle français, le législateur OHADA a également posé une règle similaire pour les SA à l'article 449 de l'AUSCGIE[463] et pour les SARL à l'article 506 AUSCGIE[464]. Cet

---

[463] Aux termes de l'article 449 de l'AUSCGIE : « *Les cautionnements, avals, garanties autonomes, contre-garanties autonomes et autres garanties souscrites par des sociétés autres que celles exploitant des établissements de crédit, de microfinance ou d'assurance caution dûment agrées et pour des engagements pris par des tiers font l'objet d'une autorisation préalable du conseil d'administration.* »

[464] En effet, l'article 506 de l'AUSCGIE dispose : « *Les cautions, avals, garanties ou garanties à première demande donnés par l'administrateur général ou par l'administrateur général adjoint ne sont opposables à la société que s'ils ont été autorisés préalablement par l'assemblée générale ordinaire, soit d'une manière générale, soit d'une manière spéciale. Toutefois, cette limite ne s'applique pas aux avals, cautions et garanties donnés par l'administrateur général ou par l'administrateur général adjoint agissant au nom de la société, aux administrations douanières et fiscales.* »

encadrement des pouvoirs des dirigeants sociaux est d'autant plus strict que les législateurs français et OHADA ont prévu des restrictions pécuniaires et temporelles quant à la souscription d'un cautionnement pour le compte de la société. *Primo*, les représentants de la société ne peuvent engager la société au-delà du montant global fixé par l'organe en cause[465]. *Secundo*, l'autorisation préalable donnée par ce dernier, ne saurait dépasser la durée d'un an et est susceptible de renouvellement. Ce qui amène à penser que le législateur, dans son intention de protéger la structure sociale, en vient à interdire, en quelque sorte, les cautionnements illimités. Aussi, on peut regretter que la filiale vis-à-vis de la société mère apparaisse comme un tiers et qu'une autorisation soit exigée[466]. Le respect de la procédure d'habilitation, dans ce cas de figure, semble étonnant, car ces deux entités ont des intérêts communs.

197. En revanche, il est heureux que le législateur français ait prévu une dispense d'autorisation aux établissements de crédit[467]. Mais par une application rigoureuse des textes, la jurisprudence française a exclu de dispense les sociétés d'assurance[468]. De son côté, le législateur OHADA, tirant les enseignements de la pratique française, a fait preuve de plus de souplesse. Avec la réforme de l'AUSCGIE du 30 janvier 2014, il a précisé, à l'article 449, alinéa 1, que seules « *les sociétés exploitant les établissements de crédit, de microfinance, ou d'assurance caution dûment agrées* » pour des engagements pris par les tiers, font office d'exception à l'exigence d'autorisation préalable du conseil d'administration en matière de cautionnement[469].

---

465 La seule exception posée en droit français, ici, est celle relative à l'absence de limitation des sommes garanties, dans le cadre de cautionnements au profit de l'Etat (R. 225-28). Une disposition similaire, existante dans l'ancien AUSCGIE à l'article 449, alinéa 5, a été heureusement supprimée à l'issue de la récente réforme du 30 janvier 2014. Cette mesure a pu réjouir un certain nombre d'auteurs africains fustigeant « *ce mythe de la solvabilité de l'Etat* », qui n'était pas en pratique le cas et était source d'insécurité juridique. V. notamment en ce sens, J-Cl. NGNINTEDEM, « Les mutations du cautionnement en droit OHADA/ du droit civil au droit des affaires », *Revue de droit des affaires internationales*, décembre 2012, n° 6, p. 694.

466 Cf. dans ce sens en droit français, Cass. com., 28 avril 1987, pourvoi n° 85-16.956, *Bull. civ. IV*, 1987, n° 102, p. 77 ; *RTD com.*, 1987, p. 207, obs. Y. REINHARD ; Cass. com., 15 octobre 1991, pourvoi n° 89-19.969, *Bull. civ. IV*, 1991, n° 298, p. 206 ; *JCP G*, II, 1992, 21877, note J-F. BARBIÉRI.

467 Cette dispense est prévue à l'article 225-35 du Code de commerce.

468 Cass. com., 24 mars 2004, pourvoi n° 00-13.447, *Banque et droit*, 2004, n° 96, p. 55, obs. N. RONTCHEVSKY.

469 Rappelons que l'ancien article 449 alinéa 1 de l'AUSCGIE n'était pas très clair, il disposait laconiquement : « *Les cautions, avals, garanties et garanties à première demande*

198. La rigueur de la sanction en cas d'absence totale d'autorisation en droit OHADA : la nullité. En cas d'irrégularité des pouvoirs de la personne qui s'est portée caution, le législateur africain se montre imprécis[470]. La sanction encourue par la caution dans une telle hypothèse n'est pas expressément prévue à l'article 449 de l'AUSCGIE. On aurait pu légitimement penser que le législateur OHADA frappe d'inopposabilité les cautionnements donnés par les dirigeants pour le compte de la société au profit des tiers sans l'accord du conseil d'administration ou de l'assemblée générale. En effet, l'article 506 de l'AUSCGIE y fait expressément allusion[471]. Toutefois, un éclaircissement

---

souscrits par la société pour des engagements pris par des tiers font l'objet d'une autorisation préalable du conseil d'administration ». Ce qui revenait à appliquer systématiquement cette disposition à toute forme de société, y compris les banques. Cette interprétation stricte du texte avait malheureusement obtenu les faveurs des juges de la Cour commune de justice et d'arbitrage de l'OHADA. En effet, interrogés par le Garde des Sceaux du Sénégal sur l'interprétation à donner à l'articles 449, alinéa 1 de l'AUSCGIE, les hauts magistrats avaient déclaré dans un avis du 26 avril 2000 : « *les dispositions de l'Acte uniforme relatif au droit des sociétés commerciales et du groupement d'intérêt économique étant d'ordre public et s'appliquant à toutes les sociétés commerciales à raison de leur forme et quel que soit l'objet, l'article 449 s'applique aux banques et aux établissements financiers entrant dans cette dénomination juridique. Les seules dérogations admises sont celles prévues par l'Acte uniforme lui-même qui renvoie aux dispositions législatives nationales auxquelles sont assujetties les sociétés soumises à un régime particulier.* » Cette analyse de la CCJA partagée par certains auteurs, Cf. en ce sens, F. Anoukaha, A. Cisse, M. Foli, J. Nguebou toukam, P.-G Pougoué, et M. Samb, *OHADA Sociétés commerciales et G.I.E*, Bruylant-Bruxelles, Juriscope, 2002, n° 251, p. 167 et 168 ;Y. Kalieu, *Les sûretés personnelles dans l'espace OHADA*, Presses Universitaires d'Afrique, 2006, p. 23 ; H. D. Modi Koko Bebey, « Sur le domaine d'application de l'article 449 de l'acte uniforme de l'OHADA relatif aux sociétés commerciales (A propos de l'avis n° 02/2000/EP de la CCJA) », *Revue Camerounaise de Droit et de Science Politique*, 2e année, n° 2, janvier 2007, p. 5 et s. *Contra.*, V. B. Ba, « La garantie des engagements de tiers par les banques : Remarques sur l'avis consultatif n° 02/2000/EP de la CCJA du 26 avril 2000 », www.ohada.com [Vu le 23 septembre 2014], Ohadata D-03-10. Cet auteur retient une position nuancée de l'avis de la CCJA. Pour lui, de l'analyse de l'arrêt de la CCJA, il faut retenir que « *les banques et les établissements financiers sont compris dans le champ de l'article 449 parce que sociétés commerciales de par leur forme et en dépit de la spécificité de leur objet [...] mais pourraient y déroger dans les conditions prévues par l'Acte Uniforme qui renvoie à cet égard aux dispositions législatives nationales applicables aux sociétés à régime particulier* » ; V. aussi en ce sens, D. N'doningar, *Réflexions sur les sûretés personnelles dans le traité issu de l'OHADA*, thèse dactylographiée, Université d'Orléans, 2004, p. 140, n° 4.

470 V. *supra*, note précédente n° 470.

471 En effet, l'article 506 énonce *in fine* : « *Les cautions, avals, garanties ou garanties à première demande donnés par l'administrateur général ou par l'administrateur général adjoint ne sont opposables à la société que s'ils ont été autorisés préalablement par*

semble avoir été apporté par la CCJA. Dans son avis du 6 avril 2000[472], elle souligne le caractère impératif des articles 449 et 506 de l'AUSCGIE et par la même occasion consacre *in fine* la nullité du cautionnement[473]. Mais quelle est donc la nature de cette nullité ? À y regarder de plus près, les hauts magistrats africains semblent faire référence à la nullité absolue si l'on se réfère à leur avis, quand ils soulignent le « *caractère d'ordre public* » de ces dispositions. Cette solution apparaît donc excessivement protectrice des intérêts de la société.

199. **La rigueur de la sanction en cas d'absence totale d'autorisation en droit français : l'inopposabilité à la société.** S'agissant de la sanction en droit français, il est bien établi que le cautionnement souscrit sans autorisation est déclaré inopposable à la société[474]. Cette sanction peut sembler à plusieurs égards aussi étonnante que rigoureuse. Elle entraîne des conséquences fâcheuses pour le créancier. Elle implique qu'il n'y a aucune possibilité de ratification[475] ou de confirmation[476] du cautionnement litigieux, témoignant une fois de plus, d'une surprotection de la structure sociale. Ainsi, pour le créancier, s'ajoute une protection accrue du représentant social. Sa responsabilité personnelle ne pourrait être retenue, bien qu'il ait irrégulièrement engagé la société. La Cour de cassation affirme de manière constante que la faute du dirigeant, relative à une violation des articles L. 225-35 et L. 225-68 du Code de commerce, n'est pas constitutive d'une faute

l'assemblée générale ordinaire, soit d'une manière générale, soit d'une manière spéciale ».

472 CCJA, avis n° 02/2000/EP, 26 avril 2000, *Penant*, n° 837, septembre-octobre 2001, p. 342 et s ; *Penant*, n° 839, avril-juin 2002, p. 223 et s.

473 Cf. F. ANOUKAHA, A. CISSE, M. FOLI, J. NGUEBOU TOUKAM, P.-G POUGOUÉ, et M. SAMB, *op.cit.*, p. 167 et 168 ; F. ANOUKAHA, J. NGUEBOU TOUKAM, P.-G POUGOUÉ, « Commentaire sous article 449 de l'Acte uniforme relatif au droit des sociétés commerciales et du GIE », *in Traité et actes uniformes commentés et annotés*, 4e édition, Juriscope, 2014, p. 529, *adde*, Y.-R. KALIEU, « Le cautionnement », *in Encyclopédie OHADA* (dir.) P.-G. POUGOUÉ, Lamy, décembre 2011, n° 41, p. 505.

474 V. à la suite de nombreux arrêts, Cass. com., 28 avril 1987, pourvoi n° 85-16.956, *Bull. civ. IV*, n° 102 ; Cass. com.,11 juillet 1988, pourvoi n° 87-11209, *Bull. civ. IV*, n° 246 ; Cass. com., 8 décembre 1998, pourvoi n° 96-11.542, *JCP E*, 1999, p. 666, note A. VIANDIER et J.-J. CAUSSAIN ; V. Plus récemment, Cass. com., 15 janvier 2013, pourvoi n° 11-28.173, *RTD civ.* 2013, p. 116, note B. FAGES ; Cass. com., pourvoi n° 11-27648, *D.* 2013, p. 624, note B. DONDERO.

475 Cf. notamment, Cass. com., 15 octobre 1991, pourvoi n° 89-19.869, *JCP G.* II, 1992, 21877, note J.-F. BARBIÉRI.

476 Cf. en ce sens, Cass. com., 8 octobre 1991, pourvoi n° 90-10.202, *JCP G.* II, 1992, 21877, note J.-F. BARBIÉRI.

détachable[477]. Une action en responsabilité civile du dirigeant ne peut donc aboutir au regard des exigences jurisprudentielles actuelles. La démonstration d'une faute détachable semble relever d'un pari impossible pour le créancier.

200. Remarquons également qu'une autre difficulté réside pour ce dernier dans la démonstration d'une faute intentionnelle du dirigeant en vue de faire perdre toute efficacité à la garantie souscrite au nom de la société[478]. En outre, contrairement à ce qu'ont pu croire certains auteurs[479], au regard du droit positif, il est très difficile d'engager la responsabilité du dirigeant pour négligence. L'article 2288 du Code civil français énonce bien le caractère exprès du consentement en matière de cautionnement[480]. Pourtant, il serait compliqué de démontrer que la faute du dirigeant à l'égard du tiers est intentionnelle ; en ce sens qu'il a cherché sciemment à priver ce dernier de sa garantie. Toute autre analyse reviendrait à méconnaître le droit positif. Par cette reconnaissance d'une absence de responsabilité personnelle de la caution dirigeante, on est tenté de dire que le législateur instaure une regrettable « *prime à l'impunité* » ; et le créancier d'apparaître comme complètement démuni en moyens de défense, en cas de dépassement de pouvoir de la caution dirigeante. Manifestement, un rafraîchissement du dispositif permettrait de trouver un juste équilibre entre la sauvegarde des intérêts du créancier et la protection de la caution.

B. Propositions en vue d'un juste équilibre contractuel

201. L'inopportunité d'une réforme globale. Il n'est pas, ici, question de réclamer une réforme globale, comme l'a souhaité une fraction importante

---

477 Cf. notamment, Cass. com., 20 octobre 1998, pourvoi n° 96-15.418, *Bull. civ. IV*, n° 254 ; *RTD com.* 1999, p. 142, obs. B. PETIT ; Cass. com., 9 mai 2001, pourvoi n° 98-10.260 ; Cass. com., 18 décembre 2001, pourvoi n° 97-22.024, *JCP G.* I, 2002, 151, n° 1.

478 Cf. en ce sens, J-. J. ANSAULT, « L'autorisation des garanties octroyées par les sociétés anonymes : un dispositif à rafraîchir », *RLDC*, n° 105, juin 2013, p. 35.

479 V. notamment, A. MINKOA SHE, *Droit des sûretés et des garanties du crédit dans l'espace OHADA, Les garanties personnelles*, t. 1, PUF, 2010, p. 79 ; V. aussi, M. GERMAIN et V. MAGNIER, *Traité de droit commercial*, Tome 2, LGDJ, collection Traités, 2011, 20e édition, n° 1670. Ces derniers retiennent la possibilité d'engager la responsabilité du dirigeant fautif malgré l'inopposabilité à la société de l'engagement souscrit par celui-ci au profit d'un tiers.

480 Cf. dans ce sens, en droit OHADA, l'article 14 alinéa 1 de l'Acte uniforme portant droit des sûretés : « *Le cautionnement ne se présume pas, quelle que soit la nature de l'obligation garantie* ».

d'auteurs[481], mais d'apporter des correctifs ciblés à la règlementation actuelle en droit français et OHADA. Compte tenu de nombreuses similitudes entre les deux droits, il nous apparaît que des solutions analogues peuvent être envisagées pour pallier les insuffisances textuelles, actuellement observées qui mettent à mal l'équilibre contractuel du cautionnement.

202. **Pour un correctif du domaine de la réglementation**. On imagine mal, à l'heure actuelle, qu'une abrogation pure et simple de l'exigence d'autorisation par les législateurs africains et français puisse voir le jour. D'autant plus que dans le contexte actuel, comme l'écrit un auteur, « *les idées de corporate governance se font entendre plus que jamais, et [...] l'on souhaite restituer aux actionnaires leur droit de contrôler la gestion*[482] ». Il faudrait donc opter pour des solutions plus appropriées. La simplification des textes ne doit pas conduire à conférer aux dirigeants « *une carte blanche* » pour engager la société, sous peine d'engendrer d'éventuels abus de la part de ces derniers et d'exposer la société à des risques graves, compte tenu de la dangerosité du cautionnement. On pourrait résoudre les problèmes suscités par les textes actuels en ayant recours à d'autres moyens que l'abrogation. Il convient, par conséquent de s'orienter vers d'autres solutions. Par exemple, il serait bon pour les législations françaises et OHADA de reconnaître, dans leurs dispositifs respectifs, une exception à l'exigence d'autorisation préalable en présence d'une communauté d'intérêts entre la société-mère et le débiteur garanti[483]. C'est le cas, notamment, entre une société-mère et sa filiale. En effet, « l'*octroi d'une garantie au profit d'une filiale se révèle profitable à la société mère dans la mesure où la prospérité de la filiale générée par le crédit garanti rejaillira sur la société mère par le biais de sa participation, soit par le versement de dividendes, soit par une augmentation de la valeur des titres détenus*[484] ». Toujours est-il que la notion de communauté d'intérêts devra être

---

481 Parmi ces auteurs favorables à la suppression pure et simple de l'exigence d'autorisation préalable : R. BESNARD GOUDET, « Les cautions, avals et garanties donnés par une société en faveur d'un tiers », *JCP E.* 2004,1149, p. 1238 et s ; M. CABRILLAC, S. CABRILLAC, Ch. MOULY, Ph. PETEL, *Droit des sûretés*, Litec, 9e édition, 2012, n° 145 ; D. LEGEAIS, note sous Cass. com., 4 mai 1999, *Bull. Joly*. 2003, p. 978 ; Ph. SIMLER, « Codifier ou recodifier le droit des sûretés personnelles ?, *in Le Code civil 1804-2004. Livre du bicentenaire*, édition Dalloz-Juris-Classeur, 2004, p. 394.

482 Cf. en ce sens, B. DONDERO, « Réflexions sur les mécanismes d'autorisation des sûretés et garanties consenties par les sociétés anonymes », *D.*, 2004, chron., n° 32.

483 V. en ce sens, M. BOURASSIN, *in L'efficacité des garanties personnelles*, préf. M-N. JOBARD-BACHELIER et V. BRÉMOND, LGDJ, Bibliothèque de droit privé, t. 456, février 2006, n° 945, p. 524.

484 P. SCHULTZ, *Les dispositions spécifiques relatives aux garanties par les sociétés anonymes*, thèse dactylographiée, Université de Strasbourg III, 1999, n° 24 ; V. également

clairement définie par les législateurs. Nous ne souscrivons pas à l'idée selon laquelle « *il faudrait tarir le contentieux relatif à l'interprétation de l'énumération des cautions, avals et garanties* »[485]. À la vérité, ce texte n'est pas une source réelle de difficultés d'interprétation pour le juge. Régulièrement, et dans l'esprit du texte, la jurisprudence limite le champ d'application de ce texte aux garanties consenties en faveur de la dette d'un tiers[486].Ainsi, une modification substantielle du système d'autorisation préalable ne s'avère pas nécessaire. Le principal problème à l'équilibre contractuel ici, réside au niveau de la sanction qu'il conviendrait de modifier.

203. **Pour une sanction nouvelle.** À la suite de la doctrine majoritaire[487], nous émettons le vœu d'une réforme de la sanction des engagements souscrits par les dirigeants, sans autorisation préalable. Il n'est plus à démontrer que tant la nullité absolue des cautionnements non autorisés (en droit OHADA) ou leur inopposabilité à la société (en droit français) comme sanction a un « *caractère attentatoire aux intérêts du créancier*[488] ». Pour remédier à cette situation, plusieurs solutions sont envisageables.

204. **L'« internalisation du mécanisme d'autorisation », une sanction acceptable.** Pour rétablir l'équilibre contractuel et offrir à la société une protection mesurée contre des actes téméraires de ses dirigeants, il pourrait être envisagé de recourir à « *l'internalisation du mécanisme d'autorisation*[489] ». Deux formes seraient concevables. La première forme consisterait pour le législateur à fixer le principe selon lequel la société est engagée pour les actes dépassant son objet social, à moins qu'elle parvienne à

---

en ce sens, J-P. LANGLADE, « Le pouvoir de fournir des sûretés dans les sociétés anonymes, *RTD com.*, 1979, p. 355.

485 M. BOURASSIN, *ibid.*, n° 944.

486 J.-J. ANSAULT, « L'autorisation des garanties octroyées par les sociétés anonymes : un dispositif à rafraîchir », *RLDC*, n° 105, juin 2013, p. 35.

487 V. *supra*, R. BESNARD GOUDET, « Les cautions, avals et garanties donnés par une société en faveur d'un tiers », *JCP E.* 2004,1149, p. 1238 et s ; M. CABRILLAC, S. CABRILLAC, Ch. MOULY, PH. PETEL, *Droit des sûretés*, Litec, 9e éd., 2012, n° 145 ; D. LEGEAIS, note sous Cass. com., 4 mai 1999, *Bull. Joly*, 2003, p. 978 ; Ph. SIMLER, « Codifier ou recodifier le droit des sûretés personnelles ?, *in Le Code civil 1804-2004. Livre du bicentenaire*, édition Dalloz-Juris-Classeur, 2004, p. 394.

488 Pour reprendre l'expression de M. BOURASSIN, *in L'efficacité des garanties personnelles*, préf. M-N. JOBARD-BACHELIER et V. BRÉMOND, LGDJ, Bibliothèque de droit privé, t. 456, février 2006, n° 946.

489 B. DONDERO, « Réflexions sur les mécanismes d'autorisation des sûretés et garanties consenties par les sociétés anonymes », *D.*, 2004, chron., n° 39 et s. Dans le même sens, cf. M. BOURASSIN, *ibid.*, p. 524, n° 946 et 947.

démontrer que le créancier était de mauvaise foi. Précisément, il faudra prouver que ce dernier aurait eu connaissance de l'absence d'autorisation du cautionnement ou ne pouvait raisonnablement l'ignorer, eu égard aux circonstances[490]. La seconde forme d'« *internalisation du mécanisme d'autorisation* » consisterait, plutôt, à prévoir simplement que l'encadrement des pouvoirs des dirigeants en matière de garantie personnelle relèverait des statuts. Ces limitations statutaires seraient, alors, inopposables au tiers (créancier) selon la loi[491].

205. Dans les deux cas, la société pourrait se retourner contre le créancier de mauvaise foi, en engageant sa responsabilité pour avoir accompli des actes dépassant l'objet des statuts ou ouvrir une procédure de révocation contre lui[492]. En outre, l'auteur de la collusion frauduleuse pourrait être également poursuivi. Seulement, on peut regretter que dans le second modèle d'« *internalisation du mécanisme d'autorisation* », la situation du créancier de mauvaise foi s'avère un peu trop confortable. L'assimilation de l'exigence légale d'autorisation à une limitation statutaire a un effet pervers. En effet, il est bien établi au sein de la jurisprudence française qu'en dépit de la mauvaise foi du tiers, les limitations statutaires relatives aux pouvoirs des dirigeants lui sont inopposables[493]. C'est pourquoi, nonobstant ses mérites, ce mécanisme ne retient pas notre préférence.

206. La nullité relative, une sanction préférable. On est davantage séduit par une sanction plus équilibrée et plus appropriée, notamment celle que représente l'instauration d'une nullité relative. Celle-ci a notamment pour avantage d'être susceptible de confirmation[494] ou de ratification ; pourtant, une telle hypothèse n'est pas envisageable avec la sanction de l'inopposabilité[495]. De plus, contrairement à ce que semble soutenir la CCJA de l'OHADA, en cas de non-respect de l'exigence d'habilitation, « *il paraît difficile de considérer que l'ordre public soit en cause*[496] » et ainsi vraisemblablement de retenir une

---

490 B. DONDERO, « Réflexions sur les mécanismes d'autorisation des sûretés et garanties consenties par les sociétés anonymes », *D.*, 2004, chron., n. 42.

491 *Ibidem.*

492 *Ibidem.*

493 V. ainsi, Cass. com., 2 juin 1992, pourvoi n° 90-18.313, *Bull. civ. IV*, n° 213, p. 149 ; Cass. civ. 3e., 24 janvier 2001, pourvoi n° 99-12.841, *AJDI*, 2001, 471, obs. S. PORCHERON.

494 G. PIETTE, *Repertoire civil*, Dalloz, V° Cautionnement, 2014, n° 100.

495 V.en ce sens, Cass. com., 15 octobre 1995, pourvoi n° 89-19.969, *Bull. civ. IV*, n° 298.

496 Ph. SIMLER, *Cautionnement, garanties autonomes, garanties indemnitaires*, Litec, 4e édition, 2008, n° 181.

nullité absolue. On en veut pour preuve la théorie moderne des nullités, qui sanctionne l'absence de consentement « *par une nullité relative, car cette condition n'est pas posée pour protéger l'intérêt général, mais un intérêt privé, celui du représenté*[497] ». Enfin, la nullité relative a le mérite d'offrir la possibilité au créancier de mettre en jeu la responsabilité de la société sur le fondement d'une faute distincte à celle du représentant social, à savoir sa propre négligence[498]. Cela mettra un terme à la jurisprudence française actuelle qui promeut une certaine immunité de la société. Parallèlement, la responsabilité personnelle du dirigeant pourra être engagée sur le fondement de la notion de faute détachable, telle que définie depuis le fameux arrêt du 20 mai 2003[499]. Au demeurant, la consécration expresse de la nullité relative par le législateur français et OHADA permettrait d'ôter aux dispositifs actuels ce qu'ils ont de détestable et favoriserait résolument un meilleur équilibre entre les droits du créancier et de la caution.

207. **L'adhésion à une reconnaissance judiciaire de la responsabilité civile personnelle du dirigeant fautif.** Quant aux juges, il ne reste plus qu'à espérer que, par un « *sursaut de conscience* », ils en viennent à admettre que l'on puisse engager la responsabilité civile personnelle du dirigeant, qui accorde un cautionnement sans soumettre celle-ci à la procédure d'autorisation préalable[500], ce qui reviendrait à reconnaître, dans un tel cas, l'existence d'une faute séparable des fonctions. Nul doute que les juges des pays membres de l'OHADA, dont le droit commun des contrats s'inspire beaucoup du Code civil français, seraient tentés d'emboîter le pas à leurs homologues. Ce serait déjà une avancée en vue de réduire les injustices générées par les textes actuels. D'autant plus que les réformes législatives, tant attendues sur ces questions, tardent toujours à venir !

---

497 R. MICHA GOUDET, « inopposabilité des cautions, avals et garanties irrégulièrement donnés par le président du conseil d'administration : une sanction critiquable », *JCP E*, 1998, p. 840.

498 V. ainsi, Ph. SIMLER, « Histoire d'une impasse : la sanction du défaut d'autorisation des cautions, avals ou garanties consenties pour le compte des sociétés par actions », *in Mélanges D. Schmidt*, Joly, 2005, p. 461.

499 Cass. com., 20 mai 2003, pourvoi n° 99-17092, *Bull. civ. IV*, n° 84, p. 94. En l'espèce, la Cour de cassation a pu décider : qu'« *une cour d'appel, ayant constaté qu'un dirigeant a cédé à une société deux créances qu'il avait déjà cédées à un établissement bancaire et avait ainsi volontairement trompé son cocontractant sur la solvabilité de la société dirigée, en a exactement déduit qu'il avait commis une faute séparable de ses fonctions engageant sa responsabilité personnelle* ».

500 Cf. en ce sens, J-. J. ANSAULT, « L'autorisation des garanties octroyées par les sociétés anonymes : un dispositif à rafraîchir », *RLDC*, n° 105, juin 2013, p. 35.

208. **Précautions utiles pour le créancier.** D'ici là, le créancier gagnerait à s'assurer que l'autorisation préalable des associés a été obtenue par le dirigeant social pour engager la société. Cela peut se faire, par exemple, par l'annexion du procès-verbal du conseil de surveillance ou du conseil d'administration[501] ou de l'assemblée générale à l'acte de cautionnement. Il devra également veiller à ce que l'autorisation donnée ne remonte pas à plus d'un an (délai au terme duquel elle n'est plus valable), conformément aux articles R. 225-35 et R. 225-53 du Code de commerce. Dans la même logique, le droit OHADA adopte une position similaire à son article 449, alinéa 6 qui énonce : « *La durée des autorisations prévues aux alinéas précédents ne peut être supérieure à (1) an quelle que soit la durée des engagements cautionnés, avalisés ou garantis* ». De plus, le créancier devra s'assurer que le montant garanti ne dépasse pas le plafond prévu dans ledit procès-verbal.

209. Ce dernier n'est cependant pas au bout de ses peines dans la préservation de son droit de gage. Dans le cadre d'un cautionnement avec une personne mariée sous le régime de la communauté des biens, le créancier devra également remédier à la rigueur des règles applicables.

§ 2. La rigueur des règles relatives au cautionnement consenti par les époux communs en biens

210. **Plan**. Dans quelle mesure un époux peut-il engager la communauté des biens dans un cautionnement ? Compte tenu des conséquences gravissimes de la défaillance du débiteur sur le patrimoine familial de la caution mariée sous le régime de la communauté, le législateur français en est venu à établir des règles strictes. Il a procédé à une limitation considérable du gage des créanciers contractant avec des époux communs en biens dans le cadre du cautionnement (A), au point de menacer l'équilibre contractuel. Quant au législateur OHADA, il est resté muet ; il n'existe pas, pour l'heure, d'Acte uniforme relatif aux régimes matrimoniaux. On doit donc se référer aux législations nationales pour aborder la question des époux communs en biens. En ce qui concerne spécifiquement le droit camerounais, il consacre une limitation particulière du pouvoir des époux d'engager par le biais du cautionnement, l'ensemble des biens communs (B) à laquelle il convient de s'intéresser.

---

501 G. PIETTE, *Repertoire civil*, Dalloz, V° Cautionnement, 2014, n° 100.

A. La limitation légale du gage du créancier et les époux communs en biens en droit français

211. Le principe. Qualifié de « *superstar* »[502] du droit des régimes matrimoniaux, l'article 1415 du Code civil est l'une des dispositions qui suscite, depuis plusieurs années, un contentieux abondant au sein de la jurisprudence française[503]. Instauré par la réforme du 23 décembre 1985, ce texte pose une importante limitation des pouvoirs de l'époux caution sur les biens de la communauté[504]. En effet, il dispose que « *Chacun des époux ne peut engager que ses biens propres et ses revenus par un cautionnement ou un emprunt, à moins que ceux-ci n'aient été contractés avec le consentement exprès de l'autre conjoint qui, dans ce cas, n'engage pas ses biens propres* ». Dit autrement, les biens communs ne peuvent faire partie du droit de gage du créancier sauf en cas d'accord exprès du conjoint de la caution. Par cette disposition, le but du législateur français était de préserver le patrimoine familial de la ruine des actes d'un époux commun en biens, notamment dans le cadre d'un emprunt ou d'un cautionnement[505]. Seulement, en se montrant trop bienveillante à l'égard de l'époux caution, la jurisprudence française en est venue à déséquilibrer grandement les relations contractuelles entre celui-ci et le créancier.

212. L'élargissement excessif du domaine de l'article 1415 par la jurisprudence. La jurisprudence a excessivement élargi le domaine de l'article 1415 du Code civil notamment quant aux régimes matrimoniaux concernés[506]. On aurait pu légitimement croire avec certains auteurs[507] que l'article 1415, au regard de son emplacement dans le Code civil visait uniquement le régime de la communauté légale. Mais, telle n'est pas la position retenue par la Haute Juridiction, qui estime, au contraire, que ledit texte s'applique à tous les régimes de communauté. À titre d'illustration, la première chambre civile a pu considérer dans un arrêt du 3 mai 2000 que les

---

502 J. CASEY note sous Cass. civ. 1re., 6 juillet 1999, pourvoi n° 97-13.930, *JCP G*, II, 2000, n° 10237.

503 F. VAUVILLE, « Le cautionnement des époux communs en biens », *in Dr et patr.*, n° 117, juillet-août 2003, p. 68.

504 C. MOULY, « Le cautionnement donné par une personne mariée », *Defrénois*, 1988, art. 34163, p. 232.

505 J.-L. PUYGAUTHIER, « Cautionnement ou emprunt souscrit par un époux commun en biens : une jurisprudence bienveillante », *Defrénois*, 30 septembre 2005, n° 18, p. 1393.

506 G. PIETTE, *Droit des sûretés : sûretés personnelles, sûretés réelles*, Lextenso éditions, 2014, p. 41.

507 *Ibidem.*

dispositions de l'article 1415 du Code civil sont applicables au régime de la communauté universelle[508]. Pourtant, dans un tel régime, tous les biens acquis par les époux avant ou après le mariage appartiennent à la communauté, à l'exception des biens propres par nature conformément à l'article 1404 du Code civil. On s'aperçoit, alors ici, que le créancier, n'ayant pas pris la peine de solliciter le consentement du conjoint de la caution, verra son gage considérablement restreint. En effet, les biens propres par nature visés par l'article 1404 du Code civil sont généralement insaisissables ou dépourvus de valeur commerciale[509]. Le risque sera alors élevé pour le créancier de ne pouvoir en conséquence pratiquer aucune saisie sur les biens de la caution, bien que le patrimoine de cette dernière soit important[510]. C'est dire combien la tendance jurisprudentielle actuelle est à la protection de l'époux universellement commun en bien au détriment du créancier.

213. **La bienveillance jurisprudentielle à l'égard de l'époux caution quant à la définition des biens saisissables.** Concernant la définition des biens saisissables de l'époux communs en biens, la jurisprudence se montre également très sévère à l'égard des créanciers. Ainsi, elle consacre, par exemple, le principe selon lequel les sommes présentes sur un compte bancaire bénéficient de la présomption de la communauté, prévue à l'article 1402 du Code civil, et par conséquent sont insaisissables, sauf en cas de preuve contraire rapportée par le créancier[511]. Pour la Haute Juridiction, lorsque les créanciers souhaitent pratiquer une saisie attribution des comptes bancaires, même ouverts, sous le nom exclusif de la caution, ils se doivent à chaque fois d'identifier les seuls revenus de l'époux-caution[512].Toujours est-il que la notion de revenus est assez floue, même si la doctrine estime qu'il s'agit de gains, de salaires et de revenus de biens propres à l'époux caution[513]. Ces revenus propres de la caution ne doivent pas être mélangés aux autres

---

508 Cass. civ. 1re., 3 mai 2000, pourvoi n° 97-21.592, *Defrénois*, 2000, art. 37242, p. 1179 à 1187, obs. G. CHAMPENOIS ; *JCP G.* I, 2000, 257, obs. Ph. SIMLER ; *RTD civ.*, 2000, p. 889, obs. B. VAREILLE ; V. aussi en ce sens, Cass. civ. 1re., 28 janvier 2003, pourvoi n° 01-01.807.

509 G. PIETTE, *Droit des sûretés : sûretés personnelles, sûretés réelles*, Lextenso éditions, 2014, p. 41.

510 J.-L. PUYGAUTHIER, « Cautionnement ou emprunt souscrit par un époux commun en biens, une jurisprudence bienveillante », *Defrénois*, 2005, p. 1393.

511 Cass. civ. 1re., 14 janvier 2003, pourvoi n° 00-16078, *Bull. civ. I*, n° 2 ; *JCP G.* I, 2003, 124, obs. Ph. SIMLER ; *RTD civ.*, 2003, p. 534, obs. B. VAREILLE.

512 Cass. civ. 1re., 17 janvier 2006, pourvoi n° 02-20636.

513 S. ROBINNE, *Contribution à l'étude de la notion de revenus*, préf. de R. CABRILLAC, PUP, 2003, n° 3 et s.

ressources des mariés. Ainsi, la jurisprudence a pu déclarer insaisissables : les revenus perçus par deux époux coexploitants[514], le compte joint alimenté par les revenus de chaque époux[515], ou encore le compte titre et le plan d'épargne dont est titulaire l'époux caution[516]. Elle a admis que le compte courant ou le compte joint n'était saisissable que s'il était alimenté par des revenus du conjoint caution[517]. Toute la charge de la preuve repose donc sur le créancier, ce qui paraît très discutable. Cette preuve du caractère propre des biens de la caution est une entreprise compliquée pour le créancier. En pratique, dans un compte de dépôt, les revenus tendent, au fil du temps, à perdre leur qualité pour devenir le capital, complexifiant ainsi la tâche au créancier[518]. Ce dernier court ainsi d'énormes risques de voir son gage réduit à néant face à une caution malicieuse. Faut-il encore le rappeler, le conjoint de la caution, tout comme la caution elle-même[519], a la faculté de se prévaloir de l'article 1415 du Code civil en invoquant la saisie pratiquée à son encontre. Or, le comportement de la caution n'est pas toujours irréprochable.

214. Pour l'instauration d'une saisissabilité circonscrite des revenus de l'époux caution. Pour remédier à ces inconvénients, la doctrine a suggéré plusieurs solutions à l'instar de l'extension de l'article 1414 du Code civil[520]. Cette mesure permettrait dans tous les cas de figures, la saisie d'un mois de salaire de l'époux caution, mais en la cantonnant à cette somme. Cependant, la Cour de cassation a clairement rejeté une telle solution[521] en estimant que

---

514 Cass. civ. 1re, 16 mai 2000, pourvoi n° 97-18612, *Bull. civ. I*, n° 140, p. 93 ; *Defrénois*, 2001, art. 37390, p. 1183, obs. G. CHAMPENOIS ; *RTD civ.*, 2001, p. 186, obs. B. VAREILLE.

515 Cass. civ. 1re., 3 avril 2001, pourvoi n° 99-13.733, *Bull. civ. I*, n° 92, p. 59 ; *Defrénois*, 2001, art. 37390, n° 53, obs. Ph. THÉRY ; *Defrénois*, 2001, art. 37406, p. 1129, obs. G. CHAMPENOIS.

516 Cass. civ. 1re., 14 janvier 2003, pourvoi n° 00-16.078, 3e espèce, précité, *RD bancaire et fin.* n° 2, mars 2003, 64, obs. D. LEGEAIS.

517 Cass. civ. 1re., 14 janvier 2003, pourvoi n° 00-16078, 4e espèce, précité ; V. également, Cass. civ., 1re., 3 avril 2001, pourvoi n° 99-13733.

518 S. BECQWÉ-ICKOWICZ, « Couple et cautionnement », *in Dr. et patr.*, n° 172, juillet-août 2008, p. 63.

519 Cass. civ. 1ère., 15 mai 2002, pourvoi n° 00-13.527, *Bull. civ. I*, n° 128, p. 98 ; Cass. civ. 1ère., 14 janvier 2003, pourvoi n° 00-12295, *Bull. civ. I*, n° 3, p. 3 ; *JCP G.* I, 2003, 124, n° 5, obs. Ph. SIMLER.

520 V. notamment, Ph. SIMLER, obs. sur Cass. civ. 1re., 17 février 2004, pourvoi n° 02-11.039, *JCP G.* I, 2004, 176, n° 6 ; M. GRIMALDI, Commentaire de la loi du 23 décembre 1985, *Gaz. Pal.* I, 1986, doctrine, p. 529, n° 49 ; J. CASEY, *Sûretés et famille*, La mouette, 2000, n° 150.

521 Cf. À propos de la saisie pratiquée sur un compte joint, Cass. civ. 1re., 3 avril 2001, pourvoi n° 99-13.733, *JCP G.* I, n° 2, 2002, 103, n° 13, obs. Ph SIMLER, M. STORCK,

seul l'article 1415 du Code civil a vocation à s'appliquer dans cette hypothèse. Il a également été proposé une solution plus radicale : la suppression pure et simple de l'article 1415. Mais comme l'ont si bien relevé certains auteurs, « *le remède serait sans doute pire que le mal*[522] ». À ce stade de la réflexion, pour un meilleur équilibre contractuel des rapports entre l'époux-caution et son créancier, il vaudrait mieux apporter un correctif à cette lacune de l'article 1415. Sans doute serait-il souhaitable, comme l'a démontré un auteur, de cantonner la saisissabilité à trois mois de salaire[523]. Celle-ci constituerait une « *solution de compromis équitable*[524] » au regard de ses avantages. *Primo*, la difficulté de distinction entre ce qui est acquêt stricto sensu et économie disparaîtrait[525]. Les gains et salaires, par exemple, ne perdront plus leur individualité lorsqu'ils entreront dans le compte joint de l'époux-caution, tel que l'admet actuellement la jurisprudence. Secundo, disparaîtrait aussi pour les créanciers le problème de l'aléa dans la détermination de l'alimentation exclusive ou non du compte de l'époux-caution par ses revenus saisissables[526]. En conséquence, le créancier pourra pratiquer une saisie limitée sur les revenus saisissables quel que soit le compte de l'époux caution.

215. Difficile preuve du caractère exprès du consentement. La situation est simple pour le créancier, lorsque l'époux de la caution a donné expressément

---

A. TISSERAND-MARTIN, et G. WIEDERKEHR. Par cet arrêt, la Cour de cassation énonce en substance que lorsqu'un époux se porte caution sans l'accord exprès de l'autre, il n'engage que ses revenus propres, mais, dès lors que ceux-ci sont versés dans un compte joint, ils deviennent insaisissables faute de pouvoir être clairement distingués. Par cette décision, elle précise également qu'est exclue « *catégoriquement l'application de l'article 1414, alinéa 2, du Code civil et de son complément, l'article 48 du décret n° 92-755 du 31 juillet 1992, à une saisie diligentée sur le fondement de l'article 1415 du code civil* » ; V. aussi en ce sens, Cass. civ. 1re., 17 février 2004, précité, *JCP G*, 2004, I, 176, n° 16 obs. Ph. SIMLER ; *D.*, 2004, p. 2260, obs. V. BRÉMOND.

522 J. FLOUR et G. CHAMPENOIS, *Les régimes matrimoniaux*, 2e édition, Armand Colin, 2001, n° 461.

523 Ph. SIMLER, « De quelques lacunes du dispositif législatif relativement à la saisissabilité des revenus des époux en régime de communauté », *in Mélanges Beguin*, Litec, 2005, p. 699 ; Ph. SIMLER, « Pour une saisissabilité limitée des revenus d'un époux par ses créanciers personnels », *in Quatre-vingt ans de la Semaine Juridique*, hors-série, décembre 2007, p. 77.

524 Ph. SIMLER, « De quelques lacunes du dispositif législatif relativement à la saisissabilité des revenus des époux en régime de communauté », *in Mélanges Beguin*, Litec, 2005, p. 697.

525 Ph. SIMLER, « De quelques lacunes du dispositif législatif relativement à la saisissabilité des revenus des époux en régime de communauté », *in Mélanges Beguin*, Litec, 2005, p. 698.

526 *Ibidem*.

son assentiment. Celui-ci n'est soumis à aucun formalisme particulier y compris celui de l'article 1326 du Code civil. Mais malheureusement pour le créancier, sa situation se complique, lorsqu'il s'agit de prouver l'accord exprès donné par le conjoint[527]. Cet accord doit être clair et sans aucune ambiguïté pour étendre l'assiette de la sûreté aux biens communs. Ainsi, la simple connaissance de la situation de la caution[528] ou encore la seule signature de l'acte de cautionnement[529] ou même d'une simple fiche de renseignement[530] par le conjoint, ne vaut pas consentement exprès à l'opération. La situation est également délicate, lorsque les deux membres du couple se portent caution d'une même dette dans deux actes séparés. La Cour de cassation a estimé qu'ils ne valaient pas autorisation expresse au sens de l'article 1415 du Code civil, si bien que les biens de la communauté n'étaient pas engagés[531]. Bien que non surprenante dans une certaine mesure[532], la position de la Cour n'est pas pleinement satisfaisante. S'il est vrai que chaque cofidéjusseur par acte séparé engage ses biens propres, rien ne permet d'exclure que chacun d'eux n'ait pas eu envie d'engager la communauté[533]. En consacrant une telle solution, la confiance du créancier (surtout s'il ne s'agit pas d'une banque) paraît bafouée alors qu'il pouvait être tenté de croire que l'ensemble des biens des époux étaient engagés.

---

527 En effet, la jurisprudence admet que l'époux caution puisse tenir en échec l'action du créancier sur les biens communs alors qu'il n'aurait même pas recueilli sciemment l'accord de son conjoint. V. en ce sens, Cass. civ. 1re., 15 mai 2002, pourvoi n° 99-21.464, *Bull. civ. I*, n° 129, p. 99 ; *Defrénois*, 2002, p.° 1322, obs. G. Champenois.

528 Cass. civ. 1re.,19 novembre 2002, pourvoi n° 00-16683, *JCP G.* I, 2003, 111, obs. Ph. Simler ; Cass. civ. 1re., 1er décembre 2010, pourvoi n° 09-15669, *RD bancaire et fin.* mars 2011, n° 53, obs. D. Legeais.

529 Cass. civ. 1re., 14 mars 2006, pourvoi n° 02-16.555.

530 Cass. civ. 1re., 28 novembre 2006, pourvoi n° 04-19.725.

531 Notamment : Cass. civ. 1re., 24 novembre 2000, pourvoi n° 97-21.110, *Revue juridique personnes & famille*, p. 20, obs. F. Vauville ; Cass. civ., 15 mai 2002, pourvoi n° 00-13.527 ; Cass. civ. 1re., 8 mars 2005, pourvoi n° 01-12.734, *JCP G.* IV, 2005, 1869 ; *D.* 2005, p. 1048 ; *JCP G.* I, 2005, 163, obs. Ph. Simler.

532 Saluant la solution de la Cour de cassation, un auteur a pu écrire : « *S'engager dans les mêmes conditions qu'autrui ne signifie pas que l'on approuve l'engagement d'autrui* » ; Cf. L. Aynès, obs sous Cass. civ. 1re., 9 mars 1999, pourvoi n° 97-12357, *D.* 1997, Sommaires commentés, p. 164. Dans le même ordre d'idées, les professeurs François Jacob et Nicolas Rontchevsky soulignent : l'exigence d'un consentement exprès du cautionnement exclut qu'on raisonne en prenant en compte un accord tacite ; Cf. Fr. Jacob et N. Rontchevsky, « L'application de l'article 1415 du Code civil aux garanties », *in Mélanges AEDBF*, III, Banque Editions, 2001, p. 202.

533 D. Sadi, « L'autorisation du conjoint donnée à l'époux caution : étude prospective », *D.* 2014, p. 231, n° 11.

216. Précautions utiles pour le créancier. Conscient de ce type d'écueils résultant de l'article 1415 du Code civil, le créancier devrait impérativement faire preuve de la plus grande prudence rédactionnelle[534]. S'il entend pouvoir étendre son gage à l'ensemble des biens du ménage, il doit donc exiger des époux qu'ils s'engagent solidairement dans le même acte de cautionnement[535]. Il devra correctement s'assurer du consentement exprès de l'époux de la caution. Il est permis de penser avec certains auteurs que les formules, telles que « *bon pour consentement aux engagements ci-dessus* » ou « *bon pour accord* », suivies de la signature du conjoint de la caution, mettraient le créancier à l'abri de contentieux[536]. Ce type de mention a même souvent été préconisé par la Cour de cassation[537]. Toutefois, la Cour de cassation, dans un récent arrêt du 7 juillet 2014, précise que la preuve du consentement exprès peut résulter d'autres éléments. Elle énonce que la signature du conjoint de la caution n'est pas une condition *sine qua non* de caractérisation du consentement exprès de ce dernier[538]. Ainsi, tout procédé, permettant de relever une manifestation non équivoque de la volonté du conjoint de la caution, est conseillé[539].

---

534 Relevons que certains praticiens avaient cru à tort être ingénieux en faisant souscrire à des époux caution une hypothèque judiciaire pour engager leurs biens communs. La Cour de Cassation ne l'a pas admis. V. notamment, Cass. civ. 1re., 11 mars 2003, pourvoi n° 00-22.208, *Bull. civ. I*, 2003, n° 66.

535 M. BURGARD, « Le cautionnement donné par le conjoint en régime de communauté », *LPA* 11 octobre 2011, n° 202, p. 7 ; Cass. com., 5 février 2013, pourvoi n° 11-86.44, *Gaz. Pal.* 7mars 2013, n° 65-66, obs. M. MIGNOT. Par cet arrêt, la Cour de cassation énonce que « *l'arrêt 1415 n'a pas vocation à s'appliquer lorsque les époux cautions s'engagent par le même acte de cautionnement à la garantie d'une même dette* ».

536 Par ces mécanismes, les biens de la communauté ne sont plus à l'abri des poursuites du créancier, étant donné que chaque conjoint est personnellement engagé comme caution. En ce sens, F. GUERCHOUN, *Pratique du cautionnement et des sûretés personnelles*, 1re éd., Delmas Éditions, novembre 2008, p. 95 ; Ch. MOULY, « La mention manuscrite du conjoint », *JCP G*, 1995, I, 3836.

537 En ce sens, Cass.civ. 1re., 4 juin 1996, pourvoi n° 93-13870, *JCP G*. I, 1997, 3991, obs. Ph. SIMLER.

538 Cf. Cass. civ. 1re., 9 juillet 2014, pourvoi n° 13-16070, : « *la preuve du consentement exprès donné par un époux au cautionnement contracté par son conjoint n'est pas subordonnée à la signature manuscrite par le premier de l'engagement souscrit par le second, et que c'est au moment de cet engagement que l'existence du consentement de l'épouse devait être recherchée* ». En l'occurrence, les hauts magistrats ont admis que le consentement exprès et non équivoque de l'épouse de la caution était caractérisé du fait qu'elle avait paraphé les pages et apposé la mention manuscrite requise en matière de cautionnement, alors même qu'elle n'avait pas apposé sa signature à l'acte.

539 E. NAUDIN obs. sur Cass. civ. 1re., 9 juillet 2014, pourvoi n° 13-16070, *Bulletin Joly Sociétés*, 02 novembre 2014 n° 11, p. 430.

217. Au demeurant, si la limitation du gage des créanciers contractant avec des époux communs en biens est clairement consacrée en droit français, en droit camerounais, elle ressort de façon insidieuse.

B. La limitation du gage du créancier et les époux communs en biens : l'exemple camerounais

218. **Les pouvoirs exorbitants du mari-caution dans l'engagement des biens de la communauté**. En droit camerounais, sous le régime de la communauté légale, le mari dispose de pouvoirs exorbitants. Le pouvoir de gestion des biens de la communauté lui est dévolu[540]. En effet, comme le précise expressément l'article 1421 du Code civil Camerounais, « *le mari administre seul les biens de la communauté. Il peut les vendre, aliéner et hypothéquer sans le concours de la femme* ». Sur la base de ce texte, en principe le mari ne saurait requérir le consentement de son épouse pour engager la communauté, lors de la souscription d'un cautionnement[541].

219. **Les pouvoirs très réduits de la femme dans l'engagement des biens de la communauté**. Confirmant la situation *quasi* précaire de l'épouse dans le régime de la communauté légale, l'article 1426 du Code civil Camerounais énonce que « *la femme ne peut obliger la communauté qu'avec le consentement du mari* » sous réserve des dispositions des articles 217[542], 219, et 225 et de l'article 5 du Code de commerce camerounais. Ainsi, la femme peut, notamment, invoquer le fait que le mari n'ait pas agi dans l'intérêt du ménage pour contester l'engagement des biens communs[543]. Elle peut également « *atténuer la toute-puissance* » de son époux, lorsque l'engagement de celui-ci est un acte à titre gratuit. Dans une telle hypothèse,

---

540 Th. ATANGANA MALONGUE, « Le principe d'égalité en droit camerounais de la famille », *Revue internationale de droit comparé*, mars 2006, p. 852.

541 A. MINKOA SHE, *Droit des sûretés et des garanties du crédit dans l'espace OHADA, Les garanties personnelles*, t. 1, PUF, 2010, n° 126, p. 81.

542 En effet, l'article 217 du Code de commerce camerounais énonce : « *L'époux qui veut faire un acte de disposition pour lequel le concours ou le consentement de l'autre époux est nécessaire, peut être autorisé par la justice à disposer sans le concours ou sans le consentement de son conjoint, si celui-ci est hors d'état de manifester sa volonté ou si son refus n'est pas justifié par l'intérêt de la famille* ».

543 Cf. art. 225 alinéa 2 et 3 du Code civil camerounais : « *Les créanciers du mari ou de la communauté peuvent [...] exercer leurs poursuites sur les biens réservés lorsqu'ils établissent que l'obligation a été contractée dans l'intérêt du mariage. La femme n'oblige ni le mari ni la communauté par les engagements qu'elle contracte pour un autre objet que l'intérêt du ménage ou de la profession* ».

l'époux devra requérir impérativement le consentement de son épouse quel que soit le cas. De même, lorsque le mari est hors d'état de manifester sa volonté, son épouse peut par une décision judiciaire être habilitée à le représenter et dans certaines limites bien définies[544]. Dans ce cas, elle pourra pleinement se porter caution en engageant les biens communs. À défaut, seuls les « *biens réservés* », qu'elle aura acquis de revenus relevant d'une profession séparée de celle de son mari, pourront être affectés par une poursuite du créancier. Conformément à l'article 224 du Code civil camerounais, elle a sur lesdits biens une liberté d'en disposer[545].

220. **La situation délicate du créancier vis-à-vis de l'épouse-caution**. Ainsi, face à l'épouse mariée sous le régime de la communauté légale, il sera difficile pour le créancier d'effectuer une saisie sur les biens communs ou même d'inscrire une sûreté conservatoire, si le mari n'a pas donné expressément son accord. Il devra se contenter de poursuivre les biens réservés, conformément à l'article 225 du Code civil camerounais. En effet, cet article dispose : « *Les créanciers envers lesquels la femme s'est obligée peuvent exercer leurs poursuites sur les biens réservés, même si l'obligation n'a pas été contractée par elle dans l'exercice de sa profession* ». Il s'avère donc impératif pour le créancier de rechercher de façon automatique le consentement du mari, s'il entend contracter avec la femme mariée sous le régime de la communauté légale. À défaut, il devra rechercher que le mari se porte lui-même caution.

221. **Critiques de la répartition inégalitaire des pouvoirs entre le mari et la femme.** Il est permis de penser que cette répartition inégalitaire des pouvoirs entre le mari et la femme est très critiquable à plusieurs égards. Certes, le législateur OHADA a voulu, dans un souci de protection du patrimoine familial, qu'un seul des époux puisse engager la communauté des biens. Cependant, il faut reconnaître qu'il s'y est pris de la mauvaise manière. Les initiatives malencontreuses d'un époux caution peuvent conduire à la perte d'une grande partie des biens communs. Aussi, la réglementation actuelle

544 Cf. art. 219 qui dispose *in fine* : « *Si l'un des époux se trouve hors d'état de manifester sa volonté, son conjoint peut se faire habiliter par la justice à le représenter, d'une manière générale, ou pour certains actes particuliers [...] Les conditions et l'étendue de cette représentation sont fixées par le juge* ».

545 L'article 224 du Code civil camerounais dispose : « *Lorsque la femme exerce une profession séparée de celle de son mari, les biens acquis par l'exercice de son activité professionnelle sont sous tous les régimes réservés à son administration et à sa jouissance pendant le mariage* ».

tend, de façon regrettable, à remettre en cause le principe d'égalité[546] et à transformer la femme en une « *incapable majeure* ».

222. **Vers un rééquilibrage mené par la jurisprudence ?** Heureusement, plusieurs juridictions n'ont pas hésité à écarter l'application de l'article 1421 du Code civil, conférant les seuls pouvoirs pour engager la communauté au seul mari. Dans une démarche de contrôle de conventionalité des lois, elles ont appliqué l'article 16 (h) de la Convention sur l'élimination de toutes formes de discrimination à l'égard des femmes (CEDEF), proclamant l'égalité des hommes et des femmes[547]. Aussi, nous semble-t-il souhaitable que la jurisprudence camerounaise parvienne à unifier sa position en ce sens.

Conclusion de la section I

223. Comme on peut l'observer, le législateur OHADA et le législateur français entretiennent une certaine relation de convergence dans leurs dispositions, notamment lorsqu'il s'agit de protéger la caution qui s'engage pour le compte d'une société telle que la SA. Malheureusement, cette démarche fausse gravement l'équilibre contractuel en ne préservant pas suffisamment les droits du créancier. Aussi, ce même sentiment de déséquilibre contractuel en faveur de la caution se confirme en ce qui concerne la limitation légale du gage créancier contractant avec une caution mariée sous le régime de la communauté des biens. Toutefois, l'Acte uniforme OHADA se démarque, ici, nettement du droit français dans la mesure où il est silencieux sur les problèmes relatifs aux régimes matrimoniaux, laissant le soin aux législations nationales de prévoir des dispositions en ce sens.

224. Du reste, des divergences plus profondes apparaissent entre les législations OHADA et française, lorsqu'il s'agit pour la caution de faire appel à la notion de bonne foi pour ne pas respecter son engagement à l'égard du créancier.

---

546 V. en ce sens, Th. ATANGANA MALONGUE, article précité, p. 833. Comme le souligne bien cet auteur, « *l'application distributive du Code civil et de la coutume dans le droit francophone camerounais de la famille conduit immanquablement à une remise en cause, lorsqu'il est affirmé, du principe d'égalité* ».

547 V. en ce sens, Y.L. MBEM, « La mise en œuvre de la convention sur l'élimination de toutes formes de discrimination à l'égard des femmes (CEDEF), *in Revue Le Miroir du droit*, numéro spécial, janvier-février 2010, p. 79.

SECTION II

L'émergence d'un devoir du créancier de contracter de bonne foi

225. **Plan**. Dans sa quête d'équilibre des relations contractuelles, la jurisprudence comme le législateur ont souvent eu recours à différents fondements. En droit du cautionnement, on n'a ainsi pas hésité à faire appel à la notion de bonne foi[548], en vue de sanctionner les comportements de certains créanciers vis-à-vis de cautions réputées faibles. Cette émergence de l'obligation de contracter de bonne foi pesant sur le créancier est manifeste à plusieurs égards. Dans le cadre de la période précontractuelle, cela se déclinera par un devoir du créancier de contrôler la solvabilité de la caution (§ 1). Corrélativement, l'obligation de contracter de bonne foi débouche souvent lorsque le créancier est professionnel, sur un véritable devoir de mise en garde de la caution[549] (§ 2).

§ 1. Le devoir du créancier de contrôler la solvabilité de la caution

226. **Le contraste entre le droit français et le droit OHADA**. En droit français, le créancier doit rester très attentif lorsqu'il accorde du crédit à un débiteur garanti par un cautionnement. Soucieux de prémunir les cautions du risque du surendettement, le droit français offre à ces dernières le droit d'invoquer le caractère disproportionné de leur engagement. Ainsi, en France, les cautions bénéficient d'une réglementation très protectrice lorsqu'il s'agit d'apprécier leur solvabilité (A). À l'inverse, dans les pays de la zone OHADA, le législateur uniforme a, quant à lui, décidé d'adopter une position allant à contre-courant du droit français ; la réglementation relative à l'exigence de solvabilité en droit OHADA constitue une disposition essentiellement protectrice des droits du créancier (B).

---

548 Soulignons que l'obligation de contracter de bonne foi est prévu au nouvel article 1104 du Code civil : « Les contrats doivent être négociés, formés et exécutés de bonne foi ».

549 Cf. Y. PICOD, *Droit des sûretés*, 3e éd., PUF, septembre 2016, p. 223, spéc. 130.

A. L'exigence de solvabilité de la caution en droit français : une disposition très protectrice de la caution

227. L'hétérogénéité du principe de proportionnalité : un « pain béni » pour la caution. En droit français, l'exigence de solvabilité est un instrument de protection par excellence utilisée par la caution pour se désengager. Afin qu'elle ne conclue avec le créancier un engagement en inadéquation avec ses ressources, le législateur et la jurisprudence française se sont unis pour lui conférer une protection spécifique aboutissant à un régime de faveur. Ainsi, du fait de l'hétérogénéité du principe de proportionnalité, la caution jouit d'une double protection.

228. La consécration de l'exigence prétorienne de proportionnalité. En effet, l'exigence de proportionnalité en matière de crédit est introduite par la loi du 31 décembre 1989, relative au surendettement visé par la loi du 10 janvier 1978 posant l'article L. 313-10, devenu L. 314-18 du nouveau Code de la consommation[550]. En vertu de ce texte « *un établissement de crédit ne peut se prévaloir d'un contrat de cautionnement d'une opération de crédit [à la consommation ou immobilier], conclu par une personne physique dont l'engagement était, lors de sa conclusion, manifestement disproportionné à ses biens et revenus, à moins que le patrimoine de cette caution, au moment où celle-ci est appelée, ne lui permette de faire face à ses obligations* ». Par « *contagion*[551] », on a assisté à la pénétration du droit de la consommation dans le droit commun. Ainsi, depuis un fameux arrêt dit *Macron*, du 17 juin 1997[552], la Cour de cassation s'est arrogée la possibilité de contrôler la proportionnalité de l'engagement des cautions. La Chambre commerciale de la Cour de cassation a consacré le principe selon lequel toutes les cautions, profanes ou averties, pouvaient engager la responsabilité contractuelle[553] des créanciers, lorsqu'il apparaissait que leurs engagements étaient manifestement

---

550 Y. PICOD, *Droit des sûretés*, 3e éd., PUF, septembre 2016, p. 103, spéc. n° 61.

551 Selon l'expression chère à J. CALAY-AULOY, dans son analyse, les rapports du droit de la consommation et du droit civil des contrats (*in* « L'influence du droit de la consommation sur le droit civil des contrats », *RTD civ.* 1994, p. 239).

552 Cass. com., 17 juin 1997, pourvoi n° 95-14.105, *Bull. civ. IV*, 1997, n° 188 ; *JCP E.* II, 1997, 1007, note D. LEGEAIS ; *RTD civ.*, 1998, p. 100, obs. J. MESTRE et p. 157, P. CROCQ ; M.-N. JOBART-BACHELIER et V. BREMOND, « De l'utilité du droit de la responsabilité pour assurer l'équilibre des intérêts des contractants », *RTD com.*, 1999, p. 327. En l'espèce, un dirigeant de société avait garanti toutes les dettes de sa société et souscrit des avals d'un montant cinq fois supérieur à son patrimoine.

553 Celle-ci est fondée sur l'article 1134 du Code civil et l'obligation de contracter de bonne foi.

disproportionnés par rapport à leurs revenus et patrimoines. Elle conférait, par la même occasion, une portée très large au principe de proportionnalité. Par voie de conséquence, de nombreuses cautions succombaient à l'envie d'invoquer la disproportion de leur engagement, lors des poursuites de créanciers, afin de se désengager facilement[554]. Ce qui était de nature à précariser dangereusement la situation du créancier. Par la suite, sensible aux critiques soulevées par la doctrine[555] à l'encontre de la jurisprudence *Macron*, la Haute Juridiction finissait heureusement par limiter le jeu du principe de proportionnalité dans un célèbre arrêt *consorts Nahoum*. La chambre commerciale a refusé à deux dirigeants, qui s'étaient portés caution des dettes de leur société, le droit de se prévaloir du caractère disproportionné de leur engagement pour engager la responsabilité contractuelle de l'établissement de crédit créancier, car n'ayant pu démontrer que ce dernier « *a eu sur leurs revenus, leur patrimoine et leurs facultés de remboursement raisonnablement prévisibles en l'état du succès de l'exploitation de la société, des informations qu'eux-mêmes auraient ignorées*[556] ». Avec cette solution, les cautions dirigeantes se sont trouvées privées du droit d'invoquer le caractère démesuré de leur engagement[557].

229. Aujourd'hui, la jurisprudence a pu préciser le régime du principe prétorien de proportionnalité. Elle souligne que la disproportion ne peut plus être invoquée

---

554 V. CA Lyon, 16 janvier 1998 et CA Paris, 27 novembre 1998, *JCP G*. I, 116, n° 6, obs. Ph. SIMLER. Dans la première affaire, la CA de Lyon a ainsi jugé disproportionné un cautionnement de 700 000 F, alors que la caution avait un revenu de 5700 F/mois et a condamné le créancier à un versement de dommages intérêts de 350 000 F. Plus surprenant, dans la deuxième affaire, une caution solidaire (apprentie coiffeuse) au revenu de 2300 F/an s'était engagée à concurrence de 120 000 F ; considérant que l'engagement de cette dernière était manifestement excessif, les juges d'appel ont condamné le créancier au paiement à titre de dommages et intérêts la somme de 120 000 F. Ce qui venait, par la même occasion, réduire à néant l'engagement de la caution.

555 S. PIEDELIÈVRE, « Le cautionnement excessif », *Defrénois*, 1998, article 36836, p. 849 et s.

556 Cass. com., 8 octobre 2002, pourvoi n° 99-18619, *Bull. civ. IV*, n° 36 ; *RTD civ.* 2003, p. 125, obs. P. CROCQ ; *D.* 2003, p. 414 et s. note C. KOERING ; *JCP E*, 2002, 1730, note D. LEGEAIS et 2003, 852, n° 6, obs. Ph. SIMLER ; *Contrats, conc. consom.*, 2003, n° 19, obs. L. LEVENEUR.

557 Cass. com., 5 novembre 2003, pourvoi n° 01-11238, *Bulletin Joly Sociétés*, 2004, note J. F. BARBIÈRI : en l'espèce, une caution présidente du conseil d'administration et actionnaire majoritaire de la société s'était vu refuser le « *bénéfice de la disproportion* » par la Cour de cassation, au motif qu'elle n'avait pas pu démontrer, que la banque a eu « *sur ses revenus, sur son patrimoine et ses facultés de remboursement raisonnablement prévisibles en l'état du succès de l'exploitation de la société [dont la caution garantissait les engagements], des informations qu'elle-même aurait ignorées* ».

par les cautions à partir du moment où « *elle exerce au sein de la société débitrice des fonctions qui la privent de remettre en cause la responsabilité civile de l'établissement de crédit* »[558]. La qualification de la caution est donc déterminante. Une caution dirigeante est considérée comme avertie, lorsqu'elle est effectivement impliquée dans la vie de l'entreprise[559]. Ainsi, à partir de ce critère, la Cour de cassation a pu retenir que ne sont pas considérées comme des cautions averties : des épouses de dirigeant de sociétés[560], des associés[561], ou des administrateurs. La solution apparaît logique à plus d'un titre. Sauf preuve de dol, les cautions dirigeantes du fait de leur implication directe dans l'activité de leur société, sont présumées avoir suffisamment connaissance de la situation financière de la société cautionnée.

230. L'amplification malhabile du champ d'application de l'exigence légale de proportionnalité. Alors que, jusque-là, la jurisprudence semblait équilibrée sur la question de la proportionnalité de l'engagement des cautions, le législateur français a choisi « *de voler à leur secours à l'occasion du vote de la loi du 1er août 2003 pour l'initiative économique* »[562]. Par un « *copier-coller* » de l'article L. 313-10, il a élargi le domaine du principe de proportionnalité en insérant un nouvel article L. 341-4 Code de la consommation. Depuis l'ordonnance de 2016, c'est le nouvel article L. 332-1 qui énonce dorénavant le principe. Ce texte dispose : « *un créancier professionnel ne peut se prévaloir d'un contrat de cautionnement conclu par une personne physique dont l'engagement était, lors de sa conclusion, manifestement disproportionné à ses biens et revenus, à moins que le patrimoine de la caution, au moment où celle-ci est appelée, ne lui permette de faire face à cette obligation* ». En d'autres termes, sauf retour à meilleure fortune de la caution personne physique, le créancier ne peut pas appeler la caution en paiement, si l'engagement de celle-ci était manifestement disproportionné, lors de la conclusion du contrat. Il en découle comme dans

---

[558] Cass. com., 25 mars 2003, pourvoi n° 00-15.386, *RD bancaire et fin.* 2003, p. 207, obs. D. LEGEAIS ; ; V. en ce sens la jurisprudence postérieure : Cass. com., 11 juin 2003, pourvoi n° 00-11.913, *JCP G*.I, 2003, n° 4, Ph. SIMLER ; Cass. com., 17 décembre 2003, pourvoi n° 01-13.419, *Bull. civ. IV*, n° 206, p. 228 ; Cass. com., 11 avril 2012, pourvoi n° 10-25.904, *Bull. civ. IV*, 2012, n° 76.

[559] Cass. com., 2 octobre 2012, pourvoi n° 11-28331, *RD bancaire et fin.* n° 6, novembre-décembre 2012, commentaire n° 183, p. 32, note D. LEGEAIS.

[560] Cass. com., 6 février 2007, pourvoi n° 04-15362, *RD bancaire et fin.* mars-avril 2007, commentaire n° 62, obs. D. LEGEAIS.

[561] Cass. civ, 1re., 27 février 2007, pourvoi n° 05-20308, non publié au Bulletin.

[562] D. FENOUILLET, « Le Code de la consommation ou pourquoi et comment protéger la caution ? », *RDC*, 01 avril 2004, n° 2, p. 304.

la loi de 2003 un abandon de la jurisprudence Nahoum, dans la mesure où le nouveau texte ne tient pas compte de la qualité des cautions[563]. Toutes les cautions personnes physiques, même dirigeantes, peuvent invoquer le bénéfice de disproportion[564] à l'égard de tout professionnel[565]. Cette amplification malhabile du principe de proportionnalité par le législateur français a ainsi permis à de nombreuses cautions de pouvoir alléger ou annuler leurs engagements[566].

231. **Une répartition équilibrée de la prise en charge de la preuve**. Les cautions personnes physiques, qui arrivaient à prouver que leurs engagements étaient excessifs dès la conclusion du contrat, ont pu être déchargées totalement[567]. Toutefois, « *il incombe au créancier professionnel qui entend se prévaloir d'un contrat de cautionnement manifestement disproportionné lors de sa conclusion aux biens et revenus de la caution, personne physique, d'établir qu'au moment où il l'appelle, le patrimoine de celle-ci lui permet de faire face à son obligation* »[568]. On assiste donc à un renversement de la charge de la

---

563 P. CROCQ, « Sûretés et proportionnalité », *in Études offertes au Doyen Philippe Simler*, 2006, p. 311, n° 39.

564 Ce raisonnement est confirmé dans plusieurs arrêts : Cass. com., 13 avril 2010, pourvoi n° 09-66309, *RD bancaire et financier*, juillet 2010, n° 49, obs. D. LEGEAIS ; *RLDC*, juin 2010, 30, obs. J.-J. ANSAULT ; Cass. com., 22 juin 2010, pourvoi n° 09-67.814, *D.*, 9 septembre 2010, p. 1985, note, D. HOUTCIEFF ; Cass. civ.1re., 12 juillet 2012, pourvoi n° 11-20192, *Gaz. Pal.* 19 et 20 septembre 2012, obs. Ch. ALBIGÈS.

565 V. définition de créancier professionnel, *supra*, Titre I, chapitre I, note 162 ; Cass. civ. 1re., 9 juillet 2009, pourvoi n° 08-15.910. Pour rappel, le créancier professionnel est celui « dont la créance est née dans l'exercice de sa profession ou celui qui se trouve en rapport direct avec l'une de ses activités professionnelles, même si celle-ci n'est pas principale ».

566 V. *infra*., arrêts de jurisprudence note 575 et 576.

567 Cf : Cass. com., 2 octobre 2007, pourvoi n° 06-13.474 ; Cass. civ 1re., 22 janvier 2014, pourvoi n° 12-28.480 ; V. aussi, Cass. com., 22 janvier 2013, pourvoi n° 11-25.377, *Gaz. Pal.*, 21 mars 2013, n° 79 à 80, note Ch. ALBIGÈS. La Cour de cassation avait rejeté le pourvoi d'une caution qui n'a pas pu démontrer le caractère disproportionné de son engagement.

568 Cass. com., 1 avril 2014, pourvoi n° 13-11.313, *Lexbase Hebdo éditions affaires*, n° 379, 1er mai 2014, p. 1et s., obs. G. PIETTE. En l'espèce, une caution dirigeante avait consenti pour le compte de son entreprise des garanties à la société BNP Paribas. Sollicitée en paiement, après la défaillance de sa société, la caution invoqua la disproportion de son engagement. Elle avait obtenu gain de cause auprès des juridictions de fond. Cependant, cette décision est cassée par les hauts magistrats, aux motifs qu'il « *résulte de la combinaison de l'article 1315 du code civil et de l'article L. 341-4 (aujourd'hui L. 332-1) du code de la consommation qu'il incombe au créancier professionnel qui entend se prévaloir d'un contrat de cautionnement manifestement disproportionné lors de sa conclusion aux biens et revenus de la caution, personne physique, d'établir qu'au moment où il l'appelle, le patrimoine de celle-ci lui permet de faire face à son obligation* ». La

preuve. La situation du créancier professionnel est d'autant plus délicate qu'il n'a pas généralement tous les éléments sur le patrimoine et les revenus de la caution, lorsque celle-ci engage des poursuites contre ce dernier pour défaut de mise en garde[569]. Heureusement, la jurisprudence a pu retenir que, sauf anomalies apparentes, il n'appartient pas au créancier de vérifier de la véracité des informations fournies par la caution[570] et il peut se fier à la fiche de renseignements fournie par elle. Nul doute que, désormais, les banques auront intérêt à réclamer et conserver des documents signés des cautions où celles-ci déclarent leurs patrimoines et revenus[571].

232. **Le moment d'appréciation de la disproportion**. La disproportion éventuelle devra être en principe appréciée par le juge, au moment où la caution est assignée en paiement. Mais, ce moment pourra exceptionnellement être différé, si le débiteur principal bénéficie d'un plan de sauvegarde au moment où le juge statue. Si bien que ce dernier devra nécessairement se placer, au jour où le plan n'est plus respecté, pour apprécier la disproportion de l'engagement de la caution[572]. Telle est la position retenue par la Cour de cassation dans un récent arrêt du 1er mars 2016. Il s'ensuit qu'une caution personne physique, lors de son assignation, peut être appelée à s'exécuter en cas d'irrespect du plan de sauvegarde[573]. Certes, cette solution peut sembler sévère pour la caution, mais il n'en est rien. Il est juste qu'en cas de retour à meilleure fortune la caution puisse être appelée en paiement par le créancier.

233. **L'appréciation délicate des éléments de disproportion par la jurisprudence**. Par ailleurs, l'article L. 341-14 du Code de la consommation reste muet quant aux contours de l'appréciation de la disproportion. Le texte

---

Haute juridiction continue donc de faire preuve d'une certaine sévérité à l'endroit des professionnels vis-à-vis des cautions, dans l'évaluation de la disproportion de l'engagement de ces dernières. Aux créanciers d'être plus vigilants, lors de la conclusion du cautionnement, de s'assurer de l'adéquation du montant garantie par la caution avec les biens et revenus de celle-ci, afin de s'affranchir de tout débat ultérieur relatif à leur évolution. V. aussi en ce sens, Cass. com., 10 septembre 2014, pourvoi n° 12-28.977, *D.*, 2014, p. 2283, note J. MALET-VIGNEAUX ; Cass. com., 1er mars 2016, pourvoi n° 14-16.402.

569 En ce sens également, J-P. MATTOUT et A. PRÜM, « La crise continue de marquer profondément le droit bancaire », *Dr. et patr.*, 2014, chron., n° 2791.

570 Cass. com., 14 décembre 2010, pourvoi n° 09-69.807, *JCP G.* 2011, act. 48, obs. J. LASSERRE CAPDEVILLE ; *RD bancaire et fin.* mars 2011, p. 61, obs. A. CERLES.

571 D. LEGEAIS, *Sûretés et garanties de crédit*, 9e éd., 2013, p. 132 n° 171.

572 Cass. com., 1er mars 2016, pourvoi n° 14-16.402, *D.*, 2016, p. 598, obs. V. AVENA ROBARDET.

573 *Ibidem.*

ne précisant pas s'il fallait tenir compte des revenus et des biens présents ou des gains espérés de l'opération garantie dans l'évaluation de la disproportion du cautionnement. Cette question a généré un contentieux abondant en jurisprudence au point de créer la controverse. Alors que la chambre civile approuvait, le 4 mai 2012, une cour d'appel d'avoir apprécié « *souverainement les facultés contributives de M. X... au regard, notamment, des perspectives de développement de l'entreprise qu'il avait créée*[574] », la chambre commerciale retenait à l'inverse, dans un arrêt du 4 juin 2013, que « *la proportionnalité de l'engagement de la caution ne peut être appréciée au regard des revenus escomptés de l'opération garantie*[575] ». Depuis un arrêt du 3 juin 2015, cette controverse est close. La première chambre civile s'est finalement alignée sur la position de la chambre commerciale de la Cour de cassation dans une affaire similaire[576]. Cette dernière solution participe au renforcement de la préservation des intérêts de la caution, notamment dirigeante, au détriment des créanciers.

234. Dans la même veine, la Cour estime que l'appréciation du caractère manifestement disproportionné du cautionnement tient compte des « *dettes*

---

574 Cass. civ. 1re., 4 mai 2012, pourvoi n° n° 11-11.464, *Bull. civ. IV*, 2012, n° 97 ; *RTD com.*, 2012, p. 602, obs. D. LEGEAIS.

575 V. Cass. com., 4 juin 2013, pourvois n° 12-18.216 et n° 12-15.518, *JCP E.* 2013, 1679, n° 2, obs. Ph. SIMLER. Déjà en ce sens, Cass. com., 9 avril 2013, pourvoi n° 12-14.696, où il a été relevé que « *la cour d'appel ne s'est pas bornée à apprécier les chances de réussite de la société cautionnée* » pour en conclure que le cautionnement souscrit par ce dernier n'était pas disproportionné à ses biens et revenus ;Cass. com., 22 mai 2013, pourvoi n° 11-24.812, *Bull. civ. IV*, n° 84, *D.* 2013, p. 1340, obs. V. AVENA-ROBARDET ; *D.* 2013, p. 1706, obs. P. CROCQ ; *D.* 2013, p. 2551, obs. H. GUILLOU ; *Gaz. Pal.* 12 juin 2013, p. 16, note M.- P. DUMONT-LEFRAND. Cf. Plus récemment en ce sens, Cass. com., 27 janvier 2015, pourvois n° 13-27.625 et n° 13-25.202, *JurisData* n° 2015-001105 et 2015-001088 ; Cass. com., 22 septembre 2015, pourvois n° 14-22.913, *D.*, 2015, p. 2044, n° 2, note C. JUILLET.

576 Cass. civ. 1re., 3 juin 2015, pourvoi n° 14-13.126, *D.*, 2015, p. 1268, obs. V. AVENA-ROBARDET ; *RTD com.*, 2015, p. 727, obs. D. LEGEAIS. Dans cette affaire, la caution avait été déchargée de son engagement au motif que : « *La proportionnalité de l'engagement de la caution ne peut être appréciée au regard des revenus escomptés de l'opération garantie.* » Paradoxalement, dans une autre décision, rendue le 3 novembre 2015, la chambre commerciale de la Cour de cassation indique que, pour apprécier la disproportion, sont uniquement pris en comptes les cautionnements consentis antérieurement. De telle sorte qu'« *il importe peu que ces cautionnements soient souscrits en garantie de dettes pas encore nées dès lors qu'elles sont déterminables* ». Cf. Cass. civ. 1re., 3 novembre 2015, pourvoi n° 14-26.051.

éventuelles »[577] résultant d'engagements de la caution souscrits par ailleurs[578]. La Cour a aussi pu énoncer, à maintes reprises, qu'en cas de pluralité de cautions, l'appréciation de la solvabilité de la caution se fait individuellement[579]. Si cette dernière solution peut paraître logique dans une certaine mesure, il est permis de penser qu'une telle solution est de nature à décourager les créanciers de souscrire à des cautionnements solidaires. Finalement, à l'examen de nombreuses décisions, il y a fort à parier que cela pousse les banques à rechigner à l'octroi de crédit. Pourtant, comme l'observe à juste titre le doyen Philippe Simler, il n'y a rien d'anormal dans la prise de risque par des créanciers professionnels que sont les établissements de crédit[580].

235. La sévérité de la sanction en disproportion du cautionnement. Enfin, lorsque la disproportion est retenue dans les contrats soumis au Code de la consommation, le créancier encourt une sanction qui paraît complètement

---

577 À titre d'exemple, le fait pour une personne de s'être portée caution d'autres dettes est pris en compte par la Cour de cassation dans l'évaluation de la disproportion de son engagement objet de son litige avec le créancier.

578 Cass. civ. 1re., 15 janvier 2015, pourvoi n° n° 13-23.489, *Dalloz actualité*, 23 janvier 2015, obs. V. AVENA-ROBARDET. En l'espèce, une personne physique s'est portée solidairement caution auprès d'une banque de quatre concours financiers consentis par une autre société. Assignée en paiement par la banque, la caution invoqua le caractère disproportionné de son engagement au regard de son endettement global. Cette dernière n'obtint pas gain de cause auprès des juges d'appels. Ceux-ci estimaient que la disproportion de l'engagement de la caution n'était pas manifeste, compte tenu du fait que son endettement se composait de prêts immobiliers. Saisie d'un pourvoi, la Haute juridiction cassa et annula cette décision pour violation de l'article L. 341-4 du Code de la consommation. Elle justifia la censure de la décision de la Cour d'appel de Rennes (7 juin 2013) par le fait qu'« *en statuant ainsi, alors que la disproportion doit être appréciée au regard de l'endettement global de la caution, y compris celui résultant d'engagements de caution, la cour d'appel a violé le texte susvisé* ». V. aussi en ce sens, Cass. com., 22 mai 2013, pourvoi n° 11-24.812, *D.*, 2013, p. 1340, obs. V. AVENA-ROBARDET ; *ibid.* p. 1706, obs. P. CROCQ : « la disproportion doit être appréciée en prenant en compte l'endettement global de la caution, y compris celui résultant d'engagements de caution » ;

579 Cass. com., 22 mai 2013, pourvoi n° 11-24.812, *précité*, au visa de l'article 341-4 (devenu L. 332-1) du Code de la consommation, la Haute cour a affirmé par un attendu lapidaire qu'en cas de cautions solidaires d'une même dette l'appréciation du cautionnement excessif s'apprécie au regard des revenus de chacune des cautions pris individuellement pour l'ensemble de la dette ; V. Déjà en ce sens, des décisions similaires rendues mais sous l'empire de l'article L. 313-10, devenu l'article L. 314-18 du nouveau Code de la consommation : Cass. civ. 1re., 22 octobre 1996, pourvoi n° 94-15.615, *D.*, 1997, note D. WACONGUE ; Cass. civ. 1re., 29 octobre 2002, pourvoi n° 01-01.124, *D.*, 2013, 1253, obs. V. AVENA-ROBARDET.

580 Ph. SIMLER, *Cautionnement : garanties autonomes, garanties indemnitaires*, 5e édition, LexisNexis, 2015, p. 901, spéc. n° 886.

disproportionnée[581] : la déchéance. Cette dernière paralyse totalement les droits du créancier. En effet, il est permis de douter du bien-fondé d'une telle sanction qui, fondée sur la « *règle du tout ou rien* »[582], manque de souplesse et déséquilibre ainsi les rapports créancier-caution. Certes, elle a pour finalité de prévenir le surendettement des cautions et d'empêcher que les créanciers professionnels profitent de leur situation de faiblesse ; pour autant, il n'est pas aisé pour le créancier professionnel de s'assurer que la caution est en mesure de faire face à ses engagements, sans risquer un surendettement, lorsqu'elle sera appelée en paiement. En clair, il s'agit pour le créancier professionnel de « *deviner le futur* ». À notre sens, la déchéance se justifierait si le créancier commettait une faute grave. Or, cette dernière n'est pas toujours avérée. D'ailleurs, le dispositif légal ne fait aucunement mention de la prise en compte de la faute du créancier dans l'appréciation de la disproportion.

236. Limites du dispositif général. De manière plus générale, on peut regretter la multiplicité de textes mis en place par le législateur français pour prévenir les cautionnements excessifs. Ce qui ne contribue pas à la lisibilité du droit pouvant aboutir à un équilibre contractuel. Force est de reconnaître que le maintien des articles L. 313-10 (devenu L. 314-8) et L. 341-4 (devenu L. 332-1) du Code de la consommation fait double emploi. Aussi, « *l'hétérogénéité*[583] » fâcheuse du principe de proportionnalité (régime légal et prétorien) fait profiter à la caution d'une protection double et ne permet pas d'assurer une certaine cohérence de la réglementation en vigueur. On le voit bien, le principe de proportionnalité constitue, actuellement, l'une des lacunes majeures de la réglementation régissant le cautionnement.

237. Pour une unification du dispositif. Dès lors, si on veut réhabiliter le contrat de cautionnement en lui donnant un caractère plus équilibré, il faudrait procéder à l'unification des règles régissant le principe de proportionnalité. Comme l'a astucieusement préconisé la commission présidée par le professeur Grimaldi, il faudrait insérer une disposition unique de droit commun qui régirait le cautionnement. Il avait été proposé de créer le nouvel article 2305 du Code civil selon lequel « *le cautionnement souscrit à titre non professionnel par une personne physique est réductible s'il apparaît qu'il était, lors de sa conclusion, manifestement disproportionné aux revenus et*

---

581 G. PIETTE, « La sanction du cautionnement disproportionné », *Dr.et patr.*, 2004, n° 127, p. 47.

582 D. LEGEAIS, « La caution dirigeante », *in Les droits et le droit : mélanges dédiés à Bernard Bouloc*, 2006, p. 602.

583 Selon l'expression chère au professeur Anne-Sophie BARTHEZ, « l'exigence de proportionnalité en droit du cautionnement », chron., *RDC*, juillet 2011, p. 914.

patrimoine de la caution, à moins que ceux-ci, au moment où elle est appelée, ne lui permettent de faire face à son obligation[584] ». Toutefois, pour notre part, il serait préférable, pour simplifier la matière et donner une meilleure visibilité du texte, au sein du Code civil, qu'il figure plutôt à l'article 2292 (ex-article 2015) du Code civil relatif à l'étendue et à l'objet de l'obligation de la caution. Avec ce texte, seules les cautions personnes physiques, n'agissant pas dans le cadre d'une activité professionnelle, pourront se prévaloir de la disproportion de leurs engagements, contrairement aux cautions averties. Il serait paradoxal que ces dernières soient mieux protégées que les créanciers. En outre, la dualité de sanction existante entre la loi et la jurisprudence serait supprimée. On passerait à une sanction unique plus mesurée, à savoir la réduction judiciaire du cautionnement disproportionné[585]. Il appartiendra au juge de pouvoir souverainement apprécier la disproportion et d'évaluer le montant auquel sera réduit le cautionnement[586]. La modularité de cette sanction aura pour avantage de pouvoir s'ajuster suivant le comportement du créancier[587]. Ce qui permettra de lutter de façon plus juste contre les abus des créanciers et d'harmoniser le droit positif.

238. Mais, il ne faut pas se le cacher. Les solutions, ci-dessus évoquées en vue d'un rééquilibrage contractuel sur la question de la proportionnalité du cautionnement, ne seront pas transposables en droit OHADA, où la législation contraste singulièrement avec celle retenue par le droit positif français.

B. L'exigence de solvabilité de la caution en droit OHADA : une disposition favorable au créancier

239. **La solvabilité de la caution : une exigence légitime**. Le législateur communautaire a choisi une dynamique inverse à celle du législateur français. Il n'a pas consacré un principe de proportionnalité. Plus soucieux de la

[584] P. CROCQ, « Sûretés et proportionnalité », *in Etudes offertes au doyen Philippe Simler*, 2006, p. 311, n° 40 ; V. aussi en ce sens, Ph. SIMLER, « Codifier ou recodifier le droit des sûretés personnelles », *in Le Code civil 1804-2004-Livre du Bicentenaire*, Dalloz-Litec, 2004, p. 382 ; du même auteur, « Les sûretés personnelles », *Dr. et patr.*, n° 140, septembre 2005, p. 57.

[585] V. en ce sens, Ph. SIMLER, « Les sûretés personnelles », *Dr.et patr.*, 2005, p. 58 ; V. aussi en ce sens, G. PIETTE, « La sanction du cautionnement disproportionné », *Dr. et patr.*, 2004, n° 127, p. 48, qui préconise également l'introduction de la réduction judiciaire comme sanction unique en cas de cautionnement excessif.

[586] G. PIETTE, « La sanction du cautionnement disproportionné », *Dr. et patr.*, 2004, n° 127, p. 49

[587] *Ibidem.*

situation du créancier, il s'est cantonné à instaurer une réglementation permettant à ce dernier le droit de réclamer du débiteur une caution solvable. Ainsi, l'article 15 énonce que « *la caution doit présenter des garanties de solvabilité appréciées en tenant compte de tous les éléments de son patrimoine* ».

240. **« L'assiette large de l'appréciation de la solvabilité »**. On voit clairement que l'assiette d'appréciation de la solvabilité est beaucoup plus large qu'en droit français. Le législateur africain se singularise en prenant en compte l'ensemble des éléments du patrimoine de la caution, sans aucune distinction[588]. Il se démarque donc de la maxime « *res vilis mobilis, res mobilis*[589] », telle qu'elle ressort de l'article 2019 du Code civil français[590]. Comme l'ont relevé plusieurs commentateurs de l'AUS OHADA, cette large couverture de la dette garantie permet au créancier d'avoir une option judicieuse sur la caution proposée avant son acceptation[591]. La caution présentée par le débiteur devra donc être solvable ou au mieux fournir des garanties de solvabilité[592]. Ce qui est de nature à faciliter les poursuites du créancier à l'encontre de la caution.

241. **L'obligation de remplacement par le débiteur de la caution insolvable**. Par ailleurs, si l'on considère l'article 15 de l'AUS, au pied de la lettre, le créancier est en droit de refuser une caution insolvable. Le cas échéant, le débiteur pourra remplacer cette dernière par une autre ou par une sûreté réelle[593]. En cas d'éventuelles contestations, il reviendra au tribunal compétent de trancher et le débiteur devra recourir à la « *procédure de réception judiciaire de la caution*[594] ». En outre, en vertu de l'article 16 de l'AUS,

---

588 F. ANOUKAHA, A. CISSE-NIANG, M. FOLI, J. ISSA-SAYEGH et autres, *OHADA Sûretés*, Bruylant-Bruxelles, Juriscope, 2002, n° 50, p. 23.

589 Ce qui signifie : « Chose mobilière, chose vile ».

590 En effet, selon l'article 2019 du Code civil français : « La solvabilité d'une caution ne s'estime qu'eu égard à ses propriétés foncières, excepté en matière de commerce, ou lorsque la dette est modique. On n'a point égard aux immeubles litigieux, ou dont la discussion deviendrait trop difficile par l'éloignement de leur situation ».

591 F. ANOUKAHA, A. CISSE-NIANG, M. FOLI, J. ISSA-SAYEGH et autres, *OHADA Sûretés*, Bruylant-Bruxelles, Juriscope, 2002, n° 52, p. 23

592 Y.-R. KALIEU, *Les suretés personnelles OHADA*, Presses Universitaires d'Afrique, décembre 2006, p. 25.

593 P-G. POUGOUÉ, (dir.), *Encyclopédie du droit OHADA*, préface B.-A. MERCARDAL et J. DAVID, Lamy, 2012, n° 49 p. 506, n° 49.

594 A. MINKOA SHE, *Droit des sûretés et des garanties du crédit dans l'espace OHADA, Les garanties personnelles*, t. 1, PUF, 2010, n° 131, p. 85. En droit camerounais par exemple, l'article 260 du Code de procédure civile et commerciale dispose : « *La caution sera*

lorsque la caution, choisie volontairement ou judiciairement, devient insolvable, le débiteur devra « *en fournir une autre ou une autre sureté réelle donnant les mêmes garanties au créancier*[595] ». Autant dire que la caution doit être solvable pendant toute la durée de son engagement et non pas seulement lors de la conclusion du contrat. L'unique exception retenue par le législateur communautaire est le cas de figure où « *le créancier a subordonné son consentement au contrat principal, à l'engagement à son égard, d'une caution nommément désignée*[596] ». Dans une pareille situation, l'obligation du débiteur de fournir une caution solvable sera écartée.

242. Le caractère prohibitif des conditions de solvabilité. Ainsi, cette condition de solvabilité profitera seulement au créancier qui pourra décider de s'en passer chaque fois que le cautionnement sera conventionnel[597]. Il importe de faire remarquer que la solvabilité de la caution n'est pas une condition générale de validité du cautionnement. Tout comme l'article 2295 (ancien article 2018) du Code civil français[598], les conditions de solvabilité de la caution en droit OHADA ont été élaborées par le législateur africain dans l'unique intérêt créancier et ce dernier peut librement y renoncer[599]. Par voie de conséquence, la caution ne saurait invoquer son insolvabilité pour demander l'annulation du cautionnement.

243. Quid du principe de proportionnalité en droit OHADA ? Or, il est récurrent que des personnes s'engagent comme caution bien au-delà de leurs

---

présentée par exploit signifié à la partie, avec copie de l'acte de dépôt qui sera fait au greffe et des titres qui constatent la solvabilité de la caution, sauf le cas où la loi n'exige pas que la solvabilité soit établie par titres ».

595 Cette disposition est fort logique. À ce propos, le professeur Philippe Simler écrivait justement que « la solvabilité, lorsqu'elle n'est pas gelée, en quelque sorte par des sûretés réelles, est une qualité éphémère », Ph. SIMLER, *Cautionnement et garanties autonomes*, 5e éd., Litec, mai 2015, n° 247, p. 257. Soulignons également que cette disposition semble être le décalque de l'article 2297 (ancien article 2020) du Code civil selon lequel : « Lorsque la caution reçue par le créancier, volontairement ou en justice, est ensuite devenue insolvable, il doit en être donné une autre. Cette règle reçoit exception dans le cas seulement où la caution n'a été donnée qu'en vertu d'une convention par laquelle le créancier a exigé une telle personne pour caution ».

596 Cf. article 16 alinéa 2 de l'AUS OHADA.

597 F. ANOUKAHA, A. CISSE-NIANG, M. FOLI, J. ISSA-SAYEGH et autres, *OHADA Sûretés*, Bruylant-Bruxelles, Juriscope, 2002, n° 52, p. 23

598 En vertu de l'article 2295 du Code civil : « *Le débiteur obligé à fournir une caution doit en présenter une qui ait la capacité de contracter et qui ait un bien suffisant pour répondre de l'objet de l'obligation.* »

599 M. BOURASSIN, V. BRÉMOND, M.-J. JOBARD-BACHELLIER, *Droit des sûretés*, Sirey, 4e éd., octobre 2013, p. 128.

possibilités financières. L'on peut donc raisonnablement se demander si le droit OHADA n'a pas prévu des mécanismes pour invalider les cautionnements disproportionnés. Pour répondre à une telle question, il faut d'emblée souligner que « *l'idée selon laquelle le cautionnement doit être proportionné au patrimoine de la caution paraît étrangère à la philosophie de l'acte uniforme OHADA*[600] ». En effet, à la différence du droit français, le législateur OHADA n'a jamais voulu mettre en place des mécanismes législatifs visant à mettre à la charge du créancier une obligation de s'assurer de la proportionnalité de l'engagement de la caution, lors de la conclusion du contrat.

244. Quels recours supplétifs existants en cas de cautionnement disproportionné ? Pour l'heure, en cas d'engagement disproportionné, il conviendra pour la caution de rechercher dans la théorie des vices du consentement, afin de tenter de se désengager. Dans cette hypothèse, il lui reviendra de démontrer qu'elle a notamment commis une erreur. Au titre du droit comparé, la Cour de cassation française a quelques fois pu considérer, dans certaines circonstances, que la disproportion de l'engagement de la caution par rapport à ses biens et revenus pouvait caractériser une atteinte à l'intégrité du consentement de celle-ci. Ainsi, l'erreur sur la nature de l'engagement a-t-elle pu être retenue à l'égard de cautions en tenant compte de leurs ressources et de leur capacité de compréhension de la nature de leur engagement. Par exemple, les magistrats de la première chambre civile ont fait preuve d'indulgence, notamment à l'égard de la caution âgée et profane[601] ou encore à l'égard de la caution « *positivement illettrée*[602] », ou enfin à l'égard de celle qui est de nationalité étrangère[603] et comprend très mal le français[604]. Mais, reste qu'en pratique de tels cas d'annulation de cautionnement sont rares. C'est pourquoi, il arrive à la caution d'invoquer plus souvent l'erreur sur la solvabilité du débiteur (au jour de son engagement). Cependant, cette erreur n'est pas si facile à démontrer[605].

---

600 A. MINKOA SHE, A. MINKOA SHE, *Droit des sûretés et des garanties du crédit dans l'espace OHADA, Les garanties personnelles*, t. 1, PUF, 2010, n° 132, p. 86.

601 Cass. civ. 1re., 4 juillet 1979, *D.*, 1979, Jur. p. 626. En l'espèce, la personne âgée ne savait pas la signification du cautionnement.

602 Cass. civ. 1re., 25 mai 1964, *Bull. civ. I*, n° 269.

603 Cass. civ.1re., 17 juillet 1996, pourvoi n° 055637, *inédit* ; V. déjà en ce sens : CA Paris, 8 juin 1999, *JurisData*, n° 023 363.

604 M. BOURASSIN, V. BRÉMOND, M.-J. JOBARD-BACHELLIER, *Droit des sûretés*, Sirey, 4e éd., octobre 2013, p. 78, n° 250.

605 Soulignons qu'en France, la jurisprudence se refuse généralement à décharger la caution de ses engagements, en cas d'erreur sur la solvabilité du débiteur ; cette dernière est retenue

245. L'opportunité d'introduction du principe de proportionnalité en droit OHADA ? Faut-il alors regretter l'absence de règles spéciales instaurant un principe de proportionnalité du cautionnement en droit OHADA à l'image de la législation française ? Notre position peut sans doute surprendre, mais nous répondrons à cette question par la négative. Pour deux raisons essentielles, le législateur OHADA gagnerait vraiment à ne pas introduire un tel principe en vue de rétablir l'équilibre contractuel du cautionnement. Premièrement, il faut tenir compte des réalités africaines. Dans les pays de l'espace OHADA, le cautionnement des dirigeants sociaux est très répandu[606]. La plupart des banques en Afrique acceptent ainsi facilement ce type d'engagement en matière de cautionnement en raison de l'implication directe du dirigeant social au succès de l'opération. Ce dernier est perçu comme une personne particulièrement intéressée à la réussite de l'opération de son entreprise ; le dirigeant étant conscient qu'il peut tirer financièrement profit du succès du projet de la société, tout comme il sait qu'il risque son appauvrissement en cas d'échec[607]. C'est pourquoi, la plupart des banques exigent fréquemment qu'il s'engage non pas à hauteur de ses ressources personnelles effectives comme le font ordinairement les cautions, mais à la hauteur du gain espéré de l'opération garantie[608]. Deuxièmement, force est de remarquer qu'en France, l'application du « *bénéfice de proportionnalité* » dans la réglementation française a très souvent provoqué un important contentieux en jurisprudence. L'on peut donc raisonnement craindre qu'un tel problème se pose en droit OHADA. Dès lors, on ne peut que comprendre que le législateur africain se passe d'instaurer une réglementation particulière du principe de proportionnalité à l'image du droit français.

---

comme une cause de nullité du cautionnement que si ce « *motif était déterminant pour l'engagement de la caution* » et que si celui-ci était entré implicitement ou explicitement dans le champ contractuel. V. notamment, CA Nancy, 20 novembre 2013, pourvoi n° 120484, *Revue de droit bancaire et financier*, 01 avril 2014, n° 2, p. 45 ; V. également, Cass. com., 1er octobre 2002, pourvoi n° 00-13189, *Bull. civ. IV*, n° 219.

606 V. en ce sens, J-Cl. NGNINTEDEM, « Les mutations du cautionnement en droit OHADA/ du droit civil au droit des affaires », *Revue de droit des affaires internationales*, décembre 2012, n° 6, p. 694.

607 V. en ce sens, J-Cl. NGNINTEDEM, « Les mutations du cautionnement en droit OHADA/ du droit civil au droit des affaires », *Revue de droit des affaires internationales*, décembre 2012, n° 6, p. 695 et p. 696. Comme le souligne cet auteur, « *réserver une règlementation au principe de proportionnalité [...] au cautionnement donné par le dirigeant social [n'est] en réalité, [...][que] la traduction du refus de réalisation négative du risque que le dirigeant caution a entendu assumer* ».

608 *Ibidem*.

246. **Recherche d'un principe de proportionnalité applicable en droit OHADA.** Toutefois, il serait peut-être intéressant que la caution personne physique « *désintéressée* » puisse invoquer le caractère disproportionné de son engagement. À ce propos, la jurisprudence allemande a pu fixer nettement la notion de cautionnement disproportionné, qu'on peut transposer en droit OHADA à cette catégorie de caution. Sur le fondement du paragraphe 138, alinéa 1 du *BGB*[609], les magistrats allemands contrôlent la proportionnalité des engagements pris par les cautions personnes physiques par rapport à leur « *surface financière*[610] ». Dans un important arrêt, en 1994[611], elle retient à la fois le critère objectif et subjectif pour déterminer l'existence de la disproportion du cautionnement. Le premier critère est tiré du « *déséquilibre grossier entre l'engagement de la caution et sa solvabilité actuelle ou prévisible de manière réaliste*[612] ». Aussi, faudrait-il que la caution ait mérité la protection, au moment de la conclusion du contrat, à savoir justifier de son inexpérience professionnelle ou d'avoir subi une pression quelconque au moment de la conclusion du contrat. Le second critère a trait à la faute commise par le créancier, notamment la connaissance de la disproportion flagrante du cautionnement ou l'absence de démarche en ce sens[613]. Au niveau de la sanction, nous opterions pour la réduction judiciaire de l'engagement de la caution à la place de la nullité pure et simple du cautionnement, qui peut paraître sévère pour le fournisseur de crédit, afin de préserver une certaine justice contractuelle.

247. Somme toute, si l'on peut, dans une certaine mesure, comprendre l'absence de principe de proportionnalité en droit OHADA, en revanche, il peut paraître regrettable que le législateur africain n'ait pas consacré, comme en France, un devoir de mise en garde pesant sur le créancier à l'égard de la caution.

---

609 Cet article dispose : « Est nul tout acte juridique qui porte atteinte aux bonnes mœurs ».

610 Celle-ci correspond à l'ensemble du patrimoine de la caution. Cf. Cass. civ. 1re., 22 octobre 1996, *Bull. civ. I*, n° 362.

611 Cf. Arrêt de la Cour fédérale de justice allemande du 24 février 1994, ZR 227/93, WM 1994. 676, *RTD civ.*, 1995, p. 705, obs. C. Witz. La Cour fédérale de justice allemande a affirmé : « *Au cas où une caution s'engage dans une proportion qui dépasse de loin ses revenus et son patrimoine présents et futurs, le cautionnement peut être considéré comme nul lorsque d'autres circonstances imputables au créancier alourdissent de manière significative les charges de la caution et qu'elles conduisent à une inégalité insupportable entre les parties.* » Elle a ajouté : « *Pareilles charges peuvent notamment résulter de ce que le créancier exploite l'inexpérience professionnelle de la caution ou la détresse morale de celle-ci ou encore qu'il porte atteinte d'une autre manière à la liberté de décision de la caution.* »

612 Cf. Fr-X. Grignon-Derenne, « À propos du cautionnement manifestement disproportionné par rapport à la fortune du garant », *D.*, 2001, p. 1382.

613 *Ibidem.*

§ 2. La reconnaissance d'un devoir de mise en garde à la charge du créancier

248. Plan. La consécration d'un devoir de mise en garde est plus ou moins récente en droit français. Elle résulte d'une construction purement jurisprudentielle. En effet, en vue de résorber davantage le déséquilibre informatif existant en droit de cautionnement, les juges français n'ont eu de cesse, au cours de ces dernières années, d'affirmer un devoir de mise en garde (A) à l'étendue incertaine pesant sur le créancier. Bien que l'on ne puisse douter des intentions nobles des hauts magistrats, on remarquera également que la sanction, en cas de manquement du créancier à son obligation (B), est quelque peu imprécise.

A. L'affirmation d'un devoir de mise en garde du créancier

249. La consécration progressive du devoir de mise en garde. À l'origine, le créancier n'était soumis à aucune obligation d'information à l'égard de la caution. L'on considérait le cautionnement comme un contrat reposant essentiellement sur la bonne foi et où chaque contractant était tenu d'une obligation d'information[614]. La Cour de cassation a longtemps retenu cette analyse en refusant de reconnaître un devoir général d'information à la charge du créancier[615]. Mais, au cours de ces dernières années, la tendance s'est inversée.

250. Le devoir de mise en garde à la charge du créancier : une « obligation pressentie ». Muée par la quête d'équilibre contractuel, la jurisprudence a mis à la charge du créancier de nouvelles contraintes. Il fut soumis respectivement à l'obligation d'information[616], puis à un devoir de conseil[617], pour enfin être assujetti à un devoir de mise en garde dès le début du xxie siècle[618]. En effet,

---

[614] A.-S. BARTHEZ et D. HOUTCIEFF, *Traité de droit civil. Les sûretés personnelles*, sous la direction de J. GHESTIN, LGDJ., 2010, n° 349.

[615] V. en ce sens, Cass. civ.1re., 9 avril 2002, pourvoi n° 99-18.715.

[616] V. par exemple, Cass. com., 28 octobre 1974, pourvoi n° 72-14.397, *Bull. civ.*IV, 1974, n° 264, p. 214 ; Cass. com., 5 novembre 1991, pourvoi n° 89-18005, *Bull. civ. IV*, 1991, n° 327, p. 227.

[617] V. notamment, Cass. civ.1re., 8 juin 1994, pourvoi n° 92-10.560, *Bull. civ. I*, 1994, n° 150 ; *JCP E*,1995, 652, note D. LEGEAIS ; Cass. civ. 1re., 27 juin 1995, pourvoi n° 92-19.212, *Bull. civ. I*, n° 287, p. 200 ; *Defrénois*, 1995, p. 1415, obs. D. MAZEAUD ; *JCP E*. 1996, p. 772, note D. LEGEAIS.

[618] M. BOURASSIN, V. BRÉMOND, M.-N. JOBARD BACHELIER, *op. cit.*, n° 420.

au fil de l'évolution jurisprudentielle, l'obligation de conseil du banquier a perdu une grande part de son importance au profit du devoir de mise en garde.

251. **Le devoir de mise en garde : « une obligation consacrée »**. Ainsi, la Cour de cassation n'hésita pas à reconnaître, de façon explicite, l'existence d'un devoir de mise en garde à la charge du banquier. Cette question avait, pendant une certaine période, divisé les chambres civiles et commerciales au sein de la Cour de cassation[619]. C'est finalement, à partir de quatre importants arrêts du 12 juillet 2005[620] rendus en formation plénière, que la Cour de cassation a clairement admis la possibilité pour une caution de reprocher à sa banque de lui avoir accordé un prêt en violation du devoir de mise en garde. Il convient notamment de relever parmi ceux-ci l'arrêt époux Jauleski où la Cour de cassation a rejeté le pourvoi interjeté par une banque, au motif que cette dernière avait méconnu « *ses obligations à l'égard de ces emprunteurs profanes en ne vérifiant pas leurs capacités financières et en leur accordant un prêt excessif au regard de leurs facultés contributives, manquant ainsi à son devoir de mise en garde*[621] ». Cette solution fort juste n'est guère surprenante, car elle permet de mieux protéger celui qui n'a pas de connaissance en matière de cautionnement. Ce devoir de mise en garde à la charge du professionnel permet notamment à un client vulnérable d'effectuer un choix en pleine connaissance de cause, lors de la conclusion du contrat.

---

619 La chambre commerciale soutenait que c'était en principe à l'emprunteur de mesurer les risques avant de s'engager ; en ce sens qu'il ne revenait pas à la banque de juger de l'opportunité de l'octroi de crédit. V. par exemple, Cass. com., 18 février 1997, pourvoi n° 94-18.073, *Bull. civ. IV*, 1997, n° 52 ; Cass. com., 24 septembre 2003, pourvoi n° 02-11.362, *Bull. civ. IV*, 2003, n° 137, p. 157 ; *RTD com.*, 2004, 2004, p. 142, obs. D. LEGEAIS.Tandis que la première chambre civile de la Cour de cassation estimait que la banque devait mettre en garde les emprunteurs sur les risques liés à l'opération de crédit. V. par exemple, Cass. civ. 1re., 27 juin 1995, pourvoi n° 92-19.212, précité. Notons que dans cet arrêt, la Cour reprochait à la banque de ne pas apporter la preuve de la mise en garde des emprunteurs sur l'importance de l'endettement résultant des prêts octroyés.

620 Cass. civ. 1re., 12 juillet 2005, pourvoi n° 02-13.155, *Bull. civ. I*, 2005, n° 324 ; pourvoi n° 03-10.770, *Bull. civ. I*, 2005, n° 325 ; pourvoi n° 03-10.115, *Bull. civ. I*, 2005, n° 326 ; pourvoi n° 03-10.921 ; *Bull. civ. I*, 2005, n° 327. V. aussi en ce sens, Cass. com., 3 mai 2006, pourvoi n° 04-19.315, *Bull. civ. IV*, n° 103 : il a été reproché à une cour d'appel de n'avoir pas recherché si « *l'engagement souscrit n'était pas hors de proportion » avec les facultés financières de cette caution et si « de ce fait, la crédit bailleresse n'avais pas manqué à son devoir de mise en garde* » à l'égard de cette dernière ; Cass. com., 12 janvier 2010, pourvoi n° 08-21.278 et Cass. com., 12 janvier 2010, pourvoi n° 08-20.898, non publiés au Bulletin ; Cass. com., 26 janvier 2010, pourvoi n° 08-70.423, non publié au Bulletin ; Cass. com., 21 septembre 2010, pourvoi n° 09-16348, non publié au Bulletin.

621 Cass. civ. 1re., 12 juillet 2005, pourvoi n° 03-10.921 ; *Bull. civ. I*, 2005, n° 327. En l'espèce, un établissement de crédit avait accordé un prêt à un couple qui avait pourtant de très modeste revenu en vue de l'acquisition d'une maison.

D'ailleurs, le devoir de mise en garde consiste, classiquement, pour le banquier à alerter le débiteur ou la caution sur les risques encourus lors d'une opération de crédit[622].

252. Les bénéficiaires du devoir de mise en garde. Depuis, ces arrêts la Cour de cassation a fixé les conditions d'existence de ce devoir pesant sur le fournisseur de crédit. D'une part, elle a pu préciser que le premier critère pris en compte est la qualité de la caution. Plus précisément, pour la Haute Cour, le créancier professionnel n'est tenu à un devoir de mise en garde qu'à l'égard d'une caution « *non avertie*[623] ». Cette condition s'est ainsi enracinée dans la jurisprudence. En constitue une illustration saisissante l'arrêt rendu par la chambre commerciale de la Cour de cassation, en date du 3 mai 2006, ayant conclu qu'un établissement de crédit commettait une faute en consentant un crédit-bail à une entreprise, dont l'une des cautions engagées était une jeune étudiante à faible patrimoine et qui n'exerçait plus aucune fonction de direction au sein de ladite entreprise[624]. De plus, la même juridiction a précisé que la seule qualité de dirigeante et d'associée d'une entreprise ne suffit pas pour établir le caractère averti d'une caution[625]. La qualification de caution avertie découlera d'une analyse *in concreto* des juges de la faculté de cette dernière à mesurer les risques de son engagement. En revanche, la Cour de cassation a estimé, dans un arrêt du 9 février 2016, que le fournisseur de crédit

---

622 Cf. Ass. plén.,2 mars 2007, pourvoi n° 06-15267 : à propos d'un contrat d'assurance où la Cour de cassation considère que le devoir de mise en garde consiste pour la banque à attirer particulièrement l'attention du client sur les risques du prêt proposé. En effet, dans le cadre du devoir de mise en garde, il ne s'agit ni d'informer, ni de conseiller en préconisant un choix d'action au prêteur ou à la caution.

623 V. Cass. com., 8 janvier 2008, pourvoi n° 06-17.650, *JCP E*, 2008, 2461, obs. R. ROUTIER ; Cass. com., 10 juillet 2012, pourvoi n° 11-10.548 ; Cass. com., 5 novembre 2013, pourvoi n° 12-25111, *Bulletin Joly Sociétés*, 31 janvier 2014, n° 1, p. 20. La Cour de cassation a pu consacrer dans ces décisions le principe selon lequel, en présence d'une caution « *avertie* », le créancier n'est pas tenu d'un devoir de mise en garde.

624 Cass. com., 3 mai 2006, pourvoi n° 04-19315, *Bull. civ. IV*, n° 103.

625 Cass. com., 22 mars 2016, pourvoi n° 14-20.216, *Bulletin mensuel d'information des sociétés Joly*, n° 5, 1er mai 2016, p. 247, note J.-F. BARBIÉRI : « *En se déterminant ainsi, par des motifs impropres à établir que la caution était avertie, ce qu'elle ne pouvait déduire de sa seule qualité de dirigeant et associé de la société débitrice principale, la cour d'appel a privé sa décision de base légale* ». La Haute juridiction fait, ici, preuve d'une très grande rigueur dans l'appréciation du caractère averti de la caution, même si cette dernière occupe des fonctions dirigeantes au sein de la société. V. déjà en ce sens, Cass. com., 11 avril 2012, pourvoi n° 10-25.904, *Bull. civ. IV*, 2012, n° 76.

n'était aucunement tenu à un devoir de mise en garde à l'égard du conjoint donnant son consentement au cautionnement[626].

253. La protection de la caution « non avertie » assistée par un tiers sachant. La question s'est posée de savoir si une caution « *non avertie* » ne pouvait plus invoquer le devoir de mise en garde du banquier, lorsqu'elle était assistée par une personne « *avertie* », au moment de la conclusion du contrat. Pour l'heure, la jurisprudence semble encore divisée. Contrairement à la chambre commerciale[627] de la Cour de cassation, la première chambre civile[628] maintient sa jurisprudence plus protectrice, en continuant de refuser de dispenser le créancier de son devoir de mise en garde, alors même que la caution est assistée par une personne « *avertie* » au moment de la conclusion du contrat. Comment ne pas exprimer sa perplexité devant la seconde approche ? En effet, celle-ci peut paraître, particulièrement draconienne pour le créancier, en ce qu'elle constituerait un déséquilibre dans les rapports contractuels de ce dernier avec la caution. Adopter un tel raisonnement reviendrait dans une certaine mesure à transformer en « *incapables majeures*[629] » des cautions assistées par des professionnels. Pour autant, la position de la chambre civile est, au fond, tout à fait logique et justifiée à plus d'un titre. Tout d'abord, il est clair que nulle autre personne que la banque ne

---

626 Cass. com., 9 février 2016, pourvoi n° 14-20.304 ; *Dalloz actualité*, 18 mars 2016, obs. X. DELPECH ; *Lexbase Hebdo-Edition Affaires*, n° °457, 10 mars 2016, obs. G. PIETTE. Dans un attendu limpide, la Cour de cassation a déclaré : « *Après avoir énoncé que le consentement de Mme X... au cautionnement donné par son époux en garantie des dettes de la société, en application de l'article 1415 du code civil, n'a pas eu pour effet de lui conférer la qualité de partie à l'acte et qu'aucune disposition législative ou réglementaire n'impose au créancier bénéficiaire du cautionnement de fournir des informations ou une mise en garde au conjoint de son cocontractant, préalablement à son consentement exprès, l'arrêt retient à bon droit que Mme X... n'était créancière d'aucune obligation d'information ou de mise en garde à l'égard de la banque bénéficiaire du cautionnement ; que le moyen n'est pas fondé* ». C'est vrai, la solution de la chambre commerciale semble juridiquement fondée. Toutefois, est fort regrettable l'absence de devoir de mise en garde du créancier (professionnel dans le cas d'espèce) à l'égard du conjoint de la caution. Pour reprendre les termes du professeur Gaël Piette, on n'est pas à l'abri d'un « *risque d'un défaut d'information du conjoint de la caution* ».

627 Cass. com., 3 mai 2006, pourvoi n° 02-11.211 ; Cass. com., 12 novembre 2008, n° 07-12.949, *RD bancaire et fin.* 2009, n° 9, obs. D. LEGEAIS.

628 Cass. civ. 1re., 30 avril 2009, pourvoi n° 07-18.334, *Bull. civ. IV*, n° 85, *JCP*,2009, n° 1583, note D. LEGEAIS. ; *Gaz. Pal.* 21 mai 2009, p. 5, note S. PIEDELIÈVRE ; *Gaz. Pal.* 12 sept. 2009, p.° 9, obs. B. BURY ; Cass. civ. 1re., 24 sept. 2009, pourvoi n° 08-16.404.

629 Cass. civ. 1re., 30 avril 2009, pourvoi n° 07-18.334, *RLDA*, 40, 2009, note E. BAZIN.

peut *a priori* maîtriser parfaitement les éléments de l'opération de crédit[630]. Ensuite, le fait que la caution « *non avertie* » soit assistée d'un tiers sachant ne signifie pas que celle-ci ne risque pas de s'engager au-delà de ses possibilités financières. Enfin, la « *complexification du travail d'appréciation des juges du fond* » génèrerait, à coup sûr, un accroissement du contentieux. Par conséquent, il revient au banquier pragmatique de mettre utilement en garde la caution qu'il présume « *non avertie* », de se mettre à l'abri d'éventuelles poursuites. Cela favorise donc l'accroissement d'un formalisme, qui peut paraître excessif dans la mesure où il ne garantit pas la protection des contractants les plus faibles.[631] Quoi qu'il en soit, il est souhaitable que le droit bancaire sur cette question fasse l'objet d'une jurisprudence unifiée.

254. La charge de la preuve pesant sur le créancier. Quant à la question de savoir à qui incombe la charge de la preuve de la qualité avertie ou non de la caution, la Cour de cassation a répondu que celle-ci appartient au créancier[632]. Par deux arrêts du 29 juin 2007, la Cour de cassation, réunie en chambre mixte, a, par exemple jugé qu'« *en se déterminant ainsi, sans préciser si M. F. était un emprunteur non averti et, dans l'affirmative, si, conformément au devoir de mise en garde auquel elle était tenue à son égard lors de la conclusion du contrat, la caisse justifiait avoir satisfait à cette obligation à raison des capacités financières de l'emprunteur et des risques de l'endettement nés de l'octroi des prêts, la cour d'appel a privé sa décision de base légale*[633] ». En outre, la jurisprudence a pu préciser que la preuve d'une

---

630 Cass. civ. 1re., 30 avril 2009, pourvoi n° 07-18.334, *JCP G.* n° 20, 13 mai 2009, act.256, note L. DUMOULIN.

631 J. DANIEL, « Devoir de mise en garde du banquier », *Les petites affiches*, 18 février 2008, n° 35, p. 5.

632 Cass. com., 11 décembre 2007, pourvoi n° 03-20747, *JurisData* n° 2007-041922 ; V. aussi en ce sens Cass. com., 17 novembre 2009, pourvoi n° 08-70197, *Revue de droit bancaire et financier*, 2010, n° 10, obs. D. LEGEAIS : dans cette affaire, les hauts magistrats ont décidé que : « *le banquier auquel il appartient de démontrer qu'il a rempli son obligation de mise en garde, est dispensé de cette obligation s'il établit que son client a la qualité d'emprunteur averti* ». Cette solution, dégagée en matière de prêt, est transposable en ce qui concerne le cautionnement, étant donné que les mêmes règles s'appliquent. V. en ce sens, Cass. com., 9 février 2016, pourvoi n° 14-23.210, *RD bancaire et fin.*, n° 2, mars 2016, comm. 75, obs. J. DJOUDI : « *la charge de la preuve de l'exécution de son obligation de mise en garde incombe à la banque et qu'il lui appartenait ainsi de prouver qu'elle a cherché à connaître la situation réelle et actuelle des emprunteurs* » ; Cass. com., 22 mars 2016, pourvoi n° 14-20.216, *Bulletin mensuel d'information des sociétés Joly*, n° 5, 1er mai 2016, p. 247, note J.-F. BARBIÉRI

633 Cass. ch. mixte., 29 juin 2007, pourvoi n° 05-21.104, *JCP G.* II, 2007, 10146, note A. GOURIO et Cass. ch. mixte., 29 juin 2007, pourvoi n° 06-11.673.

telle obligation devra être rapportée par tout moyen[634]. À l'inverse, les cautions « *averties* » ne peuvent prétendre bénéficier du devoir de mise en garde du créancier, sauf dans l'hypothèse de « *dissymétrie d'information*[635] ». Cela étant, elles devront démontrer que les créanciers détenaient des informations sur leur situation financière qu'elles-mêmes méconnaissaient[636]. Toutefois, l'ignorance de la caution « *avertie* » ou non doit donc être légitime. Son absence de coopération ou la dissimulation d'informations sur sa situation financière a pour conséquence de lui faire perdre, en toute logique, le droit d'invoquer le manquement du créancier à son devoir de mise en garde.

255. Quelle teneur au devoir de mise en garde ? D'autre part, une autre condition est posée en jurisprudence pour la mise en œuvre du devoir de mise en garde par la caution : l'intensité du risque. Toutefois, quels risques la caution peut-elle reprocher au créancier de lui avoir fait prendre ? Tout d'abord, si l'on suit la jurisprudence plus ou moins récente, la caution peut se prévaloir du manquement au devoir de mise en garde envers le débiteur, sauf à y voir, comme certains auteurs, une exception purement personnelle au débiteur[637]. Par exemple, dans un important arrêt de la cour d'appel de Paris, les juges ont affirmé que le « *manquement au devoir de mise en garde est une exception inhérente à la dette dont peut se prévaloir la caution*[638] ». Ensuite, la caution peut également se prévaloir de l'absence du devoir de mise en garde commis à son égard. Mais, sur le contenu de ce celui-ci, la jurisprudence paraît assez floue et divisée. Cela génère une incertitude juridique quant à la délimitation des frontières respectives entre le contenu du principe de proportionnalité et le devoir de mise en garde. En effet, la question s'est posée de savoir si l'absence de risque d'endettement de la caution faisait disparaître le devoir de mise en garde du créancier. Selon certains arrêts, il ne pourrait pas y avoir de devoir de mise en garde envers une caution, si l'engagement pris par cette dernière n'est pas excessif au regard de ses capacités financières de remboursement[639]. Autrement dit, il faudrait que les conditions de mise en

---

634 Cass. civ. 1re., 14 octobre 1997, pourvoi n° 95-19609, *Bull. civ. I*, n° 278.

635 F. CRÉDOT et P. BOUTEILLER, « De quel manquement au devoir de mise en garde la caution peut-elle se prévaloir ? », *JCP E*, n° 37, 16 septembre 2010, 1713, p. 13.

636 Cass. com., 28 novembre 2006, pourvoi n° 05-13559, *Inédit*.

637 F. CRÉDOT et P. BOUTEILLER, « De quel manquement au devoir de mise en garde la caution peut-elle se prévaloir ? », p. 13.

638 CA Paris, pôle 5, 2e ch., 18 janvier 2013, n° 12/09070, *RD bancaire et fin.*, juillet-août, 2013, 128, p. 53, note D. LEGEAIS.

639 Cass. civ. 1re., 18 février 2009, pourvoi n° 08-11.221, *Bull.civ.* I, n° 36, qui avait jugé que « *faute d'avoir mis la cour d'appel en mesure de constater l'existence d'un risque d'endettement qui serait né de l'octroi de la somme prêtée, Mme X... n'est pas fondée à*

œuvre du principe de proportionnalité soient préalablement réunies pour pouvoir invoquer l'absence de mise en garde du créancier.

256. En revanche, selon d'autres arrêts, « *le devoir de mise en garde existe dès lors que le crédit consenti au débiteur principal est excessif*[640] ». Par conséquent, le devoir de mise en garde du créancier subsiste quand bien même la disproportion du cautionnement ne serait pas avérée. La caution, même solvable, doit alors être alertée par le créancier du risque encouru du fait du crédit excessif accordé au débiteur et des conséquences financières auxquelles elle s'expose. C'est cette dernière analyse qui semble avoir les faveurs de la jurisprudence, notamment celle émanant de la chambre commerciale de la Cour de cassation. Par deux arrêts, rendus en date du 27 novembre 2012, elle a pu déclarer : « *alors même qu'elle ne peut se prévaloir du principe de proportionnalité, la caution non avertie peut bénéficier du devoir de mise en garde*[641] ». Une telle évolution doit être accueillie favorablement pour plusieurs raisons en vue de l'équilibre contractuel du cautionnement. D'une part, à la différence de la première analyse, elle participe à une simplification du droit en permettant d'éviter les interférences entre le principe de proportionnalité et le devoir de mise en garde. D'autre part, il paraît assez logique et juste de considérer qu'un établissement de crédit se doit d'informer la caution de la dangerosité de l'engagement pris par le débiteur ; même s'il n'y a aucun risque pour cette dernière d'un engagement excessif. En effet, le devoir de mise en garde, auquel est soumis le banquier, est *in fine* « *lié au déséquilibre de l'information* »[642]. Du fait de la dangerosité et de la complexité de l'opération garantie, la caution « *non avertie* » doit pouvoir recevoir du créancier professionnel toutes les informations utiles pour prendre pleinement conscience des risques liés à son engagement.

---

lui reprocher d'avoir omis de procéder à une recherche que l'argumentation développée devant elle n'appelait pas » ; V. également dans le même sens : Cass. com., 7 juillet 2009, pourvoi n° 08-13.536, *Bull.civ. I*, n° 92 ; Cass. civ. 1re., 17 novembre 2009,pourvoi n° 08-70197, *Bull.civ. I*, n° 32 ; Cass. com., 26 janvier 2010, pourvoi n° 08-18354.

640 D. LEGEAIS, note sous Cass. com., 27 novembre 2012, pourvoi n° 11-25.967 et Cass. com., 27 novembre 2012, pourvoi n° 11-22.706, *RD bancaire et fin.*, janvier-février 2013, p. 39.

641 D. LEGEAIS, note sous Cass. com., 27 novembre 2012, pourvoi n° 11-25967 et Cass. com., 27 novembre 2012, pourvoi n° 11-22706, *RD bancaire et fin.*, janvier-février 2013, p. 39. Dans d'autres arrêts, la Cour de cassation a pu retenir également le manquement du banquier à son devoir de mise en garde, alors même que les conditions du principe de proportionnalité n'étaient pas réunies. V. notamment, en ce sens à propos d'un contrat de prêt : Cass. civ. 1re., 18 septembre 2008, pourvoi n° 07-17270, *Bull. civ. I*, n° 203.

642 A.-S. BARTHEZ et D. HOUTCIEFF, *Traité de droit civil. Les sûretés personnelles*, (dir.) J. GHESTIN, LGDJ., 2010, n° 350.

257. Vers un véritable « devoir de ne pas contracter » du professionnel ? Ensuite, à celle-ci d'accepter de courir librement les risques de s'engager après la mise en garde du créancier, contrairement à ce qu'a pu laisser croire certaines décisions jurisprudentielles. À titre d'illustration, on peut se référer à un arrêt du 12 juillet 2005 où il avait été reproché à une banque d'avoir octroyé un crédit sans avoir fait des vérifications relatives à la capacité financière du client. Il résultait que la banque n'aurait pas dû accorder le crédit[643]. Ce qui aboutissait à priver le client de la liberté de contracter, même en cas de connaissance de risques. Admettre une telle solution serait se méprendre sur la notion même du devoir de mise en garde et aurait pour conséquence de réduire inéluctablement l'octroi de crédit par les banques aux profits de personnes aux revenus modestes[644]. Le fournisseur de crédit est « *dans la même situation que le médecin qui peut réaliser l'opération une fois [après avoir] obtenu le consentement du patient informé des risques de l'intervention* »[645]. Plus simplement, dans le cadre du devoir de mise en garde, il s'agit, pour la banque, d'alerter la caution sur les périls découlant de l'opération garantie et non de s'ingérer dans ses affaires en la dissuadant de contracter[646].

258. Dès lors, quelle sanction en cas de manquement au devoir de mise en garde par le créancier professionnel ?

B. La sanction du devoir de mise en garde

259. La responsabilité contractuelle du créancier fautif. En droit français, lorsque le créancier professionnel n'a pas convenablement mis en garde la caution « *non avertie* », il s'expose à voir sa responsabilité contractuelle engagée. En application de l'article 1147 du Code civil, il risque d'être condamné à verser des dommages et intérêts à cette dernière. L'évaluation du préjudice sera soumise au pouvoir souverain du juge. La jurisprudence a ainsi été confrontée à la délicate question de l'évaluation des dommages et intérêts,

---

643 Cass. civ. 1re., 12 juillet 2005, Jauleski, pourvoi n° 03-10.921.

644 G. Viney, « Le devoir de mise en garde du dispensateur de crédit », *RDC*, avril 2007, p. 304.

645 D. Legeais, note sous Cass. civ. 1re., 21 février 2006, pourvoi n° 02-19066, *JurisData* n° 2006-032291, *Bull. civ. IV*, 2006, n° 91.

646 Cass. com., 9 février 2016, pourvoi n° 14-23.210, *RD bancaire et fin.*, n° 2, mars 2016, comm. 75, obs. J. Djoudi, où il a été retenu que « le défaut de mise en garde du banquier n'est pas un cas de dol et reste sans effet sur l'absence de conseil de souscrire une assurance facultative ».

en cas de condamnation du créancier. La caution « *non avertie* » peut-elle être totalement déchargée de son engagement en cas de manquement de l'établissement de crédit ?

260. La nature du préjudice indemnisable : la perte de chance de ne pas contracter. Pendant une certaine période, certaines juridictions du fond ont cru à tort que cela pouvait être envisageable[647]. Pour la Cour de cassation, c'était complètement méconnaître la nature du préjudice subi. Elle a déclaré, dans un célèbre arrêt du 20 octobre 2009, que « *le préjudice né du manquement par un établissement de crédit à son obligation de mise en garde s'analyse en la perte d'une chance de ne pas contracter*[648] ». Logiquement, il n'est donc pas question que la caution soit totalement libérée de son engagement, par compensation du manquement du créancier professionnel, à son obligation de mise en garde[649]. Dès lors, la réparation ne sera que partielle. Il reviendra donc aux juges d'apprécier souverainement la « *chance perdue de ne pas contracter*[650] ». Dit autrement, ils devront déterminer le pourcentage de chance qu'aurait eu la caution mise en garde de ne pas contracter, afin de fixer les dommages et intérêts à allouer[651].

---

647 CA Orléans, 20 nov. 2008, RG n° 08/00360 ; CA Angers, 24 juin 2008, RG n° 07/01478 ;CA Lyon, 5 juin 2008, RG n° 07/03822 ; CA Pau, 6 mai 2008 ; CA Pau, 10 avr. 2008, RG n° 06/01646 ; CA Metz, 13 février 2008, RG n° 06/00216.

648 Cass. com., 20 octobre 2009, pourvoi n° 08-20.274, *Gaz. Pal.* 20-21 novembre 2009, p. 24 et s., note F. GUERCHOUN, *JCP G.* 2009, n° 482, note S. PIEDELIÈVRE ; *JCP G.* 2009,422, obs. L. DUMOULIN ; *JCP E* 2009, 2053, note D. LEGEAIS. En l'espèce, une banque avait consenti un prêt de 80 000 euros, en vue du financement d'un fonds de commerce au profit de la mère d'une caution. Face à la défaillance de celle-ci, la caution fut assignée en vue d'exécuter son engagement. Auprès des juridictions du fond, elle invoqua le manquement au devoir de mise en garde de la banque. Les juges d'appel condamnèrent l'établissement de crédit à verser à la caution une indemnité équivalente à la somme garantie. La Haute Cour censura l'arrêt d'appel en considérant que « seule constitue une perte de chance réparable la disparition actuelle et certaine d'une éventualité favorable ». V. également en ce sens, Cass. com., 1er décembre 2009, pourvoi n° 08-17.675 ; Cass. com., 26 janv. 2010, n° 08-18.354, *JCP G.* 2010, n° 1153, note D. LEGEAIS ; *Bull. civ. IV*, n° 21 ; *Gaz. Pal.*, 23 mars 2010, p. 19, note S. PIEDELIÈVRE.

649 V. Cass. com., 20 octobre 2009, pourvoi n° 08-20.274, précité.

650 Cass. com., 26 janvier 2010, pourvoi n° 08-20505 : « Le préjudice né du manquement par un établissement de crédit à son obligation de mise en garde s'analyse en la perte de chance de ne pas contracter, dont le montant est souverainement apprécié par les juges du fond ».

651 V. en sens, la définition de la perte de chance dans une affaire d'assurance : Cass. com., 10 mars 2015, pourvoi n° 13-26.794, *RD bancaire et fin.*, n° 3, mai 2015, comm. 88, obs. J. DJOUDI. La chambre commerciale de la Cour de cassation rappelle que : « *La perte de chance de ne pas contracter une assurance adaptée ne peut être égale à l'avantage qu'aurait procuré cette chance si elle s'était réalisée* ».

261. Mérites de la qualification retenue. Cependant, cette méthode d'évaluation du préjudice a reçu un accueil mitigé au sein de la doctrine. Certains auteurs l'apprécient, tandis que d'autres la fustigent. Pour des auteurs, tels que les professeurs Manuella Bourassin, Vincent Bremond, et Jobard Bachelier, la qualification du préjudice réparable, retenu par la Cour de cassation, paraît satisfaisante. Ces auteurs relèvent, à fort juste titre, qu'il n'y a aucune certitude quant au caractère dissuasif d'une mise en garde[652] ; en effet, il n'est pas sûr que, si la caution avait été effectivement mise en garde, elle aurait forcément renoncé à s'engager. Cette méthode d'évaluation permet de limiter les risques d'abus de cautions qui voudraient supprimer complètement leurs engagements, dès lors qu'elles sont appelées en paiement. Toutefois, peut-on aller jusqu'à considérer que cette qualification du préjudice est totalement convaincante pour un équilibre contractuel du cautionnement ? Il est permis d'en douter. Plusieurs raisons peuvent être avancées en ce sens.

262. Limites de la qualification retenue. D'abord, il n'est pas certain que le préjudice soit véritablement constitué par « *la perte de chance de ne pas contracter* ». En pratique, on le voit, de nombreuses cautions, même lorsqu'elles sont correctement mises en garde, s'engagent tout de même dans l'opération risquée. Il peut paraître curieux d'être indemnisé, alors qu'on s'est engagé librement. Comme l'explique très opportunément le professeur Marc Mignot, « *l'indemnisation de la perte de chance suppose qu'une faute interrompe un processus potentiellement positif qui permette de réaliser un gain ou d'éviter une perte*[653] ». Ensuite, on peut également regretter que les contours de l'évaluation concrète des dommages et intérêts à verser à la caution semblent flous. La Cour de cassation n'a pas érigé des critères juridiques précis afin de chiffrer exactement le préjudice réparable. En général, le juge procédera au cas par cas pour évaluer « *la perte de chance de ne pas s'engager* » qu'a fait perdre l'établissement de crédit à la caution. Plus la perte de chance sera élevée, plus on s'acheminera vers une somme équivalente au prêt à rembourser par la caution. En constitue une illustration saisissante un arrêt de la chambre commerciale, du 31 mai 2011, ayant conclu que « *le manquement fautif que la caisse a commis à l'égard de Mme X... a conduit cette dernière à souscrire deux engagements qu'elle n'aurait pas régularisés si la banque avait rempli son obligation et que le préjudice qui en est résulté est équivalent au montant des sommes dues au titre des deux prêts,*

---

652 M. BOURASSIN, V. BRÉMOND, M.-N. JOBARD BACHELIER, *Droit des sûretés*, Dalloz, octobre 2013, n° 423.

653 M. MIGNOT, « Le devoir de mise en garde de l'emprunteur et de sa caution : devoir d'informer, de conseiller ou de s'abstenir de contracter ? », *in Le crédit-Aspects juridiques et économiques,* (dir.) J. LASSERRE CAPDEVILLE et M. STORCK, 30 mai 2012, p. 80.

auxquels Mme X... ne pouvait faire face dans leur intégralité ; qu'ayant ainsi limité la condamnation de la banque aux sommes que Mme X... restait lui devoir au titre des prêts, la cour d'appel n'a pas encouru le grief du moyen[654] ». Les juges peuvent donc parfois évaluer le préjudice réparable à la somme restante due à la banque par un emprunteur.

263. Recherche d'une réparation appropriée. Fort de ces insuffisances de la solution jurisprudentielle actuelle, il nous apparaît opportun d'envisager une nouvelle approche quant à la réparation du préjudice pour manquement au devoir de mise en garde. S'agissant de la sanction du devoir de mise en garde, un certain nombre d'auteurs préconisent un retour pur et simple à la consécration responsabilité extracontractuelle du créancier[655]. Pour soutenir cette thèse, les professeurs Denis Mazeaud et Mustapha Mekki partent du postulat que les différentes obligations précontractuelles d'information sont, à la base, destinées à éclairer le consentement du débiteur ou de la caution, afin que l'engagement pris se fasse en toute lucidité[656]. Quant au préjudice indemnisable, le professeur Mustapha Mekki va plus loin en estimant que celui-ci consisterait en « *la perte d'une chance d'éviter l'endettement excessif*[657] ».

264. Pour la consécration du « préjudice d'impréparation ». Somme toute, bien que ces différentes analyses ne soient pas dénuées de toute logique, on avouera éprouver quelques difficultés à succomber à leur charme ; surtout, si l'on veut parvenir à une certaine justice contractuelle accrue. Mais quel est alors le préjudice réel subi par la caution ? À la vérité, on serait tenté de penser avec le professeur Dimitri Houtcieff que la nature réelle du préjudice réparable relatif à l'absence de mise en garde du créancier est l'exposition de la caution à un risque. En d'autres termes, au lieu de qualifier le dommage subi par la caution comme « *une perte de chance de ne pas contracter* », il serait judicieux d'y voir un préjudice moral, consistant dans le fait pour celle-ci de

---

654 Cass. com., 31 mai 2011, pourvoi n° n° 09-71509.

655 V.notamment, M. MEKKI, « La singularité du devoir de mise en garde du banquier dispensateur de crédit », *RD bancaire et fin.* n° 6, novembre 2007, dossier 27 ; D. MAZEAUD, obs. sur Cass. com., 20 octobre 2009, pourvoi n° 08-20.274, *RDC*, 01 janvier 2010, n° 1, p. 30.

656 D. MAZEAUD, obs. sur Cass. com., 20 octobre 2009, pourvoi n° 08-20.274, *RDC*, 01 janvier 2010, n° 1, p. 30.

657 M. MEKKI, « La singularité du devoir de mise en garde du banquier dispensateur de crédit », *RD bancaire et fin.*, n° 6, novembre 2007, dossier 27. Dans le même sens, E. SCHOLASTIQUE, « Les devoirs du banquier dispensateur de crédit au consommateur. À propos d'un arrêt de la 1re Chambre civile de la Cour de cassation », *Defrénois*, 1995, p. 689 et s.

ne pas avoir été alertée du risque réel auquel elle serait exposée[658]. Au fond, il s'agit d'un « *préjudice d'impréparation* » que madame Penneau avait pu qualifier en matière médicale. Elle le définit comme étant « *le dommage dont peut se plaindre tout patient qui n'a pas été en mesure de se préparer psychologiquement au risque qui lui avait été caché. [...]. Il est, en effet, de constatation commune que l'on supporte moralement mieux un dommage à l'éventualité duquel on a pu psychologiquement se préparer, que celui qui était totalement imprévu*[659] ». Peut-être objectera-t-on que tout comme « *la perte de chance de ne pas contracter* » son évaluation n'est pas aisée ? Qu'à cela ne tienne, comme le souligne fort bien le professeur Dimitri Houtcieff, le dommage réellement réparé est mieux identifié, et ce sans « *contorsions théoriques*[660] ». On ne peut pas en dire autant de la « *perte de chance de ne pas contracter* ». Espérons qu'une telle qualification soit adoptée par les juges pour un juste équilibre contractuel.

Conclusion de la section II

265. Au regard de ce qui précède, il ressort qu'en droit français, dans le but de rééquilibrer contractuellement le cautionnement, on a multiplié les obligations du créancier sur le fondement de bonne foi. Malheureusement, à bien y réfléchir, les instruments utilisés, tels que le principe de proportionnalité et le devoir de mise en garde, s'avèrent à des degrés différents ni parfaitement équilibrés ni respectant le strict rapport d'égalité. L'absence de coordination de ces dispositifs, ajoutée aux lacunes législatives et jurisprudentielles, surtout en matière de proportionnalité, favorise grandement les cautions dans le rapport contractuel. Rien d'étonnant de constater qu'en pratique cela poussera les cautions à invoquer indistinctement ces deux moyens pour profiter des failles du système juridique. Toujours est-il que la caution est prompte à user de tout moyen de défense pour se défaire de ses engagements. En revanche, en ce qui concerne le droit OHADA, la situation est bien différente. La situation du créancier est quasi confortable. Le législateur s'est cantonné d'édicter des règles assurant la solvabilité de la caution, en s'inspirant des articles 2295 et suivants du Code civil français.

---

658 D. Houtcieff, obs. surCass. com., 20 octobre 2009, pourvoi n° 08-20274, *La lettre OMNIDROIT*, 9 décembre 2009, p. 21.

659 Cf. M. Penneau, note sous CA Angers, 11 septembre 1998, *Dalloz*, 1999, Jur. 46.

660 En ce sens, D. Houtcieff, obs. surCass. com., 20 octobre 2009 pourvoi n° 08-20274, *La lettre OMNIDROIT*, 9 décembre 2009, p. 21 ; A.-S. Barthez et D. Houtcieff, *Traité de droit civil. Les sûretés personnelles*, sous la direction de J. Ghestin, LGDJ., 2010, n° 353, p. 257.

Conclusion du chapitre I

266. Constatations. En dernière analyse, on peut conclure qu'en droit français, il existe un déséquilibre contractuel criant, favorisant la caution dans ses rapports avec le créancier. D'ailleurs, on peut légitimement se demander « *si le cautionnement est toujours un contrat qui ne fait naître d'obligations qu'à la charge de la caution, lorsque se multiplient les cas dans lesquels le créancier engage sa responsabilité contractuelle sur le fondement de l'article 1147 [du Code civil]*[661] ». *A contrario*, en droit OHADA, on s'aperçoit que le législateur n'a pas soumis le créancier à trop de contraintes comme c'est le cas en droit français. S'il fait preuve de rigueur accrue, en ce qui concerne le pouvoir des cautions comme son homologue français, il n'a pas repris des exigences telles que le principe de proportionnalité du cautionnement ou encore la reconnaissance d'un devoir de mise en garde du créancier. Ce qui incite à dire que l'Acte uniforme contraste quelque peu avec le droit français, car les créanciers y sont dans une situation davantage favorable.

267. Perspectives. Au final, quelques propositions peuvent être dégagées afin d'assurer un meilleur équilibre entre les droits du créancier et de la caution. De manière générale, elles s'ordonnent autour de la singularité du droit OHADA par rapport au droit français. En ce qui concerne ce dernier, il est impératif que le législateur procède à un assouplissement de ses textes notamment ceux restreignant considérablement les pouvoirs de certaines cautions, à savoir le cas des cautions agissant pour le compte de la société et celles mariées sous le régime de la communauté de biens. De plus, le législateur français gagnerait à simplifier son dispositif, relatif aux exigences relevant de la bonne foi, pesant sur le créancier. Quant au législateur africain plus particulièrement, toujours animé d'un désir de favoriser l'investissement, l'on peut souhaiter qu'il fasse davantage preuve de justice contractuelle. Cela passe notamment par la clarification et la simplification de ses textes à la lumière des propositions ci-dessus suggérées.

---

661 M. SÉJEAN, *La bilatéralisation du cautionnement ? Le caractère unilatéral du cautionnement à l'épreuve des nouvelles contraintes du créancier*, préf. D. HOUTCIEFF, Thèse, Université d'Evry Val d'Essonne, LGDJ, 2009, n° 174, p. 174.

CHAPITRE II

La sauvegarde résiduelle des intérêts du créancier eu égard aux exigences relatives à la créance garantie

268. Plan. Au stade de la formation du cautionnement en droit français et en droit de l'OHADA, il existe certaines règles destinées à sauvegarder les droits du créancier. Toutes ces dispositions sont fondées sur le principe selon lequel le cautionnement est, certes, un engagement dangereux pour la caution, mais il représente aussi pour les créanciers une garantie permettant de pallier une éventuelle insolvabilité des débiteurs. Ainsi, sauf à amener les créanciers à se tourner vers d'autres sûretés, il a fallu prendre en compte la garantie des droits du créancier. Toutefois, malgré ces intentions similaires, affichées par le législateurs français et africain, ils ont tous les deux instauré, parfois avec maladresse, des dispositifs différents dans leur règlementation. Si le législateur français limite considérablement les droits, pour la caution, d'invoquer la nullité relative de l'obligation principale (Section I), le droit OHADA a, quant à lui, procédé à l'institutionnalisation d'un cautionnement solidaire de plein droit (Section II).

SECTION I

La limitation des droits pour la caution d'invoquer la nullité relative de l'obligation principale en droit français

269. Plan. Le cautionnement est un contrat accessoire. De ce fait, la caution est en droit de pouvoir invoquer tous les moyens que le débiteur pourrait soulever pour se désengager vis-à-vis du créancier. Or, depuis quelques années, la jurisprudence française en est venue, par sollicitude à l'égard du créancier, à limiter le caractère accessoire[662] en admettant que la caution ne peut opposer au créancier une nullité relative du contrat principal. *De lege lata*, on peut regretter que l'obscurité règne encore, en droit français, sur la question des exceptions purement personnelles, au point de mettre à mal la cohérence et même l'équilibre contractuel du cautionnement. Aujourd'hui, le dispositif français sur la question reste très controversé (§ 1). Par conséquent, *de lege ferenda*, plusieurs rectificatifs sont à envisager (§ 2).

---

662 D. LEGEAIS, *Sûretés et garanties de crédit*, LGDJ, 2014, p. 111, n° 143.

§ 1. De lege lata : une mesure controversée

270. **Les sources de la controverse en droit français.** La controverse en droit français naît de textes régissant la question des exceptions de nullité relative que peut opposer la caution au créancier. En effet, le Code civil français, à son article 2289, (anciennement article 2012 du Code civil), pose à son alinéa 1er le principe selon lequel « *le cautionnement ne peut exister que sur une obligation valable* ». Dit autrement, le cautionnement n'est valable que si la dette garantie n'est pas nulle. Le même texte prévoit une exception à son alinéa 2 en disposant « *qu'on peut néanmoins cautionner une obligation, encore qu'elle pût être annulée par une exception personnelle à l'obligé ; par exemple, dans le cas de minorité* ». Si l'on s'en tient à la lettre de ce texte, il est donc possible, à titre exceptionnel, de cautionner une obligation susceptible d'être annulée pour incapacité du débiteur. Ainsi, sous son apparente simplicité, l'alinéa 2 donne l'impression qu'il entre en contradiction avec l'alinéa 1 du même article 2289. En effet, comme le souligne le doyen Philippe Simler, « *si l'obligation de la caution survit à l'annulation pour incapacité de l'obligation principale, la conséquence inéluctable en est l'absence de tout recours contre le débiteur garanti, alors pourtant que cette possibilité est de l'essence du cautionnement*[663] ».

271. De plus, et de manière paradoxale, une disposition similaire à celle de l'article 2289 se retrouve dans l'article 2313 du Code civil (ancien article 2036), relatif aux exceptions que la caution peut opposer au créancier. Cet article dispose, entre autres, que « *la caution peut opposer au créancier toutes les exceptions qui appartiennent au débiteur principal, et qui sont inhérentes à la dette. Mais elle ne peut opposer les exceptions qui sont purement personnelles au débiteur* ». Les rédacteurs du Code Napoléon n'ont donc malheureusement pas précisé ce qu'ils entendaient exactement par exceptions inhérentes à la dette (« *rei coherentes* ») et par exceptions purement personnelles au débiteur (« *personae coherentes* »)[664].

272. Face à cette rédaction « *malhabile* »[665] des textes, il était traditionnellement admis, tant en doctrine qu'en jurisprudence, et ce malgré quelques décisions

---

[663] Ph. SIMLER, *Cautionnement : garanties autonomes, garanties indemnitaires*, 5e éd., mai 2015, Paris : Litec-LexisNexis, n° 230, p. 241.

[664] D. GRIMAUD, *Le caractère accessoire du cautionnement*, préf. D. LEGEAIS, PUAM, 2001, p. 194, spéc. n° 180.

[665] V. aussi en ce sens, J. CASEY, « La nullité relative tirée du dol affectant le consentement du débiteur principal : une exception purement personnelle », *JCP G.* 2007, act. 274, p. 6.

dissidentes[666], que la caution pouvait opposer au créancier toutes les exceptions appartenant au débiteur. En effet, sur le fondement du caractère accessoire du cautionnement, on ne retenait pas une lecture littérale des articles 2289 (ancien article 2012) et 2313 (ancien article 2036) du Code civil[667]. Ainsi, pour la majeure partie de la doctrine et selon la jurisprudence majoritaire, l'incapacité du débiteur constituait le seul exemple d'exception purement personnelle, qui pouvait être opposée par la caution pour échapper à son engagement[668], position retenue essentiellement pour des raisons historiques[669].

273. Les tentatives de clarifications par l'ordonnance de 2016. Par l'ordonnance de 2016, le législateur français a introduit un nouvel article 1315 aux termes duquel « *le débiteur solidaire poursuivi par le créancier peut opposer les exceptions qui sont communes à tous les codébiteurs telles que la nullité ou la résolution, et celles qui lui sont personnelles. Il ne peut opposer les exceptions qui sont personnelles à d'autres codébiteurs, telle que l'octroi d'un terme* ». Ce nouveau texte opère donc la distinction entre les exceptions communes (assimilables aux exceptions inhérentes à la dette) et les exceptions personnelles tels que les vices du consentement. Selon le doyen Yves Picod, on peut en déduire que la nullité relative du contrat principal entraînerait *ipso facto* la nullité du cautionnement[670].

274. La dérive : l'extension excessive de la notion d'« exception purement personnelle ». Pour autant jusqu'ici, ces interprétations ne sont pas partagées par la chambre mixte de la Cour de cassation, ce qui laisse planer le doute. La chambre mixte de la Cour de cassation a, au contraire, le 8 juin 2007, opté pour une interprétation plus large de la notion « *d'exception purement personnelle* », en décidant que « *la caution ne peut invoquer les exceptions*

---

666 Cf. notamment, sur l'exception de dol, CA Montpellier, 21 septembre 1993, *JurisData* n° 034828, et CA Paris, 19 février 1999, *JurisData* n° 020314.

667 Ph. SIMLER, « Le cautionnement est-il encore une sûreté accessoire ? », *in Mélanges en l'honneur de Gilles Goubeaux*, LGDJ-Lextenso éditions, 2009, p. 499.

668 M. BOURASSIN, V. BRÉMOND, M-N. JOBARD-BACHELIER, *Droit des sûretés*, 3e éd., Dalloz-Sirey, janvier 2012, n° 219, p. 75.

669 Cf. A. SCHNEIDER, « Des exceptions que la caution peut opposer au créancier : pour un retour aux sources », *JCP G*. n° 12, 20 mars 2002, p. 542. En droit Romain, afin de faciliter l'accès au crédit pour les mineurs tout en protégeant le créancier, les jurisconsultes avaient décidé « *de maintenir l'obligation du fidéjusseur par l'artifice d'une obligation naturelle du débiteur principal, libéré de son obligation sur le plan civil [...] à la condition que le mineur ait eu un discernement suffisant pour faire naître l'obligation naturelle* ».

670 Y. PICOD, *Droit des sûretés*, 3e éd., PUF, septembre 2016, p. 50, spéc. 31.

qui sont purement personnelles au débiteur principal » et qu'en l'espèce, elle n'était donc pas recevable « *à invoquer la nullité relative tirée du dol affectant le consentement du débiteur principal*[671] ». Pour la Cour régulatrice, le dol, à l'instar des autres vices de consentement, et, de façon générale, l'ensemble des causes de nullité relative sont des exceptions purement personnelles tenant à la personne du débiteur principal et qui, de ce fait, ne peuvent profiter à la caution[672]. Dit autrement, la caution ne peut se prévaloir d'une nullité relative, non soulevée par la personne que la loi a voulu protéger.

275. Les justifications soulevées. Les magistrats du Quai de l'horloge justifient davantage leur position par le fait que, contrairement aux nullités d'ordre public, les nullités relatives ne peuvent être mises en œuvre que par la personne que la règle violée vise à protéger. Cette interprétation est d'ailleurs accréditée par plusieurs arrêts ultérieurs[673]. Ce raisonnement a également été

---

671 Cass. ch. mixte., 8 juin 2007, pourvoi n° 03-15.662, *Bull. ch. mixte*. n° 5 ; *JCP G*. II, 2007, 10138, note Ph. SIMLER ; *D*. 2007, p. 2201, obs. D. HOUTCIEFF ; *RD bancaire et fin.*, 2007, comm. 145, obs. A. CERLES. V. déjà en ce sens, Cass. com., 20 janvier 1999, pourvoi n° 96-10.433, non publié (relatif à un dépassement de pouvoir de la caution) ; Cass. civ. 1re., 15 décembre 1999, pourvoi n° 97-18.262, *JurisData* n° 1999-004579 où il a été jugé que « *la nullité d'un contrat pour vice du consentement est une nullité relative, qui ne peut être invoquée que par le contractant qui se prétend victime d'un tel vice* » ; Cass. com., 13 novembre 2002, pourvoi n° 95-18.994 ; *Bull. civ. IV*, 2002, n° 161, p. 185, où elle réaffirme que les manœuvres dolosives pratiquées par le débiteur principal ne peuvent être prises en compte pour invalider le cautionnement. V. Contra., Cass. civ. 3e., pourvoi n° 03-17.682, *Bull. civ. III*, 2005, n° 101, p. 94, où dans une affaire en tous points similaire à celle de la chambre mixte du 8 juin 2007, la Cour régulatrice avait considéré que le dol entachant la validité du contrat principal était constitutif d'une exception inhérente à la dette.

672 Ph. SIMLER, « Le cautionnement est-il encore une sûreté accessoire ? », *in Mélanges en l'honneur de Gilles Goubeaux*, LGDJ-Lextenso éditions, 2009, p. 498.

673 V. plus récemment, CA Bordeaux, ch. civ. 2e., 20 octobre 2010, n° 08/06409, *JurisData* n° 2010-024315 ;Cass. com., 22 mai 2013, pourvoi n° 11-20.398, inédit, jugeant que « *la nullité pour dol du contrat de prêt constitue une exception purement personnelle que seul le débiteur principal peut invoquer, puis ayant constaté que ce dernier faisait valoir dans la présente instance ses droits et actions, c'est exactement ce que la cour d'appel a retenu : que les associés de la SNC (cautions), tiers au contrat de prêt conclu entre cette dernière et le CDE, n'avaient pas qualité pour en poursuivre la nullité pour dol et qu'il ne le pouvaient davantage par la voie de l'action oblique* ». Plus étonnant, la solution de la Cour de cassation du 8 juin 2007 tend à retentir très au-delà du dol. V. notamment, en ce sens, et dans des circonstances différentes, Cass. com., 22 mai 2007, pourvoi n° 06-12.196, *Bull. civ. I*, n° 136 ; *D.*,2007, p. 1999, note O. DESHAYES ; *RTD com.*, p. 333, obs. P. CROCQ ; en l'espèce, la Cour de cassation avait considéré que « *la renonciation par le créancier au droit à agir en paiement contre le débiteur principal n'emporte pas extinction de l'obligation principale ni du recours de la caution contre ce débiteur, de sorte que la clause précitée ne fait pas obstacle aux poursuites du créancier contre la caution solidaire* ». V. aussi, Cass. com., 27 novembre 2007, pourvoi n° 06-18.079, *JurisData*

bien accueilli par certains auteurs[674] tels que le professeur Stéphane Piédelièvre. Ce dernier souligne, à ce propos, qu'est certes admis l'élargissement possible du droit de critique en matière de nullité relative ; toutefois, « *encore faut-il que la nullité soit protectrice des intérêts de plusieurs personnes, ce qui n'est pas le cas en présence d'un dol du contrat garanti, sauf à véritablement infléchir le fondement de ce droit de critique pour l'ouvrir à tous ceux qui auraient un simple intérêt économique* »[675]. Cet auteur précise qu'en vérité, la caution est victime d'un « *préjudice économique, résultant du déclenchement de la garantie, du fait de l'inaction du débiteur principal* »[676].

276. Appréciation critique. Pour autant, un tel raisonnement n'est pas totalement convaincant. L'argument classique de l'indépendance contractuelle du cautionnement nous paraît faible. À la vérité, la caution, loin de chercher à annuler un contrat sur le fondement d'un dol d'une tierce personne au contrat, entend plutôt se prévaloir du dol subi par une partie au contrat principal[677]. L'article 2288 du Code civil ne dispose-t-il pas que « *celui qui se rend caution d'une obligation se soumet envers le créancier à satisfaire à cette obligation, si le débiteur n'y satisfait pas lui-même*[678] ». Il en découle une certaine identité des obligations entre celle du débiteur principal et celle de la caution. La caution a même souvent été identifiée par la Cour de cassation au débiteur

---

n° 2007-041657 ; Cass. com., 22 septembre 2009, pourvoi n° 08-10.389, *JurisData* n° 2009-049597 ; *JCP G*, 2009, doctr. 492, n° 8, obs. Ph. SIMLER ; CA Douai, ch. 2, sect. 1, 18 novembre 2010, *JurisData* n° 2010-025388 ; *JCP G*, 2011, doctr. 770, n° 5, obs. Ph. SIMLER, qui a décidé que la caution n'est pas susceptible de se prévaloir du défaut de cause affectant le contrat de prêt et qu'il s'agit d'une exception purement personnelle au débiteur.

674 V. notamment, C. GRIMALDI obs. sur Cass. ch. mixte., 8 juin 2007, pourvoi n° 03-15.662, *RDC,* 2008, 1er juillet 2008, n° 3, p. 702. Pour cet auteur, la caution n'est aucunement concernée par le vice de consentement subi par le débiteur principal. C'est pourquoi, ce dernier dispose seul de la possibilité d'invoquer la nullité de son engagement ; la caution quant à elle peut exercer son recours personnel contre le débiteur principal pour se faire rembourser éventuellement.

675 S. PIÉDELIÈVRE note sous Cass. ch. mixte., 8 juin 2007, pourvoi n° 03-15.662, *JCP N*, 2007, p. 1226.

676 *Ibidem.*

677 Cf. D. HOUTCIEFF obs. sur Cass. ch. mixte., 8 juin 2007, pourvoi n° 03-15.662, *D.*, 2007, p. 2201.

678 En ce sens, R. T. TROPLONG, *Le droit civil expliqué, Du cautionnement et des transactions*, Hingray, 1846, n° 497 cité par D. HOUTCIEFF obs. sur Cass. ch. mixte., 8 juin 2007, pourvoi n° 03-15.662, *D.* 2007, p. 2201.

principal[679]. De surcroît, sur le plan des conséquences pratiques, la solution de la chambre mixte conduit à affaiblir gravement la protection des cautions résultant du caractère accessoire de son engagement. La caution ne saurait être tenue plus durement que le débiteur principal[680]. Elle ne peut être assimilée à un coobligé solidaire, sauf à réduire la portée du caractère accessoire du cautionnement,voire même à le remettre en cause[681].

277. Plus fondamentalement, il ne faut pas occulter que l'article 2313 du Code civil se situe dans une section réservée à l'extinction du cautionnement. Par conséquent, même si le texte ne le dit pas nettement, il vise uniquement les exceptions relatives à une cause d'extinction de l'obligation principale[682]. De plus, si on s'attache à la lettre de l'article 2289, alinéa 2 du Code civil, il ne fait pas de doute que la minorité citée fait office d'illustration d'une exception purement personnelle, si l'on en croit la formulation utilisée « *par exemple*[683] ». Historiquement, cette dérogation au caractère accessoire du cautionnement se justifiait par la volonté du législateur de permettre aux incapables, ayant besoin de contracter du crédit, de se faire cautionner[684]. Sous cet angle, sauf à méconnaître l'esprit dudit texte, une telle justification ne se vérifie pas, quand il s'agit des autres causes de nullité à l'instar des vices du consentement[685]. Enfin, le caractère subsidiaire du cautionnement légitime la possibilité pour la caution de soulever les moyens personnels dont dispose le débiteur principal pour se soustraire à son engagement. En effet, il serait inéquitable, voire injuste, que le débiteur principal puisse se prévaloir d'un

---

679 D. HOUTCIEFF obs. sur Cass. ch. mixte., 8 juin 2007, pourvoi n° 03-15.662, *D.*, 2007, p. 2201.

680 Y. PICOD, *Droit des sûretés*, 2e édition, PUF, septembre 2012, p. 46.

681 *Ibidem*, p. 42 ; Aussi en ce sens, Ph. SIMLER note sous Cass. ch. mixte., 8 juin 2007, pourvoi n° 03-15.662, *JCP G*, II, 2007, 10138 ; le doyen Philippe Simler avait ainsi pu souligner : « si la caution ne pouvait opposer au créancier les exceptions personnelles au débiteur, son engagement ne pourrait pas, sans abus de langage, être qualifié d'accessoire » ; du même auteur, « Démantèlement du caractère accessoire du cautionnement ? », *JCP G*, n° 41, n° hors-série, 10 octobre 2011.

682 P. ANCEL, *Droit des sûretés*, 7e éd., *Lexisnexis*, août 2014, p. 74.

683 En ce sens, Cf. M. BOURASSIN, V. BRÉMOND, M-N. JOBARD-BACHELIER, *Droit des sûretés*, 3e éd., Dalloz-Sirey, janvier 2012, n° 232, p. 81.

684 Ph. SIMLER, *Cautionnement : garanties autonomes, garanties indemnitaires*, 5e éd., mai 2015, Paris : Litec-LexisNexis, n° 230, p. 241.

685 En ce sens, Cf. M. BOURASSIN, V. BRÉMOND, M- N. JOBARD-BACHELIER, *Droit des sûretés*, 3e éd., Dalloz-Sirey, janvier 2012, n° 232, p. 81.

moyen de défense à l'égard du créancier, pour se désengager, alors que la caution resterait tenue à l'égard de celui-ci[686].

278. **Vers un « retour aux sources » ?** Par ailleurs, la jurisprudence actuelle (notamment celle de la chambre commerciale de la Cour de cassation) tend à revenir à une position plus traditionnelle de la règle de l'accessoire. C'est ainsi qu'elle a affirmé que la caution peut opposer au créancier un manquement à son devoir de conseil[687] ou une rupture abusive de crédit[688]. Ces exceptions, à l'instar du dol subi par le débiteur principal, pourraient, au même titre, être qualifiées de personnelles. Toutefois, il faut relativiser ces décisions et ne pas se réjouir trop vite.

279. Somme toute, on peut difficilement se satisfaire des dispositions actuelles relatives à l'opposabilité des exceptions dans le cautionnement. Le maintien de distinctions subtiles ne favorise pas une lisibilité idoine du droit et génère au fil du temps, un contentieux jurisprudentiel important avec son lot de décisions fluctuantes, voire confuses. Par conséquent, *de lege ferenda*, une clarification et surtout une simplification des textes apparaissent hautement souhaitables pour remédier à ces incertitudes et rétablir un certain équilibre contractuel dans le cautionnement. Pour cela, plusieurs améliorations sont envisageables.

§ 2. De lege ferenda : les solutions envisageables

280. Afin de faire tarir les contorsions auxquelles se livrent la jurisprudence et la doctrine, plusieurs options sont envisageables par le législateur français.

281. **L'impertinence d'une redéfinition des exceptions opposables par la caution**. Au premier abord, on pourrait être tenté de procéder à une redéfinition des exceptions opposables par la caution. En effet, certains auteurs ont suggéré d'apporter de nouvelles définitions légales aux notions d'exceptions inhérentes à la dette et d'exceptions purement personnelles au débiteur[689]. Les premières auraient trait à « l'*existence, la validité, l'étendue,*

686 *Ibidem*, n° 233, p. 82.

687 Cass. com., 5 novembre 2013, pourvoi n° 11-25.111, *JCP G.* 2014, doctr. 635, obs. Ph. SIMLER.

688 Cass. com., 18 mars 2014, pourvoi n° 12-29.583, *JCP G.* 2014, doctr. 635, obs. Ph. SIMLER ; *D.*, 2014, Panorama, p. 1610, obs. P. CROCQ.

689 En ce sens, Cf. notamment L. AYNÈS, obs. sur Cass. 1re., 24 janvier 1990, pourvoi n° 87-19.409 et CA Paris 8 décembre 1989, *D.* 1990, Somm., p. 386.

ou les modalités de la dette principale[690] ». Les secondes seraient celles qui sont relatives « *au recouvrement de la dette par ledit débiteur*[691] ». Mais, ces nouvelles définitions ne semblent pas régler le problème pour autant[692]. Une faiblesse majeure de cette proposition apparaîtrait inéluctablement, à savoir le risque d'une interprétation téléologique de la jurisprudence.

282. L'abandon de distinctions subtiles : proposition d'une solution éventuelle. Comme il a été proposé par certains auteurs[693], le législateur français pourrait purement et simplement abandonner les distinctions controversées, comme celles des exceptions inhérentes à la dette et les exceptions purement personnelles au débiteur. Cette solution a pour principale vertu la simplicité. C'est, d'ailleurs, ce qu'avaient prôné les travaux de la commission Grimaldi qui n'avaient pu aboutir à l'occasion de l'ordonnance du 23 mars 2006[694]. Outre la suppression de la distinction peu éclairante, le législateur gagnerait à prévoir des exceptions limitatives. Mais, quelles exceptions admettre ? Il semble évident de ne retenir que les cas d'incapacité du débiteur principal. Dans le même ordre d'idée, le professeur Gaël Piette a suggéré d'exclure aussi l'exception tirée de l'insolvabilité. Selon lui, cette dernière peut difficilement être assimilable à une exception inhérente à la dette, en ce sens qu'elle est « *l'objet direct du créancier. Le créancier, en se dotant d'un cautionnement, entend se prémunir contre l'insolvabilité du débiteur*[695] ». Il appuie son raisonnement en soulignant le fait que la Cour de

---

690 M. BOURASSIN, *in L'efficacité des garanties personnelles*, préf. M-N. JOBARD-BACHELIER et V. BRÉMOND, LGDJ, Bibliothèque de droit privé, t. 456, février 2006, n° 978, p. 539.

691 *Ibidem.*

692 V., D. GRIMAUD, « Le caractère accessoire du cautionnement », préf. D. LEGEAIS, PUAM, 2001, n° 186 et n° 187. Cet auteur dans sa thèse souligne l'impertinence de la systématisation de la distinction du *débitum* et de l'*obligatio.* Pour lui, maintenir le critère suggéré a pour défaut la difficulté de sa manipulation et le maintien de zones d'ombres. V. aussi, Ph. SIMLER, *Cautionnement et garanties autonomes*, 3e éd., Litec, 2008, n° 49 ; D. LEGAIS, « La règle de l'accessoire dans les sûretés personnelles », *Dr. et patr.*, avril 2001, n° 92. Selon ces auteurs, la distinction entre exceptions purement personnelles et exceptions inhérentes à la dette n'a pas de raison d'être.

693 V. notamment, M. CABRILLAC, C. MOULY, S. CABRILLAC, Ph. PETEL, *Droit des sûretés*, 9e édition, septembre 2010 ; M. BOURASSIN, *in L'efficacité des garanties personnelles*, préf. M-N. JOBARD-BACHELIER et V. BRÉMOND, LGDJ, Bibliothèque de droit privé, t. 456, février 2006, n° 68, p. 59.

694 Ceci est dû au fait que le gouvernement n'est pas habilité à légiférer sur cette matière par voie d'ordonnance. Ainsi, l'article 2308 de l'avant-projet de réforme du droit des sûretés dispose que « *la caution peut opposer au créancier toutes les exceptions qui appartiennent au débiteur principal* ».

695 G. PIETTE, « Les faiblesses du cautionnement », *RLDA*, octobre 2008, n° 31, p. 104.

cassation prend en compte l'erreur sur la solvabilité actuelle du débiteur, si et seulement si la caution en a fait une condition de son engagement[696]. À nos yeux, une telle solution bien que séduisante, ne serait pas la plus pertinente, car elle ne tient pas compte des données historiques[697].

283. L'opportunité d'une transposition de la solution OHADA ? Au titre du droit comparé, le droit OHADA s'est inscrit dans cette démarche, en faisant preuve de plus de clarté depuis la réforme de 2010. En effet, il ignore la distinction des exceptions opposables qui « *comme un parasite, perturbe dangereusement les mécanismes du cautionnement*[698] ». Contrairement au droit français, le droit OHADA a reconnu à la caution le droit d'invoquer la nullité absolue et même la nullité relative d'une obligation principale. La question de l'opposabilité des exceptions, en droit OHADA, a pour texte de référence l'article 17 de l'AUS. Cet article, à son alinéa 1er, et à l'instar de l'article 2289, alinéa 1 du Code civil français, pose le principe selon lequel le cautionnement ne peut exister que sur une obligation valable.

284. L'alinéa 2 de l'article 17 de l'AUS consacre la possibilité, à titre exceptionnel, de « *cautionner en parfaite connaissance de cause, les engagements d'un incapable* ». Par ailleurs, le législateur africain précise *in fine* que « *la confirmation par le débiteur, d'une nullité relative ne lie pas la caution, sauf renonciation expresse, par la caution, à cette nullité*[699] ». Ainsi, si la caution ignorait l'incapacité du débiteur principal, la confirmation de l'acte par ce dernier ne la lierait pas sauf si elle y renonçait de manière expresse. Dès lors, si l'on part du postulat que la confirmation de l'acte vicié par le débiteur est inopposable à la caution, il ne fait pas de doute que cette dernière puisse de son propre chef invoquer la nullité relative de l'obligation principale[700].

---

696 En ce sens, Cf. notamment, Cass. civ. 1re., 25 octobre 1977, pourvoi n° 76-11.441.

697 Historiquement, pour les rédacteurs du Code civil « *la réserve des exceptions purement personnelles au débiteur principal n'a jamais concerné que la seule exception d'incapacité* ». V., à ce propos, TROPLONG, *Du cautionnement et des transactions*, 1846, n° 46 s. et 494 s, cité par P. CROCQ, obs sur Cass., ch. mixte, 8 juin 2007, pourvoi n° 03-15602, *RTD civ.*, 2008, p. 331.

698 A. SCHNEIDER, « Des exceptions que la caution peut opposer au créancier : pour un retour aux sources », *JCP G.* n° 12, 20 mars 2002, p. 543.

699 Cf. article 17 alinéa 3 de l'AUS.

700 V. en ce sens, A. MINKOA SHE, *Droit des sûretés et des garanties du crédit dans l'espace OHADA, Les garanties personnelles*, t. 1, PUF, 2010, p. 63. Selon cet auteur, l'Acte uniforme va ici « *plus loin que l'article 1338 alinéa 3 du Code civil [français], qui énonce que la confirmation d'un acte juridique affecté d'une nullité relative est inopposable au tiers* ». Pour lui, la caution n'est pas en vérité un tiers.

285. Corollaire de la règle posée à l'article 17, alinéa 1 de l'AUS, l'article 29, alinéa 1 énonce que la caution peut invoquer l'ensemble des exceptions inhérentes à la dette qui appartiennent au débiteur principal qui vise à réduire, éteindre ou différer la dette. L'Acte uniforme n'a donc pas repris la même démarche du législateur français de son l'alinéa 2 de l'article 2036 du Code civil relatif à l'interdiction pour la caution d'opposer au créancier les exceptions purement personnelles au débiteur. Pour certains auteurs, cette démarche peut être due au fait que le législateur africain n'a pas jugé utile d'apporter des clarifications à la notion d'exception purement personnelle[701]. À notre sens, cette démarche s'inscrit davantage, aujourd'hui, dans un souci d'éviter des contentieux jurisprudentiels que génèrent ces notions en France. La suppression de la distinction, opérée par le droit OHADA, pourrait inspirer le législateur français. Cependant, cette solution serait-elle la plus intéressante ? Nous ne le pensons pas.

286. **La possible réécriture du dispositif en droit français**. Pour notre part, si l'on s'attache à l'esprit du Code civil et à l'évolution européenne actuelle du droit des sûretés[702], la solution la plus appropriée serait simplement de limiter l'exclusion à l'incapacité du débiteur principal[703]. Les autres exceptions purement personnelles au débiteur principal, à savoir celles relatives au vice de consentement de ce dernier, devraient rester opposables par la caution[704]. Dès lors, *de lege lata* on pourrait réécrire l'article 2036 du Code civil de la manière suivante : « *La caution peut opposer au créancier toutes les exceptions qui appartiennent au débiteur. Cette règle reçoit exception, lorsque la caution, s'étant engagée, en connaissance de cause, est obligée envers le créancier malgré la nullité de l'obligation principale pour incapacité* »[705]. Quant à l'article 2289 (ancien article 2012) du Code civil, il serait purement abrogé.

287. **Avantages du dispositif proposé**. Par la réformation des textes en vigueur, telle que proposée ci-dessus, on aboutirait, sans doute, à une juste conciliation entre le caractère traditionnellement accessoire du cautionnement et les

---

701 F. Anoukaha, A. Cisse-Niang, M. Foli, J. Issa-Sayegh et autres, *OHADA Sûretés*,Bruylant-Bruxelles, n° 78, p. 33.

702 V. P. Crocq, obs. sur Cass. ch. mixte., 8 juin 2007, pourvoi n° 03-15.662, *RTD civ.*, 2008, p. 331 et s.

703 V. également en ce sens, Y. Picod, *Droit des sûretés*, 2e édition, PUF, septembre 2011, p. 45.

704 V. aussi en ce sens, G. Piette, « Les faiblesses du cautionnement », *RLDA*, octobre 2008, p. 106.

705 A. Schneider, « Des exceptions que la caution peut opposer au créancier : pour un retour aux sources », *JCP G.* n° 12, 20 mars 2002, p. 544.

intérêts du créancier. De plus, la modification proposée présente l'avantage d'aboutir à un système d'opposabilité des exceptions des plus simples et présentant une grande accessibilité. Au-delà de cette solution classique, en vue de rééquilibrer le droit du cautionnement, le législateur français pourrait opter pour une solution plus originale en s'inspirant du droit allemand.

288. Le modèle allemand : une solution originale. De manière générale, le Code civil allemand, à son paragraphe 768, pose le principe selon lequel la caution peut invoquer toutes les exceptions susceptibles d'être soulevées par le débiteur principal. La renonciation du débiteur à ces exceptions est inopposable à la caution.

289. Par la suite, sur la question des exceptions relatives à un droit formateur[706], le législateur allemand fait preuve d'une certaine originalité, qui pourrait inspirer le législateur français en vue d'une réforme à venir. Le législateur allemand a fait appel à une notion particulière : « *l'exception de contestabilité* ». En vertu du paragraphe 770 alinéa 1 du *BGB* « *la caution peut refuser de satisfaire le créancier aussi longtemps que le débiteur principal a le droit de contester l'acte juridique qui est à la base de son engagement* ». En d'autres termes, si le débiteur principal venait à contester l'acte, cela entraînerait la disparition du droit à l'exception de contestabilité de la caution. Toutefois, cela laisserait la place à un nouveau moyen ouvert à la caution : « *l'exception d'extinction* ». Dès lors, si le débiteur laisse s'écouler le délai de contestation, et perd son droit formateur, la caution perdra *ipso facto* son exception et devra payer le créancier. Elle perdra également son exception, lorsque le débiteur principal aura renoncé à contester l'acte juridique. Se pose alors une question importante en pratique : la caution pourra-t-elle se retourner contre le débiteur en lui reprochant de n'avoir pas agi ? La réponse est négative. Pour la doctrine allemande majoritaire, « *il appartient exclusivement au débiteur de décider s'il souhaite mettre en œuvre son droit de contestation ou y renoncer*[707] ».

290. Les mérites du modèle allemand. Un tel modèle a plusieurs mérites. Il permet d'aboutir à une solution moins radicale que celle proposée par le rapport Grimaldi. Elle serait un juste compromis entre les arguments soulevés par la doctrine française. Certes la nullité relative est invocable par celui que

---

706 En Allemagne, il s'agit d'un droit formateur négatif (celui-ci ne peut être invoqué par le titulaire du droit). C'est le cas notamment lorsqu'un acte juridique est vicié par le créancier.

707 Cf. L. AYNÈS, P. CROCQ, Ph. DELEBECQUE, « Le cautionnement (die Bürgschaft) » *in Encyclopédie Lamy Droit des sûretés*, Etude n° 520-19.

la loi a voulu protéger, notamment le débiteur principal[708] ; toutefois, la caution, en tant que « *tiers intéressé* », doit pouvoir s'en prévaloir. Par conséquent, il ne serait pas choquant de mettre en œuvre un système où la caution pourrait se prévaloir d'une nullité relative, sous réserve d'une renonciation expresse à la contestation de l'acte juridique par la victime (le débiteur principal) ou d'une renonciation tacite du fait de l'écoulement du délai de contestation.

Conclusion de la section I

291. En tout état de cause, la question de l'opposabilité des exceptions par la caution, en droit français, et dans une moindre mesure, en droit OHADA, continue de mettre à mal l'équilibre contractuel du cautionnement. En voulant corriger les lacunes législatives, la jurisprudence française a affaibli considérablement et de façon malencontreuse les droits des cautions. Les solutions françaises actuelles tendent à heurter tant l'équité qu'un principe fondamental du cautionnement : son caractère accessoire[709]. C'est pourquoi, avec la doctrine majoritaire[710], nous appelons à une réforme sur la question, dans les jours à venir. La préservation de l'équilibre contractuel passe aussi par une simplification des textes.

292. De son côté, le législateur OHADA, dans sa volonté de préserver les droits du créancier, a instauré un mécanisme singulier : l'institutionnalisation d'une présomption de solidarité du cautionnement. Ce dispositif particulier du droit OHADA mérite donc un développement distinct.

---

708 V. notamment monsieur Patrice Bouteiller qui écrivait en ce sens : « comme toute douleur, le dol est intime et nul ne peut pour autrui déterminer le seuil du supportable ». Cf. P. Bouteiller, « La caution face au dol subi par le débiteur principal », *RLDA*, 2007/19, n° 1169.

709 C. ALBIGÈS, M-P. DUMONT LEFRAND, *Droit des sûretés*, Dalloz, 3e éd., septembre 2011, p. 144.

710 V. notam., Ph. SIMLER, « Le cautionnement est-il encore une sûreté accessoire ? », *in Mélanges G. Goubeaux*, Dalloz/LGDJ/Lextenso, 2009, p. 497 et s ; du même auteur, « Le démantèlement du caractère accessoire du cautionnement ? », *JCP G.* 2011, n° 41, supplément n° 8 ; A. SCHNEIDER, « Des exceptions que la caution peut opposer au créancier : pour un retour aux sources », *JCP G.* n° 12, 20 mars 2002, p. 544 ; G. PIETTE, « Les faiblesses du cautionnement », *RLDA*, octobre 2008, p. 104 et s.

SECTION II

L'institutionnalisation de la présomption de solidarité du cautionnement en droit OHADA

293. **Plan**. Institution très importante dans les opérations de crédit, la stipulation de solidarité est l'un des mécanismes les plus utilisés par les créanciers afin d'accroître l'efficacité de leur garantie. Elle s'est répandue au fil du temps dans le milieu de la finance et particulièrement dans le milieu du commerce. À ce propos, le professeur Philippe Jestaz assimilait la solidarité à une coutume « *qui a fini par être présumée dans les contrats entre commerçants*[711] ». Paradoxalement, le législateur OHADA n'a pas hésité à aller plus loin que le législateur français. Il a ainsi institué une présomption générale de solidarité du cautionnement[712].

294. Il apparaît dès lors opportun de s'intéresser à la nature juridique de la solidarité (§ 1) telle que consacrée en droit OHADA et à la portée juridique (§ 2) qui en découle.

§ 1. La nature juridique de la solidarité

295. **La généralisation de la présomption de solidarité du cautionnement : un principe consacré**. L'une des principales caractéristiques du cautionnement, en droit OHADA, est la consécration d'une présomption de solidarité de droit commun. Ce qui constitue une source indéniable d'efficacité de cette garantie aux yeux du créancier. C'est d'ailleurs ce qui ressort de l'article 20 de l'AUS OHADA, « *le cautionnement est réputé solidaire. Il est simple lorsqu'il est ainsi décidé, expressément, par la loi de chaque état partie ou la convention des parties* ». Le cautionnement est ainsi présumé solidaire dans les pays de la zone OHADA, sauf dérogation conventionnelle ou disposition contraire prévue par un état membre[713].

---

711 Ph. JESTAZ, *Les sources du droit*, Collection connaissance du droit, Dalloz, 2005, p. 95.

712 Au sens donné par l'article 1 de l'Acte uniforme OHADA révisé portant droit des sûretés, la réglementation à vocation à s'appliquer indistinctement au cautionnement civil et commercial. En effet, cet article dispose *in fine* : « *Une sûreté est l'affectation au créancier d'un bénéfice d'un bien, d'un ensemble de bien ou d'un patrimoine afin de garantir l'exécution d'une obligation ou d'un ensemble d'obligations, quelle que soit la nature juridique de celles-ci.* »

713 Pour l'heure, aucun État membre de l'OHADA n'a pris de disposition contraire à l'article 20 de l'AUS OHADA.

296. La généralisation de la présomption de solidarité du cautionnement : un principe limité. Néanmoins, lorsque la caution s'est fait personnellement garantir par un certificateur de caution désigné comme tel au sein du contrat de cautionnement ou un autre acte, il n'y a pas de présomption de solidarité entre la caution et le certificateur nonobstant une clause contraire[714]. En posant des limites à la présomption de solidarité, le législateur OHADA a semblé tenir compte du fait que, dans les pays africains, certaines cautions, notamment les personnes physiques, ne sont pas souvent bien informées[715]. En tout état de cause, par l'article 20 AUS OHADA, le législateur africain prend le contre-pied du législateur français qui consacre à l'article 1202 du Code civil le principe selon lequel « *la solidarité ne se présume point ; il faut qu'elle soit expressément stipulée ; cette règle ne cesse que dans les cas où la solidarité a lieu de plein droit en vertu d'une disposition de la loi* ». Ainsi, il s'agit en droit OHADA d'« *une véritable inversion des règles*[716] » énoncées dans le Code civil où le cautionnement simple fait office de droit commun[717].

297. Justifications de la généralisation de la présomption de solidarité du cautionnement. Plusieurs raisons peuvent justifier la position retenue par le droit OHADA. Traditionnellement en droit africain, la famille est généralement une « *partie au contrat dès le moment où un de ses membres y est partie, même si cela n'est pas expressément dit. C'est dès lors un devoir*

---

[714] Cf. art. 21 AUS OHADA.

[715] Y.-R. KALIEU ELONGO, « cautionnement », *in Encyclopédie OHADA* sous la direction de P.-G. POUGOUÉ, Lamy, décembre 2011, n° 25, p. 502.

[716] J.-J. ANVILE N'GORAN, « Du cautionnement solidaire dans l'acte uniforme portant organisation des sûretés de l'OHADA », *Penant*, 2006, n° 402, p. 857.

[717] D'ailleurs, l'article L. 341-3 du Code de la consommation prévoit que lorsqu'un créancier professionnel demande la stipulation de solidarité (et donc la renonciation au bénéfice de discussion) dans le cadre d'un cautionnement souscrit par une personne physique, cette dernière se doit de recopier la mention manuscrite suivante :« *En renonçant au bénéfice de discussion défini à l'article 2298 du Code civil et en m'obligeant solidairement avec X..., je m'engage à rembourser le créancier sans pouvoir exiger qu'il poursuive préalablement X..* ». Toutefois, la jurisprudence française, consacre une présomption de solidarité en matière commerciale qui s'appuie sur des critères subjectifs. Il s'agit par exemple du cas de la caution intéressée à la dette commerciale. La jurisprudence a ainsi souvent retenu la présomption de solidarité d'une caution non commerçante qui avait intérêt à la société en cause. C'est le cas notamment du dirigeant de société. V. en ce sens, Cass. com., 16 mars 1993, pourvoi n° 90-19205, *Bull. civ. IV*, n° 110 ; *RTD com.*, 1993, p. 485, obs. J. DERRUPPÉ ; Cass. com., 18 janvier 2000, pourvoi n° 97-12.741, *RD bancaire et fin.*, 2000, comm. n° 191, obs. D. LEGEAIS.

d'honneur que d'assister le membre engagé si celui-ci se trouve défaillant[718] ».

298. Pour d'autres auteurs, la démarche des rédacteurs de l'AUS est née d'une volonté d'adapter le droit à la pratique[719]. En réalité, plus que de se conformer à la pratique bancaire, l'objectif recherché par le législateur africain semble celui d'abandonner la distinction traditionnelle entre le cautionnement civil et le cautionnement solidaire[720]. Comme le précisent bien les professeurs Paul Gérard Pougoué et Yvette Rachel Kalieu Elongo, dans la mesure où le droit OHADA n'opère aucune distinction expresse entre le cautionnement civil et commercial, il y a lieu d'y voir l'élargissement, à la caution simple, du principe de solidarité applicable à la caution solidaire[721].

299. L'impertinence de la généralisation de la présomption de solidarité. Cette généralisation de la présomption de solidarité peut paraître très rigoureuse, dans la mesure où elle ne tient pas compte de la qualité des personnes contractantes. En effet, les parties à l'acte ne sont pas toujours avisées au point de prévoir des clauses de styles adéquates pour écarter cette présomption de solidarité de plein droit. La caution, en particulier, n'est pas toujours consciente du caractère commercial de l'acte qu'elle prend[722]. La situation est, au contraire, simple pour le créancier qui n'a pas à se soucier du consentement ou non de la caution à s'engager solidairement. Bien plus, le législateur OHADA a renversé la charge de la preuve. Il reviendra à la caution de démontrer qu'elle ne s'est pas engagée solidairement : soit en invoquant une clause du contrat, soit en invoquant une loi nationale écartant la présomption de solidarité.

300. Pour une application distributive de la présomption de solidarité. À l'évidence, ce dispositif mis en place par le législateur OHADA, en 2010, ne

---

718 Témoignage Mossi (Burkina faso) reccueilli par Xavier DIJON, « Eléments de droit comparé pour une théorie générale des contrats coutumiers au Burkina », *in* Revue Burkinabè de Droit, n° 7, janvier 1985, p. 30, cité par D. N'DONINGAR, *Réflexions sur les sûretés personnelles dans le traité issu de l'OHADA*, thèse dactylographiée, Université d'Orléans, 2004, p. 144.

719 J.-J. ANVILE N'GORAN, « Du cautionnement solidaire dans l'acte uniforme portant organisation des sûretés de l'OHADA », *Penant*, 2006, n° 402, p. 857.

720 Y.-R. KALIEU ELONGO, *Les sûretés personnelles dans l'espace OHADA*, Presses Universitaires d'Afrique, Collection Vademecum, 2006, p. 14 et s.

721 P.-G. POUGOUÉ et Y.-R. KALIEU, *Introduction critique à l'OHADA*, préf. A. DIOUF, Presses Universitaires d'Afrique, 2008, n° 110, p. 137.

722 B. DONDERO, « La présomption de solidarité en matière commerciale : une rigueur à modérer », *D.* 2009, p. 1097.

trouve pas son équilibre. Pour plus d'équité, à défaut de cantonner la présomption de solidarité dans le domaine commercial, il aurait été judicieux pour le législateur africain de consacrer une application distributive de la présomption de solidarité qui tienne compte de la qualité de la caution[723]. On assisterait donc à une modulation de la présomption de solidarité suivant le niveau de professionnalisme des personnes à protéger[724]. En outre, le législateur de 2010 aurait pu tout simplement se contenter de maintenir la position retenue dans l'Acte uniforme de 1997. En effet, malgré l'absence de clarté de l'ancien article 10 de l'AUS, relatif à la présomption de solidarité, on retenait que cette dernière avait vocation à jouer, lorsque l'une des parties à l'acte était commerçante. Malheureusement, le législateur OHADA, lors de la réforme de 2010, ne s'est pas inscrit dans cette voie. Les inconvénients de cette généralisation sont encore plus perceptibles, lorsqu'on se penche sur la portée juridique de la solidarité du cautionnement.

§ 2. La portée juridique de la solidarité

301. Vers une assimilation du cautionnement solidaire à un codébiteur solidaire ? La solidarité permet de renforcer l'efficacité d'une sûreté. Le créancier n'a pas à multiplier les poursuites, en cas d'insolvabilité de l'un de ses débiteurs et améliore ainsi significativement ses chances de recouvrement. Seulement, en droit OHADA, une difficulté a surgi quant à la question des effets de la solidarité. Celle-ci est née du fait qu'à l'instar du droit français[725], l'Acte uniforme OHADA dispose laconiquement que « *la caution solidaire est tenue de l'exécution de l'obligation principale dans les mêmes conditions qu'un débiteur solidaire*[726] ». En effet, l'assimilation apparente de la condition de la caution solidaire à celle du débiteur pouvait laisser penser que l'on aboutirait à une certaine dénaturation du caractère accessoire du cautionnement OHADA. Or, il n'en est rien. En réalité, selon le législateur OHADA, chaque fois que la caution s'est engagée solidairement, elle est

---

723 J-Cl. NGNINTEDEM, « Les mutations du cautionnement en droit OHADA/ du droit civil au droit des affaires », *Revue de droit des affaires internationales*, décembre 2012, n° 6, p. 688.

724 J-Cl. NGNINTEDEM, « Les mutations du cautionnement en droit OHADA/ du droit civil au droit des affaires », *Revue de droit des affaires internationales*, décembre 2012, n° 6, p. 688.

725 Cf. article 1216 du Code civil français : « *Si l'affaire pour laquelle la dette a été contractée solidairement ne concernait que l'un des coobligés solidaires, celui-ci serait tenu de toute la dette vis-à-vis des autres codébiteurs, qui ne seraient considérés par rapport à lui que comme ses cautions.* »

726 Cf. article 26 AUS OHADA.

placée au même rang que le débiteur solidaire, dans la mesure où elle ne peut invoquer le bénéfice de discussion[727] comme moyen de défense. L'engagement de la caution perd son caractère subsidiaire[728]. Toutefois, comme l'a souligné le professeur Pascal Ancel, « *la caution solidaire reste une caution* » ; en ce sens que, contrairement au codébiteur solidaire, son engagement demeure accessoire[729]. D'ailleurs, c'est dans ce sillage que se situe la doctrine majoritaire, lorsqu'elle souligne, à juste titre, que la solidarité « *ne change pas la nature du cautionnement, mais modifie seulement certains de ses effets*[730] ».

302. L'exclusion du bénéfice de discussion pour la caution. La présomption de solidarité, consacrée par le législateur OHADA, entraîne donc *ipso facto* la perte du bénéfice de discussion à la caution. Autrement dit, le créancier a le choix de saisir directement : soit le débiteur principal, soit la caution. Cette absence de hiérarchisation des poursuites a pour avantage de permettre au créancier de gagner un temps non négligeable. Il n'aura, en principe pas, à craindre que cette dernière puisse lui exiger un recours préalable contre le débiteur principal. La jurisprudence OHADA a pris position en ce sens. Ainsi, dans un célèbre arrêt du 5 février 2003, la cour d'appel de Daloa, se fondant sur l'article 16 de l'AUS (devenu article 27 AUS), n'avait pas reconnu à une caution solidaire le droit d'exiger au créancier de poursuivre d'abord le débiteur principal. Seule une caution simple est susceptible de soulever le bénéfice de discussion[731].

303. La nécessité de « poursuite préalable » du débiteur principal. Néanmoins, l'Acte uniforme prévoit un tempérament important à l'option offerte au créancier. Il précise que le créancier doit, préalablement, faire certaines démarches à l'encontre du débiteur principal, avant de se retourner contre la caution solidaire. C'est ce qui ressort notamment de deux dispositions :

---

727 Prévu à l'article 2298 du Code civil français, le bénéfice de discussion permet en principe à la caution de refuser de payer le créancier tant que ce dernier n'a pas encore poursuivi le débiteur.

728 A. MINKOA SHE, *Droit des sûretés et des garanties du crédit dans l'espace OHADA, Les garanties personnelles*, t. 1, PUF, 2010, p. 44.

729 P. ANCEL, *Droit des sûretés*, 7e éd., LexisNexis, août 2014, n° 67, p. 34.

730 M. CABRILLAC, C. MOULY, S. CABRILLAC, Ph. PETEL, *Droit des sûretés*, 10e éd., Litec-LexisNexis, 2015, p. 269, n° 385 ; V. aussi en ce sens, Y.-R. KALIEU ELONGO, Presses Universitaires d'Afrique, Collection Vademecum, 2006, p. 15.

731 Cour d'appel de Daloa, 2e chambre civile et commerciale, arrêt n° 32 du 05 février 2003 n° 32 M…et F…c/ AFRIC-AUTO), *Le Juris-Ohada*, n° 4/2004, octobre-décembre 2004, p 36, note M. BROU KOUAKOU, www.ohada.com, [Vu le 31 juillet 2016], J-05-174.

— l'article 23, alinéa 2 de l'AUS énonce *in fine* que « *le créancier [...] ne peut entreprendre de poursuites contre elle [la caution] qu'après une mise en demeure de payer adressée au débiteur [principal] et restée sans effet* » ;
— et en vertu de l'article 26, alinéa 2 de l'AUS, « *le créancier ne peut poursuivre la caution simple ou solidaire en appelant en cause le débiteur principal* » ;

304. **Illustrations jurisprudentielles**. Avant la réforme de l'Acte uniforme de 2010, la cour d'appel d'Abidjan (Côte d'Ivoire), avait déjà eu l'occasion de se prononcer en ce sens dans un célèbre arrêt du 27 juillet 2001. En l'espèce, une banque (BICICI) avait octroyé du crédit à une société dans le cadre de lettres de changes émises par cette dernière. Face à l'insolvabilité de sa cliente, la banque avait fait signifier aux cautions une condamnation à lui payer solidairement la somme de 276.128.865 francs. Celles-ci avaient contesté la validité de la décision, qui avait déclaré recevable la requête de la banque aux fins d'injonction de payer. Les juges d'appel ont donné raison aux cautions et annulé l'ordonnance d'injonction de payer, estimant à bon droit que, conformément à l'article 15 alinéa 2 de l'AUS (devenu article 26 alinéa 2 de l'AUS), « *le créancier ne peut poursuivre la caution simple ou solidaire qu'en appelant en la cause le débiteur principal*[732] ».

305. Puis, dans un important arrêt du 13 janvier 2010, la cour d'appel de Bobo Dioulasso (Burkina Faso) s'est prononcée sur la question des formes dans lesquelles un débiteur devait être mis en cause par le créancier. En effet, l'article 15 alinéa 2 de l'AUS (devenu article 26, alinéa 2 de l'AUS) reste silencieux sur ce point. En l'espèce, une dame s'était portée solidairement caution, dans deux actes, envers la BICIA-B (ci-après dénommée la banque) pour des prêts consentis par sa société. Cette dernière ayant été mise en redressement judiciaire, la banque assigna la caution en paiement, tout en signifiant l'acte d'assignation au débiteur principal. Condamnée, en première instance, au paiement de la somme due par la société débitrice, la caution interjeta appel, en contestant la recevabilité de l'action intentée par la banque. Elle estimait, notamment, que le débiteur principal n'avait pas préalablement fait l'objet de poursuites. Les juges d'appel l'ont débouté en déclarant notamment : attendu que l'article 15, alinéa 2 de l'AUS (devenu article 26 alinéa 2) « *ne précise pas les formes dans lesquelles le débiteur doit être mis en cause ; que la mise en cause ne signifie pas exercer des poursuites ; qu'en l'espèce la BICIA-B pour mettre en cause la société Madoua SARL, lui a*

732 Cour d'appel d'Abidjan (Côte d'ivoire), arrêt n° 1070 du 27 juillet 2001, Touré Gaoussou et Touré Abdramane, c/ BICICI Ecodroit, n° 13-14, juillet-août, 2002, p. 57 ; www.ohada.com, [Vu le 31 juillet 2016], Ohadata J-02-194.

signifié l'acte d'assignation en vertu duquel elle a demandé l'assignation de Mme Kone/Ouedraogo Abzeta à lui payer le montant de la créance. Qu'ainsi, cette mise en cause est recevable. Qu'il convient donc de déclarer recevable la requête de la BICIA-B[733] ». En d'autres termes, pour les juges, l'exercice de poursuites à l'encontre du débiteur principal n'est pas synonyme de mise en cause. Mais, une simple signification au débiteur, de l'acte d'assignation de la caution en paiement par le créancier, peut valoir mise en cause.

306. **La nécessaire clarification de la notion de « mise en cause »**. Cependant, l'observation de cette jurisprudence fait surgir une nouvelle question qui mérite d'être posée. Que signifie exactement la mise en cause du débiteur principal ? Faut-il se limiter à considérer la mise en cause comme le seul fait de signifier au débiteur principal l'assignation de la caution ? On peut regretter que le législateur OHADA n'ait pas saisi l'occasion, lors de la réforme 2010, de clarifier cela. Le nouvel article 26 alinéa 2 de l'AUS reprend les termes utilisés dans l'ancien article 15 alinéa 2 de l'AUS. On aurait pourtant pu réécrire ce texte comme suit : « *Toutefois le créancier ne peut poursuivre la caution simple ou solidaire qu'en appelant en cause le débiteur principal qui doit être discuté dans ses biens*[734] ». Une telle disposition ne porterait pas atteinte au caractère accessoire du cautionnement. Cette clarification du texte serait source de sécurité juridique. Par voie de conséquence, cela contribuerait à l'équilibre contractuel du cautionnement. Pour l'heure, le créancier gagnerait à prévoir une stipulation, excluant l'exigence de discussion préalable du débiteur principal, pour agir contre la caution solidaire.

307. **La survivance du bénéfice de division pour la caution solidaire**. Par ailleurs, ce qui caractérise la solidarité, c'est que chacun des cofidéjusseurs ne peut en principe jouir du bénéfice de division. Le créancier peut, alors, se tourner vers n'importe quel cofidéjusseur pour lui réclamer la totalité des sommes dues. Cette solution, pourtant bien ancrée en droit français[735], n'a pas eu les faveurs du législateur OHADA. Voulant manifestement réduire les effets de la solidarité pour la caution, ce dernier a opté pour une position contraire. Pour le législateur africain, lorsque plusieurs cautions s'engagent en faveur du débiteur pour une dette identique, sauf stipulation de solidarité

---

733 Cour d'appel de Bobo Dioulasso (Burkina Faso), ch. com., 13 janvier 2010, Madame Kone/Ouedraogo Abzeta, c/ BICIA-B, Société Madoua, Ouedraogo Joseph (syndic), www.ohada.com, [Vu le 31 juillet 2016] Ohadata J-12-118.

734 J.-J. ANVILE N'GORAN, « Du cautionnement solidaire dans l'acte uniforme portant organisation des sûretés de l'OHADA », *in Pratiques et actualités du droit OHADA*, juin 2007, p. 50.

735 V. notamment Cass. com., 7 janvier 1992, pourvoi n° 90-11123, *Bull. civ. IV*, n° 1, p. 1 ;

expresse, celles-ci ne sont pas tenues solidairement[736]. Elles peuvent alors invoquer le bénéfice de division comme moyen de défense vis-à-vis du créancier. Toutefois, elles devront soulever ce moyen *in limine litis*[737]. Dans le cas contraire, cela voudra dire qu'elles auront renoncé à s'en prévaloir. Ainsi, il semble que la présomption de solidarité, en droit OHADA, concerne uniquement les rapports entre le débiteur et la caution[738].

308. Précautions utiles pour le créancier. Cela dit, en présence de plusieurs cautions, le créancier qui souhaiterait recouvrer l'ensemble de la dette auprès de n'importe quelle caution, devra s'assurer de la stipulation de solidarité entre les cofidéjusseurs[739]. À défaut, il sera obligé de diviser ses recours entre les cautions[740] et devra subséquemment supporter « *l'insolvabilité des cautions poursuivies sans pouvoir la reporter sur les autres cautions* »[741]. Quoiqu'en pratique, pour renforcer l'efficacité de leurs garanties, les créanciers (généralement professionnels) s'adonnent à prévoir dans les contrats une double renonciation au bénéfice de division et de discussion.

309. Vers une représentation mutuelle des coobligés ? Au-delà de ces effets principaux de la solidarité (relatifs aux bénéfices de discussion et de division), on a pu s'interroger sur les effets procéduraux de celle-ci, en droit OHADA. Classiquement fondés sur la théorie de la représentation mutuelle, ces effets « *simplifient la poursuite du créancier*[742] ». En droit français, malgré le silence des textes et les critiques de la doctrine[743], la représentation mutuelle des

---

736 Cf. article 28 AUS alinéa 1 (ancien article 17 alinéa 1 AUS) : « *S'il existe plusieurs cautions pour une même dette, sauf stipulation de solidarité entre elles ou renonciation par elles à ce bénéfice, chacune d'elles peut sur les premières poursuites du créancier, demander la division de la dette entre les cautions solvables au jour où l'exception est invoquée* ».

737 Autrement dit, dès les premières poursuites, la caution devra impérativement invoquer le bénéfice division.

738 I. YANKHOBA N'DIAYE, « Réflexions sur le droit du cautionnement OHADA », *Revue sénégalaise de droit des affaires*, n° 5, 2007, p. 79.

739 I. YANKHOBA N'DIAYE, « Réflexions sur le droit du cautionnement OHADA », *Revue sénégalaise de droit des affaires*, n° 5, 2007, p. 79.

740 L. BLACK YONDO, M. BRIZOUA-BI, O. FILLE LAMBIE, L-J. LAISNEY, et A. MARCEAU-COTTE, *Le nouvel acte uniforme portant organisation des sûretés : la réforme du droit des sûretés de l'OHADA*, sous la direction de P. CROCQ, Lamy, octobre 2012, n° 93, p. 85.

741 Cf. article 28 alinéa 2 de l'AUS.

742 L. AYNÈS et P. CROCQ, *Les sûretés-La publicité foncière*, 8e éd., Defrénois, octobre 2014, n° 148, p. 55.

743 V. notamment, D. VEAUX et P. VEAUX-FOURNERIE, « La représentation mutuelle des coobligés », *in Mélanges Weill*, Dalloz-Litec, 1983, p. 547, qui soulignent : « La

coobligés[744] est traditionnellement appliquée en jurisprudence[745]. Cette dernière a, notamment, admis que le créancier ou le débiteur principal peuvent opposer à la caution solidaire l'autorité de la chose jugée[746] et réciproquement[747]. De son côté, le législateur OHADA fait preuve de mutisme sur la question. De plus, la CCJA n'a pas encore, à notre connaissance, été saisie de la question. Qu'à cela ne tienne, nous estimons que la consécration de la théorie de la représentation mutuelle des coobligés solidaires en droit OHADA peut paraître inutile, en vue de l'équilibre contractuel du cautionnement. Celle-ci complexifierait davantage le système OHADA actuel.

Conclusion de la section II

310. À l'examen de la présomption de solidarité du cautionnement sur la base du droit OHADA, il en résulte un renforcement des prérogatives du créancier. À l'inverse du droit français, l'Acte uniforme OHADA consacre une présomption générale de solidarité du cautionnement. Cette règle peut sembler rigoureuse pour la caution, dans la mesure où elle s'applique de façon non différenciée, tant en matière civile qu'en matière commerciale. Pour autant, les droits de la caution solidaire ne sont pas totalement sacrifiés. La caution dispose, notamment, du bénéfice de division et peut également invoquer l'obligation de « *poursuite préalable* » du débiteur principal par le créancier, comme moyens de défense.

---

représentation mutuelle des coobligés, qu'aucun texte n'affirme, fait partie de ce folklore juridique que les auteurs se transmettent de génération en génération […] ».

744 Il s'agit d'un « *système de représentation existant entre plusieurs personnes dont chacune a le pouvoir d'agir pour le compte de tous (au moins pour certains actes)* ». Cf. G. CORNU, *Vocabulaire juridique*, 10e éd., PUF, 13 janvier 2016.

745 V. en particulier Req., 23 juillet 1929, *D.* 1931, p. 73, note G. HOLLEAUX : il ressort in fine de cet arrêt que « *les poursuites intentées contre l'un des coobligés solidaires interrompent la prescription à l'égard de tous* » ; V. aussi en ce sens, Cass. com., 18 décembre 1972, pourvoi n° 70-13.751, *Bull. civ. IV*, n° 859 ; *JCP G.* IV, 1973, 46 ; V. Plus récemment, Cass. com., 18 novembre 2014, pourvoi n° 13-23.976, *Gazette du Palais*, 20 janvier 2015, n° 20, p. 33, note E. LE CORRE-BROLY. Dans cette espèce, il a en effet été jugé que « *la décision définitive de rejet d'une créance déclarée dans la procédure collective d'un cofidéjusseur fait obstacle à l'admission de la même créance au passif d'un autre cofidéjusseur solidaire, dès lors que le rejet n'est pas dû à une cause personnelle au cofidéjusseur* ».

746 V. notamment, Cass. com., 6 juin, 1961, *Bull. civ. III*, n° 258 ; Cass. com., 16 mars 1970, pourvoi n° 68-11631, *Bull. civ. IV*, n° 100, p. 94.

747 V. Cass. com., 15 juillet 1987, pourvoi n° 85-17.829, *Bull. civ. IV*, n° 182 ; *JCP G.* IV, 1987, 331.

Conclusion du chapitre II

311. **Constatations**. À ce stade de notre analyse, nous pouvons dégager un certain nombre de constats. L'équilibre contractuel du cautionnement demeure bridé. En cherchant à sauvegarder les droits du créancier, les législateurs français et OHADA semblent être passés d'un excès à un autre. On a abouti ainsi à une véritable injustice au détriment de la caution.

312. En droit français, l'absence de clarté de la notion d'exception purement personnelle au débiteur alimentant un contentieux des plus nourris en jurisprudence en est la parfaite illustration. À l'inverse, sur cette notion, le législateur OHADA semble avoir tiré des enseignements de la pratique française en évitant les distinctions subtiles.

313. Néanmoins, on peut reprocher au droit OHADA, l'unification inopportune des règles civiles et commerciales à travers, notamment, la consécration d'une présomption générale de solidarité. Celle-ci nuit à l'équilibre contractuel du cautionnement. Dans le contexte africain, où la solidarité familiale reste très ancrée, il sera d'autant plus difficile pour une caution de mesurer les risques découlant de la nature commerciale de son engagement.

314. **Perspectives**. Certes, il faut favoriser l'investissement en préservant les intérêts du créancier ; toutefois, dans un souci d'une plus grande équité, il ne faut pas sacrifier les droits de la caution. Répétons-le, il est hautement souhaitable que le réformateur français arrête de multiplier les textes, mais procède à une simplification du dispositif actuel. L'équilibre contractuel du cautionnement passe aussi par la lisibilité du droit. S'agissant du législateur OHADA, il est permis d'espérer que, lors de la prochaine réforme, il consacre l'abandon de la présomption générale de la solidarité du cautionnement.

Conclusion du titre II

315. **Constatations**. La recherche de l'équilibre contractuel, eu égard aux conditions de fond dans le cautionnement, a permis de mettre en exergue, une fois de plus, que la protection disproportionnée de la caution déséquilibre un peu plus le cautionnement. Ce constat se confirme particulièrement en droit français où on assiste à un accroissement de la rigueur de la protection de la caution, marqué par l'émergence d'un devoir de bonne foi du créancier, se déclinant par un devoir de mise engarde et une exigence de veiller à la proportionnalité de l'engagement de la caution. Cette logique protectrice s'exprime, également, par la rigueur des règles relatives au pouvoir de contracter des cautions où, comme son homologue de l'OHADA, il a, notamment, limité significativement les pouvoirs du dirigeant de la société (exemple de la SA). De la même manière, il a limité considérablement le gage du créancier, dans l'hypothèse des époux communs en biens, au point de sacrifier les intérêts de ce dernier. Du côté du législateur OHADA, le constat ne semble pas tout à fait le même. Il s'est plus employé à privilégier la satisfaction du créancier. Cela se manifeste à travers des dispositions, telles que l'institutionnalisation de la présomption de solidarité du cautionnement ou encore, dans une moindre mesure, par les modalités de mise en œuvre de l'exigence de solvabilité de la caution.

316. **Perspectives**. En tout état de cause, dans chacun des deux systèmes, la conciliation entre les intérêts du créancier et ceux de la caution ne semble pas réussie. Répétons-le, l'équilibre contractuel passe, en droit français, par une protection mesurée de la caution, ponctuée par un assouplissement et une simplification des textes. En droit OHADA, si un assouplissement des textes s'impose également, il serait judicieux aussi que le législateur préserve mieux les intérêts de la caution, notamment par la consécration d'un devoir de mise en garde ou d'un principe de proportionnalité adapté.

Conclusion de la première partie

317. **Observations critiques**. À mi-chemin de la recherche de l'équilibre contractuel dans le cautionnement, un premier bilan s'impose. Il ressort dans l'ensemble que malgré les efforts entrepris par le législateur français et OHADA, il existe aujourd'hui un déséquilibre contractuel au stade de la formation du cautionnement auquel il conviendrait de remédier : d'un côté, le législateur français protégeant excessivement la caution, de l'autre, un législateur africain ne préservant pas assez les intérêts de la caution.

318. **Propositions**. Plus spécifiquement en droit français, à l'instar du droit OHADA, on gagnerait à procéder à l'assouplissement et à la simplification de ses exigences formelles. Comme l'a écrit un auteur, il est contreproductif d'alourdir les exigences formelles[748] car « *Un peu de formalisme protège, trop de formalisme opprime et spolie*[749] ». En effet, un excès de formalisme, marqué par un « *système du tout ou rien* », permet à des cautions « *en toute mauvaise foi*[750] » de se défaire de leurs engagements et apparaît franchement injuste pour le créancier. Toutefois, l'instauration d'un formalisme modéré ne suffit pas. Un tel dispositif doit être complété de formalités de substitutions adéquates, afin de permettre aux personnes analphabètes de pouvoir s'engager, tant en droit français qu'en droit OHADA. De la même manière, il faudrait faire preuve de plus de souplesse dans l'aménagement des règles relatives au pouvoir de contracter des cautions. Enfin, le principe de proportionnalité et le devoir de mise en garde au profit de la caution sont des éléments indispensables dans la quête d'un équilibre contractuel dans le cautionnement. Encore faudrait-il instaurer un dispositif adapté et cohérent, qui soit orienté vers « *une protection ciblée* » des cautions. En tout état de cause, comme l'écrivait déjà Portalis dans son discours préliminaire, « *Si l'on part de l'idée qu'il faut parer à tout le mal et à tous les abus dont quelques personnes sont capables, tout est perdu. On multipliera les formes à l'infini,*

---

748 Ph. SIMLER, *Cautionnement : garanties autonomes, garanties indemnitaires*, 5e édition, LexisNexis, 2015, spéc. n° 275.

749 Ph. SIMLER, « Un peu de formalisme protège, trop de formalisme opprime et spolie : l'exemple de l'article 22-1 de la loi du 6 juillet 1989 », *in Mélanges G. Wiederkehr*, Dalloz, 2009, p. 753.

750 D. LEGEAIS, « Sûretés-2006, une occasion manquée pour le cautionnement », *JCP N.* n° 12, 25 mars 2016, 11109, spéc. n° 12.

on n'accordera qu'une protection ruineuse aux citoyens[751] », source d'injustice. Toujours est-il que, passé la formation du contrat, la question de l'équilibre contractuel garde tout son intérêt[752]. Pour ce faire, il convient à présent de se pencher sur la recherche de l'équilibre contractuel, au stade de l'exécution du cautionnement.

---

751 J.- E. M. PORTALIS, *Discours, Rapports et travaux inédits sur le Code civil*, Paris, Joubert, 1844, p. 54.

752 G. CHANTEPIE, *La lésion*, préf. G. VINEY, Bibliothèque de droit privé, t. 467, LGDJ, 2006, p. 236, spéc. n° 350.

DEUXIÈME PARTIE

La recherche de l'équilibre contractuel au stade de l'exécution du cautionnement

319. Plan. Pour des raisons à la fois intrinsèques et extrinsèques à la relation contractuelle, le déséquilibre peut se révéler au stade de l'exécution et affecter le rapport d'obligation[753]. Dans l'optique de prévenir ces situations, le législateur français et OHADA ont mis en place un certain nombre de dispositifs aboutissant à des résultats variés. Particulièrement en droit français, à la différence du droit OHADA, on assiste à une protection aiguë de la caution en dehors du cadre spécifique des procédures collectives (Titre I). Mais, dans les deux droits, force est de relever une accentuation de cette protection dans le droit de la défaillance (Titre II).

---

[753] Cf. S. LE GACH-PECH, *La proportionalité en droit privé du contrat*, préf. H. MUIR WATT, LGDJ, 2000, p. 9.

TITRE I

Une protection aiguë de la caution en dehors du cadre spécifique des procédures collectives

320. Plan. N'écrit-on pas que « *mieux vaut un contrat amendé viable qu'une convention exempte de toute direction mais sujette à un libre arbitre qui risque de lui être fatal*[754] » ? Sensible donc aux risques de déséquilibres contractuels, le législateur français plus que son homologue de l'OHADA, se montre aujourd'hui particulièrement compatissant à l'égard des cautions[755], même en dehors de situations spécifiques des procédures d'insolvabilité. À telle enseigne que cette attention tend à apparaître, aujourd'hui, excessive à bien des égards. Cela se ressent de deux points de vue. Tout d'abord, au regard de :
— l'accroissement des contraintes légales du créancier (Chapitre I), d'une part ;
— et au regard de la floraison des voies recours offertes à la caution (Chapitre II) d'autre part.

---

754 S. Le Gac-Pech, *La proportionalité en droit privé des contrats*, préf. H. Muir Watt, LGDJ, 2000, p. 6.

755 D. Legeais, « La caution dirigeante », *in Les droits et le droit : mélanges dédiés à Bernard Bouloc*, Dalloz, 2007, p. 601.

CHAPITRE I.

L'accroissement des contraintes légales à la charge du créancier

321. Plan. L'équilibre contractuel, à l'instar de « *l'éthique contractuelle [,] s'oppose à ce que les créanciers profitent de leur situation de force pour exploiter l'ignorance, l'inexpérience, l'urgence des besoins de leur débiteur*[756] ». Fort de cela et épris de pitié à l'égard des cautions, le législateur français à la différence de son homologue de l'OHADA, a multiplié les initiatives dans le sens d'un accroissement des contraintes légales à la charge du créancier. Aujourd'hui on assiste à un déséquilibre informatif, caractérisé par la multiplication maladroite d'obligations légales d'information à la charge du créancier en droit français (Section I). De manière moins problématique, en droit français et en droit OHADA, le créancier s'est vu mettre à sa charge un devoir de respecter les prévisions de la caution (Section II).

SECTION I

La multiplication maladroite d'obligations légales d'information à la charge du créancier en droit français

322. Position du problème. « *Il appartient à chacun de se renseigner lui-même pour assurer la défense de ses intérêts*[757] » écrivaient Planiol, Ripert et Boulanger. En effet, jusqu'à une période récente, le créancier n'était pas automatiquement soumis à une obligation d'information à l'égard de la caution. On estimait que cette dernière devait s'informer d'elle-même[758]. Mais, particulièrement sensible à la prise de conscience de la caution de l'évolution du risque pris, et que le créancier en est généralement au courant,

---

756 M. BOURASSIN, V. BRÉMOND, M.- N. JOBARD-BACHELIER, *Droit des sûretés*, 5e éd., 2016, Sirey : Dalloz, 2016, p. 147, spéc. n° 265.

757 PLANIOL, RIPERT et BOULANGER, *Traité élémentaire de droit civil français*, t. II, n° 183 cités par L.- M. MARTIN, « L'information de la caution », *in Études réunies en l'honneur de Michel de Juglart*, Éditions Montchrestien, 1986, p. 156, spéc. n° 1.

758 O. LUNTUN, « L'information de la caution de la défaillance du débiteur principal », *RD bancaire et fin.*, n° 4, juillet 2003, dossier 100048.

le législateur a eu le souci de rééquilibrer leur relation. Au cours des dernières années, il a ainsi renforcé ses exigences à l'égard des créanciers dès lors qu'il s'agit d'informer la caution de l'accroissement du passif garanti[759]. Aujourd'hui, les interventions nombreuses du législateur français ont plutôt provoqué l'effet inverse : une « *surinformation* » de la caution. On assiste donc en droit français, à un déséquilibre informatif préjudiciable au créancier (§ 1), auquel il faut remédier (§ 2).

§ 1. Un déséquilibre informatif préjudiciable au créancier

323. **Plan**. Le déséquilibre informatif préjudiciable au créancier se révèle lorsqu'on scrute les contraintes qui lui sont imposées à l'égard de la caution. En effet, la loi française met à la charge du créancier un double devoir d'information, à savoir : l'information de la caution sur l'évolution de la dette garantie (A) et en cas de défaillance du débiteur principal (B).

A. L'information de la caution sur l'évolution de la dette garantie

324. **L'hétérogénéité des sources légales en droit français**. L'obligation d'information de l'évolution de la dette garantie est prévue dans pas moins de quatre textes en droit français.

325. L'article 48 de la loi n° 84-148, du 1er mars 1984, relative à la prévention et au règlement amiable des difficultés des entreprises, devenu l'article L. 313-22 du Code monétaire et financier, impose aux établissements de crédit de faire connaître à la caution, au 31 mars de chaque année, « *le montant du principal et des intérêts, commissions, frais et accessoires restant à courir au 31 décembre de l'année précédente* ».

326. En complément à cette obligation, le législateur français a introduit, depuis la loi du 11 février 1994, relative à l'initiative et à l'entreprise individuelle, l'article 47-II, alinéa 2, qui impose au créancier en matière « *de cautionnement à durée indéterminée consenti par une personne physique pour garantir une dette professionnelle d'un entrepreneur individuel, [de] respecter les dispositions prévues à l'article 48 de la loi n° 84-148 du 1er mars 1984* ». Des dispositions quasi identiques sont reprises à l'ancien article L. 341-6 du Code de la consommation, devenu l'article L. 333-2 (depuis l'ordonnance de 2016). « *Le créancier professionnel fait connaître à la caution personne physique, au plus tard avant le 31 mars de chaque année,*

---

[759] Ph. DELEBECQUE, « Le cautionnement et le droit civil : Existe-t-il encore un droit du cautionnement ? », *RJC*, n° 4, 2004, p. 231, spéc. n° 18.

le montant du principal et des intérêts, commissions, frais et accessoires restant à courir au 31 décembre de l'année précédente au titre de l'obligation garantie, ainsi que le terme de cet engagement. Si l'engagement est à durée indéterminée, il rappelle la faculté de révocation à tout moment et les conditions dans lesquelles celle-ci est exercée. » Enfin, l'article 2293 du Code civil dispose, dans son alinéa 2, que dans le cadre d'un cautionnement indéfini, « *le créancier doit informer annuellement, à la date convenue ou, à défaut, à la date anniversaire du contrat, la caution personne physique de l'évolution du montant de la créance garantie et de ses accessoires* ».

327. Un risque de conflits de textes, préjudiciable pour les intérêts du créancier. Bien qu'inspirés par des motifs très louables tels que la prise de conscience de la caution, la multiplicité des textes concurrents régissant l'obligation d'information de l'évolution de la dette garantie du créancier en droit français ne facilite pas une lisibilité du droit[760]. À l'exception de l'hypothèse de la caution personne morale prévue à l'article L. 321-22 du Code monétaire et financier, le créancier risque d'avoir à faire face à un conflit de textes. Dans l'hypothèse d'un cautionnement souscrit par une personne physique, il peut se retrouver bien embarrassé quant au choix du texte applicable[761]. Le problème peut par exemple se poser quant au contenu de l'information dans l'hypothèse de cautionnement indéfini liant un créancier professionnel et une personne physique (l'article 2293, alinéa 2, du Code civil et le nouvel article L. 333-2 du Code de la consommation étant applicables)[762].

328. Le caractère variable du moment de la délivrance de l'information annuelle. Dans le même ordre d'idée, tous les textes (les articles L. 313-22 du Code monétaire et financier, 47-II, alinéa 2 ; de la loi du 11 février 1994 et L. 333-2 du Code de la consommation) prévoient que l'information doit être délivrée par le créancier, au plus tard le 31 mars de chaque année, du montant restant à courir de « *la dette principale au 31 décembre de l'année précédente*[763] ». Seul l'article 2293, alinéa 2, retient une date différente, à savoir celle choisie par les parties à l'acte ou, à défaut, celle de l'anniversaire

---

760 M. Zio, *Le cautionnement en droit de la consommation : perspective d'évolution du cautionnement en droit OHADA*, Connaissances et savoirs, février 2016, p. 337.

761 A.- S. Barthez, « Désordre dans les sources du contrat de cautionnement : l'exemple de l'information de la caution », *RDC*, n° 2, 1er avril 2008, p. 587.

762 *Ibidem*.

763 M. Bourassin, V. Brémond, M.- N. Jobard-Bachelier, *Droit des sûretés*, 5e éd., 2016, Sirey : Dalloz, 2016, p. 148, n° 267.

du contrat[764]. Il n'est donc pas évident pour un créancier, même professionnel, de se retrouver dans un tel « *magma* » de textes.

329. Le bénéfice à toutes les cautions personnes physiques du droit à l'information annuelle. Plus gravement, dans son élan protecteur, le législateur français impose au créancier d'informer, annuellement, toutes les cautions personnes physiques qu'elles soient dirigeantes ou profanes, de l'évolution de la dette. La jurisprudence considère qu'en l'absence de précision des textes, les obligations d'informations, prévues aux articles L. 313-22 du Code monétaire et financier[765], 47-II, alinéa 2 ; de la loi du 11 février 1994 et de l'article L. 333-2 (ancien article L. 341-6) du Code de la consommation[766], sont applicables même à l'égard de la caution dirigeante. On peut en effet regretter la protection offerte à des cautions averties dans leur rapport avec le créancier. Cette solution paraît excessive et nuit indéniablement à l'équilibre contractuel du cautionnement.

330. La durée plus ou moins longue de l'obligation d'information annuelle. En plus de ses maladresses, le législateur, par ses oublis relatifs aux modalités d'exécution de l'information annuelle, a contribué à favoriser les cautions. Il est, en l'occurrence, resté muet quant à la fixation de la durée de l'obligation d'information annuelle. La Cour de cassation, quant à elle, a estimé que le créancier est soumis à cette contrainte jusqu'à l'extinction de la dette principale. Cette solution est bien établie en jurisprudence[767]. Dans une célèbre décision, la chambre mixte de la Cour de cassation, en date du 17 novembre 2006[768], a rappelé, sous le visa de l'article L. 313-22 du code monétaire et financier, que « *les établissements de crédit ayant accordé à une entreprise un concours financier, sous la condition d'un cautionnement, [restent tenus de l'obligation annuelle d'information] jusqu'à l'extinction de la dette garantie* ». En creux, cela implique que la caution est créancière du droit à l'information, quand bien même un jugement qui la condamne soit

---

764 *Ibidem.*

765 Cass. civ. 1re., 16 septembre 2010, pourvoi n° 09-15.057, *inédit.*

766 V. en ce sens, les observations critiques de M. BOURASSIN, V. BRÉMOND, M.- N. JOBARD-BACHELIER, *Droit des sûretés*, 5e éd., 2016, Sirey : Dalloz, 2016, p. 154, n° 275.

767 Cass. com., 30 novembre 1993, pourvoi n° 91-14.856, *Bull. civ. IV*, n° 434 ; Cass. civ. 1re., 30 mars 1994, pourvoi n° 92-19.609, *Bull. civ. I*, n° 123.

768 Cass. ch. mixte., 17 novembre 2006, pourvoi n° 04-12.863, *Dalloz actualité*. 5 décembre 2006, obs. E. CHEVRIER ; *Banque et droit*, n° 112, 2007, p. 32, obs. Th. BONNEAU ; *RLDC*, 2007/34, n° 2364 ; *adde*, R. LIBCHABER, « Incertitudes sur l'effet substantiel des jugements », *D.*, 2007, p. 842 ; Cass. com., 3 novembre 2010, pourvoi n° 09-16.881, *inédit* ; *RLDC*, n° 4048, 2010/77, p. 34, obs. J.- J. ANSAULT.

passé en force de chose jugée. La consécration d'une telle solution donne une impression de déséquilibre contractuel au profit de la caution. D'autant plus qu'elle a une parfaite connaissance des sommes dues au moment de la réclamation de l'information.

331. **La preuve de la communication de l'information à la caution : des « tourments » pour le créancier**. Le régime de la preuve des articles L. 313-22 du Code monétaire et financier suscite également quelques difficultés[769]. En effet, le mode de preuve n'a pas été défini par le législateur français. C'est ainsi que la jurisprudence a pu préciser que le créancier devra prouver l'expédition[770] et le contenu[771] de l'information. En retour, la caution, pour sa défense, se limitera à démontrer que l'information ne lui est pas effectivement parvenue[772]. La tâche s'avère en pratique bien délicate pour le créancier. La Cour de cassation a, par exemple, jugé que la simple production de la copie des courriers envoyés à la caution[773] ou encore l'envoi d'une simple lettre non signée[774] ne suffit pas à prouver la correcte exécution de l'obligation

[769] Cass. com., 14 décembre 2010, pourvoi n° 09-69.807, *Bull. civ. IV*, n° 198.

[770] Cass. com., 28 octobre 2008, pourvoi n° 06-17.145, *Bull. civ. IV*, n° 176 ; *D.*, 2008, p. 2931, obs. V. AVENA-ROBARDET.

[771] La teneur du document envoyé doit correspondre rigoureusement aux exigences légales. V. notamment., Cass. civ. 1re., 17 novembre 1998, pourvoi n° 96-22455, *JCP G.* I, 1999, 116, obs. Ph. SIMLER ; Cass. com., 14 décembre 2010, pourvoi n° 09-69.807, *Bull. civ. IV*, n° 198.

[772] Il n'appartient pas au créancier de prouver la réception de l'information par la caution. V. notamment, Cass. com., 2 juillet 2013, pourvoi n° 12-18413, *Bull. civ. IV*, n° 112.

[773] Cass. com., 28 octobre 2008, pourvoi n° 06-17.145, *Bull. civ. IV*, n° 176 : « *C'est dans l'exercice de son pouvoir souverain d'appréciation qu'une cour d'appel retient, qu'en l'état de la production par un créancier de la copie d'un courrier sans justifier de son envoi, ce dernier n'établit pas avoir accompli son obligation annuelle d'information pour l'année concernée à l'égard de la caution* » ; CA Pau, 28 avril 2015, *JurisData* n° 2015-009785 ; *Contra, conc. consom.* n° 7, juillet 2015, comm. 184, note G. RAYMOND ; Cass. com., 9 février 2016, pourvoi n° 14-22.179, *Banque et droit.* n° 166, 1er mars 2016, p. 87-88, note J. FRANÇOIS ; *RD bancaire et fin.* n° 2, mars 2016, comm. 69, note D. LEGEAIS, où il a été décidé : « *La seule production de la copie d'une lettre ne suffit pas à justifier de son envoi.* » Contra., Cass. com., 17 octobre 2000, pourvoi n° 97-18.746, *Bull. civ. IV*, 2000, n° 154 p. 138 ; *D.*, 2001, Somm. p. 698, obs. L. AYNÈS.

[774] Cass. civ. 2e., 3 décembre 2015, pourvoi n° 14-24317, *Gaz. Pal.* n° 10, 8 mars 2016, p. 74-76, note. M. BOURASSIN : « *C'est dans l'exercice de son pouvoir souverain d'appréciation des pièces produites que la cour d'appel a retenu que le créancier, qui ne produisait que des lettres simples non signées, ne justifiait pas de leur envoi et n'établissait donc pas avoir accompli son obligation d'information pour la période concernée* ». *Contra.*, certains arrêts avaient pu admettre que l'envoi de la lettre simple suffit à prouver l'expédition de l'information par le créancier : Cass. com., 17 juin 1997, pourvoi n° 95-12911, *RTD civ.*, 1998, p. 158, obs. P. CROCQ ; Cass. com., 17 octobre 2000, pourvoi

d'information par le créancier. De plus, dans un arrêt du 15 décembre 2015, la chambre commerciale de la Cour de cassation a estimé que la facturation des frais d'information de la caution et son règlement sans contestation par la caution étaient impropres à suffisamment prouver l'expédition de la lettre d'information[775]. Néanmoins, il a été admis que l'obligation d'information annuelle de la caution puisse être prouvée par la production des relevés informatiques[776]. En tout état de cause, face à la rigueur de nombreux juges et afin, éventuellement, d'anticiper la mauvaise foi des cautions, il ne fait guère de doute que les créanciers gagneraient à recourir à la lettre recommandée[777] ou à l'assistance d'un huissier[778] pour informer les cautions. Mais ce type de contraintes s'avère lourd et coûteux[779].

332. Entre timidité et sévérité de la sanction du défaut d'information : une source de déséquilibre contractuel ? Le déséquilibre contractuel se manifeste également quand on observe la sanction du défaut d'information annuelle. Sauf dol ou faute lourde[780], le manquement du créancier est frappé d'une « *déchéance partielle* ». Son étendue varie d'un texte à l'autre. L'article L. 313-22 du Code monétaire et financier prévoit « *une déchéance des intérêts échus depuis la précédente information jusqu'à la nouvelle information* ». Similairement, l'ancien article L. 341-6, devenu l'article 333-2 du Code de la consommation, prévoit une déchéance couvrant la même période, mais portant sur les « *pénalités ou intérêts de retard* ». Il faut relever, ici, que cette sanction

---

n° 97-18746, *Bull. civ. IV*, n° 154 ; *JCP G.* IV, 2000, 2796 ; *D.*, 2001, p. 698, obs. L. AYNÈS.

775 Cass. com., 15 décembre 2015, pourvoi n° 14-10.675, *Dalloz actualité*, 18 janv. 2016, obs. X. DELPECH.

776 Cass. com., 17 novembre 2015, pourvoi n° 14-28.359, *JurisData* n° 2015-025971, *RD bancaire et fin.*, n° 1, janvier 2016, comm. 15, note D. LEGEAIS.

777 Cass. com., 24 mars 2015, pourvoi n° s 14-11759 et 14-15804, où la Haute juridiction a approuvé « *la cour d'appel [ayant] souverainement retenu que le créancier avait respecté l'obligation légale d'information, sur la base de lettres recommandées avec accusés de réception* ». En pratique, les frais liés à cette opération d'information de la caution sont mis à la charge de cette dernière ou du débiteur dans le cadre de la facturation de services bancaires. En ce sens, J.- M. FERNANDEZ, « *L'information annuelle des cautions : Une obligation légale universalisée* », *LPA* 27 février 1998, n° 25, p. 9-13.

778 Ce dernier pourra constater l'envoi des courriers. V. en ce sens, J.-B. SEUBE, note sous CA Saint-Denis de La Réunion, 27 mars 2015, n° s 13-02484 et 14-00405, *JCP G.* n° 23, 8 juin 2015, 671 ; D. LEGEAIS note sous Cass. com., 9 février 2016, pourvoi n° 14-22.179, *RD bancaire et fin.* n° 2, mars 2016, comm. 69.

779 D. LEGEAIS, *Travaux dirigés de droit des sûretés*, 5e éd., LexisNexis, mars, 2011, p. 126.

780 V. notamment Cass. com., 25 avril 2001, pourvoi n° 97-14486, *Bull. civ. IV*, n° 75 ; Cass. civ. 1re., pourvoi n° 4 février 2003, pourvoi n° 99-20023, *Bull. civ. I*, n° 35.

est paradoxalement peu dissuasive pour le créancier, quand on se penche sur l'impact pratique des impayés pour la caution. Uniquement libérée des intérêts conventionnels de la dette, la caution reste tenue des intérêts au taux légal dus à compter de sa mise en demeure[781]. En outre, comme a pu justement remarquer un auteur, la sanction, reprise par l'ancien article L. 341-6, devenu l'article 333-2 du Code de la consommation, procède d'une maladresse du législateur français[782]. En effet, dans la mesure où « *l'information n'est pas subordonnée à une défaillance du débiteur principal [il y a fort à penser que] la sanction consistera alors en la décharge de quelque chose qui n'existe pas*[783] ». Concernant l'obligation d'information prévue à l'article 2293 alinéa2, du Code civil, la sanction est plus lourde, dans la mesure où elle prévoit, la déchéance de tous les accessoires de la dette, frais et pénalité sans aucune limitation temporelle, à la différence des deux autres textes[784]. Ainsi, on peut déplorer que le législateur ait manqué l'occasion de la recodification (ordonnance n° 2016-301, du 14 mars 2016) pour modifier la sanction de l'obligation d'information annuelle de la caution. Le même sentiment peut être ressenti quand on observe les textes soumettant le créancier à une obligation d'information de la caution sur la défaillance du débiteur.

B. L'information de la caution sur la défaillance du débiteur

333. **Une obligation « émiettée ».** L'obligation d'information annuelle a largement inspiré le législateur dans la construction de l'obligation

---

781 Actuellement (au premier semestre 2016), le taux d'intérêt légal est de 4,54 pour les consommateurs et à 1,01% pour les autres cas, alors que les taux conventionnels sont généralement très bas. Un certain nombre d'auteurs démontrent à juste titre que le maintien du taux d'intérêt légal rend hypothétique, fragilise, la sanction de la déchéance du droit aux intérêts. V. notamment en ce sens, G. RAYMOND, note sous Cass. civ. 1re., 9 avril 2015, n° 14-15.033, *Contra, conc. consom.* n° 7, juillet 2015, comm. 185 où il a été jugé que : « *La déchéance du droit aux intérêts ne s'entend que de la déchéance des intérêts au taux conventionnel et laisse subsister les intérêts au taux légal* » ; G. POISSONNIER, « Crédit à la consommation : la déchéance du droit aux intérêts doit être une sanction dissuasive », *Contra, conc. consom.* 2014, étude 9.

782 G. PIETTE, « Le cautionnement dans le nouveau Code de la consommation », *Lexbase-La lettre juridique*, n° 651, 14 avril 2013, p. 3.

783 *Ibidem.*

784 M. BOURASSIN, *L'efficacité des garanties personnelles*, LGDJ, 2006, n° s 900-904, et 938 ; M. BOURASSIN, V BRÉMOND, M.- N. JOBARD-BACHELIER, *Droit des sûretés*, 5e éd., 2016, Sirey : Dalloz, 2016, p. 150, n° 269.

d'information ponctuelle de la caution pesant sur le créancier[785]. Par touches successives, il a dressé ainsi une série d'informations, afin d'alerter la caution de « *l'imminence de l'exécution de son engagement en raison des difficultés rencontrées par le débiteur principal*[786] ». Aujourd'hui, pas moins de trois textes organisent l'obligation ponctuelle d'information de la caution de la défaillance du débiteur pesant sur le créancier.

334. Chronologiquement, la première intervention du législateur français a été matérialisée dans l'article L. 313-9 du Code de la consommation de la loi du 31 décembre 1989. Cette disposition oblige tout établissement de crédit d'informer la caution personne physique s'étant portée caution lors d'une « *opération de crédit relevant des chapitres Ier ou II du présent titre [...] de la défaillance du débiteur principal dès le premier incident de paiement susceptible d'inscription au fichier institué à l'article L. 33-4.* » Cette disposition ne s'appliquant qu'à des cautionnements non professionnels à l'égard des fournisseurs de crédit, le législateur a voulu pallier cette insuffisance.

335. Il a retouché son dispositif en y ajoutant l'article 47-II, alinéa 3 de la loi du 11 février 1994, relatif à l'initiative individuelle (modifié par la loi du 29 juillet 1998), en mettant à la charge de tout créancier, à l'égard d'une caution personne physique garantissant « *un entrepreneur individuel ou une entreprise constituée sous forme de société, [d'informer celle-ci] de la défaillance du débiteur principal dès le premier incident de paiement non régularisé dans le mois de l'exigibilité de ce paiement. À défaut, la caution ne saurait être tenue au paiement des pénalités ou intérêts de retard échus entre la date de ce premier incident et celle à laquelle elle en a été informée* ».

336. Enfin, un dernier stade, concernant l'obligation d'information ponctuelle de la caution, a été franchi avec la loi du 29 juillet 1998, relative à la lutte contre les exclusions et venant compléter le Code de la consommation. Souhaitant étendre l'obligation ponctuelle d'information des créanciers professionnels à l'égard des cautions personnes physiques garantissant même des dettes non professionnelles, il a inséré l'article L. 341-1 du Code de la consommation[787]. Ce texte indique : « *Sans préjudice des dispositions particulières, toute*

---

785 M. ZIO, *Le cautionnement en droit de la consommation : perspective d'évolution du cautionnement en droit OHADA*, Connaissances et savoirs, février 2016, p. 335, spéc. n° 367.

786 A. MOTTET, *La caution personne physique*, thèse, Université de Savoie Mont Blanc, 2005, p. 255, spéc. n° 519.

787 L. HUPRELLE, *La caution dirigeante*, thèse dactylographiée, université de Toulouse, 5 décembre 2014, p. 338, spéc. n° 268.

personne physique qui s'est portée caution est informée par le créancier professionnel de la défaillance du débiteur principal dès le premier incident de paiement non régularisé dans le mois de l'exigibilité de ce paiement. Si le créancier ne se conforme pas à cette obligation, la caution ne saurait être tenue au paiement des pénalités ou intérêts de retards échus entre la date de ce premier incident et celle à laquelle elle en a été informée. » Le domaine d'application de l'article 47-II, alinéa 3, de la loi du 11 février 1994[788]et de l'article L. 313-9[789] se retrouve donc énormément élargi.

337. S'il est certain que l'objectif visé par le législateur est légitime, il apparaît que la démarche employée, à travers la « *multiplication désordonnée de textes* », ne sert ni la lisibilité du droit pour le créancier ni l'équilibre contractuel du cautionnement. L'analyse plus approfondie des textes permet de se rendre compte à quel point le renforcement effréné de l'information ponctuelle de la caution est préjudiciable aux intérêts du créancier.

338. **Une obligation bénéficiant à toute caution personne physique**. Dans les trois textes, toute caution personne physique est créancière d'un droit à l'information sur la défaillance du débiteur. Le législateur commet la même erreur que celle relative à l'obligation d'information annuelle. Des cautions pouvant disposer des connaissances particulières sur la situation du débiteur, à l'instar de certains dirigeants d'entreprises, jouissent des mêmes droits à l'information que les cautions profanes dans leurs rapports avec le créancier[790].

---

788 L. HUPRELLE, *La caution dirigeante*, thèse dactylographiée, université de Toulouse, 5 décembre 2014, p. 339, spéc. n° 268.

789 Comme l'explique justement Philippe Dupichot dans sa thèse, cet article voit son domaine d'application sensiblement élargi dans la mesure où : « *il n'est nullement requis que la créance naisse d'un contrat soumis aux dispositions du Code de la consommation et que, [...] cette disposition s'appliquera à tout cautionnement dès lors que le créancier sera un créancier professionnel et pas seulement un établissement de crédit* ». Cf. Ph. DUPICHOT, *Le pouvoir des volontés individuelles en droit des sûretés*, préf. M. GRIMALDI, Éditions Panthéon Assas, février 2005, n° 141.

790 Cass. com., 27 novembre 2007, pourvoi n° 06-15.128, *Bull. civ. IV*, n° 253 ; *RTD. com.* 2008, p. 169, obs. D. LEGEAIS : « *Attendu qu'en statuant ainsi, alors que l'obligation d'information prévue par l'article 47 II, alinéa 3, de la loi du 11 février 1994, dans sa rédaction issue de la loi du 29 juillet 1998, qui impose à tout créancier d'aviser la caution de la défaillance du débiteur principal dès le premier incident de paiement, non régularisé dans le mois de l'exigibilité de ce paiement, doit être respectée même lorsque le cautionnement a été souscrit par un dirigeant de la société cautionnée en connaissant exactement la situation, la cour d'appel a violé, par refus d'application, le texte susvisé.* »

339. L'indétermination des modalités de transmission de l'information par le créancier. Dans le même ordre d'idées, le législateur français n'a prescrit aucune forme de preuve pour justifier la bonne exécution, par le créancier, de l'information ponctuelle de la caution sur la défaillance du débiteur. Cette preuve peut être rapportée par tous moyens. En effet, si la Cour de cassation considère que le créancier doit juste prouver l'expédition de la lettre, elle se montre néanmoins rigoureuse dans l'appréciation de la preuve de l'accomplissement de l'obligation d'information de la caution[791].

340. La variété de définitions de l'objet d'information due par le créancier : « Le premier incident de paiement du débiteur ». Quant à l'objet de l'information, il varie d'un texte à l'autre. En effet, la notion de « *premier incident de paiement* » est appréhendée de deux manières distinctes. L'article L. 313-9 du Code de la consommation met à la charge de tout établissement prêteur l'obligation d'informer la caution personne physique de la défaillance du débiteur principal, lors du « *premier incident de paiement susceptible d'inscription au fichier institué à l'article L. 333-4* » ; c'est-à-dire en cas de caractérisation d'un « *incident de paiement* ». Celui-ci est défini à l'article 4 de l'arrêté du 26 octobre 2010 relatif au fichier national des incidents de remboursement des crédits au particulier[792]. En revanche, les articles 47-II, alinéa 3 et l'article L. 341-1 du Code de la consommation, quant à eux, qualifient le « *premier incident de paiement* » comme étant celui qui n'est pas régularisé « *dans le mois d'exigibilité du paiement* ».

---

791 V. *supra*, n° 331.

792 En vertu de ce texte, « *constituent des incidents de paiement caractérisés pour l'application du présent arrêté :*

1. Pour un même crédit comportant des échéances les défauts de paiement atteignant un montant cumulé au moins égal :

i) Pour les crédits remboursables mensuellement, à la somme du montant des deux dernières échéances dues ;

ii) Pour des crédits qui ont des échéances autres que mensuelles, à l'équivalence d'une des échéances, lorsque ce montant demeure impayé pendant plus de 60 jours ;

2. Pour un même crédit ne comportant pas d'échéance, le défaut de paiement des sommes exigibles plus de 60 jours après la date de mise en demeure du débiteur, notifiée de manière formelle, d'avoir à régulariser sa situation, dès lors que le montant des sommes impayées est au moins égal à 500 euros ;

3. °Pour tous les types de crédit, les défauts de paiement pour lesquels l'établissement ou l'organisme mentionné à l'article 1er engage une procédure judiciaire ou prononce la déchéance du terme après mise en demeure du débiteur restée sans effet. Les établissements et organismes mentionnés à l'article 1er peuvent ne pas inscrire les retards de paiement d'un montant inférieur à 150 euros pour lesquels la déchéance du terme n'a pas été prononcée ».

341. L'unicité de la sanction du défaut d'information de la caution sur la défaillance du débiteur : La déchéance « partielle ». Enfin, les trois textes, relatifs à l'information ponctuelle de la caution, consacrent la même sanction à l'égard du créancier fautif. Ce dernier en cas de manquement à son obligation d'information de la caution sur la défaillance du débiteur, s'expose à la déchéance des intérêts et pénalités échus « *entre la date du premier incident de paiement et celle à laquelle [la caution] en a été informée* ». Comme l'a précisé la cour d'appel d'Agen dans un arrêt du 21 janvier 2008, « *la sanction du défaut d'information imputable au dispensateur de crédit n'est pas la déchéance des accessoires de la créance garantie comprenant notamment l'indemnité de résiliation réclamée, et des intérêts et pénalités de retard, mais exclusivement la déchéance des pénalités ou intérêts de retard échus entre la date du premier incident de paiement et la date à laquelle la caution en a été informée*[793]. » En effet, cette sanction n'est pas sans rappeler celle de l'article L. 313-22 du Code monétaire et financier qui est critiquée pour son caractère peu dissuasif[794]. Malgré tout, on peut se demander si cette méthode législative de répétition ne complexifie pas davantage les choses pour un créancier soumis à diverses obligations d'informations à l'égard de la caution. Aussi, « *un tel foisonnement d'obligations légales induit à la fois l'insécurité et l'iniquité*[795] ». Dès lors, quelles solutions envisager ?

§ 2. Une situation appelant des correctifs : à la recherche de remèdes

342. Plan. Lorsqu'il a fallu réformer l'AUS en 2010, le législateur OHADA a tenu à ne pas reproduire les désordres législatifs en matière d'information de la caution en droit français[796]. Tirant donc les enseignements des lacunes observées en France et la pratique africaine, il a procédé à l'instauration d'un dispositif attractif (A). N'eut-il donc pas été judicieux pour le législateur français de s'inspirer du modèle OHADA ? Ou même alors ne fallait-il pas envisager de manière spécifique pour la France, la création d'une obligation d'information unique au profit de cautions méritantes (B) ?

---

793 CA Agen, 21 janvier 2008, n° de RG : 06/01332, *JurisData* n° 2008-365583 : à propos de l'article L. 313-22 du Code monétaire et financier.

794 Cf. sur cette question, les développements au paragraphe n° 8.

795 Y. PICOD, « L'obligation d'information de la caution pendant l'exécution du contrat », *in Études offertes au Doyen Philippe Simler,* Litec-Dalloz, janvier 2006, p. 400, n° 7.

796 M. ZIO, *Le cautionnement en droit de la consommation : perspective d'évolution du cautionnement en droit OHADA*, Connaissances et savoirs, février 2016, p. 361, spéc. n° 419.

A. La solution OHADA : un modèle transposable en droit français ?

343. **La consécration d'un principe général d'obligation d'information.** Contrairement au législateur français qui aménage l'obligation d'information de la caution de manière « *dispersée* », le législateur OHADA a le mérite d'instaurer un principe général d'obligation d'information. Celui-ci est consacré à l'article 24 de l'AUS issu de la réforme de 2010. En effet, l'alinéa 1 de ce texte pose le principe général : « *le créancier doit informer la caution de la défaillance du débiteur principal en lui indiquant le montant restant dû par ce dernier en principal, des intérêts et autres accessoires à la date de [l'] incident de paiement* ».

344. **Les débiteurs de l'obligation d'information.** Le texte étant général, les débiteurs de l'obligation d'information sont donc l'ensemble des créanciers qu'ils soient avertis ou profanes, personnes physiques ou morales. Contrairement au droit français, le législateur africain n'a tenu compte ni des qualités du créancier (professionnel) ni de celles de la caution (personne physique). Cela étant, le respect de la lettre de l'article 24 de l'AUS, issu de la réforme de 2010, impose d'en faire bénéficier l'ensemble des cautions. Il importe peu que le cautionnement ait été souscrit par une personne physique ou morale, professionnelle ou non. Chacune d'elles est créancière de l'obligation d'information. « *L'information de la caution ici n'est pas liée à la nature économique de l'opération, elle est liée à la nature même du contrat de cautionnement*[797] ».

345. **Appréciation critique de la généralisation du dispositif.** Il est vrai que cette généralisation de l'information par le législateur OHADA est *a priori* critiquable. Tout se passe comme si le législateur a été guidé par une tendance consumériste et a voulu transposer le dispositif protecteur des cautions civiles profanes au cautionnement d'affaire[798]. Certains auteurs font valoir que cette généralisation n'a pas le mérite d'équilibrer les intérêts des cautions et ceux des créanciers[799]. Un auteur a pu relever, notamment que « *le monde des*

---

797 P. NKOU MVONDO, « L'information de la caution dans le nouveau droit des sûretés des États africains », www.ohada.com [Vu le 30 mai 2016], Ohadata D-06-33, p. 23, spéc. n° 51.

798 J-Cl. NGNINTEDEM, « Les mutations du cautionnement en droit OHADA/ du droit civil au droit des affaires », *Revue de droit des affaires internationales*, décembre 2012, n° 6, p. 684.

799 M. ZIO, *Le cautionnement en droit de la consommation : perspective d'évolution du cautionnement en droit OHADA*, Connaissances et savoirs, février 2016, p. 351-353.

affaires étant essentiellement égoïste[800] » et la caution doit avoir un rôle actif en cherchant à s'informer, « *voire à éclairer sa lanterne*[801] ». Il est vrai que certaines cautions « *averties* » à l'instar des cautions professionnelles sont généralement bien renseignées sur les difficultés financières ou sur les défaillances du débiteur susceptibles d'aggraver leur engagement.

346. **Les mérites du dispositif**. Qu'à cela ne tienne, il convient de rappeler que la position des rédacteurs de l'AUS ne tient pas du hasard. À bien y regarder, sur le fond, il y a des raisons légitimes à cela. D'une part, comme le remarque justement le professeur Gaël Piette, la définition et la délimitation des caractères de la caution « *avertie* » demeurent imprécises[802]. Jusqu'ici, les juges du quai de l'Horloge se sont livrés à une appréciation subjective de la qualité de la caution « *avertie* », où l'expérience[803] au même titre que l'implication, est plus importante que les qualités et les fonctions occupées[804]. D'autre part, au sein de la jurisprudence française, il existe encore de nombreuses hésitations jurisprudentielles quant à l'objet de l'information dont doit disposer la caution pour être considérée comme « *avertie* ». Paradoxalement, très rares sont les décisions jurisprudentielles dans les pays de l'espace OHADA faisant appel à la notion de caution « *avertie* » ou de caution « *profane*[805] ». Dès lors, on peut aisément comprendre que les réformateurs de l'AUS de 2010 ont évité ces distinctions subtiles au risque de

---

800 J-Cl. NGNINTEDEM, « Les mutations du cautionnement en droit OHADA/ du droit civil au droit des affaires », *Revue de droit des affaires internationales*, décembre 2012, n° 6, p. 685.

801 *Ibidem*.

802 G. PIETTE, « La protection de la caution dans l'Acte Uniforme des Sûretés 2010 (OHADA) », *Lexbase Hebdo édition affaires*, n° 430, 2 juillet 2015, p. 4.

803 Cass. com., 22 janv. 2013, pourvoi n° 11-25.377, inédit où la Cour de cassation a approuvé « *la qualification d'averties pour des cautions associées ou gérantes au motif qu'elles exploitaient ou avaient déjà exploité deux fonds de commerce à l'activité identique et que l'une d'entre elles avait déjà souscrit un prêt pour l'acquisition d'un fonds* ». Aussi en ce sens, Cass. com., 12 mars 2013, pourvoi n° 12-12.372, *RD bancaire et fin.* n° 3, mai 2013, comm. 86, note D. LEGEAIS

804 La Haute juridiction considère, en effet, que la qualité de dirigeant ne suffit pas à permettre la qualification de caution « *avertie* ». Cf. Cass. com., 11 avril 2012, pourvoi n° 10-25.904, *Bull. civ. IV*, 2012, n° 76 ; Cass. com., 22 mars 2016, pourvoi n° 14.-20.216, publié au Bulletin.

805 Parmi ces rares décisions, on note celle des juges du fond du tribunal de grande instance de Bobo-Dioulasso ayant refusé la qualité de profane à une caution, car celle-ci était ingénieur d'élevage. Cf. TGI Bobo-Dioulasso, 15 mars 2006, jugement n° 074, affaire : SOMDA Jean Christophe c/ Banque Commerciale du Burkina, www.ohada.com [Vu le 30 mai 2016], Ohadata J-09-86.

voir un important contentieux se développer au sein des tribunaux de l'espace OHADA, comme c'est déjà le cas en France[806].

347. Le contenu de l'information à délivrer à la caution. S'agissant du contenu de l'information à délivrer, le créancier devra non seulement communiquer à la caution l'état des dettes du débiteur, mais aussi chacune des défaillances de celui-ci (qu'il s'agisse des déchéances ou des prorogations du terme de la dette) en indiquant le « *montant restant dû par le débiteur en intérêts et autres accessoires à la date de l'incident*[807] ».Toute clause contraire est réputée non écrite. Mais, l'article 24, alinéa 1 de l'AUS ne donne aucune définition à la notion de défaillance du débiteur. À l'évidence, le législateur africain semble retenir une conception plus ou moins large de cette notion. Il s'agit de toutes les situations dans lesquelles le débiteur ne remplirait pas la moindre de ses obligations contractuelles et susceptibles de faire douter de ses possibilités de paiement[808].

348. Des périodicités raisonnables de communication de l'information à la caution. Les informations relatives à la défaillance du débiteur devront être communiquées à la caution dans le mois ayant suivi la mise en demeure[809]

---

806 *Contra.* D. POHÉ, « La caution profane en droit OHADA : Le cautionnement à deux vitesses », *RLDA*. 2016, p. 114 : « *Face à l'inexistence des normes applicables et en prévision de l'incertitude des solutions prétoriennes, la nécessité d'une ligne directrice fixant les critères d'appréciation de la qualité de caution profane s'impose pour une unité d'interprétation des juges du fond africains.* » Pour cet auteur, par caution profane, il faudrait entendre « *celle qui est dans l'incapacité de comprendre la portée de son engagement de garant et qui ne peut apprécier les risques encourus* ».

807 B.-S. DIARRAH, « Les innovations introduites dans l'acte uniforme portant droit des sûretés », *Revue de droit uniforme africain*, actualité trimestrielle de droit et jurisprudence n° 005, 2011, p. 5. À notre sens, ceci tend à se rapprocher quelque peu de l'obligation d'information de la caution sur l'évolution de la dette consacrée en droit français. Il faut néanmoins préciser que le législateur OHADA impose en outre au créancier de rappeler à la caution sa « *faculté de révocation par reproduction littérale des dispositions de l'article 19* » de l'AUS relatif au cautionnement général de dettes (« omnibus »). V. article 25 alinéa 2 de l'AUS.

808 P. NKOU MVONDO, « L'information de la caution dans le nouveau droit des sûretés des États africains », www.ohada.com [Vu le 30 mai 2016], Ohadata D-06-33, p. 22, spéc. n° 50.

809 TGI Ouagadougou, 16 mars 2005, jugement n° 53/2005, affaire : NIKIEMA Arouna c/ Programme National d'Appui à la Réinsertion des Travailleurs des Déflatés, www.ohada.com [Vu le 30 mai 2016], Ohadata J-07-227 : « *L'ordonnance d'injonction de payer est un titre qui permet d'engager les procédures d'exécution et ne saurait être assimilée à une mise en demeure dans le cadre d'un cautionnement. En outre, il résulte des articles 13 et 15 alinéa 2 AUS [devenus respectivement les articles 23 et 26 alinéa 2*

adressée au débiteur principal et restée sans effet[810]. En dehors de tout incident, le créancier devra néanmoins informer la caution de manière périodique, à savoir de manière semestrielle[811]. Cette disposition peut sembler draconienne pour le créancier lorsque l'on compare au droit français, qui exige que de telles informations soient transmises annuellement et uniquement à l'égard de la caution personne physique[812]. Plus précisément, « *[...] dans le mois qui suit le terme de chaque semestre civil à compter de la signature du contrat de cautionnement [...]* », comme le dispose expressément l'article 25 de l'AUS de 2010. Cette disposition étant d'ordre public, les parties ne pourront y déroger conventionnellement. Néanmoins, une telle précaution est tout à fait légitime eu égard au caractère dangereux de l'engagement de la caution[813]. Rappelons, également, que le législateur a tenu compte des critiques des praticiens[814]. En effet, jusqu'à la réforme de 2010, l'ancien article 14, alinéa 2 de l'AUS de 1997 exigeait qu'en dehors de tout incident l'information devait être transmise de manière trimestrielle : c'est-à-dire « *dans le mois qui suit le terme de chaque trimestre civil [...]* ».

349. **Le mutisme du législateur OHADA quant à la preuve de l'exécution de l'obligation d'information**. On regrettera en revanche, qu'à l'image du droit français, l'Acte uniforme malgré la réforme opérée en 2010, soit resté muet quant aux modalités de preuve de l'obligation d'information de la caution. Il est possible de raisonner par analogie. Cela invite, alors, à reprendre la solution française dont les rédacteurs de l'AUS s'inspirent pour partie. On peut donc supposer que l'expédition d'une lettre simple à la caution devrait suffire comme preuve[815]. Gageons qu'une réponse sera prochainement apportée par les tribunaux. Par ailleurs, certains juges du fond des pays de

de l'AUS] que la caution doit être informée de la défaillance du débiteur principal qui doit être appelé en cause en même temps qu'elle ».

810 Cf. article 24 alinéa 1.

811 Cf. article 25 alinéa 1. Il s'agit là d'une distinction nette entre le droit OHADA et le droit français. Ce dernier impose plutôt au créancier une obligation d'information annuelle tous les deux ans et apparaît donc nettement moins favorables aux cautions. En ce sens, G. PIETTE, « la protection de la caution dans l'Acte Uniforme des Sûretés 2010 (OHADA) », *Lexbase Hebdo édition affaires*, n° 430, 2 juillet 2015, p. 2.

812 B. MARTOR, N. PILKINGTON, D. SELLERS, S. THOUVENOT, *Le droit uniforme africain des affaires issu de l'OHADA*, Litec, 2e éd., mars 2008, n° 1076, p. 241.

813 B. MARTOR, N. PILKINGTON, D. SELLERS, S. THOUVENOT, *Le droit uniforme africain des affaires issu de l'OHADA*, Litec, 2e éd., mars 2008, n° 1076, p. 241.

814 M. BRIZOUA-BI, « Le nouveau visage des sûretés personnelles dans l'espace OHADA », *Dr. et patr.* n° 197, novembre 2010, p. 63.

815 Cass. com., 28 octobre 2008, pourvoi n° 06-17.145, *Bull. civ. IV*, n° 176 ; *D.* 2008, p. 2931, obs. V. AVENA-ROBARDET.

l'OHADA ont cependant été parfois confrontés à la question de savoir si la notification de l'injonction de payer[816] était synonyme de transmission de l'information à la caution. Constamment, ils ont répondu par la négative : la signification d'une injonction de payer étant insuffisante à prouver l'information de la caution[817]. Face à ce constat, certains auteurs estiment que la lettre recommandée avec demande d'avis de réception, représente un moyen de preuve infaillible[818]. Or, c'est en pratique inenvisageable. Les services postaux dans de nombreux pays africains sont défaillants. Sans compter que, dans le contexte africain, il n'est pas courant pour des personnes de disposer de boîtes postales. À notre sens, bien que coûteuse et lourde, la meilleure parade serait alors celle de recourir à l'assistance d'un huissier pour informer directement la caution dans les pays de l'espace OHADA.

350. La « géométrie variable » des sanctions du défaut d'information. Enfin, s'agissant de la sanction du défaut d'accomplissement de l'obligation d'information en cas d'incident ou non, la sanction est apparemment similaire : la déchéance « *partielle* ». Pourtant, à regarder de plus près, on se rend compte que la portée des sanctions posées aux articles 24, alinéas 2 et 25, alinéas 2 de l'AUS, n'est pas la même. En cas de violation de son obligation d'information de la caution de la défaillance du débiteur, le créancier se retrouve déchu du « *paiement des pénalités ou intérêts de retards échus entre la date de cet incident et la date à laquelle elle en a été informée*[819] ». Autrement dit, dès lors que la défaillance du débiteur n'a pas été signalée à la caution, celle-ci peut refuser de régler les intérêts pour la période considérée, y compris pour les contrats conclus avant la réforme de 2010[820]. En revanche,

[816] En droit OHADA ce terme est défini comme étant : « *une procédure rapide qui permet à un créancier d'obtenir plus simplement un titre exécutoire en vue du recouvrement forcé de sa créance.* »

[817] V. notamment, TGI Ouagadougou, 26 mars 2008, jugement n° 061/08, affaire : SAVADOGO Wéfo Adama & GOUO Seydou c/ Banque Internationale pour le Commerce, l'Industrie et l'Agriculture du Burkina (BICIA-B), www.ohada.com [Vu le 30 mai 2016], Ohadata J-09-379, où il a été retenu sous le visa de l'article 13 de l'AUS (devenu l'article 23 dans l'AUS de 201) : « *la notification de l'injonction de payer n'équivaut pas à informer la caution de la défaillance du débiteur principal dans la mesure où l'ordonnance d'injonction de payer condamne déjà la caution en paiement de la dette* ».

[818] M. Zio, *Le cautionnement en droit de la consommation : perspective d'évolution du cautionnement en droit OHADA*, Connaissances et savoirs, février 2016, p. 344, spéc. n° 322.

[819] Cf. article 24 alinéa 2 de l'AUS de 2010.

[820] Conformément à l'article 10 du traité OHADA, « *[l'Acte uniforme] est directement applicable et obligatoire dans les États parties nonobstant toutes dispositions contraires de droit interne, antérieures ou postérieures dans les États membres* ».

en cas de manquement à l'information périodique de la caution (en dehors de tout incident), ce dernier ne pourra pas réclamer à celle-ci « *les intérêts contractuels échus depuis la date de la précédente information jusqu'à la date de communication de la nouvelle information* »[821]. Cette sanction n'est pas sans rappeler les critiques formulées à l'égard de la sanction du défaut d'information, en droit français, notamment par rapport à son caractère paradoxalement peu dissuasif pour le créancier[822].

351. Sans doute, conscient des craintes doctrinales que pouvait susciter cette sanction, le législateur OHADA a complété son dispositif. Il précise, à l'alinéa 2 de l'article 25 de l'AUS de 2010, que le créancier est également susceptible de perdre « *son recours contre la caution s'il a mis celle-ci dans l'impossibilité de bénéficier de la subrogation dans [ses] droits et recours*[823] ». Toute clause contraire est réputée non écrite. Au final, le créancier ne s'en sortira pas si facilement, s'il est défaillant. Tout compte fait, il sera intéressant d'observer l'attitude des tribunaux de l'espace OHADA et celle de la CCJA sur cette question.

352. **L'inopportunité d'une transposition du modèle OHADA en droit français.** En définitive, à la question : peut-on vraiment regretter que le droit français ne se soit pas inspiré du modèle OHADA relatif à l'information de la caution ? On serait tenté de répondre par la négative, tant au regard de ses faiblesses qu'au niveau de la spécificité du contexte africain. D'autres solutions méritent, alors, d'être envisagées pour rééquilibrer le régime juridique d'information de la caution, en droit français. On pourrait notamment envisager la création d'une obligation d'information unique au profit des cautions méritantes.

B. L'opportunité de la création d'une obligation d'information unique au profit de cautions méritantes

353. **Fondement de la création d'une obligation d'information unique de portée générale**. Dans l'optique de rétablir l'équilibre entre l'efficacité de la sûreté et la sauvegarde des intérêts de la caution, la mise en place d'un

---

821 M. BRIZOUA-BI, « Le nouveau visage des sûretés personnelles dans l'espace OHADA », *Dr. et patr.*, n° 197, novembre 2010, p. 63.

822 Cf. Nos développements ci-dessus, paragraphe n° 8.

823 J. ISSA-SAYEGH, « Commentaire de l'Acte Uniforme du 15 décembre 2010 portant organisation des sûretés », *in OHADA traité et actes uniformes commentés et annotés*, Juriscope, 2016, p. 894.

dispositif unique d'information de cette dernière, au cours de l'exécution du contrat s'impose[824]. En ce sens, le rapport Grimaldi avait suggéré que les articles L. 313-22 du Code monétaire et financier, 47-II de la loi, du 11 février 1994, L. 341-6 (devenu L. 333-2) du Code de la consommation et 2016, alinéa 2 du Code civil soient remplacés par un seul texte[825]. Cette démarche mérite d'être soutenue dans la mesure où ces textes (relatifs notamment à l'information annuelle) sont sources de désordres et d'incohérences[826].

354. La proposition de la commission Grimaldi. Ce groupe de travail avait proposé la création d'un futur article 2307 du Code civil :« *le créancier professionnel est tenu, avant le 31 mars de chaque année, de faire connaître à toute caution personne physique le montant du principal et des accessoires restant dus au 31 décembre de l'année précédente, sous peine de déchéance des intérêts et accessoires échus depuis la date de la précédente information et jusqu'à celle de la communication de la nouvelle information [...]* »[827]. Le fameux texte ajoute que « *si le cautionnement est à durée indéterminée, le créancier professionnel est, en outre, tenu de rappeler à la caution sa faculté de résiliation* »[828]. Cette proposition n'a pas, jusqu'ici, séduit le législateur français.

355. Une proposition à parfaire. Pourtant, à bien des égards, cette solution paraît séduisante. Il semble équitable d'attendre du créancier, ayant la qualité de professionnel, qu'il remplisse une telle obligation[829]. Contrairement à ce que peuvent penser certains auteurs, le créancier « *occasionnel*[830] » aurait, en pratique, bien du mal à respecter une telle exigence. Le groupe de travail

---

824 Aussi en ce sens, D. LEGEAIS, « Code de la consommation siège d'un nouveau droit commun du cautionnement », *JCP E*, 2003, 1433, spéc. n° 37.

825 Y. PICOD, « L'obligation d'information de la caution pendant l'exécution du contrat », *in Études offertes au Doyen Philippe Simler*, Litec-Dalloz, janvier 2006, p. 400, n° 8.

826 Pour plus de développements, Cf. A.-S. BARTHEZ, « Désordre dans les sources du contrat de cautionnement : l'exemple de l'information de la caution », *RDC*, n° 2, p. 587.

827 M. GRIMALDI, « Projet de réforme du droit des sûretés », *RDC*, 1 juillet 2005 n° 3, p. 782.

828 *Ibidem.*

829 *Contra.* M. BOURASSIN, *L'efficacité des garanties personnelles*, LGDJ, 2006, n° s 900-904, et 938 ; M. BOURASSIN, V. BRÉMOND, M.-N. JOBARD-BACHELIER, *Droit des sûretés*, 5e éd., 2016, Sirey : Dalloz, 2016, p. 156, spéc. n° 278 : « *Une obligation d'information annuelle fondée sur l'impératif d'éthique contractuelle devrait être imposée à tous les créanciers et non aux seuls professionnels* ».

830 Y. PICOD, « L'obligation d'information de la caution pendant l'exécution du contrat », *in Études offertes au Doyen Philippe Simler*, Litec-Dalloz, janvier 2006, p. 400, n° 8 : « *Il est bien difficile de demander à un créancier professionnel-non rompu au droit des affaires bénéficiant d'un cautionnement indéfini, de respecter un tel formalisme.* »

apporte une précision quant à la définition de la notion de « *créancier professionnel* ». Ce terme englobe les établissements de crédits, les commerçants, les sociétés commerciales, ainsi que les cautions engagées au titre de leurs activités professionnelles ou statutaires[831]. Toutefois, de manière générale, quelques réserves peuvent être apportées à la proposition suggérée par le rapport Grimaldi. Cette proposition, pour être plus convaincante, mérite d'être tout simplement amendée.

356. **De la nécessité de retouches quant aux bénéficiaires de l'obligation d'information**. En effet, il peut paraître exagéré, particulièrement en droit français, de faire profiter à toutes les cautions personnes physiques de l'obligation d'information. Il est, en effet, regrettable que le rapport Grimaldi, à l'image des textes actuels, tende à rendre impératif le formalisme informatif, en se basant sur la qualité de personne physique de la caution. Évidemment, la caution personne physique est réputée faible dans son rapport contractuel avec le créancier professionnel. Mais faut-il pour autant protéger n'importe quelle caution ? On peut en douter. Certaines personnes physiques, dotées d'une puissance financière importante maîtrisent le mécanisme du cautionnement et sont parfois proches du débiteur qu'elles cautionnent[832]. Le législateur français devrait donc cantonner son dispositif protecteur aux cautions qui le méritent vraiment. Dans une logique d'équilibre, il faudrait admettre qu'une caution (tel un dirigeant ou un associé de l'entreprise débitrice,) engagée pour des raisons et des objectifs professionnels, n'échappe pas au formalisme informatif étant donné qu'elle a, en principe, à la fois les compétences, les connaissances et les pouvoirs juridiques à l'égard du débiteur, qui rendent « *superfétatoires toutes les informations sur leur propre engagement et/ou sur la dette principale*[833] ». Seules seraient créancières de l'obligation d'information, les cautions ne disposant pas raisonnablement « *de connaissances particulières, ni en matière de crédit et de garantie, ni sur la situation financière du débiteur principal, et qui n'ont pas les moyens juridiques de contrôler l'endettement du débiteur* »[834]. Il faut raisonner en

---

831 En ce sens, Ph. SIMLER, « une réforme à venir : la réforme du cautionnement », *in Le droit des sûretés à l'épreuve des réformes*, (dir.) Y. PICOD et P. CROCQ, Collection Droit et procédures, 2006, p. 51.

832 Pour plus de développements, Cf. A.-S. BARTHEZ, « Désordre dans les sources du contrat de cautionnement : l'exemple de l'information de la caution », *RDC*, n° 2, p. 587, spéc. n° 16.

833 M. BOURASSIN, « La rationalisation du droit du cautionnement », *RD bancaire et fin.*, janvier-février 2016, p. 91, spéc. n° 23.

834 M. BOURASSIN, « La rationalisation du droit du cautionnement », *RD bancaire et fin.*, janvier-février 2016, p. 91, spéc. n° 23.

termes « *d'aptitude à connaître*[835] » de la caution, plutôt qu'en termes de « *connaissance effective*[836] ».Une telle appréhension de la « *caution avertie* » serait particulièrement opportune[837].

357. Retouches quant à la preuve de l'obligation d'information. S'agissant de la preuve de l'obligation d'information, pour prévenir le créancier professionnel de contestations, le législateur français aurait pu apporter quelques clarifications. On pourrait consacrer la lettre recommandée avec accusé de réception comme étant le gage de la bonne exécution par le créancier professionnel de son obligation d'information[838]. Cela compenserait largement les coûts des procédures devant les tribunaux[839]. De son côté, la caution devra prouver, en retour, la non-conformité de l'information reçue aux exigences légales[840]. Inéluctablement, la consécration d'une telle solution permettrait une meilleure conciliation des intérêts en présence.

358. Retouches quant à la sanction du défaut d'information. Enfin, quant à la sanction, l'alourdissement de cette dernière concernant le défaut d'information, telle que proposée par le projet Grimaldi, reste dans une certaine mesure, insuffisante. À cet égard, serait bienvenue l'éviction de la déchéance « *des intérêts et accessoires échus depuis la date de la précédente information et jusqu'à celle de la communication de la nouvelle information* », au profit de l'alignement sur la rigueur de la sanction posée à l'article 2293 : « *la déchéance de tous les accessoires de la dette, frais et*

---

835 E. PALVADEAU, « Réflexions sur la caution avertie », *Dr. et patr.*, n° 218, octobre 2012, p. 37.

836 *Ibidem*, p. 38. Selon madame Emmanuelle Palvadeau, la caution « *avertie* » doit être appréhendée comme étant « *toute personne apte à être informée sur les risque de son engagement, soit par son implication dans l'opération cautionnée, soit par l'assistance dont elle dispose* ».

837 *Contra.* Pour la suppression de la distinction : G. PIETTE, « Les faiblesses du cautionnement », *RLDA*, n° 31, 2008, p. 104. Pour le professeur Gaël Piette, plutôt que de procéder à une catégorisation des cautions, il parait plutôt opportun « *d'examiner la nature des rapports qui se sont créés entre les contractants lors de la conclusion du cautionnement, pour apprécier si la caution se trouvait dans une position d'égalité ou, au contraire, d'infériorité face au créancier* ».

838 Aussi en ce sens, M. BOURASSIN, *L'efficacité des garanties personnelles*, préf. M.-N. JOBARD BACHELIER et V. BRÉMOND, LGDJ, 2006, n° 903.

839 *Ibidem.*

840 Cass. com., 9 février 2016, pourvoi n° 14-22.179, *RD bancaire et fin.*, n° 2, mars 2016, comm. 69, note D. LEGEAIS

pénalités[841] ». La sanction, telle que proposée par le rapport Grimaldi a pu apparaître pas très rigoureuse à l'égard des créanciers, en raison de l'absence de limite temporelle notamment « *si le montant des accessoires est peu élevé durant la période considérée*[842] ». Celle-ci a un caractère plus dissuasif aux yeux des créanciers et amènera ces derniers à respecter leur obligation informative. Se pose, alors, la question de l'opportunité de l'admission par le législateur français du cumul de la responsabilité contractuelle de droit commun avec la déchéance des intérêts. Rappelons que la jurisprudence s'est, jusqu'ici, cantonnée à considérer cette dernière comme la seule sanction admissible ; une demande en dommages et intérêts pouvant être ouverte seulement dans les hypothèses de dol ou de faute lourde[843]. Or, chacun sait qu'en pratique, la preuve de ces éléments n'est pas facile à établir[844]. De plus, la déchéance des intérêts risque de s'avérer insuffisante dans l'hypothèse d'un cautionnement *omnibus*[845]. Comme un auteur a su très justement le remarquer, la caution aurait pu légitimement arguer notamment qu'elle aurait pu mettre un terme à son engagement, si elle avait été informée à temps sur sa faculté de résiliation[846]. Dans cette perspective, il ne serait donc pas excessif, pour le législateur français, d'admettre la responsabilité civile au titre d'une sanction complémentaire.

359. La nécessité d'une disposition unique au cœur du Code civil. Reste à espérer que le siège de la nouvelle disposition sera le Code civil[847]. En effet, « *la localisation [actuelle des textes au sein du Code de la consommation] au détriment du Code civil, alors que [ceux-ci] bénéficient à toute caution personne physique au-delà même de la notion classique de consommateur,*

---

841 A.-S. Barthez, « Désordre dans les sources du contrat de cautionnement : l'exemple de l'information de la caution », *RDC,* n° 2, 1er avril 2008, p. 587 et s. spéc. n° 15.

842 *Ibidem.*

843 Cass. com., 25 avril 2001, pourvoi n° 97-14486, *Bull. civ. IV*, 2001, n° 75 ; 2001, act. jur., p. 1793, *RTD civ.*, 2001, p. 922, obs. P. Crocq, *RTD com.*, 2001, p. 751, note B. Bouloc ; Cass. civ. 1re., 10 décembre 2002, pourvoi n° 00-18.726, *Bull. civ. I*, 2002, n° 303 ; *RD bancaire et fin.*, 2003, p. 97.

844 Y. Picod, « L'obligation d'information de la caution pendant l'exécution du contrat », *in Études offertes au Doyen Philippe Simler,* Litec-Dalloz, janvier 2006, p. 406.

845 J. Djoudi, « La sanction de l'obligation d'information annuelle », *RD bancaire et fin.*, n° 3, mai 2007, dossier, 16, spéc. n° 4.

846 *Ibidem.*

847 Cela viendrait atténuer les débats doctrinaux autour du siège du droit commun du cautionnement. V. D. Legeais, « Le Code de la consommation, siège d'un nouveau droit commun du cautionnement », *JCP E.* n° 41, 9 octobre 2003, 1610 et s ; V. aussi. Ph. Delebecque, « Le cautionnement et le Code civil : existe-t-il encore un droit commun du cautionnement ? », *RJ com.* 2004, p. 327.

brouille les frontières entre le droit civil et le Code de la consommation[848] ». Cela favoriserait une certaine visibilité et cohérence du régime de l'obligation d'information des cautions[849] tout en allégeant la tâche du créancier. Plus fondamentalement, la dispersion actuelle des textes applicables nuit sérieusement à l'équilibre contractuel du cautionnement[850]. Dommage que le législateur français, lors de la réforme du Code civil issu de l'ordonnance du 10 février 2016, n'ait pas apporté des retouches en ce sens.

Conclusion de la section I

360. En somme, eu égard à la kyrielle de textes, régissant l'obligation d'information du créancier vis-à-vis de la caution, au cours de l'exécution du contrat en droit français, on serait tenté de conclure que : « *trop d'informations, tue l'information* » ! En effet, cet « *enchevêtrement de textes* » rend difficile la lisibilité du dispositif pour le créancier professionnel et alourdit considérablement sa tâche. Dans une perspective d'équilibre contractuel du cautionnement, les obligations informatives du créancier (« *fruit de tâtonnements [législatifs]*[851] ») méritent d'être simplifiées et orientées vers une protection des cautions méritantes. Voulant éviter de reproduire les erreurs de l'exemple français, le législateur OHADA s'est, de son côté, employé par sa réforme de 2010 à instaurer un rééquilibrage des obligations d'informations de la caution pesant sur le créancier. Il a, notamment, consacré des obligations d'information de portée générale. Pourtant, malgré ces efforts de simplification qui semblent dignes d'intérêts, demeurent insuffisants. Il s'avère nécessaire pour une amélioration du dispositif, en vue d'un meilleur équilibre contractuel de procéder à l'éclaircissement des règles de preuve de l'exécution de l'obligation d'information et à l'alourdissement de la sanction pour manquement à l'information périodique de la caution. Quid, alors, de la mise à la charge du créancier le respect des prévisions de la caution ?

---

848 Y. PICOD, « L'obligation d'information de la caution pendant l'exécution du contrat », *in Études offertes au Doyen Philippe Simler,* Litec-Dalloz, janvier 2006, p. 395.

849 M. BOURASSIN, *L'efficacité des garanties personnelles*, préf. M.-N. JOBARD BACHELIER et V. BRÉMOND, LGDJ, 2006, n° 901.

850 A. DUMÉRY, « Cautionnement et Code de la consommation : d'une ambition protectrice à un éclatement progressif », *RLDC*, 2011, p. 72, spéc. n° 12.

851 Y. PICOD, « L'obligation d'information de la caution pendant l'exécution du contrat », *in Études offertes au Doyen Philippe Simler,* Litec-Dalloz, janvier 2006, p. 407, n° 14.

SECTION II.
La mise à la charge du créancier le respect des prévisions de la caution

361. Plan. L'obligation mise à la charge du créancier de respecter les prévisions de la caution se décline de deux manières :
— Tout d'abord par l'exigence de préservation de l'efficacité du recours subrogatoire de la caution (§ 1) ;
— Ensuite, par un devoir de laisser à la caution un minimum vital (§ 2).

§ 1. L'exigence de préservation de l'efficacité du recours subrogatoire de la caution

362. Plan. Conscients qu'ils bénéficient d'un cautionnement, il arrive que certains créanciers soient tentés de faire preuve de laxisme et, de ce fait, de négliger de s'assurer du maintien de tous leurs droits à l'égard du débiteur[852]. Pourtant, « *tenus sans contrepartie, [les] droits [de la caution] consistent pour l'essentiel en un recours contre le débiteur, dont l'efficacité dépend elle-même du créancier*[853] ». Soucieux, donc, de préserver « *l'éthique contractuelle* » et, dans une certaine mesure, une « *justice contractuelle* » impliquant la restauration de l'équilibre des patrimoines des parties contractantes[854], les législateurs français[855] (article 2314 du Code civil) et OHADA (article 29 alinéa 2 AUS) ont donc offert à la caution la possibilité de se prévaloir du bénéfice de subrogation. Ainsi, de nombreuses cautions, n'hésitent pas à invoquer ce moyen de défense, afin de se libérer de leurs engagements. Aujourd'hui, le bénéfice de subrogation représente pour bon nombre d'entre elles une véritable « *planche de salut*[856] ». Seulement pour être déchargées (A), les cautions devront réunir certaines conditions (B).

---

852 B. ROMAN, *Droit du cautionnement*, Ellipses, juin 2005, p. 81, spéc. n° 157.

853 Cf. article 2306 du Code civil.

854 M. BOURASSIN, V. BRÉMOND, M.-N. JOBARD BACHELIER, *Droit des sûretés*, 5e éd., Sirey, 2016, p. 157, spéc. n° 279.

855 L'article 2314 du Code civil dispose en effet : « la caution est déchargée, lorsque la subrogation aux droits, hypothèques et privilèges du créancier, ne peut plus, par le fait du créancier, s'opérer en faveur de la caution ».

856 Ph. SIMLER, *Cautionnement : garanties autonomes, garanties indemnitaires*, 5e éd., LexisNexis, 2015, p. 850, spéc. n° 848. Relevons que les cautions pourront soulever ce moyen pour la première fois jusqu'en appel.

A. Une mesure de faveur aux conditions de mise oeuvre en « souples »

363. La généralisation du bénéfice de cession d'actions. Le bénéfice de cession d'actions profite uniquement à toutes les cautions et seulement à elles[857]. Même si l'article 2314 du Code civil ne le souligne pas clairement, la jurisprudence française a, depuis longtemps, apporté des précisions en ce sens. Dans un arrêt du 9 avril 2013[858], la Cour de cassation a eu l'occasion de rappeler le caractère général de la règle posée à l'article 2314 du Code civil : toute caution simple ou solidaire est autorisée à se prévaloir de « *l'exception de non-subrogation* ». Il en va également de même pour la sous-caution[859]. Il importe peu qu'il s'agisse d'un cautionnement civil ou d'un cautionnement commercial. En droit OHADA en revanche, le problème ne s'est guère posé. Le législateur OHADA a fait preuve de précision, en disposant de manière expresse, à l'article 29, alinéa 2 que la subrogation concerne la caution simple ou solidaire.

364. L'assouplissement jurisprudentiel des conditions d'application de l'article 2314 du Code civil. S'agissant strictement des conditions d'application du bénéfice de subrogation, la jurisprudence a considérablement assoupli ces dernières années, les conditions de mise en œuvre du bénéfice de cession d'actions.

365. La souplesse jurisprudentielle quant à l'appréhension de la notion de perte d'un droit préférentiel. D'une part, la mise en œuvre du bénéfice de cession d'actions suppose la perte d'un droit préférentiel. En droit français, en dépit de la formulation assez claire de l'article 2314 du Code civil, faisant référence aux « *droits, hypothèques, et privilèges du créancier* », la jurisprudence a retenu une interprétation très souple. Dans son élan pour voler au secours des cautions, elle a, ainsi, dans un célèbre arrêt du 3 mai 2006, étendu l'applicabilité de l'article 2314 du Code civil aux « *droits exclusifs* » dont dispose le créancier[860]. Autant dire qu'il peut s'agir d'un droit

---

857 Cf. À propos de l'exclusion des codébiteurs solidaires du bénéfice de cession d'actions : Cass. com., 8 mai 1968, *Bull. civ. IV*, n° 148 ; Cass. com. 17 décembre 2003, pourvoi n° 01-11.198, inédit. À propos de l'exclusion des « *cautions réelles* » du bénéfice de cession d'actions : Cass., ch. mixte, 2 décembre 2005, pourvoi n° 03-18.210, *JCP N.* 6 janvier 2006, p. 35, note Ph. SIMLER.

858 Cass. com., 9 avril 2013, pourvoi n° 12-14.596, *LEDC.* n° 6, 1er juin 2013, p. 4, note N. LEBLOND.

859 Cass. com.,11 décembre 1990, pourvoi n° 87-17.890, non publié au Bulletin.

860 Cass. com., 3 mai 2006, pourvoi n° 04-17.283, *Bull. civ. IV*, n° 104 ; *D.* 2006, p. 1693, note D. HOUTCIEFF ; *JCP G.* E. 2006, 2061, note D. LEGEAIS.

préférentiel ou exclusif résultant d'une sûreté ou d'une garantie réelle[861]. Il en est ainsi, par exemple, du droit de propriété du crédit bailleur[862], de la clause de réserve de propriété[863], du droit de rétention[864]... La jurisprudence se montre également assez tolérante à l'égard des cautions, comme le démontrent ses décisions[865] sur la question de l'absence de déclaration de créance dans le cadre de la procédure collective[866]. En outre, la Haute Juridiction admet qu'un cofidéjusseur puisse invoquer « *[son] droit d'agir en remboursement contre un autre garant*[867] ».

366. La consécration d'une conception extensive de la faute du créancier. D'autre part, l'application de l'article 2314 du Code civil et 29, alinéa 2 de l'AUS suppose que la perte de droit préférentiel de la caution soit causée par un fait du créancier. En droit français, on a assisté à un « *glissement du fait du créancier à la faute du créancier*[868] ». Alors qu'on pouvait raisonnablement croire que la lettre de l'article 2314 du Code civil renvoyait, a priori, à un « *fait quelconque* », la doctrine et la jurisprudence[869] française « *se sont rapidement accordées à considérer que le bénéfice de subrogation est subordonné à une*

---

861 M. BOURASSIN, V. BRÉMOND, M.-N. JOBARD BACHELIER, *Droit des sûretés*, 5e éd., Sirey, 2016, p. 197, spéc. n° 369.

862 Cass. com., 21 mars 2006, pourvoi n° 04-20.325, non publié au Bulletin.

863 Cass. com., 27 février 1996, pourvoi n° 94-14.313, *Bull. civ. IV*, n° 68 ; *D.*, 1996. Somm. 269, obs. L. AYNÈS ; *RTD civ.*, 1996, p. 439, obs. P. CROCQ.

864 Cass. com., 27 novembre 1997, pourvoi n° 95-16091, *Bull. civ. IV*, n° 301 : « *Attendu qu'en statuant ainsi, alors que le droit de rétention confère à son titulaire le droit de refuser la restitution de la chose légitimement retenue jusqu'à complet paiement de sa créance, même en cas de redressement ou de liquidation judiciaires du débiteur, et que la perte de ce droit nuit aux cautions* ».

865 Cass. com. 19 février 2013, pourvoi n° 11-28423, *Bull. civ. IV*, 2013.

866 Cf. S. PIÉDELIÈVRE, *Droit des sûretés*, 2e éd., Ellipses, juillet 2015, p. 125 ; V. *infra*, nos développements à propos de l'admission du bénéfice de subrogation, en cas de défaut de production de créances, p. 316, spéc. n° 546.

867 M. BOURASSIN, V. BRÉMOND, M.-N. JOBARD BACHELIER, *Droit des sûretés*, 5e éd., Sirey, 2016, p. 197, spéc. n° 369. *Contra.*, Cass. ch. mixte., 27 févier 2015, pourvoi n° 13-13.709 où il a été précisé que : « *Le cofidéjusseur d'une caution déchargée de son engagement en raison de sa disproportion manifeste, ne peut, lorsqu'il est recherché par le créancier, ni revendiquer le bénéfice des dispositions de l'article 2314 du code civil, faute de transmission d'un droit dont il aurait été privé, ni agir à l'encontre de cette même caution sur le fondement de l'article 2310 du code civil.* »

868 S.-P. LEVOA AWONA, « La poursuite de la caution d'une entreprise en difficulté en droit OHADA », *Banque et droit*, n° 144, juillet-août 2012, p. 12, spéc. n° 23.

869 Cass. com., 2 avril 1996, pourvoi n° 93-19.074, *Bull. civ. IV*, n° 100 ; *D.* 1996. Somm. 268, obs. L. AYNÈS.

faute du créancier »[870]. Ainsi, la Cour de cassation admet qu'il peut s'agir d'une faute volontaire (acte positif) ou d'une simple négligence (acte négatif). Encore faut-il qu'on soit en présence d'un fait imputable au seul créancier. En témoigne la jurisprudence ayant retenu que la perte du droit préférentiel résultant d'une décision administrative[871] n'est pas une faute du créancier au sens de « *fait exclusif* ». De même, la Cour de cassation a pu considérer que la caution ne peut invoquer le bénéfice de subrogation, alors qu'une faute est susceptible d'être reprochée au débiteur principal[872] ou à une autre caution[873], ou simplement à elle-même[874]. Toutefois, il appartiendra à la caution de rapporter la preuve du « *fait exclusif* » du créancier[875].

367. Par ailleurs, la question s'est posée de savoir si ce « *fait exclusif* » du créancier relevait de l'exercice d'une simple faculté. Cela a longtemps été source de divisions au sein de la Cour de cassation. Retenant une « *conception libérale* » du cautionnement, la première Chambre civile considérait que le créancier ne commettait aucune faute en s'abstenant d'exercer cette faculté. Retenant une « *conception solidariste* », la Chambre commerciale a plutôt estimé que le créancier devait nécessairement prendre en compte les intérêts de la caution lorsqu'il prend ses décisions[876]. En d'autres termes, « *le créancier qui n'exerce pas une faculté dont il dispose légalement ou conventionnellement est fautif*[877] » à partir du moment où la caution a intérêt. Interrogée, la Chambre mixte est venue mettre un terme à cette divergence jurisprudentielle en donnant raison à la Chambre commerciale. Elle a affirmé dans un arrêt du

---

870 G. PIETTE, *Répertoire de droit civil Dalloz*, V.°Cautionnement, n° 265.

871 Cass. civ. 1re., 4 juin 2005, pourvoi n° 03-10642, inédit. En l'espèce, la valeur des immeubles hypothéqués avait été réduite du fait d'une modification du plan d'occupation des sols.

872 Cass. civ. 1re., 9 mai 2001, n° 98-23.144, *Bull. civ. I*, n° 125.

873 Cass. civ. 1re., 7 décembre 2004, pourvoi n° 03-10.631, *Bull. civ. I*, n° 300.

874 Cass. civ. 1re., 19 novembre 2009, pourvoi n° 08-19.173, *RD bancaire et fin.* comm. 4, obs. A. CERLES. V. également en ce sens, Cass. com., 6 juillet 2010, pourvoi n° 09-16.163, *Rev. proc. coll.*, septembre 2010, n° 178, obs. F. PEROCHON ; *RD bancaire et fin.*, 2010, comm. 215, obs. D. LEGEAIS.

875 Cass. civ. 1re., 13 novembre 1996, pourvoi n° 94-16.475, *Bull. civ. I*, n° 394 ; *D.* 1997. Somm. 166, obs. L. AYNÈS ; Cass. com., 9 novembre 2004, pourvoi n° 03-14.821 ; Cass. com., 16 octobre 2012, pourvoi n° 11-23.703, *Gaz. Pal.*, 13 décembre 2012, p. 17, obs. M.-P. DUMONT-LEFRAND.

876 Cass. com., 13 mai 2003, pourvoi n° 00-15.404, *Bull. civ. IV*, n° 73 ; *Banque et droit*, juillet.-août 2003, p. 61, obs. N. RONTCHEVSKY ; *RTD com.*, 2004. 156, obs. A. MARTIN-SERF.

877 C. ALBIGÈS et M.-P. DUMONT-LEFRAND, *Droit des sûretés*, 5e éd., Dalloz, septembre 2015, p. 181, spéc. n° 245.

17 novembre 2006 que « *le créancier qui, dans le même temps, se garantit par un cautionnement et constitue une sûreté provisoire s'oblige envers la caution à rendre cette sûreté définitive*[878] ». Assurément, « *le droit de recouvrer sa créance n'est pas un droit discrétionnaire*[879] ». La solution ici adoptée, qui vaut mode d'emploi, a le mérite d'équilibrer les intérêts en présence. Il participe de la bonne foi contractuelle le fait que le créancier ne se limite pas à agir dans son strict intérêt personnel sans tenir compte des intérêts de la caution. Ainsi, la première Chambre civile, dans un arrêt rendu le 3 avril 2007, a considéré qu'une banque, bénéficiant d'un privilège institué par l'article 2374 du Code civil et qui ne veut pas se voir opposer le bénéfice de cession d'actions, doit inscrire son privilège[880]. Somme toute, ces décisions concourent à un certain rééquilibrage jurisprudentiel au profit des cautions.

368. La consécration jurisprudentielle de l'exigence supplémentaire d'un préjudice subi par la caution. Enfin, aux deux conditions visées par l'article 29, alinéa 2 de l'AUS et par l'article 2314 du Code civil, la jurisprudence française en a ajouté une troisième à savoir la nécessité pour la caution d'avoir subi un préjudice[881]. Cette condition nécessite la réunion de deux éléments, à savoir la perte d'un droit présentant une réelle efficacité[882] et le fait pour la caution de ne pas détenir d'autres droits préférentiels[883]

---

878 Cass., ch. mixte, 17 novembre 2006, pourvoi n° 04-19.123, *Bull. ch. mixte*. n° 10 ; *D*., 2006, p. 2907, obs. V. AVENA-ROBARDET ; *RTD civ*. 2007, p. 157, obs. P. CROCQ ; *RDC*, 2007. 431, note D. HOUTCIEFF ; *RLDC*, janvier 2007, p. 31, note J.- J. ANSAULT.

879 J. MESTRE, « Réflexions sur l'abus du droit de recouvrer sa créance », *in Mélanges offerts à Pierre Raynaud*, Dalloz, 1985, p. 439.

880 Cass. civ. 1re., 3 avril 2007, pourvoi n° 06-12.531, *Bull. civ. I*, n° 138 ; *D*. 2007, p. 1136, obs.V. AVENA-ROBARDET ; *D*., 2007, p. 1572, note D. HOUTCIEFF ; *JCP G*. I. 2007, p. 158, n° 13, obs. Ph. SIMLER ; *RTD civ*., 2007, p. 595, obs. P. CROCQ. V. également, Cass. com., 17 février 2009, pourvoi n° 07-20.458, *RTD civ*., 2009, p. 555, obs. P. CROCQ.

881 En ce sens, Ph. SIMLER, *Cautionnement : garanties autonomes, garanties indemnitaires*, 5e éd., LexisNexis, 2015, p. 885, spéc. n° 876 ; S.- P. LEVOA AWONA, « La poursuite de la caution d'une entreprise en difficulté en droit OHADA », *Banque et droit*, n° 144, juillet-août 2012, p. 12, spéc. n° 23. *Contra.*, M. CABRILLAC, Ch. MOULY, S. CABRILLAC, Ph. PETEL, *Droit des sûretés*, 10e éd., LexisNexis, spéc. n° 307 et 311 : ces auteurs estiment qu'il n'y a aucune exigence pour la caution à prouver son préjudice pour se prévaloir du bénéfice de subrogation. Selon eux, l'affirmation d'une telle condition procède d'une erreur.

882 Cass. civ. 1re., 25 juin 1980, pourvoi n° 79-11591, *Bull. civ. I*, n° 197 ; Cass. com., 12 juillet 2011, pourvoi n° 09-71113, *JCP G*. 2011, p. 1259, n° 7, obs. Ph. SIMLER.

883 Cass. civ. 1re., 26 janvier 1999, pourvoi n° 96-21328, *JCP G*. II, 1999, 10041, conclusions J. SAINTE-ROSE.

susceptibles de contribuer à l'obtention du paiement de sa créance[884]. Ainsi, la jurisprudence n'accepte pas le jeu de la subrogation, lorsqu'il est démontré que la perte de la sûreté n'aurait pas empêché la caution d'avoir une position plus intéressante en vue de son paiement ou « *aurait été inefficace pour toute autre raison*[885] ». S'il appartient à la caution d'établir la perte de son droit[886], la Cour de cassation, dans un récent arrêt du 8 avril 2015[887] relatif à la non-production de créance, rappelle que la charge de la preuve de l'absence de préjudice incombe au créancier[888].

369. Toutes ces conditions réunies, le bénéfice de subrogation aura pour effet la décharge modérée de la caution.

B. Une cause de décharge modérée de la caution

370. La proportionnalité de la décharge. L'issue de la mise en œuvre du bénéfice de cession d'actions n'emporte pas, ipso facto, une décharge totale de la caution. Tant en droit français[889] qu'en droit OHADA[890], celle-ci sera déchargée proportionnellement au préjudice qu'elle a subi. En d'autres termes, la caution sera libérée à la hauteur de la valeur des droits susceptibles de lui être transmis par la subrogation et qu'elle a perdue du « *fait du*

---

884 G. PIETTE, *Droit des sûretés : sûretés personnelles, sûretés réelles*, 10e éd., Gualino-Lextenso éditions, 2016, p. 73.

885 Ph. SIMLER, *Cautionnement : garanties autonomes, garanties indemnitaires*, 5e éd., LexisNexis, 2015, p. 885, spéc. n° 876. La jurisprudence est depuis constante : Cass. civ. 1re., 2 février 1886, *DP.*, 1. 1886, p. 233 ; *adde*, Cass. civ. 1re., 21 juin 1989, pourvoi n° 87-18.121, non publié au Bulletin.

886 Cass. civ. 1re., 13 novembre 1996, pourvoi n° 94-16475, *D.*, 1997, Somm., 166, obs. L. AYNÈS : « *Il appartient à la caution qui invoque l'extinction de son engagement de rapporter la preuve que la subrogation a été rendue impossible par le fait du créancier.* »

887 Cass. com., 8 avril 2015, pourvoi n° 13-28061, *LEDEN*, mai 2015, p. 4, n° 80, obs. E. MOUIAL ; *Revue de droit rural*, n° 435, Août 2015, comm. 159, obs. C. LEBEL.

888 V. *Infra*, nos développements, IIe partie, titre II, chapitre 2, paragraphe n° 546.

889 L'article 2314 du Code civil étant muet, c'est la jurisprudence qui a apporté des précisions quant à la mesure de la décharge. V. Cass. civ. 1re.,9 mai 1994, pourvoi n° 91-21.162, *Bull. civ. I*, n° 169 ; Cass. com., 17 février 2009, pourvoi n° 07-20.458, *Bull. civ. IV*, 2009, n° 22 : « *La caution n'est déchargée qu'à concurrence de la valeur des droits pouvant lui être transmis par subrogation et dont elle a été privée par le fait du créancier* ».

890 Cf. article 29 alinéa 3 : « *Si le fait reproché au créancier limite seulement cette subrogation, la caution est déchargée à concurrence de l'insuffisance de la garantie conservée.* »

créancier[891] ». En effet, comme l'écrivait justement Paul Pont : « *il serait contraire à toute justice d'accorder à la caution une décharge complète et absolue*[892] ». Ainsi, la jurisprudence retient généralement une décharge partielle à concurrence du préjudice subi par la caution[893]. Néanmoins, il lui arrive de retenir une décharge totale, lorsque, notamment, le fait exclusif du créancier a rendu impossible l'appréciation de la valeur du droit préférentiel[894] ou encore lorsque la valeur du droit perdu est au moins équivalente au montant du cautionnement[895].

371. **Une appréciation mesurée de la valeur du droit perdu**. Selon les hauts magistrats, la valeur des droits perdus s'apprécie à la date de l'exigibilité du cautionnement (la défaillance du débiteur principal)[896]. Ceci concourt bien évidemment à placer la caution dans une situation confortable, à propos de droits sur le patrimoine du débiteur, dans la mesure où la valeur de ceux-ci diminue généralement au fil du temps[897]. Reste que la Cour de cassation, dans un arrêt du 17 février 2009, est venue préciser que « *que la valeur des droits s'apprécie à la date de la défaillance du débiteur principal, sauf si, à cette date, le créancier était empêché de mettre en œuvre la sûreté. En présence d'un gage, puisque l'attribution judiciaire n'est possible qu'au jour de la liquidation judiciaire, l'appréciation de la valeur des droits perdus du fait du créancier doit être effectuée à la date de la conversion de la procédure de sauvegarde ou de redressement judiciaire ou en liquidation judiciaire*[898] ». Autrement dit, lorsque le créancier est contrecarré dans la mise en œuvre de

---

891 S.-P. LEVOA AWONA, « La poursuite de la caution d'une entreprise en difficulté en droit OHADA », *Banque et droit*, n° 144, juillet-août 2012, p. 12, spéc. n° 23.

892 P. PONT, *Explication théorique et pratique du Code civil*, t. IX, Paris, 1867, spéc. n° 374.

893 Cass. civ. 1re, 24 février 1987, pourvoi n° 85-12.406, *Bull. civ. I*, n° 64 ; *D.*, 1987, Somm., p. 451, obs. L. AYNÈS ; Cass. civ. 1re, 9 mai 1994, pourvoi n° 91-21.162, *Bull. civ. I*, n° 169 ; Cass. civ. 1re, 15 décembre 1998, pourvoi n° 96-20.626, *Bull. civ. I*, n° 361 ; Cass. civ. 1re, 12 février 2002, pourvoi n° 99-15.944, *Bull. civ. I*, n° 51 ; Cass. civ. 1re, 18 février 2003, pourvoi n° 00-14.850, inédit ; Cass. com., 19 octobre 2010, pourvoi n° 09-69.951, inédit.

894 V. notamment, Cass. civ. 1re., 1er juin 1999, pourvoi n° 97-15.754, *Bull. civ. I*, n° 182.

895 G. PIETTE, *Répertoire de droit civil Dalloz*, V° Cautionnement, n° 286.

896 M. CABRILLAC, Ch. MOULY, S. CABRILLAC, Ph. PETEL, *Droit des sûretés*, 10e éd., LexisNexis, spéc. n° 313. Voir notamment en ce sens, Cass. com., 7 janvier 2003, pourvoi n° 97-19.978, non publié au Bulletin ; Cass. com., 5 juillet 2005, pourvoi n° 04-12.770, *Bull. civ. IV*, n° 150 ; Cass. com., 11 février 2014, pourvoi n° 12-29.670, inédit ; *Gaz. Pal.*, 20 mars 2014, p. 21, obs. M.-P. DUMONT-LEFRAND.

897 M. CABRILLAC, Ch. MOULY, S. CABRILLAC, Ph. PETEL, *Droit des sûretés*, 10e éd., LexisNexis, spéc. n° 313.

898 Cass. com., 17 février 2009, pourvoi n° 07-20.458, *Bull. civ. IV*, 2009, n° 22.

ses droits (notamment en cas de procédure collective), l'évaluation doit se faire, alors, à la date à laquelle la faculté d'exercice du droit préférentiel est retrouvée. Cette solution ne peut être qu'approuvée. Il faut saluer, ici, la lucidité des juges pour avoir procédé à une « *interprétation équilibrée de l'article 2314 du Code civil* »[899]. S'il est vrai que la caution ne doit pas souffrir de la négligence du créancier, il paraît juste que le créancier ne supporte pas « *une dépréciation du droit préférentiel [en dehors de toute négligence] survenue pendant le laps de temps où il ne pouvait agir* »[900].

372. Possibilité de cumul de la décharge de la caution avec la mise en jeu de la responsabilité du créancier ? Par ailleurs, la question s'est posée de savoir si la décharge, expressément prévue à l'article 2314, ouvrait la voie à un éventuel cumul de la décharge de la caution avec la mise en jeu de la responsabilité du créancier. La majeure partie de la doctrine française l'admet[901]. Comme l'expliquent justement les professeurs Anne-Sophie Barthez et Dimitri Houtcieff, rien ne semble interdire un possible cumul (entre la décharge de la caution et la responsabilité du créancier) : ces règles n'étant pas exclusives, étant donné « *qu'elles n'entretiennent aucun rapport de principe à exception*[902] ». Il paraît tout à fait légitime qu'un créancier soit sanctionné pour avoir rendu impossible la sûreté au profit de la caution et qu'il soit ,en outre, tenu de réparer le préjudice contractuel subi par elle[903]. Toutefois, il reviendra à la caution de prouver une faute distincte[904] de l'unique perte du droit préférentiel[905]. Cela étant, la caution se retrouve, en définitive, dans une situation fort confortable vis-à-vis du créancier, lorsque l'articulation

---

899 D. LEGEAIS, note sous Cass. com., 2 octobre 2012, n° 11-23.281, *RD bancaire et fin.*, n° 1, janvier 2013, comm. 11. À propos d'un arrêt retenant que : « *La caution ne peut reprocher à son créancier de ne pas avoir souscrit de nantissement postérieurement à son engagement, en l'absence de croyance légitime en ce sens.* »

900 M. CABRILLAC et Ph. PETEL, « Sauvegarde, redressement et liquidation judiciaires des entreprises », *JCP E*, 2009, n° 14, 2 avril 2009, chron., 1347, spéc. n° 10.

901 V. notamment, M.-N. JOBARD-BACHELLIER ET V. BRÉMOND, « Rôle et place des mécanismes fondamentaux du droit civil en droit des affaires, De l'utilité du droit de la responsabilité pour assurer l'équilibre des intérêts des contractants », *RTD com.*, 1999, p. 327.

902 A.-S. BARTHEZ et D. HOUTCIEFF, *Traité de droit civil. Les sûretés personnelles*, J. GHESTIN (dir.), LGDJ, 2010, spéc. n° 1177.

903 *Ibidem.*

904 V. Cass. com., 3 juillet 2007, pourvoi n° 06-13.959, non publié au Bulletin : où la mise en jeu de la responsabilité du créancier était fondée sur un manquement à son obligation de conseil et de loyauté.

905 R. MARTY, « Cautionnement et comportement du créancier », *JCP E.* n° 37, 13 septembre 2007, 2062, spéc. n° 23.

de l'article 2314 du Code civil avec le droit commun de la responsabilité se révèle possible[906]. Il y a fort à parier que cette solution pourrait conduire les juges de la zone OHADA à adopter sur ce point, une attitude similaire, étant donné que l'Acte uniforme OHADA s'inspire pour partie du modèle français. Dès lors, quel rééquilibrage conventionnel envisageable pour le créancier ?

373. **Quel rééquilibrage conventionnel envisageable pour le créancier ?** Pendant près d'une vingtaine d'années certains praticiens, notamment les fournisseurs de crédit souhaitant donner plus de force à leur sûreté, imposaient à la caution une clause de renonciation au bénéfice de subrogation lors de son engagement[907]. La jurisprudence française avait pendant un temps, conforté la validité de ce type de clauses de styles, en estimant que la renonciation au bénéfice de cession d'actions avait pour fondement la volonté des parties contractantes[908]. Toujours est-il que le créancier ne devait pas avoir commis de faute lourde assimilable au dol[909]. Mais, afin de préserver les intérêts de la caution et rétablir l'utilité de l'article 2314 du Code civil, le législateur français, depuis la loi du 1er mars 1989 (article 49), est venu consacrer l'inefficacité de la clause, dite de renonciation au bénéfice de cession d'actions[910], rompant ainsi avec les solutions jurisprudentielles antérieures[911].

---

906 S. HABBASSI-MEBARKIA, *La protection de la caution*, Thèse dactylographiée, Université de Valenciennes et du Hainaut Cambrésis, 9 février 2016, p. 267.

907 L. AYNÈS et P. CROCQ, *Droit des sûretés*, 9e éd., LGDJ, septembre 2015, p. 154, spéc. n° 291.

908 Cass. civ. 1re., 18 octobre 1978, pourvoi n° 77-12.300, *Bull. civ. I*, n° 311 : « *Justifie légalement sa décision le tribunal qui, pour déclarer irrecevable en raison de la prescription biennale, le recours en garantie formé par la caution d'un emprunteur contre la compagnie d'assurance qui garantissait au prêteur en cas de décès de l'emprunteur un capital légal au montant de l'emprunt, constate que la caution avait dans son acte d'engagement expressément renoncé à se prévaloir des dispositions de l'article 2037 du Code civil et retient que celle-ci, ne pouvant agir qu'en tant que subrogée aux droits du prêteur, seul bénéficiaire du contrat d'assurance, n'avait plus d'action contre la compagnie d'assurance, le prêteur ayant laissé s'écouler sans agir contre l'assureur plus de deux ans depuis la mort de l'emprunteur.* »

909 Cass. com., 21 janvier 1992, pourvoi n° 90-11.380, *Gaz. Pal.*, 26-28 avril 2009, p. 43, note P.-M. CORRE ; *RD bancaire et fin.*, n° 3, mai 2009, comm., p. 90, note A. CERLES.

910 G. PIETTE, *Répertoire de droit civil Dalloz*, V° Cautionnement, n° 265. V. notamment à titre d'illustration : Cass. civ. 1re., 10 décembre 2002, pourvoi n° 00-21.177, inédit : où elle a censuré l'arrêt d'une cour d'appel qui avait omis la prohibition des clauses de renonciation au bénéfice de subrogation.

911 V. notamment en ce sens, Cass. civ. 1re., 25 mai 1987, pourvoi n° 85-16.508, *Bull. civ. I*, n° 163 ; Cass. civ. 1re., 25 mai 1988, pourvoi n° 86-16.760, *Bull. civ. I*, n° 153. Par ailleurs, la Cour de cassation a eu l'occasion de préciser que la loi du 1er mars 1984 n'était

Cette position rejoint celle du législateur OHADA pour qui, toute clause contraire à l'article 29 alinéa 2 de l'AUS, relatif au bénéfice de subrogation a toujours été « *réputé [e] de non écrite* ». Ainsi, comme le souligne à juste titre un auteur, ce mécanisme permet « *d'instiller un brin de bilatéralisme dans les arcanes du contrat unilatéral qu'est le cautionnement*[912] ».

374. Pour une admission des clauses de renonciation à l'article 2314 du Code civil émanant de cautions professionnelles. Malgré tout, rien n'empêche le législateur, notamment en France, d'envisager l'admission de la validité des clauses de renonciation à l'article 2314 du Code civil, dans le cas des cautions professionnelles. Ces dernières ont la possibilité de réduire significativement le risque représenté par la non-subrogation, notamment par la prise de contre-garanties, la réassurance du risque en vue de fournir à leur clientèle le service souhaité[913]. Rappelons, également, que les clauses exonératoires de responsabilité ne mettent pas totalement le créancier à l'abri des poursuites de la caution. Les tribunaux français sanctionnent les cas de fraudes[914] et de fautes intentionnelles du créancier[915]. En attendant une réforme législative à venir, les créanciers devront, en pratique, recourir à la clause de non-concours « *selon laquelle la caution n'exercera son action subrogatoire que lorsque le créancier aura été rempli de ses droits*[916] ».

375. Quoi qu'il en soit, les créanciers ne sont pas au bout de leur peine. Le législateur français contrairement à son homologue de l'OHADA, les soumet en outre à un devoir de laisser à la caution un « *minimum vital* ».

---

pas applicable jusqu'à son entrée en vigueur. C'est-à-dire un an après. V. notamment en ce sens, Cass. com., 10 janvier 1989, pourvoi n° 86-19389, *Bull. civ. IV*, n° 10.

912 D. HOUTCIEFF, « Contribution à une théorie du bénéfice de subrogation de la caution », *RTD civ.*, avril-juin, 2006, spéc. n° 12.

913 Cf. M. CABRILLAC, Ch. MOULY, S. CABRILLAC, Ph. PETEL, *Droit des sûretés*, 10e éd., LexisNexis, spéc. n° 315. Dejà en ce sens, Ch. MOULY, *Les causes d'extinction du cautionnement*, Litec, Paris, 1979, p. 586, n° 486.

914 V. par exemple, Cass. civ. 1re., 15 janvier 1991, pourvoi n° 89-10.829, non publié au Bulletin.

915 V. par exemple, Cass. com., 21 janvier 1992, pourvoi n° 90-11.380, *Bull. civ. IV*, 1992, p. 19, n° 22.

916 R. MARTY, « Cautionnement et comportement du créancier », *JCP E*, n° 37, septembre 2007, 2062, note 18.

§ 2. Le devoir de laisser à la caution un « minimum vital »

376. Le « reste à vivre » : un frein aux poursuites du créancier. Parmi l'ensemble des dispositions mises en place par le législateur français, par la loi n° 98-657 du 29 juillet 1998 relative à la lutte contre les exclusions, le législateur a consacré, au profit des débiteurs et des cautions l'insaisissabilité d'un minimum de ressources, appelé « *reste à vivre* »[917]. En application de l'article 2024 du Code civil, devenu l'article 2301 depuis l'ordonnance du 23 mars 2006, le législateur français interdit qu'une caution personne physique puisse être privée « *d'un minimum de ressources fixé au nouvel article L. 731-2 [ex L. 331-2] du Code de la consommation* ». En d'autres termes, ce texte permet aux cautions personnes physiques de bénéficier d'un « *minimum vital*[918] ». Il en découle une limitation évidente du droit de poursuite des créanciers[919].

377. L'extension jurisprudentielle de la règle à toutes les cautions personnes physiques. La question s'est posée de savoir si le texte était aussi applicable à la caution solidaire, en raison de la localisation malheureuse du texte dans un article traitant du bénéfice de discussion. La Cour de cassation, dans un arrêt de principe du 31 janvier 2012, a mis un terme à cette incertitude juridique en répondant par l'affirmative. La Cour de cassation a jugé que « *la dernière phrase de l'article 2301 du Code civil qui ne distingue pas selon que le cautionnement est simple ou solidaire a, pour seul objet de préciser les conditions dans lesquelles s'effectue le recouvrement de la créance résultant du cautionnement donné par une personne physique*[920] ». Pour les hauts magistrats, peu importe la nature civile ou commerciale du cautionnement, qu'il soit donné en faveur d'un crédit à la consommation, qu'il garantisse une entreprise ou un particulier ; toute personne physique qui s'est portée caution de sa société peut invoquer l'article 2301, alinéa 2 du Code civil[921]. Cette solution, loin d'être surprenante, a le mérite de préciser la nature de la

---

917 Ph. SIMLER, *Cautionnement : garanties autonomes, garanties indemnitaires*, 5e éd., LexisNexis, 2015, p. 548, spéc. n° 526.

918 CA Colmar, 23 janvier 2013, n° 09-02.830, *JurisData* n° 2013-000937.

919 M. CABRILLAC, Ch. MOULY, S. CABRILLAC et Ph. PETEL, *Droit des sûretés*, 10e éd., LexisNexis, n° 268, p. 192.

920 Cass. com., 31 janvier 2012, pourvoi n° 10-28.236, *RD bancaire et fin.*, n° 2, mars 2012, comm. 51, note D. LEGEAIS ; *D.*, 2012, 428, obs. V. AVENA-ROBARDET.

921 J. DEVÈZE, A. COURET, I. PARACHKÉVOVA, Th. POULAIN-RHEM et M. TELLER, *Le Lamy droit du financement*, 2016, V° Minimum de ressources, n° 4176.

protection dont la caution est bénéficiaire[922], tout en étant conforme à l'esprit du texte controversé[923].

378. Fondement et mérites de la règle. Le législateur français semble avoir été soucieux de limiter le droit de poursuite des créanciers, afin d'éviter à la caution de se retrouver impécunieuse à l'exécution de son engagement[924]. Cela serait susceptible de conduire cette dernière à l'exclusion, ajouté à l'endettement excessif du débiteur[925]. Il était également question d'éviter, aux personnes souhaitant préserver leur minimum vital, de recourir préalablement à une procédure de surendettement[926]. Vantant les mérites de cette démarche du législateur français, le professeur Philippe Dupichot relevait que « *le créancier voit désormais ses prérogatives bridées par un devoir impératif de laisser à la caution un reste à vivre et non plus seulement par l'effet d'une jurisprudence audacieuse et empreinte d'équilibre contractuel*[927] ». Toutefois, il nous semble qu'une telle analyse est parcellaire.

379. Une bienveillance législative maladroite. Quoique l'on puisse dans une certaine mesure, concevoir que la force obligatoire du cautionnement en vienne à être bridée par « *l'ordre public de prévention des exclusions*[928] », encore faut-il s'interroger sur l'utilité pratique de la mesure, en vue d'un rééquilibrage contractuel. À bien y voir, ce scepticisme peut être justifié par plusieurs raisons. Comme le remarquent, à juste titre, certains auteurs, la

---

922 Cass. com., 31 janv. 2012, pourvoi n° 10-28.236, *L'ESSENTIEL Droit bancaire*, n° 4, 1er avril 2012, p. 6, obs. M. MIGNOT.

923 Comme l'indique si bien un auteur : « *Cette disposition, adoptée par le Parlement, résulte d'un amendement parlementaire (voté en séance de l'Assemblée nationale en 1re lecture le 20 mai 1998 sur proposition de Mme Véronique Neiertz au nom de la commission spéciale chargée d'examiner le projet de loi d'orientation relatif à la lutte contre les exclusions dans ses dispositions concernant le surendettement, et figurant à l'article 103 de loi n° 98-657 du 29 juillet 1998 relative à la lutte contre les exclusions) et se réfère au cautionnement en général[...] sans distinguer selon les types de cautions données par des personnes physiques* ». Cf. Cass. com., 31 janv. 2012, pourvoi n° 10-28.236, *RDI.*, 2012 p. 269, obs. H. HEUGAS-DARRASPEN.

924 G.PIETTE, « Cautionnement et intérêt social : les implications réciproques », *JCP G*, n° 25, 16 juin 2004, doctr. 142, spéc. n° 25 ; M. BOURASSIN, V. BRÉMOND, M. N. JOBARD BACHELIER, *Droit des sûretés*, 5e éd., Sirey-Dalloz, 2016, p. 167, n° 308.

925 M. BOURASSIN, V. BRÉMOND, M.- N. JOBARD BACHELIER, *ibidem*.

926 D. LEGEAIS, « La réforme du cautionnement par la loi du 29 juillet 1998 relative à la lutte contre les exclusions », *JCP N*, n° 52, décembre 1998, 1835, spéc. n° 26.

927 Ph. DUPICHOT, *Le pouvoir des volontés individuelles en droit des sûretés*, préf. M. GRIMALDI, Éditions Panthéon-Assas, 2005, p. 149, spéc. n° 165.

928 *Ibidem*.

préservation du minimum vital des cautions est déjà prévue dans les causes d'insaisissabilités prévues par le droit des voies d'exécution et on note l'accès de plus en plus aisé aux procédures de surendettement pour ces dernières[929]. Enfin, le risque de l'exclusion n'est pas véritablement conjuré quand on s'aperçoit que le « *reste à vivre* » correspond au RSA : (un montant relativement faible).

380. Propositions envisageables en vue d'un rééquilibrage. Dès lors, pour parvenir à cette finalité sociale sans pour autant sacrifier les intérêts des créanciers, il faudrait assurément réécrire l'article 2301 du Code civil. Certains auteurs avaient proposé de maintenir le texte de l'ancien article 2024 (devenu 2301) du Code civil dans un nouvel article 2314, selon lequel « *en toute hypothèse, l'action du créancier ne peut avoir pour effet de priver la caution personne physique du minimum de ressources fixé au Code de la consommation*[930] ». Pour autant, à notre avis, cette proposition du rapport Grimaldi ne semble pas la meilleure pour concilier les intérêts de la caution et ceux du créancier. Pour cela, il faudrait, tout d'abord, s'atteler à préciser que seules les personnes n'ayant pas accès aux procédures de surendettement, pourraient invoquer le bénéfice d'un « *reste à vivre* »[931]. Ensuite, on pourrait sensiblement augmenter le montant des sommes correspondant au minimum vital[932]. Quant à la méthode, il faudrait changer l'emplacement de la disposition relative au « *reste à vivre* » qui est, aujourd'hui, qualifié « *d'incongrue* » par certains auteurs[933]. À la limite on peut consacrer un alinéa, relatif au reste à vivre, à l'article 2301 du Code civil, ou mieux même, lui consacrer un nouvel article, tout simplement afin d'éviter toute ambiguïté.

381. L'opportunité de l'instauration d'un « reste à vivre » de la caution en droit OHADA ? Dans le cadre du droit comparé, l'article 2301,alinéa 2 du Code civil, relatif au reste à vivre n'a pas d'équivalent en droit OHADA. Faut-il donc songer à créer une telle disposition en droit OHADA, en vue de préserver le minimum vital des cautions ? À titre liminaire, il faut souligner

---

929 M. BOURASSIN, V. BRÉMOND, M.-N. JOBARD-BACHELIER, *Droit des sûretés*, 5e éd., Sirey-Dalloz, 2016, p. 167, n° 308.

930 M. GRIMALDI, « Orientations générales de la réforme » *in* Dossier Rapport Grimaldi : pour une réforme globale des sûretés, *Dr. et patr*., n° 140, septembre 2005, p. 50 ; Ph. SIMLER, « Les sûretés personnelles », *in* Dossier Rapport Grimaldi : pour une réforme globale des sûretés, *Dr. et patr*., n° 140, septembre 2005. p. 55.

931 M. BOURASSIN, *L'efficacité des garanties personnelles*, préf. M.-N. JOBARD- BACHELIER et V. BRÉMOND, LGDJ, 2006, p. 494, n° 887.

932 *Ibidem*.

933 Ph. SIMLER, *JCl. Notarial Répertoire*, V° Cautionnement, fasc. 60, n° 56.

que l'Acte uniforme, portant organisation des procédures simplifiées de recouvrement et des voies d'exécution, prévoit, à ses articles 52 et 53, des causes d'insaisissabilité des biens du débiteur. Mais, s'il faillait songer à une disposition visant à protéger le « reste à vivre » des cautions en droit OHADA, il conviendrait de songer à laisser le soin aux Etats parties de fixer un montant correspondant au minimum vital de ses ressortissants et applicable par les différents juges[934]. Cette méthode se rapproche de celle utilisée déjà par les rédacteurs de l'Acte uniforme portant l'organisation des procédures simplifiées de recouvrement et des voies d'exécution, à l'article 51. En vertu de ce texte, « *les biens et droits insaisissables sont définis par chacun des Etats parties* ». Cette méthode a pour avantage de tenir compte des réalités économiques de chaque État membre de la zone OHADA. Si l'uniformité des textes est l'un des objectifs affichés des pays de l'OHADA, il est clair qu'instaurer un montant minimum vital à tous les pays de l'OHADA relèverait à notre sens de la gageure.

Conclusion de la section I

382. Somme toute, les différents moyens employés par le législateur français et OHADA pour inciter le créancier au respect des prévisions de la caution, en vue de l'équilibre contractuel apparaissent globalement satisfaisants, mais restent perfectibles. En imbibant le bénéfice de subrogation de solidarisme contractuel, ils ont favorisé un peu de collaboration entre la caution et le créancier. Néanmoins, le seul bémol, en droit français, est la préservation maladroite du « *reste à vivre* » de la caution qui mériterait d'être réformée, en vue d'aboutir à un dispositif à la fois équitable et efficace en pratique. Cela passe, notamment, comme nous l'avons suggéré par une réécriture de l'article 2301 du Code civil consacrant une augmentation du minimum vital et en rendant seules bénéficiaires les personnes n'ayant pas accès aux procédures de surendettement. En droit OHADA en revanche, il semble difficile, en pratique, d'envisager l'instauration d'un « *reste à vivre* » commun à tous les états membres. Sans oublier le risque qu'un tel dispositif déplaise aux investisseurs en Afrique, à l'instar des établissements de crédit que pourtant, l'OHADA s'attèle à séduire depuis sa création.

---

[934] Aussi en ce sens, M. ZIO, *Le cautionnement à l'épreuve du droit de la consommation : perspective d'évolution du cautionnement en droit OHADA*, Connaissances et savoirs, 2016, (Droit et sciences politiques. Droit), spéc. n° 582 et s.

Conclusion du chapitre I

383. **Constatations**. Il résulte de tout ce qui précède, que « *la loyauté imposée au créancier sous forme des obligations d'informations* »[935] ou sous forme d'exigence de respecter les prévisions de la caution n'est pas en soi, condamnable en vue d'un cautionnement équilibré. Encore faut-il que le dispositif soit lisible, cohérent et juste. Ce n'est pas par une multiplication effrénée des contraintes légales du créancier que l'on parviendra à l'équilibre du cautionnement. L'unilatéralisme de cautionnement semble, aujourd'hui, littéralement « *blessé* », au regard des nombreuses contraintes imposées au créancier, en droit français[936]. L'histoire du cautionnement ne nous révèle-t-elle pas qu'à chaque fois que la caution s'est trouvée trop protégée, les créanciers se sont détournés de cette sureté ?[937] Il faudra donc prévoir un rééquilibrage aboutissant à un véritable compromis prenant en compte les intérêts de la caution sans léser ceux du créancier.

384. **Perspectives**. Pour cela, il serait premièrement judicieux, en droit français de remédier à la « *pulvérisation des obligations d'informations*[938] », que la jurisprudence n'a pas réussi à canaliser[939]. Cela passera par une simplification des textes, en la matière, menant à l'unification des obligations légales d'information au profit de cautions méritantes. Quant au législateur OHADA, il a su simplifier son dispositif en s'inspirant du projet Grimaldi, en posant un principe général d'informations des cautions. Mais reste qu'à l'instar du droit français, il faudrait encourager un alourdissement de la sanction, en cas de manquement à l'obligation d'information des cautions. Deuxièmement, s'agissant du « *reste à vivre* », il est souhaitable pour le législateur français de restaurer l'efficacité de ce dispositif, en fixant un minimum vital plus conforme aux besoins réels des cautions en surendettement. C'est à cette condition qu'on arrivera à protéger la caution personne physique en ménageant les intérêts du créancier.

---

935 M. BOURASSIN, V. BRÉMOND, M.-N. JOBARD-BACHELIER, *Droit des sûretés*, 5e éd., Sirey-Dalloz, 2016, p. 152, n° 273.

936 D. HOUTCIEFF, « Les dispositions applicables au cautionnement issues de la loi pour l'initiative économique », *JCP G*, n° 38, 17 septembre 2003, I, 161, spéc. n° 19.

937 C. JALLAMON et C. LISANTI, « Le cautionnement, perspectives historiques et contemporaines », *Dr et patr.* n° 172, juillet-août, 2008, p. 46

938 M. MEKKI, « La protection de la caution : propos conclusif », *RD bancaire et fin.*, n° 5, 1er septembre 2012, p. 92, spéc. n° 29.

939 *Ibidem.*

CHAPITRE II.

Une floraison de voies de recours offertes à la caution

385. Plan. Soucieux de l'équilibre contractuel, le législateur en droit français et en droit OHADA, a offert plusieurs voies de recours à la caution poursuivie en paiement. Parce que, « *plus que celui de tout débiteur, le sort de la caution est entre les mains du créancier*[940] ». Dans chacun de ces deux systèmes, il a été prévu différents moyens de défense de la caution à l'égard du créancier (Section I). Ensuite, parce que « *la possibilité pour la caution d'obtenir le remboursement intégral des sommes payées est un caractère essentiel du cautionnement*[941] », la caution *solvens* dispose de plusieurs recours en paiement (Section II).

SECTION I.
Les moyens de défense de la caution à l'égard du créancier

386. Plan. En droit français et, dans une moindre mesure, en droit OHADA, on a parfois multiplié de manière un peu maladroite les initiatives, en vue de protéger les cautions. L'on envisagera successivement les moyens de défense tirés de la survenance d'événements particuliers (§ 1), puis le recours aux moyens de défense dilatoires (§ 2).

§ 1. Les moyens de défense tires de la survenance d'événements particuliers

387. Plan. Au cours de ces dernières années, le législateur français a fait preuve d'une certaine « *compassion législative* » ,en imposant de nouvelles causes d'extinction de l'obligation de règlement ou de couverture de la caution au profit de certains de ses proches. Dans sa recherche d'équilibre du cautionnement, il a adopté la loi n° 2005-882, du 2 août 2005, en faveur des petites et moyennes entreprises, permettant une « *décharge* » de la caution

---

940 L. AYNÈS et P. CROCQ, *Droit des sûretés*, 9e éd., LGDJ, 2015, p. 145.

941 M. CABRILLAC, Ch. MOULY, S. CABRILLAC, Ph. PETEL, *Droit des sûretés*, 10e éd., LexisNexis, 2015, p. 280, spéc. n° 274.

divorcée d'un entrepreneur (A). Par la suite, avec la loi n° 2006-728, du 23 juin 2006, portant réforme du droit des successions, il autorise les successibles de la caution décédée à échapper à un engagement de cette dernière qui dépasserait les « *forces de la succession* »[942] (B).

A. *La « décharge » de la caution divorcée d'un entrepreneur (l'article 1387-1)*

388. Contexte de la création de l'article 1387-1 du Code civil. Pendant longtemps, la jurisprudence ne se montra pas bienveillante à l'égard de la caution divorcée, qui s'était portée garante des dettes de la société de son conjoint et n'avait pas résilié son engagement ; cette caution se retrouvait généralement tenue de solder, plusieurs années durant, le poids du passif garanti[943]. Sensible à cette situation, le législateur français a fait, une fois de plus, preuve de « *compassion législative* » à l'égard de la caution, notamment à l'égard de celle ayant divorcé d'un entrepreneur. Par la loi n° 2005-882 du 2 août 2005, il a introduit dans le Code civil un nouvel article 1387-1. Selon ce texte, « *lorsque le divorce est prononcé, si des dettes ou sûretés ont été consenties par les époux, solidairement ou séparément, dans le cadre de la gestion d'une entreprise, le tribunal de grande instance peut décider d'en faire supporter la charge exclusive au conjoint qui conserve le patrimoine professionnel ou, à défaut, la qualification professionnelle ayant servi de fondement à l'entreprise* ».

389. Une bienveillance législative mal ficelée. Malheureusement, bien qu'empreint des bons sentiments du législateur lors de sa rédaction, le texte est sujet à interprétation et continue de diviser la doctrine. Deux interprétations sont envisageables : soit l'article 1387-1 du Code civil a trait à la « *contribution de la dette* » en ce sens qu'il n'emporte pas une remise en cause du droit de poursuite du créancier et que c'est uniquement le partage de la dette entre conjoints qui l'est[944] ; soit on considère que l'article 1387-1 du Code civil a trait à l'« *obligation de la dette* », c'est-à-dire oblige le tribunal à libérer la caution divorcée d'un entrepreneur en transférant la charge de

---

942 L'expression est de L. AYNÈS et P. CROCQ *in Droit des sûretés*, 9e éd., LGDJ, 2015, p. 170, spéc. n° 301.

943 R. CABRILLAC, « Le nouvel article 1387-1 du Code civil », *RLDC*, 2006, supplément au n° 25, spéc. n° 6. V. notamment, Cass. com., 24 juin 1969, *JCP G*. II, 1970, 16221, note J. PRIEUR ; Cass. com., 19 janvier 1981, *Bull. civ. IV*, 1981, n° 32.

944 R. CABRILLAC, « Le nouvel article 1387-1 du Code civil », *RLDC*, 2006, supplément au n° 25, spéc. n° 3.

l'engagement originel sur la tête de l'ex-conjoint qui conserverait la gestion de l'entreprise[945].

390. L'interprétation extensive : « l'application à l'obligation de la dette ». Nul doute que cette deuxième interprétation semble plus conforme à la lettre et à l'esprit même du texte. L'article 1387-1 du Code civil figure dans la partie du livre V du livre troisième du Code civil, relatif au contrat de mariage et aux régimes matrimoniaux[946]. En outre, les travaux préparatoires indiquent clairement la volonté du législateur de se préoccuper de la protection du conjoint divorcé du dirigeant, dans l'optique de réduire la portée de la jurisprudence Lempereur[947] rendue le 8 novembre 1972[948]. Enfin, comme ont pu le souligner certains auteurs, l'article 1387-1 du Code civil entre en contradiction avec l'article 17 de la Déclaration des droits de l'homme, ainsi qu'avec l'article 1er du protocole additionnel à la Convention européenne des droits de l'homme[949].

391. L'interprétation restrictive : « l'application à la contribution à la dette ». Pourtant, un certain nombre d'auteurs[950] ont retenu la première interprétation, qui a le mérite de ne pas heurter le principe fondamental de la force obligatoire des contrats énoncés à l'article 1134 du Code civil. Elle permet ainsi d'éviter le risque d'une « *expropriation pour cause d'intérêt privé* ». Toutefois, cette interprétation présente deux défauts majeurs. Tout d'abord, elle réduit à presque rien la protection dont dispose l'époux divorcé, dans le cas où son ex-époux n'est pas solvable. Ensuite, elle laisse à penser, dans l'hypothèse où l'époux divorcé s'est engagé isolément, que les deux conjoints se seraient engagés sous le régime de la communauté malgré le fait que l'article 1387-1, au vu de son emplacement dans le Code civil, n'a pas vocation à se cantonner

---

945 L. AYNÈS et P. CROCQ, *Droit des sûretés*, 10e éd., LGDJ, septembre 2016, p. 179, spéc. n° 303.

946 J.-P. CHAZAL, « L'incroyable destin de l'article 1387-1 du Code civil », *D.* 2006, p. 316.

947 S. PIÉDELIÈVRE, « Le nouvel article 1387-1 du Code civil— ou de l'utilisation d'un pavé par un ours— », *D.*, 2005, p. 2138 ; E. BLARY- CLÉMENT, « De quelques mesures protectrices du conjoint du chef d'entreprise », *Revue Juridique Personnes et Famille*, 2006, p. 1.

948 Cass. com., 8 novembre 1972, pourvoi n° 71-11.879, *D.* 1973, jurisprudence, p. 753, note Ph. MALAURIE.

949 Cf. R. CABRILLAC, « Le passif professionnel : l'efficacité des parades légales pour protéger le patrimoine familial », *JCP N.* n° 22, 29 mai 2009, 1189, spéc. n° 15. Déjà en ce sens, P. CROCQ, « Les bons sentiments ne font pas les bons textes », *D.*, 2005, p. 2025.

950 V. notamment, V. MARTINEAU-BOURGNINAUD, « Le divorce du débiteur », *Rev. proc. coll.*, n° 1, janvier 2013, dossier 8, spéc. n° 23.

au seul régime de la communauté, mais appartient à des « *dispositions générales applicables à toutes les conventions matrimoniales*[951] ».

392. La consécration par les juridictions de fond de l'interprétation restrictive. C'est cette tendance qui semble confirmée actuellement par les juridictions du fond[952]. Interrogée, pour la première fois, la jurisprudence (TGI d'Evreux) par une décision en date du 17 novembre 2006[953], n'a pas hésité à prendre quelques libertés avec la lettre de l'article 1387-1 du Code civil, en considérant que le texte renvoyait à l'application à la contribution à la dette. Par la suite, cette solution a eu écho auprès de plusieurs Cours d'appel, qui ont rappelé que l'article 1387-1 du Code civil « *ne vise à régir que la contribution entre les anciens époux, et non pas le droit de poursuite du créancier*[954] ». Seulement, comme l'a justement relevé monsieur Jérôme Casey, cette affirmation retenue par les différentes Cours d'appel, n'apporte qu'une réponse partielle à la préoccupation des premiers commentateurs[955]. Cet auteur souligne que ces juridictions « *raisonnent comme s'il s'agissait en régime de communauté, d'un passif propre à l'époux professionnel, ou encore une sorte de faute personnelle à laquelle le conjoint n'aurait à contribuer. Le seul problème de ce raisonnement [..] est qu'il n'a aucune portée explicative lorsque c'est le demandeur à l'application de l'article 1387-1 qui est à l'origine de la dette*[956] ». On n'est donc pas à l'abri de revirement. Il sera intéressant de voir la solution apportée par la Cour de cassation. Gageons que les juges feront preuve de sagesse ? lorsqu'il s'agira d'appliquer

---

951 L. AYNÈS et P. CROCQ, *Droit des sûretés*, 10e éd., LGDJ, septembre 2016, p. 179, spéc. n° 303.

952 V. notamment, J. CASEY, « Article 1387-1 du Code civil : analyse de la jurisprudence des Cours d'appel et bilan quinquennal », *Gaz. Pal.*, 6 janvier 2012, n° 6-7, p. 17, où il a été jugé que l'article 1387-1 du Code civil ne conduit pas « *à la suppression pure et simple [...] de l'obligation à la dette de l'ex-conjoint vis-à-vis du créancier* ».

953 V. ÉDEL, « L'application de l'article 1387-1 du Code civil : chronique d'une mort annoncée », note sous TGI Évreux, 17 novembre 2006, *LPA* 15-16 août 2007, p. 10 ; *Defrénois*. 2008, art. 38719, p. 316, G. CHAMPENOIS.

954 CA Colmar, 1re ch. civ., 17 décembre 2008, n° 07-02.855. Dans la même veine, CA Reims, 10 mars 2008, n° 189, *JurisData* n° 2008-001244 ; CA Bordeaux, 24 février 2009, n° 08-04.449 ; CA Amiens, 25 août 2009, n° 08-02.102 ; CA Nîmes, 18 novembre2010, n° 09-00.838 ; CA Versailles, 5 mai 2011, n° 10-044.67 et n° 10-04.467 ; CA Aix-en-Provence, 2 août 2011, n° 10-11.007 ; CA Colmar, 13 février 2013, n° 11-06.108.

955 J. CASEY, « Article 1387-1 du Code civil : analyse de la jurisprudence des cours d'appel et bilan quinquennal », *Gaz. Pal.*, n° 7, 7 décembre 2012, p. 17.

956 *Ibidem.*

l'article 1387-1 du Code civil afin de ne pas déséquilibrer le cautionnement, au risque de voir les créanciers se tourner vers d'autres sûretés[957].

393. **De l'opportunité de l'abrogation de l'article 1387 du Code civil.** On est même enclin à se demander si l'abrogation pure et simple ne serait pas la solution la plus judicieuse, tellement les effets pervers du dispositif actuel sont nombreux. En effet, que l'on retienne une acception restrictive ou extensive de l'article 1387-1 du Code civil, les prévisions des parties sont susceptibles d'être bouleversées par le juge[958]. De même, si l'on retient comme l'ont fait jusqu'ici les juridictions de fond, qu'il s'agit juste d'une modification des règles de contribution à la dette, cela n'arrange rien ou presque ; l'ex-époux est insolvable[959]. « *Mal placé, mal rédigé, imprécis, ambigu, attentatoire aux droits des créanciers, à la force obligatoire du contrat, [la quasi-totalité des auteurs ayant commenté] le nouvel article 1387-1 du Code civil ne lui trouva de vertu...*[960] » En fait, comme en droit, le texte semble superfétatoire[961]. Fort de tout cela, il ne paraît donc pas absurde de réclamer la suppression de ce texte. Dommage que la récente ordonnance de 2016 n'ait pas satisfait ce souhait.

B. La « décharge » de l'héritier de la caution

394. **Le principe**. L'article 2294 du Code civil (ancien article 2017) dispose que « *les engagements des cautions passent à leurs héritiers* ». Selon de nombreux auteurs, la justification de cette règle tient au fait que le cautionnement soit très fortement imbibé de *l'intuitu personae* entraînant *ipso facto* l'extinction du cautionnement, au décès de la caution[962]. Pendant longtemps, la Cour de

---

957 En ce sens, F. COLASSON, *Le patrimoine professionnel*, préf. Bernard PLANET et Bernard VAREILLE, Publications de la Faculté de Droit et de Sciences économiques de l'Université de Limoges (Pulim), 2006, p. 263, spéc. n° 544.

958 S. CABRILLAC, « Régimes matrimoniaux : Pour retrouver la tranquillité des régimes matrimoniaux », *JCP G*. n° 2, n° hors-série, 1er décembre 2007.

959 C. CHAMPENOIS, « Régimes matrimoniaux : Pour l'abrogation de l'article 1387-1 du Code civil », *JCP G*, n° 2, n° hors-série, 1er décembre 2007.

960 V. LARRIBEAU-TENEYRE, « Régimes matrimoniaux : supprimer l'article 1387-1 », *JCP G*. n° 2, n° hors-série, 1er décembre 2007.

961 C. CHAMPENOIS, « Régimes matrimoniaux : Pour l'abrogation de l'article 1387-1 du Code civil », *JCP G*, n° 2, n° hors-série, 1er décembre 2007.

962 V. dans ce sens, Ch. MOULY, *Les causes d'extinction du cautionnement*, préf. M. CABRILLAC, 1979, Paris : Librairies techniques, spéc. n° 311et s ; M. BOURASSIN, V. BRÉMOND, M.- N. JOBARD BACHELIER, *Droit des sûretés*, 5e éd., Sirey, 2016, p. 205, spéc. n° 382.

cassation privilégia une interprétation littérale de l'article 2294 du Code civil et se montra très sévère à l'égard des héritiers de la caution en retenant qu'au décès de cette dernière, ceux-ci devaient être tenus pour l'intégralité de la dette[963]. En effet, la plupart des héritiers (mêmes ceux de bonne foi) se retrouvaient à faire face à l'apparition du passif garanti par la caution, plusieurs années après son décès.

395. Consécration de l'extinction de l'obligation de couverture au décès de la caution en droit français. Afin de remédier à cette « *forme d'injustice* » à l'endroit des héritiers de la caution, la Cour de cassation a procédé à un heureux revirement. Dans un célèbre arrêt, dit Ernault du 29 juin 1982, elle a alors affirmé que les héritiers de la caution étaient uniquement tenus de couvrir les dettes nées avant le décès de celle-ci[964]. Par cette décision, la Chambre commerciale de la Cour de cassation consacre donc le principe selon lequel l'obligation de couverture prend fin au décès de la caution, alors que survit l'obligation de règlement des seules dettes nées avant le décès de celle-ci[965].

396. Une solution reprise par l'Acte uniforme. Dans le même ordre d'idées, le législateur OHADA a adopté une position similaire en introduisant, lors de la réforme de l'AUS de 2010, un nouvel article 36, alinéa 4 : « *les engagements de la caution simple ou solidaire passent à ses héritiers uniquement pour les dettes nées antérieurement au décès de la caution* ». En d'autres termes, le législateur consacre l'intransmissibilité des dettes nées après le décès du de cujus[966]. Par cette disposition, on peut y voir une certaine volonté du législateur africain d'aller encore plus loin que son homologue français en donnant une force indiscutable à la jurisprudence Ernault[967]. D'aucuns avaient

---

[963] V. notamment, Cass. civ. 1re., 16 décembre 1969, pourvoi n° 68-12.592, *Bull. civ. I*, 1969, n° 396 ; Cass. com., 14 novembre1980, pourvoi n° 78-14.125, *Bull. civ. IV*, 1980, n° 371.

[964] Cass. com., 29 juin 1982, pourvoi n° 80-14.160, *Bull. civ. IV*, n° 258 ; *D.*, 1983, p. 360, note Ch. MOULY ; *RTD civ.*, 1983, p. 345, obs. Ph. REMY ; *JCP G*, II. 1984, 20148, note P. BOUTEILLER ; *Defrénois*. 1984, p. 393, obs. J.-L. AUBERT. Dans cette affaire la Cour de cassation claironne que : « *faute d'être tenue à la date de son décès, la caution ne pouvait transmettre d'engagements à ses héritiers pour les dettes nées postérieurement à son décès* ».

[965] A. MINKOA SHE, *Droit des sûretés et des garanties du crédit dans l'espace OHADA, Les garanties personnelles*, t. 1, PUF, 2010, p. 111, spéc. n° 189.

[966] J. ISSA-SAYEGH, « Commentaire de l'Acte Uniforme du 15 décembre 2010 portant organisation des sûretés », *in OHADA traité et actes uniformes commentés et annotés*, Juriscope, éd. 2016, p. 899 : « *Il en serait autrement des dettes nées avant le décès mais à échoir postérieurement à cet évènement.* »

[967] V. notamment en ce sens, B.-Y. MEUKE, « Quelques précisions sur le sort des engagements de la caution décédée en droit OHADA », www.ohada.com, [Vu le 1er août 2016],

pu néanmoins relever la complexité à instaurer une législation uniforme en matière successorale dans les pays de l'OHADA[968], étant donné que les régimes juridiques, régissant la succession *ab intestat*, divergent dans ces pays, au point de prôner l'application des législations nationales. Un tel problème ne se pose guère en France.

397. **Les mérites de la position de la jurisprudence française**. En tout état de cause, la solution retenue par le droit français et suivie, par la suite, par le droit OHADA, paraît tout à fait équilibrée et judicieuse à bien des égards. Les successibles de la caution n'ont pas toujours la possibilité d'avoir connaissance de l'existence des engagements pris par le *de cujus*, lors de l'ouverture de la succession et donc ne pensent pas à résilier le cautionnement[969]. C'est sans doute pourquoi la Cour de cassation a fort opportunément précisé, dans un arrêt du 15 décembre 2008, que le secret bancaire ne saurait être opposé aux ayants droit de la caution, souhaitant avoir connaissance des engagements pris par le débiteur principal aux fins de savoir quelles étaient les sommes exactes couvertes par l'obligation de couverture[970].

398. **L'interdiction de clauses maintenant l'obligation de couverture après le décès de la caution.** Par ailleurs, pour éviter la riposte des créanciers par le biais de clauses de style, la Cour de cassation proclame dans un autre arrêt « *que toute clause contraire, ayant pour résultat de mettre à la charge des héritiers une obligation née après le décès de leur auteur et dont celui-ci n'était pas tenu de son vivant, aurait constitué un pacte sur succession future prohibé*[971] ». Cette qualification de pacte sur succession future reste cependant douteuse et contestée[972] : il est plus plausible que cette démarche des hauts

---

Ohadata D-08-17 ; L. Black Yondo, M. Brizoua-Bi, O. Fille Lambie, L-J. Laisney, et A. Marceau-Cotte, *Le nouvel acte uniforme portant organisation des sûretés : la réforme du droit des sûretés de l'OHADA*, sous la direction de P. Crocq, Lamy, octobre 2012, p. 75, spéc. n° 80.

968 M. Samb, « La révision des sûretés personnelles en droit de l'OHADA », *Revue de Droit Uniforme Africain*, n° 0005, 2e trimestre, 2011, p. 8 ; www.ohada.com, [Vu le 1er août 2016], Ohadata D-08-17.

969 P. Ancel, *Droit des sûretés*, 7e éd., LexisNexis, août 2014, p. 51, spéc. n° 114.

970 Cass. com., 16 décembre 2008, pourvoi n° 07-19.777, *JCP E.* n° 3, 15 janvier 2009, 1037, note Th. Bonneau.

971 Cass. com., 13 janvier 1987, pourvoi n° 84-14.146, *Bull. civ. IV*, 1987, n° 9 ; *D.* 1987, Somm. p. 453, obs. L. Aynès ; *JCP G*, II, 1988, 20954, note S. De La Marnierre.

972 *Ibidem.* Toutefois, l'ordonnance du 10 février 2016 a depuis supprimé cette disposition (ancien article 2016) relative aux pactes sur succession futures.

magistrats soit guidée par une volonté de protection de la caution[973]. Malheureusement, le droit OHADA, en son article 36 alinéa 3, est resté muet sur la question. Il n'y a malgré tout rien d'alarmant à cela. Les banques réclament en pratique des assurances décès aux cautions dirigeantes, au profit de leurs héritiers, en vue du remboursement du solde des emprunts garantis par elles[974]. On peut également se demander ce qui empêcherait les établissements de crédit de faire peser sur les successibles de la caution une promesse de porte-fort[975]. Quant aux héritiers des cautions, le législateur français leur offre la possibilité de limiter les obligations de règlement, résultant de la transmission du cautionnement pesant sur les eux, et autorise ces mêmes héritiers soit à renoncer à la succession, soit à l'accepter à concurrence de l'actif net[976].

399. « La décharge judiciaire de l'obligation ultra vires ». Plus tard, des voix se sont élevées en doctrine, à propos de la situation délicate du successible de la caution en cas d'acceptation pure et simple de la succession. En effet, il se trouve que, malgré l'arrêt de principe posé par la jurisprudence Ernault, certains héritiers étaient confrontés au problème de la découverte de dettes successorales, inconnues au moment de l'acceptation. À telle enseigne que cela pouvait les conduire à la ruine. Par la loi n° 2006-728, du 23 juin 2006, portant réforme des successions et des libéralités, le législateur français a donc décidé de renforcer son dispositif en introduisant un nouvel article 786 alinéa 2. Selon ce texte : le successible de la caution « *peut demander à être déchargé en tout ou partie de son obligation à une dette successorale qu'il avait des motifs légitimes d'ignorer au moment de l'acceptation, lorsque l'acquittement de cette dette aurait pour effet d'obérer gravement son patrimoine personnel* ». Le texte permet ainsi aux successibles de se raviser et « *de renoncer après coup ou d'accepter à concurrence de l'actif net*[977] ». Cette action judiciaire devra être intentée dans un délai de cinq mois, à compter du jour où l'héritier aura eu connaissance de l'existence et de l'importance de la dette[978].

---

973 A.-S. BARTHEZ et D. HOUTCIEFF, *Traité de droit civil. Les sûretés personnelles*, (dir.) J. GHESTIN, LGDJ, 2010, p. 764, spéc. n° 1092.

974 JP. LE GROS, *JCl. Commercial Répertoire*, V° Cautionnement des sociétés par leurs dirigeants ou leurs associés, fasc. 379, n° 90.

975 A.-S. BARTHEZ et D. HOUTCIEFF, *Traité de droit civil. Les sûretés personnelles*, (dir.) J. GHESTIN, LGDJ, 2010, p. 765, spéc. n° 1092.

976 V. en ce sens, les articles 787-803 du Code civil.

977 D. ARTEIL, « Redressement ou liquidation judiciaire du débiteur décédé : quel intérêt pour les héritiers ? », *Defrénois*, n° 2, 30 janvier 2008, p. 145.

978 Cf. article 786 alinéa 3.

400. Appréciation critique. Cela étant, si l'article 786, alinéa 2 du Code civil se veut être une règle d'équité, il n'en demeure pas moins que l'objet même de cette action demeure incertain et pourrait constituer un frein majeur à l'octroi des crédits par les banques[979]. Bien que d'aucuns l'ont interprété comme une décharge de « *son obligation ultra vires successionis d'acquitter cette dette*[980] », cette disposition semble en effet indiquer que l'héritier est déchargé du poids de la dette, de telle sorte qu'en pratique les intérêts des créanciers sont bafoués[981]. Dans le même ordre d'idée, on peut légitimement craindre, avec certains auteurs, que ce texte soit source de contentieux ; d'autant plus que la définition des « *motifs légitimes d'ignorer une dette successorale* » risque de complexifier la tâche des juges[982]. D'un point de vue purement théorique, le législateur, empreint de « *compassion* », est allé jusqu'à malmener la théorie du patrimoine, dans la mesure où il limite la transmission du passif aux héritiers ayant pourtant accepté purement et simplement la succession[983]. Il n'en demeure pas moins que cette disposition s'avère utile et juste pour des cautions, car les obligations d'information du créancier ne remédient pas complètement au défaut d'information des héritiers ; en effet, ces informations peuvent s'avérer tardives[984]. Pourquoi donc ne pas donc envisager finalement une disposition en ce sens en droit OHADA, pour un meilleur équilibre contractuel du cautionnement ?

401. En attendant une éclaircie à venir, apportée par une future réforme appelée de nos vœux, gageons que la jurisprudence fera preuve de sagesse et saura trouver un équilibre raisonnable dans la mise en œuvre du texte. Tout compte fait, la situation du créancier est loin de s'arranger. Il devra, parfois, faire face à des cautions ayant recours aux moyens de défense dilatoires.

---

979 S. PIÉDELIÈVRE, « Crédit et successions : la sécurité de l'héritier passe avant les droits des créanciers successoraux », *Dr et patr.*, 2007, p. 157.

980 Cf. M. BOURASSIN, V. BRÉMOND, M.-N. JOBARD BACHELIER, *Droit des sûretés*, 5e éd., Sirey, 2016, p. 207, spéc. n° 386.

981 Cf. F. GUERCHOUN et S. PIÉDELIÈVRE, « La réforme des successions et des libéralités par la loi du 23 juin 2006 », *Gaz. Pal.*, 24 août 2006, spéc. n° 236. Aussi en ce sens, V. COSSIC « Libres propos sur la loi portant réforme des successions et des libéralités », *RLDC*. 2006/29, spéc. n° 2154, spéc. n° 29 ; D. ARTEIL, « Redressement ou liquidation judiciaire du débiteur décédé : quel intérêt pour les héritiers ? », *Defrénois*. n° 2, 30 janvier 2008, p. 145.

982 F. GUERCHOUN et S. PIÉDELIÈVRE, « La réforme des successions et des libéralités par la loi du 23 juin 2006 », *Gaz. Pal.*, 24 août 2006, spéc. n° 236.

983 D. ARTEIL, « Redressement ou liquidation judiciaire du débiteur décédé : quel intérêt pour les héritiers ? », *Defrénois*. n° 2, 30 janvier 2008, p. 145.

984 Ph. SIMLER, *Cautionnement : garanties autonomes, garanties indemnitaires*, 5e éd., LexisNexis, 2015, p. 829, spéc. n° 827.

§ 2. Le recours aux moyens de défense dilatoires

402. **Plan**. Certains moyens de défense permettent à la caution de mettre à mal le droit préférentiel du créancier, dans la mesure où ils retarderont les poursuites diligentées contre elle. Autant en droit français qu'en droit OHADA, la caution peut soulever deux exceptions, afin d'y parvenir : l'exception de discussion (A) et l'exception de division (B).

A. Le retardement des poursuites du créancier par l'exception de discussion

403. **Affirmation du principe**. Disposant de deux débiteurs, le créancier peut être tenté de solliciter d'abord la caution[985]. Toutefois, le bénéfice de discussion permet, en principe, à la caution simple[986] de réclamer du créancier qu'il essaye d'obliger préalablement le débiteur à régler sa dette (notamment par la vente de biens), afin de constater son insolvabilité avant de se retourner contre cette dernière[987]. Organisé à l'article 2298 du Code civil et à l'article 27 de l'AUS, ce moyen de défense s'explique par la subsidiarité du cautionnement[988]. En effet, la caution s'est, en principe, engagée à payer la dette du débiteur au cas où celui-ci n'y satisfait pas. Mais, afin d'éviter que les cautions recourent abusivement à l'exception de discussion pour se désengager, le législateur français comme OHADA a fixé des conditions très strictes (1), en vue de sa mise en œuvre, et limité les effets (2) de ce mécanisme.

---

985 M. BOURASSIN, V. BRÉMOND, M.-N. JOBARD BACHELIER, *Droit des sûretés*, 5e éd., Sirey, 2016, p. 157, spéc. n° 279.

986 Si en principe ce bénéfice appartient à toute caution, la législation française « le retire à la caution judiciaire (article 2319 Code civil) » et la jurisprudence française ajoute l'exclusion des cautions réelles du bénéfice de discussion. V. notamment : Cass. civ. 1re., 21 juin 1978, pourvoi n° 76-14.524, *Bull. civ. I*, 1978, spéc. n° 236. Concernant le droit OHADA, l'article 27 AUS alinéa 1 dispose que « la caution judiciaire et la caution solidaire ne disposent pas de l'exception de discussion ». V. notamment à propos de l'exclusion des cautions solidaires la jurisprudence OHADA : CA Daloa, 2e ch. civ. et com., arrêt n° 32, 5 février 2003, *JurisOhada*, n° 4, 2004, p. 36, note M. Brou KOUAKOU.

987 C. ALBIGÈS et M.-P. DUMOND LEFRAND, *Droit des sûretés*, 5e éd., Dalloz, septembre 2015, p. 30, spéc. n° 38.

988 A. AYNÈS et Ph. DUPICHOT, « juillet 2015-février 2016 : un (petit) vent de liberté », *Dr et patr.* n° 258, mai 2016, chron., p. 121 ; Ph. SIMLER et Ph. DELEBECQUE, *Les sûretés, La publicité foncière*, 6e éd., Dalloz, 2012, spéc. n° 184.

1. Des conditions d'exercice strictes

404. **Invocation du bénéfice de discussion « dès les premières poursuites » : pour un assouplissement.** Dans le souci d'éviter la fraude des cautions et l'octroi d'un gain de temps susceptible de leur permettre d'organiser leur insolvabilité, les législateurs français et OHADA ont encadré strictement le recours au bénéfice de discussion[989]. Simple faculté pour la caution, l'exception de discussion n'opère pas de plein droit[990]. Il n'appartient pas au juge de l'octroyer d'office à la caution[991]. Aux termes de l'article 2299 du Code civil et de l'article 27 de l'AUS, l'invocation du bénéfice de discussion ne doit se faire par la caution que « *sur les premières poursuites dirigées contre elle* », faute de quoi elle est censée y avoir renoncé[992]. Bien que le sens de la formule posé à la règle soit clair, sa mise en œuvre a généré des polémiques en droit français. La majorité de la doctrine s'accorde, à juste titre, pour reconnaître que l'expression « *premières poursuites* » semble indiquer « *que la caution n'est pas nécessairement forclose si elle n'a pas opposé le bénéfice de discussion dès le premier acte de procédure*[993] ». Qu'y-a-t-il de choquant, par exemple, à admettre qu'une caution invoque tardivement l'exception de discussion, lorsque les biens du débiteur principal, susceptibles d'être discutés, venaient à apparaître dans le courant de la procédure ?[994]. La jurisprudence, quant à elle, n'a malheureusement pas abondé en ce sens, estimant que la formule utilisée par le législateur est une disposition visant à protéger le créancier contre des manœuvres dilatoires de la caution. Ainsi, depuis longtemps, la jurisprudence a eu l'occasion de préciser qu'elle n'entend pas autoriser la caution à soulever le bénéfice de discussion, alors même que le débat a déjà porté sur le fond[995]. La situation est différente si le créancier dispose d'un titre exécutoire, obtenu sans débat contradictoire. Dans une telle hypothèse, la Cour de cassation se montre clémente à l'égard de la caution,, en lui permettant d'invoquer l'exception de discussion[996].

---

989 M. CABRILLAC, Ch. MOULY, S. CABRILLAC, Ph. PETEL, Droit des sûretés, 10e éd., LexisNexis, p. 280, spéc. n° 394.

990 Ph. SIMLER, *JCl. Notarial Répertoire*, V° Cautionnement, fasc. 45, n° 24.

991 Cass. civ. 1re., 15 juillet 1999, pourvoi n° 97-10.882, *Bull. civ. I*, 1999, inf. rap. p. 224 ; CA Paris, 18 novembre 1998, n° 1996/08033, *JurisData* n° 1998-023509.

992 Ph. SIMLER, « La renonciation par la caution au bénéfice de l'article 2037 », *JCP G*. I. 2711 ; R. TENDLER, « Le cautionnement, reine éphémère des sûretés ? », *D*., 1981, chron., p. 129.

993 Ph. SIMLER, *Cautionnement : garanties autonomes, garanties indemnitaires*, 5e éd., LexisNexis, 2015, p. 564, spéc. n° 544.

994 *Ibidem*, spéc. n° 537.

995 T. civ. Alpes-Maritimes, 10 janvier 1929, DH. 1930, somm. p. 18.

996 Ph. SIMLER, *JCl. Notarial Répertoire*, V° Cautionnement, fasc. 45, n° 24.

405. Indication des biens susceptibles d'être discutés par le créancier. En outre, afin d'éviter que ce moyen de défense ne soit soulevé à la légère, le droit OHADA comme le droit français exige de la caution qu'elle désigne au créancier les biens meubles ou immeubles susceptibles d'être discutés par lui. En ce sens, à l'image de l'article 2300 du Code civil, l'article 27 alinéa 1 de l'AUS dispose *in fine* que la caution simple doit indiquer « *les biens [du créancier] susceptibles d'être saisis immédiatement sur le territoire national et de produire les deniers suffisants pour le paiement intégral de la dette* ». La jurisprudence française a eu l'occasion d'appliquer strictement cette condition. Elle a, par exemple, jugé, dans un arrêt du 23 octobre 2008, qu' « *ayant constaté que les cautions n'avaient pas rempli, sur les premières poursuites engagées à leur encontre, les conditions prévues par l'article 2300 du Code civil, puisqu'elles n'ont proposé aucun bien à la discussion du créancier, ni avancé les deniers suffisants pour faire la discussion, la cour d'appel en a justement déduit que le bénéfice de discussion n'était pas valablement requis par elles*[997] ». Ainsi, l'action de la caution par l'exception de discussion est inopérante dès lors que le débiteur fait l'objet d'une procédure d'insolvabilité[998]. Loin de s'arrêter là, le législateur français fixe également une série de biens insusceptibles d'être discutés. Il s'agit des biens situés hors de la Cour d'appel (condition quelque peu désuète[999]), des biens litigieux[1000], et des biens hypothéqués à la dette, qui ne sont plus en la possession du débiteur. Néanmoins, ce qui compte, avant tout en pratique, c'est que l'indication des biens par la caution puisse permettre un paiement significatif de la dette[1001].

---

[997] Cass. civ. 2e., 23 octobre 2008, pourvoi n° 07-20.035, *Bull. civ. II*, n° 224 ; *JCP G*. IV. 2008, 2826 ; *RD Bancaire et fin.*, 2008, comm. 170, obs. A. CERLES.

[998] V. notamment en ce sens, Cass. com., 17 mars 1969, *Bull. civ. IV*, p. 97 ; CA Rennes, 17 mai 2002, n° 01/04116, *JurisData* n° 1998-021157.

[999] Aussi en ce sens, M. BOURASSIN, V. BRÉMOND, M.-N. JOBARD BACHELIER, *Droit des sûretés*, 5e éd., Sirey, 2016, p. 158, spéc. n° 283.

[1000] Cass. civ. 2e., 18 février 2016, pourvoi n° 14-28.827, *RTD civ*., n° 2, 1er avril 2016, p. 456, note N. CAYROL : dans une affaire où la Cour de cassation a rejeté l'invocation du bénéfice de discussion concernant un immeuble saisi.

[1001] Cass. com., 17 mars 1969, *Bull. civ. IV*, p. 97 où les juges ont décidé que les immeubles désignés par l'épouse du débiteur ne permettaient pas de couvrir substantiellement les dettes de ce dernier.

406. Nécessité d'avancement des frais de discussion. Enfin, en droit français[1002] comme en droit OHADA[1003], la caution est tenue d'« *avancer les frais de la discussion* » ou de « *contresigner la somme nécessaire* ». Cette condition n'est pas facile à remplir pour la caution. Néanmoins, une telle disposition est tout à fait équilibrée et pleinement justifiée. Cette mesure s'explique par le fait que l'exception de discussion est une faveur offerte à la caution et « *constitue une charge supplémentaire pour le créancier contraint d'entamer une nouvelle procédure contre le débiteur*[1004] ». Elle permet, également, de prévenir des cautions[1005]. En pratique, la jurisprudence française se montre plus ou moins souple dans l'application de cette condition à l'égard de la caution[1006]. Elle admet, par exemple, que cette dernière puisse faire des offres concrètes et ne fasse pas de l'avance de frais une condition impérative[1007]. Toutes ces conditions remplies, l'exception de discussion produit des effets limités au profit de la caution.

2. Des effets limités

407. La suspension des poursuites du créancier. Le principal effet de l'exception de discussion est de suspendre les poursuites du créancier à l'égard de la caution jusqu'à la fin de la procédure. Par voie de conséquence, toutes les mesures d'exécution, engagées par le créancier contre la caution, devront être levées[1008]. De même, le créancier ne sera plus en mesure d'exciper « *la compensation avec une créance qu'aurait contre lui la caution*[1009] ». Toutefois, si les biens discutés ont seulement permis un remboursement partiel de la dette, les poursuites contre la caution pourront reprendre. Autant dire que

---

1002 Cf. article 2300 alinéa 1er du Code civil.

1003 Cf. article 27 AUS dispose *in fine* que la caution doit « en outre, avancer les frais de discussion ou contresigner la somme nécessaire arbitrée par la juridiction compétente à cet effet.

1004 Y.-R. Kalieu Elongo, « cautionnement », *in Encyclopédie OHADA*, (dir.) P.G. Pougoué, préf. B.-A. Mercardal et J. David, Lamy, décembre 2012, p. 512, spéc. n° 78.

1005 *Ibidem*.

1006 V. notamment, CA Paris, 5 février 1892, *DP*., 2, 1892, p. 497.

1007 Celle-ci devant être faite qu'à la suite de la réclamation du créancier ; V. notamment, Cass. civ., 21 mars 1827 : S. Chron, cité par Ph. Simler, *Cautionnement : garanties autonomes, garanties indemnitaires*, 5e éd., LexisNexis, 2015, p. 569, spéc. n° 549.

1008 Ph. Simler, *JCl. Notarial Répertoire*, V° Cautionnement, fasc. 45, n° 35.

1009 Ph. Simler, *Cautionnement : garanties autonomes, garanties indemnitaires*, 5e éd., LexisNexis, 2015, p. 570, spéc. n° 551.

la libération de celle-ci sera effective, uniquement lorsque les biens discutés couvriront l'intégralité du passif garanti.

408. La mise en jeu de la responsabilité du créancier en cas d'insolvabilité postérieure du débiteur. En vertu de l'article 2301 du Code civil et de l'article 27, alinéa 2 de l'AUS, le créancier est « *jusqu'à concurrence des biens indiqués par [la caution], responsable de l'insolvabilité du débiteur principal survenue par le défaut de poursuite* ». En d'autres termes, lorsque le créancier aura laissé passer le temps de la discussion, et que le débiteur principal se retrouverait finalement insolvable, la caution sera alors déchargée à la hauteur des biens indiqués[1010]. Une telle disposition semble tout à fait opportune, dans la mesure où elle respecte l'équilibre des intérêts en présence. On ne saurait comprendre pourquoi la caution aurait à subir « *l'incurie du créancier*[1011] ». Il n'en demeure pas moins que, pour engager la responsabilité du créancier, la caution devra prouver le lien de causalité entre la faute du créancier (faute, négligence, etc.) et le préjudice subi par elle. La tâche n'est pas tout de même aisée. Malheureusement, à notre connaissance, la jurisprudence, à ce jour, sur cette question est inexistante.

409. Les rééquilibrages conventionnels envisageables par le créancier. Tout compte fait, en pratique, le créancier impose, en général de manière contractuelle à la caution la renonciation au bénéfice de discussion[1012]. Dans la majeure partie des cas, il exige de la caution un engagement solidaire. Cela lui permet d'éviter de se voir opposer l'exception de discussion par la caution. De plus, le créancier peut prendre des mesures conservatoires en amont, afin de préserver ses intérêts. Au final, si le bénéfice de discussion peut être d'un grand intérêt pour la caution, en vue de limiter l'efficacité du droit de poursuite du créancier, il n'en demeure pas moins que ce moyen de défense ne la libère pas forcément de son engagement. Qu'en est-il alors en cas d'invocation par la caution de l'exception de division pour alléger son obligation ?

B. L'allègement de son obligation par l'exception de division

410. Principe et fondement de la division. Comme l'article 27 de l'AUS, l'article 2303 du Code civil autorise des cautions simples, lorsqu'elles sont

---

1010 A.-S. BARTHEZ et D. HOUTCIEFF, *Traité de droit civil. Les sûretés personnelles*, (dir.) J. GHESTIN, LGDJ, 2010, n° 799.

1011 *Ibidem*.

1012 A. MAURIN, « La pratique notariale du cautionnement », *Dr et patr.*, 2008, p. 172.

plusieurs pour un même débiteur et pour une même dette[1013], à exiger du créancier qu'il « *divise préalablement son action, et la réduise à la part et portion de chaque caution* »[1014]. L'objectif pour le législateur français et son homologue de l'OHADA est d'éviter que les cautions ne supportent la totalité de la dette du débiteur principal, alors qu'elles se sont engagées pour une fraction de celle-ci. Cette faveur leur permet aussi d'être soulagées « *du poids de l'insolvabilité d'autres cautions qui surviendrait postérieurement à [leur] exercice*[1015] ». À cet effet, en vue de la mise en œuvre du bénéfice de discussion, il a été prévu des conditions d'exercice relativement souples (1) aux effets non négligeables pour les cautions (2).

1. Des conditions d'exercice relativement souples

411. Les cautions bénéficiaires. L'exception de division est une faculté reconnue aux cautions simples, ainsi qu'aux cautions judiciaires (contrairement au bénéfice de discussion). Depuis longtemps, la jurisprudence se montre défavorable à accorder le bénéfice de division aux cautions solidaires[1016] et aux « *cautions réelles*[1017] ». De plus, la division est également écartée dans le cadre d'un cautionnement commercial.

1013 CA Dakar, arrêt n° 340, 15 juin 2001, affaire Sénégal Construction International, Serigne Gaye et Amady Damy Ba c/ Maguette Wade, www.ohada.com [Vu le 23 juillet 2016], Ohadata J-05-96, où il a été jugé que « *lorsque deux personnes se sont portées caution de deux dettes distinctes du même débiteur principal, le créancier ne peut poursuivre chaque caution que pour la dette qu'elle a garanti personnellement* ».

1014 Ph. SIMLER, *Cautionnement : garanties autonomes, garanties indemnitaires*, 5e éd., LexisNexis, 2015, p. 572, spéc. n° 554.

1015 Ph. SIMLER, *JCl. Notarial Répertoire*, V° Cautionnement, fasc. 45, n° 39.

1016 Cf. en droit français, Cass. req., 16 mars 1898, *D.* 1898, 1, p. 301 ; T. com. Marseille, 10 janvier 1961, *Banque.* 1961, p. 825, obs. X. MARIN. Cf. en droit OHADA : TPI Douala-Bonanjo, ordonnance n° 251, 29 juin 2006, affaire Omais Kassim c/ Sté SDV Cameroun SA, www.ohada.com [Vu le 23 juillet 2016], Ohadata J-07-81, où il a été rappelé que, « *Le créancier bénéficiaire du cautionnement peut agir indifféremment contre la société débitrice ou la caution solidaire sans que celle-ci puisse demander le bénéfice de discussion ou de division* ».

1017 Cass. civ., 6 mars 1979, pourvoi n° n° 77-11.840, *Bull. civ. I*, n° 78 ; Cass. civ. 1re., 25 novembre 2015, pourvoi n° 14-21.332 : « *Mais attendu que la sûreté réelle consentie pour garantir la dette d'un tiers, n'impliquant aucun engagement personnel à satisfaire à l'obligation d'autrui, n'est pas un cautionnement ; que, limitée au bien affecté en garantie, elle n'ouvre, au tiers qui la constitue, ni le bénéfice de discussion ni le bénéfice de division ; que la Cour d'appel a relevé que les consorts s'y étaient engagés, solidairement entre eux, en leur qualité de nus-propriétaires ou d'usufruitiers d'un immeuble, à l'affecter hypothécairement à la garantie des prêts souscrits par la société dont l'un d'eux était actionnaire* »

412. La nécessité de l'introduction d'une demande par la caution. Comment s'opère la division ? À l'instar de l'exception de discussion, la caution doit en faire la demande. Le juge ne peut s'autosaisir. Conformément à l'article 2302 du Code civil, chaque caution étant tenue « *à toute la dette* », il n'est donc guère surprenant que le juge ne puisse pas « *prononcer d'office la division, qui est une faveur faite à la caution*[1018] ». En pratique, aucun formalisme spécifique n'est exigé. Il est donc loisible à la caution d'invoquer l'exception de division par des observations écrites ou orales. La question s'est posée de savoir si elle pouvait notifier à l'avance au créancier (en dehors de toute poursuite) sa volonté de s'en prévaloir. En effet, la lettre de l'article 2303 du Code civil semble faire uniquement allusion à l'hypothèse où l'action est dirigée contre la caution. Qu'à cela ne tienne, cet argument s'avère insuffisant pour retenir une réponse négative. Comme l'observe à juste titre le doyen Philippe Simler, il est tout à fait légitime et opportun de prendre une telle initiative, « *si elle entend échapper aux conséquences de la survenance de l'insolvabilité d'autres cautions ou du débiteur principal lui-même, alors que la dette est devenue exigible*[1019] ».

413. L'invocation par les cautions de l'exception de division avant toute défense au fond. Contrairement à l'article 2299 (relatif au bénéfice de discussion), l'article 2303 ne fixe pas de délai à la caution pour recourir à la division. La doctrine française, de façon quasi unanime, s'accorde donc à en déduire que la caution pouvait invoquer l'exception de division avant toute défense au fond[1020]. Paradoxalement, cette position semble contredire des dispositions du Code de procédure civile. Son article 108 range, sous l'unique qualification d'exception dilatoire, les bénéfices de discussion et de division, si bien qu'ils sont soumis à l'article 74 du même Code[1021] qui prévoit que « *les exceptions doivent, à peine d'irrecevabilité, être soulevées simultanément et avant toute défense au fond ou fin de non-recevoir. Il en est ainsi alors même que les règles invoquées au soutien de l'exception seraient d'ordre public* ». Ce manque de cohérence des textes, source d'insécurité juridique, vient fragiliser quelque peu l'équilibre contractuel. Sauf à encourager la négligence des cautions, leur donner la possibilité de demander la division tant qu'il n'y

---

1018 Ph. SIMLER, *Cautionnement : garanties autonomes, garanties indemnitaires*, 5e éd., LexisNexis, 2015, p. 576, spéc. n° 559.

1019 Ph. SIMLER, *Cautionnement : garanties autonomes, garanties indemnitaires*, 5e éd., LexisNexis, 2015, p. 576, spéc. n° 559.

1020 M. BOURASSIN, V. BRÉMOND, M.-N. JOBARD BACHELIER, *Droit des sûretés*, 5e éd., Sirey, 2016, p. 159, spéc. n° 289.

1021 Ph. SIMLER, *Cautionnement : garanties autonomes, garanties indemnitaires*, 5e éd., LexisNexis, 2015, p. 576, spéc. n° 559.

a pas de jugement définitif, peut paraître un brin injuste vis-à-vis du créancier. Sans doute dans cette logique, les rédacteurs de l'AUS en application de l'article 28 exigent de la caution qu'elle soulève l'exception de division dès les premières poursuites du créancier[1022].

414. **L'exigence de réclamation de la division qu'entre des cautions solvables.** Pour autant, dans un souci d'équilibre, le législateur français comme son homologue de l'OHADA a entendu préserver les intérêts du créancier. On a institué le principe selon lequel la division peut uniquement être réclamée entre des cautions solvables. Corrélativement, pourront être concernées les cautions insolvables « *dans le temps où une des cautions fait prononcer la division* »[1023]. Il s'agit d'éviter que le créancier qui a exigé plusieurs cautions pour la garantie de dette de son débiteur, se retrouve en situation inconfortable en cas d'insolvabilité de l'une d'entre elles ; sauf à pousser les créanciers à renoncer à la pluralité de cautions[1024].Par ailleurs, si l'insolvabilité d'une caution des cautions intervient après la demande de division, alors celle-ci restera à la charge du créancier[1025].

415. **Le clair-obscur quant à l'appréciation de la solvabilité des cautions.** Une question se pose alors : comment évaluer la solvabilité des cautions ? Le législateur n'apporte malheureusement pas de réponse claire à l'article 2303 du Code civil. Comme l'indique le doyen Philippe Simler, il faut se garder, ici, de faire un rapprochement avec la solvabilité évoquée à l'article 2296 du Code civil[1026]. Pour cet auteur, il s'agit de la « *solvabilité au sens habituel du terme* », notamment de celle prenant en compte l'ensemble des biens meubles ou immeubles, peu important leur localisation. Il appartiendra au créancier de rapporter la preuve de l'insolvabilité des cautions désignées comme telles[1027].

1022 J. ISSA-SAYEGH, « Commentaire de l'Acte Uniforme du 15 décembre 2010 portant organisation des sûretés », *in OHADA traité et actes uniformes commentés et annotés*, Juriscope, 2016, p. 895. L'article 28 de l'AUS dispose clairement que « s'il existe plusieurs cautions pour un même débiteur et pour une même dette, […] chacune d'elles peut, sur premières poursuites du créancier, demander la division ».

1023 Cf. article 2303 alinéa 2 du Code civil.

1024 Ph. SIMLER, *Cautionnement : garanties autonomes, garanties indemnitaires*, 5e éd., LexisNexis, 2015, p. 576, spéc. n° 561.

1025 G. PIETTE, *Répertoire de droit civil Dalloz*, V°Cautionnement, n° 142. En droit Ohada, Cf. article 28 alinéa 2 : « La caution ne répond pas des insolvabilités des autres cautions survenues après la division ».

1026 Ph. SIMLER, *Cautionnement : garanties autonomes, garanties indemnitaires*, 5e éd., LexisNexis, 2015, p. 576, spéc. n° 561.

1027 M. BOURASSIN, V. BRÉMOND, M.-N. JOBARD BACHELIER, *Droit des sûretés*, 5e éd., Sirey, 2016, p. 159, spéc. n° 290.

Celui-ci devra aussi exposer les frais de la discussion. En effet, contrairement au cas de bénéfice de discussion, la caution n'est pas tenue d'avancer les frais de la division[1028].

416. Toutes ces conditions remplies, l'exception de division produit des effets non négligeables au profit de la caution.

2. Des effets non négligeables

417. **L'effet principal : la division des recours du créancier**. En tant qu'une « *exception dilatoire* » à l'image du bénéfice de discussion, le bénéfice de division a pour principal effet la suspension de l'instance par le juge, conformément à l'article 108 du Code de procédure civile[1029]. Il en résulte que la caution, invoquant le bénéfice de division, n'est tenue que pour sa portion de dette garantie. Le créancier, en retour, est libre de poursuivre ou pas les cautions. La division de la dette se fera entre les cautions solvables.

418. **Le calcul de la part contributive**. Le calcul de la part contributive sera alors par parts viriles, dans la mesure où l'ensemble des cautions se portaient garantes de la totalité de la dette, chacune d'elles s'étant engagée pour un montant identique. En revanche, lorsqu'elles se sont engagées pour des montants différents, il paraît juste que la contribution de chacune d'elles varie : « *la contribution de chacune devra être proportionnelle au montant de son obligation* »[1030].

419. **Conséquence de l'insolvabilité de l'un des cofidéjusseurs sur la situation du créancier**. En vertu de l'article 2303, alinéa 2 du Code civil : *« lorsque, dans le temps où une des cautions a fait prononcer la division, il y en avait d'insolvables, cette caution est tenue proportionnellement [à] ces insolvabilités ; mais elle ne peut plus être recherchée à raison des insolvabilités survenues depuis la division »*. Dans la même veine, le législateur Uniforme prévoit à son article 28, alinéa 3 de l'AUS que : « *le créancier qui divise volontairement son action ne peut revenir sur cette division et supporte l'insolvabilité des cautions poursuivies sans pouvoir la reporter sur les autres cautions* ». Cette disposition apparaît équilibrée. Il est

---

1028 *Ibidem*.

1029 A.-S. BARTHEZ et D. HOUTCIEFF, *Traité de droit civil. Les sûretés personnelles*, (dir.) J. GHESTIN, LGDJ, 2010, n° 811.

1030 Ph. SIMLER, *Cautionnement : garanties autonomes, garanties indemnitaires*, 5e éd., LexisNexis, 2015, p. 578, spéc. n° 563.

question pour le législateur de sanctionner les créanciers négligeants et de les inciter à la diligence. Il appartient à ces derniers de se presser avant la dégradation de la situation des cofidéjusseurs. De son côté, une caution aura donc tout intérêt à invoquer le bénéfice de division, dès l'instant qu'elle sera poursuivie[1031].

420. **Parades envisageables par le créancier**. Dès lors, face à ces effets de l'exception de division pour le créancier, quelles parades envisager ? S'il est interdit à ce dernier de conclure avec la caution un engagement illimité, il lui sera possible d'envisager une clause de style pour obtenir de la caution la solidarité de son engagement. Toutefois, le législateur français, depuis la loi 2003, a dans son élan de protection des cautions personnes physiques, imposé le recopiage de la mention manuscrite par elles pour s'assurer qu'elles prennent la pleine mesure de leur engagement[1032].

Conclusion de la section I

421. Au demeurant, il apparaît que le droit français, par rapport au droit OHADA, a fait le choix de donner à la caution poursuivie davantage de moyens de se libérer ou de limiter son engagement. Toutefois, comment rétablir l'équilibre contractuel ? Il est clair que, s'agissant des moyens de défense tirés de la survenance d'évènements particuliers, nous militons pour l'abrogation de l'article 1387-1 du Code civil car source de confusion et génèrant un contentieux inutile. S'agissant de l'intransmissibilité de l'obligation de couverture aux héritiers, il serait judicieux que législateur français procède à un éclaircissement de l'article 786, alinéa 2 du Code civil. Un tel modèle pourrait être repris et adapté en droit OHADA, afin de ne pas laisser les héritiers de la caution à la merci de l'apparition tardive d'un passif.

422. Quant aux recours dilatoires en droit français et OHADA, il y a lieu de dire qu'ils constituent des moyens légitimes offerts aux cautions mais en pratique leur efficacité reste relative. Aujourd'hui, la plupart des créanciers exigent des cautions un engagement solidaire, contournant ainsi la difficulté que peuvent représenter à leurs yeux les recours dilatoires[1033]. Si bien que « *le*

1031 M.BOURASSIN, V. BRÉMOND, M.-N. JOBARD BACHELIER, *Droit des sûretés*, 5e éd., Sirey, 2016, p. 160, spéc. n° 292.

1032 J.- P. LEGROS, *JCl. Commercial*, V° Cautionnement des sociétés par leurs dirigeants ou leurs associés, fasc. 379, n° 49.

1033 Seul le bénéfice de discussion imposé par le droit de la consommation constitue une arme véritablement efficace pour les cautions personnes physiques.

cautionnement simple que les rédacteurs du Code civil entendaient ériger en modèle avec l'assurance d'un meilleur équilibre entre la caution et le créancier devient désormais l'exception[1034] ». Aux cautions de faire davantage de vigilance. Il n'en demeure pas moins que les cautions *solvens* disposent des recours en paiement.

SECTION II.
Les recours en paiement de la caution solvens

423. Plan. Une fois que la caution a désintéressé le créancier, elle n'entend pas supporter la charge définitive de la dette[1035]. Ainsi, dans un souci de justice commutative et d'équilibre, le législateur français et son homologue de l'OHADA accordent plusieurs recours à la caution souhaitant se faire rembourser à l'égard des autres parties. Elle bénéficie, tout d'abord, d'un recours à l'encontre du débiteur principal (§ 1). Ensuite, en cas de pluralité de cautions, elle dispose d'un recours en remboursement contre ses cofidéjusseurs (§ 2).

§ 1. Les recours à l'encontre du débiteur principal

424. Plan. La caution dispose de deux recours contre le débiteur principal. Il s'agit d'une part de recours ordinaires en remboursement après paiement (A) et, d'autre part manière exceptionnelle d'un recours avant paiement (B).

A. Les recours ordinaires en remboursement après paiement

425. La dualité des recours. Pour permettre à la caution de récupérer ce qu'elle a payé à la place du débiteur, le droit OHADA, comme le droit français, offre à toute caution la possibilité de recourir cumulativement[1036] ou successivement à deux types de recours. Il s'agit d'une part du recours personnel (1) et d'autre part du recours subrogatoire (2).

[1034] D. LEGEAIS, *Droit des sûretés et garanties de crédit*,10e éd., LGDJ, 2016, spéc. n° 272.

[1035] S. PIÉDELIÈVRE, *Droit des sûretés*, 2e éd., Ellipses, 2015, p. 99, spéc. n° 146.

[1036] Bien évidemment, la caution ne pourra être indemnisée deux fois du montant versé. Cf. B. ROMAN, *Droit du cautionnement*, Ellipses, juin 2005, p. 109.

1. Le recours personnel

426. Les modalités d'exercices du recours personnel. Le recours personnel tire son fondement de la relation qui unit la caution et le débiteur principal. La caution, après avoir payé le créancier, paraît en droit de se retourner contre le débiteur principal pour obtenir remboursement[1037]. L'article 2305 du Code civil reconnaît à toute caution une action personnelle contre le débiteur principal. Cette solution française est entérinée par l'Acte uniforme à l'article 32 de l'AUS qui dispose *in fine* que : « *la caution qui a payé, a également, un recours personnel contre le débiteur principal pour ce qu'elle a payé depuis qu'elle a dénoncé au débiteur principal les poursuites dirigées contre elle* »[1038].

427. L'efficacité du recours personnel même en l'absence de l'accord du débiteur. Sans doute, dans une quête d'équilibre, le législateur français (article 2305 du Code civil) et son homologue de l'OHADA (article 13 alinéa 2 AUS[1039]) admettent exceptionnellement que la caution puisse avoir un recours personnel contre le débiteur principal, alors même qu'elle a agi sans l'accord de celui-ci, voire « *à son insu* ». Pour autant, comme l'ont souligné de nombreux auteurs[1040], cette faveur accordée à la caution tire sa justification dans le parallèle fait avec la gestion d'affaires ; d'autant plus que

---

1037 C. FARGE, « Le recours personnel de la caution : la voie possible d'un renouveau du cautionnement », *D.*, 2003, chron., p. 892.

1038 CA Daloa (Côte d'ivoire), arrêt n° 115, 28 juillet 2005, *JurisOHADA*, 2006, n° 1, p. 39 ; www.ohada.com [Vu le 31 juillet 2016], Ohadata J-07-04, où il a été précisé que « *le débiteur principal doit être condamné à payer à la caution la somme payée entre les mains du créancier dès lors que cette somme est prouvée et justifiée* ».

1039 Ce texte prévoit que « *l'engagement de la caution peut être pris sans ordre du débiteur* ». V. en ce sens, CA Ouagadougou (Burkina faso), arrêt n° 102, 7 avril 2006, www.ohada.com [Vu le 31 juillet 2016], Ohadata J-09-51 où il a été jugé que « *le simple fait pour la caution de ne pas avertir ou mettre en cause le débiteur avant de payer ne suffit pour autant pas à la priver de son recours contre celui-ci, à moins que le débiteur ne rapporte la preuve qu'au moment du paiement ou postérieurement au paiement, il avait le moyen de faire déclarer la dette éteinte* ». V. aussi, CA Ouagadougou (Burkina faso), arrêt n° 84, 7avril 2006, www.ohada.com [Vu le 31 juillet 2016], Ohadata J-09-03 où il a été précisé que « *le débiteur principal doit être condamné à payer à la caution la somme payée dès lors que cette somme est prouvée et justifiée* ».

1040 A. MINKOA SHE, *Droit des sûretés et des garanties du crédit dans l'espace OHADA*, *Les garanties personnelles*, t. 1, PUF,2010, p. 156, spéc. n° 285 ; C. ALBIGÈS et M.- P. DUMONT-LEFRAND, *Droit des sûretés*, 5e éd., Dalloz, septembre 2015, p. 138, spéc. n° 193.

l'engagement de la caution est indéniablement bénéfique pour le débiteur principal[1041].

428. L'indemnisation complète de la caution solvens. Ce recours comporte aussi l'avantage pour la caution d'être remboursée intégralement du montant versé au créancier. L'alinéa 2 de l'article 2305 du Code civil, comme l'article 27 AUS[1042], précise que le recours personnel concerne tant le principal, les intérêts, les frais engagés, ainsi que d'éventuels dommages et intérêts[1043] ; à telle enseigne que la caution peut se retrouver à réclamer au débiteur plus qu'elle n'aura payé au créancier[1044]. Cette action sera d'autant plus rentable si le débiteur est solvable[1045]. Il n'en demeure pas moins qu'il est légitime pour la caution, compte tenu du risque pris, de réclamer une indemnisation intégrale pour tout « *ce qu'elle a eu à subir en exécutant son engagement*[1046] ».

429. L'efficacité du recours personnel en cas de la procédure collective. L'exercice du recours personnel s'avère encore plus avantageux pour la caution, lorsque le débiteur fait l'objet d'une procédure collective. L'action de la caution à l'encontre du débiteur principal ne saura être remise en cause, même si ce dernier a bénéficié de remises de dette ou de l'arrêt du cours des intérêts[1047]. C'est ainsi que la jurisprudence française a considéré, à propos dans un célèbre arrêt du 15 juillet 1999, que les mesures de réduction de la dette, au débiteur surendetté, n'entache pas le recours personnel de la

---

1041 Ph. SIMLER, *Cautionnement : garanties autonomes, garanties indemnitaires*, 5e éd., LexisNexis, 2015, p. 20, spéc. n° 15.

1042 Selon ce texte, « *la caution qui a payé, a également, un recours personnel contre le débiteur principal pour ce qu'elle a payé, en intérêts de cette somme et en frais engagés depuis qu'elle a dénoncé au débiteur principal les poursuites dirigées contre elle* ».

1043 CA Ouagadougou (Burkina faso), arrêt n° 102, 18 mai 2007, www.ohada.com [Vu le 30 juillet 2016], Ohadata J-09-51 où la Cour précise la nécessité pour la caution de prouver le préjudice subi.

1044 Ph. THERY, *Sûretés et publicité foncière*, 2e éd., PUF, mars 1998, p. 102, spéc. n° 68 : « *les intérêts moratoires n'excluent pas le cas échéant, le versement de dommages ét intérêts compensatoires si le paiement a été l'occasion pour la caution d'un préjudice particulie*r » ; V. dans ce sens en droit français, Cass. civ. 1re., 18 décembre 1978, pourvoi n° 77-14.620, *Bull. civ. I*, n° 391.

1045 Ph. SIMLER, *Cautionnement : garanties autonomes, garanties indemnitaires*, 5e éd., LexisNexis, 2015, p. 601, spéc. n° 585.

1046 F. ANOUKAHA, A. CISSE-NIANG, M. FOLI, J. ISSA-SAYEGH et autres, *OHADA Sûretés*, Bruylant-Bruxelles, Juriscope, 2002, p. 35, spéc. n° 86.

1047 Y. PICOD, *Droit des sûretés*, PUF, septembre 2016, p. 175, spéc. n° 102.

caution[1048]. Tout semble mis en œuvre pour que la caution ne supporte pas le poids définitif de la dette. Si bien qu'on peut se demander si cette solution de la première chambre civile ne va pas à l'encontre de l'objectif poursuivi par le législateur français, dans le cadre du droit de la défaillance[1049]. Heureusement pour les créanciers, le recours personnel pourra « *être écarté ou limité [...] par la participation effective des [cautions] à l'élaboration du plan de redressement en obtenant d'[elles], [...] l'acceptation des mesures qu'il contient _ délais et remises _ en tout ou partie*[1050] ».

430. L'efficacité du recours en cas de pluralité de cautions. En outre, l'article 2037 du Code civil prévoit qu'en cas de pluralité de débiteurs garantis pour une même dette par la caution, cette dernière a la faculté d'exercer contre eux une action personnelle pour tout ce qu'elle a payé. Aussi, la Cour de cassation française admet, contrairement à la solution retenue en droit OHADA[1051], que la caution dispose d'un recours personnel contre le codébiteur solidaire non cautionné « *par la voie des actions de subrogation ou de gestion d'affaires*[1052] ».

431. L'absence de privilège du créancier en cas de concours avec la caution. Dans le même ordre d'idée, la question s'est également posée de savoir à qui revenait la priorité lorsque la caution réclame le remboursement d'une partie de la dette garantie et que le créancier poursuit en même temps le débiteur pour le solde de la dette[1053]. Si le législateur français est resté muet, la jurisprudence française et la doctrine française[1054], de manière quasi unanime, admettent l'absence de privilège du créancier en cas de concours avec la caution ; contrairement à la règle posée en faveur du créancier à l'article 1346-

---

1048 Cass. civ.1re, 15 juillet 1999, pourvoi n° 97-04.129, *JCP G.* II, 1999, 10196, note S. PIÉDELIÈVRE : « La mesure de réduction prévue par l'article L. 331-7, alinéa 1er, 4°, du Code de la consommation ne s'applique pas à la créance de la caution qui a payé la dette du débiteur principal ». V. également, Cass. civ.1re., 28 mars 2000, *D.* 2000, p. 699, note L. AYNÈS.

1049 Y. PICOD, *Droit des sûretés*, PUF, septembre 2016, p. 176, spéc. n° 102.

1050 E. BROCARD, « Les procédures d'insolvabilité et les contrats de sûretés personnelles », *LPA*n° 235, 24 novembre 2006, p. 7, spéc. n° 21.

1051 Ph. SIMLER et Ph. DELEBECQUE, *Droit civil. Les sûretés. La publicité foncière*, 6e éd., Dalloz, 2012, p. 185, spéc. n° 204.

1052 Cass. civ. 1re., 18 décembre 1978, pourvoi n° 77-14.620, *Bull. civ. I*, n° 391.

1053 M. BOURASSIN, V. BRÉMOND, M.-N. JOBARD-BACHELIER, *Droit des sûretés*, 5e éd., 2016, Sirey : Dalloz, 2016, p. 171, spéc. n° 318.

1054 Ph. SIMLER et Ph. DELEBECQUE, *Droit civil. Les sûretés. La publicité foncière*, 6e éd., Dalloz, 2012, p. 185, spéc. n° 204.

3 du Code civil, qui dispose : « *la subrogation [...] ne peut nuire au créancier lorsqu'il n'a été payé qu'en partie* ». Cette solution tout à fait équilibrée n'est guère surprenante, dans la mesure où elle est conforme à la position du législateur français en matière de procédures collectives (article L. 622-33 du Code de commerce)[1055]. Dans la même veine, le législateur OHADA a fait montre de plus de précision que son homologue français en précisant à l'article 32, alinéa 2 de l'AUS que « *s'il y a eu cautionnement partiel, le créancier ne peut, pour le reliquat, être préféré à la caution qui a payé et agi en vertu de son recours personnel* ». Quoi qu'il en soit, la caution en droit OHADA comme en droit français devra exercer son recours personnel à compter de la date de son paiement. La prescription quant à elle, sera soumise au droit commun[1056].

432. Quelle parade pour le créancier ? Seulement, afin d'éviter de faire face à une telle situation (de concours), certains créanciers insèrent dans l'acte de cautionnement des clauses stipulant la renonciation de la caution en cas de concours. Tandis que la jurisprudence française[1057] reconnaît la licéité de ces clauses de style, dites « *de non-concours* », en droit OHADA celles-ci sont réputées non écrites[1058]. Cette mesure de faveur du législateur africain, à l'égard de la caution, paraît parfaitement justifiée dans un contexte où cette dernière, contrairement au droit français, semble nettement moins favorisée par rapport au créancier. Par ailleurs, qu'en est-il du recours subrogatoire ?

1055 Ph. SIMLER, *Cautionnement : garanties autonomes, garanties indemnitaires*, 5e éd., LexisNexis, 2015, p. 612, spéc. n° 597.

1056 Rappelons qu'en France, sauf en droit de la consommation, la prescription est de 5ans (article 2224 du Code civil), alors qu'en droit OHADA le législateur africain s'est montré silencieux. Il y a lieu de penser que ce sera le droit interne de chaque Etat qui aura vocation à s'appliquer. Peut-être que le droit OHADA devrait finalement consacrer le délai de prescription uniforme comme celui proposé par l'avant-projet du droit des contrats OHADA, à son article 12/2. Cet article dispose : « *Le délai de prescription de droit commun est de trois ans à partir du lendemain du jour où le créancier a connu ou devait connaître les faits lui permettant d'exercer son droit.* »

1057 V. notamment, Cass. civ. 1re., 18 décembre 1978, pourvoi n° 77-14.620, *Bull. civ. I*, n° 391.

1058 Cf. article 32 alinéa 2 de l'AUS.

2. Le recours subrogatoire

433. **Modalités d'exercices**. Selon les termes de l'article 2306 du Code civil français[1059] et repris à l'article 31, alinéa 1 de l'AUS[1060], la caution qui a payé est subrogée dans les droits du créancier. Il s'agit d'une application particulière de l'article 1356 du Code civil (ex- article 1251) qui dispose que : « *La subrogation a lieu par le seul effet de la loi au profit de celui qui, y ayant un intérêt légitime, paie dès lors que son paiement libère envers le créancier celui sur qui doit peser la charge définitive de tout ou partie de la dette*[1061] ». Ainsi, selon la célèbre formule du professeur Jacques Mestre, « *chaussant les bottes du créancier désintéressé, la caution bénéficie des avantages de sa position [mais] souffre ses faiblesses*[1062] ». Compte tenu de la nature même du recours subrogatoire, la caution devra exercer ce recours dans les mêmes délais de prescription que l'action du créancier[1063].

434. **Un recours limité.** Ce recours sera limité suivant le montant que la caution aura payé au créancier[1064]. La caution (subrogée) dispose d'un recours subrogatoire proportionnellement aux sommes réellement versées au créancier subrogeant[1065]. Cela étant, sauf clause contraire, elle ne pourra pas réclamer les intérêts conventionnels et se limitera à prétendre aux intérêts produits au taux légal de la dette qu'elle a acquittée. En ce sens, la première chambre civile de la Cour de cassation, dans un important arrêt du 29 octobre 2002, avait justement affirmé que « *la subrogation est à la mesure du paiement* »[1066]. À la différence du recours personnel, la caution ne pourra demander le paiement d'intérêts ou de dommages et intérêts[1067].

[1059] En vertu de cet article, « la caution qui a payé la dette est subrogée à tous les droits qu'avait le créancier contre le débiteur ».

[1060] Selon ce texte, « la caution est subrogée dans tous les droits et garanties du créancier poursuivant pour tout ce qu'elle a payé à ce dernier… ».

[1061] Cf. J. MESTRE, *La subrogation personnelle*, LGDJ, 1979, spéc. n° 150.

[1062] M. CABRILLAC et Ch. MOULY, *Droit des sûretés*, Litec, 2e éd., 1993, spéc. n° 299.

[1063] Cf. R. MAFFO DIFFO, *La protection de la caution en droit OHADA*, Éditions européennes universitaires, 2012, p. 31.

[1064] C. ALBIGES, M.-P. DUMONT-LEFRAND, *Droit des sûretés*, 5e éd., Dalloz, septembre 2015, p. 140, spéc. n° 196.

[1065] M. BILLIAU, *La transmission des créances et des dettes*, LGDJ, 2002, spéc. n° 34.

[1066] Cass. civ. 1re., 29 octobre 2002, pourvoi n° 00-12.703, *Bull. civ. I*, n° 257 ; Cass. civ. 1re., 18 mars 2003, pourvoi n° 00-12.209, *Bull. civ. I*, n° 86.

[1067] G. PIETTE, *Répertoire de droit civil Dalloz*, V.°Cautionnement, n° 192.

435. De plus, en application de l'article 1356 du Code civil (ex- article 1252), si la caution *solvens* n'a réglé qu'une partie seulement de la dette du débiteur principal, alors elle ne pourra pas être prioritaire par rapport au créancier en cas de concours. Il s'agit de l'application de la maxime « *Nemo contra se subrogasse videtur* »[1068].Autant dire que la caution sera payée uniquement lorsque le créancier sera complètement désintéressé. Enfin, l'exercice de l'action subrogatoire de la caution pourra être affecté par les mesures de réduction de la dette principale, résultant des procédures d'insolvabilité. De la même manière, les mesures favorables au débiteur dans le cadre des procédures de surendettement peuvent constituer un réel frein à la subrogation.

436. Aux avantages certains. Néanmoins, le recours subrogatoire n'est pas pour autant moins avantageux que le recours personnel pour la caution[1069]. En effet, avec le recours subrogatoire, la caution *solvens* recueille tous les droits du créancier, y compris ses accessoires[1070], telles que les sûretés réelles ou personnelles qui le garantissaient[1071]. Ainsi, la caution pourrait, par exemple, se prévaloir d'une clause de réserve de propriété, dès lors qu'elle est subrogée dans les droits réels du créancier[1072]. Dans un arrêt du 12 mai 2009, la Cour de cassation a validé l'action subrogatoire, à la suite d'une procédure collective pour insuffisance d'actif, en considérant qu'« *après le jugement de clôture de la liquidation judiciaire pour insuffisance d'actif, la caution qui a payé en lieu et place du débiteur peut poursuivre celui-ci soit en exerçant un recours subrogatoire sous réserve que le créancier ait déclaré sa créance, soit en exerçant un recours personnel dès lors qu'elle a elle-même déclaré sa créance*[1073] ».

437. L'efficacité du recours subrogatoire en cas de plusieurs débiteurs solidaires cautionnés. En outre, le droit français (article 2037 du Code civil) et le droit OHADA (article 31, alinéa 2) de l'AUS prévoient tous les deux

---

1068 S. PIÉDELIÈVRE, *Droit des sûretés*, 2e éd., Ellipses, 2015, p. 103, spéc. n° 153.

1069 L. AYNÈS et P. CROCQ, *Droit des sûretés*, 10e éd., LGDJ, septembre 2016, p. 81, spéc. n° 158.

1070 P. RUBELLIN, « Le recours personnel de la caution contre le débiteur en redressement judiciaire », *LPA* n° 74, 21 juin 1995, p. 16, spéc. n° 6.

1071 L. AYNÈS et P. CROCQ, *Droit des sûretés*, 9e éd., LGDJ, septembre 2015, p. 81, spéc. n° 158.

1072 Y. PICOD, *Droit des sûretés*, PUF, septembre 2016, p. 163, spéc. n° 92. V. Cass. com., 11 juillet 1988, pourvoi n° 86-17.643, *RTD com.* 1988, p. 657.

1073 Cass. com., 12 mai 2009, pourvoi n° 08-13.430, *Bull. civ. IV*, n° 67 ; *RTD civ.*, 2009, p. 554, P. CROCQ ; *Defrénois*. n° 5, 28 février 2010, p. 3, D. GIBIRILA.

qu'en cas de pluralité de débiteurs principaux solidaires, la caution qui s'est portée garante pour chacun d'eux, dispose d'un recours en répétition pour toutes les sommes versées au créancier[1074]. Il en va de même pour les codébiteurs cautionnés ou non[1075]. Toutefois, lorsqu'il s'agira de débiteurs conjoints, la caution devra diviser ses recours[1076].

B. L'exceptionnel recours avant paiement

438. Une mesure de faveur des cautions. Parfois qualifié de « *mécanisme insolite* », le recours anticipé de paiement offert à la caution peut paraître étonnant. Comment comprendre qu'une caution, qui n'a pas encore payé le créancier ou n'a même pas encore été poursuivie puisse par avance agir en paiement contre le débiteur ? Qu'en est-il alors de l'équilibre contractuel ? Cela peut donc en amener plus d'un à être perplexe ! À tel point qu'aujourd'hui la nature juridique du recours personnel reste controversée (1). Sans doute conscients du « *caractère insolite*[1077] » d'un tel recours, les législateurs français et OHADA ont pris soin d'énumérer strictement les conditions de sa mise en œuvre (2).

1. Un recours à la nature juridique controversée

439. Fondement du recours personnel. Si l'on peut parfaitement identifier le fondement des recours après paiement offerts à la caution, l'existence du recours avant paiement, quant à lui, tend à apparaître comme une véritable mesure de faveur à l'égard des cautions[1078]. Aujourd'hui, en doctrine, il existe un vif débat autour de l'objet de l'exceptionnel recours avant paiement. Que peut exiger la caution exerçant son recours, avant paiement, contre le débiteur ? En effet, alors que les textes français sont silencieux sur la question, la doctrine paraît divisée.

1074 S. PIÉDELIÈVRE, *Droit des sûretés*, 2e éd., Ellipses, 2015, p. 103, spéc. n° 154.

1075 Cass. com., 19 mars 1962, *Bull. civ.* 1962, n° 178.

1076 Cf. J. ISSA-SAYEGH, « Commentaire de l'acte uniforme du 10 décembre 2010 portant organisation des sûretés », *in OHADA Traités et actes uniformes commentés et annotés*, Juriscope, 2016, p. 897.

1077 Ph. SIMLER, *Cautionnement : garanties autonomes, garanties indemnitaires*, 5e éd., LexisNexis, 2015, p. 646, spéc. n° 635.

1078 Ph. SIMLER, *Cautionnement : garanties autonomes, garanties indemnitaires*, 5e éd., LexisNexis, 2015, spéc. n° 636.

440. La conception restrictive rejetée : la vocation préventive du recours anticipé. Deux conceptions coexistent. Selon la première thèse, dite « *restrictive* », la caution exerçant un recours anticipé contre le débiteur principal a une vocation préventive. Les auteurs défendant cette opinion dénoncent « *l'absurdité de cette fiction juridique* »[1079]. Comme l'ont justement relevé les professeurs Laurent Aynès et Pierre Crocq « *il serait injuste d'accorder une action en remboursement à la caution alors qu'elle n'a pas réalisé le moindre paiement*[1080] ». Ces auteurs soulignent au passage que la caution n'est pas tributaire d'une créance certaine et exigible, si bien qu'elle ne saurait recevoir un quelconque paiement ou même recourir à l'exécution forcée. La caution pourrait, ainsi, recourir à des mesures conservatoires ou de sauvegarde[1081]. L'action de la caution constituerait donc une sorte de moyen de pression, afin de forcer t le débiteur principal à payer.

441. Appréciation critique. Cette dernière analyse conduit à avoir des réserves quant à cette conception restrictive de l'objet du recours anticipé. Comme le relève, fort à propos, le doyen Philippe Simler « *si la caution pouvait ainsi contraindre le débiteur à exécuter son engagement, elle disposerait du moyen le plus simple d'obtenir sa libération*[1082] ». Comme l'indique cet auteur, il semble difficile d'admettre, du moins au plan théorique, que la caution puisse être à même de forcer le débiteur principal à exécuter son obligation, alors même que le créancier en a reporté l'exigibilité.

442. L'opportunité du fondement indemnitaire du recours personnel ? C'est pourquoi, l'on peut être tenté de croire avec la doctrine majoritaire, que le recours avant paiement,est loin d'être « *simplement conservatoire [...] mais véritablement indemnitaire*[1083] ». Cela consiste pour le débiteur à verser à la caution une indemnité correspondant à la somme garantie[1084]. Le recours avant

[1079] L. AYNÈS, P. MALAURIE, P. CROCQ, *Droit civil : Droit des sûretés*,10e éd., LGDJ, septembre 2016, p. 82, spéc. n° 161.

[1080] *Ibidem.* Cette opinion a, à un moment donné, pu être confortée par d'anciens arrêts. V. notamment : CA Paris, 2 juin 1853, *DP*. II, 1856, p. 45 ; CA Douai, 12 février 1891, *DP*. II, 1893, p. 481, note PLANIOL.

[1081] V. Cass. com., 1erfévrier 1977, pourvoi n° 75-12.168, *Bull. civ. IV*, n° 3.

[1082] Ph. SIMLER, *Cautionnement : garanties autonomes, garanties indemnitaires*, 5e éd., LexisNexis, 2015, p. 647, spéc. n° 638.

[1083] V. AVENA-ROBARDET, « Recours avant paiement de la caution », *Dalloz actualité*, 5 août 2006.

[1084] FRUGIER, « Le recours anticipé de la caution lui permet-il de percevoir du débiteur principal le montant de la créace cautionnée à titre d'indemnité ? », *Gaz. Pal.* 1971, p. 602 ; N. PICOD, *La caution dans les procédures de traitement des difficultés des entreprises*,

paiement apparaît donc soit comme une action en remboursement anticipé, soit en une action d'indemnisation[1085]. Cette position est confortée par la jurisprudence récente[1086]. Dans un arrêt du 21 janvier 2003, il a par exemple été jugé que « *l'article 2032 du Code civil se fonde sur une créance personnelle d'indemnité distincte de celle qui appartient au créancier contre le débiteur principal*[1087] ». Cette solution s'accommode de l'article 2309 du Code civil qui fait référence à l'indemnisation[1088]. Cette solution du célèbre arrêt du 21 janvier 2003 est également sous-jacente dans la jurisprudence autorisant la déclaration de la créance avant paiement par la caution[1089]. Plus révélateurs encore, les arrêts plus anciens du 2 mars 1971 de la cour d'appel de Paris[1090] et du 25 janvier 1989 de la cour d'appel de Reims[1091] retenaient déjà le droit pour la caution d'obtenir un remboursement anticipé de la dette, avant même qu'elle ait payé le créancier. Ainsi, le recours avant paiement de la caution s'apparente en une véritable « *action en indemnisation du risque d'avoir à payer*[1092] », débouchant sur la réparation d'un préjudice actuel consécutif à la prolongation anormale de son obligation[1093].

443. **Observations critiques**. Toutefois, si la conception large de l'objet du recours avant paiement paraît séduisante à bien des égards, ce dernier propos nous conduit à émettre quelques réserves. Comment la caution peut-elle subir

---

préf. C. SAINT-ALARY-HOUIN, PUAM, p. 198, spéc. n° 264. Ladite somme pourrait être éventuellement remise au débiteur au cas où celui-ci paye le créancier.

1085 C. ALBIGÈS et M.-P. DUMONT-LEFRAND, *Droit des sûretés*, 5e éd., Dalloz, septembre 2015, p. 190, spéc. n° 138.

1086 Cass. com., 17 décembre 1996, *JCP E*. II, 1997, 941, note M. BEHAR-TOUCHAIS.

1087 Cass. com., 21 janvier 2003, pourvoi n° 00-21.654, *Bull. civ. IV*, n° 8 ; *RD bancaire et bourse*. mars-avril 2003, comm. 71, obs. D. LEGEAIS. V. déjà en ce sens, Cass. com., 3 mars 1998, pourvoi n° 95-20.917, *Bull. civ. IV*, n° 90 ; Cass. com., 2 mars 1993, pourvoi n° 90-21.025, *Bull. civ. IV*, n° 80 ;*RTD civ*. 1993, p. 859, obs. M. BANDRAC ; *Defrénois* 1993, art. 35617, p. 1054, note L. AYNÈS ;Cass. com., 23 octobre 1990, pourvoi n° 88-19.257, *Bull. civ. IV*, n° 244 ; Cass. com., 5 novembre 1971, pourvoi n° 70-12.319, *Bull. civ. IV*, n° 264.

1088 S. PIÉDELIÈVRE, *Droit des sûretés*, 2e éd., Ellipses, juillet 2015, p. 103, spéc. n° 155.

1089 Cass. civ. 1re., 2 février 1982, *Bull. civ. I*, 1982, n° 55 ; *JCP G*. II, 1982, 19825 ; *JCP N*. II, 1984, 84, note Ph. SIMLER.

1090 CA Paris, 2 mars 1971, *Gaz. Pal*. II, 1971, p. 824.

1091 CA Reims, 25 janvier 1989, *JurisData*, n° 1989-044326.

1092 S. HABBASSI-MEBARKIA, *La protection de la caution*, thèse, Université de Valenciennes, 2016, p. 274. Déjà en ce sens, M. BOURASSIN, V. BRÉMOND, M.-N. JOBARD-BACHELIER, *Droit des sûretés*, 5e éd., 2016, Sirey : Dalloz, 2016, p. 175, spéc. n° 329.

1093 Ph. SIMLER, *Cautionnement : garanties autonomes, garanties indemnitaires*, 5e éd., LexisNexis, 2015, p. 650, spéc. n° 640.

réellement préjudice ? Comme le remarque, fort opportunément, madame Christine Corgas Bernard, il peut paraître paradoxal « *d'admettre que la caution, qui, par définition, s'est engagée à payer le créancier en cas de défaillance du débiteur, subisse un préjudice du fait même de la naissance de cette obligation. En schématisant, cette qualification implique que la caution éprouve un dommage du fait qu'elle doive exécuter ses propres obligations contractuelles*[1094] ».On a du mal à identifier réellement la faute du débiteur. Il n'est pas aisé d'identifier le préjudice subi par la caution. Du fait que la caution n'a encore rien payé, il ne peut que s'agir d'un préjudice éventuel[1095]. Il paraît délicat d'y voir comme ont pu le relever certains auteurs[1096], un préjudice actuel résultant d'une aggravation imprévue du risque de payer, alors même que ce dernier ne s'est pas réalisé[1097].

444. En tout état de cause, pour séduisante que soit la thèse du fondement indemnitaire, on ne peut y adhérer complètement. Il semble difficilement compréhensible que le droit de la responsabilité civile en vienne à justifier une indemnisation pour un préjudice pas encore réalisé, sauf à compromettre la sécurité juridique[1098] et, par là même, dans une certaine mesure, l'équilibre contractuel.

445. C'est probablement la raison pour laquelle le législateur français, comme son homologue de l'OHADA, a essayé de fixer de manière stricte les conditions de mise en œuvre du recours anticipé de la caution.

1094 C. BERNARD CORGAS, « Recours avant paiement de la caution et action oblique : une combinaison délicat », *RLDC*, 2006, p. 26.

1095 C. BERNARD CORGAS, *Ibidem ;* aussi en ce sens, V. AVENA-ROBARDET, « Recours avant paiement de la caution », *Dalloz actualité*, 5 août 2006. *Adde*, Putman E., La formation des créances, thèse Aix-en-Provence, 1987, n° 345, p. 378 qui définissait le droit éventuel comme étant un droit : « à naissance progressive, dont les différents éléments générateurs ne sont pas réunis en un instant, mais dont la naissance, tant que le processus n'est pas complet, ne se heurte qu'à un obstacle surmontable ».

1096 M. BOURASSIN, V. BRÉMOND, M.-N. JOBARD-BACHELIER, *Droit des sûretés*, 5e éd., 2016, Sirey : Dalloz, 2016, p. 175, spéc. n° 329.

1097 A.-S. BARTHEZ et D. HOUTCIEFF, *Traité de droit civil. Les sûretés personnelles*, (dir.) J. GHESTIN, LGDJ, 2010, p. 628, spéc. n° 879.

1098 S. HABBASSI-MEBARKIA, *La protection de la caution*, thèse, Université de Valenciennes, 2016, p. 275.

2. Un recours aux conditions d'exercice strictes

446. Les parties à l'action. L'article 2309 du Code civil français[1099] et l'article 35 de l'AUS[1100] ouvrent droit à toute caution de la possibilité d'un recours avant paiement à l'égard du seul débiteur[1101]. Peu importe qu'il s'agisse d'un cautionnement simple ou d'un cautionnement solidaire. La chambre commerciale de la Cour de cassation française a également précisé, dans un important arrêt du 21 janvier 2003, que la caution puisse exercer un tel recours à l'égard du débiteur, alors que, dans le même temps, ce dernier se trouve poursuivi par le créancier[1102].

447. Conditions générales. Les circonstances d'ouverture du recours en paiement de la caution contre le débiteur principal sont prévues aux articles 2309 et 2316 du Code civil français.

448. Le premier texte (l'article 2309) du Code civil français donne cette possibilité à la caution :

> « *Dès lors que la caution est poursuivie en justice pour le paiement ;*
>
> *lorsque le débiteur a fait faillite, ou est en déconfiture,*
>
> *lorsque le débiteur s'est obligé de lui rapporter sa décharge dans un certain temps,*
>
> *lorsque la dette est devenue exigible par l'échéance du terme sous lequel elle avait été contractée,*
>
> *au bout de dix années, lorsque l'obligation principale n'a point de terme fixe d'échéance...* »

1099 L'article 2309 dispose *in fine* que « la caution, même avant d'avoir payé, peut agir contre le débiteur, pour être par lui indemnisée ».

1100 L'article 35 énonce *in fine* : « la caution peut agir en paiement contre le débiteur principal ou demander la conservation de ses droits dans le patrimoine de celui-ci, avant même d'avoir payé le créancier.

1101 Cass. com., 12 juin 2001, pourvoi n° 99-12.681, *Banque et Droit*, juillet-août, 2001, p. 42, obs. F. JACOB : « La caution ne peut agir avant paiement, sur le fondement de l'article 2032 du Code civil, que contre le débiteur principal et non contre la sous-caution ».

1102 Cass. com., 21 janvier 2003, pourvoi n° 00-21.654, *RDC*, 2003, p. 177, obs. D. HOUTCIEFF.

449. À ces hypothèses, l'article 2316 du Code civil énonce la prorogation du terme consenti au débiteur par le créancier. Au titre du droit comparé, le droit OHADA, à son article 35 de l'AUS, reprend ,à quelques mots près, les quatre premières hypothèses d'exercice du recours personnel avant paiement, posé à l'article 2309 du Code civil français[1103].

450. Pour l'actualisation de la liste des recours avant paiement en droit français. Contrairement au droit OHADA, la législation française sur la liste des recours avant paiement, mérite d'être actualisée pour une meilleure lisibilité des textes, favorisant ainsi un certain équilibre contractuel. En effet, certains termes employés paraissent obsolètes, à savoir « *la faillite* » ou encore « *la déconfiture* ». L'on sait que le terme « *déconfiture* » fait généralement allusion à une situation dans laquelle le débiteur ne dispose pas suffisamment pour satisfaire ses créanciers apparents : il en résulte donc que « *l'article 2309 2° recouvre notamment le surendettement du débiteur et les hypothèses de conciliation, de sauvegarde, de redressement et de liquidation*[1104] ».

451. Les corrections envisageables. Le projet Grimaldi se proposait d'introduire un nouvel article 2319[1105] enlevant la référence à « *la faillite* » ou à la « *déconfiture*[1106] ». Cette proposition semble, d'ailleurs avoir largement inspiré les réformateurs de l'AUS de 2010. Seulement, s'il est clair que la proposition Grimaldi paraisse intelligible dans sa rédaction, on peut regretter

---

[1103] TPI Bouaflé (Côte d'ivoire), jugement n° 113, affaire Adjebi Youan Celestin c/ GVC Wadama, www.ohada.com [Vu le 10 août 2016], Ohadata J-09-86, où il a été jugé que « la caution peut agir en paiement contre le débiteur principal ou demander la conservation de ses droits dans le patrimoine de celui-ci, avant même d'avoir payé le créancier dès qu'elle est poursuivie ».

[1104] A.-S. BARTHEZ et D. HOUTCIEFF, *Traité de droit civil. Les sûretés personnelles*, (dir.) J. GHESTIN, LGDJ, 2010, p. 635, spéc. n° 893.

[1105] Cet article 2319 énonce : « *La caution peut agir contre le débiteur avant même d'avoir payé dans les cas et conditions qui suivent :*

1° Lorsqu'elle est poursuivie par le créancier ;

2° Lorsqu'une procédure d'insolvabilité est ouverte contre le débiteur ;

3° Lorsque le débiteur s'est obligé à la libérer de son engagement après un certain délai ;

4° Lorsque la dette garantie est devenue exigible ;

5° Lorsque l'obligation garantie est à terme incertain et que dix années se sont écoulées, à moins que cette obligation ne soit par nature affectée d'un tel terme, comme au cas d'usufruit ou de tutelle ;

En outre, elle peut, dans tous ces cas, sauf le deuxième, requérir contre le débiteur la constitution d'une sûreté conservatoire à hauteur des sommes garanties. »

[1106] M. GRIMALDI, « Projet de réforme du droit des sûretés », *RDC*, n° 3, 1er juillet 2005, p. 782.

un tant soit peu avec le doyen Philippe Simler qu'il manque une certaine simplicité, du fait de la diversité des hypothèses dans lesquelles le recours avant paiement est ouvert et l'absence de précision de son objet[1107]. Enfin, pour une meilleure lisibilité et une simplification des textes, il aurait été judicieux de réunir les articles 2309 et 2316 du Code civil. Répétons-le, en l'absence de législation claire, lisible, l'équilibre contractuel s'en trouve menacé.

452. Par ailleurs, loin de s'arrêter là, la législation française et celle de l'OHADA offrent à la caution *solvens*, qui n'a pu obtenir paiement auprès du débiteur principal, la possibilité d'agir éventuellement contre les cofidéjusseurs.

§ 2. Les recours en remboursement contre les cofidéjusseurs

453. Position du problème. Il arrive qu'une caution s'engage avec d'autres garants (sous-cautions, cofidéjusseurs) au profit du débiteur principal. Très souvent, afin d'augmenter ses chances de paiement à l'issue d'une opération de crédit, le créancier exige que plusieurs cautions s'engagent pour garantir la même dette. Ces dernières sont chacune tenues de la totalité de la dette. Toujours est-il que la caution poursuivie par le créancier et qui a payé, n'entend pas supporter la charge définitive de la dette. C'est pourquoi, dans un souci d'équilibre, le législateur français et son homologue de l'OHADA permettent d'obtenir un remboursement de ce qu'elle a payé contre les autres cautions : les cofidéjusseurs. Ainsi, la caution *solvens* bénéficie d'un recours personnel (A) ou d'un recours subrogatoire (B).

A. Le recours personnel

454. Fondement et intérêt du recours personnel. L'article 2310 du Code civil français, dans une rédaction quasi similaire à celle retenue par le législateur OHADA à l'article 34 de l'AUS[1108], dispose que « *lorsque plusieurs personnes ont cautionné un même débiteur pour une même dette, la caution, qui a acquitté la dette, a un recours contre les autres cautions, chacune pour sa part et portion* ». Plusieurs fondements sont évoqués pour justifier ce recours personnel de la caution *solvens* contre ses cofidéjusseurs, à savoir la

---

1107 Ph. SIMLER, *Les sûretés personnelles*, *Dr. et patr.*, 2005, n° 140, p. 55 et s., spéc. p. 57.

1108 Ce texte dispose que : « lorsqu'il existe plusieurs cautions simples ou solidaires pour une même dette, si l'une des cautions a utilement acquitté la dette, elle a un recours contre les autres cautions chacune pour sa part et sa portion ».

« *gestion d'affaires*[1109] », l'« *enrichissement sans cause* », la « *solidarité* » et même l'« *équité*[1110] ». À notre sens, il paraît, en effet déraisonnable que la caution malchanceuse, désignée par le créancier, supporte la charge définitive de la dette, alors que d'autres cautions garantissent la même dette[1111]. L'intérêt principal de ce recours est de faire supporter à chacune des cautions outre sa part et portion de la dette principale, le paiement des autres frais payés (intérêts, frais), dans la même proportion[1112].

455. Un recours ouvert à tous les cofidéjusseurs. Au-delà de son fondement et de son intérêt, l'exercice du recours personnel, prévu aux articles 2310 du Code civil français et 34 de l'AUS, est soumis à des conditions. Ce mécanisme est ouvert à toutes les cautions : simple, solidaire, ou même cambiaire[1113]. Il importe peu que les cofidéjusseurs se soient engagés dans un dans un acte distinct ou identique[1114], successivement[1115] ou simultanément. Il suffit que la caution *solvens* garantisse « *la même dette dans la même qualité*[1116] » que les autres cautions.

456. Conditions d'exercice. Quant aux conditions de fond, l'article 2310 du Code civil prévoit, tout d'abord, que la caution doit avoir « *acquitté sa dette* ». De son côté, le législateur OHADA a précisé, dans son article 35 de l'AUS, que la caution doit avoir acquitté « *utilement* » la dette. En dépit du fait que le législateur africain soit resté silencieux sur la notion de paiement utile, il est possible d'envisager que celui-ci corresponde « *au paiement effectué par la*

1109 En ce sens, J. MESTRE, *La subrogation personnelle*, LGDJ 1979, spéc. n° 144 et note 52.

1110 C. ALBIGES, M.-P. DUMONT-LEFRAND, *Droit des sûretés*, 5e éd., Dalloz, septembre 2015, p. 140, spéc. n° 196 ; Ph. SIMLER et Ph. DELEBECQUE, *Droit civil, Les sûretés, La publicité foncière*, 7e éd., octobre 2016, spéc. n° 221 ; Ph. SIMLER, *JCl. Notarial Répertoire*, V° Cautionnement, fasc. 55, n° 4.

1111 G. PIETTE, *Répertoire de droit civil Dalloz*, V.°Cautionnement, n° 200.

1112 Ph. SIMLER, *JCl. Notarial Répertoire*, V° Cautionnement, fasc. 55, n° 5. Rappelons tout de même que, la jurisprudence française admet que de manière conventionnelle une clause spéciale peut prévoir une répartition différente. V. en ce sens, Cass. com., 11 juin 1991, pourvoi n° 89-18.857, *Bull. civ. IV*, n° 215. En outre, elle a fort opportunément précisé que dans un tel cas de figure, « *la fraction de la dette de la dette doit être supportée par chacune des cautions en proportion de son engagement initial* ». Cf. Cass. civ., 2 février 1982, pourvoi n° 80-14.764, *JCP G*. II, 1982, 19825, note Ph. SIMLER.

1113 Sont par contre exclus le certificateur de caution, la sous-caution, le tiers détenteur.

1114 Cf. J. MESTRE, « La pluralité d'obligés accessoires », *RTD civ.*, 1981, p. 1, spéc. n° 54.

1115 Cass. civ. 1re., 3 octobre 1995, pourvoi n° 93-11.279, *Bull. civ.* n° 338 ; *JCP N.* II, 1996, 1631, S. PIÉDELIÈVRE.

1116 Ph. SIMLER et Ph. DELEBECQUE, *Droit civil, Les sûretés, La publicité foncière*, 7e éd., octobre 2016, spéc. n° 223.

caution ès qualités, après s'être conformée à l'obligation d'information ou de mise en cause du débiteur principal prévue à l'article 23 de l'AUS[1117] ». Il n'y aurait également pas de paiement utile dans un cas où, par exemple, la caution règle la dette alors que cette dernière n'est pas exigible[1118].

457. En outre, il importe peu que la caution ait payé la totalité de la dette du débiteur principal, mais il suffit que le montant versé ait excédé sa « *part*[1119] ». Ainsi, le recours de la caution n'a pas pour effet de la décharger de sa propre « *part et portion* » de la dette[1120]. Cette dernière ne pourra réclamer aux autres cautions que le surplus[1121]. La jurisprudence française a également pu préciser au titre des conditions du recours personnel que le paiement effectué par la caution doit avoir eu pour provenance son propre patrimoine[1122].

458. Par ailleurs, l'alinéa 2 de l'article 2310 du Code civil énonce que « *ce recours n'a lieu que lorsque la caution a payé dans l'un des cas énoncés en l'article précédent* ». Il en résulte que le recours personnel de la caution, après paiement, est soumis aux mêmes conditions que le recours personnel, avant paiement. Un tel renvoi semble pleinement se justifier par un impératif d'équité, dans la mesure où il serait paradoxal que la caution en vienne à exiger de ses cofidéjusseurs un paiement anticipé qui, plus est, injustifié[1123].

459. Répartition proportionnelle de la dette. Toutes ces conditions étant remplies, lorsque tous les cofidéjusseurs se sont engagés de manières identiques, la répartition se fera par parts civiles[1124]. En d'autres termes, chaque caution supportera le poids de la dette à parts égales. Chaque

---

1117 L. BLACK YONDO, M. BRIZOUA-BI, O. FILLE LAMBIE, L- J. LAISNEY, et A. MARCEAU- COTTE, *Le nouvel acte uniforme portant organisation des sûretés : la réforme du droit des sûretés de l'OHADA*, (dir.) P. CROCQ, Lamy, octobre 2012, p. 101, spéc. n° 123.

1118 Y.- R. KALIEU ELONGO, « cautionnement », *in Encyclopédie OHADA*, (dir.) P.G. POUGOUÉ, préf. B.-A. MERCARDAL et J. DAVID, Lamy, décembre 2012, p. 514, n° 91.

1119 A.- S. BARTHEZ et D. HOUTCIEFF, *Traité de droit civil. Les sûretés personnelles*, (dir.) J. GHESTIN, LGDJ, 2010,spéc. n° 911.

1120 *Ibidem.*

1121 *Ibidem.*

1122 En ce sens, CA Poitiers, 11 juin 1981, *D.* 1982, p. 79, note J. MESTRE.

1123 A.-S. BARTHEZ et D. HOUTCIEFF, *Traité de droit civil. Les sûretés personnelles*, (dir.) J. GHESTIN, LGDJ, 2010, spéc. n° 912. *Contra*, Ph. SIMLER et Ph. DELEBECQUE, *Droit civil, Les sûretés, La publicité foncière*, 7e éd., octobre 2016, spéc. n° 224.

1124 D. LEGEAIS, *Droit des sûretés et garanties de crédit*,10 éd., LGDJ, 2016, spéc. 317.

cofidéjusseur sera tenu pour sa « *part et portion*[1125] ». L'intérêt respectif des cautions à l'opération principale importe peu[1126].

460. En tout état de cause, l'article 2310 du Code civil et l'article 35 de l'AUS n'étant pas d'ordre public, il est possible de prévoir conventionnellement une clause spéciale, en vue d'une répartition différente[1127]. La jurisprudence française, a, fort opportunément, précisé que dans un tel cas de figure, « *la fraction de la dette doit être supportée par chacune des cautions en proportion de son engagement initial*[1128] ». Cette même solution aura vocation à s'appliquer également, lorsque la caution exercera à l'égard de ses cofidéjusseurs son recours fondé sur la subrogation.

B. Le recours fondé sur la subrogation

461. **Fondement**. En droit français et en droit OHADA, aucune disposition spéciale ne prévoit la subrogation de la caution dans les droits du créancier contre ses cofidéjusseurs. Néanmoins, rien ne semble indiquer que la caution *solvens* ne soit privée d'un tel avantage. La majorité de la doctrine française s'accorde à dire que deux textes peuvent constituer le fondement d'un tel recours : l'article 1251 du Code civil[1129] (siège de la subrogation légale) et l'article 2306 du Code civil[1130] (relatif au recours subrogatoire de la caution contre le débiteur principal)[1131]. En ce qui concerne le droit OHADA, malgré

1125 L. BLACK YONDO, M. BRIZOUA-BI, O. FILLE LAMBIE, L- J. LAISNEY, et A. MARCEAU- COTTE, *Le nouvel acte uniforme portant organisation des sûretés : la réforme du droit des sûretés de l'OHADA*, (dir.) P. CROCQ, Lamy, octobre 2012, p. 101, spéc. n° 123. Cf. Cass. civ., 2 février 1982, pourvoi n° 80-14.764, *JCP G.* II, 1982, 19825, note Ph. SIMLER.

1126 Cass. com., 28 juin 1994, *JCP G*, I, 1994, 3807, n° 9, obs. Ph. SIMLER.

1127 V. en ce sens la jurisprudence française, Cass. com., 11 juin 1991, pourvoi n° 89-18.857, *Bull. civ. IV*, n° 215.

1128 Cf. Cass. civ., 2 février 1982, pourvoi n° 80-14.764, *JCP G.* II, 1982, 19825, note Ph. SIMLER.

1129 L'article 1251 du Code civil, alinéa 3 dispose *in fine* que « *la subrogation a lieu de plein droit [...] Au profit de celui qui, étant tenu avec d'autres ou pour d'autres au paiement de la dette, avait intérêt de l'acquitter...* »

1130 En vertu de l'article 2306 du Code civil, « *la caution qui a payé la dette est subrogée à tous les droits qu'avait le créancier contre le débiteur* ».

1131 Ph. SIMLER, *Cautionnement : garanties autonomes, garanties indemnitaires*, 5e éd., LexisNexis, 2015, p. 690, spéc. n° 681.

le fait que l'article 35 de l'AUS soit resté muet sur la nature de ce recours, il semble bien que celle-ci puisse être personnelle comme subrogatoire[1132].

462. **Intérêts**. Tout compte fait, l'intérêt de l'exercice d'un tel recours tient à certaines situations spécifiques. Fondamentalement, ce recours permet à la caution *solvens*, lorsqu'elle est en concours avec d'autres créanciers, d'être subrogée dans les droits du créancier vis-à-vis d'un ou plusieurs cofidéjusseurs[1133]. Ainsi, en « *chaussant les bottes du créancier* », la caution jouit d'une position avantageuse qui permettra de remédier au déséquilibre patrimonial consécutif à son règlement[1134] Elle peut aussi agir contre le certificateur de caution alors que le recours personnel ne lui offre pas une telle possibilité[1135].

463. **Atténuation des effets de la subrogation**. Si, l'exercice de la subrogation par la caution *solvens* revêt de nombreux avantages, il emporte toutefois certains effets pervers. La caution peut se voir opposer les exceptions que ses cofidéjusseurs pouvaient soulever contre le créancier subrogeant à l'instar de la nullité du contrat principal, alors même que le créancier serait absent lors des débats[1136]. Aussi, étant donné que la subrogation confère les mêmes droits à la caution que ceux du créancier, cela suppose que *« la caution solidaire solvens serait en droit de réclamer l'intégralité de la dette à n'importe lequel de ses cofidéjusseurs, ceux-ci étant ensuite admis à exercer à leur tour le même recours contre les autres cofidéjusseurs y compris contre la caution solvens*[1137] *!* » On aboutirait alors à un véritable « *cercle vicieux* » ; c'est pourquoi on admet la division du recours subrogatoire entre la caution *solvens*

1132 L. BLACK YONDO, M. BRIZOUA-BI, O. FILLE LAMBIE, L-J. LAISNEY, et A. MARCEAU-COTTE, *Le nouvel acte uniforme portant organisation des sûretés : la réforme du droit des sûretés de l'OHADA*, (dir.) P. CROCQ, Lamy, octobre 2012, p. 101, spéc. n° 123.

1133 Ph. SIMLER et Ph. DELEBECQUE, *Droit civil, Les sûretés, La publicité foncière*, 7e éd., octobre 2016, spéc. n° 228.

1134 S. HABBASSI-MEBARKIA, *La protection de la caution*, Thèse, Université de Valenciennes et du Hainaut Cambresis, 9 février 2016, p. 285.

1135 A.- S. BARTHEZ et D. HOUTCIEFF, *Traité de droit civil. Les sûretés personnelles*, (dir.) J. GHESTIN, LGDJ, 2010, spéc. n° 918.

1136 M. BOURASSIN, V. BRÉMOND, M.- N. JOBARD- BACHELIER, *Droit des sûretés*, 5e éd., 2016, Sirey : Dalloz, 2016, p. 176, spéc. n° 332. V. en ce sens, Cass. civ. 1re., 18 octobre 2005, pourvoi n° 04-15.295, *Bull. civ. I*, n° 375 ; D. 2005, p. 2870, note X. Delpelch ; *JCP G.* I, 2006, 131, Ph. SIMLER.

1137 A.-S. BARTHEZ et D. HOUTCIEFF, *Traité de droit civil. Les sûretés personnelles*, (dir.) J. GHESTIN, LGDJ, 2010, spéc. n° 917.

et ses cofidéjusseurs[1138]. D'ailleurs, le nouvel article 1317 du Code civil (issu de l'ordonnance de 2016, ancien article 1214) énonce que « *le codébiteur d'une dette solidaire, qui l'a payée en entier, ne peut répéter contre les autres que les part et portion de chacun d'eux*[1139] ».

464. De plus, la caution *solvens* devra se montrer vigilante quant au délai de prescription de son action qui sont calquées sur ceux du créancier, au risque de ne pouvoir exercer son recours subrogatoire. Il y a, ainsi, le risque que seule l'action personnelle soit encore ouverte[1140]. Dans le même ordre d'idées, le doyen Philippe Simler suggère, à juste titre, que l'on puisse opposer à la caution *solvens* agissant sur le fondement de la subrogation, le bénéfice de cession d'actions de l'article 2314 du Code civil pour « *perte de droits, privilèges ou hypothèques par le créancier*[1141] ». En effet, dans la mesure où les conditions de la subrogation auront été remplies, la caution pourra être considérée comme négligente pour n'avoir pas elle-même exercé de recours contre le créancier[1142].

Conclusion de la section II

465. Ainsi, il apparaît en droit français et en droit OHADA que le législateur, dans un objectif d'équilibre contractuel, s'est employé à ne pas faire supporter à la caution *solvens* la charge définitive de la dette. Quoi qu'il en soit, le droit au remboursement de cette dernière paraît légitime : en théorie, « *la caution n'est pas personnellement débitrice de la dette*[1143] ». Dès lors, le déséquilibre provoqué par son paiement justifie une justice corrective[1144]. Seulement, reste que, de manière générale, les recours de la caution *solvens* (aux fortes similitudes) dans les deux droits nécessitent un certain toilettage pour aboutir à un équilibre satisfaisant.

1138 A.-S. BARTHEZ et D. HOUTCIEFF, *Traité de droit civil. Les sûretés personnelles*, (dir.) J. GHESTIN, LGDJ, 2010, spéc. n° 917.

1139 Aussi en ce sens, G. PIETTE, *Répertoire de droit civil Dalloz*, V.°Cautionnement, n° 208.

1140 Ph. SIMLER, *JCl. Notarial Répertoire*, V° Cautionnement, fasc. 55, n° 4.

1141 *Ibidem.*

1142 Ph. SIMLER, *Cautionnement : garanties autonomes, garanties indemnitaires*, 5e éd., LexisNexis, 2015, p. 692, spéc. n° 683.

1143 P. ANCEL, *Droit des sûretés*, 7e éd., LexisNexis, août 2014, spéc. n° 154.

1144 G. MEGRET, *Les recours du garant*, *Contribution à l'étude du cautionnement et de la garantie autonome en droit interne*, Préf. Ph. STOFFEL-MUNCK, PUAM, 2011, spéc. n° 119.

Conclusion du chapitre II

466. Constatations. « *Les bons sentiments ne font pas les bons textes* » ! S'il est indéniable qu'il faut mettre en place des mécanismes protecteurs en faveur des cautions, il ne faut pas pour autant affaiblir l'attractivité de la sûreté. Aujourd'hui, la floraison de voies de recours, offerts à la caution jugulée à l'accroissement maladroit des contraintes du créancier, fragilise davantage l'équilibre contractuel du cautionnement en droit français qu'en droit OHADA. Trop soucieux de la protection de la caution, le législateur français semble avoir manqué de rigueur au regard des nombreuses lacunes des textes ; si bien que les moyens instaurés au profit de la caution apparaissent tantôt excessifs, tantôt imprécis. Ainsi, lorsqu'ils le peuvent, les créanciers n'hésitent pas à contourner les dispositifs mis en place de manière conventionnelle.

467. Propositions. Au demeurant, il est donc souhaitable de procéder en droit français et en droit OHADA, à une réforme, dans le sens d'une protection « *raisonnée* », voire « *dosée* », tant des intérêts de la caution que ceux du créancier par l'élaboration de textes simples, clairs et précis. En droit français par exemple, il est souhaitable de procéder à de nombreux correctifs tels que l'actualisation de la liste des recours en paiement, la consécration de la vocation indemnitaire du recours personnel, l'abrogation de l'article 1387-1 du Code civil, et l'éclaircissement de l'article 786, alinéa 2 du Code civil. Du côté du législateur OHADA, il est souhaitable, notamment, que le législateur consacre l'interdiction des clauses de style maintenant l'obligation de couverture (imprécision de l'article 36, alinéa 3). Il pourrait ensuite, à l'instar du droit français, consacrer la décharge judiciaire de « *l'obligation ultra vires* » de la caution. Ce sont là, nous semble-t'il, des mesures à envisager pour un meilleur équilibre du cautionnement.

Conclusion du titre I

468. Contributions critiques. « *Le souci de constituer un équilibre dans le contrat de cautionnement en fonction de la finalité de la sûreté et l'objectif de protection du garant a conduit à un certain développement du rôle du créancier professionnel qui ne peut plus se contenter d'obtenir l'engagement et l'exécution de la caution*[1145] ». Le créancier a donc vu s'accroître, à son égard, des contraintes légales, à l'instar des obligations d'information et de la préservation des prévisions de la caution « *tel un bon père de famille* ». S'il ne fait guère de doute de la nécessité d'imposer une certaine solidarité au créancier professionnel, en vue de parvenir à l'équilibre contractuel, encore faudrait-il, à notre avis, trouver la juste mesure. Faute de quoi, on risque d'aboutir à un dispositif contre productif et de conduire ce dernier à chercher à trouver des parades pour contourner les textes ou même à se détourner de la sûreté.

469. Pour ce faire, il serait opportun d'éviter tout excès et œuvrer pour la lisibilité des textes pour une meilleure application par la partie visée. On a pu, par exemple, voir, dans le cas du droit français à propos des obligations d'information du créancier que la « *dissémination des règles déséquilibre de façon inquiétante le droit applicable au cautionnement*[1146] ». Les cautions malgré le caractère éminemment dangereux de leur engagement ou du fait de la présomption de leur situation de faiblesse, ne doivent pas être déresponsabilisées (l'exemple de la « *décharge* » de la caution divorcée de l'entrepreneur ou encore celle de la « *décharge* » de l'hérititer de la caution). Elles doivent jouir d'une protection, certes, mais celle-ci doit être mesurée. Corrélativement, l'équilibre contractuel commande de ne pas laisser à la caution le poids définitif de la dette, d'où l'importance des recours en remboursement. Mais encore faudrait-il prévoir un dispositif simple et adapté. Sur ce point, la législation française et celle de l'OHADA, bien qu'ayant pris des initiatives en ces sens, restent tout de même perfectibles.

1145 M. ZIO, *Le cautionnement en droit de la consommation : perspective d'évolution du cautionnement en droit OHADA*, Connaissances et savoirs, février 2016, p. 389, spéc. n° 467.

1146 A. DUMÉRY, « Cautionnement et Code de la consommation : d'une ambition protectrice à un éclatement progressif », *RLDC*, 2011, spéc. n° 19.

TITRE II.

Une protection accentuée des cautions dans le droit de la défaillance

470. Plan. Comme le relevait un auteur, la préservation du redressement de l'entreprise suppose la réunion de deux conditions fondamentales : d'une part l'ouverture rapide de la procédure collective, impliquant des mesures visant à protéger le dirigeant susceptible d'agir en ce sens et, d'autre part, éviter que les créanciers ne viennent à remettre en cause l'efficacité du plan adopté[1147]. Dans cette démarche, le législateur français largement suivi par son homologue OHADA, a procédé à une « *instrumentalisation* » du droit de la défaillance au profit des cautions. Si les textes actuels instituent une préservation relative des intérêts des créanciers, lors de la survenance de la procédure collective (Chapitre II), on constate, néanmoins de manière générale, une certaine prééminence de la sauvegarde des intérêts de la caution (Chapitre I).

[1147] P. CROCQ, « L'ordonnance du 18 décembre 2008 et le droit des sûretés », *JCP E*, n° 13, 26 mars 2009, 1313, spéc. n° 22.

CHAPITRE I.

La prééminence de la préservation des intérêts de la caution

471. Plan. Véritable « *levier d'anticipation* » et de sauvetage des difficultés de l'entreprise, la caution (notamment dirigeante), bénéficie de nombreuses mesures de faveur dans le cadre du droit de la défaillance. Tout d'abord, cela se vérifie, en droit français et OHADA, au regard du sort réservé à la caution dans le droit des procédures « *préventives* » (Section I). Ensuite, il suffit de constater un certain infléchissement de l'obligation de garantir de la caution dans le droit du surendettement. En effet, s'il n'existe pas de règles régissant le surendettement dans l'Acte uniforme OHADA, le législateur français a, quant à lui, assoupli, au fil du temps, son dispositif en instaurant des mesures favorables à la caution surendettée (Section II).

SECTION I.
Le sort de la caution dans les procédures « préventives »

472. Plan. Dans le cadre des procédures « *préventives* » à savoir les procédures de conciliation, de règlement amiable ou de sauvegarde, le législateur français et parfois suivi en cela par le législateur OHADA, a entendu soulager la caution en difficulté à travers quelques mesures. L'objectif des législateurs est clair : « *permettre aux chefs d'entreprises d'anticiper leurs difficultés économiques et financières et privilégier ainsi la conclusion d'un accord amiable entre le débiteur et ses créanciers*[1148] ». Dans cette optique, les cautions profitent, aujourd'hui, des effets favorables du jugement d'ouverture (A) d'une part, et des remises consenties au débiteur principal (B) d'autre part.

§ 1. Les effets favorables du jugement d'ouverture sur les cautions

473. Plan. Les effets favorables du jugement d'ouverture sur les cautions sont principalement de deux ordres. Il s'agit de la suspension des poursuites

---

[1148] E. LACASSAGNE, « Les cautions à l'épreuve de la loi de sauvegarde : cautionnera bien qui préviendra le premier », *LPA* n° 35, 17 février 2006, numéro spécial, p. 50.

individuelles exercées contre elles (A) et du bénéfice de l'arrêt du court des intérêts (B).

A. La suspension des poursuites individuelles exercées contre les cautions

474. Amélioration progressive du sort des garants personnes physiques en France. Jusqu'en 1994, rien n'empêchait au créancier de poursuivre la caution pendant la période d'observation. Modifiant la loi du 25 janvier 1985 par la loi du 10 juin 1994[1149], le législateur français a sensiblement amélioré le sort de la caution personne physique en paralysant temporairement le droit de poursuite du créancier[1150]. Depuis, ce régime a été maintenu et son champ d'application étendu, tout d'abord, par la loi Dutreil de 2005, puis par l'ordonnance de 2008 en limitant considérablement le droit de poursuite des créanciers à l'encontre des garants, durant la période d'observation[1151].

475. Aujourd'hui, l'article L. 622-28, alinéa 2 du Code de commerce, issu de l'article 166 de l'ordonnance n° 2008-1345, du 18 décembre 2008, énonce : « *le jugement d'ouverture suspend jusqu'au jugement arrêtant le plan ou prononçant la liquidation toute action contre les personnes physiques coobligées ou ayant consenti une sûreté personnelle ou ayant affecté ou cédé un bien en garantie* ». En d'autres termes, le jugement d'ouverture du redressement judiciaire suspend toutes les poursuites à l'égard des cautions personnes physiques jusqu'au jugement arrêtant le plan et au prononcé de la liquidation judiciaire. Plus fondamentalement, par l'ordonnance de 2008, le législateur français semble être allé encore plus loin dans l'extension de la règle de la suspension des poursuites individuelles contre les garants durant la période d'observation[1152]. Cette règle bénéficie désormais à l'ensemble des

---

1149 L'ancien article 38, de la loi du 10 juin 1994, disposait : « *Le jugement d'ouverture du redressement judiciaire suspend jusqu'au jugement arrêtant le plan de redressement ou prononçant la liquidation toute action contre les cautions personnelles personnes physiques.* »

1150 A. LIENHARD, « Application dans le temps de la suspension des poursuites contre les cautions personnes physiques », *D.*, 2004, p. 1020.

1151 F. REILLE, « Sûretés personnelles et droit des entreprises en difficulté » *in Entreprises en difficulté*, (dir.) Ph. ROUSSEL GALLE, LexisNexis, juin 2012, p. 339, n° 822. Cette phase d'observation couvre « *la période allant de l'ouverture de la procédure collective au jugement arrêtant le plan ou prononçant la liquidation judiciaire* ».

1152 P.- M. LE CORRE, *La réforme du droit des entreprises en difficultés. Commentaire de l'ordonnance du 18 décembre 2008 et du décret du 12 février 2009*, Dalloz, 2009, p. 130, n° 236. 2.

coobligés et des garants personnes physiques, qu'il s'agisse, par exemple du cautionnement ou de la garantie autonome.

476. **Reprise de la position française en droit de l'OHADA**. Dans le nouveau droit de l'OHADA, relatif aux procédures collectives d'apurement du passif, la logique du législateur est, désormais, sensiblement similaire à son homologue français. Une lecture combinée des nouveaux articles 9[1153] (relatif au règlement préventif) et 75-1, alinéa 1[1154] (relatif à la procédure de redressement judiciaire) de l'AUPCAP laisse apparaître une extension de la règle de l'interruption des poursuites individuelles au bénéfice des « *personnes physiques coobligées ou à une sûreté personnelle ou ayant cédé un bien en garantie* ». Sous l'empire de l'ancien AUPCAP, à ses articles 9[1155] et 75[1156], il était interdit d'étendre le bénéfice de la suspension des poursuites individuelles à la caution. Pourtant, certains juges n'hésitaient déjà pas à décider du contraire, dans l'optique de favoriser le renflouement de l'entreprise en difficulté et, par voie de conséquence, de lui donner une chance de survie. Ainsi, dans une affaire, en date du 6 mars 2008, le tribunal de commerce de Bamako avait pu décider : « *la suspension concerne aussi bien les voies d'exécution, les mesures conservatoires que l'exécution, la mise en œuvre et la réalisation de toutes les garanties consenties au profit ... [du*

1153 Aux termes du nouvel article 9 de l'AUPCAP, « *la décision d'ouverture du règlement préventif suspend ou interdit toutes les poursuites individuelles tendant à obtenir le paiement des créances nées antérieurement à ladite décision pour une durée maximale de (03) mois, qui peut être prorogée d'un (01)mois dans les conditions prévues à l'article 13, alinéa 2, sans préjudice de l'application de l'article 14 alinéa 3 ci-dessous. [...] Les personnes physiques coobligées ou ayant consenti une sûreté personnelle ou ayant affecté ou cédé un bien en garantie peuvent se prévaloir des dispositions dudit article* ».

1154 Aux termes du nouvel article 75 de l'AUPCAP, « *la décision d'ouverture du redressement judiciaire suspend toute action contre les personnes physiques coobligées ou ayant consenties une sûreté personnelle ou ayant affecté ou cédé un bien en garantie à compter dudit jugement et durant l'exécution du concordat de redressement* ».

1155 L'article 9 de l'AUPCAP disposait notamment : « *La décision prévue à l'article 8 ci-dessus suspend ou interdit toutes les poursuites individuelles tendant à obtenir le paiement des créances désignées par le paiement des créances désignées par le débiteur et nées antérieurement à ladite décision. [...] Elle s'applique à tous les créanciers chirographaires et munis de privilèges généraux ou de sûretés réelles spéciales.* » À l'époque, cette règle ne visait donc pas les cautions.

1156 Selon l'ancien article 75 de l'AUPCAP, « *la décision d'ouverture suspend ou interdit toutes les poursuites individuelles tendant à faire reconnaître des droits et des créances ainsi que toutes les voies d'exécution tendant à en obtenir le paiement, exercées par les créanciers composant la masse sur les meubles et immeubles du débiteur* ».

débiteur principal] »[1157]. Cette position avait été sévèrement décriée par la doctrine africaine[1158], dans la mesure où ce type de décision violait littéralement les textes en vigueur de l'époque et aucun recours n'était possible pour le créancier[1159].

477. **La suspension des poursuites : une fin de non-recevoir**. Par ailleurs, afin de mieux mesurer l'avantage ici accordé à la personne physique, il faut rappeler que la Cour de cassation française a déduit que la suspension des poursuites à son égard constitue une fin de non-recevoir édictée dans l'unique intérêt de la caution[1160]. De telle sorte que cette dernière n'est pas obligée de soulever d'office ce moyen *in limine litis* (dès les premières poursuites). Ainsi, elle peut l'invoquer, pour la première fois, à la phase d'appel. Seulement, elle ne peut s'en prévaloir, pour la première fois devant la Cour de cassation, de même que le juge ne peut soulever d'office la fin de non-recevoir[1161].

478. **L'« imbroglio » relatif à l'éventuel recours du créancier aux mesures conservatoires**. Face donc au risque de voir les dirigeants cautions organiser leur insolvabilité, le législateur français à l'instar du législateur OHADA[1162], a offert aux créanciers, en application de l'article de l'alinéa 3 de l'article L. 622-28 du Code de commerce la possibilité de prendre des mesures

---

1157 T.com., Bamako (Mali), Ordonnance n° 135/08 du 6 mars 2008, portant suspension des poursuites individuelles, *www.ohada.com* [Vu le 18 février 2016], *Ohadata D-08-14*, note B.-Y. MEUKE ; Contra., TPI., Douala (Cameroun), Ordonnance n° 251 du 29 juin 2006, Omais Kassim c/ La société SDV Cameroun SA, *www.ohada.com* [Vu le 18 février 2016], *Ohadata J-07-81*, note J. GATSI et W-.J NGOUÉ. Dans une affaire de règlement préventif, le juge camerounais avait déclaré : « que le créancier bénéficiaire du cautionnement peut agir indifféremment contre la société débitrice ou la caution solidaire sans que celle-ci puisse demander le bénéfice de division ou de discussion ».

1158 T.com., Bamako (Mali), Ordonnance n° 135/08 du 6 mars 2008, portant suspension des poursuites individuelles, *Revue Jurifis Info*, n° 1, janvier-février 2009, p. 24 note M.-I. KONATÉ et B.-Y. MEUKE.

1159 Rappelons que l'ancien article 22 de l'AUPCAP (aujourd'hui abrogé), disposait : « La décision de suspension des poursuites individuelles [..] n'est susceptible d'aucune voie de recours ».

1160 Cass. ch. mixte., 16 novembre 2007, pourvoi n° 03-14409, *JCP E*, 2007, p. 2119, n° 11, obs. M. CABRILLAC ; *RTD com.* 2008, p. 168, obs. D. LEGEAIS ; *Dalloz*, 2007, p. 947, obs. A. LIENHARD. V. également, Cass. com., 12 janvier 2010, pourvoi n° 08-19645, *JurisData* n° 2010-051097 ; Cass. com., 15 juin 2011, pourvoi n° 10-16.990.

1161 D. VOINOT, *Procédures collectives*, Montchrestien, *Lextenso éditions*, 2011, p. 141, n° 404.

1162 Le nouvel article 75-1, alinéa 2 dispose : « Les créanciers bénéficiant de ces garanties peuvent prendre des mesures conservatoires ».

conservatoires[1163]. Ce risque est d'autant plus important que le tribunal peut accorder à la caution « *des délais ou un différé de paiement dans la limite de deux ans* »[1164]. Néanmoins, la mise en œuvre de ces mesures conservatoires ne s'est pas faite sans difficulté en France[1165]. Un problème s'est posé quant à l'articulation de l'article L. 622-28, alinéa 3[1166] du Code de commerce, suspendant les mesures individuelles du créancier à l'encontre de la caution personne physique, et l'article 215 du décret de 1992 (devenu l'article R. 511-7 du Code des procédures civiles d'exécution) qui exige du créancier d'agir dans un délai d'un mois suivant l'inscription des mesures conservatoires, aux fins d'obtenir un titre exécutoire sous peine de caducité de celles-ci. On a pu y voir une « *incompatibilité* » des deux textes, au point de susciter en doctrine un débat sur la « *viabilité* » des mesures conservatoires[1167].

479. L'heureuse clarification jurisprudentielle. La Cour de cassation française a décidé que le créancier peut, à l'issue du jugement d'ouverture, intenter une action en vue de l'obtention d'un titre exécutoire, mais une telle action, une fois engagée, est simultanément suspendue jusqu'à la date du jugement arrêtant le plan de redressement ou prononçant la liquidation[1168]. L'instance pourra être également reprise aussitôt qu'un plan de sauvegarde sera adopté[1169]. Plus récemment dans un arrêt du 27 mai 2014, elle précise que

---

1163 M. BOURASSIN, V. BRÉMOND, M.- N. JOBARD-BACHELIER, *Droit des sûretés*, Paris :Sirey, 5e édition, 2016, p. 310, n° 1075.

1164 Cf. Article L. 622-28, alinéa 2 du Code de commerce pour la sauvegarde et l'article L. 631-14, al. 1er du Code de Commerce pour le redressement.

1165 Un problème s'est posé quant à l'articulation de l'article L. 622-28, alinéa 3 du Code de commerce et l'article 215 du décret de 1992 (devenu l'article R. 511-7 du Code des procédures civiles d'exécution) qui exige du créancier poursuivant d'agir dans un délai d'un mois, sous peine de caducité des mesures conservatoires.

1166 Plus précisément, l'article L. 622-28, alinéa 3 du code de commerce énonce *in fine* : « Les créanciers bénéficiaires de ces garanties peuvent prendre des mesures conservatoires ».

1167 V. notamment, F. POMMER et B. AMIGUES, « *Le sort des cautions, coobligés et garants autonomes dans le projet de la loi de sauvegarde des entreprises* », *LPA* 9 mars 2005, p. 9, n° 48.

1168 Cass. com., 24 mai 2005, pourvois n° 00-19.721 et n° 03-21.043, *Bull. civ. IV*, n° 116 et 117 ; *Défrenois*. 2005, art. 38287, n° 12, p. 1937et s., obs. D. GIBIRILA ; *JCP G*. 2005, I, p. 185, n° 3, Ph. SIMLER.

1169 Cass. com., 12 janvier 2012, pourvoi n° 11-11.482, *Gaz. Pal.* 29 mars 2012, p. 20, obs. M.-P. DUMONT-LEFRAND ; *JCP E*. 2012, p. .1227, Ph. PETEL. Comme l'avait indiqué la chambre commerciale de la Cour de cassation : « *Les instances engagées par le créancier contre les coobligés et les personnes physiques ayant consenti un cautionnement ou une garantie autonome à une société bénéficiant d'un plan de sauvegarde, qui peuvent se prévaloir des dispositions de ce plan en application du premier de ces textes (C.com., art. L. 626-11), suspendues en application du deuxième (C. com., art. L. 622-28), sont*

l'exécution du titre exécutoire, qu'un créancier aura pu ainsi obtenir, sera « *suspendue pendant la durée du plan ou jusqu'à sa résolution* »[1170]. Cette décision pouvait apparaître sévère pour le créancier. On pouvait regretter avec certains auteurs le caractère inéquitable de la solution, dans la mesure où elle oblige le créancier à attendre la résolution du plan pour poursuivre la caution[1171]. Heureusement, la chambre commerciale de la Cour cassation a fait preuve de pragmatisme. Dans une décision du 2 juin 2015, elle indiquait, à l'opposé de ce qu'énonçait l'arrêt du 27 mai 2014, que : « *Le créancier n'a pas à attendre la résolution du plan pour poursuivre la caution, laquelle ne devra s'acquitter que des dividendes non versés par le débiteur quand bien même le créancier est fondé à obtenir un titre exécutoire couvrant la totalité des sommes dues*[1172]. » En d'autres termes, selon la Cour de cassation, durant

---

poursuivies à l'initiative des créanciers bénéficiaires de garanties selon les dispositions applicables à l'opposabilité de ce plan à l'égard des garants ».

1170 Cass. com., 27 mai 2014, pourvoi n° 13-18.018, *Act. proc. coll.* 2014-10, alerte 188, note P. CAGNOLI ; *Gaz. Pal.* octobre 2014, p. 42, n° 278 à 280, note E. LE CORRE-BROLY ; *Dalloz*, 2014, p. 1197, note A. LIENHARD. La Haute Juridiction a pu retenir : « *Qu'en application de l'article 215 du décret du 31 juillet 1992, devenu l'article R. 511-7 du Code des procédures civiles d'exécution, sauf le cas où la mesure est pratiquée avec un titre exécutoire, le créancier qui a été autorisé à pratiquer une mesure conservatoire contre une caution personnelle, personne physique, doit, dans le mois qui suit l'exécution de la mesure, à peine de caducité, introduire une procédure ou accomplir les formalités nécessaires à l'obtention d'un titre exécutoire, même si le débiteur principal bénéficie d'un plan de sauvegarde ; que, dans ce cas, l'exécution du titre exécutoire ainsi obtenu est suspendue pendant la durée du plan ou jusqu'à sa résolution ; qu'ayant retenu qu'en application du texte susvisé la banque avait l'obligation d'assigner au fond les cautions pour obtenir un titre exécutoire et que la mise en œuvre de ce dernier était suspendue pendant la durée du plan ou jusqu'à sa résolution.* »

1171 V. notamment en ce sens, Cass. com., 27 mai 2014, pourvoi n° 13-18018, *Gaz. Pal.* octobre 2014, p. 42, n° 278 à 280, note E. LE CORRE-BROLY ; *LexbaseHebdo,* 12 juin 2014, n° 385, n° N2666BUB, 2d. Affaires, obs. P.- M. LE CORRE.

1172 Cass. com., 2 juin 2015, pourvoi n° 14-10.673, *BJE*, 1er septembre 2015, n° 5, p. 284, note N. BORGA. En l'espèce, un établissement de crédit avait été autorisé à inscrire des hypothèques provisoires sur le patrimoine de deux cautions personnes physiques. Ces dernières avaient été assignées en paiement. Les juges du fond les avait condamné solidairement en soulignant : « *que les condamnations deviendraient exigibles au fur et à mesure des échéances du plan de sauvegarde* ». Le pourvoi est rejeté en des termes clairs : « *Mais attendu que le créancier est fondé, en application des articles L. 622-28 et R. 622-26 du code de commerce, à inscrire sur les biens de la caution du débiteur principal soumis à une procédure de sauvegarde une hypothèque judiciaire provisoire et, pour valider cette mesure conservatoire, est tenu d'assigner la caution en vue d'obtenir contre elle un titre exécutoire couvrant la totalité des sommes dues, que l'exécution forcée de celui-ci ne peut être mise en œuvre tant que le plan de sauvegarde est respecté* ». V. également en ce sens en matière de redressement judiciaire, Cass. com., 1er mars 2016, pourvoi n° 14-20.553, *Act. proc. coll.* juillet 2016, n° 16, note P. CAGNOLI.

la phase de sauvegarde, le créancier pourra exécuter son titre ; tout cela dans la stricte limite des dividendes échus et impayés par le débiteur principal[1173]. La présente décision paraît équilibrée. Elle semble réaliser un heureux compromis entre les intérêts du créancier et ceux de la caution.

480. La validité de la clause de renonciation à l'article L. 622-28 du Code de commerce. Une autre question s'est également posée en jurisprudence. Est-il possible pour le créancier de demander à la caution de renoncer, contractuellement par avance, à l'article L. 622-28 du Code de commerce ? La Cour d'appel de Paris a répondu par l'affirmative au sujet d'une clause en déclarant que : « *en cas notamment d'admission du débiteur au bénéfice de toute procédure collective, la caution renonce à exciper de toute disposition légale en faveur de l'emprunteur relativement à l'époque du paiement et s'engage irrévocablement à rembourser*[1174] ». Il faut donc comprendre que le créancier peut profiter des vertus de la liberté contractuelle, afin de préserver davantage ses intérêts. Pour autant, une telle clause semble heurter le principe posé à l'article 2290 du Code civil, qui dispose que le « *cautionnement ne peut être contracté à des conditions plus onéreuses que l'obligation principale*[1175] ». En revanche, il paraît parfaitement légitime d'envisager une clause de renonciation à l'issue de la procédure collective ou même, à « *l'acceptation d'une exécution de l'obligation en connaissance de cause*[1176] ».

481. Les raisons d'être du dispositif général. Au demeurant, l'élargissement du champ d'application de la règle de suspension des poursuites individuelles traduit une certaine volonté du législateur français de renforcer la protection des dirigeants d'entreprise[1177]. En effet, pour les mêmes raisons que dans la loi de 1994 et la loi de sauvegarde de 2005, le législateur de 2008 a voulu inciter la caution dirigeante à déclencher, en temps utile, l'ouverture d'une procédure permettant le redressement de l'entreprise[1178]. Toujours est-il, comme nous l'avons déjà indiqué, un dirigeant-caution, menacé de poursuite

---

1173 En ce sens déjà, E. Le Corre-Broly obs. surCass. com., 27 mai 2014, pourvoi n° 13-18.018, *Gaz. Pal.* 20 octobre 2015 n° 293, p. 34.

1174 CA Paris, 20 octobre 2000, *JurisData* n° 2000-130670.

1175 Ph. Simler, *Cautionnement : garanties autonomes, garanties indemnitaires*, LexisNexis, 5e éd., 2015, p. 528, spéc. n° 504.

1176 *Ibidem.*

1177 V. Déjà en ce sens à propos l'ancien article 622-28 alinéa 2 issu de la loi de sauvegarde de 2005, C. Houin-Bressand, « Cautions, garants et coobligés », *Revue des procédures collectives*, n° 2, avril 2008, dossier 9, n° 6.

1178 V. en sens : F. Perochon, « Le cautionnement », *Dr et patr.* 2008, p. 172.

immédiate sur ses biens personnels par le créancier sera enclin à attendre la cessation des paiements de sa société. C'est d'ailleurs pourquoi le législateur n'a pas souhaité en faire profiter les garants personnes morales. Réputées « *puissantes* »[1179], ces dernières ne pourront profiter de ce dispositif[1180]. Aussi, comme l'a relevé avec raison le professeur Françoise Pérochon, un tel dispositif n'aurait sans doute pas été efficace, si l'article L. 622-28, alinéa 2 n'avait pas visé outre le cautionnement, les garanties autonomes ou les sûretés réelles[1181]. Ces dernières auraient pu servir de « *stratégie de contournement* » pour les créanciers[1182].

482. Au demeurant, si la suspension des poursuites individuelles se révèle précieuse pour la caution dirigeante, en droit français, la situation de cette dernière s'avère particulièrement confortable, lorsqu'elle bénéficie également de l'arrêt du cours des intérêts.

B. Le bénéfice de l'arrêt du cours des intérêts

483. Plan. Si, en droit français, la règle de l'arrêt du cours des intérêts tend à apparaître comme une mesure de faveur, au profit des cautions personnes physiques, en vue de les inciter à déclencher l'ouverture de la procédure de sauvegarde (1), le législateur OHADA opte pour une position diamétralement opposée. Il consacre l'exclusion du bénéfice de l'arrêt du cours des intérêts aux cautions personnes physiques, dans la phase de règlement préventif (2).

1. Une mesure de faveur des cautions personnes physiques dans la sauvegarde en droit français

484. L'arrêt du cours des intérêts : un principe consacré. Aux termes de l'article L. 622-28 , alinéa 1er du Code de commerce, disposition introduite avec la loi de 2005, puis modifiée par l'ordonnance du 18 décembre 2008, « *le jugement d'ouverture arrête le cours des intérêts légaux et conventionnels, de tous les intérêts de retard et majorations, à moins qu'il ne s'agisse des intérêts*

[1179] Y. PICOD, *La caution dans les procédures de traitement des difficultés des entreprises*, Préf. C. SAINT.-ALARY-HOUIN, PUAM, 2008, p. 51, spéc. n° 30.

[1180] Y. PICOD, *Ibid.* V. aussi, CA Colmar, 24 juin 2010, *JurisData* n° 2010-012562, où le bénéfice de la règle de suspension des poursuites a été refusée à une caution personne morale.

[1181] F. PEROCHON, *Entreprises en difficulté*, LGDJ-Lextenso éditions, 10e éd., 2014, p. 243, n° 642.

[1182] F. PEROCHON, *Ibid.*

conclus pour une durée égale ou supérieure à un an ou de contrats assortis d'un paiement différé d'un an ou plus. Les personnes physiques ou coobligés ou ayant consenti une sûreté personnelle ou ayant affecté un bien en garantie peuvent se prévaloir des présentes dispositions ». Ainsi, à l'exclusion des personnes morales, les personnes physiques, ayant souscrit un cautionnement, peuvent prétendre bénéficier de l'arrêt du cours des intérêts, seulement à l'occasion de l'adoption du plan de sauvegarde[1183]. En revanche, conformément aux articles L. 631-14, alinéa 6[1184] et L. 641-3[1185] du Code de commerce dans leur rédaction issue de l'ordonnance du 18 décembre 2008, lors d'un plan de redressement ou lors de liquidation tous les garants sont exclus du bénéfice de l'arrêt du cours des intérêts.

485. L'arrêt du cours des intérêts : un principe encadré. Encore convient-il de préciser que, comme sous la loi de sauvegarde de 2005, « *les intérêts résultant de contrats de prêt conclus pour une durée égale ou supérieure à un an ou de contrats assortis d'un paiement différé d'un an ou plus*[1186] » font office d'exception. Cette dérogation ne s'applique pas au contrat de crédit-bail[1187]. Quoi qu'il en soit, la situation des cautions et garants personnes physiques

---

1183 A.- B. KOTO- TCHEKA, *Le règlement préventif dans l'espace OHADA au regard du droit français des procédures collectives*, préf. Ph. PETEL, Editions Publibook, 2014, p. 154.

1184 L'article L. 631-14, alinéa 6 du Code de commerce dispose que « les personnes coobligées ou ayant consenti une sûreté personnelle ou ayant affecté ou cédé un bien en garantie [...] ne peuvent se prévaloir des dispositions prévues au premier alinéa de l'article L. 622-28 ». V. également Cass. com., 16 novembre 2010, pourvoi n° 09-71.935, *Bull. civ. IV*, 2010, n° 175 ; *D.*, 2010, p. 2902, A. LIENHARD. Il était question de savoir si l'arrêt du cours des intérêts avait vocation à s'appliquer, alors même que la caution était personnellement en redressement judiciaire et dans le même temps le prêt garanti avait été conclu pour une durée supérieure ou égale à un an. La Cour de cassation avait admis sur le fondement de l'ancien article L. 621-48 repris à l'article 622-28 du Code de commerce que « *le cours des intérêts est arrêté à l'égard de la caution en redressement judiciaire quelle que soit la durée du prêt garanti et il n'est pas dérogé à cette règle en présence d'une décision de condamnation du débiteur à payer la créance assortie des intérêts au taux contractuel* ». Cette lecture stricte de la Cour de cassation peut sembler excessivement protectrice de la caution, dans la mesure où les hauts magistrats retiennent une interprétation extensive de la règle de l'arrêt du cours des intérêts, d'une part et une interprétation stricte quant aux exceptions à cette règle.

1185 L'article L. 641-3 modifié par l'ordonnance de 2008, prévoit, en effet, que le jugement, ouvrant la liquidation judiciaire, arrête le cours des intérêts conformément à l'article L. 622-28 du Code de commerce.

1186 V. notamment, Ph. ROUSSEL GALLE, « La procédure de sauvegarde. Quand et pourquoi se mettre sous la protection de la justice ? », *JCP E.* n° 40, 5 octobre 2006, 2437.

1187 Cass. com., 29 mai 2001, pourvoi n° 97-11.151, *Bull. civ. IV*, n° 106 ; *D.* 2001, actualité jurisprudentielle p. 2122, obs. V. AVENA ROBARDET.

demeure confortable dans le cadre de la procédure de sauvegarde[1188]. D'autant plus que la Cour de cassation, dans une série d'arrêts rendus le 8 septembre 2015, juge que « *le cours des intérêts est arrêté à l'égard de la caution qui fait l'objet d'une procédure collective quelle que soit la durée du prêt garanti*[1189] ». Pour autant, ce nouvel état du droit tranche nettement avec la rigueur du droit antérieur.

486. L'arrêt du cours des intérêts avant la réforme de 2008 : une source de déséquilibre contractuel. En effet, sous l'empire de la loi du 10 juin 1994 et conformément à l'ancien article L. 621-48 du Code de commerce, les cautions ne pouvaient se prévaloir de l'arrêt du cours des intérêts. Le législateur de 1994 était intervenu pour remettre en cause une jurisprudence qui admettait, jusqu'alors que l'arrêt du cours des intérêts bénéficiant au débiteur profitait à la caution[1190]. Il estimait qu'il n'y avait pas lieu de distinguer là où la loi ne distinguait pas. Seulement, les inconvénients de ce système draconien vont très vite apparaître en pratique, dans la mesure où la caution *solvens* n'aura plus aucun moyen contre le débiteur pour se faire rembourser[1191]. La caution se retrouvait seule tenue des intérêts de retard résultant de la procédure de redressement judiciaire en vertu des alinéas 1 et 2 de l'ancien article L. 621-48 du Code de commerce[1192]. Évidemment, une telle disposition pouvait paraître injuste. L'article 2290 du Code civil ne disposait-t-il pas que « *le cautionnement ne peut excéder ce qui est dû par le débiteur* » ?

487. L'arrêt du cours des intérêts après la réforme de 2008 : le retour à l'équilibre. Dès 2005, dans un souci d'équilibre, le législateur français est revenu sur la rigueur du droit antérieur. Pour les procédures collectives, ouvertes après le 1er janvier 2006, il a permis, particulièrement aux cautions

---

[1188] V. aussi en ce sens, Ph. ROUSSEL GALLE, « La procédure de sauvegarde. Quand et pourquoi se mettre sous la protection de la justice », *JCP E.* n° 40, 5 octobre 2006, 2437.

[1189] Cass. com., 8 septembre 2015, pourvoi n° 14-14.175 et pourvoi n° 14-14.188, *Gaz. Pal.* n° 3, 19 janvier 2016, p., obs. E. LE CORRE-BROLY. Comme l'indique le professeur Emmanuelle Le Corre-Broly, la décision des juges semble juridiquement pleinement justifiée si l'on s'en tient à la maxime selon laquelle *Ubi lex non distinguit, nec nos distinguere debemus*. Toutefois, cette décision « *est lourde de conséquences pour le créancier déclarant au passif de la caution de l'emprunteur : elle conduira le prêteur à ne déclarer, au titre des intérêts, que ceux qui auront couru au jour de l'ouverture de la procédure collective de la caution* ».

[1190] V. notamment, Cass. com., 13 novembre 1990, pourvoi n° 88-17.734, *Bull. civ. IV*, 1990, n° 277 ; *Rev. proc. coll.*, 1991, p. 111, obs. Ph. DELEBECQUE.

[1191] J.-J. ANSAULT, *Le cautionnement réel*, préf. P. CROCQ, thèse, Université de Toulouse, t. 40, Defrénois, n° 618, p. 567.

[1192] *Ibidem.*

personnes physiques, de profiter de l'arrêt du cours des intérêts dans le plan sauvegarde. Le législateur a parachevé son œuvre incitative avec la réforme de 2008, refusant aux cautions le bénéfice de l'arrêt du cours des intérêts à toutes les procédures curatives. Il met ainsi un terme au « *bug législatif*[1193] » qui conduisait à autoriser les cautions à se prévaloir de la règle de l'arrêt du cours des intérêts, durant la phase de liquidation, alors que cela était proscrit dans le cadre d'un redressement judiciaire.

488. Les mérites de la restriction des actions visant le cours des intérêts. Plusieurs raisons peuvent légitimer cette attitude de faveur du législateur à l'endroit des cautions. Tout d'abord, cette solution est dictée par la volonté du législateur français à rendre la procédure de sauvegarde plus attractive pour le dirigeant[1194]. Ensuite, pour des raisons pratiques, l'arrêt du cours des intérêts légaux et conventionnels permet de faciliter le calcul du passif réel dû au créancier[1195] et de simplifier la vérification des créances déclarées. Cela facilite le calcul intégral des sommes à verser à ce dernier. De plus, pour des raisons psychologiques, « *il n'est pas raisonnable de réclamer les intérêts là où le recouvrement du capital est compromis*[1196] ». Enfin, pour des raisons économiques, le fait d'interrompre le cours des intérêts permet d'amoindrir la dette de la société et de favoriser *ipso facto* son redressement[1197]. En définitive, les dispositions actuelles du droit français nécessitent l'approbation, car elles forment un tout cohérent[1198]. Le législateur a su corriger les erreurs d'antan qui mettaient à mal l'équilibre contractuel du cautionnement.

1193 P. Crocq, « L'ordonnance du 18 décembre 2008 et le droit des sûretés », *JCP E*, n° 13, 26 mars 2009, 1313.

1194 J.- F. Barbieri, « Le choix des techniques de traitements des difficultés des entreprises, réflexions liminaires », *Revue des procédures collectives*, 2005, spéc. n° 24 : « *Cette différence entre sauvegarde et redressement, parfois contestée, a été souhaitée de façon à ce que le chef d'entreprise perçoive un intérêt puissant à demander spontanément l'ouverture d'une procédure de sauvegarde le plus en amont possible, plutôt que de demander celle d'un redressement judiciaire après la cessation des paiements ou d'attendre l'assignation d'un créancier en ce sens* » ; V. aussi en ce sens, G. Jazottes, « Les innovations des procédures de sauvegarde et de redressement judiciaire », *Revue des procédures collectives*, 01/12/2005, n° 4, p. 363.

1195 F. M. Sawadogo, « Commentaire de l'acte uniforme du 10 septembre 2015 portant organisation des procédures collectives d'apurement du passif », *in OHADA Traités et actes uniformes commentés et annotés*, Juriscope, 2016, p. 1243.

1196 *Ibidem*.

1197 Y. Guyon, *Droit des affaires. Entreprises en difficultés. Redressement-Faillite*, 9e éd., Paris : Economica, 2003, p. 1242.

1198 En ce sens, P. Crocq, « Les grandes options de la loi de sauvegarde. Réforme des procédures collectives et sort des créanciers munis de sûretés », *Dr.et patr.* 2006, p. 146.

489. Imbroglios autour de la situation de l'EIRL. Reste cependant qu'on est enclin à se poser la question de savoir si l'EIRL peut se porter caution de ses propres dettes. À notre sens, il ne fait aucun doute que la réponse doit être négative. Admettre que le créancier pourrait étendre son gage au patrimoine personnel de l'entrepreneur individuel viendrait tempérer sérieusement le principe selon lequel « *nul ne peut se cautionner soi-même* ». La jurisprudence condamne, d'ailleurs depuis fort longtemps, le cumul des qualités de débiteur et de caution[1199]. C'était, il est vrai, sous l'empire du droit ancien, celui précédent la loi n° 2010-658 du 15 juin 2010[1200]. Cependant, rien ne justifie qu'il en soit autrement, aujourd'hui comme l'indiquent justement le doyen Philippe Simler et le professeur Philippe Delebecque[1201]. Toute lecture contraire sous-entendrait une modification radicale du concept même de cautionnement : « *la caution est une personne juridique et non un patrimoine*[1202] ». Pour l'heure, les créanciers, souhaitant préserver leur garantie à l'égard de l'EIRL, peuvent exiger une « *sûreté réelle sur un bien personnel de l'entrepreneur, ou une sûreté personnelle telle qu'une caution du conjoint*[1203] ». Enfin, l'autre question qui s'est posée était celle de savoir si, l'entrepreneur individuel à responsabilité limitée, ayant affecté son patrimoine non visé par la procédure collective, pourra bénéficier des dispositions généreuses de l'article L. 622-28, alinéa 2, du Code de commerce. A priori, rien ne semble l'interdire[1204]. Si l'on s'en tient à une interprétation littérale de ce texte, à notre sens une réponse positive s'impose. Il serait curieux que l'EIRL, en tant que garant de sa propre dette, ne bénéficie pas de mesures de

---

1199 Cass. com., 28 avril 1964, *Bull. civ. IV*, n° 215 où il a été jugé : « celui qui est débiteur d'une obligation à titre principal ne peut être tenu de la même obligation comme caution ».

1200 Ph. SIMLER et Ph. DELEBECQUE, « Panorama Droit des sûretés », *JCP G*, n° 8, 21 février 2011, doctr. 226, n° 1.

1201 Ph. SIMLER et Ph. DELEBECQUE, *ibidem*. Pour ces auteurs, « *la révolution conceptuelle que représente la fission du patrimoine est d'une ampleur telle qu'il serait profondément inopportun d'en rajouter, d'autant qu'une telle mutation radicale du concept de cautionnement serait de nature à ruiner le cloisonnement voulu par le législateur* ».

1202 Ph. SIMLER, « EIRL et la communauté des biens entre époux », *JCP G*, n° 1, 10 janvier 2011,4, spéc. n° 5.

1203 Cf. en ce sens, A. DELFOSSE et N. BAILLON-WIRTZ, *Présentation schématique et non exhaustive de certaines dispositions relatives à l'EIRL : note diffusée par le Conseil supérieur du Notariat*, 16 juin 2010, cités par E. CEVAËR et P.-E. PERROT, « L'EIRL et les sûretés négatives. -Un vin nouveau pour de vieilles outres », *JCP G*, n° 23, 9 juin 2011, 1443, n° 37.

1204 A. GUESMI, « EIRL versus EURL à l'aune du droit des procédures collectives », *Dalloz*, 2011, p. 104

protection accordées à toute personne physique par le législateur français en vue de la sauvegarde des entreprises[1205].

490. Dans le droit comparé OHADA en revanche, il semble que le législateur africain ne se soit manifestement pas inspiré du modèle français sur la question de l'arrêt du cours des intérêts, lors de sa récente réforme 2015 de l'AUPCAP.

2. L'exclusion du bénéfice de l'arrêt du cours des intérêts aux cautions personnes physiques dans la phase de règlement préventif en droit OHADA

491. La solution avant la réforme de 2015 : exclusion totale de la caution du bénéfice de l'arrêt du cours des intérêts. Pendant longtemps, sous l'empire de l'ancien article 77, alinéa 1er de l'AUPCAP : « *Quelle que soit la procédure, la décision d'ouverture arrête à l'égard de la masse seulement, le cours des intérêts légaux et conventionnels, de tous intérêts et majorations de retard de toutes les créances, qu'elles soient ou non garanties par une sûreté[...]* ». Il en découlait implicitement que les créanciers, dont la créance était antérieure à la décision d'ouverture, pouvaient réclamer les intérêts aux cautions, à tout moment. Cette solution avait d'ailleurs fait l'objet de vives critiques d'une partie de la doctrine africaine. Comme a pu l'écrire le professeur Koffi Mawunyo Agbenoto, la solution retenue par le législateur africain « *est injuste car, même si la caution s'assimile à un tiers penitus extranei, les relations contractuelles entre le débiteur principal et les créanciers ne doivent pas aggraver l'engagement accessoire*[1206] ». Aussi, s'il est clair que de par le caractère accessoire du cautionnement, la caution entend s'engager dans les limites de l'engagement du débiteur principal, il n'en reste pas moins qu'elle n'a pas forcément envie que son engagement ait la même force que celui d'un coobligé[1207].

492. La solution après la réforme de 2015 : l'exclusion de la caution du bénéfice de l'arrêt du cours des intérêts en cas de règlement préventif. Soucieux d'améliorer un peu le sort des cautions, le législateur a procédé, dans sa réforme de septembre 2015 à la réécriture de l'article 77, alinéa 1er, de l'AUPCAP et à l'ajout d'un alinéa 2. En effet, l'article 77 à son alinéa 1er

---

1205 P.-M. CORRE, « L'heure de vérité de l'EIRL : le passage sous la toise du droit des entreprises en difficultés », *Dalloz*, 2011, p. 91.

1206 K. M. AGBENOTO, *Le cautionnement à l'épreuve des procédures collectives*, Thèse, Université du Maine, 2008, n° 324, p. 162.

1207 J- Cl. NGNINTEDEM, « Les mutations du cautionnement en droit OHADA/ du droit civil au droit des affaires », *Revue de droit des affaires internationales*, décembre 2012, p. 693.

dispose désormais que : « *La décision d'ouverture du redressement judiciaire ou de liquidation des biens arrête, à l'égard de la masse seulement, le cours des intérêts légaux et conventionnels, de tous intérêts et majorations de retard de toutes les créances qu'elles soient ou non garanties par une sûreté* ». De l'interprétation de cet alinéa 1er, il ressort que le législateur africain entend faire bénéficier à la masse l'arrêt du cours des intérêts légaux et conventionnels, uniquement lors de l'ouverture d'une procédure de redressement judiciaire ou de liquidation judiciaire. Contrairement à ce qu'indiquait l'alinéa 1er de l'ancien article 77 de l'AUPCAP, la règle posée ne s'applique plus « *quelle que soit la procédure*[1208] ». Il en résulte que l'ouverture d'une procédure de règlement préventif n'arrête pas la continuation du cours des intérêts. Néanmoins, cette règle de l'arrêt du cours des intérêts n'est pas absolue. Comme sous le régime de l'AUPCAP de 1998, un tempérament est prévu. Particulièrement dans les situations de cessation de paiements, « *s'agissant d'intérêts résultant de contrats de prêt conclus pour une durée égale ou supérieure à un (01) an ou de contrats assortis d'un paiement différé d'un (01) an ou plus, le cours des intérêts se poursuit*[1209] ». Il semble que par cette disposition, le législateur africain ait voulu inciter les banques à octroyer facilement des prêts de longue durée aux dirigeants[1210].

493. En outre, par l'ajout d'un nouvel alinéa 2 à l'article 77 AUPCAP, le législateur précise que : « *cette règle bénéficie également aux personnes physiques coobligées ou ayant consenti une sûreté personnelle ou ayant affecté ou cédé un bien en garantie* ». Au regard de cette précision légale, seules les cautions personnes physiques[1211] peuvent dorénavant se prévaloir de l'arrêt du cours des intérêts dans les mêmes conditions que le débiteur dans

---

1208 L'ancien article 77 de l'AUPCAP à son alinéa 1er disposait : « Quelle.que soit la procédure, la décision d'ouverture arrête, à l'égard de la masse seulement, le cours des intérêts légaux et conventionnels, de tous intérêts et majorations de retard de toutes les créances, qu'elles soient garanties par une sûreté ».

1209 V. le nouvel article 77 alinéa 1 précité. Cette exception est *mutatis mutandis* similaire à celle énoncée à l'article L. 622-28 alinéa 1er du Code de commerce français.

1210 V. déjà en ce sens à propos de l'ancien article 77 de l'AUPCAP, C. Gamaleu Kameni, *L'implication du créancier dans les procédures collectives. Étude comparée du droit français et du droit de l'OHADA*, thèse, Université d'Aix-Marseille, 2013, n° 235, p. 238. V. aussi, Ph. Petel, « Procédures collectives », *Dalloz*, Coll. Cours, 5e éd., 2006, n° 197.

1211 Rappelons qu'avant la réforme de 2015, l''ancien article 77 de l'AUCAP désignait la masse comme seule bénéficiaire de l'arrêt du cours des intérêts. Cette solution était à rapprocher de l'ancien droit français résultant de la loi du 13 juillet 1967. V. en ce sens Cass. com., 17 novembre 1975, pourvoi n° 74-12.444, *Bull. civ. IV*, n° 266, p. 219.

le cadre de la procédure de redressement judiciaire[1212] ou de liquidation judiciaire. Il s'ensuit que dans la phase de règlement préventif, les cautions (personnes physiques ou morales) et coobligés ne bénéficient d'aucune protection ; les intérêts résultant de la dette principale continueront de courir à leur égard et pourront leur être réclamés[1213].

494. **Appréciation critique de la solution issue de l'actuel Acte uniforme OHADA**. Malheureusement, comme sous la législation antérieure, le nouvel article 77 de l'AUPCAP ne résiste pas à la critique. Il reste difficilement acceptable que les cautions personnes physiques puissent être poursuivies pour le paiement des intérêts avant la cessation des paiements, alors même que le débiteur principal n'en serait pas obligé dans les mêmes conditions. Dès lors, l'inapplication de la règle de l'arrêt du cours des intérêts, aux seules procédures préventives (telle que la conciliation et le règlement préventif), tend à apparaître comme une solution paradoxale, voire injuste pour la caution. Manifestement, le législateur africain, à la différence de son homologue français, n'a pas curieusement, souhaité, ici, rendre attractives les procédures « *volontaires* » pour les cautions personnes physiques. On peut s'en étonner. Cette attitude du législateur OHADA n'est pas de nature à pousser les dirigeants sociaux ou leurs débiteurs à agir rapidement lorsque l'entreprise connaît ses premières difficultés. Il semble que pour le législateur africain, la finalité du cautionnement doit prévaloir, dès lors que se réalise le risque que la caution a entendu garantir[1214]. Il a sans doute estimé que « *la règle de l'arrêt du cours des intérêts est propre aux situations dans lesquelles le débiteur est en cessation de paiements*[1215] ».

495. **Pour une admission du bénéfice de l'arrêt du cours des intérêts aux cautions et coobligés dans le cadre du règlement préventif**. Dès lors, il convient de retenir une solution qui ménage convenablement le caractère accessoire du cautionnement, tout en sauvegardant les intérêts du créancier,

---

1212 Comme l'écrivait un auteur, « cette règle traditionnelle, dans un contexte rénové, participe à la dynamique du redressement judiciaire en allégeant le passif » ; Cf. C. SAINT- ALARY HOUIN, *Droit des entreprises en difficulté*, Montchrestien, 4e éd., 2014, n° 773.

1213 De plus, comme sous la législation antérieure, l'article 10 de l'AUPCAP relatif à la décision d'ouverture de règlement préventif dispose : « *Sauf remise par les créanciers, les intérêts légaux ou conventionnels ainsi que les intérêts moratoires et les majorations continuent à courir mais ne sont pas exigibles.* »

1214 S.- P. LEVOA AWONA, « Cautionnement et procédures collectives OHADA : la poursuite de la caution d'une entreprise en difficulté en droit OHADA », *Banque et droit*, n° 144, juillet-août, 2012, p. 9.

1215 *Ibidem.*

afin de parvenir à un équilibre contractuel. Il serait judicieux de réserver le bénéfice de l'arrêt du cours des intérêts aux cautions et coobligés dans les situations où ceux-ci ne sont pas en cessation de paiement à l'instar du droit français[1216]. Un tel aménagement répondrait mieux à l'objectif du législateur africain de gratifier les personnes physiques, s'attelant à agir rapidement en vue de la sauvegarde de l'entreprise en difficulté. Toutefois, rien n'interdit la caution dirigeante de refuser conventionnellement que la continuation du cours des intérêts de la dette principale s'étende à sa garantie. Tout compte fait, celle-ci peut se prévaloir des remises consenties au débiteur principal.

§ 2. L'opposabilité par la caution des remises consenties au débiteur principal

496. Plan. Lorsque l'entreprise n'est pas en cessation de paiement, la caution bénéficie d'une position sensiblement avantageuse. Conscient que l'entreprise a, à ce stade, de fortes chances d'être sauvée, le législateur français, en opposition d'approche du législateur OHADA, a tenu à alléger l'engagement des cautions dirigeantes prévenantes[1217]. Il a ainsi altéré les droits du créancier en offrant la possibilité à la caution de bénéficier des remises consenties au débiteur principal, tant dans le cadre de la conciliation (A) que dans celui de la procédure de sauvegarde (B).

A. Le bénéfice des remises consenties au débiteur principal dans le cadre de la conciliation

497. Avant l'ordonnance de 2008 : un principe controversé. Exempt de toute contrainte dans la conciliation, le créancier peut accorder des remises de dettes au débiteur garanti[1218]. Dès lors, s'est rapidement posée la question de savoir si la caution pouvait en bénéficier. Cette question, objet de controverses, pendant un temps, a connu des évolutions significatives.

[1216] Contra., Cf. G. PIETTE, « Les faiblesses du cautionnement », *RLDA*, octobre 2008, n° 31, p. 104. Pour cet auteur, il faudrait privilégier la finalité du cautionnement en privant la caution de se prévaloir du bénéfice de l'arrêt du cours des intérêts. Il estime que la caution a justement pour rôle de pallier l'insolvabilité du débiteur.

[1217] C'est-à-dire celles prenant l'initiative de déclencher assez tôt la procédure collective lorsque l'entreprise est en difficulté.

[1218] Ph. PETEL, « Les sûretés personnelles dans le nouveau droit des entreprises en difficulté », *Cah. dr. entr.*, juillet 2009, dossier 20.

498. Antérieurement à l'ordonnance de 2008, tous les garants personnes physiques ou morales pouvaient se prévaloir des dispositions de l'accord homologué. L'ancien article L. 611-3 du Code de commerce énonçait simplement que les « *coobligés et les personnes ayant consenti un cautionnement ou une garantie autonome peuvent se prévaloir des dispositions de l'accord homologué* ». Le silence gardé du législateur sur les incidences de l'accord constaté avait, alors, suscité la controverse[1219].

499. Une analyse littérale de l'ancien article L. 611-3 du Code de commerce conduisait à considérer qu'un accord simplement constaté dans le cadre d'une procédure de conciliation ne permettrait pas à la caution de bénéficier des remises de dettes consenties par le créancier au débiteur. A priori, on pouvait être enclin à justifier une telle analyse par l'argument selon lequel, dans le cadre d'un accord homologué, le fait qu'il soit soumis à publicité, permet à la caution d'avoir connaissance de l'accord amiable[1220]. Il n'en est pas de même en cas d'accord non homologué. Certes, un tel argumentaire paraît pertinent, mais il n'est guère satisfaisant[1221]. En pratique, l'accord simplement constaté par le président du tribunal représentait environ 90% des accords amiables[1222]. Or, le but du législateur était d'inciter le dirigeant social à ouvrir rapidement la procédure collective. De plus, une jurisprudence, antérieure à la loi du 25 juillet 2005, retenait déjà que les cautions pourraient sans doute se prévaloir des remises de dettes consenties par le créancier au débiteur sans qu'il importe d'homologuer l'accord[1223]. C'est pourquoi, il était unanimement admis en doctrine qu'il s'agissait d'une simple « *erreur de plume* » du législateur et que la caution pouvait prétendre à l'accord de conciliation

---

1219 F. MACORIG-VENIER et C. SAINT ALARY-HOUIN, « Les créanciers dans l'ordonnance n° 2008-1345 du 18 décembre 2008 portant réforme du droit des entreprises en difficulté », *Revue des procédures collectives civiles et commerciales*, n° 1, janvier 2009, dossier 9.

1220 V. Les développements de M. TEXIER, « Les effets sur le cautionnement de la remise de dette consentie au débiteur dans le cadre de procédures organisées », *RTD com.*, 2008, p. 25, spéc. n. 25. Comme l'explique bien cet auteur, à la différence de l'accord simplement constaté, l'accord homologué du fait qu'il soit soumis à publicité, permet à la caution d'avoir connaissance de l'existence de l'accord amiable.

1221 *Ibidem*.

1222 F. PEROCHON, « Procédures collectives et cautionnement », *Dr. et patr.*, 2008, p. 172.

1223 Cass. com., 5 mai 2004, pourvoi n° 01-03.873, *JurisData* n° 2004-023641 : l'arrêt indique que le créancier ne peut « *sans déséquilibrer gravement l'économie des relations contractuelles et sans s'affranchir de son obligation de se comporter en partenaire loyal, exiger de sa cocontractante garante l'exécution de sa propre prestation* ».

simplement constaté par voie judiciaire (« non homologué »)[1224]. D'un point de vue purement conceptuel, (eu égard au droit commun), il est permis de penser que le respect du principe de cohérence en matière contractuelle a prévalu[1225]. Heureusement, l'ordonnance du 18 décembre 2008 et celle du 12 mars 2014[1226] modifiant la loi de sauvegarde des entreprises du 26 juillet 2005, ont, depuis, apporté des clarifications en ce sens.

500. **L'« éclaircie » apportée par l'ordonnance de 2008**. Désormais, le principe est que la caution profite des remises de dettes accordées au débiteur dans l'accord de conciliation homologué ou constaté. Elle pourra notamment se prévaloir des délais de grâce obtenus par le débiteur pendant la recherche d'un accord, sans avoir à saisir le juge. La mesure repose, aujourd'hui, sur l'article L. 611-10-2 du Code de commerce[1227]. Ce texte énonce expressément que « *les personnes coobligées ou ayant consenti une sûreté personnelle ou ayant affecté ou cédé un bien en garantie peuvent se prévaloir des dispositions de l'accord constaté ou homologué* ». Ainsi, la caution personne physique ou morale bénéficie de l'amélioration de la situation du débiteur consentie par le créancier[1228]. C'est le triomphe de la règle *accessorium sequitur principale*.

1224 V. notamment en ce sens, L. AYNÈS et P. CROCQ, *Les sûretés, la publicité foncière*, 8e édition, LGDJ, Lextenso éditions, 2014, n° 137. En outre, cet oubli du législateur ne posait guère de problème, eu égard à la jurisprudence relative à l'accord amiable. V. en ce sens S. PIÉDELIÈVRE, « la nouvelle réforme du droit des procédures collectives », *JCP N.* n° 12, 20 mars 2009, 1119, citant le célèbre arrêt de la Cour de cassation du 5 mai 2004. V. Cass. com., 5 mai 2004, préc. ; *RTD civ.* 2004, p. 534, obs. P. CROCQ ; *RD bancaire et fin.* 2004, comm. 161, obs. D. LEGEAIS ; *Defrénois*, 2004, art. 38066, p. 1663, obs. D. GIBIRILA ; *RTD com.*, 2004, p. 590, obs. F. MACORIG-VENIER.

1225 En ce sens, P. CROCQ, obs. préc. sur Cass. com., 5 mai 2004, pourvoi n° 01-03.873 : soulignant justement que, pour la Cour, il semble paradoxal, voire contradictoire, que le créancier, ayant consenti au débiteur, puisse immédiatement intenter une action en paiement à l'encontre de la caution, risquant de compromettre l'efficacité de l'accord amiable.

1226 P.- M. CORRE, « Premiers regards sur l'ordonnance du 12 mars 2014 réformant le droit des entreprises en difficulté », *D.*, 2014, p. 733.

1227 Cf. D. LEGAIS, « La portée de la réforme du droit des procédures collectives », *Revue de droit bancaire et financier*, n° 3, mai 2014, comm.102. Toutefois, comme le précise le professeur Dominique Legeais, « *le garant ne peut bénéficier du nouveau dispositif de protection prévu par le nouvel article L. 611-10-1 qui permet au débiteur de saisir le président du tribunal qui a constaté l'accord, aux fins d'application des dispositions des articles 1244-1 à 1244-3 du Code civil si un créancier appelé à la conciliation met en demeure ou poursuit le débiteur pendant l'exécution de l'accord pour obtenir le paiement d'une créance non soumise à l'accord* ».

1228 M. TEXIER, « Les effets sur le cautionnement de la remise de dette consentie au débiteur dans le cadre de procédures organisées », *RTD com.*, 2008, p. 25.

501. Justificatifs de la mise en place d'un dispositif favorable aux cautions. En effet, le législateur français a principalement voulu rendre la procédure de conciliation plus attrayante pour les dirigeants d'entreprise[1229]. Ces derniers se portant généralement cautions, ils seront donc incités à anticiper les difficultés de l'entreprise[1230]. Comme l'écrivait justement un auteur, « *cautionnera bien qui préviendra le premier* »[1231]. Les cautions dirigeantes seront donc à l'abri des poursuites des créanciers, si elles sollicitent l'ouverture d'une procédure préventive pour remédier aux difficultés de l'entreprise[1232]. L'opposabilité par la caution des dispositions de l'accord de conciliation par le législateur français peut ensuite s'expliquer par le fait que les remises et délais consentis par le créancier au débiteur ont un caractère volontaire[1233]. Afin d'éviter que les établissements de crédits ne se tournent vers d'autres sûretés personnelles, à l'instar de la garantie autonome au détriment du cautionnement, le législateur français a, par ailleurs, donné une portée générale à l'article L. 611-10-2 du Code de commerce. Enfin, plus globalement, l'objectif du législateur français en octroyant ces mesures de faveur aux cautions dans leur ensemble, est de les inciter à prévenir rapidement l'aggravation des difficultés de l'entreprise[1234].

502. Appréciation critique. Les intentions du législateur sont louables. Seulement, le dispositif, mis en place par le législateur français présente de nombreux inconvénients pour les créanciers. La logique voudrait que l'ouverture de la procédure collective n'ait aucune incidence sur la caution[1235].

1229 L'esprit du législateur français depuis 2005 est d'inciter les dirigeants d'entreprise fussent-ils des cautions à agir rapidement en vue de l'ouverture de la procédure de conciliation ou de sauvegarde. Cf. A. AYNÈS et Ph. DUPICHOT, « Janvier-juillet 2014 : Désordre législatif, cohérence jurisprudentielle », *Dr. et patr.* n° 241, novembre 2014, chron., p. 102.

1230 V., en ce sens, E. LACASSAGNE, « Les cautions à l'épreuve de la loi de sauvegarde : cautionnera bien qui préviendra le premier », *LPA* n° 35, 17 février 2006, numéro spécial, p. 50.

1231 *Ibidem*.

1232 D. LEGEAIS, « La caution dirigeante », *in Mélanges dédiés à Bernard BOULOC*, octobre 2005, p. 606.

1233 M. JEANTIN, *Droit commercial. Intruments de paiement et de crédit. Entreprises en difficulté*, Paris, Dalloz, 4e édition, 1995, n° 497.

1234 V. *supra*, paragraphe n° 497.

1235 En ce sens, P. CROCQ, « Le droit des procédures collectives et le caractère accessoire du cautionnement », *in Mélanges Ph. Malaurie*, Liber amicorum, 2005, p. 171, spéc. p. 173. Cet auteur souligne, à juste titre, que « l'ouverture d'une procédure collective ou d'un règlement amiable ne doit pas, en principe, exercer d'influence sur la situation de la caution, puisque ces évènements ne sont que les conséquences de la défaillance du débiteur principal ».

En outre, il est pour le moins curieux que le législateur français ne fasse pas de distinction suivant la qualité de la caution. Le texte ne distingue nullement selon que la caution soit simple ou solidaire, ni selon que la caution soit une personne physique ou morale. Toute caution pourra se prévaloir des délais et remises accordés par le créancier au débiteur. Compte tenu du caractère général de l'article L. 611-10 du Code de commerce, ce texte a vocation à s'appliquer indistinctement à toutes les cautions[1236]. Dès lors, quelle réponse apporter ? Faut-il s'inspirer du modèle OHADA ?

503. La solution retenue par le législateur OHADA. Le législateur OHADA, s'inspirant en partie du droit français, consacre, depuis la réforme de 2015 de l'AUPCAP, l'assouplissement de son dispositif, relatif au sort des cautions personnes physiques, dans le cadre des procédures préventives[1237]. Qu'il s'agisse des remises consenties au débiteur dans la nouvelle procédure de conciliation[1238] ou de celles consenties dans le concordat préventif[1239], celles-ci profitent à la caution personne physique[1240]. Ainsi, à la différence du droit français, les cautions personnes morales se voient désormais exclues des mesures incitatives instaurées par le législateur africain.

504. Les fondements de la solution adoptée par le législateur OHADA. Plusieurs raisons peuvent justifier une telle attitude. Tout d'abord, les cautions en Afrique, sont très souvent les dirigeants personnes physiques elles-mêmes

---

1236 N. PICOD, *La caution dans les procédures collectives*, préf. C. SAINT-ALARY-HOUIN, PUAM, 2008, n° 151, p. 130. On peut s'étonner que des sociétés de cautionnement mutuel bénéficient des délais et remises accordés par le créancier au débiteur.

1237 Jusqu'à la réforme de 2015, le législateur OHADA avait une position diamétralement opposée à celle de son homologue français. Il se montrait très rigoureux à l'égard de la caution, même dans la phase de règlement préventif. En effet, sous l'empire du droit antérieur, et conformément à l'ancien article 18, alinéa 3,il énonçait : « *Les cautions et les coobligés du débiteur ne peuvent se prévaloir des délais et remises du concordat préventif* ». Pour certains auteurs, cette position du législateur OHADA se justifiait étant donné que « *le concordat a un effet relatif puisque le bénéficiaire est le débiteur et le débiteur seul* » ; Cf. en ce sens, F. M. SAWADOGO, *OHADA. Droit des entreprises en difficultés*, Bruxelles : Bruylant, 2002, p. 282.

1238 L'article 5. 12 du nouvel AUPCAP dispose : « *Pendant la durée de son exécution, [...] les personnes ayant consenti une sûreté personnelle ou ayant affecté ou cédé un bien en garantie et les coobligés peuvent se prévaloir des dispositions de l'accord* ».

1239 Le nouvel article 18 alinéa 3 de l'AUPCAP prévoit : « *À l'exception des personnes physiques, les coobligés ou personnes ayant consenti une sûreté personnelle ou affecté ou cédé un bien en garantie, ne peuvent se prévaloir des délais et remises du concordat préventif.* »

1240 Il faut néanmoins relever que pendant la recherche de l'accord entre le débiteur et le créancier, ce dernier conserve son droit de poursuite contre la caution.

ou un de leurs proches[1241]. En effet, sachant qu'elles ou leurs proches n'auront pas à être poursuivis en raison de la dette garantie, les nombreuses cautions personnes physiques n'hésiteront pas à déclencher les procédures préventives, lorsque l'entreprise aura les premières difficultés. Ensuite, la seconde raison, qui justifie l'exclusion des cautions personnes morales du bénéfice des remises consenties au débiteur en conciliation ou en règlement préventif, est qu'il s'agit de professionnels. Il ne serait pas équitable de traiter de la même manière les cautions profanes (généralement les cautions personnes physiques) et les cautions éclairées, à l'instar des établissements de crédit. Au demeurant, la solution retenue par les rédacteurs du nouvel AUPCAP paraît équilibrée.

505. **La nécessité d'exclusion des cautions personnes morales du bénéfice des délais et remises consentis au débiteur**. Il serait judicieux pour le législateur français d'apporter un léger correctif à l'article L. 611-10-2 du Code de commerce. Il est évident, qu'il conviendrait d'exclure clairement les personnes morales du bénéfice des remises et délais consentis au débiteur, dans le cadre d'une procédure de conciliation à l'instar du droit OHADA. Le législateur africain a su, ici, tirer des enseignements des lacunes observées dans le droit français. En effet, il est difficile de comprendre que les cautions personnes morales bénéficieraient, ici, du même avantage que les cautions personnes physiques. Heureusement, dans le cadre de la procédure de sauvegarde, le législateur français a permis aux seules cautions personnes physiques de bénéficier des remises consenties par le créancier au débiteur principal.

B. Le bénéfice des remises obtenues dans le cadre du plan de sauvegarde

506. **Avant la réforme de 2005 : Une protection visant les seules cautions solidaires et les coobligés**. Considéré en France comme le « *cœur*

1241 Dans le contexte africain, le cautionnement des engagements du débiteur par les personnes morales est rare. Cf. Pour une étude plus approfondie : C. NDONGO, *Le règlement préventif O.H.A.D.A. Des textes à la pratique : Analyse critique de la prévention des difficultés des entreprises par l'O.H.A.D.A*, Éditions Universitaires Européennes, octobre 2013, p. 75-76. Comme le relève à juste raison cet auteur : « *La culture africaine est telle que ce sont les proches du débiteur qui se portent généralement caution lors des différentes opérations qu'il est amené à faire dans le cadre de ses activités. [...] Or, comme dans tout milieu socioculturel, la caution qui s'engage espère là qu'il s'agisse d'une simple formalité confiant en la possibilité pour le débiteur de la libérer de cette obligation sans qu'elle ne soit obligée de s'exécuter.* »

véritable »[1242] de la loi du 26 juillet 2005, le plan de sauvegarde est susceptible de contenir des remises de dettes (article L. 626-11 du Code de commerce). Une incursion dans le droit, antérieur à la loi de sauvegarde du 26 juillet 2005 permet de mieux appréhender le problème posé par l'opposabilité par la caution des remises obtenues dans le cadre du plan de sauvegarde. À l'époque, l'ancien article L. 621-65 du Code de commerce énonçait que « *les cautions solidaires et coobligés ne peuvent s'en prévaloir* ». Il en découlait que les cautions solidaires, contrairement aux cautions simples, étaient exclues des dispositions du plan[1243], ce que rien ne semblait justifier[1244]. La disposition s'avérait draconienne pour ces cautions solidaires (pour la plupart dirigeantes d'entreprises) et ne les incitait pas à déposer rapidement le bilan de leur société[1245]. En outre, l'ancien article L. 621-65 du Code de commerce semblait aboutir à une rupture d'égalité entre les cautions, à tel point que l'on a parlé de « *bévue législative* ». De surcroît, ce traitement inégalitaire des cautions ne semblait pas justifié. Face donc à ces conséquences fâcheuses et aux vives critiques de la doctrine, le législateur français a, par la loi de 2005, corrigé « *l'erreur* »[1246]. Il a supprimé la distinction pour les procédures collectives, ouvertes après le 1er janvier 2006.

507. **Après la réforme de 2005 : une protection étendue à toutes les cautions personnes physiques.** Désormais, l'alinéa 2 de l'article L. 626-11 du Code de commerce dispose, à propos du plan de sauvegarde, qu'« *à l'exception des*

1242 Pour reprendre les termes de Muriel TEXIER, *in* « effets sur le cautionnement de la dette consentie au débiteur dans les procédures organisées », *RTD com.* 2008, p. 25.

1243 V. notamment, Cass. com., 23 novembre 2004, pourvoi n° 03-17.235, *Bull. civ. IV*, n° 203, p. 229 ; *D.* 2005, p. 2083, note P. CROCQ.

1244 Ph. SIMLER et Ph. DELEBECQUE, *Droit civil. Les sûretés. La publicité foncière*, 6e. éd., Dalloz, 2014, n° 238, p. 211. Comme l'on souligné ces auteurs « la justification avancée lors des débats, tenant au bénéfice de discussion, était dépourvue de pertinence, ce bénéfice étant par hypothèse exclu en cas de procédure collective ».

1245 A. JACQUEMONT et R. VABRES, *Droit des entreprises en difficulté*, 7e éd., LexisNexis, 2013, n° 788.

1246 Soulignons que la question du traitement inégalitaire de la caution face aux délais et remises judiciaires, en cas de procédures collectives, a fait l'objet d'une question prioritaire de constitutionnalité. Dans sa décision n° 2014-447 du 6 février 2015, le Conseil a jugé que « *le principe d'égalité ne s'oppose ni à ce que le législateur règle de façon différente des situations différentes, ni à ce qu'il déroge à l'égalité pour des raisons d'intérêt général, pourvu que, dans l'un et l'autre cas, la différence de traitement qui en résulte soit en rapport direct avec l'objet de la loi qui l'établit* ». En clair, pour les Sages, le législateur ne viole pas le principe d'égalité, lorsqu'il maintient la portée de l'engagement de la caution solidaire dans le cadre d'une procédure de redressement judiciaire. V. P. URBAIN, « Le traitement inégalitaire de la caution face aux délais et remises judiciaires », *Actualité jurisprudentielle des administrateurs judiciaires*, avril 2015, n° 18, p. 11.

personnes morales, les coobligés et les personnes ayant consenti une sûreté personnelle ou affecté ou cédé un bien en garantie peuvent s'en prévaloir ». La loi de sauvegarde des entreprises fait donc, en quelque sorte, la part belle aux cautions en leur offrant la possibilité de bénéficier des remises de dette accordées à leurs débiteurs. Seulement, le législateur français, par ce texte, entend protéger uniquement la caution personne physique (simple ou solidaire). D'ailleurs, cette bienveillance législative, qui vise en pratique la caution dirigeante, a été conservée par l'ordonnance de 2008 et avec pour particularité l'extension de son champ d'application à l'ensemble des suretés personnelles[1247]. Ceci étant, les dispositions du plan sont très favorables à toutes les cautions personnes physiques dans leur ensemble[1248].

508. Une exclusion opportune des personnes morales. Cette discrimination entre les personnes physiques et morales, instaurée par le législateur français, est tout à fait louable. Bien qu'étant juridiquement contestable[1249], elle est tout à fait compréhensible en pratique. Elle tient sur un fondement extrajuridique néanmoins pertinent. Elle incite le dirigeant caution à recourir rapidement, par voie judiciaire, à l'ouverture de la procédure de sauvegarde. Cela contribue également à éviter au dirigeant social une situation humainement difficile[1250]. Aussi, comme nous l'avons souligné précédemment, il peut paraître paradoxal de traiter de façon égale une caution intéressée et une caution professionnelle.

509. Quelle alternative pour le créancier ? Par ailleurs, compte tenu du risque de voir la caution devenir insolvable ou d'organiser tout simplement son insolvabilité, le législateur autorise le créancier à recourir à des mesures conservatoires[1251]. Or, sous peine de caducité, le créancier se doit, dans le mois

---

1247 « *L'identité de traitement des cautions et des garants autonomes constitue [...] une anomalie, puisqu'elle méconnaît ouvertement l'autonomie de ces dernières garanties* », Ph. SIMLER et Ph. DELEBECQUE, *Droit civil. Les sûretés. La publicité foncière*, 6e. éd., Dalloz, 2014, n° 238, p. 211.

1248 C. GAMALEU KAMENI, *L'implication du créancier dans les procédures collectives. Étude comparée du droit français et du droit de l'OHADA*, thèse, Université d'Aix-Marseille, 2013, p. 254, spéc. n° 250.

1249 Du fait de la restriction des personnes morales au bénéfice des remises de dettes, le texte, mis en place par le législateur français, semble heurter le caractère accessoire du cautionnement. Cet avis est partagé, d'ailleurs, par bon nombre d'auteurs. V. notamment, Ph. SIMLER, *Cautionnement et garanties indemnitaires*, 5e éd., LexisNexis, 2015, n° 747, p. 752.

1250 En ce sens, F. POMMIER et B. AMIGUES, « Le sort des cautions, coobligés et garants autonomes dans le projet de la loi de sauvegarde des entreprises, *LPA*2005, n° 48, p. 9.

1251 Cf. l'alinéa 3 de l'article L. 622-28 du Code de commerce : « *Les créanciers bénéficiaires de ces garanties peuvent prendre des mesures conservatoires* ».

de l'exécution de mesures provisoires, d'introduire une action aux fins d'obtention du titre exécutoire[1252]. Face à cette impossibilité de poursuivre la caution par le droit des procédures collectives, la Cour de cassation, s'est pendant un temps, contentée de retenir de façon constante que le créancier a la possibilité d'assigner une caution, aux fins d'obtenir un titre exécutoire, mais à la condition que « *la mise en œuvre de ce dernier [soit] suspendue pendant la durée du plan ou jusqu'à sa résolution*[1253] ». Ainsi, les juges devaient sursoir à statuer jusqu'à l'exigibilité des sommes dues en application du plan. Il en résultait, au bout du compte, une disposition extrêmement protectrice de la caution personne physique[1254]. À l'inverse, la mise en œuvre des mesures conservatoires demeurait un véritable « *casse-tête* » pour le créancier[1255].

510. Plus récemment, dans une importante décision, en date du 2 juin 2015, la Cour de cassation affine sa position en apportant une « *éclaircie* »[1256]. Elle

---

[1252] Cf. l'article R. 511-7 du Code des procédures civiles d'exécution qui dispose : « *Si ce n'est dans le cas où la mesure conservatoire a été pratiquée avec un titre exécutoire, le créancier, dans le mois qui suit l'exécution de la mesure, à peine de caducité, introduit une procédure ou accomplit les formalités nécessaires à l'obtention d'un titre exécutoire.* »

[1253] Cass. com., 27 mai 2014, pourvoi n° 13-18.018 ; *RD. bancaire et fin.* 2014, comm. 133, A. Cerles ; *Act. proc. coll.*, n° 10, juin 2014, alerte 188, P. Cagnoli ; V. aussi dans le même sens, Cass. com., 10 janvier 2012, pourvoi n° 11-11.482, *Bull. civ. IV*, n° 5 ; *D.*, 2012, p. 215, note A. Lienhard.

[1254] V. notamment en ce sens, F. Reille, note sous Cass. com., 27 mai 2014, pourvoi n° 13-18.018, *BJE.* 1er septembre 2014, n° 5, p. 294. Comme le relevait cet auteur : « *Lorsque l'on sait que l'inexécution du plan n'emporte pas systématiquement sa résolution, on peut considérer que la caution trouve là une protection qui va bien au-delà des textes, lesquels ne laissaient rien présager de tel.* »

[1255] Certains auteurs ont pu justement regretter que « *la possibilité de passer à l'exécution forcée soit retardée à la résolution du plan et ne se produise pas dès l'inexécution du plan par le débiteur* ». Cf. F. Macorig-Venier note sous Cass. com., 27 mai 2014, pourvoi n° 13-18.018, *Revue des procédures collectives*, n° 4, Juillet 2015, comm. 107 ; V. aussi en ce sens, Cass. com., 27 mai 2014, pourvoi n° 13-18.018, *LexbaseHebdo,* 12 juin 2014, n° 385, n° N2666BUB, 2d. Affaires, P.-M. Le Corre.

[1256] Cass. com., 2 juin 2015, pourvoi n° 14-10.673, *Actualité jurisprudentielle des administrateurs judiciaires*, juillet-août 2015, n° 21, p. 11, note P. Urbain ; *LEDEN.* 1er octobre 2015, n° 9, p. 6, note P. Rubellin ; *RD bancaire et fin.*, n° 4, juillet 2015, comm. 123, note D. Legeais ; et, dans le même sens, Cass. com., 3 novembre 2015, pourvoi n° 19.191, inédit ; Cass. com., 1er mars 2016, pourvoi n° 14-20.553, *JurisData* n° 2016-003571 : « *Vu l'article L. 622-28, alinéas 2 et 3, du code de commerce et les articles R. 511-4 et R. 511-7 du code des procédures civiles d'exécution ; Attendu que, selon le premier de ces textes, qui est applicable à la procédure de redressement judiciaire, le créancier bénéficiaire d'un cautionnement consenti par une personne physique, en garantie de la dette d'un débiteur principal mis ensuite en redressement judiciaire, peut prendre des mesures conservatoires sur les biens de la caution et doit, en application des*

considère « *que le créancier est fondé, en application des articles L. 622-28 et R. 622-26 du Code de commerce, à inscrire sur les biens de la caution du débiteur principal soumis à une procédure de sauvegarde une hypothèque judiciaire provisoire et, pour valider cette mesure conservatoire, est tenu d'assigner la caution en vue d'obtenir contre elle un titre exécutoire couvrant la totalité des sommes dues* ». Précisément, la chambre commerciale consacre la possibilité du créancier de pratiquer des mesures conservatoires à l'égard de la caution et d'en obtenir un titre exécutoire pendant l'exécution du plan de sauvegarde. Seulement, tenant compte du sort des cautions « *méritantes* », elle précise que la mise en œuvre de l'exécution forcée ne pourra être possible tant que le plan est respecté. Il n'est plus nécessaire pour le créancier d'attendre la résolution du plan pour pratiquer l'exécution forcée de son titre, comme semblait l'indiquer précédemment la Cour de cassation[1257]. En pratique, le créancier pourra désormais « *exécuter son titre pendant le plan de sauvegarde, dans la limite cependant des dividendes échus et non réglés par le débiteur principal*[1258] ». Ainsi, la présente décision mérite d'être totalement approuvée. La Cour régulatrice semble réaliser un heureux compromis entre les intérêts du créancier et ceux de la caution dans un parfait équilibre. Cette faveur jurisprudentielle, accordée au créancier est tout aussi louable, dans la mesure où la caution bénéficie de l'arrêt du cours des intérêts dans la procédure de sauvegarde.

Conclusion de la section I

511. **Constatations**. Au vu de ce qui précède, il résulte que dans l'optique de sauvegarder l'entreprise en difficulté, les législateurs français et OHADA ont sensiblement réduit les droits des créanciers au profit des cautions dirigeantes (personnes physiques). Cette démarche, bien que raisonnable, a parfois été empreinte de maladresse, au point de mettre à mal l'équilibre contractuel dans le cautionnement. De manière assez louable, en droit français et OHADA, des procédures « *préventives*[1259] », plusieurs « *instruments juridiques d'anticipation* » des difficultés de l'entreprise ont été mis à la disposition des

deux autres, introduire dans le mois de leur exécution une procédure ou accomplir les formalités nécessaires à l'obtention d'un titre exécutoire, à peine de caducité de ces mesures ; qu'il en résulte que l'obtention d'un tel titre ne peut être subordonnée à l'exigibilité de la créance contre la caution. »

1257 P.- M. LE CORRE, note sous Cass. com., 2 juin 2015, pourvoi n° 14-10.673, *Gaz. Pal.*, 20 octobre 2015, chron., n° 293, p. 34.

1258 *Ibidem.*

1259 Pour reprendre l'expression de N. PICOD, *in La caution dans les procédures de traitement des difficultés des entreprises*, préf. C. SAINT- ALARY- HOUIN, PUAM, 2008, p. 126.

cautions dirigeantes ; concrètement, il s'agit de l'extension à ces dernières de certaines mesures de faveurs, accordées au débiteur principal. Si des ressemblances toutes heureuses existent entre ces deux systèmes juridiques, leurs différences révèlent leurs insuffisances respectives.

512. En droit français, les remises consenties par les créanciers au débiteur principal, profitent uniquement aux cautions personnes physiques dans la sauvegarde, mais, paradoxalement, dans la procédure de conciliation à l'ensemble des cautions (sans aucune exception). Contrairement au droit français, l'AUPCAP écarte judicieusement, en revanche, les cautions personnes morales du bénéfice des remises accordées au débiteur principal, durant ses deux procédures préventives (la conciliation et le règlement préventif). En ce qui concerne la règle de l'arrêt du cours des intérêts, les rédacteurs du nouvel AUPCAP n'ont malheureusement pas souhaité en faire profiter les cautions. Pourtant, le législateur français a permis aux cautions personnes physiques d'en bénéficier.

513. En définitive, il apparaît que le droit français des « *procédures préventives* » est plus protecteur des intérêts de la caution personne physique que le droit OHADA. Qu'à cela ne tienne, à l'instar de son homologue africain, le législateur français, à cause de ses maladresses, n'est pas parvenu à mettre en place un système juridique conciliant de manière équilibrée les intérêts des cautions et ceux des créanciers. Cette « *compassion législative* » française se confirme, également, au regard des mesures de faveurs accordées à la caution personne physique en droit du surendettement.

SECTION II.
Les mesures favorables à la caution dans le droit du surendettement

514. **Plan**. Le droit français du surendettement renferme, aujourd'hui, des mesures favorables à la caution personne physique[1260]. Au travers de la loi de modernisation de l'économie, du 4 août 2008, le législateur français a, en effet, cru judicieux d'améliorer la situation de la caution personne physique dans la procédure de surendettement[1261]. Deux mesures sont, ici, en cause. Il s'agit notamment, de l'éligibilité de la caution personne physique au droit du

---

1260 Notons que les pays de la zone OHADA n'ont pas encore harmonisé leur législation en matière de surendettement.

1261 F. MACORIG- VENIER, « La protection du dirigeant caution », *Cah. dr. entr.* n° 3, mai-juin 2012, dossier 16, p. 51.

surendettement (§ 1) et du bénéfice par la caution personne physique de la procédure de rétablissement personnel (§ 2).

§ 1. L'éligibilité de la caution personne physique au droit du surendettement

515. **Une éligibilité longtemps refusée.** Jusqu'à une date récente, le législateur faisait encore preuve d'une rigueur particulière, à l'égard de la caution dirigeante, en refusant de prendre en compte les engagements pris par elle[1262]. Cette dernière pouvait demander l'ouverture d'une procédure de surendettement, seulement au cas où son engagement n'avait aucun caractère professionnel[1263]. En effet, le surendettement des personnes physiques était défini par l'article L. 331-2, devenu L. 712-1 du Code de la consommation comme étant « *l'impossibilité manifeste pour le débiteur de bonne foi de faire face à l'ensemble de ses dettes non professionnelles exigibles et à échoir* ». Depuis, le dispositif n'a cessé d'évoluer dans un sens favorable à la caution personne physique.

516. **L'extension du domaine de surendettement à la caution dirigeante apportée par la loi de sauvegarde.** Sous l'empire de la loi Borloo du 1er août 2003, le législateur français s'est d'abord contenté d'ajouter que la qualité de dirigeant suffisait à rendre professionnels les cautionnements contractés par lui[1264]. *A contrario*, les mêmes engagements, pris par une caution non dirigeante restaient de nature non professionnelle. Le nouveau dispositif à l'article L. 330-1 (actuel article L. 711-1) du Code de la consommation énonçait que la situation de surendettement pouvait être caractérisée par l'impossibilité pour le débiteur de bonne foi de faire face « *à l'engagement qu'il a donné de cautionner ou d'acquitter solidairement la dette d'un entrepreneur individuel ou d'une société dès lors qu'il n'a pas été, en droit ou en fait, dirigeant de celle-ci* ». Le législateur français s'était donc visiblement

---

1262 D. Legeais, « Cautionnement et surendettement », *RD bancaire et fin.*, n° 5, Septembre 2008, comm. 133.

1263 V. Cass. civ. 1re., 31 mars 1992, pourvoi n° 91-04.032, *Bull. civ. I*, 1992, n° 107, p. 71 où la qualification professionnelle fut retenue, concernant le cautionnement donné par un attaché commercial salarié de la société débitrice ; Cass. civ. 1re, 13 mars 2001, pourvoi n° 00-04.053, *Bull. civ. I*, 2001, n° 74, p. 47 où il a été retenu que l'engagement de caution assumé par l'épouse d'un dirigeant « *revêtait un caractère professionnel dès lors qu'à compter du décès de ce dernier, survenu en 1990, [celle-ci] avait exploité l'entreprise pour le compte de sa fille mineure* ».

1264 V. Vigneau, G.- X. Bourin et C. Cardini, *Droit du surendettement des particuliers*, Paris : LexisNexis, 2e éd., février 2012, p. 108.

inspiré de la position jurisprudentielle dominante de l'époque[1265]. Cette dernière regardait comme des dettes professionnelles « *celles nées pour les besoins ou à l'occasion de l'activité professionnelle du débiteur*[1266] ». Par voie de conséquence, il a été jugé qu'un dirigeant[1267] ou un actionnaire ou administrateur[1268] qui se porte caution pour sa société, confère à son engagement une nature professionnelle. Ce faisant, cette situation pouvait paraître très sévère et regrettable pour les dirigeants dans la mesure où cela les dissuadait de prendre des initiatives salvatrices pour l'entreprise cautionnée[1269].

517. L'extension du domaine de surendettement à toute caution personne physique apportée par la LME de 2008. Par la suite, soucieux de protéger la caution, le législateur français, par la LME (loi de modernisation de l'économie) de 2008, est allé un peu plus loin. Aujourd'hui, l'article 330, alinéa 1 modifié, devenu article L. 711-1 du Code de la consommation, dispose dans sa deuxième phrase que « *l'impossibilité manifeste pour une personne physique de bonne foi de faire face à l'engagement qu'elle a donné de cautionner ou d'acquitter solidairement la dette d'un entrepreneur individuel ou d'une société caractérise également une situation de surendettement [...]* ». L'élargissement de la procédure quant aux personnes est donc manifeste. Dorénavant, la procédure de surendettement n'est plus cantonnée aux seules personnes physiques ayant amoncelé des dettes non professionnelles[1270]. Les cautions, dirigeantes ou non, peuvent désormais recourir à la procédure de surendettement, lorsqu'elles rencontrent des

---

1265 V. notamment, Cass. civ. 1re., 27 octobre 1992, pourvoi n° 91-04.121, inédit, rendu à propos d'un dirigeant qui s'était porté caution des dettes de sa société.

1266 C'est ce qui ressort d'une série d'arrêts du 31 mars 1992 : Cass. civ. 1re., 31 mars 1992, pourvois n° 91-04.028 et n° 91-04.032, *Bull. civ. I*, 1992, n° 107 ; *D.*, 1992, sommaires commentés, p. 406, obs. E. FORTIS ; *RTD com.*, 1992, p. 457, obs. G. PAISANT ; *Contrats. conc. consom.* 1992, n° 6, comm. 123, note G. RAYMOND.

1267 En ce sens, Cass. civ. 1re., 7 novembre 2000, pourvoi n° 99-04.058, *Bull. civ. I*, 2000, n° 285, p. 184 ; *JCP G.* IV, 2001, n° 1010. En l'espèce, les hauts magistrats ont qualifié de professionnelles les dettes cautionnées par un dirigeant de SA pour le compte de son entreprise.

1268 Cass. civ. 1re., 31 mars 1992, pourvoi n° 91-04.032, *Bull. civ. I*, 1992, n° 107, p. 71.

1269 V. en ce sens les critiques de F. PASQUALINI, *in* « L'imparfait nouveau droit du cautionnement », *LPA* 3 février 2004, n° 24, p. 3.

1270 M. BOURASSIN, « Sûretés et surendettement des particuliers », *LPA* 10 octobre 2012, p. 4, n° 48.

difficultés à respecter leurs engagements, même s'il s'agit de dettes professionnelles[1271].

518. La Cour de cassation le rappelle clairement. Par un célèbre arrêt du 27 septembre 2012, la 2e chambre civile énonce que « ... *caractérise une situation de surendettement l'impossibilité manifeste pour une personne physique de bonne foi de faire face à l'engagement qu'elle a donné de cautionner la dette d'une société, qu'elle en ait été ou non la dirigeante*...[1272] » La Haute Juridiction a, par cette décision, cassé un arrêt d'appel ayant confirmé l'irrecevabilité de la demande d'une caution dirigeante à bénéficier d'une procédure de surendettement. Elle estimait, à juste titre, que les juges d'appel avaient à tort qualifié de professionnel l'endettement d'un dirigeant qui s'était porté caution solidaire au profit de la société. Comme le soulignent bien les hauts magistrats, la qualité de dirigeant n'a plus aucune influence sur l'appréciation de la situation de surendettement. Subséquemment, les personnes physiques non commerçantes, à l'instar du dirigeant de fait ou de droit, de l'associé ou de l'époux, peuvent bénéficier de la procédure de surendettement, dès lors qu'elles ne relèvent pas des procédures collectives régies par le Code de commerce[1273].

519. La « compassion » jurisprudentielle dans l'appréciation de la bonne foi de la caution. Pour autant, la caution, personne physique, doit être de bonne foi. Or, cette notion reste assez floue[1274]. La question s'est notamment posée de savoir si le fait de souscrire à un ou plusieurs cautionnements excessifs révèle de la mauvaise foi d'une personne physique et est de nature à rendre irrecevable un dossier de surendettement. « *Par une incursion dans le pouvoir souverain des juges du fond*[1275] », la Cour de cassation a déclaré, le 21 mars 2011, au visa de l'article L. 330-1 devenu article L. 711-1 du Code de la consommation : « *Qu'en se déterminant ainsi par des motifs impropres à*

1271 P. Cagnoli et K. Salhi, « La répartition des procédures de surendettement des particuliers et des procédures collectives d'entreprises », *Rev. proc. coll.*, 2009, n° 4, étude 17.

1272 Cass. civ. 2e., 27 septembre 2012, pourvoi n° 11-23.285, inédit. En l'espèce, il a été reconnu à une caution dirigeante le droit de bénéficier de la procédure de surendettement.

1273 Cf. article L. 333-3 du Code de commerce qui dispose : « *Les dispositions du présent titre ne s'appliquent pas lorsque le débiteur relève des procédures instituées par le livre VI du Code de commerce* » ; Cass. civ. 2e, 12 avril 2010, pourvoi n° 09-67.503, rendu à propos de gérants de SARL.

1274 Y. Picod, « Bonne foi et droit de la consommation », *in Mélanges en l'honneur de Daniel Tric*ot, Dalloz-Litec, 2011, p. 121.

1275 M. Bourassin, « Sûretés et surendettement des particuliers », *LPA* 10 octobre 2012, p. 4, n° 43.

caractériser la mauvaise foi, le juge de l'exécution a privé sa décision de base légale au regard du texte susvisé[1276] ». Pour la Cour, sanctionner la caution reviendra à considérer que cette dernière a intentionnellement provoqué sa situation de surendettement pour échapper à ses créanciers ou a fait preuve d'une particulière légèreté. Bien que cette décision puisse paraître sévère à l'égard du créancier, elle n'est guère surprenante. Traditionnellement, cette appréciation de la bonne foi est soumise au pouvoir souverain du juge[1277]. C'est à la lumière d'un faisceau d'indices que le juge se prononce sur chaque cas qui lui est soumis. Dans cette perspective, il ne sera pas facile pour le créancier de renverser la présomption de bonne foi pesant sur la caution surendettée. Au final, malgré un engagement excessif, la caution d'une entreprise ou d'un entrepreneur individuel est éligible à la procédure de surendettement[1278]. Dès lors, on peut regretter avec le doyen Yves Picod que « *la refonte [...]du Code de la consommation, conçue à droit constant, ne permette pas l'insertion d'une exigence de bonne foi au côté d'une exigence d'équilibre contractuel figurant en exergue du nouveau Code*[1279] ».

520. La « compassion » législative et jurisprudentielle dans l'appréciation de la situation de surendettement de la caution. Par ailleurs, pour bénéficier de la procédure de surendettement, la caution personne physique se doit également d'être dans une « *véritable situation de surendettement* » et non de simple endettement. Dans bon nombre de cas, se pose alors la question de savoir si une personne peut être admise à la procédure de surendettement, si la valeur de sa résidence principale est supérieure ou égale à la valeur des dettes exigibles ou à échoir. Le législateur français suivi en cela par la jurisprudence, a tranché en faveur de la personne débitrice ou caution, au détriment des intérêts du créancier. « *Vu l'article L. 330-1 [devenu article L. 711-1] du Code de la consommation, dans sa rédaction issue de l'article 69 de la loi n° 2013-672 du 26 juillet 2013, applicable à la procédure de surendettement pendante ; Attendu que le seul fait d'être propriétaire de sa résidence principale et que la valeur estimée de celle-ci à la date du dépôt du dossier de surendettement soit égale ou supérieure au montant de l'ensemble des dettes non professionnelles exigibles et à échoir ne peut être tenu comme empêchant que la situation de surendettement soit caractérisée [...]* » rappelle

---

[1276] Cass. civ. 2e, 31 mars 2011, pourvoi n° 09-72.819, non publié au Bulletin.

[1277] Cass. civ. 1re, 4 avril 1991, pourvoi n° 09-67.503, *Bull. civ. I*, n° 124, p. 84.

[1278] M. BOURASSIN, « Sûretés et surendettement des particuliers », *LPA* 10 octobre 2012, p. 4, n° 43.

[1279] Y. PICOD, « Réflexions sur la refonte du Code de la consommation », *Contrats, conc. consom.* décembre 2008, n° 6.

encore la deuxième chambre civile de la Cour de cassation dans un récent arrêt du 19 février 2015[1280]. Autrement dit, même dans les cas où la vente d'une résidence principale permettrait de couvrir les dettes d'un propriétaire personne physique, ce dernier peut rester éligible aux procédures de surendettement. Manifestement, les intérêts des créanciers sont atteints, afin de préserver le logement de son débiteur au risque d'entraîner son exclusion de la société[1281]. Parallèlement, une caution personne physique, dans la même situation, pourra donc aussi envisager le dépôt de son dossier en surendettement. D'autant plus que cette solution ne semble pas être démentie depuis la loi « *Macron* » du 6 août 2015. Cette dernière dispose même à l'article L. 526-1, alinéa 1er du Code de commerce que la résidence principale de l'entrepreneur individuel ne fait plus désormais partie du gage commun de ses créanciers professionnels[1282].

521. Appréciation critique. C'est dire la volonté du droit français de promouvoir une fois de plus la création d'entreprise par le biais d'une large protection des dirigeants d'entreprises[1283]. Conforme à son « *mode opératoire* », il s'agissait de faire en sorte que le cautionnement, pris par les dirigeants pour le compte de leurs entreprises, ne constitue pas des freins à leur prise d'initiative pour sauver ces dernières[1284]. Évidemment, on ne peut qu'approuver une telle démarche. Des considérations pratiques permettent de la justifier. On sait, en effet, que jusqu'à la loi de modernisation de l'économie (LME), il était courant pour les dirigeants cautions de société de ne pas être éligibles à la procédure de surendettement, en raison de la nature professionnelle de leurs engagements. Aujourd'hui, un plus grand nombre de cautions personnes physiques peuvent accéder plus aisément à la procédure de surendettement et être libérées des engagements consentis.

1280 Cass. civ. 2e., 19 février 2015, pourvoi n° 14-10.268 et pourvoi n° 13-28.236, *D.* 2015, p. 485, obs. V. AVENA- ROBARDET ; *Rev. proc. coll.*, 2015. comm. p. 134, obs. S. GJIDARA- DECAIX ; *RD banc. fin.*, mai-juin 2015, n° 100, note S. PIEDELIÈVRE ; Cass. civ. 2e., 9 avril 2015, pourvoi n° 14-14.579, *Gaz. Pal.*, 11 juin 2015, p. 19, note S. PIEDELIÈVRE.

1281 E. MOUIAL- BASSILANA obs. sur Cass. civ. 2e., 19 février 2015, pourvoi n° 14-10.268, *Gaz. Pal.* 17 décembre 2015, n° 351, p. 15.

1282 H. AUBRY, E. POILLOT, N. SAUPHANOR- BROUILLAUD, « Droit de la consommation », *D.* 17 mars 2016, p. 617.

1283 V. VIGNEAU, G.- X. BOURIN et C. CARDINI, *Droit du surendettement des particuliers*, 2e éd., février 2012, Paris : LexisNexis, p. 108.

1284 V., en ce sens, D. LEGEAIS, « cautionnement et surendettement », *RD bancaire et fin.*, n° 5, septembre 2008, comm. 133.

522. Tout au plus, peut-on nourrir un certain regret. On a comme l'impression qu'au nom d'un rééquilibrage « *les droits des créanciers sont sacrifiés sur l'autel du relèvement du dirigeant dont la loi veut ainsi éviter la ruine*[1285] ». Ce sentiment se confirme davantage par la consécration de l'« *effacement* » des engagements de la caution personne physique à l'issue d'un rétablissement personnel.

§ 2. L'« effacement » des engagements de la caution personne physique dans la procédure de rétablissement personnel

523. **Une question controversée**. À partir du moment où le débiteur se trouve dans une situation irrémédiablement compromise, marquée par une impossibilité certaine de mettre en œuvre des mesures de traitement du surendettement des particuliers, il peut demander l'ouverture d'une procédure de rétablissement personnel[1286]. La clôture de cette procédure a pour effet l'effacement des dettes du débiteur. Très vite, la question s'est posée de savoir si l'engagement de la caution devenait caduc du fait de l'effacement des dettes du débiteur principal. Plus précisément, l'effacement de la dette du débiteur principal constitue-t-il une exception inhérente à la dette, dont pourrait se prévaloir la caution n'ayant pas encore réglé le créancier ?

524. **Le flou législatif**. La loi ne dit rien ou presque. La législation relative au rétablissement personnel n'a pas clarifié ce point. Le principal élément de réponse apporté par le législateur réside dans le nouvel article L. 742-22 (ex-art. L. 332-9, alinéa 2) du Code de la consommation. Ce texte prévoit : « *La clôture entraîne l'effacement de toutes les dettes non professionnelles du débiteur, arrêtées à la date du jugement d'ouverture, à l'exception de celles dont le prix a été payé au lieu et place du débiteur par la caution ou le coobligé personne physique*[1287] ». Cette formulation entraîne une incertitude qui n'a

---

[1285] V. VIGNEAU, G-. X. BOURIN et C. CARDINI, *Droit du surendettement des particuliers*, 2e éd., Paris : LexisNexis, février 2012, n° 150, p. 109.

[1286] T. SOULARD et A. MICHEL, « La procédure de surendettement et la suspension des poursuites », *Procédures*, n° 8-9, août 2008, dossier 9.

[1287] Modifié par la loi de 2010, ce texte ne vise dorénavant que les personnes physiques. Il était de coutume avant 2010 pour les banques afin de contourner le dispositif légal d'exiger des entreprises le cautionnement des engagements de ces dernières par leurs filiales. Ces établissements de crédits voyaient ainsi leurs intérêts protégés dans la mesure où ils pouvaient en cas de défaillance des emprunteurs se faire payer par les filiales. Ces dernières à leurs tours pouvaient se retourner contre les sociétés mères étant donné que la créance qui en résulte pour la caution n'est pas affectée par la procédure de surendettement. Cf.,

jamais été clairement levée en matière de redressement personnel et continue de diviser la doctrine.

525. **La thèse rejetée : la primauté de la finalité du cautionnement**. Certains auteurs font valoir qu'en raison de la finalité du cautionnement, l'effacement de la dette du débiteur principal n'a pas à rejaillir sur l'engagement de la caution[1288]. Souscrivant à cette position, les professeurs Laurent Aynès et Pierre Crocq, estiment que l'article L. 742-22 (ancien article L. 332-9, alinéa 2) sous-entend que la caution ne peut aucunement revendiquer les mesures bénéficiant au débiteur principal dans la mesure où, à l'instar de la liquidation judiciaire pour insuffisance d'actif, « *il existe logiquement un lien entre la possibilité de poursuivre la caution et l'existence d'un recours de cette caution à l'encontre du débiteur principal et ce, sans que les textes législatifs ne fassent une distinction entre les dettes payées par une caution avant l'ouverture d'une procédure et les dettes qui seraient payées après cette même ouverture*[1289] ». Mais, cette interprétation est peut-être trop parcellaire.

526. **La thèse retenue : la primauté du caractère accessoire du cautionnement**. Comment comprendre que la caution serait tenue à la totalité de la dette du débiteur principal, alors que ce dernier a vu sa dette éteinte ? Il serait paradoxal que la loi sur la modernisation de l'économie de 2008 en vienne à précariser ainsi la situation des cautions intégrées aux affaires du débiteur (à l'instar des dirigeants), alors même qu'elle a pour but *in fine* de favoriser leur prise d'initiative[1290]. Pour notre part, au travers de l'article L. 742-22 (ex-art. L. 332-9, alinéa 2) du Code de la consommation, le législateur français semble simplement vouloir deux choses. D'une part, préserver, à la clôture du rétablissement personnel, la créance de la caution qui a payé en lieu et place du débiteur principal[1291]. D'autre part, le législateur a précisé sa pensée, depuis la LME de 2008, au travers du même article L. 742-22 (ex-art. L. 332-9, alinéa 2) du Code de la consommation, en ajoutant que la « *clôture entraîne aussi l'effacement de la dette résultant de l'engagement que le débiteur a*

C. Albigès, « La réforme du droit du surendettement : approche de droits substantiels », *Revue de Droit bancaire et financier*, n° 6, novembre 2011, dossier 34, spéc. 15.

1288 L. Aynès et P. Crocq, *Les sûretés, La publicité foncière*, Defrénois, 10e édition, septembre 2016, n° 137 ; M. Sénéchal, « Le rétablissement professionnel par l'effacement relatif de certaines dettes », *BJE*, mai 2014, p. 199.

1289 L. Aynès et P. Crocq, *ibid.*

1290 M. Bourassin, « Sûretés et surendettement des particuliers », *LPA* 10 octobre 2012, p. 4, spéc. n° 49.

1291 S. Gjidara- Decaix, note sous Cass. civ. 2e., 26 janvier 2014, pourvoi n° 13-14.576, *Rev. proc. coll.* n° 5, novembre 2015, comm. 140.

donné de cautionner ou d'acquitter solidairement la dette d'un entrepreneur individuel ou d'une société ». En clair, pour le législateur français, l'effacement des dettes du débiteur, résultant de la clôture du redressement personnel, entraîne également l'effacement des dettes non réglées par la caution, mais lui préserve son recours contre le débiteur pour celles qu'elle a réglées. Comme l'indique le doyen Philippe Simler, « *le terme [effacement] ne peut en effet avoir un autre sens que celui d'extinction*[1292] ». Sinon, comment concevoir différemment ce terme ?[1293] Cet effacement repose spécifiquement sur la dette de cautionnement[1294]. Cette disposition (l'article L. 332-9, alinéa 2, devenue L. 742-22 du Code de la consommation) est à différencier de celle applicable en matière de liquidation judiciaire : alors que « *le rétablissement de la dette débouche sur [l'effacement de la dette] la clôture de la procédure [conduit uniquement] à la paralysie des droits du créancier*[1295] ». Il n'est donc pas aisé de voir dans cette disposition une préservation du droit de poursuite du créancier à l'encontre de la caution, malgré la clôture[1296].

527. Illustration jurisprudentielle. Cette analyse ne semble pas être démentie par un célèbre arrêt de la deuxième chambre civile de la Cour de cassation du 27 février 2014, rendu en matière de rétablissement personnel[1297]. Dans une affaire portant sur une clause de réserve de propriété, la Haute Juridiction a jugé que « *si l'effacement vaut extinction de la dette, elle ne vaut pas extinction pour cause de paiement*[1298] ». Il est clair qu'il doit en être de même

---

1292 Ph. SIMLER, *Cautionnement et garanties indemnitaires, 5e éd.*, LexisNexis, 2015, p. 620, spéc. n° 604.

1293 M. CABRILLAC, M. MOULY, S. CABRILLAC et Ph. PETEL, *Droit des sûretés*, LexisNexis, 10e édition, novembre 2015, n° 365, p. 362.

1294 M. BOURASSIN, « Sûretés et surendettement des particuliers », *LPA* 10 octobre 2012, spéc. n° 49. Comme a pu l'écrire cet auteur, l'objectif du législateur est *in fine* la consécration à titre principal d'une cause d'extinction du cautionnement.

1295 A.- S. BARTHEZ, D. HOUTCIEFF et J. GHESTIN, *Les sûretés personnelles*, LGDJ, 2010, p. 694-695, n° 986.

1296 Ph. PETEL, « *Entreprises en difficulté : Encore une réforme* », *JCP G*, 2014, doctr. 667, spéc. n° 23.

1297 J. VALLANSAN, « De la liquidation judiciaire au rétablissement professionnel », *Cah. dr. entr.* n° 1, janvier 2015, dossier 4 ; V. aussi en ce sens, Ph. SIMLER, *Cautionnement et garanties indemnitaires,* 5e éd., LexisNexis, 2015, p. 765, spéc. n° 758.

1298 V. notamment, Cass. civ. 2., 27 février 2014, pourvoi n° 13-10.891, *BJE.* juillet 2014, 245, note F. MACORIG- VENIER ; *D.* 2014, p. 1081, note D. R. MARTIN ; *LPA* 19 mai 2014, note T. STEFANIA. En l'espèce, un acquéreur avait grevé son véhicule d'une clause de réserve de propriété au profit d'une banque. Comme ce dernier avait été admis au rétablissement personnel clôturé pour insuffisance d'actif, ses dettes antérieures ont été déclarées éteintes.

pour le cautionnement, de par sa nature accessoire[1299]. Cette solution n'est pas sans rappeler une décision de la cour d'appel de Paris, rendue, le 29 septembre 2011. En effet, après avoir rappelé le caractère accessoire du cautionnement, les juges de la cour d'appel de Paris avaient admis qu'une caution ne pouvait plus se prévaloir de ses recours contre le débiteur, lorsqu'à l'issue de la clôture de rétablissement personnel, elle avait procédé au paiement du créancier[1300]. Cela étant, la caution devrait pouvoir bénéficier de la mesure d'effacement de la dette du débiteur et opposer cette exception au créancier[1301]. En effet, l'effacement des créances a pour effet « *d'éteindre définitivement l'obligation à la dette*[1302] ».

528. Analogie avec la procédure de rétablissement professionnel. Un parallèle peut, également, être fait avec le texte de l'ordonnance n° 2014 -326 du 12 mars 2014 portant réforme de la prévention des difficultés des entreprises et des procédures collectives, créant la procédure de rétablissement professionnel prévue aux articles L. 645-1 et suivants du Code de la consommation. À l'image de la procédure de redressement personnel, la clôture de la procédure de rétablissement professionnel emporte, elle aussi,

---

Les juges du fond avaient malgré tout autorisé la banque à procéder à l'appréhension de la voiture objet du prêt. L'acheteur protesta et s'est pourvu en cassation. La Haute juridiction a rejeté le pourvoi en déclarant : « Mais, attendu qu'ayant retenu à bon droit que l'extinction de la créance de la société Crédipar, du fait de l'effacement des dettes de Mme X, consécutif à la clôture pour insuffisance d'actif de la procédure de rétablissement personnel dont elle avait bénéficié, n'équivalait pas à son paiement de sorte que le transfert de propriété ne pouvait être intervenu au profit de l'acquéreur ».

1299 V. Ph. SIMLER, *Cautionnement et garanties indemnitaires,* 5e éd., LexisNexis, 2015, p. 765, n° 758.

1300 CA Paris, 29 septembre 2011, pourvoi n° 10-10.181.

1301 Cass. civ. 2., 27 février 2014, pourvoi n° 13-10.891, *LPA* 8 janvier 2015, n° 6, p. 11, note T. STEFANIA. Néanmoins, dans un arrêt plus ou moins récent du 27 janvier 2015, la Cour d'appel d'Aix en Provence a jugé que « l'adoption d'une mesure de rétablissement personnel et la clôture pour insuffisance d'actif au vu de la situation obérée d'un débiteur demeurent dans ce cadre des exceptions qui sont purement personnelles au débiteur » (CA Aix-en Provence, 27 janvier 2015, pourvoi n° 13-07.291, *JurisData* n° 2015-001914). Malgré tout, il reste difficilement contestable que l'effacement de la dette garantie ne soit pas une exception inhérente à la dette du débiteur.

1302 S. GJIDARA- DECAIX, note sous Cass. civ. 2e., 26 janvier 2014, pourvoi n° 13-14.576, *Rev. proc. coll.* n° 5, novembre 2015, comm. 140 ; V. aussi en ce sens, C. HUGON, « L'approche théorique de la procédure de rétablissement personnel », *Contrats, conc. consom.*, 2005, dossier 10 ; F. VERDUN, « Surendettement : nouveau dispositif légal et actualité jurisprudentielle », *Rapport de la Cour de cassation,* 2001, p. 323.

l'effacement des dettes[1303]. Comme l'observent, à juste titre, certains auteurs, la règle posée par ce texte se distingue de la règle de droit commun, relative à la procédure de clôture d'une procédure de liquidation judiciaire pour insuffisance d'actif : « *l'effacement des dettes est inhérent à celle-ci et peut donc être invoqué par les garants, compte tenu du caractère accessoire du cautionnement, comme c'était le cas dans la version initiale du régime issu de la loi du 25 janvier 1985 (Loi n° 85-98, 25 janvier 1985, article 169)*[1304] ». En définitive, il semble donc que le législateur a entendu privilégier les intérêts des cautions dirigeantes.

529. **Appréciation critique**. Certes, le législateur a un objectif parfaitement légitime. Cependant, on peut se demander si la méthode choisie aboutit à un cautionnement équilibré. Faut-il autant sacrifier les intérêts du créancier au point de compromettre l'octroi de crédit aux entreprises ? Il risque de donner une raison supplémentaire aux créanciers de se tourner vers d'autres garanties bien moins protectrices pour le garant, à l'instar de la garantie autonome. D'autant plus que la caution dirigeante, souscrivant une lettre d'intention ou une garantie autonome, ne pourra se prévaloir de l'effacement de ses dettes[1305].

530. Quoi qu'il en soit, il ne reste plus qu'à espérer que la Cour de cassation soit amenée à trancher plus clairement, dans les jours à venir, et mette fin, ainsi aux divisions doctrinales nées des lacunes du dispositif actuel, relatif au rétablissement personnel.

Conclusion de la section II

531. Au total, depuis les réformes opérées en 2008 et 2010 par le législateur français, la caution surendettée a vu sa situation nettement s'améliorer au détriment de celle des créanciers. Mais, comme l'écrivait un auteur, « *il y a fort à parier que si le dirigeant caution est soumis à la procédure de rétablissement personnel, c'est qu'il aura acquitté ses engagements*[1306] ».

[1303] F. REILLE, « Une nouvelle procédure qui n'en est pas une : le rétablissement professionnel », *Rev. proc. coll.*, n° 2, mars 2014, dossier 22, spéc. n° 16.

[1304] J.- L. VALLENS et Ph. FROEHLICH, « La procédure de rétablissement personnel », *Gaz. Pal.* 3 janvier 2015 n° 3, p. 18 ; contra., M. SENECHAL, « Le rétablissement professionnel par l'effacement relatif de certaines dettes », *BJE*, mai 2014, p. 199.

[1305] F. MACORIG-VENIER, « Les garanties consenties par les dirigeants ou associés », *RJ com.*, mai-juin, 2009, n° 3, p. 221.

[1306] F. MACORIG-VENIER, « La protection du dirigeant caution », *Cah. drt. entr.* n° 3, mai-juin, n° 3, 2012, dossier 16, p. 51.

Cette observation doit amener à relativiser un peu la portée des mesures de protection des cautions personnes physiques dans le droit du surendettement. On assiste, aujourd'hui, en droit français à une série de réformes touchant au droit du surendettement, traduisant des tâtonnements dans une matière qui mérite pourtant de la stabilité[1307].

Conclusion du chapitre I

532. Contributions critiques. En conclusion, on constate que la caution (personne physique, en particulier), voit ses contraintes allégées tant au stade des procédures « *préventives* » que dans le droit du surendettement. À la question : l'équilibre contractuel du cautionnement en sort-il préservé ? Pas totalement. C'est vrai, les législateurs français et OHADA ont fait preuve de pragmatisme en améliorant, notamment, sa situation au stade des procédures « *volontaires* ». Il s'agissait d'assurer la pérennité et le maintien des emplois émanant de l'entreprise en difficulté. En effet, lorsque l'on n'impose pas les choses au créancier, il fait d'importantes concessions permettant de donner plus de chances de survie à l'entreprise en difficulté. En effet, dans la pratique la plupart des procédures de redressement judiciaires ouvertes débouchent sur des procédures liquidatives, tant en France qu'en droit OHADA.

533. Néanmoins, il n'en demeure pas moins que cet équilibre contractuel est édulcoré par certaines lacunes. En droit français, on peut regretter que le législateur n'ait pas, à l'instar de son homologue de l'OHADA, exclu les personnes morales du bénéfice des délais et des remises consenties au débiteur dans le cadre de la procédure de conciliation. De la même manière, il est regrettable qu'en droit OHADA les cautions personnes physiques puissent être poursuivies pour le paiement des intérêts avant la cessation des paiements, alors même que le débiteur principal n'en serait pas obligé dans les mêmes conditions. Il serait souhaitable que le législateur OHADA s'inspire de la solution française.

534. S'agissant des mesures favorables à la caution dans le droit du surendettement, cette initiative est louable. « *L'impératif de justice contractuelle commande en effet de mettre à l'abri [les cautions] à l'abri d'un endettement économique source d'exclusion économique et sociale*[1308] ». Il faudrait juste que le législateur français apporte des clarifications à son dispositif, notamment sur

---

1307 En ce sens, S. PIEDELIÈVRE, « Les nouvelles règles relatives au surendettement des particuliers », *JCP E*, n° 29, 22 juillet 2010, p. 1676, spéc. n° 33.

1308 M. BOURASSIN, « La rationalisation du droit du cautionnement », *RD bancaire et fin.*, Janvier-février 2016, p. 88, spéc. n° 4.

la question de l'effacement de la dette de la caution dans le cadre du rétablissement personnel (article L. 742-22 du Code de la consommation). Tout compte fait, les intérêts du créancier ne sont pas sacrifiés sur « *l'autel de la justice contractuelle* ». Ce dernier voit son sort relativement préservé lors de la survenance de la procédure collective.

CHAPITRE II.

La préservation relative des droits du créancier en cas de survenance d'une procédure collective

535. Plan. Soucieux de contrebalancer les avantages accordés aux cautions dans le cadre des mesures préventives, le législateur OHADA, comme son homologue français, a opté pour une approche finaliste du cautionnement dans le cadre des procédures collectives. Il a fallu en effet garantir les droits des créanciers, au risque de les voir rechigner à accorder du crédit aux entreprises ou se tourner vers d'autres sûretés. Cette tentative de rééquilibrage se matérialise ainsi :
— tout d'abord, par un certain affaiblissement des moyens de défense accordés aux cautions (Section I) ;
— puis par le sort réservé à ces dernières dans le cadre des plans de redressement et de cession (Section II).

SECTION I.
L'affaiblissement des moyens de défense de la caution

536. Plan. À l'occasion de l'adoption de la loi de sauvegarde, la caution a vu certains de ses moyens de défense être sensiblement affaiblis[1309]. Cela se traduit, premièrement, par la consécration par le législateur français (suivi par le législateur OHADA) de la survivance de l'engagement de la caution à la forclusion du créancier (§ 1). Deuxièmement, cela tient à la difficile admission de la responsabilité des créanciers dispensateurs de crédit à l'entreprise en difficulté (§ 2).

§ 1. La survivance de l'engagement de la caution à la forclusion du créancier

537. Plan. Toujours dictés par la recherche de l'équilibre contractuel du cautionnement, le législateur français et, plus récemment, son homologue africain de l'espace OHADA, ont assoupli la sanction frappant les créanciers

---

1309 C. HOUIN- BRESSAND, « Cautions, garants et coobligés », *Rev. proc. coll.* n° 2, avril 2012, dossier 9, spéc. n° 20 et s.

forclos. L'absence ou la mauvaise déclaration de créance débouche aujourd'hui, sur l'inopposabilité de cette dernière. Ils ont, ainsi, fait preuve d'une certaine indulgence à l'égard des créanciers négligents. Toujours est-il que cette sanction longtemps souhaitée (A) par la doctrine majoritaire[1310] semble pour le moins proportionnée (B).

A. L'inopposabilité de la créance non déclarée à la procédure : une sanction longtemps souhaitée

538. L'extinction de la créance non déclarée par le créancier : une situation avantageuse pour la caution avant 2005. La question de la sanction, découlant de l'absence de déclaration des créances, a connu une évolution importante. Jusqu'à la loi issue du 25 juillet 2006, la sanction du créancier qui avait omis de déclarer dans les délais, était l'extinction. Il en découlait que cette sanction, conformément au principe de l'accessoire, interdisait aux créanciers négligents de se retourner contre les cautions pour obtenir paiement[1311]. L'extinction de la créance était considérée comme une exception inhérente à la dette dont pouvait se prévaloir la caution[1312]. Contraire au règlement communautaire du 29 mai 2000[1313] sur les procédures d'insolvabilité, cette sanction grave, voire même excessive à l'égard des créanciers, avait fait l'objet de nombreuses critiques par la doctrine[1314]. Cette disposition étant très connue par les cautions favorisait la « *chicane* »[1315]. En

---

1310 V. notamment, F. PEROCHON et R. BONHOMME, *Entreprises en difficulté. Instruments de crédits et de paiement*, LGDJ, Collection Manuels, 8e éd., 2009, n° 536 ; F. THERA, *La réforme de l'OHADA et les procédures collectives d'apurement du passif*, L'Harmattan, Collection Mali, mai 2012, p. 209 et s.

1311 C. ALBIGÈS, M.- P. DUMONT- LEFRAND, *Droit des sûretés*, Dalloz, 5e éd., 2016, p. 163, n° 215.

1312 Cass. com., 17 juillet 1990, pourvoi n° 89-13138, *Bull. civ. IV*, 1990, p. 148, n° 215 ; *JCP E*, II, 1991, 101, note G. AMLON ; Cass. com., 30 mars 1993, pourvoi n° 91-15.351, *JurisData* n° 1993-000622 ; *Bull. civ. IV*, 1993, n° 124 ; *JCP N*, II, 1993, p. 328 ; Cass. com., 6 juillet 1993, pourvoi n° 91-15161, *JurisData* n° 1993-001551 ; *Bull. civ. IV*, 1993, n° 284 ; Cass. com., 25 octobre 1994, pourvoi n° 90-14.030, *JurisData* n° 1994-001947 ; *Bull. civ. IV*, 1994, n° 312.

1313 Selon l'ancien article 5 (repris à l'article 7 du règlement n° 2015/848 du 20 mai 2015, entrant en vigueur à partir du 26 juin 2017) : « l'ouverture de la procédure d'insolvabilité n'affecte pas le droit réel d'un créancier ou d'un tiers sur des biens corporels ou incorporels, meubles ou immeubles […] et qui se trouvent au moment de l'ouverture de la procédure sur le territoire d'un autre Etat membre ».

1314 V. notamment, F. PEROCHON et R. BONHOMME, *Entreprises en difficulté. Instruments de crédits et de paiement*, LGDJ, Collection Manuels, 8e éd., 2009, n° 536.

1315 Ph. PETEL, *Procédures collectives*, Dalloz, 6e éd., mai 2009, p.205, spéc. n° 382.

effet, l'extinction de la créance non déclarée était applicable de plein droit[1316]et pouvait être soulevée devant une juridiction, sans risque d'une éventuelle contestation devant le tribunal de la procédure[1317].

539. **La disparition de l'extinction de créance dès 2005 : une « aubaine » pour le créancier**. C'est dans ce contexte que cette sanction fut supprimée en 2005 par la loi de sauvegarde des entreprises. Dorénavant, les cautions sont moins bien traitées. Les créanciers forclos ne sont pas « *admis dans la répartition des dividendes*[1318] » ; leurs créances non déclarées n'étant plus éteintes, celles-ci sont « *endormies* », pour reprendre l'expression chère au professeur Paul Le Cannu[1319]. Ainsi, la situation du créancier était devenue plus favorable[1320].

540. Mais, très vite, au lendemain de la réforme, se posa, alors, la question de savoir quels étaient les effets pour les cautions, sachant que l'inopposabilité affecte seulement le droit de poursuite contre le débiteur et pas l'existence de la dette elle-même[1321]. Il était permis d'en déduire que les créanciers négligents étaient privés de leur droit de poursuite contre leurs débiteurs, mais pas à l'égard des cautions[1322]. Dans le sillage du professeur Pierre Michel Le Corre[1323], la large majorité de la doctrine[1324] estimait, en revanche que la sanction ne pouvait être

---

1316 Cass. com., 16 février 1999, pourvoi n° 95-22324, *Bull. civ. IV*, 1999, n° 47, p. 38 ; *JCP E.* 1999, p. 650, n° 15, note J. BANDREAU.

1317 P. CAGNOLI, L. FIN-LANGER, C. REGNAUT- MOUTIER, *Difficultés des entreprises. Commentaire article par article du Livre VI du Code de commerce*, (dir.) J. VALLANSAN, 5e éd., Litec, 2009, p. 142.

1318 Cf. article L. 622-26 alinéa 1er : « *À défaut de déclaration dans les délais fixés par décret en Conseil d'Etat, les créanciers ne sont pas admis dans les répartitions et les dividendes à moins que le juge-commissaire ne les relève de leur forclusion s'ils établissent que leur défaillance n'est pas due à leur fait ou qu'elle est due à une omission volontaire du débiteur lors de l'établissement de la liste prévue au deuxième alinéa de l'article L. 622-6. Ils ne peuvent alors concourir que pour les distributions postérieures à leur demande* ».

1319 M. JEANTIN et P. LE CANNU, *Entreprises en difficulté*, Dalloz, 7e éd., Collection Précis, 2006, n° 506.

1320 Ph. ROUSSEL GALLE, *Réforme du droit des entreprises en difficulté par la loi de sauvegarde des entreprises du 26 juillet 2005*, préf. D. TRICOT, Litec, octobre 2005, p. 206, n° 314.

1321 G. PIETTE, *Droit des sûretés*, Lextenso-éditions, 9e éd., 2015, p. 66.

1322 *Ibidem*.

1323 P.- M. LE CORRE, « Les créanciers antérieurs dans la procédure de sauvegarde des entreprises » *in La réforme des procédures collectives*, Colloque CRAJEFE, Nice, 27 mars 2004, *LPA* 2004, n° 116, p. 25 et s, spéc. n° 15.

1324 V. notamment., C. SAINT ALARY- HOUIN et F. MACORIG- VENIER, *La situation des créanciers dans la loi du 26 juillet 2005, Revue de droit bancaire et financier*, janvier-février, 2006, p. 65, n° 29 ; G. JAZOTTES, « Les innovations des procédures de sauvegarde

que l'inopposabilité temporaire de la créance à la procédure collective. Par la suite, le législateur français par l'ordonnance de 2008, s'est prononcé en ce sens. Il a précisé à l'article L. 622-26 du Code de commerce que : « *les créances non déclarées [...] sont inopposables au débiteur pendant l'exécution du plan et après cette exécution lorsque les engagements énoncés dans le plan ou décidés par le tribunal ont été tenus* ». En revanche, les créanciers négligents pourront poursuive les cautions en présence d'un redressement judiciaire[1325] ou d'une liquidation judiciaire[1326].

541. **L'alignement du droit OHADA sur le droit français**. Dans le cadre du droit comparé, les rédacteurs du nouvel AUPCAP ont choisi de s'aligner sur le droit français en abandonnant la sanction lourde que représentait l'extinction des créances non déclarées, pour consacrer une sanction plus souple, à savoir l'inopposabilité[1327]. En vertu de la nouvelle rédaction de l'article 83, alinéa 1 de l'AUPCAP, « *les créanciers qui n'ont pas produit dans les délais légaux [...] et qui n'ont pas été relevés de forclusion ne sont pas admis dans les répartitions et les dividendes. Leurs créances sont inopposables à la masse et au débiteur pendant la procédure de redressement judiciaire ou de liquidation des biens, y compris durant la période d'exécution du concordat de redressement judiciaire* ». Cela implique désormais que les créances non produites survivent. Or, jusqu'à la réforme de 2015, en cas de redressement judiciaire, les créances déclarées hors délais étaient tout simplement

---

et de redressement judiciaire », *Rev. proc. coll.* 2005, p. 358, spéc. 361 et s. M.-H. MONSÈRIÉ-BON, « Les effets inattendus de l'absence d'extinction de créance menacent-ils la procédure de sauvegarde ? », *D.* 2006, p. 1282 ; contra., Ph. ROUSSEL GALLE, *Réforme du droit des entreprises en difficulté par la loi de sauvegarde des entreprises du 26 juillet 2005,* préf. D. TRICOT, Litec, octobre 2005, spéc. n° 314 : « *Cette créance est en quelque sorte inopposable à la procédure, et encore cette formule paraît sans doute excessive* ».

1325 L'article L. 631-14 alinéa 6 du Code de commerce dispose *in fine* : « *Les personnes coobligées ou ayant consenti une sûreté personnelle ou ayant affecté ou cédé un bien en garantie ne bénéficient pas de l'inopposabilité prévue au 2ème alinéa de l'article L. 622-26 et ne peuvent se prévaloir des dispositions prévues au 1er alinéa de l'article L. 622-28 du Code de Commerce.* »

1326 L'ordonnance de 2008 précise par l'insertion de l'alinéa 2 de l'article L. 622-26 du Code de commerce : « *Les créances non déclarées [...] sont inopposables au débiteur pendant l'exécution du plan.* » Il en résulte que l'inopposabilité des créances non déclarée n'aura pas à s'appliquer aux créanciers négligents au cours de la liquidation judiciaire.

1327 R. AKONO ADAM, « Le sort des sûretés personnelles dans l'Avant projet de réforme de l'acte uniforme portant organisation des procédures collectives du 10 avril 1998, *RD bancaire et fin.*, n° 5, septembre 2015, étude 17, spéc. n° 16.

éteintes[1328], sauf clause de retour à meilleure fortune[1329]. Concernant la liquidation judiciaire, le législateur africain était resté muet. Mais, la majeure partie de la doctrine[1330] s'accordait à dire qu'il s'agissait juste d'un oubli du législateur OHADA.

542. Cette position n'était pas démentie par l'ancien article 79, alinéa 3 (modifié) de l'AUPCAP énonçant que « *faute de production de leurs créances ou de leurs revendications dans le délai de quinze jours suivant la réception de l'avertissement ou, au plus tard, dans celui prévu par l'article 78 ci-dessus, les créanciers et revendiquants sont forclos* ». Il va sans dire que, le nouveau dispositif légal (article 83, alinéa 1 de l'AUPCAP) a quelque peu permis aux rédacteurs de l'AUPCAP de mettre un terme à la polémique. Qu'il s'agisse de la procédure de redressement ou de liquidation judiciaire ou de la période d'exécution du concordat de redressement judiciaire, les créances non produites ne s'éteignent plus ; elles survivent. Décidément, les créanciers forclos auront donc le droit de poursuivre les cautions sans distinction, en cas d'échec du plan.

543. **La spécificité de la solution issue du nouvel Acte uniforme**. Le législateur OHADA, à la différence de son homologue français, n'a pas souhaité, quant à lui, faire, ici, de discrimination entre les cautions personnes physiques et les cautions personnes morales. Celles-ci sont mises sur un pied d'égalité aux yeux des créanciers. Aussi, contrairement à l'ordonnance du 18 décembre 2008, portant réforme des entreprises en difficulté, le nouvel AUPCAP ne prévoit pas que les créances, non régulièrement déclarées dans les délais, soient inopposables aux personnes physiques coobligées ou ayant affecté ou cédé un bien en garantie, mais seulement pendant l'exécution du plan[1331].

[1328] Comme le souligne le professeur Filiga Michel Sawadogo, le fondement de la sanction tenait à la sauvegarde du concordat : « *Il s'agit d'éviter que le succès du concordat soit compromis par la réclamation de créances non produites et donc inconnues lors de l'élaboration du concordat* » ; Cf. F.- M. SAWADOGO, *OHADA. Droit des entreprises en difficulté*, Collection Droit uniforme africain, Bruylant Bruxelles, 2002, n° 216, p. 212.

[1329] Aux termes de l'ancien article 83 alinéa 2 résultant de l'AUPCAP de 1998 : « *En cas de redressement judiciaire, la forclusion éteint les créances, sauf clause de retour à meilleure fortune et sous réserve des remises concordataires.* »

[1330] Cf. notamment, J.- R. GOMEZ, *Entreprises en difficulté. Lecture de l'acte uniforme de l'OHADA portant procédures d'apurement de passif à la lumière du droit français*, Bajag-Meri, 2003, p. 155, n° 158, qui retient une application large de l'ancien article 83 alinéa 2 de l'AUPCAP.

[1331] R. AKONO ADAM, « Le sort des sûretés personnelles dans l'Avant-projet de réforme de l'acte uniforme portant organisation des procédures collectives du 10 avril 1998, *RD bancaire et fin.*, n° 5, septembre 2015, étude 17, spec. n. 18.

544. L'inopposabilité de la créance non ou mal déclarée : une exception purement personnelle au débiteur. Comme l'a, par ailleurs, décidé opportunément la Cour de cassation, dans un arrêt du 12 juillet 2011[1332], la sanction du défaut de déclaration de créance est une exception purement personnelle au débiteur, et que la caution ne peut donc pas opposer au créancier. Comme le remarque avec raison le professeur Pierre Crocq, « *cette solution mérite approbation, non seulement au regard de la justification qui lui est donnée par la Haute Juridiction (la distinction entre les exceptions inhérentes à la dette et les exceptions purement personnelles au débiteur principal ayant une application évidente en l'espèce, la substance de la créance n'étant pas atteinte par son inopposabilité à la procédure collective) mais aussi et, peut-être, surtout (car la distinction précédemment évoquée est loin d'être un guide parfaitement sûr pour se repérer au sein des différentes solutions légales et jurisprudentielles relatives au caractère accessoire du cautionnement) au regard de la finalité du cautionnement*[1333] ». Ainsi, la forclusion n'est plus un moyen pour les cautions, afin de se soustraire de leurs engagements à l'égard des créanciers négligents[1334].

545. Observations critiques sur le nouveau dispositif légal. Cependant, cette « *résurrection*[1335] » des droits des créanciers forclos au travers de la nouvelle sanction n'est pas sans effets pervers. Cette dernière encourage inéluctablement des stratégies judiciaires[1336]. En effet, les créanciers n'hésiteront pas à prendre le risque de se placer hors du plan, pour ensuite être

---

[1332] Cass. com., 12 juillet 2011, pourvoi n° 09-71.113, *JCP G.* 2011, p. 1259, n° 7, obs. Ph. SIMLER ; *RTD com.*, 2011, p. 625, obs. D. LEGEAIS où il a été jugé : « *Il résulte des dispositions de l'article L. 622-26 du Code de commerce, que la défaillance du créancier ayant pour effet, non d'éteindre la créance, mais d'exclure son titulaire des répartitions et dividendes, cette sanction ne constitue pas une exception inhérente à la dette, susceptible d'être opposée par la caution, pour se soustraire à son engagement* ». Déjà en ce sens notamment, Cass.com., 16 octobre 2007, pourvoi n° 06-14681, *Bull. civ. IV*, 2007, n° 218. V. également, Cass. com., 3 novembre 2010, pourvoi n° 09-70312, *Bull. civ. IV*, 2010, n° 165 ; *JCP E.* 2011, p. 1318, note. P.-. M. LE CORRE ; *Revue des sociétés*, 2011, p. 194, note Ph. ROUSSEL GALLE ; Cass. com., 3 mai 2011, pourvoi n° 10-18031, *D.*, 2011, p. 1215, obs. A. LIENHARD.

[1333] Cass. com., 12 juillet 2011, pourvoi n° 09-71.113, *RTD civ.*, 2011 p.782, note P. CROCQ.

[1334] A. LIENHARD, *Sauvegarde des entreprises en difficulté. Le nouveau droit des procédures collectives*, Delmas, 1re édition, février 2006, p. 216, n° 1108.

[1335] Selon l'expression chère à madame Sémia SAAIED, *in l'échec du plan de sauvegarde de l'entreprise en difficulté*, Préf. A. GHOZI, thèse Paris II, LGDJ, Lextenso éditions, 2013, p. 118, spéc. n° 245.

[1336] C. SAINT-ALARY HOUIN, « Le projet de loi sur la sauvegarde des entreprises : continuité, rupture ou retour en arrière ? », *Droit et patrimoine*, 2005, p. 133.

mieux indemnisés à l'issue de la procédure[1337]. Quoi qu'il en soit, la nouvelle sanction ne constitue pas une « *prime à la négligence* » des créanciers. L'inopposabilité à la procédure tend à apparaître comme une sanction proportionnée.

B. L'inopposabilité de la créance non déclarée à la procédure : une sanction proportionnée

546. Le bénéfice de subrogation : une « planche de salut » pour la caution ? La négligence des créanciers peut avoir fait perdre aux cautions des droits qu'elles auraient pu faire valoir à leurs débiteurs. Ainsi, si la nouvelle sanction des créances semble porter atteinte à la protection des cautions[1338], ces dernières ne sont pas totalement désarmées. Comme en droit OHADA, les cautions pourraient notamment invoquer le bénéfice de subrogation conformément à l'article 2314 du Code civil français (à rapprocher de l'article 29, alinéa 2 et 3 l'AUS[1339]) pour se voir décharger de leurs obligations de payer.

547. Consécration jurisprudentielle d'une conception large du droit préférentiel. Emboîtant le pas à la Chambre commerciale[1340] de la Cour de cassation, la première chambre civile n'a pas hésité dans un célèbre arrêt du 3 juillet 2013 et ce malgré quelques critiques doctrinales[1341], à déclarer que « *le droit de participer aux répartitions et dividendes constitue un droit*

1337 C. HOUIN BRESSAND, « Cautions, garants et coobligés », *Rev. proc. coll.* n° 2, Avril 2008, dossier 9, spéc. n° 21.

1338 P. CROCQ, « Les grandes options de la loi de sauvegarde. Réforme des procédures collectives et sort des créanciers munis de sûretés », *Droit et Patrimoine*, 2006, p. 146.

1339 Selon l'article 29, alinéa 2 de l'AUS : « *La caution simple ou solidaire est déchargée quand la subrogation aux droits et garanties du créancier ne peut plus s'opérer, en sa faveur par le fait du créancier. Toute clause contraire est réputée non écrite.* »

1340 Cass. com. 19 février 2013, pourvoi n° 11-28423, *Bull. civ. IV*, 2013, n° 26, où la chambre commerciale de la Cour de cassation avait posé le principe suivant lequel : « lorsque le créancier a omis de déclarer sa créance, peu important la nature de celle-ci, la caution est déchargée de son obligation si cette dernière avait pu tirer un avantage effectif du droit d'être admise dans les répartitions et dividendes, susceptible de lui être transmis par subrogation ». Cass. com. 19 février 2013, précité, *RTD com.*, 2013, p. 573, obs. D. LEGEAIS. À rapprocher : Cass. com., 12 juillet 2011, pourvoi n° 09-71.113.

1341 Cass. com. 19 février 2013, pourvoi n° 11-28423, *D.*, 2013, p. 565, obs. A. LIENHARD et p. 1706, obs. P. CROCQ énonçant qu'« *une telle affirmation constituant évidemment un non-sens s'agissant d'un créancier chirographaire* ».

préférentiel[1342] ». Dorénavant, face à cette convergence de vue de ces deux chambres de la Cour de cassation, il apparaît que la jurisprudence retient une conception large du droit préférentiel. Dès lors, « *il n'est plus possible de considérer que c'est la perte d'un [droit préférentiel], distinct du simple droit de gage général, qui fonde la décharge de la caution qui a perdu ses espoirs de subrogation*[1343] ». La jurisprudence a donc mis un terme aux hésitations éventuelles qui pouvaient subsister autour du caractère potentiellement chirographaire de la créance principale non déclarée. C'est vrai, la qualification jurisprudentielle choisie n'est pas totalement satisfaisante, mais sa portée, étant en pratique négligeable[1344], les intérêts des cautions et des créanciers demeurent ici équilibrés. Une telle difficulté aurait pu être contournée s'il avait été précisé que l'article 2314 du Code civil renvoyait à une « *perte de droits et [non de droits préférentiels]*[1345] ».

548. Le renversement de la charge de la preuve : « un cadeau jurisprudentiel » offert aux cautions. Par ailleurs, afin d'arrêter les poursuites à leur encontre, les cautions devront alléguer « *la simple omission fautive*[1346] » des créanciers chirographaires ou non. En retour, ces derniers devront, néanmoins, rapporter la preuve que la perte d'un droit préférentiel dont se plaindraient les cautions, ne leur a causé aucun préjudice ou devront démontrer la hauteur de ce dernier[1347]. C'est, d'ailleurs, ce qu'a réaffirmé la chambre commerciale de la Cour de cassation dans un arrêt du 8 avril 2015[1348]. Le mérite de l'arrêt est de

---

1342 Cass. civ. 1re., 3 juillet 2013, pourvoi n° 12-21126, *D.* 2013, p. 1741, P. CROCQ ; *Act. proc. coll.* 2013, n° 212, obs. M.-P. DUMONT-LEFRAND ; *Dr. et patr.*, février 2014, p. 62, obs. P. DUPICHOT ; *RLDC*, octobre 2013, p 33, obs. C. GIJSBERS ; *JCP G*, 2013, doctr. 1256, obs. P. SIMLER ; Déjà en ce sens, Com. 19 février 2013, pourvoi n° n° 11-28423, *D.* 2013, p. 565, obs. A. LIENHARD, et p. 1706, obs. P. CROCQ ; *Droit et procédures*, avril 2013. 6, obs. Ph. ROUSSEL GALLE où il a été retenu : « *Peu importe la nature de la créance, la caution peut invoquer la décharge de l'article 2314 du Code civil dès lors que, par le fait du créancier, elle a été privée du droit d'être admise dans les répartitions et dividendes, dont elle aurait pu tirer un avantage effectif.* »

1343 A. MARTIN-SERF obs. sur Cass. civ. 1re., 3 juillet 2013, pourvoi n° 12-21126, *RTD com.*, 2013, p. 809

1344 En ce sens, P. RUBELLIN, obs. sur Cass. civ. 1re., 3 juillet 2013, pourvoi n° 12-21126, *LEDEN.* septembre 2013, p. 5, n° 132.

1345 *Ibidem.*

1346 *Ibidem.*

1347 V. notamment., V. déjà, Cass. com., 10 janvier 2012, pourvoi n° 10-28113.

1348 Cass. com., 8 avril 2015, pourvoi n° 13-28061, *LEDEN*, mai 2015, p. 4, n° 80, obs. E. MOUIAL ; *Revue de droit rural*, n° 435, Août 2015, comm. 159, obs. C. LEBEL. En l'espèce, un établissement de crédit n'ayant pas déclaré sa créance dans les délais, avait assigné l'unique caution de son débiteur en exécution de l'engagement de ce dernier. La caution a eu gain de cause. Les juges du fond estimèrent : « *Que la caution n'[établissait] pas qu'elle*

rappeler très clairement que la preuve de l'ampleur du préjudice, qu'auraient subi les cautions, repose sur les créanciers[1349]. En effet, en cas de défaut de preuve de la part de ces derniers, les cautions seront complètement déchargées. Toutefois, cette preuve n'est pas facile à rapporter. Comme le remarque si bien madame Emmanuelle Le Corre Broly, « *si le débiteur fait l'objet d'un plan de redressement, cette preuve est quasiment impossible à rapporter tant que le plan n'est pas résolu puisque, par principe, les créanciers ayant déclaré leur créance sont réglés dans le cadre du plan*[1350] ». Ce faisant, les créanciers se retrouvent dans une position pour le moins inconfortable vis-à-vis des cautions.

549. Quelles « parades » pour les créanciers ? Pour autant, afin de restreindre la décharge de la caution, les créanciers malins peuvent user de certains subterfuges. D'une part, ils peuvent réclamer un sursis à statuer jusqu'à l'issue du plan considérant que, c'est seulement à partir de ce moment qu'ils sauront exactement ce qu'ils ont fait perdre à leurs cautions[1351]. D'autre part, l'autre possibilité de limiter la portée de l'exception de subrogation est celle des créanciers participant à un comité[1352]. L'hypothèse est simple. Admettons que les créanciers dudit comité auquel ils auraient appartenu avaient déclaré dans les délais et font une remise de dette de 40 % au débiteur principal. C'est donc dire que les créanciers diligents auraient pu percevoir 60 % de la dette, du fait de la remise consentie par ledit comité. Étant donné que les cautions ne bénéficient pas des remises consenties dans la phase de redressement, elles seraient redevables de 100 % de la dette. Au bout du compte, les créanciers devraient pouvoir réclamer dans une telle hypothèse, les 40 % que leurs cautions n'auraient pas pu recouvrer par la subrogation[1353].

---

aurait pu tirer un avantage effectif d'être admise dans les répartitions et dividendes, ni ne [démontrait] l'existence d'une perte de chance. » La caution a donc formé un pourvoi pour contester cette décision. Cassant l'arrêt d'appel, la Cour de cassation a jugé qu'il y avait à partir de là un renversement de la charge de la preuve. Elle a précisé « *que c'est au créancier de prouver que la perte du droit préférentiel dont se plaint la caution n'a causé aucun préjudice à celle-ci [la caution]* ».

1349 Il appartiendra ensuite aux juges du fond d'évaluer l'avantage perdu. Cf. Cass. civ. 1re., 12 février 2002, pourvoi n° 99-15.944, *Bull. civ. I*, 2002, n° 51.

1350 E. Le Corre Broly, obs. sur Cass. com., 8 avril 2015, pourvoi n° 13-28061, *Lexbase. La lettre juridique*, n° 612, 14 mai 2015, chron., p. 17.

1351 P.-M. Le Corre, « Les plans et les cautions », *Revue des procédures collectives*, n° 3, Mai 2015, dossier 40, spéc. n° 13.

1352 *Ibidem*.

1353 *Ibidem*.

550. On se rend bien compte que des créanciers ingénieux pourront réduire l'efficacité du bénéfice de cession d'actions invoqué par leurs cautions. Mais, il faudra peut-être attendre la position de la jurisprudence pour apprécier à leur juste mesure l'efficacité de telles stratégies. Reste que, dans la pratique, il est peu probable que « *les dirigeants garants demandent l'ouverture d'une procédure collective dans l'espoir d'être libérés de leurs obligations par la négligence du créancier qu'ils couvrent*[1354] ». En tout état de cause, les créanciers auront tout intérêt à faire preuve de vigilance. Leur négligence peut leur coûter cher. Ils doivent désormais prendre pour habitude de déclarer systématiquement leurs créances, au risque de perdre leurs garanties qu'ils avaient pris soin de se ménager.

551. **Une réforme ?** Faut-il alors souhaiter une nouvelle réforme pour modifier la sanction actuelle de la non-déclaration de créances ? Certains auteurs avaient pu soutenir l'opportunité d'un retour à l'extinction des créances non déclarées dans le cadre de la sauvegarde ou du redressement judiciaire, tout en maintenant la sanction nouvelle, en cas de liquidation judiciaire[1355]. Pour notre part, rien n'est moins sûr. On peut, dans une certaine mesure, se satisfaire, ici du rééquilibrage jurisprudentiel ainsi que légal des intérêts des cautions et des créanciers. Il est légitime d'attendre des parties qu'elles agissent de bonne foi.

552. **Transition.** En revanche, il semble difficile de se satisfaire de l'affaiblissement d'une autre arme défensive, parfois brandie par la caution : la mise en œuvre de la responsabilité des créanciers de l'entreprise en difficulté.

§ 2. L'admission exceptionnelle de la responsabilité des créanciers de l'entreprise en difficulté

553. **Position du problème**. Lorsqu'une société ou un particulier est en difficulté, un établissement de crédit peut voir sa responsabilité recherchée. Il peut se voir reprocher sa faute pour l'attribution abusive de crédits au débiteur ou pour retrait fautif. Fréquemment, en effet, certaines cautions (très souvent dirigeantes d'entreprise), lorsqu'elles étaient appelées en paiement par les banques, n'hésitaient pas à invoquer cela avec succès. Pendant près d'une trentaine d'années, la Cour de cassation s'est très souvent montrée

---

1354 C. HOUIN BRESSAND, « Cautions, garants et coobligés », *Rev. proc. coll.*, n° 2, Avril 2008, dossier 9, spéc. n° 21.

1355 F. DERRIDA et J. P. SORTAIS, « La situation des créanciers forclos dans les nouvelles procédures collectives », *LPA* 22 mars 2006, p. 7, spéc. n° 58.

bienveillante à l'égard des cautions[1356]. Face donc au risque de voir leur responsabilité engagée, les créanciers rechignaient à consentir de nouveaux soutiens financiers[1357]. Afin d'enrayer le contentieux relatif au soutien abusif et de rétablir un certain équilibre contractuel entre les contractants, le législateur français est intervenu par l'élaboration de l'article L. 650-1 du Code de commerce, issu de la loi de sauvegarde de 2005, puis modifié par l'ordonnance du 18 décembre 2008. Seulement, au fil des années, on a abouti à une nette restriction de la responsabilité des établissements de crédit. Dès lors, il n'est pas devenu aisé, pour les cautions, d'engager la responsabilité des créanciers sur le fondement de l'octroi abusif de crédit. Aujourd'hui, la mise en œuvre de la responsabilité du banquier dispensateur de crédit apparaît comme étant une protection exorbitante (A) pour les créanciers appelant à des correctifs (B).

A. Une protection exorbitante pour les créanciers

554. La consécration légale du « principe d'irresponsabilité » du créancier. Selon l'article L. 650-1 du Code de commerce, dans le cadre de l'ouverture d'une procédure de sauvegarde, de redressement judiciaire ou de liquidation judiciaire, le créancier ne peut plus voir sa responsabilité engagée pour préjudice subi du fait de son concours financier[1358]. Il en va autrement dans trois hypothèses bien définies : la fraude, l'immixtion caractérisée dans la gestion du débiteur ou la disproportion des garanties prises en contrepartie des concours offerts. En consacrant une certaine « *immunité conditionnelle* » des créanciers, le législateur français les encourage à consentir du crédit aux entreprises en difficulté, sans crainte d'être poursuivis, par la suite, lors de l'ouverture d'une procédure collective[1359]. La situation des créanciers est d'autant plus confortable dans la mesure où ceux-ci bénéficient de l'immunité conférée à l'article L. 650-1 du Code de commerce pour toutes les procédures

1356 D. LEGEAIS, *Sûretés et garanties de crédit*, LGDJ, 9e éd., 2013, p. 220, spéc. n° 293.

1357 J. LASSERRE CAPDEVILLE, « Le banquier dispensateur de crédit face au principe de proportionnalité », *Banque et droit*, n° 113, mai-juin 2007, p. 32, spéc. n° 18.

1358 Incidemment, il s'ensuit que la procédure de conciliation est exclue du champ d'application de l'article L. 650-1 du Code de commerce, sauf pour les cas d'ouverture de procédures volontaires intervenues entre le 1er janvier 2006 et le 15 février 2009. En revanche, le texte pourrait s'appliquer à la sauvegarde financière accélérée ; cf. J. ETTER et S. GOBIN, « Sûretés consenties en garantie d'un crédit et proportionnalité », *RD bancaire et fin.* n° 5, septembre 2015, étude 15, spéc. n° 8.

1359 D. ROBINE, « L'article 650-1 du Code de commerce : « un cadeau » empoisonné ? », *D.*, 2006, p. 69, spéc. n° 19.

ouvertes après le 1er janvier 2006, peu importe si les faits leur étant reprochés sont antérieurs à cette date[1360].

555. La large étendue du « principe d'irresponsabilité » du créancier. S'agissant du domaine de l'article L. 650-1 du Code de commerce, la Cour de cassation, en s'appuyant sur les termes utilisés par le législateur, a pu préciser que le texte s'appliquait à « *tout type de concours* »[1361], peu importe qu'il soit bancaire ou non. Retenant une conception extensive de la notion de « *concours* », la Cour de cassation a jugé, dans un arrêt du 3 novembre 2015, que l'article L. 650-1 du Code de commerce s'applique « *en raison de la généralité de ses termes, en cas de concours consentis au débiteur pour financer la création ou l'acquisition de son entreprise* ». Cette interprétation « *audacieuse* » du texte par la jurisprudence détonne. En plus d'être contraire à l'esprit même de la loi de sauvegarde[1362], elle nuit clairement aux intérêts de la caution. Elle consacre en quelque sorte « *une prime à la négligence* » des créanciers, quant à la viabilité des projets financés[1363].

556. La mansuétude des juges à l'égard des créanciers : l'exigence préalable d'un crédit fautif. En outre, si le législateur a prévu des tempéraments au principe de non-responsabilité du créancier, les choses ne sont pas si simples pour la caution souhaitant le poursuivre. Lorsque l'une des exceptions visées par l'article L. 650-1 du Code de commerce est réalisée, la Cour exige, en plus de la caution qu'elle établisse au préalable l'existence d'un « *crédit fautif* ». Cette condition a été posée par la Chambre commerciale de la Cour de cassation dans un arrêt du 27 mars 2012, où elle a jugé que : « *les créanciers ne peuvent être tenus pour responsables des préjudices subis du fait des concours consentis, sauf les cas de fraude, d'immixtion caractérisée dans la gestion du débiteur ou de la disproportion des garanties prises, que si les concours consentis sont eux-mêmes fautifs*[1364] ». Il appartiendra au demandeur

---

[1360] Cass. com., 19 juin 2012, pourvoi n° 11-18.940, *Bull. civ. IV*, 2012, n° 127 ; *D.* 2012, actualité. n° 1670, obs. A. LIENHARD.

[1361] S. MOREIL note sous Cass. com., 3 novembre 2015, pourvoi n° 14-10274 et pourvoi n° 14-18433, *Gaz. Pal.* n° 10, 8 mars 2016, p.71.

[1362] R. ROUTIER note sous Cass. com., 3 novembre 2015, pourvoi n° 14-10274 et pourvoi n° 14-18433, *Gaz. Pal.*, n° 3, 19 janvier 2016, p. 71. Comme le souligne à juste titre le professeur Richard Routier, « les hauts magistrats semblent admettre implicitement l'assertion selon laquelle l'article L. 650-1 du Code de commerce serait exclusif de toute autre action en responsabilité dirigée contre les créanciers dispensateurs de crédit ».

[1363] S. MOREIL note sous Cass. com., 3 novembre 2015, pourvoi n° 14-10274 et pourvoi n° 14-18433, *Gaz. Pal.* n° 10, 8 mars 2016, p. 74.

[1364] Cass. com., 27 mars 2012, pourvoi n° 11-13.536, *Bull. civ. IV*, n° 68 ; *Rev. sociétés.*, 2012, p. 398, obs. Ph. ROUSSEL- GALLE ; *JCP G.* n° 22, 28 mai 2012, 636, note F. BOUCARD ;

de prouver la faute du fournisseur de crédit. La faute de ce dernier sera appréciée au jour de l'octroi du concours[1365]. Un grand nombre de décisions révèle qu'il est aujourd'hui difficile pour la caution de rapporter la faute du créancier[1366].

557. Le « clair-obscur » des exceptions posées à l'article L. 650-1 : un désavantage pour la caution. Malheureusement, aussi, pour la caution, les contours des exceptions posées à l'article L. 650-1 n'étant pas clairement définis, il a appartenu à la jurisprudence, de combler le vide. Or, lorsque l'on scrute les décisions de la jurisprudence on se rend compte qu'il est rare pour la caution d'avoir gain de cause. La Cour de cassation a tendance à interpréter rigoureusement et souvent de façon libérale les conditions de mise en œuvre de la responsabilité des créanciers.

558. La consécration jurisprudentielle d'une conception restrictive de la fraude. Il en va ainsi tout d'abord du cas de fraude. La Cour de cassation a considéré, dans l'arrêt du 27 mars 2012 que le financement d'une entreprise dans une situation irrémédiablement compromise, « *la concomitance entre le financement et la prise d'une sûreté [ainsi que] la rupture d'égalité entre les créanciers*[1367] », n'était pas suffisant pour caractériser l'intention frauduleuse

---

Cass. com., 19 juin 2012, pourvoi n° 11-18940, *LEDEN*, n° 8, 10 septembre 2012, p. 4, note I. PARACHKÉVOVA ; Cass. com., 28 janvier 2014, pourvoi n° 12-26.156, *Gaz. Pal.*, 20 mars 2014, p. 17, obs. M.- P. DUMOND-LEFRAND.

1365 Cass. com., 30 septembre 2008, pourvoi n° 07-17.384, *Bull. civ. IV*, n° 162.

1366 R. BONHOMME, « *La place des établissements de crédit dans les nouvelles procédures collectives* » *in Les droits et le droit : mélanges dédiés à Bernard Bouloc*, 2007, p. 71 ; V. notamment, Cass. com., 5 mai 2015, pourvoi n° 14-11.863, inédit : « *Mais attendu que, lorsqu'une procédure de sauvegarde, de redressement judiciaire ou de liquidation judiciaire est ouverte, les créanciers ne peuvent être tenus pour responsables des préjudices subis du fait des concours consentis qu'en cas de fraude, d'immixtion caractérisée dans la gestion du débiteur ou de disproportion des garanties prises, et si les concours consentis sont en eux-mêmes fautifs ; qu'ayant relevé, par des motifs non critiqués, que le tribunal d'instance n'avait pas jugé que la caisse avait apporté un soutien abusif à la société, de sorte que la responsabilité de la caisse ne pouvait être recherchée sur le fondement de l'article L. 650-1 du code de commerce, la cour d'appel, par ce seul motif, rendant inopérantes les critiques du moyen, a légalement justifié sa décision ;que le moyen n'est pas fondé* ».

1367 Cass. com., 27 mars 2012, pourvoi n° 11-13.536, *D.* 2012, p. 1455, note R. DAMMANN et A. RAPP ; contra., T. com. Nanterre, 19 juin 2009, *Gaz. Pal.*, 16-17 avril 2010, p. 38, obs. R. ROUTIER, où avait été retenue une conception extensive de la fraude. Ainsi, « *dans l'octroi de concours à durée indéterminée, le fait pour la banque de se dispenser de la production des comptes sociaux et le fait de ne pas rechercher l'avis d'experts ne constituent pas une fraude à la loi pour l'application de l'article L. 650-1 du Code de commerce* ».

de l'établissement de crédit. En d'autres termes, le comportement frauduleux du créancier ne sera sanctionné que dans la mesure où il pose un acte délibéré à des fins personnelles[1368]. Un concours fautif n'est pas forcément synonyme de concours frauduleux[1369]. Cela étant, cette conception très restrictive de la fraude retenue par les hauts magistrats a le mérite du bon sens mais elle n'est pas sans effets pervers. Il ne fait pas de doute que « *seront exonérés de nombreux comportements simplement fautifs, le manque de précaution, de prévision, d'information préalable à l'octroi de crédit, tout ce qui relève de l'imprudence caractérisée*[1370] ». Cette notion est d'ailleurs appréhendée dans plusieurs arrêts comme étant une fraude pénale[1371].

559. La difficile détermination de l'immixtion caractérisée. Il semble également en être de même s'agissant de l'appréciation de l'immixtion caractérisée dans la gestion du débiteur. D'après les travaux parlementaires, celle-ci « *renvoie à l'hypothèse, particulièrement rare, dans laquelle le créancier acquiert la qualité de dirigeant de fait en participant activement à la gestion du débiteur et en prenant seul des décisions importantes en ses lieu et place* »[1372]. À ce propos, il est rare pour la jurisprudence de retenir la responsabilité du créancier pour avoir influencé les décisions d'un dirigeante de droit[1373]. Ainsi,

---

1368 R. BONHOMME, « La place des établissements de crédit dans les nouvelles procédures collectives » *in Les droits et le droit : mélanges dédiés à Bernard Bouloc*, Dalloz, 2007, p. 70.

1369 D. DEMEYÈRE note sous Cass. com., 27 mars 2012, pourvoi n° 11-13.536, *Rev. proc. coll.* n° 4, juillet 2012, étude 25, spéc. n° 6.

1370 D. DEMEYÈRE note sous Cass. com., 27 mars 2012, pourvoi n° 11-13.536, *Rev. proc. coll.* n° 4, juillet 2012, étude 25, spéc. n° 6.

1371 D. LEGEAIS, « *La responsabilité bancaire pour fourniture de crédit* », *RD bancaire et fin.*, n° 6, novembre 2014, étude 24, spéc. n° 32 ; V. notamment, Cass. com., 2 octobre 2012, pourvoi n° 11-23.213, inédit ; Cass. com., 16 octobre 2012, pourvoi n° , *Bull. civ. IV*, 2012, n° 186 ; *JCP E*, 2012, 1735, note D. LEGEAIS où il a été jugé : « *La fraude en matière civile ou commerciale, ne se démarque guère de la fraude pénale et qu'il s'agit d'un acte qui a été réalisé en utilisant des moyens déloyaux destinés à surprendre un consentement, à obtenir un avantage matériel ou moral indu réalisé avec l'intention d'échapper à l'application d'une loi impérative ou prohibitive.* »

1372 J.- J. HYEST, *Rapport du sénat*, n° 335, 11 mai 2005, p. 439 cité par D. ROBINE, « *L'article L. 650-1 du Code de commerce : un « cadeau » empoisonné* », *D.*, 2006, p. 69, spéc. n° 26.

1373 Cass. com., 7 janvier 2004, pourvoi n° 01-02.896, *JCP E.* 2004, 736, note J. STOUFFLET, où la Cour de cassation retient une conception étroite du dirigeant de fait. V. également, Cass. com., 27 juin 2006, pourvoi n° 04-15831, *Rev. sociétés.* 2006, p. 900, note D. PORACCHIA ; *RTD com.*, 2006, p. 892, obs. D. LEGEAIS ; CA Bordeaux, 19 mars 2012, pourvoi n° 10-01.382, *Rev. proc. coll.*, n° 6, novembre 2012, chron., 1, spéc. n° 15, note M. LECÈNE- VILLEMÉNTEIX.

le succès de l'action d'une caution dirigeante, se fondant sur l'ingérence illicite d'une banque dans ses affaires, se trouve alors illusoire.

560. La difficile caractérisation de l'existence d'une garantie disproportionnée aux concours accordés. Enfin, le constat de la mansuétude des juges, à l'égard du créancier, se vérifie quand on examine les décisions jurisprudentielles, relatives à l'existence d'une garantie disproportionnée aux concours accordés. La disproportion implique, ici, l'inadéquation entre la sûreté consentie et la créance garantie[1374]. Autrement dit, elle doit être appréciée à l'aune du montant du crédit consenti[1375]. En effet, le 13 janvier 2015, la chambre commerciale de la Cour de cassation a cassé un arrêt d'appel qui, selon elle, ne démontrait pas suffisamment en quoi deux cautionnements et un nantissement pouvaient être qualifiés de disproportionnés, eu égard au concours consenti[1376]. Il s'ensuit qu'une garantie pourrait être qualifiée de disproportionnée, à partir du moment où elle serait supérieure au montant susceptible de couvrir la créance concernée[1377]. Il reviendra au juge d'évaluer la disproportion, étant donné qu'aucun seuil n'a été fixé par le législateur français pour l'appréciation de celle-ci. Selon la doctrine majoritaire, l'appréciation de la disproportion devra se faire au moment de la constitution des garanties et non au moment de l'évolution postérieure de la situation du débiteur[1378].

1374 D. ROBINE, « *L'article L. 650-1 du Code de commerce : un « cadeau » empoisonné* », *D.*, 2006, p. 69, spéc. n° 33.

1375 I. RIASSETTO note sous Cass. com., 27 mars 2012, pourvoi n° 10-20.077, *Rev. sociétés.* 2013, p. 91, spéc. n° 5. Comme cet auteur, il ne s'agit pas d'apprécier la disproportion par rapport aux « *facultés contributives [...] du garant* », comme aux articles L. 313-10 et L. 341-4 du Code de la consommation. En l'espèce, la disproportion invoquée résultait du cumul entre le cautionnement et le nantissement de bons de caisse. V. aussi en ce sens, S. PIEDELIÈVRE note sous Cass. com., 27 mars 2012, pourvoi n° 11-13.536, *JCP G.* n° 22, 28 mai 2012, 635, spéc. 6.

1376 Cass. com., 13 janvier 2015, pourvoi n° 13-25.360, *Gaz. Pal.* 19 mars 2015, p. 15, obs. M.- P. DUMOND- LEFRAND ; *RD bancaire et fin.*, n° 3, mai 2015, comm. 80, note D. LEGEAIS.

1377 C. ALBIGES et M.- P. DUMOND -LEFRAND, *Droit des sûretés*, 5e éd., Dalloz, septembre 2015, p. 86, spéc. n° 115.

1378 V. notamment en ce sens, J. ETTER et S. GOBIN, « Sûretés consenties en garantie d'un crédit et proportionnalité », *RD bancaire et fin.*, n° 5, septembre 2015, étude 15, spéc. n° 17 ; D. LEGEAIS, « Les concours consentis à une entreprise en difficultés », *JCP E.* 2005, 1510 ; V. ROUALET, S. SCEMLA, D. FONTAINE-BESSET et D.- R. MARTEL, « L'irresponsabilité du banquier dispensateur de crédit : un principe ou une exception », *Journal des sociétés*, 2009, n° 67, p. 29.

561. Le caractère averti de la caution : un facteur d'irresponsabilité du créancier. S'agissant de la portée des trois exceptions (de l'article L. 650- 1 du Code de commerce) à l'égard notamment des cautions dirigeantes, elle doit être davantage nuancée. La Cour de cassation déboute, depuis une série d'arrêts entre 2005 et 2006, les cautions averties souhaitant se prévaloir de cette responsabilité[1379]. Elle exige notamment que ces dernières démontrent qu'elles n'ont pas une parfaite connaissance de la situation obérée de l'entreprise ou même qu'elles n'ont pas contribué à provoquer cette situation[1380]. Allant même plus loin dans cette démarche, la Haute Juridiction considère, dans un arrêt du 28 janvier 2014, que la qualité de caution dirigeante est de nature à rendre impossible toute action en responsabilité contre la banque pour soutien abusif[1381], que ce soit sur le terrain contractuel ou délictuel[1382]. Une caution dirigeante est, en effet, présumée connaître mieux que quiconque la situation de son entreprise. Comme l'écrivait justement un auteur, « *l'implication de la caution dans l'opération rompt la chaîne des causalités, ce qui la prive du droit d'agir en responsabilité*[1383] ».

562. Cas exceptionnels de mise en jeu de la responsabilité du créancier. Néanmoins, des situations exceptionnelles[1384] peuvent conduire la Cour à admettre la responsabilité du créancier à l'égard de la caution avertie. Est, par exemple, considérée comme une situation exceptionnelle, la dissimulation d'informations par une banque à un dirigeant ainsi qu'à la caution[1385]. Les magistrats parisiens ont également retenu la responsabilité d'une banque qui est revenue, sans motif, « *sur un dépassement de crédit consenti [pourtant]*

[1379] C. HOUIN-BRESSAND, « Cautions, garants et coobligés », *Rev. proc. coll.*, n° 2, avril 2012, dossier 9, spéc. n° 23.

[1380] Cass. com., 28 novembre 2006, pourvoi n° 05-15.380, *RLDA*, 2007/12, n° 684.

[1381] Cass. com., 28 janvier 2014, pourvoi n° 12-27.703, *Bull. civ. IV*, n° 20 ; *Bull. Joly Société.*, 2014, p. 216, note J.- J. ANSAULT ; *D.* 2014, p. 1013, obs. H. GUILLOU.

[1382] *Ibidem.*

[1383] D. ARLIE, « La responsabilité civile du banquier : une voie étroite de libération pour la caution », *LPA* 29 septembre 2002, n° 191, p. 4. Contra., Th. BONNEAU, *Droit bancaire*, Montchrestien, 1993, n° 743, p. 464 et s. Ce dernier considère en revanche qu'il vaudrait mieux admettre un partage de responsabilité au lieu de rejeter l'action en responsabilité de la caution pour soutien abusif du fait de sa qualité de dirigeant.

[1384] Cette solution a, depuis longtemps, été retenue par la jurisprudence. Cf. notamment, Cass. com., 12 novembre 1997, pourvoi n° 95-13.681, *Bull. civ. IV*, n° 284 ; Cass. com., 09-juillet 2002, pourvoi n° 99-16.023, inédit ; Cass. com., 03-12-2003, pourvoi n° 01-11.719, inédit.

[1385] Cass. com., 22 mars 2005, pourvoi n° 02-20.678, *Bull. civ. IV*, 2005, n° 67.

trois jours plus tôt[1386]. Depuis l'ordonnance n° 2008-1345 du 18 décembre 2008, le législateur français a laissé le soin au juge de moduler la portée de la sanction. L'article L. 650, alinéa 2 dispose : « *pour les cas où la responsabilité d'un créancier est reconnue, les garanties prises en contrepartie de ces concours peuvent être annulées ou réduites par le juge* ». Cet assouplissement apparent de la sanction radicale, qu'était la nullité de plein droit sous l'empire de la loi de 2005, conforte l'idée selon laquelle le législateur entend protéger les créanciers[1387]. Ce sentiment se confirme quand on sait qu'il sera très difficile pour la caution de démontrer le lien existant entre le préjudice subi et la faute du créancier[1388].

563. Au demeurant, à ce jour et à notre connaissance, aucun créancier n'a encore été poursuivi, avec succès et de façon définitive, sur le fondement de la disproportion posée à l'article L. 650-1 du Code de commerce[1389]. Ces exceptions au principe d'irresponsabilité des créanciers se révèlent donc comme une sorte de piège tendu à la caution. Dans ces conditions, il serait souhaitable de procéder à un rééquilibrage.

B. Un rééquilibrage nécessaire

564. Pour un « remaniement » de l'article L. 650-1 du Code de commerce. D'aucuns ont pu soutenir, à un moment donné, que l'article L. 650-1 du Code

---

1386 CA Paris, 10 décembre 2015, n° 14/15.218, *BJE*, 1er janvier 2016, n° 1, obs. J. LASSERRE CAPDEVILLE. La Cour d'appel de Paris a jugé : « *Commet une faute qui, après avoir autorisé une augmentation de découvert habituellement autorisé à une société et exigé de sa gérante un engagement de caution de 72 000 euros, revient sans motif sur cette décision, rejette des chèques présentés et notifie une interdiction bancaire à la gérante de la société garantie alors même que cette dernière lui avait communiqué des éléments permettant de constater que la situation de trésorerie allait pouvoir être régularisée.* »

1387 Aussi en ce sens, M. BOURASSIN, V. BREMOND, M.- N. JOBARD-BACHELIER, *Droit des sûretés*, 5e éd., novembre 2015, n° 579, p. 306. Comme l'écrivent ces auteurs, « *cela mérite d'être relevé, non seulement parce que c'est la seule modification du droit des sûretés personnelles qui ne soit pas protectrice des garants, mais aussi parce que cette clémence à l'égard, notamment, des établissements de crédit est intervenue, paradoxalement, au moment même où le comportement des banques était mis à l'index dans le contexte de crise financière.* »

1388 C. ALBIGES et M.- P. DUMOND- LEFRAND, *Droit des sûretés*, 5e éd., Dalloz, septembre 2015, p. 87, spéc. n° 116 ; contra., Ph. ROUSSEL GALLE, « Risques et responsabilités des contractants », *Rev. proc. coll.*, n° 6, novembre 2010, dossier 9, spéc. n° 22.

1389 Aussi en ce sens, D. LEGEAIS note sous Cass. com., 13 janvier 2015, pourvoi n° 13-25.360, *Gaz. Pal.*, 19 mars 2015, p. 15, obs. M.-P. DUMOND-LEFRAND ; *RD bancaire et fin.*, n° 3, mai 2015, comm. 80.

de commerce pose plus de problèmes qu'il n'en résout, au point de demander son abrogation. Pour notre part, nous ne souscrivons pas, aujourd'hui, à une telle analyse. Cette solution serait pire que le mal : le risque d'un retour de la frilosité des banques à accorder du crédit. Rappelons que l'objectif du législateur français, en 2005, en introduisant cette disposition, était pourtant inverse. *De lege ferenda*, en vue de rétablir les équilibres en place, un simple « *remaniement* » de l'article L. 650-1 du Code de commerce semble suffire.

565. Pour l'extension du « principe de non-responsabilité » à la conciliation. Tout d'abord, on aurait pu légitimement attendre du législateur français qu'il inclut la conciliation dans le champ d'application du principe de non-responsabilité du créancier[1390]. En incitant ce dernier à accélérer l'ouverture d'une procédure collective, pour bénéficier de l'immunité octroyée par l'article L. 650-1 du Code de commerce, il compromet paradoxalement la conciliation[1391]. Pourtant, l'ordonnance de 2008 semblait vouloir encourager le recours à cette procédure[1392]. Rappelons, également, que, déjà en 2005, le projet initial de la loi de sauvegarde cantonnait les actions en responsabilité pour soutien abusif de crédit, pour les cas de conciliation homologuée. De plus, cette solution serait plus cohérente, dans la mesure où l'emplacement actuel de l'article L. 650-1 du Code de commerce laisse penser que le texte a vocation à s'appliquer à l'ensemble des procédures prévues dans le livre VI du Code de commerce : « *conciliation, sauvegarde, redressement ou liquidation*[1393] ».

566. La nécessité d'une clarification des exceptions… Une autre retouche envisageable de l'article L. 650-1 du Code de commerce consisterait à clarifier les exceptions à l'irresponsabilité de principe accordée aux créanciers. Jusqu'à présent, la doctrine, de manière quasi unanime s'accorde à dire qu'elles ont

---

1390 Dans le même sens, J.- L. VALLENS, *Crise du crédit et entreprises : les réponses du droit*, Lamy, 2010, p. 175 s, où l'auteur évoque ses regrets quant à la limitation du champ d'application de l'article L. 650 du Code de commerce aux procédures collectives contrairement au droit allemand.

1391 R. ROUTIER, « Les retouches de l'article L. 650-1 du Code commerce », *Gaz. Pal.*, n° 69, 10 mars 2009, p. 53, spéc. n° 4 ; L.- J. LAISNEY, « Nouvelles incertitudes sur la responsabilité du banquier pour soutien abusif », *RLDA*, 2010, p. 48, spéc. n° 5 : « *On comprend mal [...] pourquoi les créanciers qui fournissent du crédit à emprunteur en procédure de conciliation seraient exclus de cette protection alors qu'aux termes de l'article L. 611-4 du Code de commerce, les difficultés de leur débiteur peuvent s'être déjà manifestées par une cessation de paiements, pourvu qu'elle date de moins de quarante-cinq jours.* »

1392 *Ibidem.*

1393 V. PERRUCHOT-TRIBOULET, « La responsabilité des créanciers », *RLDC*, 2007, p. 43 s.

été mal limitées par le législateur français. Comme l'écrivait, justement, un auteur « *une technique législative hasardeuse contraint le juge à une interprétation susceptible de faire déborder l'article L. 650-1 de son lit et de bouleverser les équilibres en place*[1394] ». Cela dit, une clarification apportée au texte contribuerait indéniablement à aider le juge à mieux préserver un juste équilibre des intérêts en présence (tels que ceux du créancier et de la caution).

567. Les retouches envisageables des exceptions posées à l'article L. 650-1 du Code de commerce. Concernant tout d'abord la première exception (la fraude), il n'y a à, notre sens, pas vraiment lieu de faire des retouches. La conception restrictive retenue par la jurisprudence est opportune. On peut néanmoins regretter que le législateur n'ait pas daigné préciser cela, lors de la modification de 2008 de l'article L. 650-1 du Code de commerce.

568. Concernant, ensuite, la deuxième exception évoquée à cet article, le législateur a utilisé l'adjectif « *caractérisée* » pour qualifier la nature de l'immixtion du créancier à sanctionner. Ce qui implique, incidemment, que la simple immixtion ne serait pas constitutive de faute[1395]. Il nous semble que la précision est inutile[1396]. Cette dernière paraît être une source d'incertitudes juridiques et de polémiques superflues. Comment distinguer l'immixtion « *simple* » de l'immixtion « *caractérisée* » ? Il est vrai que la notion d'immixtion caractérisée s'apparente à de la gestion de fait[1397]. Toujours est-il qu'il est possible d'envisager des cas d'immixtion caractérisée « *sans que la gestion de fait ne soit caractérisée*[1398] ». Qu'à cela ne tienne, n'aurait-il pas fallu que le législateur se contente de dire simplement qu'en plus de l'immixtion, il faille prouver une faute de gestion du créancier ?[1399]Cela aurait permis de lever toute ambiguïté et les craintes de certains auteurs quant au risque de voir la simple immixtion devenir une faute pour le créancier débiteur en difficulté[1400]. Il aurait même été, également, intéressant pour le législateur

---

1394 T. FAVARIO obs. sur Cass. com., 3 novembre 2015, pourvoi n° 14-10.274 et pourvoi n° 14- 18.433, *BJE*, 1er janvier 2016, n° 1, p. 48.

1395 L.- J. LAISNEY, « Nouvelles incertitudes sur la responsabilité du banquier pour soutien abusif », *RLDA*, 2010, p. 48, spéc. n° 14.

1396 *Ibidem.*

1397 J.- P. SORTAIS, « La responsabilité du banquier » *in entreprises en difficultés*, sous la direction de Ph. ROUSSEL GALLE, coll. Droit 360, p. 623, n° 1369 soulignant que « l'article L. 650-1 ne fait que renvoyer à cette hypothèse, il est sans intérêt ».

1398 Ph. ROUSSEL GALLE, « Risques et responsabilités des contractants », *Rev. proc. coll.*, n° 6, novembre 2010, dossier 9, spéc. n° 20.

1399 V. PERRUCHOT-TRIBOULET, « La responsabilité des créanciers », *RLDC*, 2007, p. 43 s.

1400 *Ibidem.*

français d'évoquer l'exigence d'une immixtion « *manifeste* » à la place du terme « *caractérisée*[1401] ». Le texte aurait, au moins, eu le mérite d'être plus clair et rétablirait un certain équilibre contractuel. En effet, « *il est assez peu vraisemblable qu'une immixtion non caractérisée puisse être retenue par le juge*[1402] ».

569. Enfin, s'agissant de la troisième exception au principe de responsabilité, à savoir « *l'existence d'une garantie disproportionnée aux concours accordés* », il faut, à titre liminaire, relever que le législateur français est resté muet quant aux contours de l'appréciation de la disproportion en laissant la latitude aux juges de se prononcer au cas par cas. Certains auteurs ont pu avancer certaines raisons justifiant le mutisme du législateur français[1403]. Il a par exemple été avancé.Toutefois, on ne peut s'en satisfaire, malgré la confiance que nous avons en la justice, car cela génère l'insécurité juridique[1404]. Comme l'observe le professeur Francine Macorig Venier, « *un pouvoir considérable [laissé] aux juges, [est] peu compatible avec le cadre légal sécurisé que le législateur a pourtant souhaité instituer*[1405] ». À notre avis, ce n'est pas en ajoutant ce nouveau critère d'appréciation du cautionnement qu'on pourra éviter la frilosité des établissements de crédits à l'octroi de crédit ou même parvenir à un juste équilibre contractuel. Bien au contraire, comme nous l'avons déjà suggéré, il faudrait peut-être songer à unifier le régime de la disproportion en droit du cautionnement, en retenant un

---

1401 D. ROBINE, « L'article 650-1 du Code de commerce : « un cadeau » empoisonné ? », *D.*, 2006, p. 69, spéc. n° 19. Comme l'indique David ROBINE : « *Il est assez peu vraisemblable qu'une immixtion non caractérisée puisse être retenue par le juge.* »

1402 R. ROUTIER, « Le cantonnement de la responsabilité pour soutien abusif. Commentaire de l'article L. 650-1 du Code de commerce », *Gaz. Pal.*, 10 septembre 2015, 2005, p. 33, spéc. n° 14.

1403 V. En ce sens pour une étude approfondie, L.- J. LAISNEY, « Nouvelles incertitudes sur la responsabilité du banquier pour soutien abusif », *RLDA*, 2010, spéc. n° 18 ; P. CROCQ, « *Sûretés et proportionnalité* », *Mélanges en l'honneur de Philippe Simler*, Dalloz, septembre 2006, p. 305, spéc. n° 27.Cet auteur souligne notamment : « *Il n'est pas possible de déterminer le seuil à partir duquel une sûreté pourra être considérée comme étant caractéristique d'un tel comportement. L'appréciation sera éminemment variable* ».

1404 R. BONHOMME, « La place des établissements de crédit dans les nouvelles procédures collectives » *in Les droits et le droit : mélanges dédiés à Bernard Bouloc*, Dalloz, 2007, p. 70.

1405 F. MACORIG-VENIER, « Le soutien abusif », *RLDA*, 2008, p. 24.

critère familier aux juges : le rapport entre la disproportion et les capacités du garant à les honorer (en tenant en compte de ses biens et revenus)[1406].

570. Pour la suppression de la nullité à l'article L. 650-2 du Code de commerce. Quant à la sanction, bien que l'ordonnance de 2008 soit revenue sur la nullité de plein droit, la nullité, aussi facultative qu'elle soit, ne devait pas être retenue[1407]. En effet, la nullité ne semble pas être une sanction adéquate pour la responsabilité[1408]. Juridiquement, la nullité a vocation à sanctionner un acte dont les conditions de formation n'ont pas été respectées[1409]. Paradoxalement, s'agissant de l'article L. 650-1 du Code de commerce, ce n'est pas la disproportion des garanties qui est en soi sanctionnée[1410]. C'est seulement lorsque le débiteur fait l'objet d'une procédure collective qu'elle est sanctionnable[1411]. Par conséquent, la disproportion, entendue au sens de l'article L. 650-1 du Code de commerce, n'est pas une condition de formation de la sûreté[1412]. Il apparaît donc judicieux, pour l'équilibre contractuel entre les parties, de retenir comme principale sanction de L. 650-1 du Code de commerce la réduction judiciaire. Ainsi qu'a pu le relever le professeur David Bakouche, « *la réduction est la sanction logique et naturelle de l'excès*[1413]. » Le nouveau texte pourrait également préciser que la réduction n'est pas exclusive de dommages et intérêts. Même si la solution peut paraître évidente, on éviterait la maladresse des législateurs de 2005 et de 2008. Cela permettrait de prévenir d'éventuels doutes quant à la possibilité de la responsabilité pour soutien abusif de pouvoir

---

1406 En ce sens, R. BONHOMME, « La place des établissements de crédit dans les nouvelles procédures collectives » *in Les droits et le droit : mélanges dédiés à Bernard Bouloc*, Dalloz, 2007, p. 69.

1407 Aussi en ce sens, C. ALBIGES et M.-P. DUMOND-LEFRAND, *Droit des sûretés*, 5e éd., Dalloz, septembre 2015, p. 87, spéc. n° 116 : « *La nullité toujours possible ne nous paraît pas la sanction adaptée puisqu'elle ne sanctionne pas une condition de formation du contrat, mais le comportement du créancier fautif* .»

1408 Cf. D. LEGEAIS, « Les concours consentis à une entreprise en difficultés », *JCP E.* 2005, 1510, spéc. n° 22.

1409 G. PIETTE, « Une nouvelle proportionnalité en droit des sûretés : brèves observations sur l'article L. 650-1 du Code de commerce », *RLDC*, Juin 2006, p. 27 s.

1410 G. PIETTE, « Une nouvelle proportionnalité en droit des sûretés : brèves observations sur l'article L. 650-1 du Code de commerce », *RLDC*, Juin 2006, p. 27 s.

1411 *Ibidem.*

1412 *Ibidem.*

1413 D. BAKOUCHE, *L'excès en droit civil*, Préf. M. GOBERT, LGDJ, 2005, n° 282, p. 263 ; en ce sens aussi, D. LEGEAIS, « Les concours consentis à une entreprise en difficultés », *JCP E.* 2005, 1510, spéc. n° 22.

encore ouvrir droit à des dommages et intérêts[1414]. Ces derniers revêtent la forme d'une sanction complémentaire[1415].

Conclusion de la section I

571. Comme on peut l'observer, la recherche de l'équilibre contractuel a conduit les législateurs français et OHADA à placer la caution dans une situation finalement inconfortable vis-à-vis du créancier. Dans les deux systèmes juridiques a été supprimé le principe de l'extinction de la créance non déclarée. Mais, soucieux d'aller plus loin dans sa quête d'équilibre, le législateur français a instauré un « *principe d'irresponsabilité* » des créanciers, malheureusement lacunaire. Alors qu'un tel principe pouvait contribuer à l'équilibre dans le domaine du crédit, son apport est « *ainsi largement évacué, [par] des exceptions prévues paraissant donner lieu à des applications peu fréquentes*[1416] ».

572. Qu'en est-il alors du sort réservé à ces dernières dans le cadre des plans de redressement et de cession ?

SECTION II. **Le sort réservé à la caution dans le cadre des plans de redressement et de cession**

573. **Plan**. Poursuivant leur objectif d'incitation des cautions à l'ouverture des procédures « *préventives* » de traitement des difficultés de l'entreprise, les législateurs français et OHADA se sont montrés sévères à l'égard de celles préférant attendre la cessation de paiement[1417]. Ils ont, ainsi privilégié, pour ce type de situation, une approche finaliste du cautionnement. Cela se matérialise, tout d'abord, par l'inopposabilité aux cautions des diminutions

---

1414 Soulignant la maladresse du législateur de 2008, L.-J. LAISNEY, « Nouvelles incertitudes sur la responsabilité du banquier pour soutien abusif », *RLDA*, 2010, p. 48, spéc. n° 23.

1415 J. ETTER et S. GOBIN, « Sûretés consenties en garantie d'un crédit et proportionnalité », *RD bancaire et fin.*, n° 5, septembre 2015, étude 15, spéc. n° 23. Comme le soulignent justement ces auteurs, en l'état actuel du droit positif, « *si les conditions de l'exclusion de responsabilité de l'article L. 650 du Code de commerce ne sont pas remplies, le droit commun de la responsabilité est applicable* ».

1416 Ph. SIMLER, « L'équilibre du contrat en droit du crédit », *in L'équilibre du contrat*, (dir.) G. LARDEUX, PUAM, décembre 2012, p. 20.

1417 A.- S. BARTHEZ et D. HOUTCIEFF, *Les sûretés personnelles*, sous la direction de J. GHESTIN, LGDJ, 2010, p. 566, spéc. n° 773.

substantielles de la dette du débiteur en difficulté (§ 1), puis par le maintien de l'engagement de la caution dans le cadre d'un plan de cession (§ 2).

§ 1. L'inopposabilité à la caution des diminutions substantielles de la dette du débiteur en difficulté

574. Plan. La non-extension aux cautions des diminutions substantielles de la dette du débiteur en difficulté peut se vérifier sous deux aspects. Il y a d'abord l'absence de bénéfice de l'arrêt du cours des intérêts, en cas de procédure collective (A). Ensuite, elles ne peuvent se prévaloir de dispositions adoptées à la suite d'un plan de redressement (B).

A. L'absence d'arrêt du cours des intérêts à l'égard de la caution en cas de procédure collective

575. Inapplication de l'arrêt du cours des intérêts à tous les garants en cas de procédure de redressement judiciaire. Selon l'article L. 631-14, alinéa 6 du Code de commerce, issu de l'ordonnance de 2008, « *les personnes coobligées ou ayant affecté ou cédé un bien en garantie [...] ne peuvent se prévaloir des dispositions prévues au premier alinéa de l'article L. 622-28 du Code de commerce* ». Ainsi, contrairement au droit OHADA[1418], tous les garants personnels ne bénéficient pas de l'arrêt du cours des intérêts comme le débiteur, dans le cadre d'une procédure de redressement judiciaire. Il s'agit pour le législateur français depuis l'ordonnance de 2008, d'inciter les cautions personnes physiques et les cautions personnes morales à anticiper les difficultés de l'entreprise en déclenchant la procédure de sauvegarde.

576. Un judicieux rééquilibrage opéré par le législateur de 2008. Notons que dans le droit antérieur, la formulation retenue par le législateur français pouvait laisser penser que les personnes morales peuvent bénéficier de l'arrêt du cours des intérêts. D'ailleurs, certains auteurs ont pu le croire à un moment donné[1419]. En effet, avant l'ordonnance de 2008, l'ancien article L. 631-14, II,

[1418] Soulignons que l'article 77 de l'AUPCAP de 2015 étend la règle de l'arrêt du cours des intérêts « *aux personnes physiques coobligées ou ayant consenti une sûreté personnelle ou ayant affecté ou cédé un bien en garantie* ». Le créancier pourra uniquement réclamer les intérêts courus après le jugement d'ouverture aux cautions personnes morales.

[1419] V. notamment en ce sens, M. CABRILLAC, Ch. MOULY et Ph. PÉTEL, *Droit des sûretés*, 8e éd., Litec, 2007, n° 196 ; N. BORGA, *L'ordre public et les sûretés conventionnelles*, thèse Lyon III, 2007, n° 161 ; F. PÉROCHON, « Procédures collectives et cautionnement », *Dr. et patr.* 2008, p. 172 et s ; Contra., N. PICOD, *La caution dans les procédures de*

du Code de commerce énonçait que « *les personnes physiques coobligés ou ayant consenti un cautionnement ou une garantie autonome ne peuvent se prévaloir des dispositions prévues au premier alinéa de l'article L. 622-28* ». Une telle disposition paraissait à la fois incohérente et déséquilibrée.

577. **Une solution équilibrée**. Réparant cette maladresse, le législateur a heureusement, depuis effacé, la référence aux personnes physiques contenue dans la loi de 2005 et qui amenait, curieusement, à considérer que les garants personnes morales bénéficiaient d'un meilleur traitement[1420]. En pratique, il semble parfaitement logique et juste, qu'une caution (qu'elle soit une personne physique ou une personne morale), qui a attendu à dessein, serait-on tenté de dire, la cessation de paiement se voit pénalisée. Par la mise à l'écart de la règle de l'accessoire, le législateur entend désormais offrir un cadeau à celles des cautions qui se seront montrées méritantes.

578. **Une solution similaire appliquée en cas de liquidation judiciaire**. La même démarche a conduit le législateur français à refuser, dans le cadre de la liquidation judiciaire, l'arrêt du cours des intérêts aux cautions. L'article L. 641-3, alinéa 1 du Code de commerce, modifié par l'ordonnance de 2008, dispose que « *le jugement qui ouvre la liquidation judiciaire a les mêmes effets que ceux qui sont prévus en cas de sauvegarde par les premier et troisième alinéas du I et par le III de l'article L. 622-7, par les articles L. 622-21 et L. 622-22, par la première phrase de l'article L. 622-28 du Code de commerce et par l'article L. 622-20* ». Pourtant, jusqu'à l'ordonnance de 2008, une erreur s'était glissée dans la version antérieure de ce texte. L'ancien article L. 641-3, alinéa 1 du Code de commerce renvoyait à l'article L. 622-28 dans sa totalité[1421]. Il en découlait que le garant personnel personne physique ne pouvait se prévaloir de l'arrêt du cours des intérêts, en cas de redressement judiciaire, à la différence du cas de liquidation judiciaire[1422]. Un tel paradoxe était difficilement concevable, tant sur le plan de la cohérence que sur le plan de l'équilibre contractuel. Cela étant, avec l'ordonnance de 2008, les créanciers peuvent finalement poursuivre, dès l'échéance, les seules cautions pour les intérêts découlant de la dette de l'entreprise en liquidation

---

traitement des difficultés des entreprises, 2008, préf. SAINT- ALARY- HOUIN, PUAM, p. 83,spéc. n° 80.

1420 M. BOURASSIN, V. BREMOND, M.-N. JOBARD-BACHELIER, *Droit des sûretés*, 5e éd., novembre 2015, n° 596, p. 318.

1421 F. REILLE, « Sûretés personnelles et droit des entreprises en difficulté » *in entreprises en difficulté*, sous la direction de Ph. ROUSSEL GALLE, coll. Droit 360, p. 352, spéc. n° 844.

1422 G. PIETTE, « § 1-Caution et déclenchement de la procédure », *in Répertoire de droit commercial Dalloz*, janvier 2016, spéc. n° 135.

judiciaire. Il s'ensuit que les cautions sont tenues plus sévèrement que les débiteurs vis-à-vis des créanciers[1423].

579. **La position particulière du législateur OHADA.** Dans le cadre du droit comparé, on a pu regretter que les rédacteurs de l'AUPCAP de 2015 ne se soient pas inspirés du droit français. Ils ont choisi d'offrir la possibilité au créancier de réclamer les intérêts courus après l'ouverture de la procédure aux seuls coobligés ou cautions personnes morales[1424]. En revanche, conformément à l'article 77 de l'AUPCAP, les cautions personnes physiques profitent de l'arrêt du cours des intérêts. Selon certains auteurs, cette règle tire sans doute son fondement de la volonté du législateur africain « *d'encourager le dirigeant caution à recourir le plus rapidement au redressement judiciaire avant qu'il ne soit trop tard* »[1425].

580. **Appréciations critiques.** À notre sens, le législateur OHADA gagnerait aussi à inciter le débiteur ou la caution dirigeante (personne physique) à agir le plus en amont possible. En conséquence, il aurait été plus judicieux pour le législateur OHADA, comme l'a fait le législateur français, de cantonner le bénéfice de l'arrêt du cours des intérêts aux garants personnes physiques dans le seul cadre des procédures « *préventives* ». Sauf à encourager la négligence, rien ne justifie que des dirigeants sociaux, cautions (personnes physiques) ayant laissé dépérir la situation financière de leurs entreprises au point d'être en cessation de paiement ou dans une situation irrémédiablement compromise, puissent bénéficier de mesures d'allègement de passif[1426].

581. Bien moins clément à l'égard des personnes physiques dans le cadre des procédures curatives que son homologue africain, le législateur français consacre, par ailleurs, l'inopposabilité à l'égard de toutes les cautions des dispositions du plan de redressement.

1423 K.- M. AGBÉNOTO, *Le cautionnement à l'épreuve des procédures collectives*, thèse, Université du Maine, 2008, p. 163, spéc. n° 324.

1424 F.-M. SAWADOGO, « Commentaire sur l'article 91 de l'Acte uniforme du 10 septembre 2015 portant organisation des procédures collectives », *in OHADA Traité et actes uniformes commentés et annotés*, Juriscope, 2016, p. 1250.

1425 R. AKONO ADAM, « Le sort des sûretés personnelles dans l'avant-projet de réforme de l'Acte uniforme portant organisation des procédures collectives du 10 avril 1998 », *RD bancaire et fin.* n° 5, septembre 2015, étude 17, spéc. n° 11.

1426 V. en ce sens, P. CROCQ, « *Des créanciers et des contractants mieux protégés* » *in* Dossier modernisation de l'acte uniforme sur les procédures collectives, *Droit et patrimoine*, 2015, p. 253.

B. L'impossibilité pour la caution de se prévaloir des dispositions du plan

582. Une règle limitée aux personnes physiques avant 2006 : une situation délicate pour le créancier. Contrairement à la règle en vigueur en matière de procédure de sauvegarde[1427], les cautions ne peuvent se prévaloir des dispositions du plan de redressement. Sous la loi de 1985, l'ancien article L. 621-65 du Code de commerce mentionnait que : « *Le jugement qui arrête le plan en rend les dispositions opposables à tous. Toutefois, les cautions solidaires et coobligés ne peuvent s'en prévaloir* ».Par une interprétation *a contrario*, lorsque le débiteur principal doit subir un plan de redressement, seule la caution solidaire ne peut s'en prévaloir. Ce traitement différencié des cautions avait suscité d'intenses polémiques au sein de la doctrine. Si certains[1428] y voyaient une simple inadvertance du garde des sceaux et préconisaient une application généralisée du texte, d'autres[1429], en revanche, trouvaient que l'application littérale du texte se justifiait pleinement. C'est cette dernière position qui avait finalement eu les faveurs de la jurisprudence[1430]. Cet état de fait n'incitait pas les dirigeants d'entreprises (généralement cautions solidaires) à se presser pour déposer le bilan[1431].

583. Une règle généralisée à partir de 2006 : un renforcement de la situation du créancier. Aujourd'hui, la controverse est heureusement close. Soucieux de mettre un terme à la polémique et de favoriser la sauvegarde, le législateur français a abandonné cette analyse prétorienne. Aux termes de l'article L. 631-20 du Code de commerce, issu de la loi de sauvegarde et modifié par l'ordonnance de 2008, « *par dérogation aux dispositions de l'article* L. 626-11, *les coobligés et les personnes ayant consenti une sûreté personnelle ou ayant affecté ou cédé un bien en garantie ne peuvent se*

1427 Cf. En ce sens, l'article L. 626-11 ; V. *supra*, spéc. n° 506.

1428 V. notamment, D. GRIMAUD, *Le caractère accessoire du cautionnement*, Préf. D. LEGEAIS, PUAM, 2001, spéc. n° 226 ; J. GHESTIN, M. BILIAU et G. LOISEAU, *Traité de droit civil. Le régime des créances et des dettes,* LGDJ, 2005, spéc. n° 1240 ; Ph. SIMLER et Ph. DELEBECQUE, « Chronique des sûretés », *JCP G*, 2005, p. 185.

1429 Pour une application restrictive de l'ancien article L. 621-65 du Code de commerce : V. notamment, V. cependant, M. BÉHAR-TOUCHAIS, « Le banquier et la caution face à la défaillance du débiteur », *RTD civ.*, 1993, p. 737.

1430 Cass. com., 23 novembre 2004, pourvoi n° 03-17.235, *Bull. civ. IV*, n° 203 ; *JCP E*, 2005, 639, note M. CABRILLAC ; *Banque et droit*, 2005, p. 60, obs. N. RONTCHEVSKY. Déjà en ce sens, Cass. com., 27 octobre 1997, pourvoi n° 95-19744.

1431 A. JACQUEMONT et R. VABRES, *Droit des entreprises en difficulté*, 9e éd., LexiNexis, p. 471, spec. n° 788.

prévaloir des dispositions du plan ». Par conséquent, le créancier peut en principe poursuivre indistinctement les garants dès l'échéance, conformément aux conditions du droit commun, même pour les intérêts interrompus à l'égard du débiteur principal[1432]. Dorénavant, sauf pour les procédures collectives ouvertes avant le 1er janvier 2006, les cautions simples tout comme les cautions solidaires, ne pourront pas bénéficier des dispositions du plan de redressement.

584. **Une règle satisfaisante.** Indéniablement, le sort des cautions est aggravé au profit des créanciers qui retrouvent finalement leurs privilèges dans le redressement judiciaire[1433]. Néanmoins, cette position du législateur français apparaît équitable et pleinement justifiée. À la différence des procédures préventives, les remises de paiement accordées en faveur du débiteur ont un caractère judiciaire et non volontaire[1434]. Faut-il encore le rappeler, cette attitude du législateur français est une arme puissante pour inciter les dirigeants caution à privilégier la procédure de sauvegarde au redressement judiciaire[1435]. D'ailleurs, cette démarche ne porte pas atteinte au principe d'égalité[1436].

585. **Clair-obscur de la position adoptée par le législateur OHADA.** Cette solution française est à rapprocher de celle adoptée par le législateur OHADA. Comme le prévoit le nouvel article 134, alinéa 5 de l'AUPCAP, « *le concordat de redressement judiciaire accordé au débiteur principal ou à un coobligé ne profite pas aux autres coobligés ou aux personnes ayant consenti un cautionnement ou affecté ou cédé un bien en garantie* ». En d'autres termes, la cessation de paiement fait théoriquement perdre à la caution dirigeante l'extension des délais de paiement accordés au débiteur principal. À la vérité, le nouveau texte ne paraît pas très clair. Le nouvel article 134,

---

1432 F. PEROCHON, *Entreprises en difficulté*, 10e éd., LGDJ-Lextenso éditions, p. 501, spéc. n° 1142.

1433 M. TEXIER, « Les effets sur le cautionnement de la remise de dette consentie au débiteur dans le cadre de procédures organisées », *RTD com.* 2008, p. 25, spéc. n° 43.

1434 P.- M. LE CORRE, Le créancier face au redressement et à la liquidation judiciaire des entreprises, PUAM, Tome II, 2002, p. 1072, spéc. n° 797.

1435 Ph. ROUSSEL GALLE, « La procédure de sauvegarde. -Quand et pourquoi se mettre sous la protection de la justice », *JCP E.* n° 40, 5 octobre 2006, 2437, spéc. n° 15 ;

1436 Cass. com., 8 octobre 2012, pourvoi n° 12-40.060, inédit ; *Rev. sociétés*, 2012, p. 729, obs. Ph. ROUSSEL GALLE ; *LEDEN*, novembre 2012, n° 10, p. 6, obs. Th. FAVARIO. En effet, la Cour a refusé d'adresser une question prioritaire relative à l'article L. 631-20, jugeant : « *Le législateur n'a pas introduit une rupture caractérisée de l'égalité entre les cautions et les garants, la différence de traitement qui en résulte étant en rapport direct avec l'objet de la loi qui l'établit.* »

alinéa 5 de l'AUPCAP semble contredire un autre texte, à savoir l'article 75-1 de l'AUPCAP[1437], qui consacre la possibilité pour la caution personne physique de bénéficier de l'arrêt des poursuites individuelles du débiteur principal pendant l'exécution du concordat. Comme l'indique à juste titre la majorité de la doctrine, on peut en déduire que, malgré l'adoption du concordat de redressement, les créanciers ne seront pas en mesure de poursuivre les cautions personnes physiques[1438]. Ainsi, seules les personnes morales pourront être en pratique appelées en paiement.

586. Contributions critiques. Cette situation peut, dans une certaine mesure être mise en parallèle avec la solution française, où le clivage entre les cautions personnes physiques et les personnes morales garde une importance non négligeable. En effet, les garants personnes physiques peuvent bénéficier d'une prolongation de l'interdiction des poursuites au-delà de la période d'observation, dans la limite de deux ans, en application de l'article L. 622-28, alinéa 2, applicable par renvoi à l'article L. 631-14[1439]. Malgré tout, on est enclin à se demander si le législateur OHADA ne gagnerait pas davantage, afin de rééquilibrer le cautionnement à transposer la solution adoptée par son homologue français. Comme l'écrivait justement un auteur : « *admettre l'opposabilité du plan aux cautions simples heurte incontestablement la finalité du cautionnement*[1440] ». Cette position du législateur uniforme n'est également pas favorable au redressement de l'entreprise, dans la mesure où les créanciers sont plus enclins à octroyer des remises qu'à des cautions qui n'en bénéficient guère[1441]. Espérons que les contentieux, qui seront à l'avenir

[1437] Selon l'article 75-1 de l'AUPCAP : « *La décision d'ouverture du redressement judicaire suspend toute action contre les personnes physiques coobligées ou ayant consenti une sûreté personnelle ou ayant affecté ou cédé un bien en garantie à compter dudit jugement et durant l'exécution du concordat de redressement judiciaire.* »

[1438] P. CROCQ, « Des créanciers et des contractants mieux protégés », *Dr. et patr.*, n° 253, décembre 2015, p. 69. F.-M. SAWADOGO, « Commentaires sur l'article 134 de l'Acte uniforme du 10 septembre 2015 portant organisation des procédures collectives », *in OHADA Traité et actes uniformes commentés et annotés*, Juriscope, 2016, p. 1279. *Contra.*, « Le sort des sûretés personnelles dans l'avant-projet de réforme de l'Acte uniforme portant organisation des procédures collectives du 10 avril 1998 », *RD bancaire et fin.* n° 5, septembre 2015, étude 17. spéc. n° 10 : « *Lorsque le débiteur connaît une procédure de redressement judiciaire, aucune caution ne peut bénéficier des délais et remises accordés à celui-ci par le concordat de redressement* ».

[1439] F. PEROCHON, *Entreprises en difficulté*, 10e éd., LGDJ-Lextenso éditions, p. 502, spéc. n° 1143.

[1440] M. TEXIER, « Les effets sur le cautionnement de la remise de dette consentie au débiteur dans le cadre de procédures organisées », *RTD com.*, 2008, p. 25, spéc. n° 42.

[1441] N. RONTCHEVSKY, « les sûretés personnelles à l'épreuve de la loi de sauvegarde », *Banque et droit.* n° 105, janv-fevr, 2006, p. 17.

soumis aux juridictions de l'OHADA et notamment à la CCJA, offriront l'occasion de clarifier les intentions réelles des rédacteurs de l'AUPCAP.

587. Au demeurant, il apparaît qu'en déniant à la caution les mesures de faveurs accordées au débiteur principal, tant en droit OHADA qu'en droit français, le législateur a entendu privilégier les intérêts du créancier dans le cadre d'une procédure collective. Cela aboutit, alors, au maintien intact de l'obligation de la caution. Un tel constat se confirme dans le cadre d'un plan de cession.

§ 2. Le maintien de l'engagement de la caution en cas de plan de cession

588. **Plan**. Le plan de cession emporte une mutation de cocontractant pour le créancier[1442]. En effet, dans le cadre d'une cession judiciaire d'entreprise, un certain nombre de contrats transmis au repreneur sont susceptibles d'être grevés de sûretés. Dès lors, se pose alors le problème de l'incidence de la cession de contrat sur les sûretés personnelles à l'instar du cautionnement. Plus exactement, faut-il considérer que la caution, dans le cadre d'un plan de cession, voit son engagement à l'égard du débiteur éteint ou bien qu'elle reste tenue à l'égard du cessionnaire ? Si le droit OHADA et le droit français semblent admettre le maintien de l'engagement de la caution, en cas d'adoption d'un plan de cession, l'étendue de l'engagement de cette dernière varie suivant la dette garantie. Deux situations doivent donc, ici, être distinguées : d'une part, le sort réservé à la caution en cas de cession judicaire du contrat (A) et le sort de celle-ci, en cas de transfert de la charge d'une sûreté réelle (B).

A. La cession judiciaire du contrat et le sort réservé à la caution

589. **Le principe**. Selon l'ancien article L. 621-88 du Code de commerce français devenu L. 642-7 du même code, le tribunal est autorisé à céder les contrats en cours au jour de l'adoption du plan de cession[1443], en vue de favoriser le redressement de l'entreprise. Malgré tout, cela n'emporte pas pour conséquence la cession du cautionnement. Néanmoins, même si un cautionnement ne se trouve pas dans la catégorie de contrats susceptibles d'être cédés, une caution peut en subir les conséquences, au cas où elle garantit

1442 N. Picod, *La caution dans les procédures de traitement des difficultés des entreprises*, préf. C. Saint- Alary- Houin, PUAM, 2008, n° 104.

1443 J.- J. Ansault, *Le cautionnement réel*, préf. P. Crocq, Paris : Defrénois, 2009, p. 558.

l'exécution du contrat objet de la cession[1444]. Dans une telle hypothèse, quelle sera l'incidence de la cession sur le sort de la caution ?

590. La controverse suscitée au sein de la doctrine française. La question du maintien du cautionnement malgré le changement de débiteur a été l'objet de nombreuses controverses doctrinales. Parmi les auteurs beaucoup sont ceux qui se sont montrés farouchement opposés à cette solution[1445]. Un auteur, dans sa thèse, a pu soutenir sans nuancer que, sauf à dénaturer fondamentalement le cautionnement, le changement de débiteur devrait entraîner l'extinction du cautionnement[1446]. En revanche, des auteurs, comme le professeur Philippe Delebecque, se sont montrés favorables à l'idée d'envisager la transmission du cautionnement, lors d'une cession. Selon lui, « *la relation d'accessoire à principal implique une répercussion sur l'accessoire des règles de droit applicables au contrat principal*[1447] ». Ainsi, selon lui, la cession du contrat principal devrait pouvoir conduire à la préservation des sûretés au profit du créancier[1448].

591. Consécration jurisprudentielle de l'absence d'effet novatoire de la cession de contrat en cas de procédure collective. La Cour de cassation dans un arrêt de principe du 12 octobre 1993, a consacré l'absence de caractère novatoire du plan de cession[1449]. Elle a également rappelé, dans le même arrêt, que « *si la caution n'a pas à garantir les créances nouvelles nées du chef de repreneur depuis la cession, elle demeure tenue au titre des créances nées du chef du débiteur antérieurement à la cession* ». Néanmoins, cette décision a semblé

1444 F. REILLE, « Sûretés personnelles et entreprises en difficultés », *in Entreprise en difficulté*, (dir.) Ph. ROUSSEL-GALLE, Lexisnexis, n° 851, p. 354.

1445 V. notamment en ce sens, Ph. SIMLER, *Le cautionnement*, Litec, 1982, spéc. n° 56 ; D. FABIANI, *La cession judiciaire des contrats*, Thèse dactylographiée, Université de Nice, 1988, spéc. n° 389.

1446 M.-H. MONSERIE, *Les contrats dans le redressement et la liquidation judiciaires des entreprises*, Préf. C. SAINT-ALARY-HOUIN, Litec, mai 1994, n° 283, p. 272 ; E. JOUFFIN, *Le sort des contrats en cours dans les entreprises soumises à une procédure collective*, Préf. C. GALVADA, LGDJ, Bibliothèque de droit privé, Tome 307, spéc n° 371 et 372.

1447 Ph. DELEBECQUE, « Les sûretés dans les nouvelles procédures collectives », *JCP N*. I, 1986, p. 385.

1448 A.-S. ALGADI, *Contrats et droit OHADA des procédures collectives : étude à la lumière du droit français*, Préf. M.- H. MONSERIE- BON, L'Harmattan, juillet 2009, p. 307, spéc. n° 431.

1449 Cass. com., 12 octobre 1993, pourvoi n° 91-17.128, *D*., 1994, p. 353, obs. O. PLAYOUST ; *JCP G*. I. 1994, 3765, obs. Ph. SIMLER et Ph. DELEBECQUE ; *RTD com*., 1995, p. 848, obs. A. MARTIN-SERF. V. plus récemment en ce sens, Cass. com., 9 février 2016, pourvoi n° 14-23.219, *D*. 2016, p. 423, note A. LIENHARD.

équivoque pour la doctrine, car elle se rapportait, notamment, à un contrat de prêt qui en principe ne relevait pas de l'ancien article L. 621-88 du Code de commerce[1450]. Depuis, plusieurs arrêts sont venus préciser la position de la Cour de cassation[1451]. Dans un arrêt du 21 novembre 1995, elle énonça clairement, cette fois-ci dans une affaire relative à un contrat de crédit-bail, que lorsqu'un tel contrat, « *dont l'exécution est garantie par une caution, est cédé par application de l'article 86 de la loi du 25 janvier 1985, si la caution reste garante des loyers échus antérieurement à la cession, nés du chef du débiteur cédé, elle ne garantit pas les loyers postérieurs dus par le cessionnaire, dont elle n'a pas garanti les obligations, à moins que, par un nouvel engagement, elle ait donné sa garantie au cessionnaire pour le paiement des loyers*[1452] ». En d'autres termes, la Cour de cassation retient que la caution n'est pas libérée de son engagement à l'égard du créancier. Elle continue de garantir postérieurement à la cession les dettes nées du chef du débiteur même si leur paiement incombe désormais au repreneur[1453].

592. Une consécration appréciable de la solution jurisprudentielle par le législateur français. Contrairement à ce qu'ont pu retenir certains auteurs[1454], une telle solution est appréciable et juste. Il est clair que la caution s'est engagée à répondre de la défaillance du débiteur principal et qu'elle ne garantisse pas les engagements nés du chef du repreneur. Corrélativement, il est normal que, vis-à-vis du créancier, la caution reste tenue d'une obligation de règlement (des dettes nées du cédant). On ne peut nier que « *c'est l'obligation du débiteur à l'égard du créancier qui constitue la cause de l'engagement souscrit par la caution*[1455] ». Par conséquent, la caution ne

---

1450 En ce sens, J. FRANÇOIS, *Droit civil. Les sûretés personnelles*, (dir.) C. LARROUMET, Economica, janvier 2004, spéc. n° 318.

1451 Cass. com., 3 mai 1994, pourvoi n° 92-12992, *Banque et droit*. novembre-décembre 1994, p. 26, obs. J.-L. GUILLOT.

1452 Cass. com., 21 novembre 1995, pourvoi n° 93-20.387, *Bull. civ. IV*, n° 267 ; *Rev. proc. coll.* 1996, p. 229, obs. B. SOINNE.

1453 Évidemment, cette solution pourra être écartée en cas de stipulation expresse dans l'acte de cautionnement du maintien de la sûreté en cas de cession de contrat. En outre, si la caution ne saurait être tenue des dettes du repreneur que si elle prend un nouvel engagement vis-à-vis du créancier. Cf. P.-M. LE CORRE, Le créancier face au redressement et à la liquidation judiciaire des entreprises, PUAM, Tome II, 2002, p. 1066 et 1067, spéc. n° 793.

1454 P.-M. LE CORRE, *Ibidem ;* D. FABIANI, *La cession judiciaire des contrats*, Thèse dactylographiée, Université de Nice, 1988, spéc. n° 389. Selon cet auteur, « la caution de l'ancien exploitant ne saurait demeurer celle du nouvel exploitant ».

1455 N. PICOD, *La caution dans les procédures de traitement des difficultés des entreprises*, Préf. C. SAINT-ALARY-HOUIN, PUAM, 2008, p. 100, spéc. n° 105.

« *saurait décevoir l'attente légitime du créancier, malgré les vicissitudes du contrat garanti*[1456] ». Il y va de la préservation de l'équilibre contractuel du cautionnement. Dès lors, il est heureux que lors de la récente réforme du droit des obligations 2016, le législateur français ait consacré la solution jurisprudentielle. Les articles 1216-1[1457] et 1216-3[1458] du Code civil (issu de l'ordonnance de 2016) régissant la cession de contrat prévoyant que la libération du cédant, pour l'avenir est conditionnée par l'accord du cédé (créancier) et que le sort, réservé à la caution, est calqué sur celui du cédant.

593. **Une solution adoptée par le législateur OHADA ?** Au titre du droit comparé, le législateur OHADA ne s'est pas clairement prononcé sur la question de savoir si les engagements pris par la caution survivent, lors de la cession de contrat par le débiteur en difficulté. Cependant, des éléments de réponses peuvent être apportés à partir de l'analyse de l'AUPCAP. Profitant de la réforme du 10 septembre 2015, le législateur OHADA a choisi de soumettre tous les contrats, au régime des contrats en cours, même lorsqu'il s'agit de contrats *intuitu personae*. Le nouvel article 107 de l'AUPCAP dispose que « *nonobstant toute disposition légale ou toute clause contractuelle ou indivisibilité, aucune résiliation ou résolution d'un contrat en cours ne peut résulter du seul fait de l'ouverture d'une procédure de la liquidation des biens. [Ledit article ne s'appliquant pas] au contrat de travail* ».

594. Il en résulte que le législateur africain, s'inspirant du droit français, consacre désormais le principe de la continuation des contrats en cours tout en abandonnant l'exception qu'il avait notamment admise à propos des contrats

---

1456 *Ibidem*, p. 102, spéc. n° 111.

1457 L'article 1216-1 du Code civil dispose : « *Si le débiteur y a expressément consenti, la cession de contrat libère le cédant pour l'avenir. À défaut, et sauf clause contraire, le cédant est tenu solidairement à l'exécution du contrat* ».

1458 L'article 1216-3 du Code civil dispose : « *si le cédant n'est pas libéré par le cédé, les sûretés qui ont pu être consenties subsistent. Dans le cas contraire, les sûretés consenties par des tiers ne subsistent qu'avec leur accord* ».

intuitu personae[1459]. Rappelons que l'ancien article 107[1460] de l'AUPCAP de 1998 excluait du domaine de la continuation des contrats en cours les contrats expressément prévus par les États et les contrats *intuitu personae*[1461]. En tout état de cause, il y a lieu de croire que des contrats, très imbibés d'*intuitu personae* à l'instar du cautionnement ont dorénavant vocation à être poursuivis en cas de cession. Cette règle ne pourra être mise en échec par aucune stipulation contractuelle. La caution serait donc, tant en droit OHADA qu'en droit français uniquement tenue de garantir les obligations nées du chef du débiteur principal (cédant), en cas de cession judiciaire de contrat. Sa situation deviendra beaucoup plus délicate dans le cadre d'une cession légale de dette.

B. Le transfert de charge d'une sûreté réelle et le sort réservé à la caution

595. La règle de principe. L'article L. 642-12, alinéa 4 du Code de commerce dispose : « *toutefois, la charge des sûretés immobilières et mobilières spéciales garantissant le remboursement d'un crédit consenti à l'entreprise pour lui permettre le financement d'un bien sur lequel portent ces sûretés est transmise au cessionnaire. Celui-ci sera alors tenu d'acquitter entre les mains du créancier les échéances convenues avec lui et qui restent dues à compter du transfert de la propriété ou, en cas de location-gérance, de la jouissance du bien sur lequel porte la garantie. Il peut être dérogé aux dispositions du*

1459 F.- M. Sawadogo, « Commentaires sur les articles 107 et 108 de l'Acte uniforme du 10 septembre 2015 portant organisation des procédures collectives », *in OHADA Traité et actes uniformes commentés et annotés*, Juriscope, 2016, p. 1260. Comme l'indique cet auteur, les rédacteurs du nouvel AUPCAP ont semblé prendre conscience que de nos jours le caractère intuitu personae est de plus en plus très « *distendu [...] mais surtout que laisser aux cocontractants concernés la possibilité de rompre leur contrat au jour de l'ouverture de la procédure collective risque [risque de générer encore] les critiques de certains cocontractants et, en particulier les banquiers* ».

1460 L'ancien article 107 de l'AUPCAP de 1998 disposait : « *Hormis pour les contrats conclus en considération de la personne du débiteur et ceux prévus expressément par la loi de chaque État partie, la cessation des paiements déclarée par décision de justice n'est pas une cause de résolution et toute clause de résolution pour un tel motif est réputée non écrite.* » Cette disposition n'est pas sans rappeler un ancien texte français : l'article 37 de la loi du 25 janvier 1985. Ce texte prévoyait « *nonobstant toute disposition légale ou toute clause contractuelle, aucune indivisibilité, aucune résiliation ou résolution du contrat ne peut résulter du seul fait de l'ouverture d'une procédure collective de redressement judiciaire* ».

1461 F.- M. Sawadogo, *OHADA. Droit des entreprises en difficulté*, Bruylant, 2002, p. 181, spéc. n° 191.

présent alinéa par accord entre le cessionnaire et les créanciers titulaires des sûretés ». Autrement dit, sauf accord entre les créanciers privilégiés et le repreneur de la dette[1462], la caution continue de garantir le remboursement des dettes nées du chef du cédant. Cette généralisation de la transmission de la charge de toutes les sûretés, favorise donc une situation avantageuse pour les créanciers ayant octroyé du crédit à une entreprise en vue du financement d'un bien[1463].

596. **Les controverses doctrinales**. Pourtant, jusqu'à ce que la jurisprudence se prononce sur l'étendue de l'obligation de la caution en cas de transmission de la charge des sûretés, certains auteurs considéraient que les solutions applicables à la cession de contrat seraient transposables à la cession de dette, en se fondant notamment, sur la distinction entre l'obligation de règlement et l'obligation de couverture[1464]. À ce titre, d'aucuns avaient pu considérer que « *si le débiteur a reçu l'intégralité du prêt, il perd néanmoins la propriété du bien dont il a financé l'acquisition [alors que] pour le repreneur, la transmission de charge de l'emprunt est la contrepartie du transfert de la propriété du bien*[1465] ». Cette position n'avait cependant pas eu les faveurs de la jurisprudence.

597. **Consécration prétorienne de l'absence d'effet novatoire de la cession de dette**. En dépit de la cession de dette, la caution continue de garantir l'intégralité du prêt né du chef du cédant (le débiteur principal). Dans un arrêt de principe du 13 avril 1999, la chambre commerciale a affirmé, sous le visa de l'article, ancien article L. 621-96[1466], devenu l'article L. 642-12 du Code de commerce : « *Bien que le cessionnaire soit tenu [...] de payer les échéances de remboursement du prêt postérieures à la cession du matériel nanti, la caution solidaire des engagements de l'emprunteur demeure tenue,*

[1462] Comme l'indique Monsieur Pascal Rubellin, l'intérêt pratique de ce mécanisme de transfert volontaire de prêt est de permettre au cessionnaire de proposer un prix sérieux mais relativement bas. Cf. Cass. com., 9 février 2016, pourvoi n° 14-23.219, publié au *Bulletin* ; *LEDEN*. n° 3, 2 mars 2016, p. 4, obs. P. RUBELLIN.

[1463] C. SAINT-ALARY-HOUIN, *Droit des entreprises en difficulté*, 9e éd., LGDJ, 2014, p. 810, n° 1293.

[1464] N. PICOD, *La caution dans les procédures de traitement des difficultés des entreprises*, Préf. C. SAINT-ALARY-HOUIN, PUAM, 2008, n° 114.

[1465] Ph. THERY, « L'apurement des dettes-Solution au surendettement », *in L'endettement*, Y. CHAPUT (dir.), Litec, Tome 2, Collection Le droit des affaires, Études du Centre de recherche sur le droit des affaires, 1998, spéc. n° 443.

[1466] Ce texte demeure applicable pour les procédures collectives ouvertes avant le 1er janvier 2006.

dans les mêmes conditions que celui-ci, de rembourser, sous déduction des sommes versées par le cessionnaire, l'intégralité de l'emprunt dont les échéances constituent des créances nées avant l'ouverture de la procédure collective[1467] ». Selon la Cour de cassation, la caution ne saurait être dégagée de son engagement dans le cadre d'une transmission de dette au cessionnaire. Cette opération n'emporte pas novation de l'obligation de la caution.

598. Fondements de la solution française. Cette poursuite du cautionnement en matière de cession de prêt, peut se justifier par la distinction entre l'obligation de règlement et l'obligation de couverture[1468]. Cela s'explique également, à juste titre, par le fait que : « *la dette de l'emprunteur est née entièrement lors de la remise de fonds et non au fur et à mesure de l'exécution du contrat. Il ne faut pas confondre la date d'exigibilité d'une obligation et sa date de naissance. [...] Dans un contrat de prêt, les échéances de remboursement ne sont que des termes suspensifs, des modalités de l'obligation de restitution*[1469] ». Aussi, cette position de la jurisprudence semble en conformité avec l'esprit du texte. Comme cela a été judicieusement souligné, l'objectif du législateur était celui de protéger les créanciers munis de sûretés, tout en moralisant les cessions[1470]. Ainsi, cette solution, bien établie en jurisprudence, semble encore, aujourd'hui être d'actualité.

599. Absence d'incidence de la reprise volontaire de prêt par le cessionnaire sur le cautionnement. La chambre commerciale de la Cour de cassation rappelle dans un arrêt du 9 février 2016, que le plan de cession n'a aucun caractère novatoire[1471]. Par conséquent, la reprise volontaire d'un prêt par le

---

[1467] Cass. com., 13 avril 1999, pourvoi n° 97-11383, *Bull. civ. IV*, n° 87 ; *JCP G.* I, 1999, n° 177, n° 11, obs. M. CABRILLAC ; *D.* 2000, p. 257, note P. LIPINSKI ; *RTD com.* 2000, p. 177, obs. A. MARTIN- SERF ; *Defrénois.*1999, art. 37023, obs. J.-P. SÉNÉCHAL ; *RTD com.*, 1999, p. 962, obs. C. SAINT ALARY-HOUIN. *Adde*, Cass. com., 3 avril 2002, pourvoi n° 99-10.932, *Rev. proc. coll.*, 2003, p. 333, spéc. n° 13, obs. Ch. LÉGUEVAQUES ; Cass. com., 9 novembre 2004, pourvoi n° 02-17.467.

[1468] V. notamment, A.S. ALGADI, « Cession judiciaire et principes contractuels », *RIDC*, 2008, p. 60.

[1469] V. en ce sens, J.-L. COUDERT, « Procédures collectives : la caution est-elle engagée après la prise en charge d'un contrat de prêt par un cessionnaire ? », *LPA* 14 juin 1999, p. 8. Aussi en ce sens, C. BERGER, « Le sort de la caution en cas de cession de contrat dans le cadre d'une procédure collective », *D.*, 2003, p. 1682 ; F. MACORIG-VENIER, « Les créanciers et leurs garanties », *Rev. proc. coll.*, n° 6, 1er novembre 2015, p. 55, spéc. n° 17.

[1470] C. SAINT -ALARY- HOUIN, *Droit des entreprises en difficulté*, 9e éd., LGDJ, 2014, p. 810, n° 1293.

[1471] Cass. com., 9 février 2016, pourvoi n° 14-23.219, *JCP E.* n° 19, 12 mai 2016, 1280, note Th. STEFANIA.

cessionnaire ne vaut pas, sauf volonté expresse du créancier (prêteur), la décharge du débiteur initial, de sorte que la caution solidaire des engagements de ce dernier demeure tenue de garantir les échéances postérieures à l'arrêté du plan de cession. En l'espèce, une banque avait consenti à une société un prêt garanti par des personnes physiques qui se sont portées cautions solidaires. L'entreprise en question faisant l'objet d'un redressement judiciaire, la banque assigna en paiement l'une des cautions. Par la suite, un plan de cession fut adopté par le tribunal et le cessionnaire ayant repris l'encours du prêt, fut lui-même l'objet d'une procédure collective. Pour les juges du fond, l'obligation de paiement de la caution cesse dès l'adoption du plan de cession, dans la mesure où il y a eu un changement de débiteur accepté par le préteur (la banque), lors du transfert du contrat prêt.

600. Sans surprise, la chambre commerciale de la Cour de cassation cassa cette décision en rappelant que par application de l'article L. 642-7 du Code de commerce, le contrat de prêt, ne fait pas partie de la catégorie de contrats « *susceptibles d'être cédés en exécution d'un plan de cession*[1472] ». Par la même occasion, les juges du droit ont précisé que le contrat de prêt consenti par un professionnel avant l'ouverture de la procédure collective, n'est pas un contrat en cours au sens de l'article L. 622-13 du Code de commerce et ne peut pas par conséquent faire l'objet de cession par application de l'article L. 642-7 du Code de commerce[1473].

601. **Une solution équilibrée**. Ainsi, la reprise volontaire de prêt peut s'avérer trompeuse pour une caution qui penserait être libérée de son engagement à garantir ledit prêt[1474]. Quoi qu'il en soit, cette solution mérite l'approbation. Comme l'observe, à juste titre, un auteur, « *la cession de prêt, qu'elle résulte de l'article L. 642-12, alinéa 4, du Code de commerce, ou qu'elle soit convenue, n'a aucune incidence, ni sur l'existence des obligations, ni sur l'étendue*[1475] ». Si le législateur a entendu préserver le maintien des sûretés en cas de cession au profit des créanciers, il n'a pas, pour autant, sacrifié les intérêts de la caution. Cette dernière est libérée au fil des remboursements de

---

1472 Cass. com., 9 février 2016, pourvoi n° 14-23.219, *Rev. proc. coll.* n° 3, mai 2016, comm. 85, note J.-J. FRAIMOUT. Déjà en ce sens, Cass. com., 14 décembre 1993, pourvoi n° 92-11.647, *Bull. civ. IV*, n° 477 ; Cass. com., 13 avril 1999, pourvoi n° 97-11.383, *Bull. civ. IV*, n° 87.

1473 Cass. com., 9 février 2016, pourvoi n° 14-23.219, *Gaz. Pal.* n° 23, 21 juin 2016, p. 34, obs. M.- P. DUMONT- LEFRAND

1474 *Ibidem.*

1475 *Ibidem.*

crédit par le cessionnaire[1476]. De plus, les échéances contractuellement prévues sont conservées, tandis que les autres dettes sont devenues exigibles dès l'adoption du plan de cession[1477].

602. **Une solution confirmée par la réforme 2016 du droit des obligations**. Au final, on peut se réjouir que le raisonnement consacré par la Cour régulatrice repose, *in fine*, sur un principe de droit commun[1478] qui a été conforté par la réforme de 2016 du droit des obligations. Conformément à l'article 1273 du Code civil devenu l'article 1330 du Code civil[1479], issu de l'ordonnance n° 2016-131 du 10 février 2016, portant réforme du droit des contrats, du régime général et de la preuve des obligations, la novation ne se présume pas. Il faut l'accord exprès du créancier. Cette logique, également n'est pas démentie aux articles 1327-2[1480] et 1328-1[1481] du Code civil relatifs à la cession de dette.

603. **Une solution similaire choisie par le législateur OHADA**. Il semble en être de même en droit OHADA, où, comme nous l'avons déjà souligné, le législateur a, depuis la réforme du 10 septembre 2015 consacré un principe général de continuation des contrats en cours, même lorsqu'il s'agit de contrats *intuitu personae*[1482]. Il y a lieu de croire qu'il s'agisse d'une cession de contrat comme d'une cession de dette, le cautionnement a désormais

---

1476 F. PEROCHON, *Cautionnement et procédures collectives, Dr. et patr.* 2008, p. 172.

1477 *Ibidem.*

1478 En ce sens, Cass. com., 9 février 2016, pourvoi n° 14-23.219, *BJE*, n° 3, 1er mai 2016, p. 175, obs. F. REILLE.

1479 Selon l'article 1330 du Code civil : « La novation ne se présume pas ; la volonté de l'opérer doit résulter clairement de l'acte ».

1480 En matière de cession de dette, l'article 1327-2 du Code civil issu de l'ordonnance 2016 dispose : « *Si le créancier y consent expressément, le débiteur originaire est libéré pour l'avenir. À défaut, et sauf clause contraire, il est tenu solidairement au paiement de la dette.* »

1481 En matière de cession de dette, l'article 1328-1 du Code civil issu de l'ordonnance 2016 dispose : « *Lorsque le débiteur originaire n'est pas déchargé par le créancier, les sûretés subsistent. Dans le cas contraire, les sûretés consenties par des tiers ne subsistent qu'avec leur accord.* »

1482 F.-M. SAWADOGO, « Commentaires sous articles 107 et 108 de l'Acte uniforme du 10 septembre 2015 portant organisation des procédures collectives », *in OHADA Traité et actes uniformes commentés et annotés*, Juriscope, 2016, p. 1260. Comme l'indique cet auteur, les rédacteurs du nouvel AUPCAP ont semblé prendre conscience que de nos jours le caractère intuitu personae est de plus en plus très « *distendu [...] mais surtout que laisser aux cocontractants concernés la possibilité de rompre leur contrat au jour de l'ouverture de la procédure collective [génèrent encore] les critiques de certains cocontractants et, en particulier les banquiers* ».

vocation à être poursuivi en cas d'adoption du plan. Or, pendant longtemps, la solution contraire prévalait. Pour d'aucuns, , il suffisait de se référer à l'ancien article 133 de l'AUPCAP de 1998 (non modifié par la réforme de 2015) pour se convaincre de l'incessibilité de la caution dans le cadre d'un prêt. Cet article disposait, de manière limpide, que « *lorsque l'ensemble cédé comporte des biens grevés de sûreté réelle spéciale, la cession n'emporte purge de cette sûreté que si le prix est intégralement payé*[1483] ». Ledit texte semblait renvoyer exclusivement aux sûretés réelles et on pouvait en déduire une volonté du législateur africain d'exclure la garantie personnelle que représente le cautionnement (très fortement imbibé de l'*intuitu personae*)[1484]. Par raisonnement *a contrario*, on peut en déduire qu'à l'image du droit français dont le législateur africain s'inspire pour partie, sauf accord entre le créancier et le cessionnaire, la caution OHADA, en cas de cession légale de dette, reste tenue de garantir le remboursement de l'intégralité de la dette née du chef du débiteur principal avant l'ouverture de la procédure collective. Le transfert de la charge de la sûreté n'emporte aucun effet novatoire. Reste à espérer que, pour l'avenir, les juges de la CCJA en viennent à apporter des clarifications sur la position du législateur OHADA.

Conclusion de la section II

604. Ainsi, le sort réservé à la caution dans le cadre du plan de redressement judiciaire et de la cession, renforce incontestablement les prérogatives du créancier. En droit français[1485] comme en droit OHADA, l'adoption du plan de cession n'emportera que très rarement la libération de la caution. Les deux systèmes juridiques consacrent le maintien de l'engagement de la caution dans le cadre d'un plan de cession. En outre, dans les deux systèmes juridiques, les diminutions substantielles de la dette du débiteur en difficulté ne profitent pas à la caution. Quoi qu'il en soit, malgré tous ces aménagements au profit des créanciers, les intérêts des cautions semblent globalement préservés.

[1483] V. notamment en ce sens, A.-S. ALGADI, *Contrats et droit OHADA des procédures collectives : étude à la lumière du droit français*, préf. M.-H. MONSERIE-BON, L'Harmattan, juillet 2009, p. 309, spéc. n° 436.

[1484] *Ibidem*.

[1485] N. BORGA, obs. sur Cass. com., 19 octobre 2010, pourvoi n° 09-68377, *LEDEN*, n° 11, 1er décembre 2010, p. 3.

Conclusion du chapitre II

605. Constatations. Au vu de ce qui précède, il apparaît un renforcement significatif des droits des créanciers dans le cadre des procédures curatives. Ainsi, le professeur François-Xavier Lucas a pu, à un moment donné, qualifier de « *cadeaux* », voire d'« *aubaines*[1486] », les avantages accordés par le législateur français aux créanciers. En tout état de cause, cette attitude du législateur français comme du législateur OHADA semble équitable et justifiée dans la mesure où il s'agit de primer uniquement les cautions méritantes.

606. Perspectives. Toutefois, pour parvenir à un équilibre contractuel pleinement satisfaisant certains correctifs méritent d'être apportés. En droit français, cela passe par un remaniement de l'article L. 650 du Code de commerce. En droit OHADA, le législateur gagnerait à l'instar du droit français à refuser à l'ensemble des cautions (y compris les personnes physiques) l'extension des diminutions substantielles de la dette du débiteur en difficulté.

1486 F.- X. LUCAS, « Du plan de continuation au plan de sauvegarde, la restructuration de l'entreprise », *RLDA*, supplément, mars 2005, p. 940.

Conclusion du titre II

607. Comme le dit l'adage, « *prévénir vaut mieux que guérir* ». Au premier abord excessives si les mesures de faveur accordées par les législateurs francais et de l'OHADA aux cautions dans le droit de la défaillance, peuvent paraître excessives, à l'analyse on se rend bien compte que cette démarche est justifiée et participe d'une certaine justice contractuelle. Comme l'ont très pertinemment relevé certains auteurs, « *en matière contractuelle, l'impératif de justice distributive commande d'accorder des faveurs aux contractants victimes d'une certaine violence économique et sociale. Ainsi, [ce principe justifie aussi la dispense de] ces débiteurs victimes de la crise économique de leur obligation au paiement et de faire supporter corrélativement aux créanciers d'importants sacrifices*[1487] ». L'équilibre contractuel implique qu'une certaine solidarité soit imposée aux créanciers de cautions d'entreprises en difficultés[1488]. De plus, cette politique du législateur français et africain a le mérite de favoriser la sauvegarde des entreprises, ainsi que le paiement des créanciers. Les procédures de redressement judiciaires, quant à elles, donnent peu de chances de survie aux sociétés en difficulté. De la même manière, en droit du surendettement, « *l'impératif de justice distributive* » se justifie davantage, compte tenu d'une certaine marginalisation des cautions surendettées[1489]. Reste que malgré ces initiatives louables, certains correctifs doivent être apportés afin d'améliorer les dispositifs actuels en droit français et OHADA.

[1487] M. BOURASSIN, V. BREMOND, M.- N. JOBARD- BACHELIER, *Droit des sûretés*, 5e éd., novembre 2015, n° 546, p. 279.

[1488] *Ibidem.*

[1489] *Ibidem.*

Conclusion de la deuxième partie

608. La recherche de l'équilibre contractuel, au stade de l'exécution du cautionnement, met en lumière, une fois de plus, les insuffisances, les mérites, ainsi que les différences respectives des législations françaises et OHADA. Celles-ci se révèlent tant dans le droit du cautionnement que dans celui des procédures collectives.

609. En droit français, la quête de l'équilibre contractuel en dehors du cadre spécifique du droit de la défaillance, s'est matérialisée par une protection aigue de la caution. Mû de bonnes intentions, le législateur a tenté d'imposer une certaine solidarité au créancier professionnel, à travers une série de dispositions destinées à prévenir tantôt les oublis de la caution, tantôt à préserver les prévisions de la caution. Mais, cette bienveillance paraît, aujourd'hui malficelée et déséquilibre de manière inquiétante le cautionnement au détriment des créanciers. À l'inverse, le législateur de l'OHADA de 2010 tirant les enseignements de la pratique française, s'est montré moins bienveillant à l'égard des cautions, en évitant de tomber dans le « *tout protectionnisme* » dans sa quête de rééquilibrage du cautionnement. Toutefois, les lacunes relevées dans son dispositif, relatif au recours en paiement de la caution, à l'instar du droit français, constitue un sérieux handicap en vue de l'atteinte de son objectif. En outre, il a pu être observé des lacunes quant à la preuve de la délivrance de l'information par le créancier. Le législateur est resté muet. Pourtant, la lisibilité des textes, facteur esentiel pour la bonne appplication des textes, contribue à l'équilibre contractuel.

610. Par ailleurs, dans le droit des procédures collectives, le législateur français suivi en cela par son homologue de l'OHADA, (lors de la réforme de 2015), a semblé davantage mesuré dans sa quête d'équilibre du cautionnement. Soucieux de favoriser le sauvetage de l'entreprise en difficulté, il a procédé à l'instrumentalisation des règles. Il s'est livré à *« un périlleux exercice d'équilibriste, consistant à redonner dans certains cas, de l'importance aux créanciers tout en responsabilisant le chef d'entreprise et en protégeant par là même les intérêts de la caution*[1490] ». La caution, notamment personne physique, a vu étendre à elle les mesures favorables du débiteur en diffuculté dans le cadre des procédures « *volontaires* ». Il fallait inciter les cautions dirigeantes à déclencher rapidement les procédures de sauvegarde. Mais pour

[1490] E. LACASSAGNE, « Les cautions à l'épreuve de la loi de sauvegarde : cautionnera bien qui préviendra le premier… », *LPA* 7 février 2006, numéro spécial, p. 50.

autant, les intérêts du créancier sont relativement sauvegardés par certaines dispositions telles que la survie de l'engagement de la caution à la forclusion du créancier, l'admission exceptionnelle de la responsabilité des créanciers de l'entreprise en difficulté, le maintien de l'engagement de la caution, en cas de plan de cession, les mesures favorables à son profit dans le cadre des procédures curatives. Au demeurant, s'il semble que l'on peut se réjouir que les législateurs français et OHADA aient fait preuve d'un certain pragmatisme imposant une forme de solidarité au créancier, on peut regretter certaines lacunes. Il est, par exemple, difficile de comprendre qu'une caution personne morale jouisse des mêmes avantages qu'une caution personne physique particulièrement dans le cas de l'entreprise en difficulté. S'il paraît indéniable qu'il faille protéger de manière raisonnable la caution, encore faudrait-il que la protection soit « *ciblée* » au risque de créer un déséquilibre.

Conclusion générale

611. Constatations. Au terme de cette étude comparative, axée sur la recherche de l'équilibre contractuel dans le cautionnement en droit français et en droit OHADA, nous pouvons dégager un certain nombre de constats. En effet, malgré leurs nombreuses initiatives louables menées afin de parvenir à l'équilibre contractuel, le législateur français et OHADA ne sont pas parvenus à trouver la juste mesure dans l'élaboration de leurs dispositifs. En droit OHADA, on assiste à un déséquilibre trop important au profit du créancier (allongement de la périodicité de l'obligation d'information de la caution, assouplissement du formalisme, absence de principe de proportionnalité au profit des cautions). Du côté du législateur français, la tendance est plutôt inverse. La caution apparaît trop privilégiée. De la conclusion du contrat jusqu'à son exécution plusieurs mesures de protection ont été prises à son égard : l'alourdissement du formalisme informatif, l'encadrement strict de son pouvoir de contracter, l'émergence d'un devoir du créancier de contracter de bonne foi, la mise à sa disposition d'une floraison de voies de recours en paiement et moyen de défense. Ce déséquilibre, est aujourd'hui, catalysé dans ces deux systèmes par un ensemble de lacunes observées tel que l'« *incohérence* », la complexification, ou parfois des zones d'ombres dans certains textes, conduisant souvent à des atermoiements de la jurisprudence.

612. Propositions en vue d'un rééquilibrage du cautionnement. Ces différents constats, à l'issue de cette étude, conduisent à formuler un certain nombre de propositions dirigées vers une meilleure conciliation entre la préservation des interêts de la caution et la satisfaction du créancier. Il convient de revenir sur quelques grandes lignes d'entre elles.

613. Il serait judicieux que le législateur français, à l'instar du législateur OHADA (lors de la réforme de 2010) en vienne à assouplir, voire à simplifier les mentions manuscrites. À cette fin, il convient de privilégier un « *formalisme intelligent* ». S'il semble indéniable que le formalisme probatoire revêt un intérêt certain, on peut s'interroger sur le maintien d'un formalisme *ad validatem*[1491], imposant rigoureusement le recopiage de la mention

[1491] Ph. SIMLER, « 2006, une occasion manquée pour le cautionnement », *JCP N,* n° 12, 25 mars 2016, 1109, spéc n° 1.

manuscrite. À défaut d'abrogation, comme en droit OHADA, le législateur français gagnerait à consacrer la nullité relative et à donner la possibilité au créancier d'apporter la preuve contraire[1492]. De la même façon, il faudrait supprimer la formule « *et uniquement celle-ci* » énoncée aujourd'hui au nouvel article L. 331-1 (ex article L. 341-2) du Code de la consommation. En général, les cautions allèguent trop facilement la nullité de leurs engagements. Il y aurait également lieu de procéder au rapatriement des nouveaux articles L. 331-1, L. 331-2 et L. 332-2 du Code de la consommation, afin de leur donner plus de lisibilité et de les rendre plus opérationnels[1493]. Le dispositif actuel apparaît comme un « *labyrinthe*[1494] », voire, dans certains cas, un véritable piège pour le créancier, y compris pour la caution.

614. Il est également souhaitable, en vue du rééquilibrage du cautionnement, que le législateur français et son homologue de l'OHADA rétablissent le caractère accessoire de l'engagement de la caution. Cela suppose qu'ils confèrent à la caution le droit de pouvoir se prévaloir de toutes les exceptions que le débiteur pourrait opposer au créancier.Une solution originale, allant dans ce sens, a pu être consacrée en droit allemand (770, alinéa 1 du *BGB*)[1495]. Dans une telle démarche, on arriverait à une juste conciliation entre le caractère traditionnellement accessoire du cautionnement et les intérêts du créancier. Il paraît injuste que la caution soit tenue de l'engagement du débiteur principal, alors que ce dernier se retrouverait libéré vis-à-vis du créancier.

615. Toujours dans une optique de simplification et corrélativement d'équilibre du cautionnement, il serait opportun que le législateur français remédie à la dispersion de ses textes alourdissant les contraintes du créancier, notamment en termes d'information de la caution. Il conviendrait, à l'instar du droit OHADA, de consacrer une obligation d'information unique, mais dont bénéficierait uniquement des cautions méritantes ou « *averties* ». Ici, il faudrait raisonner en termes « *d'aptitude à connaître* » et non en termes de « *connaissance effective*[1496] ». S'il faut instaurer un brin de coopération par cette obligation d'information, lors de l'exécution du contrat, la justice

---

1492 M. MEKKI, « La protection de la caution : propos conclusif », *RD Bancaire et fin.* n° 43, 2012, p. 91

1493 G. PIETTE, « Le cautionnement dans le nouveau Code de la consommation », *Lexbase-La lettre juridique*, n° 651, 14 avril 2013, p. 3.

1494 P. CROCQ, « Les développements récents de l'obligation de la caution », *Mélanges Cabrillac Michel*, Dalloz – Litec, 1er janvier 1999, p. 349.

1495 Cf. *supra*, V. nos développements, paragraphe n° 289.

1496 E. PALVADEAU, « Réflexions sur la caution avertie », *Dr. et patr.*, n° 218, octobre 2012, p. 37.

contractuelle implique qu'il faille tenir compte de la qualité de la caution bénéficiaire[1497]. Malgré tout, on peut comprendre, dans une certaine mesure, la frilosité du législateur OHADA à introduire le concept de « *caution avertie* » au vu des contentieux suscités dans les tribunaux, en France.

616. Par ailleurs, on pourrait penser à introduire en droit français cette notion (de « *caution avertie* ») à l'exigence de proportionnalité. En effet, cet instrument juridique essentiel en vue du rééquilibrage du contrat, souffre aujourd'hui de la non prise en compte de la qualité des cautions lorsqu'elles s'engagent vis-à-vis d'un créancier professionnel. À l'image du devoir de mise en garde, il serait judicieux de procéder à une « *protection sélective* » des cautions personnes physiques, pour plus d'équité vis-à-vis du créancier professionnel. De plus, il faudrait particulièrement en droit français procéder à l'unification des règles régissant le principe de proportionnalité. L'« *hétérogénéité* » du dispositif actuel le rend inintelligible et source d'abondants contentieux. En outre, dans un souci d'équilibre, on devrait songer à adopter une sanction moins rigoureuse, en cas de violation du principe de proportionnalité par le créancier. La réduction judiciaire apparaît comme étant une sanction équilibrée, contrairement à la déchéance. En droit OHADA, il y a lieu d'espérer que le législateur en viendra à mettre en place, un jour, à l'instar du droit français, un principe de proportionnalité et l'exigence d'un devoir de mise en garde. Toutefois, il faudrait tenir compte des spécificités africaines. Ces deux mécanismes semblent essentiels, en vue du rétablissement de l'équilibre contractuel dans le cautionnement.

617. **Pour une réforme en profondeur du cautionnement**. En tout état de cause, deux facteurs clés sont nécessaires, en vue d'un régime équilibré du cautionnement. Sur le fond, il faudrait que les législateurs français et OHADA prennent davantage conscience que l'équilibre du cautionnement implique à la fois une protection raisonnable, voire « *intelligente* », de la caution, tout en ménageant les intérêts du créancier. Sur la forme, cela passe par l'élaboration de textes simples, clairs et précis pour une meilleure mise en œuvre par les parties contractantes et une harmonie jurisprudentielle. « *Le droit des sûretés, ainsi remis en ordre et rénové, retrouverait l'accessibilité qui constitue l'un des atouts des systèmes de droit écrit, et resterait fidèle à l'équilibre des intérêts qui constitue l'un des traits majeurs de la tradition juridique française*[1498] ». Mais, on peut profondément regretter que le législateur

---

1497 Aussi en ce sens, D. POHE, « La caution profane en droit OHADA : Le cautionnement à deux vitesses », *RLDC*, 2016, p. 114, spéc. n° 37.

1498 Rapport du 31 mars 2005, p. 3 cité par : F. BUY, « Recodifier le droit du cautionnement (à propos du Rapport sur la réforme des sûretés) », *RLDC*, 2005, p. 18.

français n'ait pas tiré les enseignements du passé. Les dispositions de l'ordonnance de n° 2016-301, du 14 mars 2016, relatif à la refonte du Code de la consommation n'incitent pas à l'éloge[1499] ; surtout quand on observe la persistance de nombreuses lacunes du cautionnement, depuis longtemps décriées. Comme lors de la réforme des sûretés du 23 mars 2006, il n'a même pas pris en compte les propositions du groupe de travail Grimaldi. S'agissant du régime actuel du cautionnement, il s'est essentiellement cantonné à une renumérotation, « *sans améliorer la cohérence rédactionnelle des textes, [...] remédier aux erreurs et insuffisances de codification et abroger les dispositions obsolètes, devenues sans objet*[1500] ».

618. Parallèlement, on peut regretter que le législateur OHADA, lors de la réforme de l'AUS de 2010, malgré une amélioration notable des textes, ait de manière globale sacrifié les intérêts de la caution sur l'autel de l'efficacité de la sûreté. Pourtant, comme le soulignait, à juste titre, Georges Steiner, dans une période « *où l'argent hurle* »[1501], il devient impérieux de remettre l'équilibre contractuel au cœur du droit[1502]. La justice contracuelle constitue indéniablement un gage d'efficacité de la sûreté. Cela implique une révision en profondeur du régime juridique du cautionnement avec comme principe directeur l'équilibre contractuel. Mais plus pragmatiquement, il faut bien reconnaître qu'à l'heure actuelle, une intervention du législateur français et OHADA (avec les récentes réformes) en la matière semble hautement improbable. Ainsi, il apparaît aujourd'hui, que la place des juges s'avère déterminante dans le rééquilibrage des relations contractuelles. Gageons que ces derniers sauront faire preuve de sagesse. Faute de quoi, il y a lieu de croire, avec le professeur Denis Mazeaud, que « *le déséquilibre contractuel a encore de beaux jours devant lui*[1503] ».

[1499] Fr. MACORIG- VENIER, « Refonte du code de la consommation par l'ordonnance du 14 mars 2016 : incidence sur le cautionnement », *RJC*, n° 3, 1er mai 2016, p. 261.

[1500] G. PIETTE, « Le cautionnement dans le nouveau Code de la consommation », *Lexbase-La lettre juridique*, n° 651, 14 avril 2013, p. 3.

[1501] Cité par Y. LEQUETTE, « Bilan des solidarismes contractuels », *in Études de droit privé : mélanges offerts à Paul Didier*, Economica, 2008, p. 287.

[1502] *Ibidem*.

[1503] D. MAZEAUD, « La révision du contrat », *LPA* 30 juin 2005 n° 129, p. 4.

Bibliographie

I. Ouvrages généraux, manuels et traités

ALBIGÈS (C.) et DUMONT-LEFRAND (M.-P.)

- *Droit des sûretés*, 5e éd., Dalloz, 2015.

ANCEL (P.)

- *Droit des sûretés*, 7e éd., LexisNexis, 2014.

ANDREU (L.) et THOMASSIN (N.)

- *Cours de droit des obligations*, 1re éd., Gualino, 2016.

ANOUKAHA (F.)

- *Le droit des sûretés dans l'acte uniforme OHADA*, Presses universitaires d'Afrique, 1998.
- *OHADA Sûretés*, Bruxelles, Bruylant, 2002.

ANOUKAHA (F.), CISSE-NIANG (A.), FOLI (M.), ISSA-SAYEGH (J.) et autres

- *OHADA Sûretés*, Bruylant-Bruxelles, Juriscope, 2002.

AYNÈS (L.) et CROCQ (P.)

- *Droit des sûretés*, 10e éd., LGDJ, 2016.

BARTHEZ (A- S.) et HOUTCIEFF (D.)

- *Traité de droit civil. Les sûretés personnelles*, préf. J. GHESTIN, LGDJ, 2010.

BLACK YONDO (L.), BRIZOUA-BI (M.), FILLE LAMBIE (O.), LAISNEY (L- J.), et MARCEAU-COTTE (A)

- *Le nouvel acte uniforme portant organisation des sûretés : la réforme du droit des sûretés de l'OHADA*, CROCQ (P.) (dir.), Lamy, 2012.

BONNEAU (Th.)

- *Droit bancaire*, Montchrestien, 1993.

BOURASSIN (M.), BRÉMOND (V.) et JOBARD BACHELLIER (M.-N.)

- *Droit des sûretés*, 5e éd., Sirey, 2016.

CABRILLAC (M.), MOULY (Ch.), CABRILLAC (S.) et PETEL (Ph.)

- *Droit des sûretés*, 2e éd., Litec, 1993.
- *Droit des sûretés*, 10e éd., LexisNexis, 2015.

CAGNOLI (P.), FIN-LANGER (L.) et REGNAUT-MOUTIER (C.)

- *Difficultés des entreprises. Commentaire article par article du Livre VI du Code de commerce*, 5e éd., VALLANSAN J. (dir.), Litec, 2009.

CAPITANT (H.), TERRÉ (FR.), et LEQUETTE (Y.)

- *Les grands arrêts de la jurisprudence civile. Tome 2, Obligations, contrats spéciaux, sûretés*, Dalloz, 2008.

CASEY (J.)

- *Sûretés et famille*, Imprimerie la mouette, 2000.

FABRE-MAGNAN (M.)

- *Droit des obligations. 1, Contrat et engagement unilatéral*, 4e éd., PUF, 2016.

FLOUR (J.), AUBERT (J.-L.) et SAVAUX (É.)

- *Les obligations*, tome 1, Sirey, 15e éd., 2012.

FLOUR (J.) et CHAMPENOIS (G.)

- *Les régimes matrimoniaux*, 2e éd., Armand Colin, 2001.

FRANÇOIS (J.)

- *Droit civil. Les sûretés personnelles*, LARROUMET (C.) (dir.), Economica, 2004.

GENY (F.)

- *Méthode d'interprétation et sources en droit privé positif*, tome 2, LGDJ, 1954.

GERMAIN (M.) et MAGNIER (V.)

- *Traité de droit commercial*, tome 2, 20e éd., LGDJ, 2011.

GUERCHOUN (F.)

- *Pratique du cautionnement et des sûretés personnelles*, 1re éd., Delmas Éditions, 2008.

GHESTIN (J.), BILIAU (M.) et LOISEAU (G.)

- *Traité de droit civil. Le régime des créances et des dettes*, LGDJ, 2005.

GUYON (Y.)

- *Droit des affaires. Entreprises en difficultés. Redressement-Faillite*, 9e éd., Economica, 2003.

ISSA-SAYEGH (J.), POUGOUÉ (P.-G.) ET SAWADOGO (F.-M.)

- *OHADA, Traité et Actes uniformes*, Juriscope, 2016.

JACQUEMONT (A.) et VABRES (R.)

- *Droit des entreprises en difficulté*, 9e éd., LexisNexis, 2015.

JEANTIN (M.)

- *Droit commercial. Intruments de paiement et de crédit. Entreprises en difficulté*, 4e éd., Dalloz, 1995.

JEANTIN (M.) et LE CANNU (P.)

- *Droit commercial : entreprises en difficulté*, Dalloz, 7e éd., (Précis. Droit privé), 2006.

JESTAZ (Ph.)

- *Les sources du droit*, Dalloz, 2005, (Connaissance du droit).

JOBARD-BACHELIER (M.-N.), BOURASSIN (M.) et BRÉMOND (V.)

- *Droit des sûretés*, Dalloz, 2007, (Sirey université. Droit privé).

KALIEU (Y. R.)

- *Les suretés personnelles dans l'espace OHADA*, Presses universitaires d'Afrique, 2006.

KOM (J.)

- *Droit des entreprises en difficulté OHADA : prévention, traitements, sanctions*, préf. P.-G. POUGOUÉ, Presses universitaires d'Afrique, 2013.

LEGEAIS (D.)

- *Travaux dirigés de droit des sûretés*, 6e éd., LexisNexis, 2015.
- *Droit des sûretés et garanties de crédit*, 10e éd., LGDJ, 2016.

LE CORRE (P.-M.)

- *La réforme du droit des entreprises en difficultés. Commentaire de l'ordonnance du 18 décembre 2008 et du décret du 12 février 2009*, Dalloz, 2009

LIENHARD (A.)

- *Sauvegarde des entreprises en difficulté. Le nouveau droit des procédures collectives*, 1re éd., Delmas, 2006.

MALAURIE (Ph.) et AYNÈS (L.)

- *Les sûretés, publicité foncière*, 9e éd., 1998, n° 205.

MARTY (G.), RAYNAUD (P.) et JESTAZ (Ph.)

- *Les sûretés. La publicité foncière*, 2e éd., Sirey, 1987.

MATOR (B.), PILKINGTON (N.), SELLERS (D.), THOUVENOT (S.)

- *Le droit uniforme africain des affaires issu de l'OHADA*, 2e éd., Litec, 2008.

MERCADAL (B.), MAHUTODJI (J.), KODO (V.), BOISMAIN (C.), SAINT-DAHL (H.), MAUGER (F.), AL DEBBACH (H.), MALLEVILLE-COSTEDOAT (M.-H)

- *OHADA : traité, actes uniformes et règlements annotés*, Éditions Francis Lefebvre, 2014, (Code pratique).

MIGNOT (M.)

- *Cours. Droit des sûretés*, Montchrestien, 2010, p. 86.

MINKOA SHE (A.)

- *Droit des sûretés et des garanties du crédit dans l'espace OHADA : les garanties personnelles*, t. 1, PUF, 2010.

PEROCHON (F.)

- *Entreprises en difficulté*, 10e éd., LGDJ-Lextenso éditions, 2014, (Manuel).

PÉROCHON(F.) et BONHOMME (R.)

- *Entreprises en difficultés instruments de crédits et de paiement*, 2e éd., LGDJ, 2012.

PETEL (Ph.)

- *Procédures collectives*, Dalloz, 6e éd., 2009.

PICOD (Y.)

- *Droit des sûretés*, 2e éd., Presses Universitaires de France, 2011, (Thémis. Droit).

PIEDELIÈVRE (S.)

- *Les sûretés*, Paris, Armand Colin, 1996.
- *Droit des sûretés*, 2e éd., Ellipses, 2015.

PIETTE (G.)

- *Droit des sûretés : sûretés personnelles, sûretés réelles*, 10e éd., Gualino-Lextenso éditions, 2016.

PLANIOL, RIPERT et BOULANGER

- *Traité élémentaire de droit civil français*, tome II, n° 183.

PONT (P.)

- *Explication théorique et pratique du Code civil*, tome IX, Paris, 1867.

POUGOUÉ (P.-G.) et KALIEU (Y. R.)

- *L'organisation des procédures collectives d'apurement du passif OHADA*, Presses universitaires d'Afrique, 1999.
- *Introduction critique à OHADA*, Presses universitaires d'Afrique, 2008.

RAYMOND (G.)

- *Droit de la consommation*, 4e éd., LexisNexis, mars 2017.

RIFFARD (J.-F.)

- *Droit des sûretés*, 3e éd., Bréal, 2014, (Lexifac. Droit).

ROMAN (B.)

- *Droit du cautionnement*, Ellipses, 2005.

ROUSSEL GALLE (Ph.)

- *Réforme du droit des entreprises en difficulté par la loi de sauvegarde des entreprises du 26 juillet 2005*, préf. D. TRICOT, Litec, 2005.

SAINT ALARY-HOUIN (C.) et MACORIG-VENIER (F.)

- *Droit des entreprises en difficulté*, 4e éd., Montchrestien, 2014.

SAWADOGO (F. M.)

- *Droit des entreprises en difficultés*, Bruylant, 2002.

SEUBE (J.-B.)

- *Droit des sûretés*, Dalloz, 2016.

SIMLER (Ph.)

- *Cautionnement : garanties autonomes, garanties indemnitaires*, 5e éd., LexisNexis, 2015.

SIMLER (Ph.) et DELEBECQUE (Ph.)

- *Le cautionnement*, Litec, 1983.
- *Droit civil, Les sûretés, La publicité foncière*, 7e éd., Dalloz, 2016, (Précis. Droit privé).

THÉRY (Ph.)

- *Sûretés et publicité foncière*, PUF, 1998.

TROPLONG (R. T.)

- *Le droit civil expliqué, Du cautionnement et des transactions*, Hingray, 1846

VIGNEAU (V.), BOURIN (G.-X.) et CARDINI (C.)

- *Droit du surendettement des particuliers*, 2e éd., LexisNexis, 2012.

VOINOT (D.)

- *Procédures collectives*, Montchrestien, Lextenso-éditions, 2011.

II.
Encyclopédies, jurisclasseurs et répertoires

AYNÈS (L.), CROCQ (P.), DELEBECQUE (Ph.)

- *Encyclopédie Lamy Droit des sûretés*, V° Le cautionnement (die Bürgschaft), Étude n° 520-19.

LEGROS (J.-P.)

- *JCl. Commercial*, V° Cautionnement des sociétés par leurs dirigeants ou leurs associés, fasc. 379.

PIETTE (G.)

- *Rép. com. Dalloz*, V° Caution et déclenchement de la procédure.
- *Rép. civ. Dalloz*, V° Cautionnement.

POUGOUÉ (P.-G.)

- Encyclopédie du droit OHADA, Lamy, 2012.

SIMLER (Ph.)

- *JCl. Notarial Répertoire*, V° Cautionnement, fasc. 55.

III.
Ouvrages spéciaux, thèses et monographies

AGBENOTO (K. M.)

- *Le cautionnement à l'épreuve des procédures collectives*, thèse, Université du Maine, 2008.

ALGADI (A.- S)

- *Contrat et droit O.H.A.D.A des procédures collectives*, préf. M.- H. MONSERIE-BON, L'Harmattan, 2010.

ANCEL (P.)

- *Le cautionnement des dettes de l'entreprise*, Dalloz, 1989.

ANSAULT (J.-J.)

- *Le cautionnement réel*, préf. P. CROCQ, thèse, Université de Toulouse, tome 40, Defrénois, 2009.

AUBERT (J.- L.) et BIHR (Ph.)

- *La location d'habitation : L. 6 juillet 1989, mod. L. 21 juillet 1994*, 2e éd., Sirey, 1994, (Immobilier, droit et gestion).

BAKOUCHE (D.)

- *L'excès en droit civil*, préf. M. GOBERT, LGDJ, 2005, (Bibliothèque de droit privé, tome 432).

BARTHEZ (A.-S.) et HOUTCIEFF (D.)

- *Les sûretés personnelles*, J. GHESTIN (dir.), LGDJ, 2010.

BILLIAU (M.)

- *La transmission des créances et des dettes*, LGDJ, 2002.

BORGA (N.)

- *L'ordre public et les sûretés conventionnelles*, thèse, Lyon III, 2007.

BOURASSIN (M.)

- *L'efficacité des garanties personnelles*, préf. M. JOBARD BACHELLIER et V. BRÉMOND, LGDJ, 2006, (Bibliothèque de droit privé, tome 456).

CHAMOUX (F.)

- *La preuve dans les affaires*, Litec, 1979.

COLASSON (F.)

- *Le patrimoine professionnel*, préf. B. PLANET et B. VAREILLE, Pulim, 2006.

COM (D.)

- *L'étendue du cautionnement*, préf. J. Mestre, PUAM, 1999.

DIFFO MAFFO (R.)

- *La protection de la caution en droit OHADA*, Éditions universitaires européennes, 2012.

DUPICHOT (Ph.)

- *Le pouvoir des volontés individuelles en droit des sûretés*, préf. M. GRIMALDI, Éditions Panthéon Assas, février 2005.

FABIANI (D.)

- *La cession judiciaire des contrats*, thèse dactylographiée, Université de Nice, 1988.

FIN-LANGER (L.)

- *L'équilibre contractuel*, préf. C. THIBIERGE, LGDJ, 2002, (Bibliothèque de droit privé, tome 366).

GAMALEU KAMENI (C.)

- *L'implication du créancier dans les procédures collectives. Étude comparée du droit français et du droit de l'OHADA*, thèse, Université d'Aix-Marseille, 2013

GATSI (J.)

- *L'effectivité du droit de l'OHADA*, préf. H.-D. MODI KOKO BEBEY, Presses universitaires d'Afrique, 2006.

GUERRIERO (M.-A.)

- *L'acte juridique solennel*, préface J. VIDAL, Thèse, Université de Toulouse, LGDJ, 1975.

GOMEZ (J.-R.)

- *Entreprises en difficulté. Lecture de l'acte uniforme de l'OHADA portant procédures d'apurement de passif à la lumière du droit français*, Bajag-Meri, 2003

GRIMAUD (D.)

- *Le caractère accessoire du cautionnement*, préf. D. LEGEAIS, PUAM, 2001.

HABBASSI-MEBARKIA (S.)

- *La protection de la caution*, thèse dactylographiée, Université de Valenciennes et du Hainaut Cambresis, 9 février 2016.

HUPRELLE (L.)

- *La caution dirigeante*, thèse dactylographiée, Université de Toulouse, 5 décembre 2014.

JOUFFIN (E.)

- *Le sort des contrats en cours dans les entreprises soumises à une procédure collective*, préf. C. GALVADA, LGDJ, 1998, (Bibliothèque de droit privé, tome 307).

KALIEU (Y. R)

- *Les garanties conventionnelles du fournisseur de crédit en droit camerounais*, thèse, Université de Montpellier I, 1995.

KOTO-TCHEKA (A.-B.)

- *Le règlement préventif dans l'espace OHADA au regard du droit français des procédures collectives*, préf. Ph. PETEL, Éditions Publibook, 2014.

LE CORRE (P.-M.)

- *Le créancier face au redressement et à la liquidation judiciaire des entreprises*, PUAM, 2000.

LE GAC-PECH (S.)

- *La proportionnalité en droit privé des contrats*, préf. H. MUIR WATT, LGDJ, 2000, (Bibliothèque de droit privé, tome 335).

MAFFO DIFFO (R.)

- *La protection de la caution en droit OHADA*, Éditions européennes universitaires, 2012.

MAJDANSKI (D.)

- *Signatures et mentions manuscrites*, préf. G. ROUZET, thèse, Université de Bordeaux, 2000.

MEGRET (G.)

- *Les recours du garant, Contribution à l'étude du cautionnement et de la garantie autonome en droit interne*, préf. Ph. STOFFEL-MUNCK, PUAM, 2011.

MESTRE (J.), KAYSER (P)

- *La subrogation personnelle*, LGDJ, 1979.

MONSERIE (M.-H.)

- *Les contrats dans le redressement et la liquidation judiciaires des entreprises*, préf. C. SAINT-ALARY-HOUIN, Litec, 1994.

MORRIS-BECQUET (G.)

- *L'insolvabilité*, préf. H. CROZE, PUAM, 2002.

MOTTET (A.)

- *La caution personne physique*, thèse, Université de Savoie Mont Blanc, 2005.

MOULY (Ch.)

- *Les causes d'extinction du cautionnement*, préf. M. CABRILLAC, Librairies techniques, 1979.

NDONGO (C.)

- *Le règlement préventif O.H.A.D.A. Des textes à la pratique : Analyse critique de la prévention des difficultés des entreprises par l'O.H.A.D.A.*, Éditions universitaires européennes, 2013.

N'DONINGAR (D.)

- *Réflexions sur les sûretés personnelles dans le traité issu de l'OHADA*, thèse dactylographiée, Université d'Orléans, 2004.

NGAFAOUNAIN (J.)

- *Les mécanismes de protection de la caution*, thèse, Université d'Orléans, 1993.

PEC-LE GAC (S.)

- *La proportionnalité en droit privé des contrats*, thèse, Université de Paris XI, LGDJ, 2000, (Bibliothèque de droit privé, tome 335).

PICOD (N.)

- *La caution dans les procédures de traitement des difficultés des entreprises*, préf. C. SAINT-ALARY-HOUIN, PUAM, 2008.

POUGOUÉ (P.-G.) et KALIEU (Y.-R.)

- *Introduction critique à l'OHADA*, préf. A. DIOUF, Presses universitaires d'Afrique, 2008.

PUTMAN (E.)

- *La formation des créances*, thèse, Aix-en-Provence, 1987.

ROBINNE (S.)

- *Contribution à l'étude de la notion de revenus*, préf. de R. CABRILLAC, PUP, 2003.

SAAIED (S.)

- *L'échec du plan de sauvegarde de l'entreprise en difficulté*, préf. A. GHOZI, Thèse Paris II, LGDJ-Lextenso éditions, 2013.

SCHULTZ (P.)

- *Les dispositions spécifiques relatives aux garanties par les sociétés anonymes*, thèse dactylographiée, Université de Strasbourg III, 1999.

SÉJEAN (M.)

- *La bilatéralisation du cautionnement ? Le caractère unilatéral du cautionnement à l'épreuve des nouvelles contraintes du créancier*, Préf. D. HOUTCIEFF, Thèse, Université d'Evry Val d'Essonne, LGDJ, 2009.

THERA (F.)

- *La réforme de l'OHADA et les procédures collectives d'apurement du passif*, L'Harmattan, 2012, (Collection Mali).

VALLENS (J.-L.)

- *Crise du crédit et entreprises : les réponses du droit*, Lamy, 2010.

ZIO (M.)

- *Le cautionnement en droit de la consommation : perspective d'évolution du cautionnement en droit OHADA*, Connaissances et savoirs, 2016.

IV.
Articles, chroniques et mélanges

AKONO ADAM (R.)

- « Le sort des sûretés personnelles dans l'Avant-projet de réforme de l'acte uniforme portant organisation des procédures collectives du 10 avril 1998 », *RD bancaire et fin.*, n° 5, septembre 2015, étude 17.

AKPOUE (B.)

- « La protection de la caution illettrée », *Revue CAMES. Sciences juridiques et politiques*, vol. 1, n° 1, 2015, p. 110.

ALBIGES (C.)

- « L'influence du droit de la consommation sur l'engagement de la caution », *Mélanges Calais-Auloy*, *D*, 2003, p. 1.
- « Responsabilité notariale et cautionnement », *Dr. et patr.*, juillet-août 2008, p. 68.
- « Formalisme du contrat de cautionnement : une confirmation et une précision », *RLDA*, 2011/61, n° 3483.
- « La réforme du droit du surendettement : approche de droits substantiels », *RD bancaire et fin.*, n° 6, novembre 2011, dossier 34, p. 15.

ALGADI (A.S.)

- « Cession judiciaire et principes contractuels », *RIDC*, 2008, p. 60.

ANSAULT (J.-J.)

- « La protection à géométrie variable du constituant d'un cautionnement par acte authentique », *RLDC*, 2010, p. 36.
- « L'autorisation des garanties octroyées par les sociétés anonymes : un dispositif à rafraîchir », *RLDC*, n° 105, juin 2013, p. 35.

ANVILE N'GORAN (J.-J.)

- « Du cautionnement solidaire dans l'acte uniforme portant organisation des sûretés de l'OHADA », *Pratiques et actualités du droit OHADA*, juin 2007, p. 50.

ALBIGES (C.)

- « Formalisme du contrat de cautionnement : une confirmation et une précision », *RLDA*, 2011/61, n° 3483.
- « Responsabilité notariale et cautionnement », *Dr. et patr.*, juillet-août 2008, n° 6, p. 68.

- « L'influence du droit de la consommation sur l'engagement de la caution », *Mélanges Calais-Auloy*, Dalloz, 2003, p. 1.

ARLIE (D.)

- « La responsabilité civile du banquier : une voie étroite de libération pour la caution », *LPA*, 29 septembre 2002, n° 191, p. 4.

ARTEIL (D.)

- « Redressement ou liquidation judiciaire du débiteur décédé : quel intérêt pour les héritiers ? », *Defrénois*, n° 2, 30 janvier 2008, p. 145.

ATANGANA MALONGUE (Th.)

- « Le principe d'égalité en droit camerounais de la famille », *Revue internationale de droit comparé*, mars 2006, p. 852.

AUBRY (H.), POILLOT (E.) et SAUPHANOR-BROUILLAUD (N.)

- « Droit de la consommation », *D.* 17 mars 2016, p. 617.

AYNÈS (L.)

- « La réforme du cautionnement par la loi Dutreil, *Dr. et patr.*, novembre 2003, p. 28 et s.

AYNÈS (A.) et DUPICHOT (Ph.)

- « Janvier-juillet 2014 : Désordre législatif, cohérence jurisprudentielle », *Dr. et patr.*, n° 241, novembre 2014, chron., p. 102.
- « Juillet 2015-février 2016 : un (petit) vent de liberté », *Dr. et patr.*, n° 258, mai 2016, chron. p. 121.

BAKOUCHE (D.)

- « Proportionnalité et cautionnement », *Contrats, conso. et consom.*, 2004, chron. 5.

BARBIERI (J.-F.)

- « Le choix des techniques de traitements des difficultés des entreprises, réflexions liminaires », *Rev. proc. coll.*, 4/2005, p. 346.

BARTHEZ (A.-S.)

- « Désordre dans les sources du contrat de cautionnement : l'exemple de l'information de la caution », *RDC*, 2008, n° 2, p. 587
- « L'exigence de proportionnalité en droit du cautionnement », *RDC*, 2011/3, p. 911.

BECQWÉ-ICKOWICZ (S.)

- « Couple et cautionnement », *Dr. et patr.*, n° 172, juillet-août 2008, p. 63.

BEHAR-TOUCHAIS (M.)

- « Le banquier et la caution face à la défaillance du débiteur », *RTD civ.*,1993, p. 737.

BERGER (C.)

- « Le sort de la caution en cas de cession de contrat dans le cadre d'une procédure collective », *D.*, 2003, p. 1682.

BERNARD CORGAS (C.)

- « Recours avant paiement de la caution et action oblique : une combinaison délicat », *RLDC*, 2006, p. 26.

BESNARD GOUDET (R.)

- « Les cautions, avals et garanties donnés par une société en faveur d'un tiers », *JCP E*, 2004, 1149.

BLARY-CLÉMENT (E.)

- « De quelques mesures protectrices du conjoint du chef d'entreprise », *Revue Juridique Personnes et Famille*, 2006, p. 1.

BONHOMME (R.)

- « La place des établissements de crédit dans les nouvelles procédures collectives » *in Les droits et le droit : mélanges dédiés à Bernard Bouloc*, Dalloz, 2007, p. 70.

BOURASSIN (M.)

- « Sûretés et surendettement des particuliers », *LPA*, 10 octobre 2012, p. 4, n° 48.
- « La rationalisation du droit du cautionnement », *RD bancaire et fin.*, janvier-février 2016, p. 91.

BOUTEILLER (P.)

- « La caution face au dol subi par le débiteur principal », *RLDA*, 2007/19, n° 1169.

BRIZOUA-BI (M.),

- « Le nouveau visage des sûretés personnelles dans l'espace OHADA », *Dr. et patr.*, n° 197, novembre 2010, p. 62 et s.

BROCARD (E.)

- « Les procédures d'insolvabilité et les contrats de sûretés personnelles », *LPA*, n° 235, 24 novembre 2006, p. 7, spéc. n° 21.

BURGARD (M.)

- « Le cautionnement donné par le conjoint en régime de communauté », *LPA*, 11 octobre 2011, n° 202, p. 7.

BUY (F.)

- « Recodifier le droit du cautionnement (à propos du Rapport sur la réforme des sûretés) », *RLDC*, 2005, p. 18.

CABRILLAC (M.) et PETEL (Ph.)

- « Sauvegarde, redressement et liquidation judiciaires des entreprises », *JCP E*, 2009, n° 14, 2 avril 2009, chron. 1347.

CABRILLAC (R.)

- « Le nouvel article 1387-1 du Code civil », *RLDC*, 2006, supplément au n° 25.
- « Le passif professionnel : l'efficacité des parades légales pour protéger le patrimoine familial », *JCP N*, n° 22, 29 mai 2009, 1189.

CABRILLAC (S.)

- « Régimes matrimoniaux : Pour retrouver la tranquillité des régimes matrimoniaux », *JCP G*, n° 2, n° hors-série, 1er décembre 2007.
- « Le cautionnement notarié », *Dr. et patr.*, n° 172, juillet-août 2008, p. 58 et s.
- « Droit des sûretés-Le cautionnement au centre de toutes les attentions », *Defrénois*, n° 5, 15 mars 2012, Actes courants-immobiliers, 40387, p. 235.

CAGNOLI (P.) et SALHI (K.)

- « La répartition des procédures de surendettement des particuliers et des procédures collectives d'entreprises », *Rev. proc. coll.*, 2009, n° 4, étude 17.

CALAY-AULOY (J.)

- « L'influence du droit de la consommation sur le droit civil des contrats », *RTD civ.*, 1994, p. 239.

CASEY (J.)

- « Article 1387-1 du Code civil : analyse de la jurisprudence des cours d'appel et bilan quinquennal », *Gaz. Pal.*, n° 7, 7 décembre 2012, p. 17.
- « La nullité relative tirée du dol affectant le consentement du débiteur principal : une exception purement personnelle », *JCP G*, 2007, act. 274.

CEVAËR (E.) et PERROT (P.-E.)

- « L'EIRL et les sûretés négatives.-Un vin nouveau pour de vieilles outres », *JCP G*, n° 23, 9 juin 2011, 1443, n° 37.

Cerles (A.)

- « Le cautionnement et la banque », *Revue Banque Edition*, 2004, (Techniques bancaires).

Cerles (A.) et Séjean (M.)

- « Le cautionnement : du Code civil au Code de la consommation ou les illusions de la protection », *in Études offertes au doyen Philippe Simler*, Dalloz-LexisNexis, 2006, p. 273, (Mélanges).

Champenois (C.)

- « Régimes matrimoniaux : Pour l'abrogation de l'article 1387-1 du Code civil », *JCP G*, n° 2, n° hors-série, 1er décembre 2007.

Chazal (J.-P.)

- « L'incroyable destin de l'article 1387-1 du Code civil », *D.*, 2006, p. 316.

Chénédé (F.)

- « L'équilibre contractuel dans le projet de réforme », *RDC*, n° 3, p. 655.

Chifflot Bourgeois (F.)

- « Les garanties de paiement : l'apport des sûretés dans l'espace OHADA », *RD bancaire et fin.*, janvier-février 2011, p. 19.

Corre (P.-M.)

- « L'heure de vérité de l'EIRL : le passage sous la toise du droit des entreprises en difficultés », *D.*, 2011, p. 91.

Coudert (J.-L.)

- « Procédures collectives : la caution est-elle engagée après la prise en charge d'un contrat de prêt par un cessionnaire ? », *LPA*, 14 juin 1999, p. 8.

Cossic (V.)

- « Libres propos sur la loi portant réforme des successions et des libéralités », *RLDC*, n° 29, 2006, p. 49-56.

Couret (A.)

- « Cautionnement et sociétés », *RD bancaire et fin.*, 2002, p. 219.

Couturier (G.)

- « Les finalités et sanctions du formalisme », *Defrénois*, 2000, p. 887-896.

Crocq (P.)

- « Cautionnement : le retour jurisprudentiel et législatif de la proportionnalité », *RTD civ.*, 2004, p. 124 et s.
- « Les bons sentiments ne font pas les bons textes », *D.* 2005, p. 2025.

- « Le droit des procédures collectives et le caractère accessoire du cautionnement », *in Mélanges en l'honneur de Philippe Malaurie : Liber amicorum*, 2005, p. 171.
- « La réforme des procédures collectives et sort des créanciers munis de sûretés », *Dr. et patr.*, mars 2006, p. 90.
- « Sûretés et publicité foncière », *RTD civ.*, octobre-décembre 2006, chron. p. 797.
- « Les grandes options de la loi de sauvegarde. Réforme des procédures collectives et sort des créanciers munis de sûretés », *Dr. et patr.*, 2006, p. 146.
- « Sûretés et proportionnalité », *Études offertes au doyen Philippe Simler*, Dalloz-LexisNexis, 2006, p. 291, (Mélanges).
- « Lacunes et limites de la loi au regard du droit des sûretés », *D.*, 2007, p. 1354.
- « L'ordonnance du 18 décembre 2008 et le droit des sûretés », *JCP E*, 2009, 1313.
- « Les grandes orientations du projet de réforme de l'acte uniforme portant organisation des sûretés », *Dr. et patr.*, n° 197, novembre 2010, p. 57.
- « Des créanciers et des contractants mieux protégés », *Dr. et patr.*, 2015, Dossier modernisation de l'acte uniforme sur les procédures collectives, p. 253.

DADOUN (A.)

- « Cautionnement : le principal ne suit pas l'accessoire », *D.*, 2012, p. 1043.

DELEBECQUE (Ph.)

- « Les sûretés dans les nouvelles procédures collectives », *JCP N*, 1986, I, p. 385.
- « Le cautionnement et le droit civil : Existe-t- il encore un droit du cautionnement ? », *RJC*, n° 4, 2004, p. 231.

DELEBECQUE (Ph.) et SIMLER (Ph.)

« Droit des sûretés », *JCP G*, 21 février 2011, n° 8, p. 402.

DERRIDA (F.) et SORTAIS (J.-P)

- « La situation des créanciers forclos dans les nouvelles procédures collectives », *LPA*, 22 mars 2006, p. 7.

DESHAYES (O.)

« L'acte contresigné par avocat né (conjugaison à l'imparfait du législatif) », *L'ESSENTIEL Droit des contrats*, n° 5, 3 mai 2011, p. 5 et s.

DIARRAH (B.-S.)

- « Les innovations introduites dans l'acte uniforme portant droit des sûretés », *Revue de droit uniforme africain*, actualité trimestrielle de droit et jurisprudence n° 005, 2011, p. 5.

DIJON (X.)

- « Eléments de droit comparé pour une théorie générale des contrats coutumiers au Burkina », *in Revue Burkinabè de Droit*, n° 7, janvier 1985, p. 30.

DJOUDI (J.)

- « La sanction de l'obligation d'information annuelle », *RD bancaire et fin.*, n° 3, mai 2007, dossier 16.

DONDERO (B.)

- « Réflexions sur les mécanismes d'autorisation des sûretés et garanties consenties par les sociétés anonymes », *D.*, 2004, chron., n° 32.
- « La présomption de solidarité en matière commerciale : une rigueur à modérer », *D.*, 2009, p. 1097.

DUMÉRY (A.)

- « Cautionnement et Code de la consommation : d'une ambition protectrice à un éclatement progressif », *RLDC*, 2011, p. 72.

DUTOUR (N.) ET VIGNAL (F.)

- « La mention manuscrite et l'acte authentique », *Defrénois*, 1998, art. 36740, p. 218.

ETTER (J.) et GOBIN (S.)

- « Sûretés consenties en garantie d'un crédit et proportionnalité », *RD bancaire et fin.*, n° 5, septembre 2015, étude 15.

FARGE (C.)

- « Le recours personnel de la caution : la voie possible d'un renouveau du cautionnement », *D.*, 2003, chron., p. 892.

FENOUILLET (D.)

- « Le Code de la consommation ou pourquoi et comment protéger la caution ? », *RDC*, 1er avril 2004, n° 2, p. 304.

FERNANDEZ (J.-M.)

- « *L'information annuelle des cautions : Une obligation légale universalisée* », *LPA*, 27 février 1998, n° 25, p. 9-13.

FLOUR (Y.)

- « Quelques remarques sur l'évolution du formalisme », *in Le droit privé français au milieu du XXe siècle : études offertes à Georges Ripert*, LGDJ, 1950, tome 1, p. 93.
- « Le cautionnement et le patrimoine des couples » *Dr. et patr.*, avril 2001, p. 35.

FRUGIER

- « Le recours anticipé de la caution lui permet-il de percevoir du débiteur principal le montant de la créance cautionnée à titre d'indemnité ? », *Gaz. Pal.*, 1971, p. 602.

GOUT (O.)

- « La notion de créancier professionnel dans le droit du cautionnement », *RLDC*, 2009/66, n° 3646.

GRIGNON-DERENNE (Fr.-X.)

- « À propos du cautionnement manifestement disproportionné par rapport à la fortune du garant », *D.*, 2001, p. 1382.

GRIMALDI (M.)

- « Commentaire de la loi du 23 décembre 1985 », *Gaz. Pal.*, I, 1986, doctrine, p. 529.
- « L'acte uniforme portant droit des sûretés » *in* L'organisation pour l'harmonisation du droit des affaires en Afrique, *LPA*, 3 octobre 2004, n° 205, p. 31-34.
- « Orientations générales de la réforme » *in* Rapport 'Grimaldi': pour une réforme globale des sûretés, *Dr. et patr.*, septembre 2005, n° 140, p. 50.
- « Projet de réforme du droit des sûretés », *RDC*, 2005, p. 50.
- « Rapport de synthèse », *in* « Ordonnance du 23 mars 2006 relative aux sûretés : bilan d'une année d'application », *LPA*, 27 mars 2008, p. 74.

« L'acte d'avocat, première vue sur un article de l'avant-projet de loi de modernisation des professions judiciaires et juridiques réglementées », *RDC*, 2010, p. 758 et s.

« L'acte sous-seing privé, l'acte authentique et l'acte contresigné par un avocat : quelles utilités ? », *JCP E*, 7 janvier 2010, I, 1008, p. 24.

GUERCHOUN et PIÉDELIÈVRE (S.)

- « La réforme des successions et des libéralités par la loi du 23 juin 2006 », *Gaz. Pal.*, n° 235, 24 août 2006, p. 2-28.

GUESMI (A.)

- « EIRL versus EURL à l'aune du droit des procédures collectives », *D.*, 2011, p. 104.

JACOB (Fr.) et RONTCHEVSKY (N.)

- « L'application de l'article 1415 du Code civil aux garanties », *in Mélanges AEDBF France*, III, Banque Editions, 2001, p. 202.

JOBART-BACHELLIER (M.-N.) et BREMOND (V.)

- « « Rôle et place des mécanismes fondamentaux du droit civil en droit des affaires, de l'utilité du droit de la responsabilité pour assurer l'équilibre des intérêts des contractants », *RTD com.*, 1999, p. 327

HOUIN BRESSAND (C.)

- « Cautions, garants et coobligés », *Rev. proc. coll.*, n° 2, avril 2008, dossier 9.

HOUTCIEFF (D.)

- « Les dispositions applicables au cautionnement issues de la loi pour l'initiative économique », *JCP G*, 2003, p. 3.
- « Propos sur le formalisme moderne : les articles L. 341-2 et L. 341-3 du code de la consommation », *RDC*, 2004, p. 408.
- « Contribution à une théorie du bénéfice de subrogation de la caution », *RTD civ.*, 2006, p. 191.

HUGON (C.)

- « L'approche théorique de la procédure de rétablissement personnel », *Contrats, conc. et consom*, 2005, dossier 10.

ISSA SAYEGH (J.)

- « La certification des actes des personnes qui ne savent ou ne peuvent signer », *Penant*, janvier-mai 1991, p. 118.
- « Présentation générale de l'Acte Uniforme de l'OHADA sur les sûretés », *Revue de droit uniforme*, 2 janvier 2003, p. 369.
- « La liberté contractuelle dans le droit des sûretés de l'OHADA », *www.ohada.com*, Ohadata D-05-06, p. 17.
- « Commentaire de l'acte uniforme du 10 décembre 2010 portant organisation des sûretés », *in OHADA Traités et actes uniformes commentés et annotés*, Juriscope, 2016, p. 897.

JACOB (F.) et RONTCHEVSKY (N.)

- « L'application de l'article 1415 du Code civil aux garanties », *Mélanges AEDBF France*, III, Banque éditions, 2001, p. 197.

JALLAMON (C.) et LISANTI (C.)

- « Le cautionnement, perspectives historiques et contemporaines », *Dr. et patr.*, n° 172, juillet-août 2008, p. 46.

JAMIN (Ch.)

- « L'acte d'avocat », *D.*, 2011, n° 960.

JAZOTTES (G.)

- « Les innovations des procédures de sauvegarde et de redressement judiciaire », *Rev. proc. coll.*, 2005, n° 4, p. 363.

JOBARD-BACHELLIER (M.-N.) ET BRÉMOND (V.)

- « Rôle et place des mécanismes fondamentaux du droit civil en droit des affaires, De l'utilité du droit de la responsabilité pour assurer l'équilibre des intérêts des contractants », *RTD com.*, 1999, p. 327.

KALIEU (Y. R.)

- « La mention manuscrite dans le cautionnement OHADA », *Juridis Périodique*, juillet-septembre 2003, p. 109.

KEBA MBAYE

- « L'histoire et les objectifs de l'OHADA », *LPA*, 13 octobre 2004, n° 205, p. 5-7.

KLEIN (J.), LATINA (M.) et LIBCHABER (R.)

« Régime des obligations contractuelles », *RDC*, 2013/1, janvier 2013, p. 123-137.

LACASSAGNE (E.)

- « Les cautions à l'épreuve de la loi de sauvegarde : cautionnera bien qui préviendra le premier », *LPA*, 17 février 2006, numéro spécial, p. 50.

LAGARDE (X.)

- « Observations critiques sur la renaissance du formalisme », *JCP G*, 1999, I, 170.

LACHIÈZE (C.)

- « L'article 1415 du Code civil à l'épreuve du cautionnement par les époux de la même dette », *JCP G*, 2005, II, 1016-1018.

LAISNEY (L.-J.)

- « Nouvelles incertitudes sur la responsabilité du banquier pour soutien abusif », *RLDA*, 2010, p. 48.

LANGLADE (J.-P.)

- « Le pouvoir de fournir des sûretés dans les sociétés anonymes, *RTD com.*, 1979, p. 355.

LARGUIER

« La preuve d'un fait négatif », *RTD civ.* 1953, p. 1-48.

LARRIBEAU-TENEYRE (V.)

- « Régimes matrimoniaux : supprimer l'article 1387-1 », *JCP G*, n° 2, n° hors-série, 1er décembre 2007.

LASSERRE CAPDEVILLE (J.)

- « Le banquier dispensateur de crédit face au principe de proportionnalité », *Banque et droit*, mai-juin 2007, n° 113, p. 25.

LATINA (M.)

« Le notaire et la sécurité juridique », *JCP N*, n° 42, 22 octobre 2010, 1325.

LE CORRE (P.-M.)

- « Premiers regards sur la loi de sauvegarde des entreprises », *D.*, 2005, p. 2297.
- « Premiers regards sur l'ordonnance du 12 mars 2014 réformant le droit des entreprises en difficulté », *D.*, 2014, p. 733.
- « Les plans et les cautions », *Rev. proc. coll.*, n° 3, mai 2015, dossier 40.

LE GALLOU (C.)

« Mentions manuscrites de la caution : faire des lignes pour protéger ? », *RLDC*, n° 131, novembre 2015, p. 28.

LEGEAIS (D.)

- « La faute du créancier : moyen de défense de la caution poursuivie », *LPA*, mars 1995.
- « La réforme du cautionnement par la loi du 29 juillet 1998 relative à la lutte contre les exclusions », *JCP N*, n° 52, 25 décembre 1998, p. 1835.
- « Le Code de la consommation, siège d'un nouveau droit commun du cautionnement », *JCP E*, n° 41, 9 octobre 2003, 1610-1615.
- « Les concours consentis à une entreprise en difficultés », *JCP E*, 2005, 1510.
- « La caution dirigeante », *in Les droits et le droit : mélanges dédiés à Bernard Bouloc*, Dalloz, 2007, p. 599.
- « Cautionnement et surendettement », *RD bancaire et fin.*, n° 5, septembre 2008, comm. 133.

« Dispense de formalisme pour les cautionnements par acte d'avocat », *RD bancaire et fin.*, n° 4, juillet 2011, comm. 132

- « La responsabilité bancaire pour fourniture de crédit », *RD bancaire et fin.*, n° 6, novembre 2014, étude 24.
- « La portée de la réforme du droit des procédures collectives », *RD bancaire et fin.*, n° 3, mai 2014, comm. 102.
- « Sûretés-2006, une occasion manquée pour le cautionnement », *JCP N*, n° 12, 25 Mars 2016, 1109.

LE CORRE (P.-M.)

- « La poursuite de la caution personne physique d'un débiteur ayant obtenu un plan de redressement », *Gaz. Pal.*, octobre 2012, n° 286-287.

LE GAC-PECH (S.)

- « Les nouveaux remèdes au déséquilibre contractuel dans la réforme du Code civil », *LPA*, 16 août 2016, n° 162-163, p. 7.

LEPAGE (A.)

- « Les paradoxes du formalisme informatif », *in Études de droit de la consommation : liber amicorum Calais-Auloy*, Dalloz, 2004, p. 597.

LEVENEUR (L.)

« La loi du 28 mars 2011 et les mentions manuscrites », *Contrats, conc. et consom.*, 2011, repère n° 5.

LEVOA AWONA (S.-P.)

- « La poursuite de la caution d'une entreprise en difficulté en droit OHADA », *Banque et droit*, n° 144, juillet-août 2012, p. 9 et s.

LEQUETTE (Y.)

- « Bilan des solidarismes contractuels », *in Études de droit privé : mélanges offerts à Paul Didier*, Economica, 2008, p. 287.

LIENHARD

- « Application dans le temps de la suspension des poursuites contre les cautions personnes physiques », *D.*, 2004, p. 1020.

LOHOUES-OBLE (J.)

- « L'autonomie des parties : le caractère supplétif des dispositions de l'avant-projet d'Acte uniforme OHADA sur le droit des contrats », *Revue de droit uniforme*, 2008, p. 326.

LOISEAU (G.) et DJOUDI (J.)

- « De la fonction de la mention manuscrite », *RD bancaire et fin.*, 2003, p. 249-251.

LUCAS (F.-X.)

- « Du plan de continuation au plan de sauvegarde, la restructuration de l'entreprise », *RLDA*, supplément, mars 2005, p. 940.

LUNTUN (O.)

- « L'information de la caution de la défaillance du débiteur principal », *RD bancaire et fin.*, n° 4, juillet 2003, dossier 100048, p. 262-264.

MACORIG-VENIER (FR.)

- « Le soutien abusif », *RLDA*, 2008, p. 24.
- « Les garanties consenties par les dirigeants ou associés », *RJ com.*, mai-juin 2009, n° 3, p. 221.
- « La protection du dirigeant caution », *Cahiers de droit de l'entreprise*, n° 3, mai-juin 2012, p. 46.
- « Les créanciers et leurs garanties », *Rev. proc. coll.*, n° 6, 1er novembre 2015, p. 55.
- « Refonte du code de la consommation par l'ordonnance du 14 mars 2016 : incidence sur le cautionnement », *RJC*, n° 3, 1er mai 2016, p. 261

MACORIG-VENIER (F.) et SAINT ALARY-HOUIN (C.)

- « Les créanciers dans l'ordonnance n° 2008-1345 du 18 décembre 2008 portant réforme du droit des entreprises en difficulté », *Revue des procédures collectives civiles et commerciales*, n° 1, janvier 2009, dossier 9.

MAGNIN (F.)

- « Une page d'écriture pour la caution », *LPA*, 5 et 10 octobre 1994, n° 119 et 121.

MARTIN (L. M)

- « L'information de la caution », *in Études réunies en l'honneur de Michel de Juglart*, LGDJ, 1986, p. 155.

MARTINEAU-BOURGNINAUD (V.)

- « Le divorce du débiteur », *Rev. proc. coll.*, n° 1, janvier 2013, dossier 8.

MATOR (B.)

- « Comparaison de deux sûretés personnelles : cautionnement et lettre de garantie », *JCP E*, n° 5, supplément n° 44, 28 octobre 2004, p. 21.

MATTOUT (A.) et PRÜM (J.-P.)

- « La crise continue de marquer profondément le droit bancaire », *Dr. et patr.*, 2014, chron., n° 2791.

MAURIN (A.)

- « La pratique notariale du cautionnement », *Dr et patr.*, 2008, p. 172.

MAZEAUD (D.)

- « Le principe de proportionnalité et la formation du contrat », *LPA*, 1998, n° 117, p. 12.
- « L'acte sous seing privé contresigné par avocat », *RDC*, juillet 2011, n. 3, p. 875.

MBEM (Y. L.)

- « La mise en œuvre de la convention sur l'élimination de toutes formes de discrimination à l'égard des femmes (CEDEF), *Revue Le Miroir du droit*, numéro spécial, janvier-février 2010, p. 79.

MEDINA (A.)

- « Formalisme et consentement dans le contrat de cautionnement : évolution de la jurisprudence », *D.*, 2002, n° 36, chron., p. 2787 et s.

MEKKI (M.)

- « La singularité du devoir de mise en garde du banquier dispensateur de crédit », *RD bancaire et fin.*, n° 6, novembre 2007, dossier 27.
- « La protection de la caution : propos conclusif », *RD bancaire et fin.*, n° 5, 1er septembre 2012, p. 92.

MESTRE (J.)

- « La pluralité d'obligés accessoires », *RTD civ.*, 1981, p. 1.
- « Réflexions sur l'abus du droit de recouvrer sa créance », *in Mélanges offerts à Pierre Raynaud*, Dalloz, 1985, p. 439.
- « Des notions de consommateurs », *RTD civ.*, 1989, p. 62.

MEUKE (B.-Y.)

- « Quelques précisions sur le sort des engagements de la caution décédée en droit OHADA », *www.ohada.com*, Ohadata D-08-17.

MICHA GOUDET (R.)

- « Inopposabilité des cautions, avals et garanties irrégulièrement donnés par le président du conseil d'administration : une sanction critiquable », *JCP E*, 1998, p. 840.

MIGNOT (M.)

- « Le devoir de mise en garde de l'emprunteur et de sa caution : devoir d'informer, de conseiller ou de s'abstenir de contracter ? », *in Le crédit-Aspects juridiques et économiques*, J. LASSERRE, CAPDEVILLE J. et STORCK M., *Contrats, conc. et consom.*, 30 mai 2012, p. 80.
- « La mention manuscrite de la caution », *Les petites affiches*, septembre 2012, n° 225, p. 16-17.
- « Commentaire article par article de l'ordonnance du 10 février 2016 portant réforme du droit des contrats, du régime général et de la preuve des obligations (XIII) », *LPA*, 31 mai 2016, n° 108, p. 4.

MODI KOKOBEBEY (H. D.)

- « Sur le domaine d'application de l'article 449 de l'acte uniforme de l'OHADA relatif aux sociétés commerciales (À propos de l'avis n° 02/2000/EP de la CCJA) », *Revue Camerounaise de Droit et de Science Politique*, 2e année, n° 2, janvier 2007, p. 5 et s.

MOLFESSIS (N.)

- « Le principe de proportionnalité en matière de garanties », *Banque et droit*, mai-juin 2000, p. 4.
- « Le principe de proportionnalité et l'exécution du contrat », *LPA*, 1998, n° 117, p. 21.

MONSÈRIÉ-BON (M.-H.)

- « Les effets inattendus de l'absence d'extinction de créance menacent-ils la procédure de sauvegarde ? », *D.*, 2006, p. 1282.

MOULY (C.)

- « Le cautionnement donné par une personne mariée », *Defrénois*, 1988, art. 34163, p. 232.

MOULY (Ch.)

- « Les sûretés personnelles traditionnelles en France », *in Les sûretés. Colloque de Bruxelles des 20 et 21 octobre 1983*, BRUYNEEL (A.) et STARNART (A.-M.) (dir.), Feduci, 1984, (Fondation pour l'étude du droit et des usages du commerce international), p. 132.
- « Le cautionnement donné par une personne mariée », *Defrénois*, 1988, art. 34163, n° 5.
- « Pour la liberté des garanties personnelles », *Revue Banque*, n° 478, 1987, p. 1166.
- « La grand-mère et le cautionnement omnibus », *RJDA*, 1993, p. 679.

N'DONINGAR (D.)

- « Les exigences formelles dans la formation du cautionnement en droit OHADA », CEFOD (Centre d'études et de formation pour le développement), *Revue juridique tchadienne*, 2002-2004, n° 5, p. 7.

NGNINTEDEM (J.-Cl.)

- « Les mutations du cautionnement en droit OHADA/ du droit civil au droit des affaires », *Revue de droit des affaires internationales*, décembre 2012, n° 6, p. 679-702.

NKOU MVONDO (P.)

- « L'information de la caution dans le nouveau droit des sûretés des États africains », *www.ohada.com*, Ohadata D-06-33, p. 23 et s.

ONANA ETOUNDI (F.)

- « Formalisme et preuve des obligations contractuelles dans l'avant-projet d'Acte uniforme OHADA sur le droit des contrats », *Revue de droit uniforme*, 2008, p. 356.

PAISANT (G.)

- « La loi du 31 décembre 1989 relative au surendettement des ménages », *JCP G*, 1990, I, 3457, n° 104.

PASQUALINI (F.)

- « L'imparfait nouveau droit du cautionnement », *LPA*, 3 février 2004, n° 24, p. 3.
- « Le cautionnement », *Dr. et patr.*, 2008, p. 172.

PALVADEAU

- « Réflexions sur la caution avertie », *Dr. et patr.*, n° 218, octobre 2012, p. 37.

PEROCHON (F.)

- « Procédures collectives et cautionnement », *Dr. et patr.*, 2008, p. 172.

PERRUCHOT-TRIBOULET (V.)

- « La responsabilité des créanciers », *RLDC*, 2007, p. 43.

PETEL (Ph.)

- « Les sûretés personnelles dans le nouveau droit des entreprises en difficulté », *Cah. dr. entr.*, juillet 2009, dossier 20.
- « Entreprises en difficulté : Encore une réforme », *JCP G*, 2014, doctr. 667.

PETERKA (N.)

- « La caution mariée sous un régime de communauté », *Defrénois*, 1er juillet 2003, p. 249-253.

PICOD (Y.)

- « La sanction de l'obligation d'information bénéficiant aux cautions entreprise », *D.* 2002, p. 1971.
- « La mention manuscrite de la caution à l'épreuve de la loi pour l'initiative économique », *Droit et procédures*, 2004, p. 255.
- « Proportionnalité et cautionnement, Le mythe de Sisyphe », *in Études de droit de la consommation : liber amicorum Jean Calais-Auloy*, Dalloz-Litec, 2004, (Mélanges), p. 843.
- « L'obligation d'information de la caution pendant l'exécution du contrat », *in Études offertes au doyen Philippe Simler*, Litec-Dalloz, janvier 2006, p. 400 et s.
- « Réflexions sur la refonte du Code de la consommation », *Contrats, conc. et consom.*, décembre 2008, n° 6.
- « Bonne foi et droit de la consommation », *in Professeur, avocat, juge au service du droit des affaires : mélanges en l'honneur de Daniel Tricot*, Litec-Dalloz, 2011, p. 121.
- « Le formalisme de la mention manuscrite », *in Leçons du droit civil : mélanges en l'honneur de François Chabas*, Bruylant, 2011, p. 773.

PIEDELIÈVRE (S.)

- « Le cautionnement excessif », *Defrénois*, 1998, art. 36836.
- « Le nouvel article 1387-1 du Code civil — ou de l'utilisation d'un pavé par un ours — », *D.* 2005, p. 2138.
- « Crédit et successions : la sécurité de l'héritier passe avant les droits des créanciers successoraux », *Dr. et patr.*, 2007, p. 157.
- « Les nouvelles règles relatives au surendettement des particuliers », *JCP G*, 2010, p. 858.

PIETTE (G.)

- « La sanction du cautionnement disproportionné », *Dr. et patr.*, 2004, n° 127, p. 48.
- « Cautionnement et intérêt social : les implications réciproques », *JCP G*, n° 25, 16 juin 2004.
- « Une nouvelle proportionnalité en droit des sûretés : brèves observations sur l'article L. 650-1 du Code de commerce », *RLDC*, juin 2006, p. 27.
- « Les faiblesses du cautionnement », *RLDA*, 2008/31, p. 103.

- « Le cautionnement dans le nouveau Code de la consommation », *Lexbase-La lettre juridique*, n° 651, 14 avril 2013, p. 3.
- « La protection de la caution dans l'Acte Uniforme des Sûretés 2010 (OHADA) », *Lexbase Hebdo édition affaires*, n° 430, 2 juillet 2015, p. 4.
- « Panorama de droit des sûretés (juin 2015-décembre 2015) », *LexbaseHebdo édition affaires*, n° 451, 21 janvier 2016, (N°Lexbase : N0906BWH).

POMMER (F.) et AMIGUES (B.)

- « Le sort des cautions, coobligés et garants autonomes dans le projet de la loi de sauvegarde des entreprises », *LPA*, 9 mars 2005, p. 9.

POHÉ (D.)

- « La caution profane en droit OHADA : Le cautionnement à deux vitesses », *RLDA*, 2016, p. 114.

POISSONNIER (G.)

- « Crédit à la consommation : la déchéance du droit aux intérêts doit être une sanction dissuasive », *Contrat, conc., consom.* 2014, étude 9.

PROVANSAL (A.)

- « Le regard de l'avocat sur le projet de réforme des sûretés » *in* Rapport 'Grimaldi': pour une réforme globale des sûretés, *Dr. et patr.*, septembre 2005, n° 140, p. 80-83.

PUYGAUTHIER (J.-L.)

- « Cautionnement ou emprunt souscrit par un époux commun en biens : une jurisprudence bienveillante », *Defrénois*, 30 septembre 2005, n° 18, p. 1393.

RABY (S.)

- « Acte authentique, La mention manuscrite et le cautionnement notarié », *JCP N*, 2004, p. 1608.
- « Un peu de formalisme protège, trop de formalisme spolie : L'exemple de l'article 22-2 de la loi du 6 juillet 1989 », *in De code en code : mélanges en l'honneur du doyen Georges Wiederkehr*, Dalloz, 2009, p. 760.

RAINER(FR.)

- « Le rôle de la volonté et la protection de la caution en droit français et allemand » *in Le rôle de la volonté dans les actes juridiques : études à la mémoire du professeur Alfred Rieg*, Bruylant, 2010, p. 316-336.

REILLE (F.)

- « Une nouvelle procédure qui n'en est pas une : le rétablissement professionnel », *Rev. proc. coll.*, n° 2, mars 2014, dossier 22.

- « Sûretés personnelles et droit des entreprises en difficulté », in *Entreprises en difficultés*, ROUSSEL GALLE Ph. (dir.), LexisNexis, 2012, (Droit 360°), p. 352.

ROBINE (S.)

- « Article 1415 du Code civil, comment sortir du contentieux ? », *Mélanges Calay-Auloy*, Dalloz, 2004, p. 963 et s.

RONTCHEVSKY (N.)

- « Les sûretés personnelles à l'épreuve de la loi de sauvegarde des entreprises », *Banque et Droit*, janvier-février 2006, n° 105, p. 19.

ROVARDET (A.)

- « Réforme inopinée du cautionnement », *D.*, 2003, chron., p. 2083.

ROUALET (V.), SCEMLA (S.), FONTAINE-BESSET (D.) et MARTEL (D.-R.)

- « L'irresponsabilité du banquier dispensateur de crédit : un principe ou une exception », *Journal des sociétés*, 2009, n° 67, p. 29.

ROUSSEL GALLE (Ph.)

- « Risques et responsabilités des contractants », *Rev. proc. coll.*, n° 6, novembre 2010, dossier 9.
- « La procédure de sauvegarde. - Quand et pourquoi se mettre sous la protection de la justice », *JCP E*, n° 40, 5 octobre 2006, 2437.

ROUTIER (R.)

- « Le cantonnement de la responsabilité pour soutien abusif. Commentaire de l'article L. 650-1 du Code de commerce », *Gaz. Pal.*, 10 septembre 2015, 2005, p. 33.
- « Les retouches de l'article L. 650-1 du Code commerce », *Gaz. Pal.*, n° 69, 10 mars 2009, p. 53.

RUBELLIN (P.)

- « Le recours personnel de la caution contre le débiteur en redressement judiciaire », *LPA*, n° 74, 21 juin 1995, p. 16.
- « Les nullités facultatives », *in Études offertes au doyen Simler*, Dalloz-Litec, 2006, p. 679.

SACKHO (A.) et NDIAYE (I.)

- « Pratique et garanties du crédit », *Revue africaine de Banque*, 1998, p. 17.

SADI (D.)

- « L'autorisation du conjoint donnée à l'époux caution : étude prospective », *D.*, 2014, p. 231, n° 11.

SAINT-ALARY HOUIN (C.)

- « Le projet de loi sur la sauvegarde des entreprises : continuité, rupture ou retour en arrière ? », *Dr. et patr.*, 2005, p. 133.

SAINT ALARY-HOUIN (C.) et MACORIG-VENIER (F.)

- « La situation des créanciers dans la loi du 26 juillet 2005 », *RD bancaire et fin.*, janvier-février 2006, p. 65.

SAKHO (M.)

- « Le nouvel Acte uniforme OHADA portant organisation des sûretés :Propos introductifs autour d'une refonte d'envergure du droit des sûretés », *Revue de l'ERSUMA : Droit des affaires-Pratique professionnelle*, Numero spécial-novembre-décembre 2011, Législation, p. 1.

SAMB (M.)

- « La révision des sûretés personnelles en droit de l'OHADA », *Revue de Droit Uniforme Africain*, n° 0005, 2e trimestre, 2011, p. 8, *www.ohada.com*, Ohadata D-08-17.

SARGOS (P.)

- « Le cautionnement, dangers, évolution et perspective de réforme », *in Rapport de la Cour de cassation*, La Documentation Française, 1987, p. 33.
- « L'opération "Glasnost" de la Cour de cassation en matière de cautionnement ou cinq brèves observations sur la jurisprudence », *Gaz. Pal.*, 1988, I, p. 209-210.

SAWADOGO (F.-M.)

- « Commentaire de l'acte uniforme du 10 septembre 2015 portant organisation des procédures collectives d'apurement du passif », *in OHADA Traités et actes uniformes commentés et annotés*, Juriscope, 2016, p. 1243.

SCHNEIDER (A.)

- « Des exceptions que la caution peut opposer au créancier : pour un retour aux sources », *JCP G*, n° 12, 20 mars 2002, p. 542.

SCHOLASTIQUE (E.)

- « Les devoirs du banquier dispensateur de crédit au consommateur. À propos d'un arrêt de la 1re Chambre civile de la Cour de cassation », *Defrénois*, 1995, p. 689.

SENECHAL (M.)

- « Le rétablissement professionnel par l'effacement relatif de certaines dettes », *BJE*, mai 2014, p. 199.

SIMLER (PH.)

- « Le juge et la caution. Excès de rigueur ou excès d'indulgence ? », *JCP N*, 1986, I, p. 387.
- « Les solutions de substitution au cautionnement », *JCP G*, 1990, I, 3427.
- « Prévention et dispositif de protection de la caution », *LPA*, 2003, n° 72, p. 20.
- « Codifier ou recodifier le droit des sûretés personnelles ?, *in Le Code civil 1804-2004. Livre du bicentenaire*, Dalloz-Juris-Classeur, 2004, p. 394.
- « Les sûretés personnelles » *in* Rapport Grimaldi : pour une réforme globale des sûretés, *Dr. et Patr.*, n° 140, septembre 2005, p. 55-60.
- « De quelques lacunes du dispositif législatif relativement à la saisissabilité des revenus des époux en communauté », *in Hommage à Jacques Béguin*, Litec, 2005, p. 449.
- « Histoire d'une impasse : la sanction du défaut d'autorisation des cautions, avals ou garanties consenties pour le compte des sociétés par actions », *in Mélanges en l'honneur de Dominique Schmidt : liber amicorum*, Joly éditions, 2005, p. 461.
- « Une réforme à venir : la réforme du cautionnement », *in Le droit des sûretés à l'épreuve des réformes : actes du colloque, Perpignan, les 9 et 10 juin 2006*, PICOD Y. et de CROCQ P. (DIR.), Éditions juridiques et techniques, 2006, p. 41.
- « Pour une saisissabilité limitée des revenus d'un époux par ses créanciers personnels », *in Quatre-vingt ans de la Semaine Juridique*, hors-série, décembre 2007, p. 77.
- « Un peu de formalisme protège, trop de formalisme opprime et spolie : l'exemple de l'article 22-1 de la loi du 6 juillet 1989 », *De code en code : mélanges en l'honneur du doyen Georges Wiederkehr*, Dalloz, 2009, p. 753.
- « Le cautionnement est-il encore une sûreté accessoire ? », *in Mélanges en l'honneur du professeur Gilles Goubeaux*, Dalloz LGDJ-Lextenso éditions, 2009, p. 499.
- « Le démantèlement du caractère accessoire du cautionnement ? », *JCP G*, 2011, n° 41, supplément n° 8.
- « « L'équilibre du contrat en droit du crédit », *in L'équilibre du contrat*, LARDEUX (G.) (dir.), PUAM, décembre 2012, p. 9.
- « EIRL et la communauté des biens entre époux », *JCP G*, n° 1, 10 janvier 2011, 4.
- « Cautionnement et dommages-intérêts : l'impossible compensation », *JCP G*, 2012, 1005-1008.

SIMLER (Ph.) et DELEBECQUE (Ph.)

- « Panorama Droit des sûretés », *JCP G*, n° 8, 21 février 2011, doctr. 226, n° 1.
- « Chronique des sûretés », *JCP G*, 2005, p. 185.

SORTAIS (J.-P.)

- « La responsabilité du banquier » *in Entreprises en difficultés*, ROUSSEL GALLE (Ph.) (dir.), LexisNexis, 2012, (Droit 360°), p. 623.

STORCK (M.)

- « Les accessoires de la dette principale cautionnée », *LPA*, 4 septembre 1987, p. 4.

TENDLER (R.)

- « Le cautionnement, reine éphémère des sûretés ? », *D.*, 1981, chron., p. 129.

TERRAY (J.)

- « Le cautionnement une institution en danger », *JCP G*, 1987, I, 3295.

TEXIER (M.)

- « Les effets sur le cautionnement de la remise de dette consentie au débiteur dans le cadre de procédures organisées », *RTD com.*, 2008, p. 25.

THERY (Ph.)

- « L'apurement des dettes-Solution au surendettement », *in L'endettement*, CHAPUT (Y.) (dir.), Litec, tome 2, 1998, (Le droit des affaires, Études du Centre de recherche sur le droit des affaires).
- « L'acte contresigné par avocat », *Dr. et patr.*, n° 203, mai 2011, p. 64.

TIGER (Ph.)

- « Les procédures collectives après cessation des pays en droit harmonisé de l'OHADA », *LPA*, 13 octobre 2004, n° 205, p. 35-51.

TISSEYRE (S.)

- « Le débiteur principal ne bénéficie pas de la compensation intervenue entre les dettes de la caution et du créancier », *JCP E*, 2012, 1350.

TREBULLE (F.-G.)

- « Renforcement de la protection de la caution », *Dr. sociétés*, 2003, n° 157.

TRICOT-CHAMARD (I.)

- « Les vicissitudes de la mention manuscrite : suite ou fin ? », *JCP G*, 2004, I, 112.

UETTWILLER (J.-J.)

- « L'acte d'avocat-Enfin », *Journal des sociétés*, n° 91, octobre 1991, p. 37.

URBAIN (V. P.)

- « Le traitement inégalitaire de la caution face aux délais et remises judiciaires », *Actualité jurisprudentielle des administrateurs judiciaires*, avril 2015, n° 18, p. 11 et s.

VALLANSAN (J.)

- « De la liquidation judiciaire au rétablissement professionnel », *Cah. dr. entr.*, n° 1, janvier 2015, dossier 4.

VAUVILLÉ (F.)

- « Le cautionnement des époux communs en biens », *Dr. et patr.*, 2003, n° 117, p. 68.

VALLENS (J.-L.) et FROEHLICH (Ph.)

- « La procédure de rétablissement personnel », *Gaz. Pal.*, 3 janvier 2015 n° 3, p. 18.

VENIER (M.)

- « Cautionnement par acte d'avocat », *RJC*, mai-juin 2011, p. 326.

VEAUX (D.) et VEAUX-FOURNERIE (P.)

- « La représentation mutuelle des coobligés », *in Études dédiées à Alex Weill*, Dalloz-Litec, 1983, p. 547.

VION (M.)

« Information et protection des cautions et des emprunteurs en matière de crédit immobilier après la loi du 31 décembre 1989 », *Defrénois*, 1990, art. 34746, p. 321, n° 8.

VERDUN (F.)

- « Surendettement : nouveau dispositif légal et actualité jurisprudentielle », *in Rapport de la Cour de cassation*, 2001, p. 323.

VINEY (G.)

- « Le devoir de mise en garde du dispensateur de crédit », *RDC*, avril 2007, p. 304.

WACONGUE (.)

- « L'article 1415 du Code civil et la protection du patrimoine de l'entrepreneur individuel », *JCP N*, 1998, p. 930.

YANKHOBA N'DIAYE (I.)

- « Le cautionnement dans l'Acte uniforme : un contrat défiguré ou revigoré ? », *Revue sénégalaise de droit des affaires*, n° 1, janvier-février 2003, p. 5.

- « Réflexions sur le droit du cautionnement OHADA », *Revue sénégalaise de droit des affaires*, n° 5, 2007, p. 70.

V.
Notes de jurisprudence, observations, conclusions, rapports et avis

ALBIGES (Ch.)

- Note sous Cass. com., 5 avril 2011, pourvoi° 09- 14.358, *RLDA*, 2011, n° 61, p. 27.
- Obs. sur Cass. civ. 1re, 16 mai 2012, pourvoi n° 11-17.411, *Gaz. Pal.* 20 septembre 2012, p. 17.
- Note sous Cass. com., 5 février 2013, pourvoi n° 12-11.720, *Gaz. Pal.* 21 mars 2013, p. 16, n° 79 à 80.

ALBIGES (C.) et DUMONT LEFRAND (M.-P)

- Obs. sur Cass. com., 5 février 2013, pourvoi n° 12-11.720, *Gaz. Pal.* 21 mars 2013, p. 16, n° 79.
- Note sous Cass. civ. 1re, 9 juillet 2015, pourvoi n° 14-21.763, *Gaz. Pal.* 10 décembre 2015, p. 12.

ANCEL (P.)

- NOTE sous Cass. com., 15 novembre 1988, pourvoi n° 87-11.626, *D.* 1990, p. 3.
- Note sous 28 janvier 2014, pourvoi n° 12-27.703, *Bull. Joly Société*, 2014, p. 216.

ANSAULT (J.-J.)

- Obs. sur Cass. com., 13 avril 2010, pourvoi n° 09-66309, *RLDC*, juin 2010, 30.
- Obs. sur Cass. com., 3 novembre 2010, pourvoi n° 09-16.881, *RLDC*, n° 4048, 2010/77, p. 34.

AUBERT (J. L)

- Obs. sur Cass. civ 1re, 22 juin 1983, pourvoi n° 82-13166, *Defrénois*, 1984, art. 33251, p. 367.
- Obs. sur Cass. com., 6 juin 1986, pourvoi n° 83-15.356, *Defrénois*, 1985, 33636, p. 1454.

AVENA-ROBARDET (V.)

- Obs. sur Cass. civ. 1re, 29 octobre 2002, pourvoi n° 01-01.124, *D.* 2013, 1253.
- Obs. sur Cass. civ. 1re, 24 février 2004, pourvoi n° 01-13.930, *Defrénois*, 2004, p. 709, art. 37944, n° 9.
- Obs. sur Cass. civ. 1re, 25 mai 2005, pourvoi n° 04-11862, *D.* 2005, AJ, p. 1548.
- Obs. sur Cass., ch. mixte, 17 novembre 2006, pourvoi n° 04-19.123, *D.* 2006, p. 2907.
- Obs. sur Cass. civ. 1re, 3 avril 2007, pourvoi n° 06-12.531, *D.* 2007, p. 1136.
- Obs. sur Cass. com., 28 octobre 2008, pourvoi n° 06-17.145, *D.* 2008, p. 2931.
- Obs. sur Cass. com., 28 avril 2009, pourvoi° 08-11616, *D.* 2009, 1351.
- Note sous Cass. civ. 1re, Avis, 8 avril 2010, pourvoi n° 08-21.760, *JCP N*, n° 25, 25 juin 2010, 1231.
- Note sous Cass. com., 6 juillet 2010, pourvoi n° 08-21.760, *JCP N*, n° 28, juillet 2010, act. 554.
- Note sous Cass. com., 16 octobre 2012, 2012, pourvoi n° 11-23.623, *D.* 2012, p. 2509.
- Obs. sur Cass. com., 31 janvier 2012, pourvoi n° 10-28.236, *D.* 2012, p. 428.
- *Obs.* sur Cass. com., 22 mai 2013, pourvoi n° 11-24.812, *D.* 2013, p. 1340.
- Obs. sur Cass. com., 1er octobre 2013, pourvoi n° 12-20.278, *D.* 11 octobre 2013, n° 35, p. 2333.
- Obs. sur Cass. civ. 1re, 15 janvier 2015, pourvoi n° n° 13-23.489, *Dalloz actualité*, 23 janvier 2015.
- Obs. sur Cass. civ. 2e, 19 février 2015, pourvoi n° 14-10.268 et pourvoi n° 13-28.236, D. 2015, p. 485.
- Obs. sur Cass. civ. 1re, 3 juin 2015, pourvoi n° 14-13.126, *D.* 2015, p. 1268.
- Obs. sur Cass. com., 1er mars 2016, pourvoi n° 14-16.402, *D.* 2016, p. 598.

AYNÈS (L.)

- NOTE sous Cass. civ 1re, 4 mars 1986, pourvoi n° 84-16.818 ; *D.* 1987, Somm., p. 290.
- Obs. sur Cass. civ. 1re, 24 février 1987, pourvoi n° 85-12.406, *D.* 1987, Somm. p. 451.
- Obs. sur Cass. civ 1re, 16 juin 1987, pourvoi n° 85-16.550, *D.* 1987, Somm., p. 442.

- Obs. sur Cass. civ 1re, 30 juin 1987,pourvoi n° pourvoi n° 85-15.760, *D*. 987, Somm. 442.
- Obs. sur Cass. civ.1re, 13 octobre 1987, pourvoi n° 86-16094, *Defrénois*, 1988, 34223, p. 477.
- Obs. sur Cass. civ. 1re, 15 novembre 1989, pourvoi n° 87-18.003, *D*. 1989, *JCP G*, 1989, Somm. 290.
- Obs. sur Cass. civ. 1re, 15 janvier 1991, pourvoi n° 89-10.636, *D* 1991, Somm. 382.
- Obs. sur Cass. civ. 1re, 12 mai 1993, pourvoi n° 91-14.943, *D*. 1994, Somm. 10.
- Obs. sur Cass. com., 2 avril 1996, pourvoi n 93-19.074, *D*. 1996. Somm. 268.
- Obs. sur Cass. com., 27 février 1996, pourvoi n° 94-14.313, *D*. 1996. Somm. 269.
- Obs. sur Cass. civ. 1re, 13 novembre 1996, pourvoi n° 94-16.475, n° 394, *D*. 1997. Somm. 166.
- Obs. sur Cass. com., 17 octobre 2000, pourvoi n° 97-18.746, *D*. 2001, Somm. p. 698.

BANDREAU (J.)

- Note sous Cass. com., 16 février 1999, pourvoi n° 95-22324, *JCP E*, 1999, p. 650.

BARBIERI (J-. J.)

- Cass. com., 8 octobre 1991, pourvoi n° 90-10.202, *JCP G*, 1992, II, 21877.
- Note sous Cass. com., 15 octobre 1991, pourvoi n° 89-19.969, *JCP G*, 1992, II, 21877.
- Note sous Cass. civ. 1re, Avis, 8 avril 2010, pourvoi n° 08-21.760, *JCP N*, n° 25, 25 juin 2010, 1231.
- Note sous Cass. com., 6 juillet 2010, pourvoi n° 08-21.760, *JCP N*, n° 28, juillet 2010, act. 554.

BARBIÉRI (J.-F.)

- Note sous Cass. com., 22 mars 2016, pourvoi n° 14-20.216, *Bulletin mensuel d'information des sociétés Joly*, n° 5, 1er mai 2016, p. 247.

BAZIN (E.)

- Note sous Cass. civ 3e, 8 mars 2006, pourvoi n° 05-11.042,*JCP G*, 2006, II, 10131.
- Note sous Cass. civ. 3e, 27 septembre 2006, pourvoi n° 05-17.804, *JCP G*, 2006, II, 10197.

BOFFA (R.)

- Obs. sur Cass. civ. 3e, 26 novembre 2015, pourvoi n° 14-25761, *D.* 2016, 458.

BONNEAU (J.-Ch)

- Obs. sur CA Grenoble, ch. com., 12 février 2015, n° 13/03643, *JCP G*, 2015, act. 482.

BONNEAU (Th.)

- Obs. sur Cass. ch. mixte, 17 novembre 2006, pourvoi n° 04-12.863, *Banque et droit*, n 112, 2007, p. 32.

BORGA (N.)

- OBS. sur Cass. com., 19 octobre 2010, pourvoi n° 09-68.377, *LEDEN*, n° 11, 1er décembre 2010, p. 3.

BOULOC (B.)

- Note sous Cass. com., 25 avril 2001, pourvoi n° 97-14486, *RTD com.* 2001, p. 751.
- Obs. sur Cass. civ. 1re, 12 mars 2002, pourvoi n° 99-10.278, *RTD com.* 2002, p. 718

BOURASSIN (M.)

- Cass. civ. 2e, 3 décembre 2015, pourvoi n° 14-24317, *Gaz. Pal.* n° 10, 8 mars 2016, p. 74-76.

BOUTEILLER (P.)

- OBS. sur CA Bourges, 1er juillet 2010, pourvoi n° 10-00126, *JCP E*, 2010, n° 48, 2042.

BROU KOUAKOU (M.)

- NOTE sous CCJA, 19 octobre 2003, n° 18/2003, Sté AFROCOM c/ CSSPPA, *Le Juris-Ohada*, n° 4/2003, p. 10.
- NOTE sous CA Daloa, 2e chambre civile et commerciale, 05 février 2003, *Le Juris-Ohada*, n° 4/2004, octobre-décembre 2004, p 36.

BURY (B.)

- Obs. sur Cass. civ. 1re, 30 avril 2009, pourvoi n° 07-18.334, *Gaz. Pal.* 12 sept. 2009, p.°9.

CAGNOLI (P.)

- Note sous Cass. com., 27 mai 2014, pourvoi n° 13-18.018, *Act. proc. coll.* 2014-10, alerte 188.

CASEY (J.)

- NOTE sous Cass. com, 16 mars 1999, pourvoi n° 96-12.653, *JCP G*,1999, II, 10184.
- NOTE sous Cass. civ. 1re, 13 octobre 1999, *JCP G*, 2000, II, 10307.

CERLES (A.)

- NOTE sous Cass. com., 21 janvier 1992, pourvoi n° 90-11.380, *RD bancaire et fin.*, n° 3, mai 2009, comm. 90.
- Note sous Cass. com., 13 mai 2003, pourvoi n° Q 99-20.442, *RD bancaire et fin.*, n° 5, septembre 2003, 189.
- Obs. sur Cass. civ. 2e, 23 octobre 2008, pourvoi n° 07-20.035, *RD Bancaire et fin.*, 2008, comm. 170.
- Obs. sur Cass. civ. 1re, 19 novembre 2009, pourvoi n° 08-19.173, *RD bancaire et fin.*, comm. 4.
- Obs. sur Cass. com., 14 décembre 2010, pourvoi n° 09-69.807, *RD bancaire et fin.*, mars 2011, p. 61.

CHAMPENOIS (G.)

- Obs. sur Cass. civ. 1re, 16 mai 2000, pourvoi n° 97-18612, *Defrénois*, 2001, art. 37390, p. 1183.
- Obs. sur Cass. civ. 1re, 3 avril 2001, pourvoi n° 99-13.733, *Defrénois*, 2001, art. 37406, p. 1129.
- Obs. sur Cass. civ. 1re, 15 mai 2002, pourvoi n° 99-21.464, *Defrénois*, 2002, p.° 1322.

CROCQ (P.)

- Obs. sur Cass. com., 27 février 1996, pourvoi n° 94-14.313, *RTD civ.* 1996, p. 439.
- Obs. sur Cass. com., 17 juin 1997, pourvoi n° 95-12911, *RTD civ.* 1998, p. 158.
- Obs. sur Cass. com., 25 avril 2001, pourvoi n° 97-14.486, *RTD civ.* 2001, p. 922.
- Obs. sur Cass. com., 8 octobre 2002, pourvoi n° 99-18619, *RTD civ.* 2003, p. 125.
- Obs. sur Cass. civ. 3e, 27 septembre 2006, pourvoi n° 05-17.804, *RTD civ.* 2006, p. 797.
- Obs. sur Cass. com., 22 mai 2007, pourvoi n° 06-12.196, *RTD com.* 2007, p. 333.
- Obs. sur Cass. ch. mixte, 8 juin 2007, pourvoi n° 03-15.662, *RTD civ.* 2008, p. 331 et s.

- Obs. sur Cass. com., 17 février 2009, pourvoi n° 07-20.458, *RTD civ.* 2009, p. 555.
- Obs. sur Cass. com., 12 mai 2009, pourvoi n° 08-13.430, *RTD civ.* 2009, p. 554.
- Obs. sur Cass. civ. 1re, 8 mars 2011, pourvoi n° 10-10.699, *RTD civ.* 2011, p. 375.
- Obs. sur Cass. com., 12 juillet 2011, pourvoi n° 09-71.113, *RTD civ.* 2011 p. 782
- Obs. sur Cass. com., 22 janvier 2013, pourvoi n° 11-25.831, *D.* 11 juillet 2013, n° 25, Panorama, p. 1708.
- Obs. sur Cass. com., 5 février 2013, pourvoi n° 12-11.720, *D.* 11 juillet 2013, n° 25, p. 1706.
- Obs. sur Cass. com., 22 mai 2013, pourvoi n° 11-24.812, *D.* 2013, p. 1706.
- Obs. sur Cass. civ. 1re, 3 juillet 2013, pourvoi n° 12-21126, *D.* 2013, p. 1741.
- Obs. sur Cass. com., 18 mars 2014, pourvoi n° 12-29.583, *D.* 2014, panorama, p. 1610.

DAGORNE-LABBE (Y.)

- Note sous Cass. civ. 1re, 25 mai 2005, pourvoi n° 04-11.862, *Defrénois*, 2005, 1489.

DAGOT (R.)

- NOTE SOUS TI GRENOBLE, 8 JANVIER 2002, *JCP N*, 2003, 1213.

DELEBECQUE (Ph.)

- Note sous Cass. civ 1re, 19 avril 1983, pourvoi n° 82-11.080, *JCP N*, 1983, II, 257.
- Obs. sur Cass. com, 22 juin 1988, pourvoi n° 86-10.128, *JCP E*, 1989, I, 15519.

DELPECH (X.)

- Note sous Cass. com., 9 février 2016, pourvoi n° 14-20.304 ; *Dalloz actualité*, 18 mars 2016.

DESHAYES (O.)

- Note sous Cass. com., 22 mai 2007, pourvoi n° 06-12.196, *D.* 2007, p. 1999.

DJOUDI (J.)

- Obs. sur Cass. com., 9 février 2016, pourvoi n° 14-23.210, *RD bancaire et fin.*, n° 2, mars 2016, comm. 75.

DONDERO (B.)

- Note sous Cass. com., pourvoi n° 11-27648, *D.* 2013, p. 624.

DUMONT-LEFRAND (M.-P.)

- Obs. sur Cass. com., 12 janvier 2012, pourvoi n° 11-11.482, *Gaz. Pal.* 29 mars 2012, p. 20.
- Obs. sur Cass. com., 16 octobre 2012, pourvoi n° 11-23.703, *Gaz. Pal.* 13 décembre 2012, p. 17.
- Note sous Cass. com., 22 mai 2013, pourvoi n° 11-24.812, *Gaz. Pal.* 12 juin 2013, p. 16.
- Obs. sur Cass. civ. 1re, 3 juillet 2013, pourvoi n° 12-21126, *Act. proc. coll.* 2013, n° 212.
- Obs. sur Cass. com., 28 janvier 2014, pourvoi n° 12-26.156, *Gaz. Pal.* 20 mars 2014, p. 17.
- Obs. sur Cass. com., 11 février 2014, pourvoi n° 12-29.670, *Gaz. Pal.* 20 mars 2014, p. 21.
- Obs. sur Cass. com., 13 janvier 2015, pourvoi n° 13-25.360, Gaz. Pal. 19 mars 2015, p. 15.
- Obs. sur Cass. com., 9 février 2016, pourvoi n° 14-23.219, *Gaz. Pal.* n° 23, 21 juin 2016, p. 34.

DUMOULIN (L.)

- Note sous Cass. civ. 1re, 30 avril 2009, pourvoi n° 07-18.334, *JCP G*, n° 20, 13 mai 2009, act.256.
- Obs. sur Cass. com., 20 octobre 2009, pourvoi n° 08-20.274, *JCP G*, 2009, 422.

ETESSE

- Note sous Cass. civ 1re, 3 mars 1970, pourvoi n° 68-11240, *D.* 1970, p. 403.

FAGES (B.)

- Note sous Cass. com., 15 janvier 2013, pourvoi n° 11-28.173, *RTD civ.* 2013, p. 116.

FENOUILLET (D.)

- Obs. sur Cass. com., 6 juillet 2010, pourvoi n° 08-21760, *RDC*, 1er janvier 2011, n° 1, p. 137.

FRAIMOUT (J.-J.)

- Cass. com., 9 février 2016, pourvoi n° 14-23.219, *Rev. proc. coll.* n° 3, mai 2016, comm. 85.

FRANÇOIS (J.)

- Note sous Cass. com., 9 février 2016, pourvoi n° 14-22.179, *Banque et droit*, n° 166, 1er mars 2016, p. 87-88.

GAUTIER (P.Y)

- Obs. sur Cass. civ. 1re, 27 novembre 2008, pourvoi n° 07-18142, *RTD civ.* 2009. 134.

GIBIRILA (D.)

- Note sous Cass. com., 22 juin 1988, pourvoi n° 86-10.128, *JCP E*, 1989, I, 15519.
- Obs. sur Cass. com., 24 mai 2005, pourvois n° 00-19.721 et n° 03-21.043, *Défrenois*, 2005, art. 38287, n° 12, p. 1937et s.
- Note sous Cass. com., 5 février 2013, pourvoi n° 12-11.720, *RDLA*, MAI 2013, p. 12.

GJIDARA-DECAIX (S.)

- Note sous Cass. civ. 2e, 26 janvier 2014, pourvoi n° 13-14.576, *Rev. proc. coll.* n° 5, novembre 2015, comm. 140

GUERCHOUN (F.)

- Note sous Cass. com., 20 octobre 2009, pourvoi n° 08-20.274, *Gaz. Pal.* 20-21 novembre 2009, p. 24 et s.

GUILLOU (H.)

- Obs. sur Cass. com., 22 mai 2013, pourvoi n° 11-24.812, *D.* 2013, p. 2551.

GOURIO (A.)

- Note sous Cass. ch. mixte, 29 juin 2007, pourvoi n° 05-21.104, *JCP G*, 2007, II, 10146.

HOLLEAUX (G.)

- Note sous Req., 23 juillet 1929, *D.* 1931, p. 73.

HOUTCIEFF (D.)

- OBS. sur Cass. com., 21 janvier 2003, pourvoi n° 00-21.654, *RDC*, 2003, p. 177.
- Obs. sur Cass. civ. 1re, 24 février 2004, pourvoi n° 01-13.930, *LPA* 17 mai 2004, p. 4.
- Note sous Cass. com., 3 mai 2006, pourvoi n° 04-17.283, *D.* 2006, p. 1693.
- Obs. sur Cass. ch. mixte, 8 juin 2007, pourvoi n° 03-15.662, *D.* 2007, p. 2201.
- Obs. sur Cass. com., 20 octobre 2009, pourvoi n° 08-20274, *La lettre OMNIDROIT*, 9 décembre 2009, p. 21.

- Note sous Cass. com., 22 juin 2010, pourvoi n° 09-67.814, *D.* 9 septembre 2010, p. 1985.
- Obs. sur Cass. civ. 1re, 8 mars 2011, pourvoi n° 10-10.699, *RDC*, 2011, p. 910.
- Obs. sur Cass. com., 5 avril 2011, pourvoi n° 09- 14.358, *RDC*, juillet 2011, p. 907.

JUILLET (C.)

- NOTE sous Cass. com., 22 septembre 2015, pourvois n° 14-22.913, *D.* 2015, p. 2044, n° 2.

KEITA (M.)

- Note sous Cass. com., 16 mars 1999, pourvoi n° 96-12653, *LPA* 13 décembre 1999, p. 16.

KOERING (C.)

- NOTE sous Cass. com., 8 octobre 2002, pourvoi n° 99-18619, *D.* 2003, p. 414 et s.

LAPORTE LECONTE (S.)

- Obs. sur Cass. civ 3e, 8 mars 2006, pourvoi n° 05-11.042, *AJDI*, septembre 2006, p. 643.

LASSERRE CAPDEVILLE (J.)

- Obs. sur Cass. com., 14 décembre 2010, pourvoi n° 09-69.807, *JCP G*, 2011, act. 48.
- Obs. sur CA Paris, 10 décembre 2015, n° 14-15.218, *BJE*, 1er janvier 2016, n° 1.

LEBEL (C.)

- Obs. sur Cass. com., 8 avril 2015, pourvoi n° 13-28.061, *Revue de droit rural*, n° 435, août 2015, comm. 159.

LEBLOND (N.)

- Note sous Cass. com., 9 avril 2013, pourvoi n° 12-14.596, *LEDC*, n° 6, 1er juin 2013, p. 4.

LE CORRE (P.-M.)

- Note sous Cass. com., 3 novembre 2010, pourvoi n° 09-70.312, *JCP E*, 2011, p. 1318.
- Note sous Cass. com., 2 juin 2015, pourvoi n° 14-10.673, *Gaz. Pal.* 20 octobre 2015, chron., n° 293, p. 34.

LE CORRE-BROLY (E.)

- Note sous Cass. com., 27 mai 2014, pourvoi n° 13-18018, *Gaz. Pal.* octobre 2014, p. 42, n° 278 à 280.
- Note sous Cass. com., 18 novembre 2014, pourvoi n° 13-23.976, *Gaz. Pal.* 20 janvier 2015, n° 20, p. 33.
- Obs. sur Cass. com., 8 avril 2015, pourvoi n° 13-28.061, *Lexbase. La lettre juridique*, n° 612, 14 mai 2015, chron., p. 17.

LE GAC-PECH (S.)

- OBS. sur Cass. com., 5 février 2013, *JCP E*, mars 2013, p. 47 et s.

LEGEAIS (D.)

- Note sous Cass. civ.1re, 7 mars 1989, pourvoi n° 87-14.060, *JCP G*, 1989, 21317.
- Cass. civ.1re, 8 juin 1994, pourvoi n° 92-10.560, *JCP E*,1995, 652.
- Cass. civ. 1re, 27 juin 1995, pourvoi n° 92-19.212, *JCP E*. 1996, p. 772.
- Note sous Cass. com., 16 mars 1999, pourvoi n° 96-12.653, *JCP E*, 1999, p. 1055.
- Note sous Cass. civ. 1re, 15 novembre 1989, pourvoi n° 87-18.003, *JCP G*, 1989, II, 21317.
- Note sous Cass. civ. 1re, 28 octobre 1991, pourvoi n° 90-13.274, *JCP N*, 1992, II, jurisprudence, p. 139.
- Note sous Cass. com., 17 juin 1997, pourvoi n° 95-14.105, *Bull. civ.* IV, 1997, n° 188 ; *JCP E*. II, 1997, 1007.
- Obs. sur Cass. civ. 1re, 4 octobre 2000, pourvoi n° 97-21.356, *RD bancaire et fin.*, novembre-décembre, 2000, n° 219.
- Note sous Cass. civ. 1re, 22 mai 2002, pourvoi n° 00-18.822, *JCP E*, 2002, 1381.
- Note sous Cass. civ. 1re, 29 octobre 2002, pourvoi n° 00-15.223, *JCP G*, 2002, II, 10187.
- Obs. sur Cass. com., 21 janvier 2003, pourvoi n° 00-21.654, *RD bancaire et bourse*, mars-avril 2003, comm. 71.
- Obs. sur Cass. com., 25 mars 2003, pourvoi n° 00-15.386, *RD bancaire et fin.*, 2003, p. 207.
- Obs. sur Cass. com., 24 septembre 2003, pourvoi n° 02-11.362, *RTD com*, 2004, 2004, p. 142.
- Note sous Cass. civ. 1re, 24 février 2004, pourvoi n° 01-13.930, *RD bancaire et fin.*, 2004, comm. n° 112.

- Obs. sur Cass. com., 9 novembre 2004, pourvoi° 02- 17.028, *JCP E*, 2005, n° 5.
- Note sous Cass. com., 3 mai 2006, pourvoi n° 04-17.283, *JCP G* E, 2006, 2061.
- Obs. sur Cass. com., 27 novembre 2007, pourvoi n° 06-15.128, *RTD com.*, 2008, p. 169.
- Obs. sur Cass. civ. 1re, 5 juin 2008, pourvoi n° 07-12.960, *RD bancaire et fin.*, 2000, n° 4, p. 52.
- Obs. sur Cass. com., 12 novembre 2008, n° 07-12.949, *RD bancaire et fin.*, 2009, n° 9.
- Obs. sur Cass.com. 28 avril 2009, pourvoi n° 08-11.616, *RTD com.*, 2009, p. 796.
- Note sous Cass. civ. 1re, 30 avril 2009, pourvoi n° 07-18.334, *JCP G*, 2009, n° 1583.
- Obs. sur Cass. com., 17 novembre 2009, pourvoi n° 08-70197, *RD bancaire et fin.*, 2010, n° 10.
- Obs. sur Cass. com., 13 avril 2010, pourvoi n° 09-66309, *RD bancaire et fin.*, juillet 2010, n° 49.
- Obs. sur Cass. civ. 1re, 14 septembre 2010, pourvoi n° 09-14.001, *RD bancaire et fin.*, 2010, n° 211.
- Note sous Cass. com., 26 janvier 2010, pourvoi n° 08-18.354, *JCP G*, 2010, n° 1153.
- Obs. sur Cass. com., 6 juillet 2010, pourvoi n° 09-16.163, *RD bancaire et fin.*, 2010, comm. 215.
- Obs. sur Cass. civ. 1re, 1er décembre 2010, pourvoi n° 09-15669, *RD bancaire et fin.*, mars 2011, n° 53.
- Obs. sur Cass. com., 12 juillet 2011, pourvoi n° 09-71.113, *RTD com*, 2011, p. 625.
- Obs. sur Cass. civ. 1re, 4 mai 2012, pourvoi n° n° 11-11.464, *RTD com*, 2012, p. 602.
- Note sous Cass. com., 31 janv. 2012, pourvoi n° 10-28.236, *RD bancaire et fin.*, n° 2, mars 2012, comm. 51.
- Note sous Cass. com., 27 novembre 2012, pourvois n° 11-25.967 et n° 11-22.706, *RD bancaire et fin.*, janvier-février 2013, p. 39.
- Note sous Cass. com., 12 mars 2013, pourvoi n° 12-12.372, *RD bancaire et fin.*, n° 3, mai 2013, comm. 86.
- Note sous CA Paris, pôle 5, 2e ch., 18 janvier 2013, n° 12/09070, *RD bancaire et fin.*, juillet-août 2013, 128, p. 53.

- Note sous Cass. com., 17 septembre 2013, pourvoi n° 12-13.577, *JCP E*, 1573, p. 51.
- Note sous Cass. com., 2 juin 2015, pourvoi n° 14-10.673, *RD bancaire et fin.*, n° 4, juillet 2015, comm. 123.
- Obs. sur Cass. civ. 1re, 3 juin 2015, pourvoi n° 14-13.126, *RTD com*,2015, p. 727.
- Cass. com., 17 novembre 2015, pourvoi n° 14-28.359, *RD bancaire et fin.*, n° 1, janvier 2016, comm. 15.
- Note sous Cass. com., 9 février 2016, pourvoi n° 14-22.179, *RD bancaire et fin.*, n° 2, mars 2016, comm. 69.

LE MESLE (L.)

- Obs. sur Cass. com., 27 mars 2012, pourvoi n° 10-16.426, *Gaz. Pal.*, 15 novembre 2012, p. 10.

LEVENEUR (L.)

- Note sous Cass. civ. 1re, 7 octobre 1992, pourvoi n° 91-10.242, *Contrats, conc. et consom.*, 1993, n° 5.
- Obs.sur Cass. civ. 1re, 19 décembre1995, *CCC*, 1995, comm. 37.
- Obs. sur Cass. com., 8 octobre 2002, pourvoi n° 99-18619, *Contrats, conc. Consom.*, 2003, n° 19.

LIBCHABER (R.)

- Obs. sur Cass. civ. 3e, 13 juillet 2005, pourvoi n° 04-15.064, *Defrénois*, 2005, art. 38301, p. 1994.

LIENHARD (A.)

- Obs. sur Cass. com., 19 juin 2012, pourvoi n° 11-18.940, *D.*, 2012, actualité, p. 1670.
- Note sous Cass. com., 9 février 2016, pourvoi n° 14-23.219, *D.*, 2016, p. 423.

LOISEAU (G.)

- Note sous Cass. com., 13 février 2007, pourvoi n° 05-17.407, *RLDC*, mai 2007, p. 6.

MACORIG-VENIER (F.)

- Note sous Cass. civ. 1re, 9 juillet 2015, pourvoi n° 14-21.763, *RJC*, n° 5, septembre-octobre 2015, p. 515.

MARTIN-SERF (A.)

- Obs. sur Cass. com., 13 avril 1999, pourvoi n° 97-11383, *RTD com.*, 2000, p. 177.

- Obs. sur Cass. com., 13 mai 2003, pourvoi n° 00-15.404, *Banque et droit*, juillet-août 2003, p. 61.
- Obs. sur Cass. civ. 1re, 3 juillet 2013, pourvoi n° 12-21126, *RTD com.*, 2013, p. 809

MESTRE (J.)

- Obs. sur Cass. com., 17 juin 1997, pourvoi n° 95-14.105, *RTD civ.*, 1998, p. 100.

MIGNOT (M.)

- OBS. sur Cass. com., 5 avril 2011, pourvoi n° 09- 14.358, *LPA*, 9 novembre 2011, n° 225, p. 15.
- Note sous Cass. civ 1re, 11 septembre 2013, pourvoi n° 12-19094, *Gaz. Pal.*, 16 octobre 2013, n° 289-290, p. 10-12.

MOREIL (S.)

- Note sous Cass. com., 3 novembre 2015, pourvoi n° 14-10274 et pourvoi n° 14-18433, *Gaz. Pal.* n° 10, 8 mars 2016, p. 71.

MOUIAL (E.)

- Obs. sur Cass. com., 8 avril 2015, pourvoi n° 13-28061, *LEDEN*, mai 2015, p. 4, n° 80.

MOULY (CH.)

- Note sous Cass. civ 1re, 19 avril 1983, pourvoi n° 82-11080, *Bull. civ.* I, 1983, n° 122 ; *JCP N*, 1983, II, 257.
- Note sous Cass. civ. 1re, 15 novembre 1989, pourvoi n° 87-18.003, *D.*, 1990, Jur., p. 177.

NAUDIN (E.)

- Obs. sur Cass. civ. 1re, 9 juillet 2014, pourvoi n° 13-16070, *Bulletin Joly Sociétés*, 2 novembre 2014, n° 11, p. 430.

PAILLER (P.)

- Note sous Cass. civ. 1re, 9 juillet 2015, pourvoi n° 14-21.763, *Gaz. Pal.*, 10 novembre 2015, p. 24.

PENNEAU (M.)

- Note sous CA Angers, 11 septembre 1998, *D.*, 1999, Jur., p. 46.

PEROCHON (F.)

- Obs. sur Cass. com., 6 juillet 2010, pourvoi n° 09-16.163, *Rev. proc. coll.*, septembre 2010, n° 178.

Perruchot-Triboulet (V.)

- Obs. sur Cass. civ. 3e, 9 juillet 2008, pourvoi n° 07-10.926, *JCP G*, n° 43, 2008, II, 10174.

Petit (B.)

- Obs. sur Cass. com., 20 octobre 1998, pourvoi n° 96-15.418, *Bull. civ.* IV, n° 254 ; *RTD com.*, 1999, p. 142.

Picod (Y.)

- Obs. sur Cass. civ. 3e, 8 mars 2006, pourvoi n° 05-11.042, *Dr. et proc.*, 2006, 236.

Piédelièvre (A.)

- Note sous Cass. civ. 1re, 3 mai 1983, pourvoi n° 82-13.858, *Gaz. Pal.*, octobre 1984, 259.
- Note sous Cass. ch. mixte, 8 juin 2007, pourvoi n° 03-15.662, *JCP N*, 2007, p. 1226.
- Obs. sur Cass. com., 28 avril 2009, pourvoi° 08-11616, *JCP E*, 2009, 1701.
- Note sous Cass. civ. 1re, 30 avril 2009, pourvoi n° 07-18.334, *Gaz. Pal.*, 21 mai 2009, p. 5.
- Note sous Cass. com., 20 octobre 2009, pourvoi n° 08-20.274, *JCP G*, 2009, n° 482.
- Note sous Cass. com., 26 janv. 2010, n° 08-18.354, *Gaz. Pal.*, 23 mars 2010, p. 19.
- Obs. sur Cass. com., 10 janvier 2012, pourvoi n° 10-26.630 et Cass.civ. 1re, 8 mars 2012, pourvoi n° 09-12246, *JCP G*, 2012, n° 517.
- Note sous Cass. civ. 2e, 19 février 2015, pourvoi n° 14-10.268 et pourvoi n° 13-28.236, *RD bancaire et fin.*, mai-juin 2015, n° 100.
- Note sous Cass. civ. 2e, 9 avril 2015, pourvoi n° 14-14.579, *Gaz. Pal.*, 11 juin 2015, p. 19.

Piette (G.)

- Obs. sur Cass. civ 1re, 10 avril 2013, pourvoi n° 12-18.544, *D.* 13 juin 2013, n° 21, p. 1462.
- Obs. sur Cass. civ 1re, 11 septembre 2013, pourvoi n° 12-19094, *Lexbase Hebdo-Edition Affaires*, 10 octobre 2013, n° 354.
- Obs. sur Cass. com., 9 février 2016, pourvoi n° 14-20.304, *Lexbase Hebdo-Edition Affaires*, n° 457, 10 mars 2016.

Pillebout (J.-F.)

- Note sous CA Colmar, 5 février 1996, *JCP N*, 1997, p. 615.

PILLET (G.)

- Obs. sur Cass. civ. 1re, 27 novembre 2008, pourvoi n° 07-18142, *JCP G*, 2009, I, 120, n° 15.

POULIQUEN (E.)

- Note sous Cass. com., 10 janvier 2012, pourvoi n° 10-26.630 et Cass. civ. 1re, 8 mars 2012, pourvoi n° 09-12246, *RLDC*, 2012, n° 4653.

PORACCHIA (D.)

- NOTE sous Cass. civ. 3e, 12 septembre 2012, n° 11-17.948, *BJS*, p. 831.

PORCHERON (S.)

- Obs. sur Cass. civ. 3e, 24 janvier 2001, pourvoi n° 99-12.841, *AJDI*, 2001, 471.

PRAT (S.)

- Obs. sur Avis du Conseil supérieur du notariat, 4 mai 1990, *JCP N*, 1990, 1471.

RAYMOND (G.)

- Note sous CA Pau, 28 avril 2015, *Contrat, conc. consom.*, n° 7, juillet 2015, comm. 184.

RÉMY (J.)

- Obs. sur Cass. civ. 3e, 13 juillet 2005, pourvoi n° 04-15064, *Revue des loyers*, novembre 2005, p. 490.

RÈMOND-GOUILLOUD (M.)

- Note sous Cass. civ. 1re, 6 février 1980, pourvoi n° 78-13068, *JCP N*, 1982, II, 269.

REINHARD (Y.)

- Obs. sur Cass. com., 28 avril 1987, pourvoi n° 85-16.956, *RTD com.*, 1987, p. 207.

ROMAN (B.)

- NOTE sous Cass. com., 4 février 2003, pourvoi n° 00-19959, *D.*, 2003, p. 1357.
-

RONTCHVESKY (N.)

- Obs. sur Cass. com., 13 mai 2003, pourvoi n° 00-15.404, *Banque et droit*, juillet-août 2003, p. 61.

- Obs. sur Cass. com., 24 mars 2004, pourvoi n° 00-13.447, *Banque et droit*, 2004, n° 96, p. 55.
- Obs. sur Cass. com., 23 novembre 2004, pourvoi n° 03-17.235, *Banque et droit*, 2005, p. 60.
- Note sous Cass. civ. 1re, 28 novembre 2012, pourvoi n° 1028372, *Banque et droit*, 1er janvier 2013, n° 147, p. 38-40.

ROUSSEL GALLE (Ph.)

- NOTE sous Cass. com., 3 novembre 2010, pourvoi n° 09-70312, *Revue des sociétés*, 2011, p. 194.
- OBS. sur Cass. com., 8 octobre 2012, pourvoi n° 12-40.060, *Revue des sociétés*, 2012, p. 729.
- Obs. sur Cass. com., 27 mars 2012, pourvoi n° 11-13.536, *Revue des sociétés*, 2012, p. 398
- Obs. sur Com. 19 février 2013, pourvoi n° 11-28423, *Droit et procédures*, avril 2013, p. 6.

ROUTIER (R.)

- Obs. sur Cass. com., 8 janvier 2008, pourvoi n° 06-17.650, *JCP E*, 2008, 2461.

ROUQUET (Y.)

- Obs. sur Cass. civ. 3e, 13 juillet 2005, pourvoi n° 04-15.064, *D.*, 2005, p. 2103.
- Obs. sur Cass. civ 3e, 8 mars 2006, pourvoi n° 05-11.042, *D.*, 2006, p. 808.
- Obs. sur Cass. civ. 3e, 9 juillet 2008, pourvoi n° 07-10.926, *D.*, 2008, p. 2079.

RUBELLIN (P.)

- Obs. sur Cass. civ. 1re, 3 juillet 2013, pourvoi n° 12-21126, *LEDEN*, septembre 2013.
- Obs. sur Cass. com., 2 juin 2015, pourvoi n° 14-10.673, *LEDEN*, 1er octobre 2015, n° 9, p. 6.

SERINET (Y.- M.)

- Cass. com., 13 février 2007, pourvoi n° 05-17.407, *JCP G*, 2007, II, 10063.

SEUBE (J.-B.)

- Note sous CA Saint-Denis de La Réunion, 27 mars 2015, n° s 13-02484 et 14-00405, *JCP G*, n° 23, 8 juin 2015, 671.

SIMLER (Ph.)

- Obs. sur Cass. civ 1re, 31 mai 1988, pourvoi n° 86-17495, *JCP G*, 1989, II, 2118.
- Obs. sur Cass. civ. 1re, 15 octobre 1991, pourvoi n° 89-21.936, *JCP E*, 1992, II, p. 266.
- Obs. sur CA Lyon, 16 janvier 1998 et CA Paris, 27 novembre 1998, *JCP G*, 116, I, n° 6.
- Obs. sur Cass. civ 1re, 9 mai 1994, pourvoi n° 92. 19.965, *JCP G*, 1994, I, 3807, n° 6.
- Obs. sur Cass. civ. 1re, 4 juin 1996, pourvoi n° 93-13870, *JCP G*, 1997, I, 3991.
- Obs. sur Cass. civ. 1re, 17 novembre 1998, pourvoi n° 96-22.455, *JCP G,* 1999, I, 116.
- Obs. sur Cass. com, 16 mars 1999, pourvoi n° 96-12.653, *JCP G*, 1999, I, 156, n° 1.
- Obs. sur Cass. com., 18 mai 1999, pourvoi n° 96-13.796, *JCP G*, 1999, I, 156, n° 3.
- Note sous Cass. civ. 1re, 29 octobre 2002, pourvoi n° 00-15.223, *JCP G*, 2003, I, 124, n° 1.
- Obs. sur Cass. civ. 1re,19 novembre 2002, pourvoi n° 00-16683, *JCP G*, 2003, I, 111.
- Obs. sur Cass. civ. 1re, 14 janvier 2003, pourvoi n° 00-16.078, *JCP G*, 2003, I, 124.
- Obs. sur Cass. civ. 1re, 17 février 2004, pourvoi n° 02-11.039, JCP G, 2004, I, 176, n° 6.
- Obs. sur Cass. civ. 1re, 24 février 2004, pourvoi n° 01-13.930, *JCP G*, 2004, I, p. 143, n° 3.
- Obs. sur Cass. com., 9 novembre 2004, pourvoi° 02- 17.028, *JCP G*, 2005, I, 135, n° 4.
- Obs. sur Cass. civ. 1re, 8 mars 2005, *JCP G*, 2005, I, 163.
- Obs. sur Cass. civ. 3e, 13 juillet 2005, pourvoi n° 04-15.064, *JCP G*, 2005, I, 185, n° 4.
- Obs. sur Cass. civ. 3e, 8 mars 2006, pourvoi n° 05-11.042, *JCP G*, 2006, I, 195, n° 3.
- Obs. sur Cass. civ. 3e, 27 septembre 2006, pourvoi n° 05-17.804 ; *JCP G*, 2006, 195, n° 1.
- *Note* sous Cass. ch. mixte, 8 juin 2007, pourvoi n° 03-15.662, *JCP G*, 2007, II, 10138.

- Obs. sur CA Paris, 5 mars 2009, *JCP G*, 2009, I, 150, n° 4.
- Obs. sur Cass. com., 22 septembre 2009, pourvoi n° 08-10.389, *JCP G*, 2009, doctr. 492, n° 8.
- Obs. sur Cass. civ. 1re, 14 septembre 2010, pourvoi n° 09-14.001, *JCP G*, 2011, I, 226, n° 4.
- Obs. sur CA Douai, ch. 2, sect. 1, 18 novembre 2010, *JCP G*, 2011, doctr. 770, n° 5.
- Obs. sur Cass. com., 5 avril 2011, pourvoi° 09- 14.358, *JCP G*, 2011, I, 770, n° 2.
- Obs. sur Cass. com., 12 juillet 2011, pourvoi n° 09-71113, *JCP G*, 2011, p. 1259, n° 7.
- Obs. sur Cass. civ. 1re, 16 mai 2012, pourvoi n° 11-17.411, *JCP G*, 2012, 1291, n° 2.
- Obs. sur Cass. com., 4 juin 2013, pourvois n° 12-18.216 et n° 12-15.518, *JCP E*. 2013, 1679, n° 2.
- Obs. sur Cass. com., 5 novembre 2013, pourvoi n° 11-25.111, *JCP G*, 2014, doctr. 635.
- Obs. sur CA Grenoble, ch. com., 12 février 2015, n° 13-03.643, *JCP G*, 2015, 604, n° 4.

STEFANIA (T.)

- Note sous Cass. civ. 2e, 27 février 2014, pourvoi n° 13-10.891, *LPA* 8 janvier 2015, n° 6, p. 11.
- Note sous Cass. com., 9 février 2016, pourvoi n° 14-23.219, *JCP E*, n° 19, 12 mai 2016, 1280.

STORCK (M.)

- NOTE sous Cass. civ. 1re, 22 février 1984, *JCP G*,1985, II, 20442.

THIBIERGE (L.)

- NOTE sous Cass. com., 10 janvier 2012, pourvoi n° 10-26.630 et Cass. civ. 1re, 8 mars 2012, pourvoi n° 09-12.246, *Dalloz*, 2012, p. 1102.

THÉRY (Ph.)

- Obs. sur Cass. civ. 1re, 3 avril 2001, pourvoi n° 99-13.733, *Defrénois*, 2001, art. 37390, n° 53.

URBAIN (P.)

- Cass. com., 2 juin 2015, pourvoi n° 14-10.673, *Actualité jurisprudentielle des administrateurs judiciaires*, juillet-août 2015, n° 21, p. 11.

VAREILLE (B.)

- Obs. sur Cass. civ. 1re, 16 mai 2000, pourvoi n° 97-18.612, *RTD civ*, 2001, p. 186.
- Obs. sur Cass. civ. 1re, 14 janvier 2003, pourvoi n° 00-16.078, *RTD civ*, 2003, p. 534.

VAUVILLE (F.)

- Obs. sur Cass. civ. 1re, 24 novembre 2000, pourvoi n° 97-21.110, *Revue juridique personnes & famille*, p. 20.

VIAL-PEDROLETTI (B.)

- Note sous CA Paris, 5 février 1998, pourvoi n° 96-83.504, *Loyers et copropriété*, 1998, commentaire 120.
- Obs. sur CA Douai, 16 janvier 2003, *Loyers et copr.* 2003, comm. n° 232.
- Obs. sur CA Rouen, 25 mars 2003, pourvoi n° 01-04.184 ; *Loyers et copropriété*, 2003, commentaire 170.
- Note sous Cass. civ. 3e, 27 septembre 2006, pourvoi n° 05-17.804, *Loyers et Copropriété*, n° 1, janvier 2007, comm. 8.
- Obs. sur CA Grenoble, 23 octobre 2006, *Loyers et copr.* 2007, comm. n° 50.

VIANDIER (A.) et CAUSSAIN (J.-J.)

- Note sous Cass. com., 8 décembre 1998, pourvoi n° 96-11.542, *JCP E*, 1999, 666.

VINEY (G.)

- Obs. sur Cass. com., 22 octobre 1996, pourvoi n° 93-18.632, *JCP G*, 1997, I, 4025.

Index

— D —

— E —

— F —

— I —

— J —

— L —

— M —

— N —

— O —

— P —

— R —

— S —

Liste des abréviations, des sigles et des acronymes

§	Paragraphe
act. jur.	Actualité juridique
Act. proc. coll.	Lettre d'actualité des procédures collectives
Adde	Addere (note additionnelle)
Aff	Affaire
AJ	Actualité de jurisprudence
al.	Alinéa
art.	Article
Ass. plén	Assemblée plénière de la Cour de cassation
AUPCAP	Acte uniforme portant organisation des procédures collectives d'apurement de passif
AUS	Acte uniforme portant organisation des sûretés
AUSCGIE	Acte uniforme relatif au droit des sociétés commerciales et du groupement d'intérêt économique
AUVE	Acte uniforme portant organisation des procédures simplifiées de recouvrement et des voies d'exécution
Banque	Revue banque
Banque et droit	Revue banque et droit
BGB	Bürgerliches Gesetzbuch (Code civil allemand)
BJE	Bulletin Joly entreprises en difficulté
Bull.	Bulletin
Bull. civ	Bulletin des arrêts de la Cour de Cassation, Chambres civiles
C. civil	Code civil
C. com	Code de commerce
C. consom.	Code de la consommation
c/	Contre

CA	Cour d'appel
Cah. dr. ent	Cahiers du droit de l'entreprise (supplément au JCP E)
Cass. ch. mixte	Chambre mixte de la Cour de cassation
Cass. civ.	Chambre civile de la Cour de Cassation
Cass. com.	Chambre commerciale de la Cour de cassation
Cass. crim.	Cour de Cassation, chambre criminelle
CCJA	Cour commune de justice et d'arbitrage de l'OHADA
Cf.	Confer
chron	Chronique
Coll.	Collection
Comm.	Commentaire
Conc. Conso.	Concurrence, consommation
Concl.	Conclusions
Contrats. conc. consom.	Contrats, concurrence, consommation
D.	Recueil Dalloz
Defrénois	Répertoire du notariat Defrénois
dir.	Sous la direction de
Doctr.	Doctrine
DP	Dalloz Périodique
Dr. et patr.	Revue Dr. et patr.
Dr. Sociétés.	Droit des sociétés
éd	édition
F CFA	Franc de la Communauté financière africaine
fasc	Fascicule
Gaz. Pal.	Gazette du Palais
Ibid.	Ibidem
in	Dans
Infra	Voir plus loin
JO	Journal officiel
J.-Cl	Juris-Classeur
JCP E	Semaine juridique (édition entreprise)
JCP G	Semaine juridique (édition générale)
JCP N	Semaine juridique (édition notariale)

Jur.	Jurisprudence
L.	Loi
LEDC	L'ESSENTIEL du droit des contrats
Leden	L'ESSENTIEL du droit des entreprises en difficultés
LGDJ	Librairie Générale de Droit de Jurisprudence
LME	Loi de modernisation de l'économie du 4 août 2008 (France)
LPA	Les Petites Affiches
Mél.	Mélanges
n.	Note
n°	Numéro
Obs.	Observations.
OHADA	Organisation pour l'harmonisation en Afrique du droit des affaires
Ohadata	Banque numérique des données juridiques de l'OHADA
Ohadata D-	Référence électronique permettant de retrouver un article de doctrine sur le site internet de l'association UNIDA (www.ohada.com)
Ohadata J-	Référence électronique permettant de retrouver une décision de justice sur le site internet de l'association UNIDA (www.ohada.com)
Ord.	Ordonnance
p.	Page
pan.	Panorama de jurisprudence
PDEC	Principes du droit européen du contrat
Penant	Recueil Penant
préf.	Préface
Procédures	Procédures
PUA	Presses universitaires d'Afrique
PUAM	Presses universitaires d'Aix-Marseille
PUF	Presses universitaires de France
PUP	Presses Universitaires de Perpignan
RD bancaire et bourse	Revue de droit bancaire et de la bourse
RD bancaire et fin.	Revue de droit bancaire et financier

RDC .... Revue de droit civil
Rep. .... Répertoire
Rép. com. Dalloz .... Répertoire commercial Dalloz
Rep. Dalloz .... Répertoire Dalloz.
Req. .... Chambre des requêtes
Resp. civ et assurances ..... Revue responsabilité civile et assurances
Rev. proc. coll .... Revue des procédures collectives
Rev. sociétés .... Revue des sociétés
RIDC .... Revue internationale de droit comparé.
RJC .... Revue jurisprudence commerciale
RJDA .... Revue de jurisprudence de droit des affaires
RJDA .... Revue de la jurisprudence de droit des affaires
RLDA .... Revue Lamy droit des affaires
RLDC .... Revue Lamy droit civil
RTD civ. .... Revue trimestrielle de droit civil
RTD com. .... Revue trimestrielle de droit commercial et de droit économique
s. .... Suivant
Somm. .... Sommaire, sommaires commentés
spéc. .... Spécialement
supp. .... Supplément
Supra .... Voir plus haut
t. .... Tome
T. com .... Tribunal de commerce
TGI .... Tribunal de grande instance
th. .... Thèse
TI .... Tribunal d'instance
TPI .... Tribunal de première instance
V. .... Voyez
V° .... Verbo
Vol. .... Volume

Table des matières

L'HARMATTAN ITALIA
Via Degli Artisti 15; 10124 Torino
harmattan.italia@gmail.com

L'HARMATTAN HONGRIE
Könyvesbolt ; Kossuth L. u. 14-16
1053 Budapest

L'HARMATTAN KINSHASA
185, avenue Nyangwe
Commune de Lingwala
Kinshasa, R.D. Congo
(00243) 998697603 ou (00243) 999229662

L'HARMATTAN CONGO
67, av. E. P. Lumumba
Bât. – Congo Pharmacie (Bib. Nat.)
BP2874 Brazzaville
harmattan.congo@yahoo.fr

L'HARMATTAN GUINÉE
Almamya Rue KA 028, en face
du restaurant Le Cèdre
OKB agency BP 3470 Conakry
(00224) 657 20 85 08 / 664 28 91 96
harmattanguinee@yahoo.fr

L'HARMATTAN MALI
Rue 73, Porte 536, Niamakoro,
Cité Unicef, Bamako
Tél. 00 (223) 20205724 / +(223) 76378082
poudiougopaul@yahoo.fr
pp.harmattan@gmail.com

L'HARMATTAN CAMEROUN
TSINGA/FECAFOOT
BP 11486 Yaoundé
699198028/675441949
harmattancam@yahoo.com

L'HARMATTAN CÔTE D'IVOIRE
Résidence Karl / cité des arts
Abidjan-Cocody 03 BP 1588 Abidjan 03
(00225) 05 77 87 31
etien_nda@yahoo.fr

L'HARMATTAN BURKINA
Penou Achille Some
Ouagadougou
(+226) 70 26 88 27

L'HARMATTAN SÉNÉGAL
10 VDN en face Mermoz, après le pont de Fann
BP 45034 Dakar Fann
33 825 98 58 / 33 860 9858
senharmattan@gmail.com / senlibraire@gmail.com
www.harmattansenegal.com

www.ingramcontent.com/pod-product-compliance
Lightning Source LLC
LaVergne TN
LVHW021146061026
849535LV00002B/368
* 9 7 8 2 3 4 3 1 3 1 5 9 7 *